世界の主な家畜 1

↑17 大豆 熱帯から寒冷な地域まで幅広く栽培されるマメ科の作物。食用や油脂原料のほか、しぼりかすは肥料や飼料として利用される。(▶P.188)

↑18 落花生 インド・中国などで多く生産されるマメ科の作物で、種子は食用のほか、油脂原料になる。原産地は南アメリカ。

↑19 コーヒー 原産地はエチオピア。ブラジル・ベトナム・コロンビアなどが主産地で、プランテーションで栽培されることが多い。(▶P.79・243)

↑20 さとうきび 乾季がある熱帯・亜熱帯を栽培適地とする。ブラジル・インド・キューバなどが主産地。(▶P.243)

↑21 ジュート 黄麻ともいい、高さが3mにもなる。軟質繊維で麻袋の原料に使用。インド・バングラデシュで生産が多い。

↑22 サイザル麻 葉の繊維が漁網や船のロープ、包装袋の原料となる。原産地はメキシコで、ブラジル・ケニア・タンザニアで生産が多い。(▶P.218)

↑23 綿花 綿織物の原料で、現在繊維の中で最も消費量が多い。原産地はインドで、中国・アメリカ・中央アジアで生産が多い。(▶P.205・211)

↑24 天然ゴム ゴムの木の樹液をかためたものが天然ゴム。熱帯地方のタイ・インドネシア・マレーシアで生産が多い。(▶P.79)

↑25 羊（メリノ種） スペインを原産とする毛用種。良質の羊毛が得られる。世界各地で飼育されている。

↑26 ヤク チベットなどの冷涼な高地に分布しているウシ科の一種である。体毛に特徴があり、力が強く運搬用に使われる。

↑27 トナカイ 北極周辺に住むラップ人・イヌイットが遊牧に飼育している。乗用・運搬用・衣料・食料に利用している。(▶P.51)

↑28 ラクダ 砂漠などの乾燥地域に適している。乗用・運搬用に使われ、「砂漠の船」とよばれる。こぶに特徴がある。

↑29 アルパカ アンデス山地で飼育されるラクダ科の一種。毛は夏服やカーペットなど織物の原料となる。(▶P.242)

↑30 リャマ アルパカと同じくアンデス山地で飼育されるラクダ科の一種。突った耳に特徴がある。織物の原料・食用にもなる。(▶P.242)

地図・地理情報

自然・環境・防災

農林水産業

エネルギー・鉱工業

消費・貿易 通信・交通

人口

村落・都市

民族・生活・宗教・文化

SDGs

地誌

巻頭特集 # ロシアのウクライナ侵攻 (2022年2月24日〜)

1 NATOの東方拡大とロシア (▶P.148)

● 東西ドイツ統一(1990年10月)前

凡例：
- ワルシャワ条約機構(WTO)加盟国 1955 結成→1991 解体
- 北大西洋条約機構(NATO)加盟国 1949 結成 下線はソビエト連邦構成国

↑ 第二次大戦後、アメリカと旧ソ連の軍事的対立が深まり、それぞれの陣営が集団防衛機構(軍事同盟)を結成した。欧米諸国による**北大西洋条約機構(NATO)**と旧ソ連・東欧の社会主義諸国による**ワルシャワ条約機構**である。

● 2023年7月現在

凡例：
- 北大西洋条約機構(NATO)加盟国 2023年7月現在 31か国
- NATO加盟手続き中
- 旧ソビエト連邦諸国

↑ 旧ソ連・東欧での民主化や市場経済移行が進む中で**1991年ソビエト連邦が解体**され、ワルシャワ条約機構も消滅し**冷戦は終結**した。以後、地域紛争予防に役割を変えたNATOに多くの東欧諸国やバルト3国が加盟し、**NATOは東方に拡大**した。

2 ウクライナ語とロシア語

ウクライナ語	ロシア語
Київ キーウ	Киев キエフ
Харків ハルキウ	Харьков ハリコフ
Чорнобиль チョルノービリ	Чернобыль チェルノブイリ
Дніпро ドニプロ(川)	Днепр ドニエプル(川)
студентка ストゥデーントカ (女子学生)	студентка ストゥーヂェーントカ (女子学生)
японець ヤポーネチ (日本人、男)	японец イポーニェツ (日本人、男)
дякую ジャークユ (ありがとう)	спасибо スパシーヴァ (ありがとう)

(『ニューエクスプレスウクライナ語』白水社 (2019)、『岩波ロシア語辞典 増訂版』岩波書店 (1977))

↑ スラブ派諸言語のうち**東スラブ語群**にはロシア語、ウクライナ語、ベラルーシ語があり、一部異なった表記や発音があるものの、言語としての相互の近似性は高い。

3 独立後のウクライナ

● ウクライナ東部と西部のロシア語人口比率

凡例：
- 70%以上
- 50〜70%
- 30〜50%
- 30%未満

(注)ウクライナは24州、1自治共和国、2特別市からなる。ウクライナの総人口は4,668万人。数字は人口(万人、2014年3月)。
(2001年ウクライナ国勢調査などによる)

↑ ヨーロッパとロシアの中間に位置する**ウクライナ**では中西部はウクライナ語、東部ではロシア語の使用比率が高いが、両語の近似性は高く、両国は同じ「**東スラブ**」の一員として「同胞国」(ロシアが上)の関係にあった、と言えよう。ロシア(人)主体の社会主義大国ソビエト連邦崩壊(1991)後、独立したウクライナでは当初親ロ政権が続いたが、親欧米政権の誕生を契機にロシアと距離をおき**国民国家**をめざす動きが強まった。これに対してロシアはロシア系が多い**クリミア半島を併合**(2014年)、親ロ派勢力が実効支配する東部2州の独立とロシア編入を企てた。

ロシアのウクライナ侵攻の背景 ❶

①脱ロシア、「国民国家ウクライナ」の確立をめざすウクライナ親欧米政権の打倒とウクライナの中立国化(NATO加盟阻止と非武装化)およびロシア系住民が多い東部地域の併合をめざした。

②アメリカ一極構造の中でのNATOの東方拡大、特に同じ東スラブで共に旧ソ連構成国であったウクライナのNATO加盟の動きに対する強い危機感と欧米陣営に対する警戒感が高まった。

→①、②ともに国際的孤立が深まる軍事大国ロシアが、民族的「同胞国」で「ロシアの一部」と考えていたウクライナの離反に対して強く反発したことに起因する。

4 侵攻による人道危機

↓1 ロシア軍が制圧した街を走行する親ロ派武装勢力[ウクライナ・マリウポリ]

←2 ロシア軍のミサイル攻撃で廃墟となったマリウポリ市街地
ロシア軍は南部の要衝マリウポリを3週間以上包囲し陸海空から住宅・学校・病院・工場への激しい攻撃を続け、多くの市民が犠牲となった。恐怖や飢えなどの**人道危機**が深まる中で、世界各国でロシアの**戦争犯罪**に対する怒りが高まった。

5 ウクライナ難民と受入国

←3 戦闘が始まったウクライナからポーランドへ逃れる避難民　侵攻開始から1か月後，ロシア軍は首都キーウへの攻撃を強め，市民の犠牲者が急増した。数百万人の避難民がポーランドなど隣国へ逃れた。

→ UNHCR（国連難民高等弁務官事務所）によると，2023年2月時点で，避難民数は807万人を超えた。これは侵攻前の総人口の約5分の1にあたる。長引く侵攻と戦闘によって家族や家，仕事を失い，学校や病院なども破壊されて生活が困難となり，帰る場所を失った人々の国外への避難・出国が続いている。

● ウクライナからの国外避難民とその受入国

（注）ルーマニア・モルドバ国境を渡る避難民も含むため，各国の合計と総数は一致しない。

ドイツ 約105万人／ポーランド 約156万人／ベラルーシ 約2万人／ロシア 約285万人／キーウ（キエフ）／ハルキウ／チェコ 約48万人／スロバキア 約11万人／ハンガリー 約3万人／ザーホニ／ルーマニア 約11万人／モルドバ 約11万人／全体 807万人以上 [総人口の約19%]

(2023年2月15日現在)（「朝日新聞」2023.2.24などによる）

6 ロシアの侵攻状況

←4 ミサイル攻撃で破壊された学校 [ウクライナ・ルハンスク州]　激しい戦闘が続くウクライナ東部では，学校や商業施設，アパートなど民間施設へのロシア軍の激しい攻撃が続き，多くの市民が犠牲となった。

→ ウクライナの反撃が続く中で，親ロ派による「住民投票」を経て2022年9月30日，ロシアのプーチン大統領はほぼ占領下にあった南東部4州の併合を宣言した。ウクライナはその奪還をめざし，その後も戦闘を継続している。

● ロシアの侵攻状況（2023年8月現在）

ポーランド／ベラルーシ／ロシア／キーウ／ハルキウ／ルハンスク州／ウクライナ／ザポリッジャ原発／ドネツク／ヘルソン州／ドネツク州／モルドバ／オデーサ／ザポロジエ州／ルーマニア／アゾフ海／黒海／クリム（クリミア）半島／ロシア側制圧地域／ロシアに併合された4州

(「信濃毎日新聞」2023.8.8などによる)

7 ロシア国民 〜政権を支持する人，国外へ脱出する人

←5 クリミア併合記念日の愛国集会に参加したロシア国民 [ロシア・ウラジオストク]　ウクライナへ侵攻したロシアのプーチン大統領に対する国民の支持率は8〜9割と高く，またロシア正教会も侵攻を支持・正当化している。

↘6 「動員」を逃れ隣国ジョージアに脱出するロシア人　ウクライナ侵攻を続けるロシアでも死傷者が増加する中で，プーチン大統領は2022年9月，自軍の立て直しのため「部分的」動員（徴兵）令を発した。国民の間に不安が広がり，反戦や兵役逃れのため，数十万人がジョージアなど隣国や友好国へ脱出した。

● ウクライナ侵攻後のロシア人の主な出国先

フィンランド 約1.7万人／ロシア／カザフスタン 約20万人／ジョージア 約11.2万人／セルビア 約14万人／トルコ 約15.4万人

(「朝日新聞」2023.5.14による)

ロシアのウクライナ侵攻の背景 ❷

③ソ連解体後の社会的混乱の中で世界におけるロシアの地位は低下した。その後，エネルギー輸出で国力を高めたロシアを率いるプーチン政権は国民の支持を得つつ国家主義的な政治を推し進めて反対派を退け，さらに民主主義や市民的自由を圧殺する独裁的な強権政治を進めた。ウクライナ侵攻後は反戦世論や政府批判を徹底的に弾圧し，報道機関は政府の宣伝（プロパガンダ）機関と化した。正しい情報が伝わらない中で多くの国民がプーチン政権を支持し続けている。領土奪還をめざすウクライナと侵攻を続けるロシアの間で戦闘が続く。欧米側のウクライナ支援に対しロシアは「核の脅威」に言及し対立が深まっている。

8 ロシア侵攻が世界に与えた影響

↘7 小麦価格の高騰で値上がりしたエジプトの主食アエーシ（丸形のパン）　ロシアのウクライナ侵攻が途上国を中心に世界的な食料危機を招いている。世界の小麦輸出量の約24%をロシアとウクライナが占めているが，穀倉地帯のウクライナは深刻な戦争被害を受け，さらに黒海の輸出ルートをめぐる対立・封鎖によって世界的な小麦不足と価格の高騰が続いている。特にアフリカ諸国におけるパンの高騰は貧困層に深刻な打撃を与えている。

CONTENTS ［目次］

4

本書の特色

1 「世界各地の暮らしが見える」写真資料を充実させました！

景観だけではなく，世界各地でどんな人たちが何を食べ，何をして暮らしているのか伝わる写真を取り入れています。

2 入試に向けて力をつけるための資料を豊富にしています！
ポイントをおさえた詳しい解説で，大学入学共通テストにも対応。

Q センター試験などをヒントにした問いを各所に掲載しました。

Q 解答・解説
とうほう T-Navi から➡

FOCUS 単元のポイントになる事項を詳しく解説しているコーナーです。

統計グラフについて

生産量等の国別割合のグラフは，基本的に，下のように地域ごとに色分けしていますが，グラフによっては例外もあります。

東アジア	東南アジア	南アジア	西・中央アジア	アフリカ	ヨーロッパ
アングロアメリカ	ラテンアメリカ	オセアニア	（注）ロシアはヨーロッパに含む。		

3 よりみち **Geography** は，地理への興味をより一層深める写真や話題を取り入れました！

ケニアの新ビジネスM-PESA（エムペサ）など幅広いジャンルの資料を入れました。

●写真提供者・協力機関（敬称略）

Abaca／AFP／AGE FOTOSTOCK／Alamy／AP／ARTBANK／BBC／C Foto／C.P.C Photo／(C) Das Fotoarchiv.／Clear Light Image Products Agency／CNP／CSU Archives・Everett Collection／Cynet Photo／dpa／EPA／Fine Photo Agency／Fujisawa SST協議会／Google／GRIDつくば／IRRI／JANA Press／JAXA／JPフォト／JTBフォト／KDDI株式会社／Kevin Carter・Sygma／Keystone／Lehtikuva／NASA／NEC／NHK／NTT-X／NXPセミコンダクターズ／OPO／Photoshot／PIXTA／PPS／Product／Record China／RIA Novosti／The New York Times／Ukrinform／wakamatus.h／WPS／WWP／YKK株式会社／アイピージェー／秋田県健康福祉部／旭化成せんい（株）／アサヒグループホールディングス㈱／朝日航洋／朝日新聞社／アフロ／アマナイメージズ／飯田水引協同組合／イオン（株）／インフォシーク／エキサイト／大山町農業協同組合（大分県日田市）／小口正美／海洋情報研究センター／（株）エネルギーアドバンス／株式会社セキカワ／（株）日刊工業新聞社／（株）葉山風力発電所／（株）東野耕吉織物／（株）防災地理調査／株式会社ミュー／（株）りゅうせき／九州大学応用力学研究所（東大学気候システム研究センター）／共同通信社／釧路市／倶知安町役場／グリーンピース・ジャパン／クリエイティブセンター／コービス／コーベット・フォトエージェンシー／国土交通省航空・鉄道事故調査委員会／国土地理院／小松義夫／（財）大田区産業振興協会／（財）祇園祭山鉾連合会／（財）ケア・インターナショナルジャパン／（財）日本地図センター／（財）リモート・センシング技術センター／さくらインターネット（株）石狩データセンター／さっぽろフォトライブ／三洋電機／四国フォトサービス／時事通信社／時事通信フォト／信濃毎日新聞社／(社)外国人看護師・介護福祉士支援協議会(BimaCONC) 財団BIMA／(社)日本アルミニウム協会／水産航空／スフィア／善光寺／第9管区海上保安本部／中尊寺／中部電力碧南火力発電所／角田新一／テスコ／東海大学情報技術センター (TRIC)／東京国立博物館／東京都建設局／東北カラーエージェンシー／（独立行政法人）産業技術総合研究所／富岡市富岡製糸場／内閣府／永塚鎮夫／日産自動車株式会社／日本沙漠緑化実践協会／日本マクドナルド／パーク24／白馬村観光局／パナソニック／兵庫県西宮市情報推進部／ファイン・フォトエージェンシー／フォトオリジナル／福井克実／毎日新聞社／毎日フォトバンク／水木 洋／宮崎県畜産課／盛岡市情報企画室／廣内大助／矢野浩志／ヤフー／山口県環境生活部／山下暢之／山梨県富士河口湖町／悠工房／ユニフォトプレス／横浜開港資料館／吉原久雄／読売新聞社／陸上自衛隊／ロイター

●二次元コード設置ページ

23，27（3か所），29（3か所），30（4か所），31，32，33（3か所），35（2か所），36，37（3か所），40，45（2か所），50，69，88，105（3か所），108，224，237（2か所），246，253，255，259，263，表紙裏

NHK for School 地理関連クリップへはこちらから➡

※通信料はお客様のご負担になります。

●編者・執筆者

矢花和成　天井澤暁裕
小口正美　清沢創一　沓掛哲生
武田邦秀　丸山陽央
菅澤雄大　山本　靖　渡邉　賢

●デザイン・DTP・イラスト
（株）加藤文明社　　（株）アート工房
東法商事（株）

※本書に掲載の地図は，国土地理院発行の2万5千分の1地形図及び5万分の1地形図を使用したものです。
※統計地図における国境及び市町村境界は，調査当時のものです。

●出典の表記について
本書に掲載した資料は，原典どおりに引用することを旨といたしましたが，学習教材という性格から便宜的に加筆したものがあります。その場合は，（「○○」による）と表記しました。

地理情報・地理情報
環境・自然・防災
農林水産業
鉱工業・エネルギー
通信・交通・消費・貿易
人口
村落・都市
民族・宗教・生活・文化
SDGs
地誌

地図にみる世界像の変化

（ジョン・ノーブル・ウィルフォード，鈴木主税訳『地図をつくった人々』河出書房新社，
織田武雄『地図の歴史』講談社，国土地理院『MAP GUIDE』(財)日本地図センターによる）

古代

地図は文字の誕生よりも古いといわれ，身近にある粘土板やパピルスなどに描かれた。ヘレニズム時代には地球球体説に基づき，エラトステネスが地球の円周を計算し，ローマ時代には経線・緯線を用いた世界図が作成された。

粘土板に描かれている。海に浮かぶ円盤状の大地が古代メソポタミアのバビロニア人が考える「世界」であった。B.C.2500年ころの粘土板の集落や耕地図も見つかっている。
❶海
❷都市バビロン
❸周囲の小都市
❹ユーフラテス川
❺ペルシア湾
⬆❶ B.C.700年ころのバビロニアの世界図

⬆❷ B.C.500年ころのヘカタイオスの世界図　世界は平らな円盤状と考えられ，周囲はオケアノス（英語oceanの語源）という海に囲まれている。古代ギリシャで描かれ，地中海沿岸の描写はかなり正確である。

⬆❸ A.D.150年ころのプトレマイオスの世界図　ローマの地理学者が世界で初めて経線・緯線を用いて描いた世界図。東西は経度180度（東端は中国），南北は緯度80度が円錐図法で描かれている。地中海沿岸からアラビア半島にかけてはかなり正確である。

中世

ヨーロッパ中世はキリスト教的世界観により，科学性が否定され，世界図も古代以前の平板の形に戻った。イスラーム世界は，ヘレニズム文化を保存し，科学的世界観を近代ヨーロッパへ伝える役割を果たした。

⬅❹ 1472年のTO図　円盤状の地図は，アフリカ，ヨーロッパ，アジアの三大陸とそれを区分するT字形を描いたもの。Oは世界の周辺をとりまく海オケアノス，Tの横線はタナイス川（現在のドン川）とナイル川，縦線は地中海を表している。中心にキリスト教の聖地エルサレムが描かれたものもある。

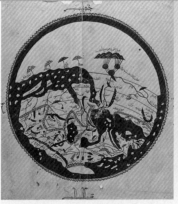

⬅❺ 1154年のイドリーシーの世界図　アラビアの地理学者イドリーシーが製作した。イスラーム世界での代表的な世界図。南が上で聖地メッカが中心に描かれている。インド洋から地中海にかけての地域の概略が読みとれる。

⬅❻ 1492年のマルティン＝ベハイムの地球儀　ドイツの学者・探険家であるマルティン＝ベハイムが製作した，現存する世界最古の地球儀。まだアメリカ大陸は描かれていない。裏側の大西洋の西部には，マルコポーロの『世界の記述』に登場するジパング（日本）が想像で描かれている。

中世〜近世

十字軍の遠征，マルコポーロの『世界の記述』，コロンブスの大航海などにより，ヨーロッパ人の地理的視野は拡大し，18世紀以降クックらの探険の成果によって世界図の空白は埋められた。

⬆❼ 1569年のメルカトルの世界図　オランダのメルカトルは，1569年に大航海時代の成果を踏まえ，経緯線を直交させたメルカトル図法で世界図を製作した。アメリカ大陸は描かれているが，未知の大陸であったオーストラリアはまだ描かれていない。

⬆❽ 1755年のドゥリールの世界図　フランスのドゥリールによって描かれた世界図で，各大陸の位置がほぼ正確に表現されている。オーストラリア東部と北アメリカの一部はまだ空白状態である。18世紀後半には正確で科学的な地図の作成が始まった。

⬆❾ 1821年の伊能忠敬の日本地図　幕府の命により，1800年〜16年にかけて全国を歩いて測量し，精度の高い美しい地図を製作した。その集大成が高橋景保による「大日本沿海輿地全図」である。

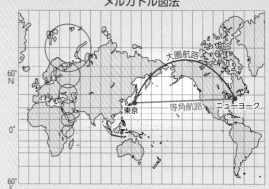

◀1 方位 方位とは地球上の真北（北極）と真南（南極）を基準とした方向のことで，地球上の任意の地点において，両極を結ぶ経線（子午線）に対して直角（90度）の方向が，その地点における東及び西の方位となる。写真上の東京を通る子午線と直角をなす方位が東西で，インドは日本のほぼ真西に位置する。

1 地図の基本条件 ―面積・角度・距離・方位

面積が正しい ＜正積図法＞

◯は，地球上の各地域に一定の大きさの円を描いた時，その円の形や大きさの変化を示している。

サンソン図法

緯線は赤道に平行で等間隔，経線は中央経線を除いて**正弦曲線**（サインカーブ）となる。低緯度地方での形のひずみが小さい反面，高緯度地方の周辺部ほど形のひずみが大きくなる。

モルワイデ図法

経線は中央経線を除いて**楕円曲線**（左図では東経90度，西経90度の線をつなぐ場合のみ円となる），緯線は赤道に平行な直線で正積の条件を満たすため，高緯度ほど間隔は狭い。中・高緯度地方での形のひずみが小さい。

ホモロサイン（グード）図法

モルワイデ ←→ サンソン ←→ モルワイデ

接合部分

低緯度地方のひずみが小さい**サンソン図法**と，中・高緯度地方のひずみが小さい**モルワイデ図法を緯度40度44分で接合**した。大陸の形のひずみを少なくするため，海洋部の経線で地図を断裂させる。分布図には優れているが流線図には向いていない。

接合部分

ボンヌ図法

標準緯線

中央経線

経線は正積条件を保つように作図した曲線。緯線は，北極より少し上方に中心をおいた等間隔の同心円。周辺部のひずみが大きく世界図には不適だが，中縮尺の**地方図**に適する。あえて世界図を描くとハート形のような全体形となる。

2 地球儀（球体）を平面へ

角度が正しい ＜正角図法＞

メルカトル図法

大圏航路

60°N

等角航路

東京　ニューヨーク

0°

60°S

地球の中心に視点をおき，地球に接する円筒に投影する。経線と緯線が直交し，経線は等間隔の平行線，赤道に平行する緯線は高緯度ほど間隔が広くなる。（間隔の拡大率を改良）

実際の面積は？

グリーンランド	216.6万km²
南アメリカ大陸	1,746万km²

（国連資料による）

（特色）図上の任意の2点を結ぶ直線が等角航路（等角コース）となるため，**航海図**として利用されてきた（大圏航路ではない）。高緯度ほど距離や面積が著しく拡大される（緯度60度で距離は2倍，面積が4倍に拡大）。世界地図としてよく利用されるが，「ニューヨークは東京の東に位置する」など誤った方位観を与えやすい。

距離・方位が正しい ＜方位図法＞

正距方位図法（東京中心）

北

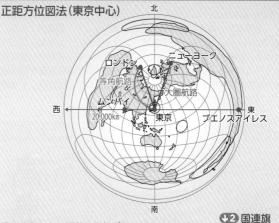

ロンドン　ニューヨーク

等角航路

大圏航路

ムンバイ

西　20,000km　東京　ブエノスアイレス　東

南

図の中心からの距離と方位が正しく表される図法で，航空図に利用される。北極を中心とした地図は国際連合のマークに用いられ，緯線は等間隔の同心円で南緯60度まで描かれている。

（特色）極以外の一点を中心とする図においては，中心と両極を通る中央経線は子午線全周（約40,000km）を表し，**図の中心と任意の一点を結ぶ直線は，2地点間の最短距離にあたる大圏航路（大圏コース）を示し，その距離は正しい。また，中心から見た方位も正しい。**欠点は，図の周辺ほど面積や形のひずみが大きいことである。

↓2 国連旗

Q 上の正距方位図法の図上で東京を通る中央経線（子午線全周）は5cm，東京～ロンドン間の大圏航路は1.2cmであった。東京～ロンドン間の最短距離は約何kmか，百km単位で答えよう。【06年B追・第1問・問1】

さまざまな地図

地図の分類

基準	種類	内容	例
表現内容	一般図	基本的な地理情報を網羅して表現	国土基本図，地形図，地勢図
	主題図	特定の事象をくわしく表現	海図，人口分布図，気候図，土地利用図
作成法	実測図	実際に測量をして作成	2万5千分の1地形図
	編集図	実測図をもとにして編集	5万分の1地形図，地勢図，地図帳の各地図
縮尺	大縮尺図	相対的な概念。分母が小さいほど大縮尺	2万5千分の1地形図
	小縮尺図		日本地図や世界地図
媒体	紙地図	紙に印刷された地図	5万分の1地形図
	数値地図（デジタル地図）	数値情報（デジタルデータ）として記録した地図	電子国土基本図

1 一般図

20万分の1地勢図

■ **内容**　5万分の1地形図16面を張り合わせて1面にまとめ，全国を130面でカバー。山地には影（ボカシ）をつけて表現してあるので，地表の起伏の様子が立体的で見やすい。平成27年12月から，電子国土基本図のデータを調整した「電子地形図20万」の提供が開始された。

5万分の1地形図

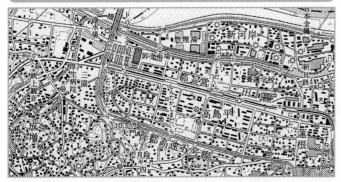

■ **内容**　2万5千分の1地形図4面分を1面にまとめた**編集図**である。全国を1,295面でカバーし，ほとんどが4色刷。2万5千分の1地形図にくらべると表現内容は少し省略されているが，数市町村程度のやや広い範囲を一度に見ることができる利点がある。100年以上の歴史があるため，地域の変遷を旧版地形図との比較で調査・研究することができる。数値地図50000（地図画像）を専用ソフトを用いてパソコン上に表示することも可能である。

2万5千分の1地形図（旧版）

■ **内容**　統一した内容と精度で国土全体をカバーしている基本的な**実測図**。土地の高低や起伏，土地利用，集落，道路，その他各種の建造物などが表示されている。全国を4,430面でおおっている。旧版は3色刷で，平成14年式以降は経緯線の基準が世界測地系となった。平成25年11月より多色刷の刊行が開始され，順次入替えが進んでいる。

▼ 比較してみよう

1万分の1地形図

■ **内容**　全国主要都市の地形図で313面が刊行済み。建物一軒一軒の形状が正確に表示されていて，2m間隔の等高線で表現されている。

（注）1．このページの地図は，東京都板橋区の高島平を中心に見たものである。
　　2．地図の面数などの数値は，2023年6月1日現在。

電子国土基本図

※国土地理院の「地理院地図（電子国土Web）」より引用

（約4500分の1　高島平四丁目）

2万5千分の1地形図（新版）

■ **内容**　国土地理院では，平成21年度から従来の2万5千分の1地形図および空中写真等をデジタルデータとした「**電子国土基本図**」を整備した。電子国土基本図には，地図情報，オルソ画像（空中写真），地名情報の3種類の情報があり，これらはウェブ上の「**地理院地図**」で閲覧できる。地理院地図では用途に応じたさまざまな縮尺，年度，3D，断面図，主題図などの画像が設定されている。電子国土基本図の地図情報をもとに作成されたデジタルの地形図が「**電子地形図25000**」であり，地図の範囲やサイズ，色などの選択が可能で，インターネットで閲覧・購入できる。一定の規格で紙地図に印刷したものが新版・多色刷の2万5千分の1地形図である。

2 主題図 ～主題図を作成して視覚的にわかりやすく表現しよう～

地理・地図・地理情報

ドットマップ

一定数量を示す点（ドット）で分布密度の粗密を示す地図はドットマップとよばれ，人口分布，家畜頭数，穀物栽培量等を表現するのに適している。

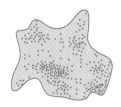

◉ シカゴの民族分布（アメリカ合衆国）

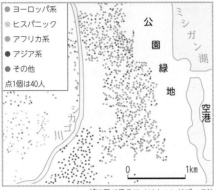

- ● ヨーロッパ系
- ● ヒスパニック
- ● アフリカ系
- ● アジア系
- ● その他

点1個が40人

ミシガン湖

公園緑地

シカゴ川

空港

0 1km

『地図で見るアメリカハンドブック』

メッシュマップ

地域を方形の網目状に区切って，統計数値を図化する地図はメッシュマップとよばれ，行政区域などの既存の区画にとらわれない地域比較が可能となる。

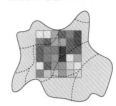

◉ 東京都区部の総人口増減率予測

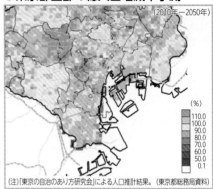

（2010年－2050年）

（%）
110.0
100.0
90.0
80.0
70.0
60.0
50.0
0.1

（注）「東京の自治のあり方研究会」による人口推計結果。（東京都総務局資料）

等値線図

等しい数値の地点を線で結んだ地図は，等値線図とよばれ，等温線や等高線，桜の開花日など，連続的に分布・変化する事象を表現するのに適している。

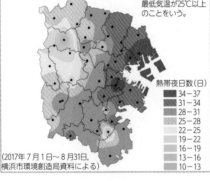

◉ 横浜市内の熱帯夜日数の分布

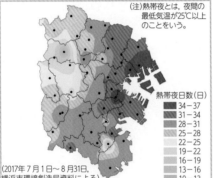

（注）熱帯夜とは，夜間の最低気温が25℃以上のことをいう。

熱帯夜日数（日）
34－37
31－34
28－31
25－28
22－25
19－22
16－19
13－16
10－13

（2017年7月1日～8月31日，横浜市環境創造局資料による）

流線図

物や人の流れの方向・量を矢印の方向・太さで表現した地図は流線図とよばれ，石油や石炭の貿易，人口移動等を表現するのに適している。

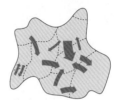

◉ 訪日外国人旅行者数（一部）

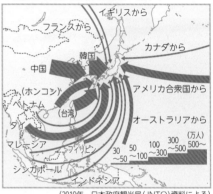

フランスから
イギリスから
カナダから
韓国
中国
（ホンコン）
ベトナム
（台湾）
アメリカ合衆国から
タイ
オーストラリアから
マレーシア
フィリピン
シンガポール
インドネシア

（万人）
30 50 100 300 500
～50 ～100 ～300 ～500

（2019年，日本政府観光局（JNTO）資料による）

図形表現図

円・棒・立方体・球などの図形の大きさで統計数字の大きさを表現した地図は図形表現図とよばれ，直観的にその大きさを理解しやすい。

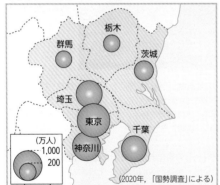

◉ 関東7都県の人口分布（球による表現）

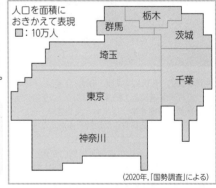

栃木
群馬
茨城
埼玉
東京
神奈川
千葉

（万人）
1,000
200

（2020年，「国勢調査」による）

変形地図（カルトグラム）

統計数値の大小に応じて地図そのものを変形した地図はカルトグラムとよばれ，所得や人口など各国，地域の統計値をわかりやすく視覚的に示すのに有効である。

Q 人口増加率の階級区分図は，絶対値，相対値のどちらの分布を示すものか。
【12年A本・第1問・問7】

◉ 関東7都県の人口数によるカルトグラム

人口を面積におきかえて表現
□：10万人

栃木
群馬
茨城
埼玉
東京
千葉
神奈川

（2020年，「国勢調査」による）

よりみち Geography 階級区分図（コロプレスマップ）の嘘？

地域間の統計数値の違いを，色の濃淡や模様の違いで表現した地図は，階級区分図（コロプレスマップ）とよばれ，行政区画別に人口密度等を示す場合に用いられる。コロプレスマップの作成には階級区分を意図的に行うことで，図を見た人に与える印象を操作することができる。そこにはさまざまな見方が可能であったにもかかわらず，一つの見方しか表さないため，注意が必要である。

ヒスパニック比率①
（2021年）
アメリカ合衆国北東部

5%以上
3～5%未満
3%未満

ワシントンD.C.

ヒスパニック比率②
（2021年）
アメリカ合衆国北東部

10%以上
5～10%未満
5%未満

ワシントンD.C.

ヒスパニック比率③
（2021年）
アメリカ合衆国北東部

15%以上
8～15%未満
8%未満

ワシントンD.C.

（アメリカ合衆国国勢調査局資料による）

← [3枚の階級区分図を見た印象] ①北部の一部を除き，全般的にヒスパニック比率が高い。②メガロポリス地域でヒスパニック比率が高い。③ニューヨーク市とその大都市圏でヒスパニック比率が高く，その南側がそれに次ぐ。

地域調査

1 地域調査の目的・方法・視点

目的	対象地域の地理的特色を把握し，その課題を探究することにより地域への理解を深める。また，調査の計画・準備・実施・まとめという一連の手順を通して，そのための地理的知識や技能を身につける。	
方法	クラスなど多人数の場合	幾つかの班に分け，自然，産業，人口，生活・文化などの分野ごとに地域の特色や課題を探究した上で，総合的に地域を考察する。
	少人数や個人の場合	地域の地理的特色や課題にかかわる具体的なテーマを設定し，調査活動を行い考察する。
視点	・自然や人間活動などの地理的事象が他の地域と比べてどのような特色があるか。 ・さまざまな地理的事象がどのように変化してきたか，その要因や時代背景は何か。 ・地域がかかえている課題（問題）は何か，その原因や社会的背景を探り将来を展望する。	

2 調査内容の例

例示した長野県安曇野市の概要

　安曇野市は，長野県のほぼ中央部に位置し，西部は飛騨山脈（北アルプス）の山岳地帯，東部の平地は松本盆地の一角を占め，南北に複合扇状地が連なる。2005年，5町村が合併して，面積約332km²の安曇野市が誕生した。

【人口】9.7万人（2022年）

【産業】農用地の83%は水田で米収穫量は1.9万t（県内1位，2022年）。工業製品出荷額は4,593億円（県内5位，2019年）である。湧水や山岳景観などの観光資源も豊富。

★印は安曇野市における特色や課題の例

地形　どのような地形がみられるか，地形と集落や土地利用・農業・人口分布などとの関連，開発の歴史。
★扇状地，農業用水開削による扇央の水田化，扇端の湧水帯におけるワサビ栽培，フォッサマグナと断層地形

気候　気候の特色（気温や降水量，風，日照時間など），気候と農業・地場産業などとの関連，自然災害，小気候。
★地形や気候とりんご栽培の関連性，ダム建設と河川流量，恵まれた自然と観光・リゾート産業

農林水産業　主要産物とその出荷先，主要産物の推移，経営上の問題，農林水産業と地域振興，土地利用の特色。
★扇央部の土地利用の変化，中山間地における耕地や森林の荒廃・野生動物被害の増加，農産物直売所の活況

←1 北アルプス山ろくに広がる安曇野市［長野県］　飛騨山脈（北アルプス）の山ろくには流下する河川が形成した扇状地が連なり，扇頂・扇央から扇端にかけて多くの集落が散在し農地が広がる。写真下部を信濃川の上流の一つである犀川が左から右へ北流し，その左岸側に広がる林地付近が扇端にあたり，豊富で清冽な湧水を利用したわさび田や，ニジマスの養魚池が点在する。扇央は江戸時代後期に等高線に沿って開削された農業用水により豊かな水田地帯に変貌した。

　盆地の下部をフォッサマグナの西縁（▶P.56）にあたる糸魚川・静岡構造線が通過し，その西側が隆起して形成された飛騨山脈の山頂部は，標高ほぼ2,700〜2,900mであり初夏まで残雪に覆われる。

生活・文化　伝統的な家屋・料理・工芸品・行事の特色や自然環境・産業との関連。地域コミュニティの活動。
★養蚕業と農家建築，道祖神と民間信仰，塩の道と食文化，伝統文化や自然環境を活かした地域振興

製造業　主要業種の変遷やその立地条件，工場や工業団地の分布と交通条件。工業製品の出荷先や原料仕入れ先，工場数や従業員数の変化とその理由，地場産業の特色。
★高速道路と電子機器工場の立地，産業空洞化の影響

交通　鉄道・主要道路・バス路線などの発達と変化，幹線・高速交通網整備と産業立地や住民生活の変化。
★高速道路利用と観光産業の立地，鉄道や高速バス利用者数の変化，交通弱者の足の確保

都市と村落　都市化の進展と地域の変貌，都市問題，都市の再開発，都市近郊の宅地開発，中心都市の通勤・通学圏，都市や村落の発達史や形態。
★中心市街地の買物圏や通院圏，屋敷林と景観保全

人口　地域や市町村の人口分布とその変化およびその要因，年齢別人口の割合と変化，産業別人口の割合と変化，夜間人口と昼間人口。
★少子高齢化の影響，空き家対策，高齢化と限界集落

商業・消費生活　大型店やロードサイドショップ・コンビニなどの分布の特色・立地条件，中心商店街の盛衰。
★上記店舗の分布・既存商店街への影響，外国人観光客の増加・訪問先。医療・介護施設の分布と課題

3 地域調査の手順

1)政府統計ポータルサイト。2)地域経済分析システム

調査地域やテーマの設定 ▶ e-Stat¹)・RESAS²)などによる予備調査 地図・文献・統計資料・ ▶ 地域の概要や課題の把握 ▶ 現地調査の計画・依頼 ▶ 資料収集・観察・聞き取り 現地調査 ▶

▶ データの図表化，特徴の把握 調査内容の分析 と理由の考察，討論 ▶ ポスターによる発表，報告書作成 調査結果のまとめ

○○市の製造業

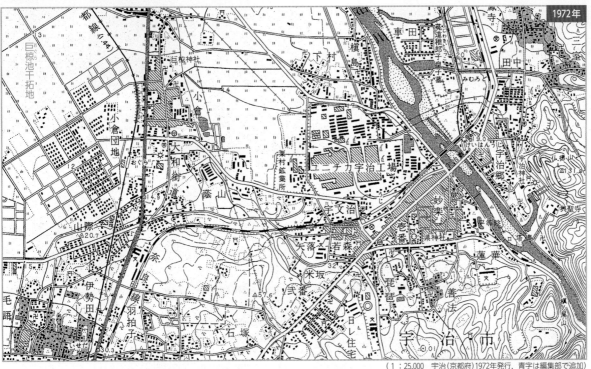

1972年

（1：25,000　宇治（京都府）1972年発行，青字は編集部で追加）

2018年

（1：25,000　宇治（京都府）2018年発行，青字は編集部で追加）

← 宇治川の谷口集落，平等院を擁する観光都市として発展した宇治市は，茶業都市としても有名である。宇治町を中心に近隣町村を合わせて1951（昭和26）年に誕生した宇治市は，旧宇治町市街地以外の大部分が農村であったが，京都市に隣接し鉄道や道路など交通の便に恵まれていたため，1960年代後半から鉄道駅周辺を中心に市内各地で宅地開発が進展した。特に1965（昭和40）年〜1975（昭和50）年の10年間に人口が倍増し，総人口は13万人を超えた。小倉団地付近の北西側は巨椋池干拓地。

← 京都市，大阪市の通勤・通学圏内に位置する宇治市はその後も宅地化が進展し，2007（平成19）年には総人口19万人を突破した。特に宅地化の進展が顕著な地域として，①近鉄小倉駅西側の旧巨椋池干拓地の南端を占める南堀池，南浦などの地域，②JR奈良線小倉駅南側の南陵町から天神台にかけての地域と駅北側の半白一帯，③京阪三室戸駅周辺地域があげられる。いずれも都市計画に基づく整然とした街路網がみられる。2010（平成22）年以降，宇治市の人口は横ばいから減少に転じ，年々老年人口比率が高まりつつある。

Q 2つの図は，1972年（上）と2018年（下）の宇治市中央部を示す2万5千分の1地形図である。これらの新旧地形図を比較し，以下の点について確認し考察しよう。【17年B本・第6問・問2】

①下（2018年）の地形図で観光地として有名な平等院鳳凰堂を探してみよう。
②上下の地形図で茶畑を緑で着色し，どのような地形に分布しているか答えよう。
③宇治川の流向は北西，南東のどちらか答えよう。
④下の地形図でJR奈良線に新たに設置された駅を探し，その理由を考えてみよう。
⑤1972年以降，住宅地として開発された地域を下の地形図で確認し，マーカーなどで囲んでみよう。さらに，住宅地域に変化した以下の2地域について，**宅地**

開発前の地形や土地利用を上の地形図から探究してみよう。
A 近鉄京都線小倉駅西側堀池，南堀池→地形と土地利用を答えよう。
B JR小倉駅南側南陵町（一），（二），（四）→地形と土地利用を答えよう。
⑥下の地形図中のX地域ではどのような自然災害の危険度が高いと考えられるか。2つ答え，その理由を考えてみよう。

地理情報システム(GIS)

1 地理情報システム(GIS)の定義

　地理情報システム(**G**eographic **I**nformation **S**ystem，以下，GIS)とは，地理情報をコンピュータで処理するシステムのことである。地理情報とは，「位置」に関する情報，すなわち緯度・経度，住所等の情報である。その「位置」情報とその「属性」に関する長さ，面積，高さ等という情報を付加したのが地理情報である。GISは，地理情報を管理，分析，伝達する。さらに，GISのsystemをscience(科学)と読み替え，個人や社会の様々な課題へ援用する方法論を研究する地理情報科学へと進化している。この地理情報科学は歴史学，都市計画，公衆衛生学等適応分野は多岐にわたる。

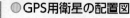

2 GISの構造

●ポリゴン(面)

●ポイント(点)

●ポリライン(線)

●ラスタデータ

よりみち
Geography

リモートセンシング

　リモートセンシング(Remote Sensing)とは，遠く離れた所から直接物体に触れずに，物体の大きさや性質を調べる技術である。人工衛星や航空機に搭載されたセンサーが地表の海，森，都市，雲などから反射・放射される電磁波情報を収集・処理し，対象物や自然現象の状態を把握する。アメリカ合衆国の「ランドサット」や日本の「だいち」などの地球観測衛星，「ひまわり」などの気象衛星が，リモートセンシングのさまざまな分野で活躍している。

●GPS用衛星の配置図

↑1・2 日本版GPS衛星「みちびき」4号機(上)と搭載して打ち上げられるロケット(下)(2017年)[鹿児島県]　GPSはGlobal Positioning System(全地球測位システム)のこと。アメリカ合衆国が打ち上げた約30基のGPS衛星からの電波を利用して，現在の緯度，経度，高度などの位置情報を正確に知ることができるシステム。国土地理院は全国に約1,300か所のGPS観測を行う電子基準点を設置し，地図作成のための測量や地殻変動を監視する基準点としている。ロシア，欧州，中国の測位システムを含めて**GNSS**(Global Navigation Satellite System；全球測位衛星システム)とも総称する。

↑「位置」と「属性」を一元的に管理できるので，図形とその属性の様々な解析が瞬時に可能となる。紙地図では不可能な分析を手間を掛けることなく，可視化してくれる。GISで扱うデータはベクタデータとラスタデータである。ベクタデータにはポリゴン(面)，ポイント(点)，ポリライン(線)がある。ラスタデータは写真のように格子状のセルごとに情報が含まれているものである。

3 GISの有用性

➡ GISを使用すると，何が分かり，何に役立つのか。この答えはGISの原点であるイギリスのジョン・スノーのコレラマップに遡る。1854年，スノーは当時ロンドンのソーホー地区で流行していたコレラの感染源を，患者の分布と井戸の場所により地図を用いて突き止めた。そして，井戸の使用停止を提言した。この時スノーは地図により空間的推論を働かせて，自らの推論を立証した。スノーのこの偉業は空間的思考の重要性を説いている。空間的思考の特に，空間的推論を支援し，向上させるツールがGISである。SDGs(持続可能な開発)の課題解決や意思決定の道具としてGISは威力を発揮する。イギリスやアメリカでは大学生のための空間的思考を支援するGISのウェブサイトが設けられている。

●コレラマップをGISで再現したもの

●新型コロナウイルスのクラスター分析

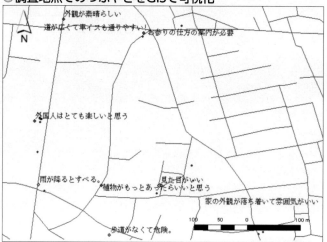

➡ 2020年3月初旬のCOVID-19(新型コロナウイルス感染症)の感染者数をもとに全国の高/低クラスター(感染者集団)分析したものである。この頃は高いクラスターは検出されず，福井県(有意水準1%)や周辺の県に低いクラスターが検出された。以後，現在に至るまで緊急事態宣言，まん延防止等重点措置の対策が取られてきたことは周知の事実である。感染状況を地図化することで，感染者数の多寡のみならず，集積の度合を可視化できるのもGISの魅力である。この解析機能は交通事故や犯罪の多発地域の特定にも援用できる，便利で有益な機能である。こうした社会貢献がGISには求められている。

4 野外調査でのGISの活用

●調査地点でのつぶやきをGISで可視化

外観が素晴らしい
遠くが広くて車イスも通りやすい!!
お参りの仕方の案内が必要
外国人はとても楽しいと思う
雨が降るとすべる
植物がもっとあったらいいと思う
見た目がいい
家の外観が落ち着いて雰囲気がいい
歩道がなくて危険。

↑ 野外調査に有効なのがモバイルGISである。タブレットに調査用フォームを内蔵して，調査に出向き観光資源の評価をすることができる。任意のポイントで気付いたことをつぶやいて入力し，併せて写真を撮影すれば位置情報が付加されているので，事後にGIS上に可視化できる。これにより，観光資源の改善へとつなげられる。インバウンド観光を見据えて，外国人がSNSでつぶやいた内容を解析することで，外国人観光客の行動を把握して施策に反映する取組もすでに始まっている。

※空間的思考とは，空間的概念(空間の抽象化)，空間的表現(対象の地図，グラフ化)，空間的推論(推論による意思決定)からなる。

1 GISで何ができるの？ 入門編 －集計データの利用

データを活用して課題を探る！

❶ 農林業センサス－男性の同居農業後継者がいる農家数

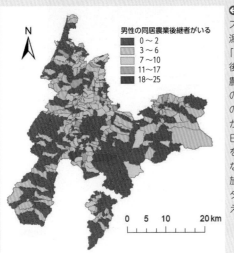

男性の同居農業後継者がいる
- 0～2
- 3～6
- 7～10
- 11～17
- 18～25

0　5　10　20 km

← 農林業センサスのデータから新潟県中越地区の「男性の同居農業後継者がいる」の農家数を表したものであり、後継者のいない赤の集落が目立つ。今後の日本の農業の課題を探るきっかけとなる。さらに耕作放棄面積等のデータも可視化して考えたい。

Q 今後の日本の農業の課題を考える上で、必要と思われるデータを調べてみよう。

❷ 経済センサス－小売業・卸売業売上高

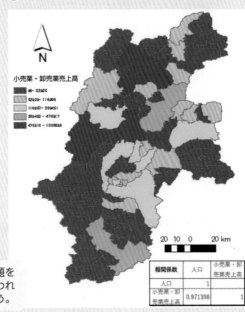

小売業・卸売業売上高
- 96～82928
- 82929～116905
- 116907～209451
- 209452～470817
- 470818～1000925

20　10　0　20 km

← 経済センサスで長野県の小売業・卸売業売上高を表したもの。相関係数は0.971であった。経験的に人口規模と比例すると考えられるが、相関係数を算出して検証することも大切である。可視化することで人口との相関の様子を概観できるのもGISの魅力である。

相関係数	人口	小売業・卸売業売上高
人口	1	
小売業・卸売業売上高	0.971398	1

地図・地理情報

2 GISで何ができるの？ 入門編 －衛星画像の利用

　ランドサット (Landsat) の衛星画像は無償のリモートセンシングのソフトウェアで処理が可能である。地図帳に掲載の場所も気軽に見ることができる。画像合成のみならず、地表面温度や緑被率も計算可能である。海外の地形を身近に捉えることができる便利なツールである。

◉ ガンジスデルタ

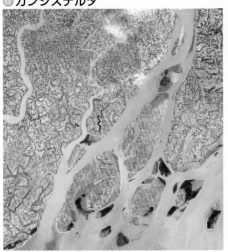

◉ チチカカ湖

◉ アイスランド北部

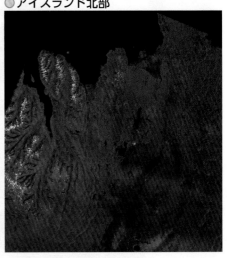

↑ ランドサット (Landsat) の衛星画像は無償のマルチスペック (MultiSpec (右図①)) 等で、トゥルーカラー (目で見たような自然な色合い) であれば、R (赤)、G (緑)、B (青) にそれぞれランドサットのバンドをR→バンド4、G→バンド3、B→バンド2というように割り当ててカラー合成 (右図②) する。

図❶ MultiSpec

MultiSpec Application
Version 2018.08.30
(64-bit version)

Copyright © 1995-2018
Purdue Research Foundation
All Rights Reserved

Work leading to MultiSpec was funded in part by NASA Grants
NAGW-925, NAGW-3924 and NAGW5-3975

Supported by AmericaView (www.americaview.org)

GDAL, Kakadu (jpeg2000) and ERDAS/Earth Resource Mapping
ECW software libraries are used.

図❷ 各バンドに色を割り当てる

Display

Type: 3-Channel Color

Channels:

Red: 4　☐ Invert
Green: 3　☐ Invert
Blue: 2　☐ Invert

Channel Descriptions...

Magnification: 0.083

Enhancement

Bits of color: 24
Stretch: Linear
Min-max: Clip 2% of Tails
Treat '0' as: Data
Number of display levels: 256
☑ Load New Histogram

Cancel　OK

地理情報システム（GIS）の活用 ❷

1 GISで何ができるの？ 入門編 －地形解析の基本

地形をデジタル化して解析してみる

❶ 5mメッシュデータ

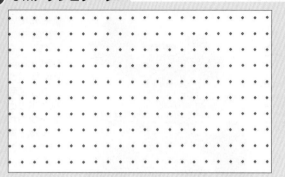

⬆ 5m四方の中心点の標高値をポイントに格納したDEM（数値標高モデル）である。この他，10mメッシュのデータも存在する。データ量としては10mの方がファイルサイズが小さくなるので広範囲での処理に向いている。これを使用することにより，等高線を抽出したり，陰影起伏，斜面方向等を計算できる。地形解析の元となるデータである。

❷ IDW（逆距離加重法）による内挿

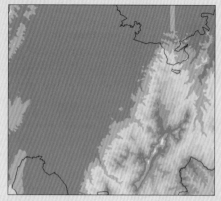

⬆ ①の標高値を内挿（既知のものから推測）してラスタ（写真と同様な格子状の画素）データに変換したものである。IDW（Inverse Distance Weighting）は内挿の方法の一つである。

❸ 等高線

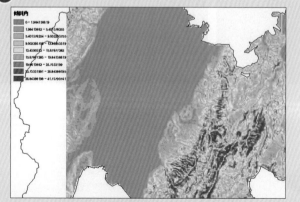

⬆ ②のラスタデータから等高線（コンター）を抽出したもの。これによりラインデータとして扱うことが可能となる。尾根と谷も判別でき，紙地図と照合するとより理解が深まる。

❹ 傾斜方向

傾斜方向
- 平地（-1）
- 北（0-22.5）
- 北東（22.5-67.5）
- 東（67.5-112.5）
- 南東（112.5-157.5）
- 南（157.5-202.5）
- 南西（202.5-247.5）
- 西（247.5-292.5）
- 北西（292.5-337.5）
- 北（337.5-360）

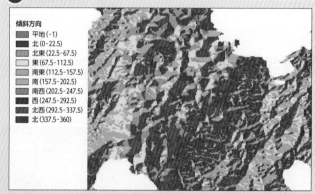

⬆ ②のラスタデータから傾斜方向（方位）を計算させたもの。住宅や農業に最適な土地を探る指標となる。

❺ 傾斜角

⬆ ②のラスタデータから傾斜角を計算させたもの。斜面崩壊や開発に伴うリスク等を考える上で参考となる。

❻ 陰影起伏

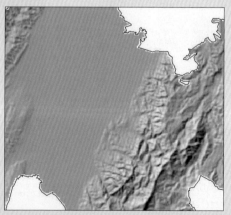

⬆ ②のラスタデータから陰影起伏を計算させたもの。紙地図では起伏は視覚的には捉えにくいがGISにより直感的に把握できる。

2 GISで何ができるの？ 入門編 －ハザードマップの作成

下の新潟県中越地区のようすを例に，土地条件や災害リスクを確認しよう！

❶ 浸水深

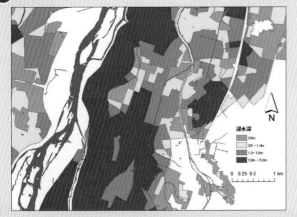

⬆ 各家庭に配布されるハザードマップの典型である。国土数値情報の浸水想定区域や土地条件の図を使用すればハザードマップが容易に作成できる。

❷ 土地条件

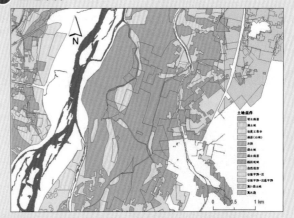

⬆ さまざまな地点の地形が自然地形であるか，人工地形であるか確認してみる。

❸ 液状化リスク

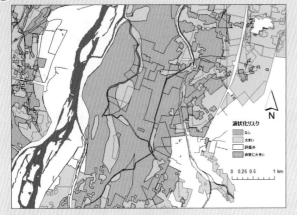

⬆ 土地条件の図の液状化リスクの評価に基づいて可視化したもの。土地条件との関連について考察しよう。

❹ 揺れリスク

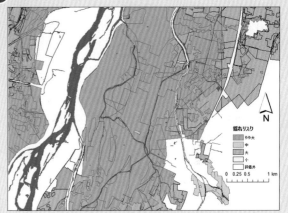

⬆ 土地条件の図の揺れやすさの評価に基づいて可視化したもの。液状化リスクや揺れやすさの評価を掲載したハザードマップは各戸には配布されないので，こうした情報を可視化して身近な災害リスクについて理解を深めよう。

❺ 避難所への近接性（近づきやすさ）

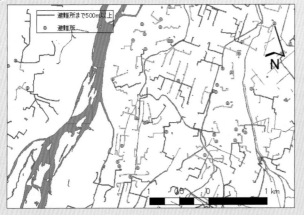

⬅ 避難所をGIS上にプロットして，町丁目ポリゴン（面）（▶ P.12 ②）の重心から最近隣の避難所までの距離を測定したもの。赤いラインはその距離が500m（高齢者が徒歩で無理なく歩行できる距離として一般的に用いられる）以上のものである。図では4割以上の町丁目で500m以上あり，より最近隣に避難所の設置が求められるということが考察できる。

⬆ GISの土地条件の図や災害リスクの評価に基づいて，ハザードマップを作成することができる。これにより，自宅や学校の立地する場所の災害リスクを評価できる。対象とする地形について，自然地形なのか人工地形なのかをまず確認しよう。次にそれぞれの災害リスクについて，地形との関連を考察してみよう。

地理情報システム（GIS）の活用 ❸

❶ GISで何ができるの？ 応用編 −主題図の作成 ①

土地利用の様子を探ろう！
田はどの方向に
広がっているのか？

　主題図の作成は地理において重要である。GISを使用すれば，受け身ではなく主体的にかつ比較的簡便に，主題図を作成することができる。課題を設定して，データを加工，解析して結果を可視化してみる。デジタル地図を作る楽しさを実感できる。ここでは，距離帯別・方位別の土地利用の特徴を抽出することを目的とする。さらに経年変化を調べれば土地利用の変容の様子を明らかにすることができる。

❶ 土地利用メッシュ

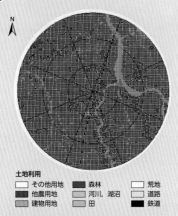

土地利用
その他用地　森林　荒地
他農用地　河川，湖沼　道路
建物用地　田　鉄道

⬆国土数値情報の土地利用メッシュのデータである。扱いやすいように6kmのバッファ（同心円）でクリップ（切り抜き）したものである。データには地目等の属性情報が付加されている。

❷ 2kmごとの多重リングバッファ

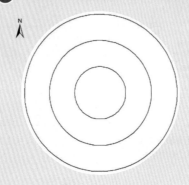

⬆任意の地点を中心として，2kmごと6kmまでの多重リングバッファを描かせる。距離は可変的であるが，あまり大きな範囲は解析には適さない。

❸ 多重リングバッファとメッシュとの交差

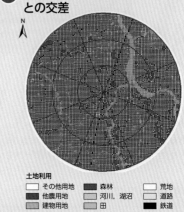

土地利用
その他用地　森林　荒地
他農用地　河川，湖沼　道路
建物用地　田　鉄道

⬆土地利用メッシュと多重リングバッファをインターセクト（重なる部分を抽出）する。

❹ 八方位線

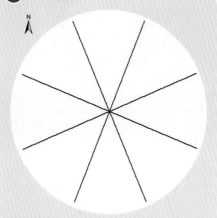

⬆八方向の方位線を描く。角度はそれぞれ45度である。これにより先のインターセクトしたメッシュを24分割する。

❺ 距離帯・方位ごとの土地利用の割合

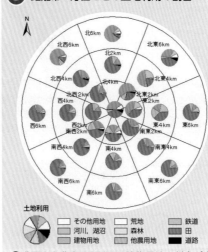

土地利用
その他用地　荒地　鉄道
河川，湖沼　森林　田
建物用地　他農用地　道路

⬆北西から北東にかけては建物用地の割合が高く，西から東，さらにそれより南方向にかけては田が広がっている様子がうかがえる。衛星画像で確認すればより説得力が増す。過去のデータも可視化させ，さらに背景もあわせて考えてみる。

❻ 4km帯の方位別土地利用構成比

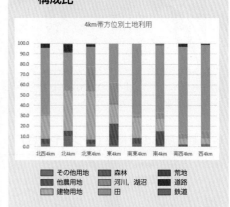

土地利用
その他用地　森林　荒地
他農用地　河川，湖沼　道路
建物用地　田　鉄道

⬆中心地からの距離が4kmまでの方位別土地利用の様子。左図と同様に北西から北，北東方向にかけて建物の割合が高いことが読み取れる。

2 GISで何ができるの？ 応用編 －主題図の作成②

近接性測定の利用方法を
考えてみよう！

ネットワーク解析はさまざまなサービス機会への近接性（アクセシビリティ；近づきやすさ）を測定するのに役立つ。近接性が良いということは，生活利便性が良いということであり，災害等にも極めて重要な要素である。近接性に着目して主題図を作成することは有益なので，さまざまな近接性を測定して生活の改善にいかすことができる。以下は，イギリスで始まったフードデザート問題（買い物弱者，買い物難民）について，その主題図の作成法と応用例である。

地図・
地理情報

❶ 最近隣の店舗への近接性測定

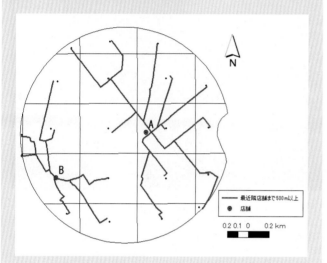

凡例：最近隣店舗まで500m以上　● 店舗
0.2 0.1 0　0.2 km

⬆ 処理をしやすいように図のように半径1kmの円で行った。メッシュの重心からA店とB店のどちらの店舗により近いのかを測定した結果。赤色のラインは店舗まで500m以上の距離があるものであり，併せて最短ルートも示している。

❷ ボロノイ分割図

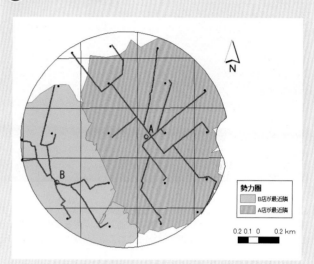

勢力圏
■ B店が最近隣
■ A店が最近隣
0.2 0.1 0　0.2 km

⬆ ボロノイ分割図（勢力図）である。ピンク色の領域に居住する人はA店がB店よりも近く，緑色の領域に居住する人はB店がA店よりも近く買い物に便利である。その勢力圏をそれぞれの色は表している。AとBを小学校に置き換えれば，小学校の学区の選定に応用できる。

❸ フードデザートマップ

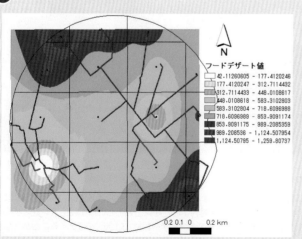

フードデザート値
□ 42.11260605 ～ 177.4120246
□ 177.4120247 ～ 312.7114432
□ 312.7114433 ～ 448.0108617
■ 448.0108618 ～ 583.3102803
■ 583.3102804 ～ 718.6096988
■ 718.6096989 ～ 853.9091174
■ 853.9091175 ～ 989.2085359
■ 989.208536 ～ 1,124.507954
■ 1,124.50795 ～ 1,259.80737
0.2 0.1 0　0.2 km

⬆ 国勢調査の65歳以上の人口データと近接性の結果を加味してメッシュの重心に数値を与え，フードデザートマップを作成したもの。赤がフードデザート（食の砂漠）値が高く，栄養面が憂慮される地区である。改善に向けた取り組みが地域の課題であることが理解できる。このほか，店舗がある程度存在する場合，カーネル密度（単位面積あたりの数値を推計）を使用して地域差を考慮して作成する方法もある。

❹ ハフモデルによる商圏の判定

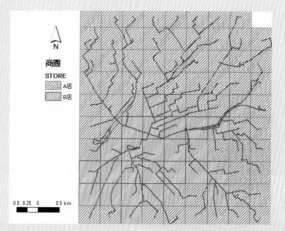

商圏
STORE
▨ A店
▨ B店
0.5 0.25 0　0.5 km

⬆ 近接性（アクセシビリティ）の解析は様々な事象に援用できる。デービット・ハフの商圏モデル（購買ポテンシャルを売場面積や駐車場台数を指標として計算），学区の設定，公共サービスへの近接性等に利用できる。テーマを設定して主題図に反映させ，地域の課題の考察へとつなげたい。

ハフモデル　ハフモデルとは，ある店舗に消費者が買い物に出かける確率を，他の店舗との競合状況を考慮しながら予測する分析手法。

Web−GISの活用

1 Google Earthとの連携

Google Earth（グーグルアース）は基本的にビューワ（見る）のためのソフトウェアである。ストリートビューで景観を現実のように見せたり，長さ等を測定したりする機能はあるが，高度な解析機能は装備されていない。そこで，他のGISソフトで作成したものをGoogle Earth上にプロットして，現実感を出し俯瞰するという使用法がよく用いられる。新学習指導要領では空間的相互依存作用の重要性が指摘されているので，Google EarthとGISソフトとの連携によりその例を示す。人の流れを把握することで，コロナ禍の状況下での人の移動と感染との関連について考える契機としよう。

1 東京都内・近隣県から千代田区への人流

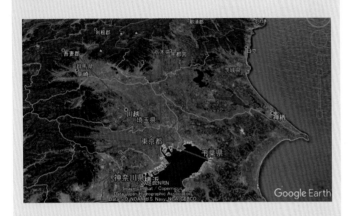

↑国勢調査の「従業地・通学地による人口・就業状態等集計」をもとに，東京都内・関東地方から千代田区への就業者・通学者の流動を可視化したもの。各ラインには通勤者・通学者の数値が付与されている。政治の中心である千代田区を例に空間的相互依存作用について考えてみよう。

2 移動効果指数

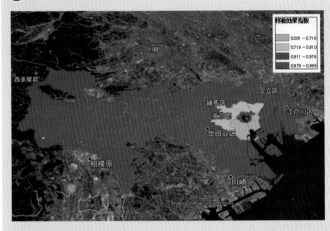

↑国勢調査の「従業地・通学地による人口・就業状態等集計」をもとに，千代田区と東京都内での移動効果指数を算出して可視化したもの。千代田区への移動と千代田区からの移動量を比較して，一方的な移動を示す数値が高い赤の地域，その次に数値が高い青の地域が続く。

3 関東地方の移動流力

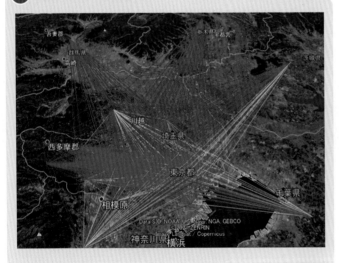

↑空間的相互依存作用として，東京都内と関東地方の通勤・通学の移動流のすべてを可視化したもの。東京都内の区市町村・近隣県の重心をそれぞれ出発点・帰着点としている。関東地方がお互いに関係・依存している様子が理解できる。その背景についても考えてみよう。

4 絶対的中心性

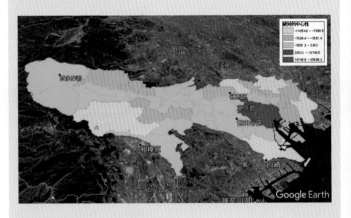

↑国勢調査の「従業地による産業（大分類），職業（大分類），男女別15歳以上就業者数」をもとに，絶対的中心性を算出したもの。千代田区や港区が高い数値を示す。可視化することで科学的根拠（エビデンス）とすることができる。昼夜間人口比率と比較してみるとよい。

Q 中心地機能が高い地域を確認しよう。さらに一極集中の長所・短所を考察してみよう。

中心地機能と絶対的中心性 中心地機能とは，ある都市が周辺の地域に中心地としてどの程度影響をおよぼしているのかを示すものである。管理機能，流通機能，サービス機能で計測する。4の絶対的中心性は，これらに生産加工機能を加えて算出した。 （大友篤『地域分析入門　改訂版』東洋経済新報社，2002年による）

2 地理院地図の活用

国土地理院の地理院地図は，地形断面図の作成や新旧の写真を並べて比較することができる。また，3D表示が可能で立体的に実際のように地形を見ることができる。さらにベクトルタイルという新しい形式が採用され，色や線の太さ等凡例表示の変更を自由にカスタマイズできるようになった。高校のみならず，自治体の防災業務にも役立てることができる便利なツールである。

❶ 標高図のカラーのカスタマイズ

⬆ 令和元年10月の記録的な大雨によって河川が氾濫し，広範囲にわたって浸水の被害が出た千葉県佐倉市の空中写真と土地条件図を重ね合わせたもの。クリックでレイヤの重なり方も簡便に変更でき，土地条件と被害の様子の関連を把握できる。

❷ 地形の高さを3Dで強調

⬇ 富山湾付近の地形を3Dで高さを拡大したもの。課題に応じて適宜使用するソフトは切り替える必要がある。導入にはGoogle Earthや地理院地図が適当である。発展的な課題にはGISソフトとRESASを併用して使用するなどの機転が求められ，課題解決に寄与する。

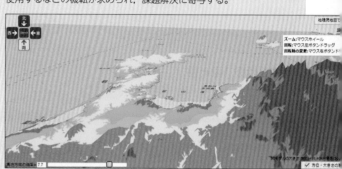

3 RESAS（地域経済分析システム）の活用

RESAS（リーサス）とは，経済産業省と内閣官房（まち・ひと・しごと創生本部事務局）が提供する，ビッグデータを活用した産業や観光，医療等の改善のための政策立案を目指したシステムである。このシステムを活用して，高校生の地域の課題の解決に向けた取組みも始まっている。多種多様なデータを瞬時に可視化でき，データのダウンロードも可能なオープンシステムであることも有益である。

❶ 農業産出額

⬆ 山形県南部の農業産出額をRESASで表示したもの。さくらんぼ，もも等で全国的に知名度の高い山形県の果実の様子がうかがえる。GISと連携することにより，さらに多面的な解析が可能となる。

データを加工してGISで特色を可視化するという活用法もあり，さらなる応用が見込める。

❷ 修正ウィーバー法による特色の抽出

⬆ RESAS使用のデータをダウンロードして，修正ウィーバー法により特色を抽出したもの。朝日町，天童市等に樹園地・田の組合せが見られる。

修正ウィーバー法 修正ウィーバー法とは，アメリカの地理学者のJ.C.ウィーバーが考案した農業地域区分の方法を土井喜久一氏が修正したもので，構成比と理論値との差の二乗和の最小のものを特色とする方法である。

1 地球上の位置

緯度と経度

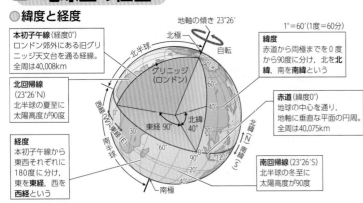

本初子午線（経度0°）
ロンドン郊外にある旧グリニッジ天文台を通る経線。全周は40,008km

北回帰線（23°26′N）
北半球の夏至に太陽高度が90度

経度
本初子午線から東西それぞれに180度に分け，東を東経，西を西経という

地軸の傾き 23°26′
北極
自転
グリニッジ（ロンドン）
南極

1°＝60′（1度＝60分）

緯度
赤道から両極までを0度から90度に分け，北を北緯，南を南緯という

赤道（緯度0°）
地球の中心を通り，地軸に垂直な平面の円周。全周は40,075km

南回帰線（23°26′S）
北半球の冬至に太陽高度が90度

東経と西経，昼と夜

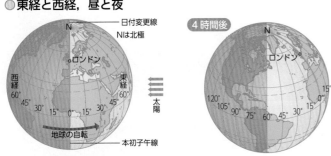

N 日付変更線
Nは北極
ロンドン
西経 60° 45° 30° 15° 0° 15° 30° 45° 東経60°
太陽
地球の自転
本初子午線

4時間後
N
ロンドン
太陽
地球の自転

地球の公転と四季

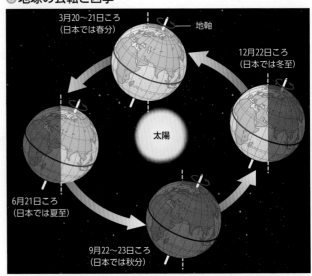

3月20〜21日ころ（日本では春分）
地軸
12月22日ころ（日本では冬至）
太陽
6月21日ころ（日本では夏至）
9月22〜23日ころ（日本では秋分）

⬆ 地球は，地軸を公転面に垂直な方向から23度26分傾けたまま太陽のまわりを公転している。このため，地球の位置によって，昼の長さや太陽高度が変化し，季節の変化が起こる。

⬅ 右側が太陽の方向であると考えればよい。左図ではインドが太陽の南中時（正午）でイギリスが朝，アメリカは深夜である。右図ではイギリスが午前10時ころ，ブラジルやアルゼンチンが朝となり，アメリカは夜明け前にあたる。

2 世界の時差

⬇❶ 成田国際空港第1ターミナルの世界時計（2021年8月）[千葉県] 現地時間が表示されている。欧米諸国はサマータイム実施中。

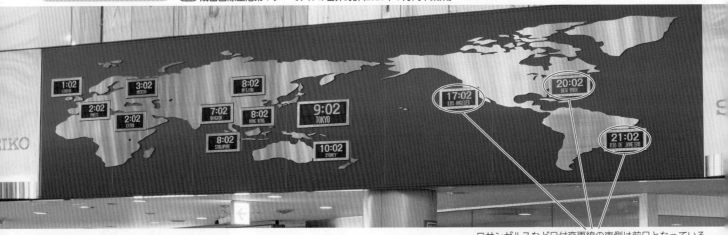

ロサンゼルスなど日付変更線の東側は前日となっている。

⬇❷ パリの深夜[フランス]

⬇❸ 東京の朝

⬇❹ ロサンゼルスの夕方[アメリカ合衆国]

3 等時刻帯地図

↓世界標準時との時差

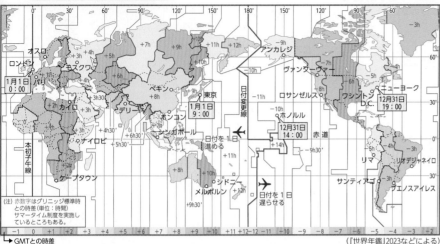

（注）赤数字はグリニッジ標準時との時差（単位：時間）サマータイム制度を実施しているところもある。

（『世界年鑑』2023などによる）

→GMTとの時差

1月1日 0:00	1月1日 5:30	1月1日 9:00	12月31日 14:00	12月31日 16:00	12月31日 19:00
ロンドン	デリー	東京	ホノルル	ロサンゼルス	ニューヨーク

4 地軸の傾きと季節・日照時間

↑5・6 冬の早い夕暮れ（左）と夏の深夜の薄暮（右）[ロシア]　北緯60度に位置するサンクトペテルブルクの冬は昼が短く，人々は夜，バレエやオペラなど劇場で芸術を楽しむ。日没後深夜まで薄明が続く5月末から7月中旬には「白夜祭」が開催され，人々は遅い時間の夕暮れを楽しみつつ河畔や公園を散策する。

サンクトペテルブルク[ロシア]の日の出・日の入り時刻

期　日	2021年6月21日，夏至	2021年12月22日，冬至
緯度・経度	北緯60°4'	東経30°7'
日の出時刻	3時34分	10時02分
日の入り時刻	22時28分	15時53分

3都市の日の出・日の入り時刻（2021年6月21日，夏至）

都　市	ロンドン	東京	ニューヨーク
緯度・経度	北緯51°28'西経0°27'	北緯35°42'東経139°45'	北緯40°46'西経73°54'
日の出時刻	3時43分	4時25分	4時25分
日の入り時刻	20時22分	19時00分	19時31分

（注）夏時間については考慮していない。　（国立天文台資料などによる）

5 時差の計算法

地球は24時間で360度自転するので，

360度÷24（時間）＝15度

となり，経度が15度異なると1時間の時差が生じる。

共通の**標準時**を用いる地域を**等時帯**とよび，国の広がりや政策などにより，その配列は不規則である。

Q 下の航空時刻表をみて，次の問いに答えよう。【15年A本・第1問・問1】

ニューヨーク標準時の基準子午線は西経75度である。東京を7月1日16:40に出発したNH10便は12時間55分を要してニューヨークに到着した。NH10便のニューヨーク到着日時（現地時間）を次の①～④のうちから1つ選びなさい。

① 7月1日 15:35　② 7月1日 16:35
③ 7月2日 15:35　④ 7月2日 16:35

○ 航空時刻表　　ニューヨークはサマータイム実施中。

A-16	東京（成田） TOKYO（NARITA）		ニューヨーク（ケネディ） NEW YORK（KENNEDY）		
便名	機種	出発曜日	NRT	JFK	所要
NH 10	777-300ER	月火水木金土日	1640 →	☐	12:55
JL 004	777-300ER	月火水木金土日	1810 →	1820	13:10

（共同運行記載省略）

■ 航空会社のコード　■ 都市・空港コード
NH（全日空）　　NRT（成田），JFK（ニューヨーク・ケネディ）
JL（日本航空）
（FlyTeam資料による）

[概念図]

[考え方]

日本時間7月1日16:40をニューヨーク時間（アメリカ・東部標準時）に直す。

→左図のとおり，日本より－14時間＋サマータイム1時間で，日本より－13時間となる。

→したがってニューヨークの現地時間は7月1日3:40となり，所要時間の12時間55分を加えると，到着日時は②の7月1日16:35となる。

Geography　よりみち　サマータイム制度とは？

　冬の日照時間が短い中・高緯度の諸国を中心に，日照時間が長い時期（夏）に時計の針を1時間進め，日中の時間を有効に活用しようとする制度である。サマータイム制度は，現在欧米諸国を中心に約60か国で実施されている。日本をはじめ，東アジア，東南アジア，南アジア，ロシアなどユーラシア大陸東部での実施国はない。健康への悪影響などを理由に，欧州議会はサマータイム制度を2021年を最後に廃止する法案を可決した。

○ サマータイムの導入の是非

賛成
①朝，涼しい時間から仕事をして明るい時間を有効に使い，夜は早く寝るため，照明の節約など省エネにつながる。
②日没までの自由時間が増加し，余暇活動・消費活動が活性化する。

反対
①時刻切り替え時に睡眠など生活のリズムが狂い，健康を損なう人が増加する。
②夏時間と通常時間との切り替え時に時計やコンピュータなど日付・時刻が関係する各種システムの修正が大変。
③始業時間は夏時間でも終業時間を外の明るさを基準とする傾向があれば労働時間が増加する。

○ 世界のサマータイム制度実施国・地域（2023年）

☐ サマータイム実施国・地域　（『世界年鑑』2023などによる）

サマータイムの実施期間
（例）アメリカ合衆国　3月第2日曜～11月第1日曜
　　　オーストラリア　10月第1日曜～4月第1日曜

狭まる境界
広がる境界
ずれる境界
不確かな境界
● ホットスポット
➡ アフリカプレートを不動としたときのプレートの動き

ユーラシアプレート　北アメリカプレート　ユーラシアプレート　アナトリアプレート　アラビアプレート
アリューシャン海溝　千島・カムチャツカ海溝　日本海溝　サンアンドレアス断層　カリブプレート　アフリカプレート　アフリカ大地溝帯（リフトヴァレー）　大西洋中央海嶺
フィリピン海プレート　マリアナ海溝　太平洋プレート　ココスプレート　ペルー海溝　南アメリカプレート　チリ海嶺
スンダ（ジャワ）海溝　インド−オーストラリアプレート　ケルマデック海溝　東太平洋海嶺　ナスカプレート　チリ海溝
インド洋中央海嶺　太平洋南極海嶺　南極プレート　南西インド洋海嶺　南極・ドニー海嶺

（上田誠也『生きている地球』岩波書店、『Diercke Weltatlas 2015』などによる）

2 地球の内部構造

●地球の内部構造

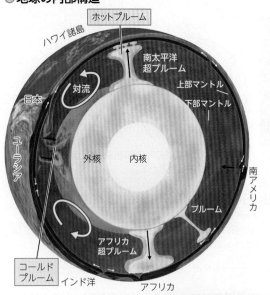

ホットプルーム
ハワイ諸島
南太平洋超プルーム
対流
上部マントル
下部マントル
日本
ユーラシア
外核　内核
プルーム
南アメリカ
アフリカ超プルーム
コールドプルーム
インド洋
アフリカ

●地球の層構造

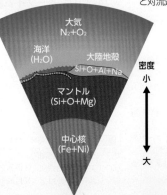

大気 N_2+O_2
海洋 (H_2O)
大陸地殻 $Si+O+Al+Na$
マントル ($Si+O+Mg$)
中心核 ($Fe+Ni$)
密度　小　大

➡ 中心核は鉄とニッケル，マントルはケイ素と酸素とマグネシウム，地殻はケイ素と酸素とアルミニウムとナトリウム，海洋（水圏）は水素と酸素，大気（気圏）は窒素と酸素からなる。

（高橋正樹『火山のしくみ　パーフェクトガイド』誠文堂新光社　刊）

3 移動する大陸

→ プレートの移動
〜 海溝
― 海嶺
― ずれる境界
🔲 新しい海洋底

➡ 地球の内部は構成物質によって，地殻，マントル，核の3層に分類できる。地球の表層部は，地殻（大陸部約30〜40km，海洋部約5〜10km）とマントル上部の硬い岩石層からなるプレートで覆われている。プレートの下には流動しやすい岩石層（アセノスフェア）がある。マントルは地球の体積の約8割を占める岩石層で，ゆっくりと対流運動をしている。

2.25億年前（中生代初期）
パンゲア　テティス海（地中海の前身）

1.8億年前（中生代中期）
ローラシア大陸　ゴンドワナ大陸（ゴンドワナランド）

6500万年前（中生代末期）
北アメリカ　ユーラシア　アフリカ　南アメリカ　インド　南極大陸　オーストラリア

現在
北アメリカ　ユーラシア　アフリカ　インド　南アメリカ　オーストラリア　南極大陸

（『PHILIP'S INTERNATIONAL SCHOOL ATLAS』などによる）
原図：After Dietz & Holden,Sci.Am.(1970)

⬆ プレート運動にともなって大陸は移動・変形し，現在の大陸が形成された。今後オーストラリアは北方に移動し，アフリカはヨーロッパに接近する。カリフォルニア付近の**サンアンドレアス断層**の横ずれは続き，1000万年後にはロサンゼルスとサンフランシスコが並ぶと推定されている。

4 3種類のプレート境界

● 狭まる境界

大陸プレートと大陸プレートの境界 (衝突帯)

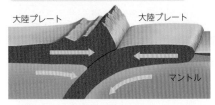

大陸プレート　大陸プレート

マントル

大陸プレートと海洋プレートの境界 (沈み込み帯)

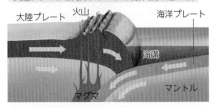

大陸プレート　火山　海洋プレート

海溝

マグマ　マントル

● 広がる境界

大陸

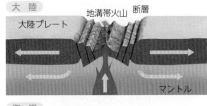

大陸プレート　地溝帯火山　断層

マントル

海嶺

固まって新たに海底となる

地殻　一部がとける
マントルの最上層

マントル

● ずれる境界

横ずれ断層

← 大陸プレートどうしが衝突する衝突帯では，高くて険しい**大山脈**を形成する。下図のように大陸プレートと海洋プレートが衝突する沈み込み帯では，玄武岩質の重い海洋プレートが花崗岩質の軽い大陸プレートの下に沈み込む。大陸プレート側には**弧状列島**や**火山列**を形成し，海洋プレートとの境界には**海溝**を伴うことから地震や火山活動が発生する。

→1 ヒマラヤ山脈 [ネパール] ヒマラヤ山脈は4000万年前から**ユーラシア大陸**に**インド亜大陸**が衝突して隆起したものである。写真の左側が高さ8,848mの世界最高峰エヴェレスト山。

← **マントル対流**により大陸プレートが割れ**地溝帯**がつくられる。海洋プレートではマントルがわき出して**海嶺**とよばれる海底山脈がつくられる。

→2 アフリカ大地溝帯 [ケニア] アフリカ大地溝帯は，アフリカ南東部のザンベジ川河口からマラウイ湖，タンガニーカ湖を経て，ジブチから紅海，ヨルダン川河谷に続く，南北約6,000kmにも及ぶ巨大な「大陸の裂け目」で，プレートの「広がる境界」に位置している (ただし，不明確な部分もある)。火山活動が活発で地震も多く，エチオピアの北に隣接するジブチでは，年間平均6cmのスピードでプレート境界が広がりつつある。

→3 サンアンドレアス断層 [アメリカ合衆国] この断層はアメリカ合衆国最西部にある代表的な**横ずれ断層**で，全長約1,000kmに及ぶ。北アメリカプレートが南に，太平洋プレートが北に水平方向にずれることで，地震の多発地帯となっている。

大地溝帯

太平洋プレート　北アメリカプレート

環境・防災

5 ホットスポット

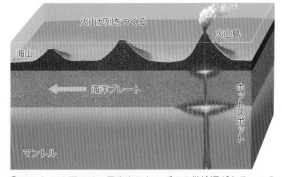

火山が列をつくる　火山島

海山　海洋プレート　ホットスポット

マントル

↑ マントルの下には，固定されたマグマの供給源がある。この地点からプレートを突き抜けてマグマを発生し続ける地点を**ホットスポット**という。ハワイ諸島はこの例である。ホットスポット上に形成された火山島はホットスポットから離れると火山活動が終わるため，侵食されて海山となる。

6 地形をつくる力

内 的 営 力			外 的 営 力	
地球内部からの熱エネルギーによって，地形を変形させる力。			おもに太陽エネルギーと重力を原動力とし，地形を変形させる力。	
地殻変動	**造陸運動** 広い範囲で長期間にわたり**隆起・沈降**する運動。(▶P.25)	風化作用	岩石が日射・水・大気・生物などで分解される (物理的風化・化学的風化)。(▶P.28)	
	造山運動 プレートの運動などに伴った**大山脈**や**弧状列島**をつくる運動。(▶P.26)	侵食作用	氷食，河食，溶食，風食，海食などがある。(▶P.35)	
火山活動	マグマの噴出に伴い火山特有の地形がつくられる。(▶P.27)	運搬作用	風化・侵食された物質が河川などにより運搬される。(▶P.31)	
		堆積作用	運搬された物質が堆積し，新しい地形をつくる。(▶P.29 5)	

（数字の単位は百万年前）

年代			造山運動		区分	景観	特色	分布地域

時代区分（左欄・縦書き）

- 新生代
  - 第四紀
    - 完新世（沖積世）0.01
    - 更新世（洪積世）2.6
  - 新第三紀 23
  - 古第三紀 66
- 中生代
  - 白亜紀 145
  - ジュラ紀 200
  - 三畳紀 251
- 古生代
  - 二畳紀 299
  - 石炭紀 359
  - デボン紀 416
  - シルル紀 444
  - オルドビス紀 488
  - カンブリア紀 542
- 先カンブリア時代
  - 原生代 2500
  - 始生代 4000
  - 冥王代 4600

大陸氷河発達

アルプス造山運動

バリスカン造山運動　カレドニア造山運動

新期造山帯

↑1　サザンアルプス山脈〔ニュージーランド〕

中生代後期から新生代にかけての激しい造山運動により，高くて険しい大山脈や弧状列島を形成。現在も造山運動を継続中で，地震・火山活動が活発。

生活との関連
1．起伏が大きく，交通障害となるため異なった文化圏の境となる例が多い。
2．火山や地震による自然災害が多い。
3．温泉・湖沼・山岳などの観光資源に恵まれている。
4．銅・銀・すず・亜鉛鉱など非鉄金属資源や石油・天然ガスが豊富である。

⑬環太平洋造山帯
アンデス山脈，ロッキー山脈，アリューシャン列島，日本列島，フィリピン諸島，ニューギニア島，ニュージーランドなど
⑭アルプス＝ヒマラヤ造山帯
アトラス山脈，ピレネー山脈，アルプス山脈，カルパティア山脈，カフカス山脈，イラン高原，ヒマラヤ山脈，チベット高原，大スンダ列島など

古期造山帯

↑2　アパラチア山脈〔アメリカ合衆国〕

古生代に造山運動を受けて，大褶曲山地となる。その後侵食されて高度を減じ，なだらかな丘陵性の山地となる。

生活との関連
1．起伏が比較的少ないので交通障害にならない。
2．侵食され残された部分に石炭などの地下資源が豊富である。

⑥カレドニア山系
スカンディナヴィア山脈など
⑦ヘルシニア山系
ブルターニュ半島，ペニン山脈，エルツ山脈など
⑧アルタイ山系
テンシャン山脈，アルタイ山脈など
⑨アパラチア山脈
⑩ウラル山脈
⑪グレートディヴァイディング山脈
⑫ドラケンスバーグ山脈

安定陸塊

↑3　パンパ〔アルゼンチン〕

先カンブリア時代の造山運動を受けて，その後は造陸運動だけの安定した陸地。5億年以上にわたって侵食が進み，台地や平原（準平原や構造平原）となる。

生活との関連
1．世界の大平原のほとんどは安定陸塊にある。
2．温帯では世界的農牧業地域，亜寒帯では世界的林業地域をなす。
3．鉄鉱石などの地下資源が豊富である。

①カナダ楯状地（ローレンシア）
②バルト楯状地，ロシア卓状地
③シベリア卓状地
④中国陸塊
⑤ゴンドワナ大陸（ブラジル楯状地，アフリカ楯状地，アラブ楯状地，インド陸塊，オーストラリア楯状地，南極大陸）
南アメリカ・アフリカ・アラビア半島・インド半島・オーストラリアなどは，かつて1つの大陸（パンゲア）であったと考えられている。

Q 新期造山帯の分布をプレートの境界とその動きから考えてみよう。

➡️ **楯状地**は，安定陸塊のうち，花崗岩や変成岩，褶曲した堆積岩などの先カンブリア時代の非常に古い岩石が広範囲に露出した地域。大規模なものにカナダ楯状地（ローレンシア）・バルト楯状地などがある。
　卓状地は，先カンブリア時代の地層に古生代・中生代の地層がほぼ水平に堆積した地域。

地図中ラベル
①カナダ楯状地
⑥バルト楯状地・ロシア卓状地
③シベリア卓状地
⑩ウラル山脈
⑭アルプス
ヒマラヤ造山帯
⑤アフリカ楯状地
⑤アラブ楯状地
⑤ブラジル楯状地
⑤オーストラリア楯状地
環太平洋造山帯
①カナダ楯状地

凡例	
	安定陸塊
	古期造山帯
	新期造山帯

※アイスランドはどの区分にも入らない。

（注）地図中の番号は上表の分布地域のものを示す。

（▶P.90 ③）

（『Diercke Weltatlas』2008などによる）

2 地形の侵食輪廻（デーヴィスによる）

❶ 原地形

侵食が始まる以前の地形で内的営力により形成され，平坦面が広がる。

❷ 幼年期

河川による侵食が始まり，下刻の卓越により谷が形成され始める。平坦面が広く残る。

❸ 壮年期

侵食が進み谷密度も高まり地形の起伏も大きくなる。Ｖ字谷が形成され，険しい山容となる。

❹ 老年期

さらに侵食が進むと，山地は高度を減じ，側刻の卓越により谷も広く，丸味を帯びたなだらかな山容となる。

❺ 準平原

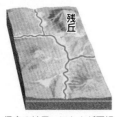

侵食の結果，ほとんど平坦となった地形。隆起すると❶へ戻り，後の❷では**隆起準平原（幼年期）**となる。

➡❹ 幼年期―グランドキャニオン［アメリカ合衆国］ アメリカ合衆国南西部のコロラド高原にあり，コロラド川がきざんだ峡谷の深さは最大２kmにもなる。先カンブリア時代から古生代までの地層がみられる特異的な地域で，アメリカ合衆国を代表する景観にもなっている。

環境・防災 自然・

↑❺ 壮年期―黒部峡谷［富山県］ 河川による侵食作用が進み，**デービス**（アメリカの地形学者）の**侵食輪廻**において最も深い峡谷を作る。アルプス山脈やヒマラヤ山脈，飛騨山脈はＶ字谷の発達する険しい山地になっている。黒部峡谷では黒部川を堰き止めてダムを建設し，**観光地**にもなっている。

↑❻ 老年期―ウラル山脈［ロシア］ ウラル山脈は，侵食作用が進み，最高峰が1,895m（ナロドナヤ山）の**古期造山帯**である。谷も深くないため，多くの人が訪れる観光地となっている。ここでは，**石炭**のほか**鉄鉱石**や**銅鉱石**などの鉱産資源にも恵まれている。

➡❼ 準平原―ローレンシア台地［カナダ］ この地域はカナダ楯状地の一部で，数億年以上にわたる長期間の侵食によって広大な平坦地となった。更新（洪積）世末期の大陸氷河（ローレンタイド氷床）の侵食によって形成された，大小の**氷河湖**が点在する。

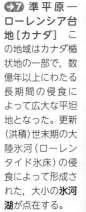

山地の地形

1 褶曲

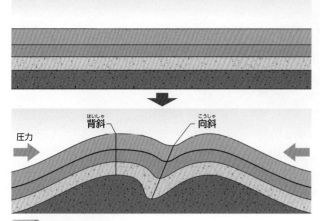

→1 褶曲山脈 [スイス・アルプス山脈] 褶曲とは，地殻内の圧力により地層が波状に曲がった状態を指す。褶曲した地層で形成された山脈が**褶曲山脈**で，アルプス山脈・ヒマラヤ山脈・アンデス山脈など，世界の大山脈の大半がこれに属する。

2 断層

● 断層地形の模式断面図

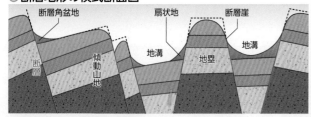

● 断層地形の種類と特色

種　類	特　色	例
地　塁	両側をほぼ平行する2つの断層崖によってはさまれた山地。	木曽山脈(中央アルプス)・鈴鹿・讃岐・テンシャン山脈など
傾動山地(傾動地塊)	山地の片側が断層崖による急斜面で，もう一方は緩斜面となっている山地。	飛驒山脈(北アルプス)・生駒山地・養老山地・シエラネヴァダ山脈など
断層角盆地	片側が断層崖の急斜面，もう一方を緩斜面によってはさまれた盆地。	亀岡盆地・カリフォルニア盆地(セントラルヴァレー)など
地　溝	両側を断層崖によってはさまれた低地。細長い帯状の低地を地溝帯，盆地状の低地を地溝盆地という。	ライン地溝帯・アフリカ大地溝帯(リフトヴァレー)・諏訪盆地・伊那盆地など

よりみち Geography　井戸沢断層

↓4 2011年3月11日に発生した東北地方太平洋沖地震により，東北，北関東を中心に活断層が誘発され，多くの地震が発生している。4月11日の夕方，福島県浜通りを震源とする震度6弱の余震(M7.0)の発生により断層が7kmにわたりずれ，最大1.2mの段差が生じた。

↑2 傾動山地 [養老山地] 濃尾平野西端，岐阜県と三重県の境界をなす養老山地は，東側が断層による急崖，西側が緩傾斜をなす**傾動山地**である。写真中央部の上下に続く急崖が断層崖で，その山麓には複数の扇状地が形成されている。右側の平野は濃尾平野の一角で，輪中地帯となっている。

↓3 地溝盆地 [諏訪盆地] 長野県中部の諏訪盆地は，本州中央部を南北に走るフォッサマグナの西縁をなす**糸魚川・静岡構造線**の横ずれ断層により生じた**地溝盆地**である。西側及び東側の断層群に区切られて，中央部分が陥没している。写真は諏訪湖の南側から北を望んだもので，写真中のＡが西側の断層群，Ｂが東側の断層群である。いずれも急な断層崖をなし，その間に断層湖である諏訪湖及びそれに注ぐ河川が形成した沖積平野が広がる。

3 火山と生活

↑5 民家に迫る火砕流 [長崎県・雲仙普賢岳]　**火砕流**は，高温の火山噴出物の破片とガスの混合物が高速で斜面を下る現象である。1991年の雲仙普賢岳の噴火の際に発生した火砕流は多くの人命を奪い，人々の生活に多大な影響を及ぼした。

Q 火山活動による私たちの生活への恩恵は何だろうか。【16年B本・第1問・問2】

↑6 関東ローム層での畑作　関東地方の台地(洪積台地)上に分布する火山灰を母材とした赤褐色の土壌を関東ローム層とよぶ。富士山や浅間山などの火山がその供給源で，完新世の火山灰は最上部の黒土層である。ローム層の表土は砂質で，大根や長いもといった根菜類の栽培に適している。

○関東ローム層中の軽石分布

(地学団体研究会編『日本列島の歴史』東海大学出版会)

4 火山地形

→7 洞爺湖と有珠山　北海道南西部にある洞爺湖は，更新世末期の大噴火の際に陥没して形成された**カルデラ湖**で，直径約10kmの円形をなしている。湖中央の島は中央火口丘で，湖の周囲は**外輪山**が取り巻いている。2000年3月に噴火した有珠山や昭和新山は火山岩尖を形成している。左上遠方の成層火山は羊蹄山(蝦夷富士)である。

A：羊蹄山
B：洞爺湖
C：有珠山
D：昭和新山

▲阿蘇カルデラ　▲カルデラのなりたち

5 火山の種類

高い(約1,200℃)	溶岩噴出時の温度	低い(約950℃)
小さい	溶岩の粘性	大きい

↓8 キラウエア山 [ハワイ]　流動性に富む玄武岩質の溶岩が流れ，ゆるやかな傾斜の山体となる。

楯状火山

♥キラウエア山

↓9 浅間山 [長野・群馬]　安山岩質の溶岩・火山灰・火山礫が互層をなして形成されている。

成層火山

↓10 昭和新山 [北海道]　火口内で固まった流紋岩質の溶岩柱が地表に押し出されたもの。

火山岩尖

1 平野の分類

名称		成因・特色	例
侵食平野	楯状地	長い間に侵食された起伏の乏しい平原。※地質構造による分類。	ハドソン湾周辺 カザフステップ
	残丘	**モナドノック**ともいう。硬い岩石の部分が残ったもの。	ウルル（エアーズロック）
	卓状地	古生代以降に堆積した地質構造がほぼ水平もしくは緩傾斜した平野。※地質構造による分類。	北アメリカ中央平原 東ヨーロッパ平原
	メサ	上層の硬い岩層周辺が残った比較的大規模な丘。	モニュメントヴァレー
	ビュート	上層の硬い岩層周辺が残った比較的小規模な丘。	
	ケスタ	硬軟互層が緩傾斜している平野。	パリ盆地
堆積平野	沖積平野 谷底平野	河川の側方侵食で広がった谷底に土砂が堆積した平野。	上高地（長野県）
	扇状地	谷口で河川の流速が衰え、砂礫が扇状に堆積した地形。	甲府盆地（山梨県）松本盆地（長野県）
	氾濫原	洪水時に河川からあふれた流水が土砂を堆積した低平な地形。自然堤防、後背湿地、河跡湖（三日月湖）、三角州など。	石狩川下流域（北海道）（三日月湖を伴う）信濃川下流域（新潟県）
	三角州	河川最下流部の河口付近で土砂を**デルタ状**に堆積した低湿地。	ナイル川 ガンジス川
	海岸平野	遠浅の海底の堆積面が、離水（隆起）によって地表に現れた低平な平野。	九十九里平野（千葉県）アメリカ大西洋岸平野
	台地（洪積台地） 河岸段丘	平野の隆起と河川の侵食によって階段状になった地形。河成段丘ともいう。	片品川流域（群馬県）信濃川流域（新潟県）
	隆起扇状地	扇状地が隆起して台地状になった地形。	牧ノ原（静岡県）
	隆起海岸平野	海岸平野が隆起して台地状になった地形。	下総台地（千葉県）
	海岸段丘	岩石海岸に形成された海食台・海食崖が隆起した階段状の地形。	大戸瀬崎（青森県）室戸岬（高知県）

Q ケスタ地形における硬い地層と軟らかい地層の特色は何か。
【09年B本・第1問・問8】

2 侵食平野

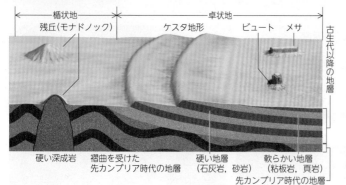

楯状地
残丘（モナドノック）
卓状地
ケスタ地形
ビュート　メサ
古生代以降の地層
硬い深成岩
褶曲を受けた先カンブリア時代の地層
硬い地層（石灰岩、砂岩）
軟らかい地層（粘板岩、頁岩）
先カンブリア時代の地層

↑ 侵食平野である**楯状地**は**準平原**になっており、侵食されずに残った**残丘**もみられる。楯状地周辺の**卓状地**には、先カンブリア時代の地盤の上に古生代・中生代の地層がほぼ水平に堆積した**構造平野**が多くみられる。構造平野周辺部において、硬い地層と軟らかい地層が緩やかに傾斜している場合、侵食に差が生じ、緩斜面と急崖とが交互に連続する**ケスタ**地形がみられる。地層が水平な場合、テーブル状の**メサ**ができる。メサがさらに侵食されると**ビュート**になる。

↑1 東ヨーロッパ平原 [ポーランド北東部] ヨーロッパロシアの大部分を占める東ヨーロッパ平原は、先カンブリア時代の堅い岩盤の上に古生代以降の浅い海底に堆積した水平な地層が重なり、ロシア卓状地ともよばれる。

ビュート　メサ

↑2 メサとビュート [アメリカ合衆国] モニュメントヴァレーはユタ州からアリゾナ州にかけて広がるコロラド高原に位置し、典型的な乾燥地形がみられる。水平に堆積した地層は風化作用や侵食により、硬岩層だけテーブル状に残された**メサ**（スペイン語でテーブルの意味）や、さらに侵食が進み尖塔状になった**ビュート**などの地形になる。

パリ盆地　ロレーヌ地方
シャンパーニュ地方
フランス

↑3 ケスタ地形の斜面を利用したぶどう園 [フランス・シャンパーニュ地方] パリ盆地から東方のロレーヌ地方にかけては、8列ほどの同心円状の**ケスタ地形**が発達している。シャンパーニュ地方ではケスタ地形の斜面を利用してぶどうが多く栽培され、特産の発泡性白ワイン（シャンパン）が醸造されている。なお、ぶどうは棒に枝を巻きつける垣根づくりで、よく日が当たる栽培方法である。

3 台地（洪積台地）

○関東平野の台地（洪積台地）

（東木龍七原図）

■ 過去の海　┊┊ 貝塚　▨ 台地・丘陵

（貝塚爽平他『日本の平野と海岸』岩波書店）

⬆ 関東平野にある台地の大部分は更新世（洪積世）の地層からなり，台地上を火山灰（関東ローム・赤土）がおおっている。上図は貝塚の分布から推定した縄文時代前期（6000～5000年前）の海岸線であり，貝塚はほとんど台地の端に位置している。その後の離水や地盤の変動などで，浅海は沖積平野となり，現在の海岸線となった。

➡4 下総台地の台地と樹枝状に刻む谷［千葉県］ 房総半島の北部を占める下総台地は，12～5万年ほど前の古東京湾の浅海底が陸化して形成された台地（洪積台地）である。沖積面との比高は30～50mになる。地盤の隆起によって台地が形成された際に，河川の侵食力が強まり，樹枝状の谷が形成された。沖積平野である侵食谷は水が得やすいため水田が多い。台地面は地下水面の深い乏水地で畑作が卓越したが，高度成長期以降は宅地開発が進んだ。

⑭台地のなりたち

▶河岸段丘の形成

4 河岸段丘

○谷底平野と河岸段丘の形成

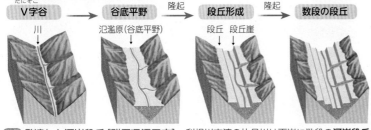

V字谷 → 谷底平野 隆起 段丘形成 隆起 数段の段丘

⬇5 発達した河岸段丘［群馬県沼田市］ 利根川支流の片品川は両岸に数段の河岸段丘を形成する。段丘崖は急斜面のためほとんど利用されず，林地となっている。平坦な段丘面には集落が立地し，高い段丘面は畑地や果樹園，水利条件が良い低い段丘面には水田が卓越する。（▶別冊P.36④）

▶河岸段丘のドローン空撮

○台地（洪積台地）の土地利用〜下総台地を例に

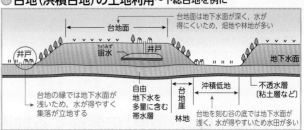

⬆6 赤石山脈の山麓に形成された開析扇状地と河岸段丘［長野県］ 更新世末期，赤石山脈〔A〕の隆起とともに，伊那盆地に流下する三峰川〔B〕が〔C〕付近を頂点とする大規模な扇状地を形成した。その後，扇状地は三峰川や本流の天竜川〔D〕の侵食作用で開析され，両岸に数段の河岸段丘が形成された。段丘面にはダムによる水を利用した灌漑水路網が発達し，水田や畑地に転換した。

5 谷底平野

➡7 木曽川の谷底平野に発達した村落［長野県木曽町］ 谷底を流れる河川の堆積作用により形成された山間部の小平野を谷底平野とよぶ。平地に乏しい山村地域では，集落・農耕地・交通路が集中し，重要な生活の舞台となる。

環境・防災

● 扇状地の断面図

地表面
扇頂　　扇央　　　水無川
　　　　　　　　　扇端
山地　　　　　伏流水　　湧水

Q 氾濫原において，居住に適した地形とその理由について考えてみよう。

◁氾濫原ができるまで

扇頂

扇状地
扇央

水無川

扇端

天井川

河跡湖

↑8 京戸川扇状地[山梨県甲州市，笛吹市] 京戸川扇状地ではぶどうを中心とした**果樹栽培**がさかんで，これは**扇央部**が**日当たりや水はけが良く，果樹栽培に適している**からである。扇端より少し扇央寄りを横切る中央自動車道は，道路の高低差を小さくするため等高線に沿って建設されており，切土部から扇状地の断面形が読みとれる。**扇端**では湧水帯に沿って，**集落と道路**が連なる。

7 沖積平野（氾濫原）に発達する地形

名　称	成因・特色
自然堤防	洪水の際，流路からあふれた水は流速を減じて川の両岸に土砂を堆積する。この堆積作用によってつくられた**微高地**のこと。砂礫質のため水はけが良く，集落・畑地・果樹園に利用されている。
後背湿地（バックマーシュ）	**自然堤防**の外側の低地にあふれた水がたまり，沼や湿地となったところ。湿地や沼地のまま放置されたり，水田として利用されている。**後背低湿地**ともいう。
河跡湖（三日月湖）	低平な**氾濫原**では河川は**蛇行**（メアンダー）する。蛇行した河川が洪水によって流路を変え，旧流路に残された三日月形の湖沼のこと。
天井川	河床が河川両側の平地面より高い河川のこと。土砂運搬のさかんな河川では，洪水時に土砂が河床に堆積する。洪水対策のため堤防を高くしていった結果形成された。▶旧草津川（滋賀県）

↓9 河跡湖のある石狩平野[北海道]

◁河跡湖

氾濫原

河跡湖

石狩川

河跡湖

◁輪中

↓10 輪中地帯の水屋（左側）と母屋[岐阜県] 濃尾平野西部の木曽川，長良川，揖斐川3河川下流域の輪中地帯は洪水の常襲地帯である。集落は人工堤防内側の自然堤防上に立地している。浸水時に備えて母屋に盛り土をしたり，一段と高く石垣を組んだ**水屋**とよばれる蔵をもつ家もみられる。水屋には非常用食料や小舟を備えている。

水屋

母屋

● 河川がつくる地形

谷底平野

河岸段丘

自然堤防

氾濫原

後背湿地

三角州

←11 天井川[滋賀県旧草津川]
土砂運搬のさかんな河川では，洪水時に土砂が河床に堆積する。そのため氾濫対策として堤防を高くしていった結果，**天井川**が形成される。旧草津川は住宅が広がる平地に比べて河床の方が5mほど高く，東海道本線もトンネルで河床の下を通っていた。2002年6月，治水事業の一環で流路を変更し，現在は廃川となった。

↑12 越後平野を流れる信濃川[新潟県] 河川下流の沖積平野の大部分を占める**氾濫原**は，河川両岸の微高地である**自然堤防**と，その背後の**後背湿地**からなる。集落は洪水の被害が少ない流路に沿った自然堤防上に列状に立地する。後背湿地は近世（江戸時代）以降に水田化された。

8 三角州

▶三角州ができるまで

	沿岸流や波の強さに対する 河川の相対的な堆積作用	
小 ←		→ 大
急 ←	海底の勾配	→ 緩

カスプ(尖)状三角州	円弧状三角州	鳥趾状三角州
ローマ	地中海	
	 	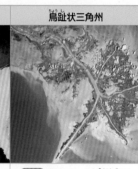
↑13 テヴェレ川[イタリア] 波の侵食作用が強い場合，堆積作用が卓越する河口部分が尖った形状になる。	**↑14 ナイル川[エジプト]** 堆積する土砂の量が多く，海の波がおだやかな場所に形成される。先端は円形をしている。	**↑15 ミシシッピ川[アメリカ合衆国]** 海底の勾配が緩やかで，海岸の波や沿岸流に対して河川の堆積作用が相対的に大きい場合に形成される。

↓16 サイクロンで水没したエーヤワディー川の三角州[ミャンマー] サイクロン「ナルギス」による被災後(2008年5月5日撮影，右)の写真は，被災前(4月15日撮影，左)に比べて広範な土地がベンガル湾の海水により，水没していることを示している。ナルギスは5月2日夜，エーヤワディー川河口の三角州地帯に上陸，北東に進み，ヤンゴンも暴風の直撃を受けた。

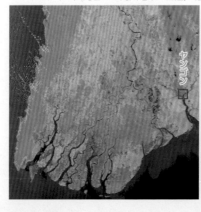

海岸の地形

1 海岸の地形の種類と成因・特色

Q 沿岸部にみられる堆積地形の成因を考えてみよう。【17年B本・第1問・問4】

	種類	成因・特色	例
沈水海岸	リアス海岸	起伏の多い山地が沈水して形成された鋸歯状の海岸。	三陸海岸南部・英虞湾・若狭湾・愛媛県宇和海
	フィヨルド	峡湾。氷食谷(U字谷)が沈水して生じた狭く奥深い入江。	ノルウェー西海岸・スコットランド・チリ南部
	エスチュアリー (エスチュアリ)	三角江。河川の河口部が沈水して生じたラッパ状に開いた入江。	テムズ川・セーヌ川・エルベ川・ラプラタ川
離水海岸	海岸平野	浅海底の一部が隆起または海面の低下で陸地化した平野。	九十九里平野・釧路平野・宮崎平野
	海岸段丘	地盤の隆起や海面の低下で形成された海岸付近の段丘。	襟裳岬・三浦半島・室戸岬・足摺岬
砂地形	砂嘴	沿岸流が運んだ砂が鉤状に湾内に堆積した地形。	野付崎・伊豆戸田湾・三保半島・コッド岬
	砂州	沿岸流が運んだ砂が湾口をふさぐように堆積した地形。	天橋立・弓ヶ浜(夜見ヶ浜)
	沿岸州	遠浅の沖合で，海岸線とほぼ平行に堆積した砂州。	アメリカ合衆国東部沿岸(ハッテラス岬)
	陸繋島	陸繋砂州(トンボロ)により本土とつながった対岸の島。	函館・男鹿半島・江の島・潮岬・志賀島
	ラグーン	潟湖。砂の堆積物によって外洋から切り離された浅い湖。	能取湖・サロマ湖・八郎潟・河北潟・中海

▼英虞湾のドローン空撮

↘1 英虞湾のリアス海岸と多島海 英虞湾は三重県中央部にある志摩半島南部の湾。海岸は**リアス海岸**で，大小約50の島があるため多島湾ともいう。半島が沈降して海水が進入したもので，島々は山の頂上部が残ったものである。

2 リアス海岸

←2 宇和海沿岸のリアス海岸 [愛媛県・八幡浜市] 「リア」の語源は，スペイン北西部ガリシア地方の入江の呼称である。起伏の多い山地が沈水し出入りの多い鋸歯状の海岸をつくる。津波の被害を受けやすいが，波静かで深い入江は**水産養殖**の適地で，湾奥には漁港も発達する。愛媛県南部の宇和海沿岸は真鯛やはまち，真珠の養殖がさかんである。半島の斜面は温暖で水はけがよく，みかんの栽培がさかんである。

3 フィヨルド

↘3 ゲイランゲルフィヨルドの湾奥 [ノルウェー] フィヨルドは氷食でできた**U字谷**に，海面上昇による沈水に伴って形成される。狭く奥行きのある**フィヨルド**は，水深があり巨大な客船も自由に航行できる。ゲイランゲルフィヨルドは全長162km，周囲の山地は標高1,500mにもなり，その美しさから世界遺産に登録されている。

4 エスチュアリー(三角江)

ロンドン

テムズ川

↑4 テムズ川 [イギリス] エスチュアリーは，比較的水深があり，広い平野が**ヒンターランド(後背地)**となることから，港湾部が発達し，大都市が成立しやすい。写真はテムズ川とロンドンの例である。

沈水海岸と離水海岸の形成

沈水海岸

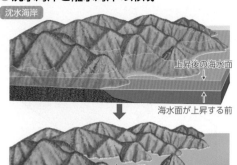

上昇後の海水面
海水面が上昇する前
溺れ谷　島
半島
海食崖

離水海岸

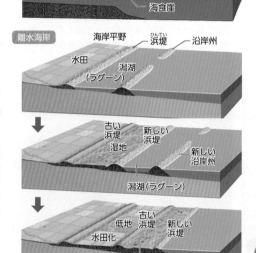

海岸平野　浜堤　沿岸州
水田　潟湖（ラグーン）

古い浜堤　新しい浜堤
湿地　新しい沿岸州
潟湖（ラグーン）

低地　古い浜堤　新しい浜堤
水田化
湿地

5 海岸平野

→5 海岸平野[千葉県] 遠浅の海底が離水した九十九里平野は、千葉県の房総半島太平洋側にあり、約56kmにわたって単調な海岸線が続く海岸平野である。海に面する集落は、納屋と名のつくものが多く、納屋集落とよばれている。

6 海岸段丘

→6 室戸半島の海岸段丘[高知県] 海食台が、地盤の隆起や海面の低下によって離水し、海岸段丘が形成される。段丘面は乏水地で一般に畑地や果樹園となっている。

▶海食崖

Q 入り江が砂州によって閉じられた湖を何というか。【18年B本・第1問・問2】

7 砂地形

↓7 砂嘴[北海道・野付崎]

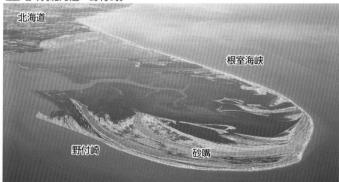

北海道
根室海峡
野付崎
砂嘴

↓8 砂州（天橋立）とラグーン（潟湖）[京都府] ▶天橋立

宮津湾
砂州

函館市街
陸繋砂州
陸繋島
函館山

↑9 陸繋島と陸繋砂州（トンボロ）[北海道・函館] ▲江の島

サロマ湖
砂州
オホーツク海
砂州が切れている部分は人工的に開削したもの

↑10 ラグーン（サロマ湖）と砂州[北海道]

自然・環境・防災

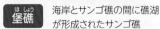

1 サンゴ礁の発達

裾礁（きょしょう） 海岸の裾をふちどるように発達したサンゴ礁

礁池
礁原
基盤岩
礁縁

→サンゴ礁の発達→

堡礁（ほしょう） 海岸とサンゴ礁の間に礁湖が形成されたサンゴ礁

礁湖（しょうこ）
礁縁

→サンゴ礁の発達→

環礁（かんしょう） 礁湖を囲んでリング状に発達したサンゴ礁

礁湖
サンゴ礁
礁縁

（貝塚爽平ほか『日本の平野と海岸』岩波書店、太田陽子原図を一部改変）

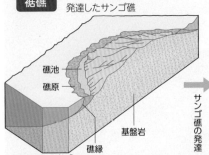

↓1 沖縄県伊江島（いえ） 北緯24度から31度にわたる南西諸島は、サンゴ礁分布の北限にあたり、特に奄美大島以南の島々の沿岸には裾礁が発達する。開発によるサンゴ礁の汚染や破壊が懸念される。

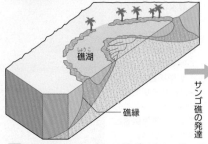

↓2 ボラボラ島[フランス領ポリネシア] 島の周囲の礁湖（ラグーン）を取り巻いて礁原が広がる。マリンスポーツ施設やホテル・ペンション・コテージなどを中心とした観光開発が進展しつつある。

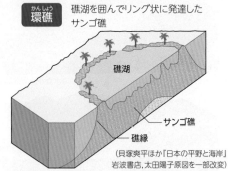

↓3 マジュロ環礁[マーシャル諸島] 島の周囲に形成されたサンゴ礁が島の侵食と沈降により、環状に取り残された。マーシャル諸島は900余りの島々からなり、人口6万人が居住している。

● サンゴ礁の分布

（貝塚爽平編『世界の地形』東京大学出版会）

60°
30°
0°
30°
60°

△ 裾礁　▲ 堡礁　○ 環礁　　氷期に陸化した部分
氷期にサンゴ礁形成可能な海域　　間氷期にサンゴ礁形成可能な海域

Q サンゴ礁の3つの形態の分布が異なる要因について考えてみよう。【11年B本・第1問・問6】

← サンゴ礁は造礁サンゴを主体とする生物が集積・固結して形成した石灰岩を主成分とした生物地形である。
　造礁サンゴの最適生育条件は海水温度25〜29℃、塩分濃度34〜36‰（パーミル）、照度は1.2〜4.2万ルクス、水深は20m以下の範囲にあたる。こうした条件下では枝サンゴで年に数cmから十数cm、塊状サンゴで数mmから数cm上方へ成長する。

2 サンゴ礁と地球温暖化による影響

←4 海中のサンゴ サンゴは刺胞動物（しほう）で、水温が18〜30℃の清浄な海に生息している。

→5 白化現象が進むサンゴ[オーストラリア] サンゴは動物であり、体内に共生する褐虫藻が光合成を行っている。サンゴは30℃を超える高い海水温や水質の低下などのストレスによって、共生藻を失うと白化現象が起こる。環境の回復によりサンゴは元に戻るが、白化現象が長期化するとサンゴは死んでしまう。地球温暖化やエルニーニョ現象による海水温の上昇は、サンゴへのダメージが大きく、サンゴを含む生態系への影響が危惧されている。

1 氷河地形の種類と成因・特色

名称	成因・特色	例
氷河 大陸氷河	大陸を厚くおおう大規模な氷河。更新世の最終氷期には陸地の約30％が氷河でおおわれた。	グリーンランド 南極大陸
谷氷河 (山岳氷河)	雪線以上の高さをもつ山地の谷中を流下する氷河。	アルプス・ヒマラヤ山脈
氷河地形 U字谷	谷氷河が流下する際に側方斜面を削りとり，谷底は幅広く平らで，谷壁は急崖となる。横断面はU字形を示す。	アルプス山中の谷 ヒマラヤ山中の谷 アイスランド
フィヨルド	海面上昇によりU字谷に海水が浸入したもの。	ソグネフィヨルド(ノルウェー)
カール (圏谷)	山頂付近や山腹に氷河の侵食によってつくられた半円(馬てい)形の窪地。氷河が消失すると，カールの前面にモレーンが残され，底部に氷河湖ができることもある。	アルプス山脈 ヒマラヤ山脈 飛騨山脈(北アルプス) 赤石山脈(南アルプス)
ホルン (尖峰)	周囲を氷河によって削られ，三角錐形をした岩峰。ホーン(英)。	マッターホルン 槍ケ岳
モレーン (堆石)	氷河の侵食・運搬作用によって氷河の末端などに砂礫が堆積して形成された丘状の地形。	ヨーロッパ北部 北ドイツ平原 北アメリカ北部
氷河湖	氷河が削った窪地や，モレーンによる堰止湖など，氷河によって形成された湖の総称。	フィンランド湖沼群 北アメリカ五大湖

↓2 **ホルン(尖峰)[スイス，イタリア・アルプス山脈]** 写真のマッターホルン(4,477m)は三方を氷河で削られた鋭い尖峰(ホルン)である。手前には高山牧場(アルプ)が広がる。

ホルン(ホーン)

2 谷氷河

→1 **アルプス山脈のアレッチ氷河[スイス]** スイスアルプスのユングフラウ山(4,158m)のアレッチ氷河は谷氷河でアルプス最長である(24km)。現在も年180～200cmの速さで流動しており，山頂に近い谷頭部にはカール，谷の下流部にはU字谷を形成する。氷河の末端や側方にはモレーンが堆積している。

環境・防災 自然・

◯ 谷氷河の形成

氷期
谷氷河
モレーン丘

間氷期・後氷期
ホルン(ホーン)
カール
U字谷
モレーンによる堰止湖
モレーン丘

カール
♥カールのドローン空撮

↑3 **穂高岳のカール[長野県・飛騨山脈]**

U字谷
氷河湖
◀氷河湖

↑4 **U字谷と氷河湖[カナダ・ロッキー山脈]**

3 大陸氷河

→5 **ハイデでの放牧[ドイツ]** 更新世(260万年前～1万年前)と4回の氷期に大陸氷河におおわれたため，現在もヒースとよばれるツツジ科の樹木などを中心とした植生である。イギリスではヒース・ランド，北ドイツ平原ではハイデとよばれ，土地がやせており，農耕には適していないことから羊，ヤギの放牧地となっている。

乾燥地形

Q 砂漠地域に暮らす人々の家屋の特徴は何か。【06年B本・第1問・問2】

1 乾燥地形の種類と成因・特色

名　称	成因・特色	例
砂丘	風に吹きよせられた砂がつくる地形。風上側に緩傾斜し、風下側が三日月形に削られた地形をバルハンという。	砂砂漠に多くみられる。
ワジ(涸川)(涸谷)	乾燥地域にみられる降雨時のみ流水がある川。植物被覆が少ないため、豪雨があると河川は氾濫する。しかし雨がやめばすぐ水は涸れる。	砂漠の中の河川(アラビア半島南部・サハラ砂漠など)
内陸河川	大陸内部の乾燥した盆地にみられる、海洋に出口をもたない河川。	アムダリア川・シルダリア川・タリム川(▶P.54)
外来河川	湿潤地域を源流とし、乾燥地域を貫流して海に注ぐ河川。	ナイル川・ティグリス川・ユーフラテス川(▶P.54)
塩湖	内陸部の湖沼で、蒸発によって湖水の濃縮が進み塩分濃度が高くなった湖。	グレートソルト湖 死海(▶P.210 写真①)

● 乾燥地形のようす

▼オマーンの水路

↑1 サハラ砂漠のオアシス[アルジェリア] 砂漠の中で湧水により局所的に水が得られ、植物が生育し農耕が可能なエクメーネ(居住地域)をオアシスとよぶ。サハラ砂漠では、砂漠の地下を流れる伏流水が湧出する箇所を中心に各地にオアシスがみられ、交易ルートの重要な中継地となっている。

↑2 サハラ砂漠のワジ 砂漠では突発的に短時間の降雨がみられる。ワジ(涸川)とはアラビア語で河谷という意味で、ふだんは砂・礫の乾いた浅い谷であるが、雨季などの洪水時のみ一時的に水が流れる。河谷の底は平坦で、隊商の交通路として利用される。

↑3 バルハン

2 いろいろな砂漠

砂砂漠(エルグ)	礫砂漠(レグ)	岩石砂漠(ハマダ)
砂におおわれ砂丘が形成された砂漠。全砂漠の20%〈例〉タクラマカン砂漠・グレートヴィクトリア砂漠	礫におおわれた砂漠〈例〉サハラ砂漠・アタカマ砂漠	基盤岩が露出した砂漠〈例〉サハラ砂漠・ゴビ砂漠
↓4 タクラマカン砂漠	↓5 サハラ砂漠	↓6 サハラ砂漠

1 カルスト地形の種類と成因・特色

種類	成因・特色
鍾乳洞	地中の石灰岩が溶食されて生じた地下の空洞。(例)秋芳洞(山口県),龍河洞(高知県),龍泉洞(岩手県)
ドリーネ	溶食や地下鍾乳洞の落盤によって形成された,直径数m〜数十mのすり鉢状のくぼ地。
ウバーレ	ドリーネが拡大・連続してできた,長さ1km程度のくぼ地。
ポリエ (溶食盆地)	ウバーレやドリーネが拡大・連続してできた大規模なくぼ地。面積は数km²〜数百km²。盆地底には石灰岩の風化土壌であるテラロッサが堆積し農耕が行われる。ディナルアルプス山脈に多い。
タワーカルスト	石灰岩の厚い層が高温多雨気候のもとで溶食を受けてできた岩峰が林立する地形。(例)コイリン(桂林)

↑ カルスト地形は石灰岩が二酸化炭素を含む**雨水や地下水に溶食**されてできたさまざまな地形の総称。ディナルアルプス山脈北部,スロベニアの**カルスト地方**に典型的に発達し,この名がついた。

● カルスト地形の様子

▼カルスト地形のなりたち

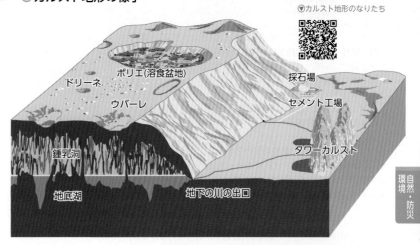

ドリーネ　ポリエ(溶食盆地)　採石場　セメント工場　ウバーレ　タワーカルスト　鍾乳洞　地底湖　地下の川の出口

環境・防災 自然

2 さまざまなカルスト地形

▼秋吉台

石塔　ドリーネ

←1 **カルスト台地の表面[山口県・秋吉台]**　秋吉台一帯にはカルスト地形が発達する。台地の表面には溶食から取り残された**石灰岩**が**石塔原(ピナクル群)**となって広がり,各所に直径数m〜数十mに及ぶ,**ドリーネ**とよばれるすり鉢状のくぼ地がみられる。

(▶P.255 写真①)

→3・4 **ポリエ(溶食盆地)とテラロッサ**　石灰岩台地には**ドリーネ,ウバーレ**が発達する。また,地下の鍾乳洞と一体化して形成された,数km²〜数百km²の盆地を**ポリエ**とよぶ。地中海沿岸には**テラロッサ**とよばれる石灰岩の**風化土壌**が広がり,オリーブやぶどうの栽培に適している。

←5 **タワーカルスト[中国・コイリン(桂林)]**　中国のコワンシー(広西)壮族自治区からコイチョウ(貴州)省にかけては,サンゴなどによりつくられた**石灰岩**が厚く堆積しており,高温多雨の気候のもとで溶食が進んだ。特に縦の割れ目に沿って溶食が進行し,生じたくぼ地に雨水がたまって一層溶食作用が進んだため,**タワーカルスト**とよばれる特異な地形が形成された。コイリン(桂林)は中国有数の観光地として人気がある。

▲タワーカルスト

Q タワーカルストは,どのような作用で形成されたか。【15年B本・第1問・問5】

↑2 **鍾乳洞[風連鍾乳洞・大分県]**　石灰岩が溶食されて生じた地下の空洞を**鍾乳洞**とよぶ。石灰分を含む水滴の落下により,上部に鍾乳石,下に石筍ができ,奇観を呈する。

3 カルスト地形と産業

石灰岩

↑6・7 **セメント工場と削り取られた石灰岩の山地[岩手県]**　石灰岩を豊富に産出する地域では,それを原料とするセメント工場の立地が多い。日本では福岡県,山口県などにセメント工場が集中するが,石灰岩採掘による自然破壊もみられる。

気候要素と気候因子

●**気候要素**

気候を構成する要素で，**気温・降水・風**(風向，風速)・**湿度・気圧・雲量・日照量**などの統計値で表される。気候因子と結びついて，多様な気候をつくり出し，人間生活にさまざまな影響を与える。

●**気候因子**

緯度・海抜高度・水陸分布・海流・地形などで，気候要素の地理的分布に影響を与える。

➡気温は太陽放射量の影響を受けて低緯度で高く，高緯度で低い。大陸東岸と西岸を比較すると，大陸西岸は主に**偏西風**の影響で高緯度でも気温が高い。一方，大陸東岸は冬季の**季節風**の影響で気温が低下し，一般に西岸よりも気温が低い。降水量の多い地域は，**熱帯収束帯**と**亜寒帯低圧帯**の影響を受ける地域である。また，アジアでは季節風の影響を受ける地域で多くなる。回帰線周辺の通年で**亜熱帯高圧帯**の影響を受ける地域は，年降水量が非常に少ない。

1 世界の気温と降水量

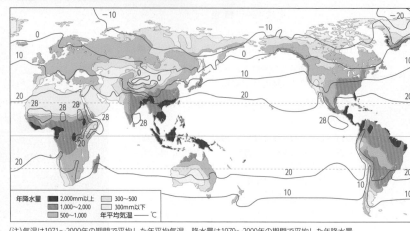

Q 沿岸と内陸の気候の比較しやすい条件とは何か。【21年B本・第1問・問1】

年降水量
- 2,000mm以上
- 1,000～2,000
- 500～1,000
- 300～500
- 300mm未満
年平均気温 —— ℃

(注)気温は1971～2000年の期間で平均した年平均気温。降水量は1979～2000年の期間で平均した年降水量。

(『理科年表』2013などによる)

2 西岸気候と東岸気候の比較

↑1 乾燥地域の服装[アラブ首長国連邦]　西アジア・北アフリカの乾燥地域では，暑さと脱水症状を防ぐため，なるべく肌を日差しにさらさず，ゆったりとした服装となる。

◉北緯50°付近における都市の気温の年較差

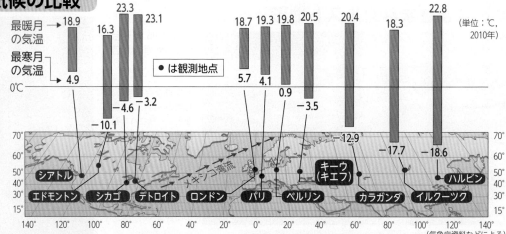

最暖月の気温 / 最寒月の気温

●は観測地点

(単位：℃，2010年)

	最暖月	最寒月
シアトル	18.9	4.9
エドモントン	16.3	-10.1
シカゴ	23.3	-4.6
デトロイト	23.1	-3.2
ロンドン	18.7	5.7
パリ	19.3	4.1
ベルリン	19.8	0.9
キーウ(キエフ)	20.5	-3.5
カラガンダ	20.4	-12.9
イルクーツク	18.3	-17.7
ハルビン	22.8	-18.6

メキシコ湾流

(気象庁資料などによる)

↑**大陸の西岸**は，特にユーラシア大陸において**偏西風と暖流の影響**で気温の年較差が小さい。高緯度地域まで夏は涼しく，冬は温和な気候になる。**大陸の東岸**は，季節風の影響で気温の年較差は比較的大きい。夏は高温多湿で，冬は寒冷な気候になる。

↓2・3 1月のパリ(フランス・上)とウラジオストク(ロシア・下)

3 気温の水平分布・垂直分布

水平分布	緯度との関係	●等温線はほぼ緯線に平行。 ●年較差は高緯度で大きく，低緯度で小さい。 ●各経線上で気温の最も高い地点を連ねた線(**熱赤道**)は北緯10度付近。
	水陸分布との関係	●夏に北アフリカ・西アジアの内陸部で著しい高温部，冬にシベリアで著しい低温部が生じ，年較差が大きくなる。 ●同緯度での気温の年較差は海洋で小さく，内陸ほど大きい。
	大陸の東岸と西岸	●夏は西岸より東岸が高温になるが，冬は西岸が東岸より高温となる(Cfa，Cfb参照)。 ●中緯度の**東岸**は季節風が卓越し夏高温・冬寒冷，**西岸**は偏西風が卓越し冬は東岸より寒気が和らぐ。
垂直分布	高度との関係	●気温は海抜高度が高くなると低下する。一般に100mの高度上昇にともなって気温は約**0.65℃**低下する。これを**気温の逓減率(減率)**という。

↑気温の逓減率(減率)は，実際の山地では地表面や植生などの影響を受けることから0.4～0.7℃/100mで，山地によって差が生じる。

1 降水　　◎上昇気流の成因による降雨の種類

種類	上昇気流が生じる理由	例
地形性降雨	湿った空気が風に運ばれ，地形の起伏に沿って上昇し，雲が発生して風上側に降雨をもたらす。風下側には乾燥した空気が吹き下りる。	山地の風上側の降雨　インド西岸（**西ガーツ山脈**）　アッサム地方（ヒマラヤ山脈）　冬季の日本海側，ノルウェー
前線性降雨	暖気団と寒気団が接し，寒気団の上に暖気団が乗り上げる（寒気団が暖気団の下にもぐり込む）ことで生じる。	**梅雨前線**など停滞前線による降雨
低気圧性降雨	気圧の低い場所に周囲から風が吹き込み，行き場がなくなって上昇する。	**温帯低気圧**による降雨　**熱帯低気圧・台風**による降雨
対流性降雨	強い日射の結果，地表近くの空気が暖められることで起こる急速な上昇。	夏の夕立，**ゲリラ豪雨**　赤道付近の熱帯地域のスコール

◎地形性降雨
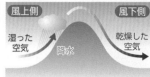

◎対流性降雨
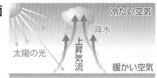

環境・防災　自然

2 世界の降水量

◎ 1月の降水量

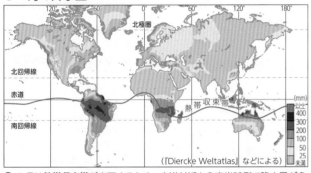

（『Diercke Weltatlas』などによる）

⬆ 1月は**熱帯収束帯**が南下するため，赤道付近から南半球側で降水量が多い。北半球の中〜高緯度の大陸西岸は**偏西風**の影響で降水量が多い。一方，中〜高緯度のユーラシア大陸東岸は乾燥した**季節風**の影響で降水量が少ない。

◎ 7月の降水量

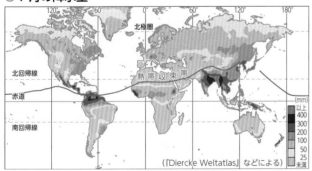

（『Diercke Weltatlas』などによる）

⬆ 7月は**熱帯収束帯**が北上するため，赤道付近から北半球側で降水量が多い。インドから東南アジアにかけては海からの湿った**季節風**の影響で，特に降水量が多くなる。一方，地中海沿岸や中緯度の北アメリカ大陸西岸は1月よりも降水量は少ない。

3 降水の季節変動

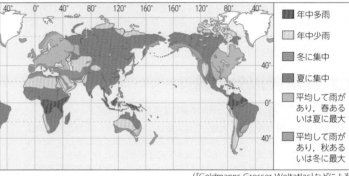

凡例：
- 年中多雨
- 年中少雨
- 冬に集中
- 夏に集中
- 平均して雨があり，春あるいは夏に最大
- 平均して雨があり，秋あるいは冬に最大

（『Goldmanns Grosser Weltatlas』などによる）

4 緯度別にみた降水量

➡ 一年を通じた降水量と蒸発量の差によって，湿潤か乾燥かが決まる。**熱帯収束帯**の影響を受ける赤道付近や**亜寒帯低圧帯**の影響を受ける北緯・南緯ともに40〜60度付近は湿潤地域となる。降水量が最大となる緯度は，アジアの**季節風（モンスーン）**の影響によるもので，赤道より北側になる。一方，南北の回帰線付近では**亜熱帯高圧帯**の影響で降水量が少なく，蒸発量が多い乾燥地域となる。

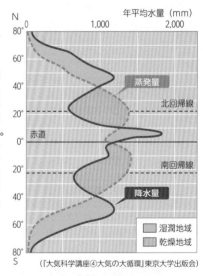

（『大気科学講座④大気の大循環』東京大学出版会）

凡例：
- 湿潤地域
- 乾燥地域

⬇1 **スコール[インドネシア]**　熱帯地域に特有の対流性降雨で生じる強風を伴うにわか雨で，ほぼ毎日夕方に発生する。

⬇2 **海霧[アメリカ合衆国・カリフォルニア]**　暖かく湿った南風が，水温の低い寒流のカリフォルニア海流上に吹き込むことで霧が発生する。

風

1 気圧帯と恒常風 (こうじょうふう)

名称		特色
気圧帯	熱帯収束帯（赤道低圧帯）	赤道付近に中心がある低圧帯。貿易風の収束によって形成されることから、上昇気流が発生して降水量は多い。赤道の南北10度くらいでは風が弱く、かつては赤道無風帯とよばれた。
	亜熱帯高圧帯（中緯度高圧帯）	南北両半球の回帰線（北・南緯23度26分）付近に中心がある高圧帯。熱帯収束帯で上昇した気流が下降することで形成。下降気流が卓越するため降水量は少なく乾燥する。高緯度側に偏西風、低緯度側に貿易風が吹き出す。
	亜寒帯低圧帯	南北両半球60度付近に中心がある低圧帯。極偏東風と偏西風の収束により形成。温帯低気圧が発生するため降水量は多い。
	極高圧帯	両極地域に中心がある高圧帯。寒冷なため安定して気圧が高い。亜寒帯低圧帯に向けて極偏東風が吹き出す。
恒常風	貿易風	亜熱帯高圧帯から熱帯収束帯（赤道低圧帯）に向かって吹く東風で、地球の自転による転向力（地球が自転しているためにはたらく力）を受け、北半球では北東風、南半球では南東風となる。
	偏西風	亜熱帯高圧帯から亜寒帯低圧帯に向かって吹く風で、地球の自転による転向力を受けて西風となる。寒帯前線が形成され、温帯低気圧が発生しやすく雨が多い。
	極偏東風	極高圧帯から吹き出す寒冷な風。転向力を受けて東風となる。

2 恒常風以外の風

種類		風の性質と主に出現する地域
季節風（モンスーン）		夏は海洋から大陸、冬は大陸から海洋となる、大陸と海洋の間で季節によって風向が逆になる広範囲に吹く風。夏は大陸が高温で低圧部に、海洋が低温で高圧部となるため、海から陸に向かって風が吹き込む。冬はこの逆となる。一般に夏は高温多湿、冬は乾燥。米・茶・さとうきびなどの栽培に影響を与える。東アジア・東南アジア・南アジアの気候に大きく影響する。
局地風（地方風）	フェーン	本来アルプス地方の山地に卓越する局地風を指し、山地から吹き下ろすときに、温度が上昇し乾燥する。このような現象をフェーン現象という。日本海側に向けて春や夏に吹く南東風はフェーン現象を起こし、大火の原因ともなる。
	シロッコ	春から初夏に、サハラ砂漠からイタリア南部に吹く、砂塵をともなう蒸し暑い南風。
	ハルマッタン	サハラ砂漠からギニアの海岸部に吹く、高温で乾燥した風。
	ボラ	アドリア海に吹き下ろす寒冷で乾燥した風。
	ミストラル	地中海北岸地方に吹く乾燥した寒風。ボラに似ている。
	ブリザード	吹雪を混じえた非常に寒い風。カナダやアメリカ北部にみられる。
熱帯低気圧に伴う風		熱帯低気圧は、熱帯地方に発生する移動性低気圧である。激しい風と雨（暴風雨）をともない、熱帯・温帯地域を襲う。夏から秋にかけて最も多く発生し、発生する地方によって台風・サイクロン・ハリケーンとよばれる。(注)

(注)オーストラリアで使われているウィリーウィリーは、竜巻・砂塵嵐の意味が原義で、熱帯低気圧の名称としては一般的ではない。

3 季節風（モンスーン）

(▶P.204 ②)

(福井英一郎『気候学』古今書院などによる)

Q 大気大循環による降水の季節変化の要因は何か。【20年B本・第1問・問4】

◉大気大循環の模式図

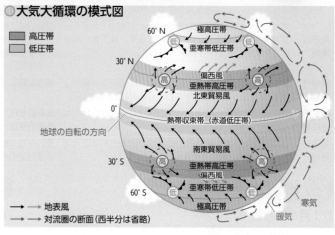

■ 高圧帯
■ 低圧帯

60°N 極高圧帯
亜寒帯低圧帯
30°N 偏西風
亜熱帯高圧帯
北東貿易風
0° 熱帯収束帯（赤道低圧帯）
地球の自転の方向
南東貿易風
30°S 亜熱帯高圧帯
偏西風
亜寒帯低圧帯
60°S 極高圧帯
寒気
暖気

→ 地表風
→ 対流圏の断面（西半分は省略）

◉ジェット気流

➡1963年1月の500hPaの強い風の軸
➡上層のジェット気流

（『THE EARTH SCIENCES』による）

G 対流圏では両極地方に弱い極東風が、中緯度地方に強い偏西風が吹いている。偏西風は上空10〜14km付近では特に強く、風速が40m/秒に達するので、ジェット気流とよばれている。ジェット気流は蛇行しながら極を中心に地球を一周している。冬に風速が強まり、平均80m/秒に達する。航空機はこの風を利用して飛ぶと、時間と燃料が節約できる。

↓1 偏形樹［パタゴニア・アルゼンチン］ パタゴニアでは一年中、強い偏西風が吹くため、多くの樹木が風になびいた形に変形（偏形樹）している。

雨季（9月）

乾季（3月）

←2·3 トンレサップ湖 カンボジア中西部にある東南アジア最大の淡水湖。雨季には面積が乾季の約3倍になり、モンスーンによる降水量の変化の影響を受ける。

4 局地風（地方風）と熱帯低気圧にともなう風

凡例
- 熱帯性暴風の多発地
- ← 暑い乾いた風
- ← 冷たい風
- ← 吹雪をともなう風
- ← 砂じんやほこりの多い風
- ← 熱帯低気圧にともなう風

（倉嶋厚『日本の気候』古今書院などによる）

↑**4** ハリケーンの被害にあった住宅［アメリカ合衆国・フロリダ州］

←**台風**は，北西太平洋で発生する，圏内の最大風速が17.2m/秒以上に発達した熱帯低気圧を指す。台風の直撃が最も多いのはフィリピンである。熱帯低気圧は年間約60個発生し，その影響を受ける国は約40か国にのぼる。

自然・防災 環境

5 フェーン現象

- ③頂上（標高2,000m）｜気温5℃ 湿度100%｜
- ②標高1,000mで凝結｜気温10℃ 湿度100%｜
- ①風上の地表（標高0m）｜気温20℃ 湿度54%｜
- ④高温で乾燥した空気　風下の地表（標高200m）｜気温23℃ 湿度33%｜フェーン
- 2,000m　1,000m　海洋

①気温20℃，湿度54%の湿った空気が山腹を上昇する。
②標高1,000mまでは100mにつき 1 ℃ずつ（乾燥断熱減率），それ以上は100mにつき0.5℃ずつ（湿潤断熱減率）気温が下がる。
③山頂を越えた空気は，谷に降りると100mにつき 1 ℃ずつ気温が上がり，それにつれて空気は乾燥し，強い風になって地表に吹く。
④地表では，高温で乾燥した風をフェーンとよび，建物が壊れたり，火災が広がる要因ともなる。

→**5・6** フェーン現象による家の造りの違い
フェーンとは，イタリアやバルカン半島に高気圧ができ，アルプス山脈北部に低気圧があった場合，山地から吹き下ろす**高温で乾燥**した風のことである。そのため，イタリア北部やアルプス南山麓では雨が多くなる。アルプスを越えて高温で乾燥した風となり，スイス・オーストリアでは融雪が進み，洪水や雪崩をもたらすことがある。

写真上は**イタリア北部南チロル**で，南斜面で日当たりが良く，湿気に強い木の家が多い。一方，写真下は**オーストリアのザルツブルク**で，燃えにくいレンガや石の建物が目立ち，住宅が密集している。

👀 FOCUS　ヒートアイランド現象

○関東地方における30℃以上の合計時間数の分布（5 年間の年間平均時間数）

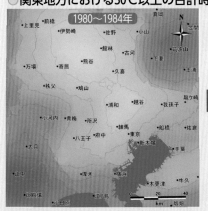

1980〜1984年　　2008〜2012年

540 / 510 / 480 / 450 / 420 / 390 / 360 / 330 / 300 / 270 / 240 / 210 / 180 / 150 / 120 / 90 / 60 / 30 / 0
時間／年
（環境省資料）

↑**7** 屋上を緑化した百貨店［東京都・新宿区］　屋上を緑化することで，ヒートアイランド対策を行っている。東京の年平均気温は100年あたり約 3 ℃の割合で上昇しており，ニューヨークやパリと比べて際立って高い値となっている。
（▶P.133 写真⑧）

↑日本の都市では森林や田畑が少なく，アスファルトやコンクリートの建物・道路に覆われ，太陽からの熱を蓄えやすい。そのため，都市の中心部は周囲より高温となる「熱の島」（**ヒートアイランド**）となる。近年は，都市の住宅・ビルで熱を蓄えない工夫として，屋上を緑化したビルや，風通しをよくした建物が増えてきている。

◉各地で発生する異常

大寒波
2009年冬季から2010年春にかけてヨーロッパ，東アジア，インド，北米が大寒波に襲われた。原因はエルニーニョで，写真は80年ぶりの大寒波で非常事態宣言が出されたワシントンD.C.←⑥

カナダの北極グマへの影響
北極の一部の地域では，海氷の減少で北極グマが獲物を追う期間が短くなり，栄養状態や繁殖の低下を招いている。

アラスカの凍土の融解
1950年以来，気温は3〜4℃上昇し，アラスカでは目立った影響が生じている。地域によっては道路や建物が，凍土の融解で沈下しており，夏に海氷がないため，海岸の侵食が生じている。

ヨーロッパの熱波
2003年，フランス・イタリア・オランダ・イギリスでは，猛暑によって，約35,000人の死者が出た。

ヨーロッパアルプスの氷河の縮小
2003年の氷河の減少値の平均は，それまでの最高記録であった1998年の値のおよそ2倍であった。

ヨーロッパの蝶の活動範囲
ヨーロッパの非移住性の蝶35種の調査によると，20世紀の間に，22種は35〜240km北へ活動範囲を移動し，1種のみが南に移動した。

インドネシアの火災
↑①1998年，インドネシアではモンスーンの降雨がなく，火災が多発した。それらの煙は数千km流れ，数百万人が影響を受けた。

ヨーロッパ中部からロシア西部の寒波
2017年1月，強い寒気の影響を受け気温が下がり，20人以上が死亡した。

蚊の気温上昇への適応
北米のある種の蚊から，気温の上昇に適応する遺伝子が検出された。30年前より9日も遅く冬眠に入っており，疾病の蔓延が可能な期間を長引かせている。

サンゴの白化
インドネシア周辺の海水温の急上昇により，広範囲にわたってサンゴの白化が進んでいる←②。

大西洋のハリケーン
2005年の大西洋のハリケーンシーズンは，ハリケーンの発生数頻度と，規模において，記録破りであった。

インドの熱波
インド北西部のファローディで2016年5月19日，最高気温51.0℃を記録した。

夏のアジアのモンスーン
2004年，インド北部の一部・ネパール及びバングラデシュで生じた豪雨と洪水で，1,800人が死亡し，数百万人が被災した。

ブラジル南東部の豪雨
2011年1月に，集中豪雨に見舞われ，洪水や地滑りなどで700人以上が死亡した←⑤。

ケニアの干ばつ
干ばつで，水不足が深刻化↓④。また，草食動物の個体数が約80％減少し，ケニアのナイロビでは，獲物が不足したライオンやハイエナが人間を襲うのを防ぐため，約4,000頭のシマウマ，約3,000頭のヌーの移送を決めた。

オーストラリアの干ばつ
2002年〜2005年にかけて，少雨のため，山火事や激しい水不足が生じた。農家では家畜の売却を，都市部では廃水再利用の検討を余儀なくされた。写真はメルボルン近郊の貯水池の干ばつ（2006年）↓③。

（『温暖化の世界地図』丸善などによる）

南大西洋のハリケーン
2004年に南大西洋で初めて観測されたハリケーンが，ブラジルを襲った。

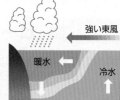

↑世界気象機関（WMO）によると，気象災害の発生件数は1970年から2019年の50年間で5倍近くに増加している。異常気象の原因として，気候変動があげられる。CO_2やフロンガスなどの温室効果ガスの排出により，地球の平均気温は1900年から100年間に0.8℃上昇した。2021年の世界の平均気温は，1991〜2020年の基準値から0.22℃上昇している。2015年以降，この基準値から上昇温度の高い年が多くなっている。

　気候変動の自然要因の一つに海流や海面水温の変動があげられる。**エルニーニョ**（スペイン語で神の男の子の意味）**現象**は，ペルー沖の海水温が数百kmにわたり2〜5℃上昇するものである。これにより世界の気候システムが変化し，オーストラリアの干ばつなど近年の異常気象を引き起こす。**ラニーニャ**（スペイン語で女の子の意味）**現象**はその逆で，海水温が平年より低い状態が続く。

Q エルニーニョ現象によって世界各地にどのような影響があるか。【18年B本・第1問・問6】

◉エルニーニョ時の海水温分布

➡赤色は平年より水温が高い部分。

◉エルニーニョ現象・ラニーニャ現象をもたらす大気と海洋の相互作用

通常の状態

東風（貿易風）

暖水　冷水

西太平洋（日本の南）　東太平洋（ペルー沖）

エルニーニョ現象の状態

弱い東風

暖水

冷水

西太平洋（日本の南）　東太平洋（ペルー沖）

ラニーニャ現象の状態

強い東風

暖水　冷水

西太平洋（日本の南）　東太平洋（ペルー沖）

（気象庁気候・海洋気象部，1999）

◉エルニーニョ現象の影響

日本では北日本を除いて春と冬は気温が高く，夏は全体的に低い一方，冬は暖冬になる。夏，降水量は北日本太平洋側と西日本日本海側で多く，日照時間は北日本，西日本太平洋側などでやや少ない。

温暖

温暖

湿潤・冷涼

乾燥

乾燥

湿潤

温暖

乾燥

湿潤・温暖

温暖

温暖

乾燥・温暖

温暖

湿潤

（『異常気象 地球温暖化と暴風雨のメカニズム』緑書房などによる）

1 気候区分と用いる記号

気候	気候帯	気候区	記号と分類の基準
湿潤気候	熱帯(A)	熱帯雨林気候(Af) 弱い乾季のある熱帯 雨林気候(Am) サバナ気候(Aw)	**A：最寒月**の平均気温が**18℃以上** f：年中多雨，乾季なし 　最少雨月降水量60mm以上 m：fとwの中間，モンスーン，弱い乾季あり，最少雨月降水量 　60mm未満 w：冬季に乾季あり，最少雨月降水量60mm未満 　年降水量2,500mm以下(冬の最少雨月降水量×10≦夏の最多雨 　月降水量)
湿潤気候	温帯(C)	温暖冬季少雨気候(Cw) 地中海性気候(Cs) 温暖湿潤気候(Cfa) 西岸海洋性気候(Cfb)	**C：最寒月**の平均気温が**18℃～－3℃** w：冬季に少雨(冬の最少雨月降水量×10≦夏の最多雨月降水量) s：夏季に少雨(夏の最少雨月降水量×3≦冬の最多雨月降水量) f：年中多雨
湿潤気候	亜寒帯(冷帯)(D)	亜寒帯湿潤気候(Df) Dfa～Dfd 亜寒帯冬季少雨気候 (Dw) Dwa～Dwd	**D：最寒月**の平均気温が**－3℃未満，最暖月**の平均気温が**10℃以上** f：年中多雨 w：冬季に少雨(冬の最少雨月降水量×10≦夏の最多雨月降水量)

C, D気候におけるa・b・c・dの区分

	a (夏高温)	b (夏冷涼)	c (冬低温)	d (冬極寒)
最暖月平均気温	22℃以上	22～10℃		
月平均気温が10℃以上の月		4か月以上	1～3か月	
最寒月平均気温			－38℃以上	－38℃未満

気候	気候帯	気候区	記号と分類の基準
寒帯気候(E)	寒帯(E)	ツンドラ気候(ET)	最暖月の平均気温 0℃以上10℃未満
寒帯気候(E)	寒帯(E)	氷雪気候(EF)	最暖月の平均気温 0℃未満
乾燥気候	乾燥帯(B)	砂漠気候(BW) ステップ気候(BS)	植物の生育を左右する地表面の湿り具合(すなわち湿潤気候と乾燥気候の境界値)を乾燥限界r(mm)とし，蒸発に影響する年平均気温t(℃)との関係で求める。年降水量R(mm)が乾燥限界r(mm)未満の場合を乾燥(B)気候と判断する。 　f気候の地方　　r＝20(t＋7)　　　　BS　年降水量1/2 r以上 　w気候の地方　　r＝20(t＋14)　　　BW　年降水量1/2 r未満 　s気候の地方　　r＝20t　〔t：年平均気温℃〕
山岳気候		山地気候(G) 高山気候(H)	2,000m以上の山地 3,000m以上の高山

A気候の区分

最少雨月降水量 mm グラフ（Af, Am, Aw）
縦軸：最少雨月降水量(mm) 60・40・20
横軸：年降水量 1,000 1,500 2,000 2,500mm

C, D気候における f・w・s の区分

グラフ（Cs, Cf・Df, Dw・Cw）
縦軸 500・400・300・200・100 mm
横軸 100 200 300 400 500mm

⑦ wとfの区分　縦軸：冬の最少雨月の降水量
　　　　　　　　横軸：夏の最多雨月の降水量
① sとfの区分　縦軸：冬の最多雨月の降水量
　　　　　　　　横軸：夏の最少雨月の降水量

Q 大陸西岸と東岸を比較した各緯度帯の降水の季節変化の特徴は何か。【15年B本・第1問・問2】

↓1 W.P.ケッペン (1846-1940年)

環境・防災

2 世界の気候区

(注)高山気候(H)はケッペンの気候区分にはない。
Amは熱帯モンスーン気候ともいう。

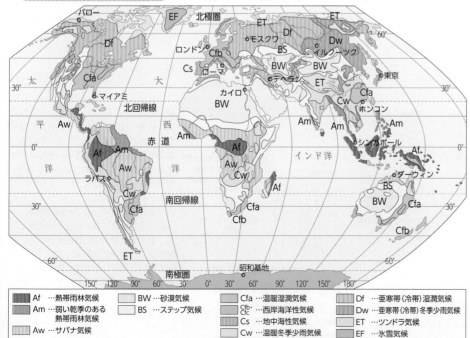

■ Af…熱帯雨林気候	□ BW…砂漠気候	▨ Cfa…温暖湿潤気候	▨ Df…亜寒帯(冷帯)湿潤気候	
▨ Am…弱い乾季のある 　　　熱帯雨林気候	□ BS…ステップ気候	▨ Cfb…西岸海洋性気候	▨ Dw…亜寒帯(冷帯)冬季少雨気候	
□ Aw…サバナ気候		▨ Cs…地中海性気候	▨ ET…ツンドラ気候	
		▨ Cw…温暖冬季少雨気候	■ EF…氷雪気候	

3 模式化した気候区分 (ケッペン)

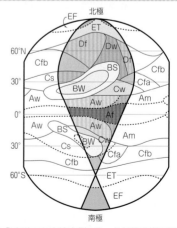

↑ ①赤道から高緯度側にA→E気候の順に配列。②北半球に大陸が偏っているため，大陸性のD気候は南半球に存在しない。③中緯度ではCfb・Cs気候が大陸西岸，Cw・Cfa気候は大陸東岸に存在。④南北緯度30度付近にB気候が発達。⑤ケッペンは高山気候を設定していない。

気候区		気候の特徴	植生と土壌	人間生活との関係	主な分布地域
熱帯気候 (A)	熱帯雨林気候 (Af)	①気温の年較差（3℃未満）が日較差より小。夜は熱帯の冬。 ②年中高温多雨。毎日規則的に対流性降雨（スコール）がある。 ③赤道無風帯に入り，風は弱い。	①スコールによる降雨に恵まれ，多種類の常緑広葉樹が熱帯雨林をつくる。河口にはマングローブが茂る。 ②やせた赤色のラトソル（ラテライト性土）。	①発展途上国では医療活動のおくれから風土病（黄熱病・マラリア・デング熱などの感染症）が残る。 ②焼畑農業（キャッサバ・タロいも）とプランテーション農業（天然ゴム・油やし・カカオ・バナナ）。	①マレー半島〜インドネシア ②フィリピン諸島東南部 ③スリランカ南部 ④アマゾン川流域（セルバ） ⑤コンゴ盆地
	弱い乾季のある熱帯雨林気候 (Am)	①気温の年較差はAfよりやや大きい。 ②アジアでは夏季のモンスーンにより多雨，冬季は弱い乾季となる。AfとAwの中間型。	①一般に熱帯雨林の密林となる。一部に半落葉樹林があり，アジアではジャングル。 ②やせた赤色のラトソル（ラテライト性土）。	①アジアでは稲作農業が発達し，平地では人口密度が高い。 ②米とさとうきび・バナナ・コーヒー・茶などのプランテーション農業。	①インドシナ半島海岸部 ②インド半島西南海岸 ③リベリア・シエラレオネの海岸 ④ブラジルの北東部〜ガイアナ ⑤フロリダ半島
	サバナ気候 (Aw)	①気温の年較差はAfより大（8℃未満）。 ②夏季は熱帯収束帯（赤道低圧帯）に入り雨季，冬季は亜熱帯高圧帯に入り乾季となる。雨季・乾季の区別は明瞭である。雨季の初めに最高気温が出現。	①丈の高い疎林（バオバブ，アカシアなど）と長草草原となる。乾季に樹木は落葉し草は枯死。肉食獣・草食獣が多い。 ②レグール（デカン高原），テラローシャ（ブラジル高原）。	①生育期の高温多湿と収穫期の乾燥を要する綿花・さとうきび・コーヒーなどのプランテーション農業が発達。 ②アフリカのサバナでは狩猟，牛の放牧。	①インド半島の大部分，タイ，カンボジア，ベトナム南部 ②東・西アフリカの大部分 ③ブラジルのカンポ，オリノコ川流域のリャノ ④オーストラリア北部 ⑤パラグアイ川流域のグランチャコ

◉分布地域と雨温図・ハイサーグラフ

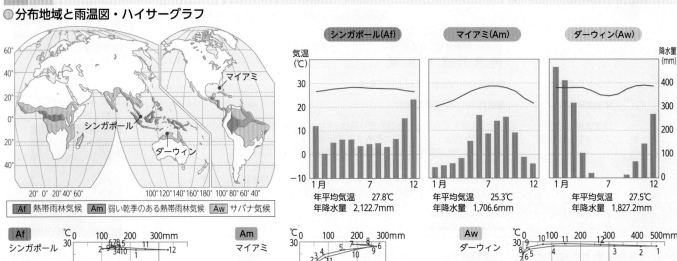

シンガポール(Af)	マイアミ(Am)	ダーウィン(Aw)
年平均気温 27.8℃	年平均気温 25.3℃	年平均気温 27.5℃
年降水量 2,122.7mm	年降水量 1,706.6mm	年降水量 1,827.2mm

Af 熱帯雨林気候　Am 弱い乾季のある熱帯雨林気候　Aw サバナ気候

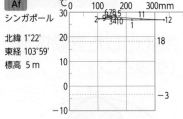

Af　シンガポール
北緯 1°22′
東経 103°59′
標高 5 m

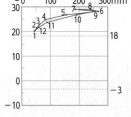

Am　マイアミ
北緯 25°45′
西経 80°23′
標高 4 m

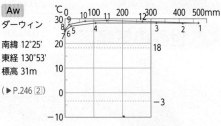

Aw　ダーウィン
南緯 12°25′
東経 130°53′
標高 31 m
(▶P.246 2)

（気象庁資料などによる）

◉ハイサーグラフの読み方

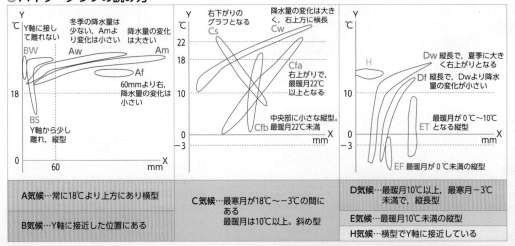

A気候…常に18℃より上方にあり横型

B気候…Y軸に接近した位置にある

C気候…最寒月が18℃〜−3℃の間にある　最暖月は10℃以上。斜め型

D気候…最暖月10℃以上，最寒月−3℃未満で，縦長型

E気候…最暖月10℃未満の縦型

H気候…横型でY軸に接近している

↩ ハイサーグラフは，縦軸に月平均気温，横軸に月降水量をとり，各月の値を順に結んだものである。グラフの縦幅は気温の年較差の大小を表し，横幅は月降水量の差を表す。横幅が長い場合，雨季・乾季の降水量の差が大きいことを示している。ハイサーグラフは，グラフの形状から気候の特徴が一目で把握できる。

読み取りの際には，気温・降水量ともに，最大値・最小値に着目する。7・8月の気温が高いと北半球であり，1・2月が高いと南半球になる。降水量では，雨季・乾季の有無とそれが現れる季節の読み取りが重要になる。なお，それぞれのグラフの気温・降水量は目安である。

1 Af（熱帯雨林気候）

↑1 高床式の家 [マレーシア] マレーシアのカリマンタン島にあるサラワク州では，高温多湿のため，風通しがよく浸水しにくい**高床式**の**ロングハウス**で生活している人々がいる。複数の家族が住んでおり，周辺には**焼畑**による耕地がある。

↑2・3 アマゾン川流域の熱帯雨林 [ブラジル] **熱帯雨林**とは赤道沿いにみられる年中高温多雨地域に広がる森林をいう。アマゾン川沿いに暮らす人々は，漁労などで生活している。また，内陸部は熱帯雨林の密林のため，アマゾン川は唯一の交通手段である。アマゾン川流域の熱帯雨林をセルバとよぶ。（▶P.240）

◉熱帯雨林の空撮　◉熱帯雨林の内部

2 Am（弱い乾季のある熱帯雨林気候）

水牛

←4 マンダレー郊外の水田 [ミャンマー] 熱帯雨林気候に隣接するAm（弱い乾季のある熱帯雨林気候）は，赤道付近の低緯度にみられる。アジアでは夏季に**モンスーン**の影響を受けて高温多雨となり，フィリピンやマレー半島など，**稲作**地域となっているところが多い。**さとうきび・茶**などの**プランテーション農業**や林業も発達している。写真はちょうど雨季の始まりのころである。（▶P.198 ②）

3 Aw（サバナ気候）

→5・6・7 ケニアの乾季と雨季とバオバブ [マダガスカル] 乾季に樹木の葉は落ち，丈の長い草原は枯れ，大地は褐色となる。雨季には草木は新芽を出し，緑の大地が広がる。写真のキリマンジャロ山（5,895m）は氷河が存在し，雨季に冠雪があり，乾季に雪の多くがとける。

　中央の写真のバオバブは，アカシアとともにサバナ気候を代表する樹木で，アフリカやオーストラリアに分布する。幹は直径10m以上になるものもあり，特異な樹形をしている。果肉や種子は食用となる。写真のように乾季には落葉する。

乾季

雨季

乾季

雨季

←8・9 バングラデシュの乾季と雨季 熱帯雨林気候の周囲にあり回帰線近くにあるため，一年のうち乾季と雨季がある。乾季の冬季には**亜熱帯高圧帯**下に入るため，降雨は少なく動植物にとっては厳しい季節となる。雨季の夏季には**熱帯収束帯（赤道低圧帯）**による降水があり植物が繁茂する。

自然・環境・防災

気候区		気候の特徴	植生と土壌	人間生活との関係	主な分布地域
乾燥気候（B）	砂漠気候（BW）	①気温の日較差が大きく，岩石の風化が激しい。②多くの砂漠は南北回帰線付近に位置し，通年で**亜熱帯高圧帯**の影響を受ける。中緯度の内陸にも形成。いずれも降水量はきわめて少ない。降雨は不規則で，**ワジ（涸川）**ができる。	①**オアシス**周辺を除いて植生はほとんどみられない。耐乾性の特に強いサボテン類や草本類が散在する程度で，一面に岩石や砂が広がる。②強アルカリの**塩性土壌（砂漠土）**。	①オアシスや**外来河川**の流域では**灌漑農業**が発達する。②西アジアからアフリカにかけての**オアシス**では，**なつめやし**が栽培されている。	①ルブアルハリ砂漠・タクラマカン砂漠②サハラ砂漠・カラハリ砂漠③モハーヴェ砂漠・グレートソルトレーク砂漠④アタカマ砂漠，パタゴニア⑤グレートサンディー砂漠
	ステップ気候（BS）	①砂漠気候同様に，気温の**日較差・年較差**は大きい。②降水量はBWより多く，**年降水量250〜500mm**程度。降水は一般に春・夏に多く，そのほかは降水に乏しい乾季となる。	①短草草原（**ステップ**）。②土壌はおもに栗色土。比較的降水量が多い地域では，肥沃な**黒色土（チェルノーゼム・プレーリー土**など）が分布。	①中央アジアやアフリカでは**遊牧**が行われている。②新大陸や旧ソ連では**乾燥農法**，灌漑による近代的農業が発展。**羊・牛**の大放牧地。	砂漠気候の周辺に分布①アフガニスタン〜イラン〜北アフリカのステップ②ウクライナ〜カザフステップ③プレーリー西縁〜**グレートプレーンズ**

● 分布地域と雨温図・ハイサーグラフ

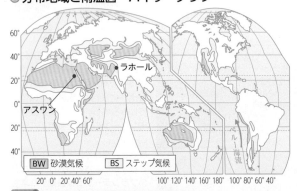

	アスワン(BW)	ラホール(BS)
気温(℃) / 降水量(mm)		
年平均気温	27.1℃	25.0℃
年降水量	3.6mm	654.3mm

BW
アスワン
北緯 23°58'
東経 32°49'
標高 202m

BS
ラホール
北緯 31°33'
東経 74°20'
標高 214m

（気象庁資料などによる）

1 BW（砂漠気候）

↑ なつめやしの実（デーツ）

←1 なつめやしの収穫（▶P.0・74）

→2 デーツを売る［エジプト・アスワン］ なつめやしは，北アフリカや西アジアの乾燥地帯の代表的作物である。実は伝統的食物で，乾燥させて保存食にしたり，ジャム，菓子にも使われ，重要なビタミン・ミネラル源となっている。

←3 日干しレンガづくり［エジプト・ルクソール］ エジプトの農村部では，泥とわらに水を混ぜてつくった日干しレンガの家が多い。日本の白壁と同様に傷めば土に返し，数年たつと日干しレンガの材料になる。（▶P.137 2）

2 砂漠の分類

亜熱帯砂漠

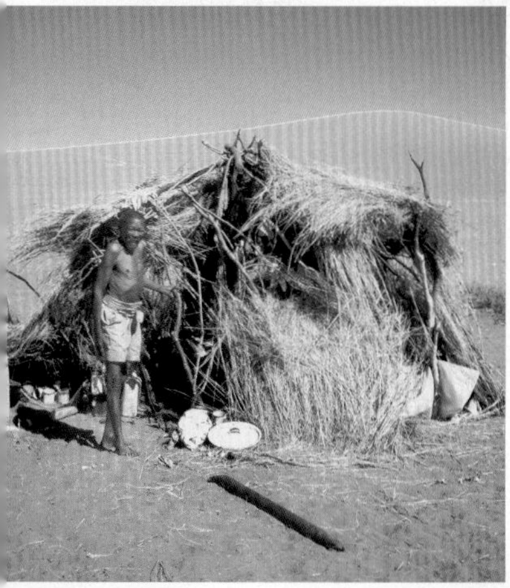

4 カラハリ砂漠　亜熱帯(回帰線)砂漠は，通年で亜熱帯高圧帯に覆(おお)われて**下降気流**が卓越(たくえつ)する。このため，降雨の原因となる**上昇気流**が発生しないことから砂漠となる。ボツワナの大部分と南アフリカ共和国，ナミビア，ジンバブエなどに広がるカラハリ砂漠では，年間250mm以上の降水量があり，ところどころに植物もみられ，コイサン族が生活している。

内陸砂漠

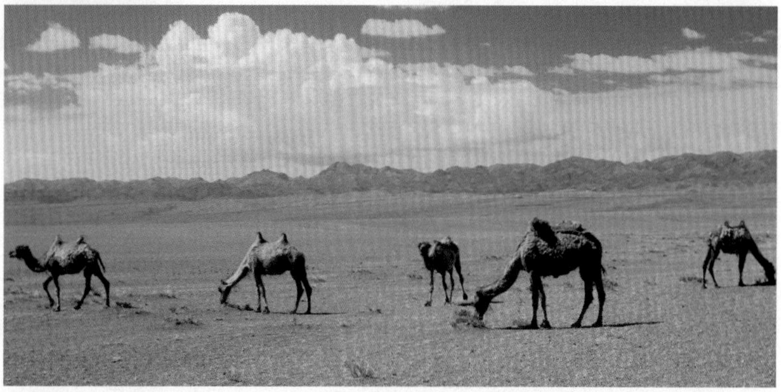

5 ゴビ砂漠(中国～モンゴル)　内陸砂漠は，高い山脈に囲まれた大陸の内陸にみられ，水蒸気を含んだ気流が届かないことから，雨が降らず砂漠になる。夏季(5～9月)は45℃を超える一方で，冬季には−50℃になることもある。

海岸砂漠

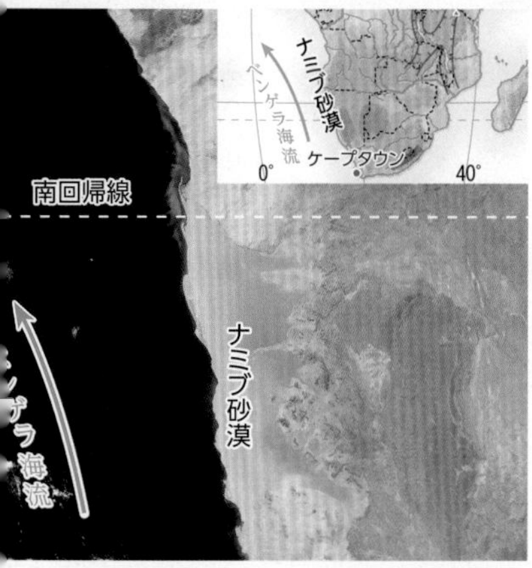

6 衛星写真によるナミビアの海岸線　海岸砂漠は，**寒流**が流れる**低・中緯度地域**の大陸西岸に形成される。亜熱帯高圧帯からの下降気流に加え，寒流の**湧昇流**(ゆうしょうりゅう)によって地表付近の大気が冷やされるため上昇気流が発生しない。このように大気の状態が安定し，霧は発生しても雨が降らず砂漠になる。写真では，アフリカ南西部の沿岸に**ナミブ砂漠**が確認できる。

雨陰砂漠

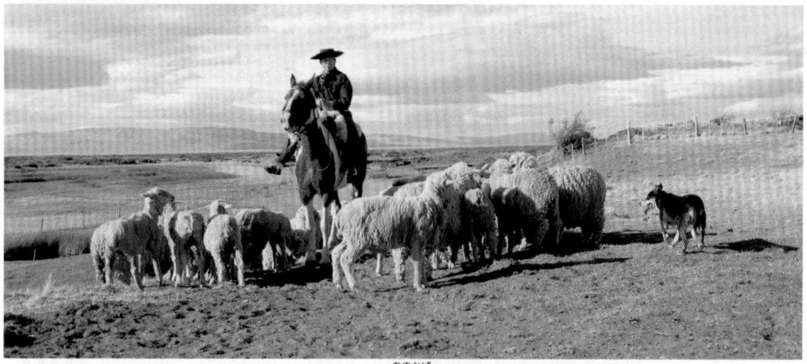

7 アルゼンチン南部のパタゴニア　**雨陰砂漠**(あまかげ)は大きな山脈の風下にみられ，湿った大気が山脈を越える際に風上では雨が降り，風下はフェーン現象により乾燥した下降気流が吹くことから砂漠となる。

3 BS(ステップ気候)

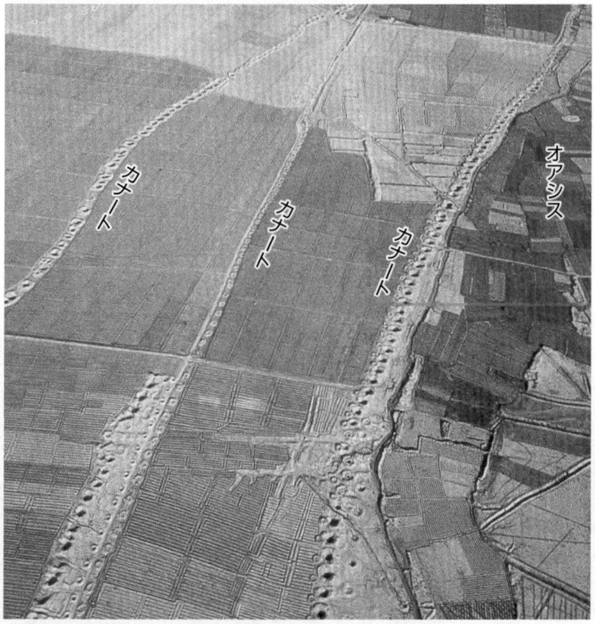

8 イランのカナート　首都テヘランの北部にあるエルブールズ山脈は，冬季雪を頂き地下水を涵養(かんよう)する。南部の乾燥地の人々はカナート(地下水路)を掘り，地下水をオアシスに引水して**生活用水**や**小麦**・**綿花**を栽培する**農業用水**などに利用している。

カナートの断面図

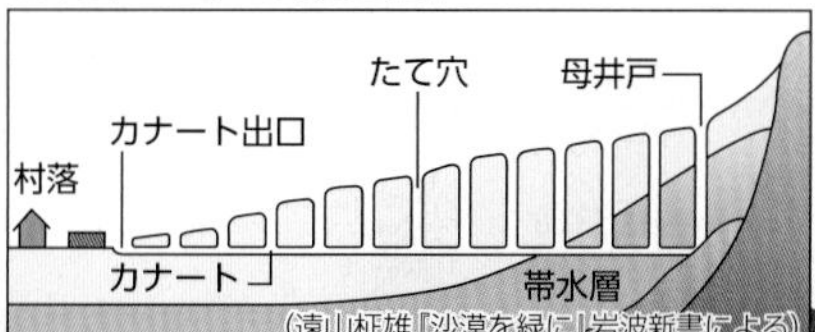

(遠山柾雄『沙漠を緑に』岩波新書による)

Q 西アジアの乾燥地域ではどのような水資源を使っているのか。【14年B本・第4問・問2】

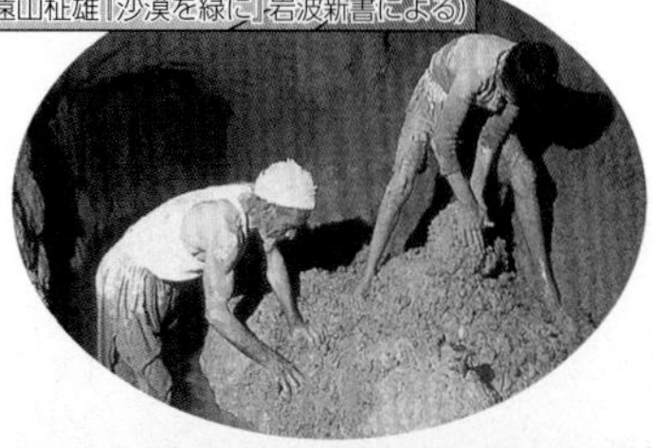

9 カナート内部[イラン・ヤズド付近]　地下水路の**カナート**は高さ約1.2m，幅約0.8m。起源はアケメネス朝ペルシア時代。各オアシスに生活・農業用水を運んでいる。内部は泥でできており，しだいに泥がたまり流れにくくなるため，時々土砂をたて穴から排出する必要がある。

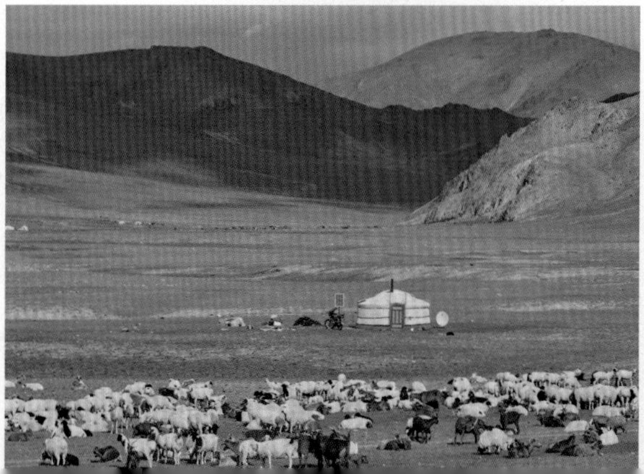

10 広大な草原と遊牧[モンゴル]　モンゴルの遊牧民の住居(ゲル)は，移動の際に折りたたむことができる。木製の骨組(ほねぐ)みと，それをおおう羊の皮(フェルト)からできている。中央に暖房と炊事用のストーブと煙突がある。
(▶P.74)

気候区	気候の特徴	植生と土壌	人間生活との関係	主な分布地域
温暖冬季少雨気候 (Cw)	①おおむね南北回帰線付近にみられ，夏季は高温湿潤な**季節風（モンスーン）**が洋上から流入し，降水量が多く（年降水量1,000〜2,000mm程度），蒸し暑い。②冬季は温暖乾燥である。	①シイ・カシ・クスなどの**常緑広葉樹（照葉樹）**が生育。高緯度側では落葉樹・針葉樹も生育。②黄色土・赤黄色土。	①アジア（中国南部〜インド北部）では**米・綿花・茶**の栽培がさかん。②アフリカ南部・アンデス山脈東側では，**とうもろこし・小麦・コーヒー**などの栽培が多い。	サバナ気候の高緯度側に接した**大陸東岸**①ガンジス川上・中流部，インドシナ半島北部，華南・華北②**グランチャコ**
地中海性気候 (Cs)	①緯度30度〜45度の大陸の西岸でみられ，夏季は**亜熱帯高圧帯**に入り高温乾燥。②冬季は**亜寒帯低圧帯**に入り降水がある。年降水量は300〜600mm程度。	①夏季の乾燥に耐える**硬葉樹（オリーブ・コルクがしなど）**。②夏季は草が枯れて褐色，冬季は緑色となる。③赤黄色土（成帯）・テラロッサ（間帯）。	①耐乾性果樹である**オリーブ・ぶどう**や柑橘類の栽培がさかん。②冬季は雨季で温暖なため，穀物栽培がさかん。③地中海沿岸は夏冬とも**観光保養地**。	緯度30度〜45度の**大陸西岸**①地中海沿岸〜西アジア②カナダ南西部〜カリフォルニア③チリ中部④オーストラリア南部⑤アフリカ南西端
温暖湿潤気候 (Cfa)	①南北回帰線から緯度40度の**大陸東岸**でみられ，**季節風**の影響を受け，同緯度の大陸西岸と比べて気温の年較差は大きい。②年中降水があり，四季が明瞭である。③暴風・豪雨・熱帯低気圧など気象の変化も激しい。	①常緑広葉樹・落葉広葉樹・針葉樹が生育。②黄色土・赤黄色土・褐色森林土・黒色土・プレーリー土が分布。	①居住には好適な気候条件であるため，人口が多い。アジアでは稲作地帯となり，人口密度が高い。②商工業が発達。③アジアでは**米・茶**，アメリカ大陸では**小麦・綿花**の栽培がさかん。	南北回帰線〜緯度40度の**大陸東岸**①日本（北海道と東北を除く），華中，華南の一部②**アメリカ合衆国東部**③**ブラジル南東部〜パンパ周辺**④オーストラリア東部
西岸海洋性気候 (Cfb)	①緯度40度〜60度の**大陸西岸**でみられ，**偏西風**の影響を受け，同緯度の大陸東岸と比べ夏季は冷涼，冬季は温暖である。気温の年較差が小さい。②通年で**亜寒帯低圧帯**に入り，年中降水があり，年降水量は600〜1,000mm。	①落葉広葉樹（ブナ・カシワなど）が多い。②褐色森林土が広く分布。	①居住には好適な気候条件であるため，人口が多い。②商工業が発達。③**酪農・混合農業**が発達。	緯度40度〜60度の**大陸西岸**①北西〜中央ヨーロッパ②北米北西岸③チリ南部④ニュージーランド・オーストラリア南東部⑤アフリカ南東端

● 分布地域と雨温図・ハイサーグラフ

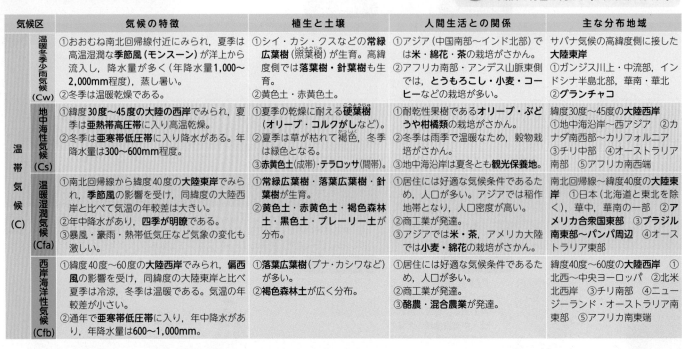

ホンコン(Cw) 年平均気温 23.2℃ 年降水量 2,359.3mm
ケープタウン (Cs) 年平均気温 17.1℃ 年降水量 492.6mm
ブエノスアイレス(Cfa) 年平均気温 18.1℃ 年降水量 1,256.1mm
パリ (Cfb) 年平均気温 12.0℃ 年降水量 622.8mm

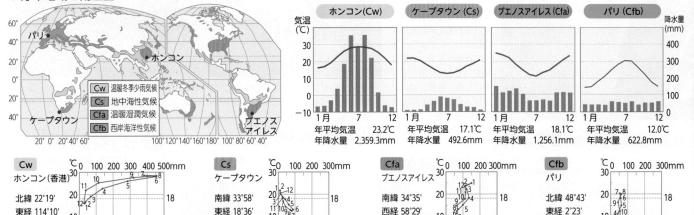

Cw ホンコン（香港）北緯22°19′ 東経114°10′ 標高65m

Cs ケープタウン 南緯33°58′ 東経18°36′ 標高46m

Cfa ブエノスアイレス 南緯34°35′ 西経58°29′ 標高25m

Cfb パリ 北緯48°43′ 東経2°23′ 標高89m

（気象庁資料などによる）

1 Cw（温暖冬季少雨気候）

←1 世界最多雨地域アッサムの茶園（4月）[インド] アッサムの茶（ハイランドティー）は，イギリスのプランテーションとして開発された。年降水量4,000mmを超えるアッサム地方は，北にヒマラヤ山脈，東にパトカイ山脈がある。中央にブラマプトラ川が流れ，**V字谷**を形成している。水はけと日当たりが良いため，茶の栽培に適している。**インド洋からの湿った南西モンスーン**により，降水量は6〜9月に多い。

→2 小麦の脱穀[インド・オリッサ州] インドは，世界的な小麦の生産地。小麦地帯は北部のガンジス川上・中流域が中心で，気候は温暖冬季少雨気候とステップ気候が適地である。脱穀は人力や家畜に頼ることが多い。

② Cs（地中海性気候）

←3 オリーブ［スペイン・アンダルシア地方］ オリーブは乾燥に強い植物である。世界のオリーブの生産の約95％は地中海沿岸で栽培され、スペインやイタリア、ギリシャで全世界の約60％を占めている。オリーブの実からとった油は、ラテン系の人々の食事であるパスタ料理や炒め物には欠かすことができない。
（▶P.224 写真④）

→4 オレンジ園［アメリカ合衆国］ カリフォルニア州はあんず・もも・ぶどう・グレープフルーツなどの果樹栽培が盛んである。これは4〜10月の成育期に乾燥することと、北太平洋の高気圧により晴天率が高く、日照量が多いためである。

縦書き：環境・防災 自然・

③ Cfa（温暖湿潤気候）

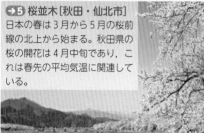

→5 桜並木［秋田・仙北市］ 日本の春は3月から5月の桜前線の北上から始まる。秋田県の桜の開花は4月中旬であり、これは春先の平均気温に関連している。

←6 昆虫採集をする少年たち 日本の夏は太平洋高気圧下に入り、非常に厳しい暑さが続くために、長い夏休みがある。

春 夏
冬 秋

→8 冬の東京 太平洋側に位置する地域の冬は、北西季節風の風下のため晴れる日が多いが、春が近づくと東へ進む低気圧の影響で、雪が降ることもある。

←7 秋の紅葉 青森県から秋田県にかけての白神山地は、ブナ・ナラが分布する落葉広葉樹の原生林である。

④ Cfb（西岸海洋性気候）

←9 風車［オランダ・ロッテルダム］ 一年中吹きつける偏西風により回る風車は、干拓地（ポルダー）の排水と、小麦などの製粉に利用されていた。現在は観光用に残されている。

→10 降り続く雨［イギリス・ロンドン］ 11月のロンドンは平均気温が8℃前後で、毎日のように雨が降り、すっきりしない空模様が続き、寒冷である。

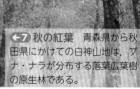

Q 亜寒帯冬季少雨気候の特徴は何か。【08年B本・第1問・問1】

気候区		気候の特徴	植生と土壌	人間生活との関係	おもな分布地域
亜寒帯（冷帯）気候（D）	亜寒帯湿潤気候(Df)Dfa〜Dfd	①気温の年較差が大きい大陸性気候で、年中降水がある。	①Df・Dwとも，北部はエゾマツ・トドマツなどの針葉樹林帯（タイガ）となる。南部はカバ類の落葉広葉樹と，モミ・ツガ類の針葉樹との混合林となる。②北部はポドゾル，南部は褐色森林土が分布。	①夏季の高温を利用して春小麦・ライ麦・えん麦・じゃがいもなどを栽培。②酪農が発達。③林業（製材・パルプ）が発達。	①夏高温型(Dfa)北米グレートプレーンズ中部　②夏冷涼型(Dfb)北海道，アメリカ五大湖，シベリア南西部　③夏冷涼・夏短期型(Dfc)北欧，シベリア東部，カナダ　④夏冷涼・冬極寒型(Dfd)シベリア東部
	亜寒帯冬季少雨気候(Dw)Dwa〜Dwd	①気温の年較差が大きく，降水量は夏多く，冬は少雨。②シベリア高気圧から吹き出す冬季の乾燥した季節風の影響で，ユーラシア大陸東岸にのみ分布する。		①寒冷地で農耕に適さないが，耐寒性作物（えん麦・じゃがいも）の栽培がみられ，栽培限界は北進している。②林業（製材・パルプ）が発達。	①夏高温型(Dwa)中国東部　②夏冷涼型(Dwb)中国東北部　③夏冷涼・夏短期型(Dwc)シベリア東部　④冬極寒型(Dwd)シベリア東部内陸（寒極）
寒帯気候（E）	ツンドラ気候(ET)	①最暖月の平均気温は0℃以上10℃未満。②極高圧帯の影響により降水量は少ない。	①夏季，永久凍土層がとけ，蘚苔類，地衣類が生育（ツンドラ）。②ツンドラ土。	①サーミ・ネネツ・イヌイットによるトナカイの遊牧。②航空基地・軍事基地がある。	①ユーラシア大陸〜北アメリカ大陸〜グリーンランドの北極海沿岸　②チリ最南端〜南極半島の一部（グレイアムランド）
	氷雪気候(EF)	①最暖月の平均気温0℃未満の厳寒地。②降水量，融雪量はともに少なく，年中氷雪におおわれている。	①植物の生育はほとんどなく，大陸氷河におおわれている。	①アネクメーネ（無居住地域）であったが，地球観測の学術調査や地下資源の調査が行われている。	①グリーンランド内陸部　②南極大陸

◎分布地域と雨温図・ハイサーグラフ

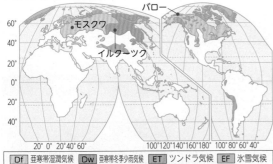

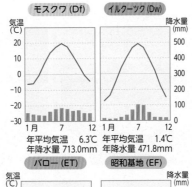

モスクワ (Df)
気温(℃)
年平均気温 6.3℃
年降水量 713.0mm

イルクーツク (Dw)
降水量(mm)
年平均気温 1.4℃
年降水量 471.8mm

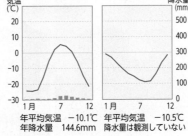

バロー (ET)
気温(℃)
年平均気温 −10.1℃
年降水量 144.6mm

昭和基地 (EF)
降水量(mm)
年平均気温 −10.5℃
降水量は観測していない

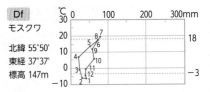

Df モスクワ
北緯 55°50'
東経 37°37'
標高 147m

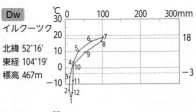

Dw イルクーツク
北緯 52°16'
東経 104°19'
標高 467m

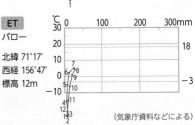

ET バロー
北緯 71°17'
西経 156°47'
標高 12m

（気象庁資料などによる）

1 Df（亜寒帯湿潤気候）

←1 小麦の収穫［カナダ・アルバータ州］
アメリカ合衆国北部からカナダ小麦三州（アルバータ・サスカチュワン・マニトバ）は世界的な小麦地帯である。亜寒帯気候のため，4月中旬に種をまき，8月中旬から9月上旬にかけて収穫を行う春小麦を栽培している。（▶P.236 1）

↓2 沈まない太陽［ノルウェー・マーゲル島］　地球の地軸が23度26分傾いているため，北緯66度34分以北では5月から2か月ほど太陽が沈まない白夜となる。西の空にあった太陽は北に向かって低くなり，24時には真北の地平線上に達し，今度は東へ再び高く昇る。（▶P.20・21）

◎沈まない太陽

2 Dw(亜寒帯冬季少雨気候)

↑3 バイカル・アムール鉄道(バム鉄道)　シベリアの**森林資源**や**地下資源**(石炭・天然ガス・銅鉱など)の開発と，シベリア極東域の輸送力強化のためにつくられ，**タイガ**(針葉樹林帯)を走る鉄道である。

↑4 凍結したレナ川[ロシア]　レナ川は**オビ川・エニセイ川**とともに**シベリア三大河川**で，北極海に注ぐ。冬の平均気温が−20〜−40℃にもなり，河川が5〜6m結氷すれば道路として利用できる。また，低緯度側の上流部で融解が進んでも，高緯度側の下流部では凍結しているため，例年洪水が発生する。全河川が融解し，水量の多い6月頃から夏にかけて**タイガの木材**を流す。

4 EF(氷雪気候)

↑8 夏の昭和基地　昭和基地は年平均気温が−10.5℃で，観測開始後の最高気温は10.0℃(1977年)，最低気温は−45.3℃(1982年)であった。夏の1月が最暖月で，平均気温は−0.7℃となり氷がとけるが，一年の多くは氷雪に覆われる。写真の船舶は南極観測船「しらせ」。(▶P.251 [2])

3 ET(ツンドラ気候)

→5 油田地帯[アメリカ合衆国・ノーススロープ]　アラスカ北部にある油田地帯で，夏季のみ氷雪がとけるが，人が居住できない**無居住地域(アネクメーネ)**である。

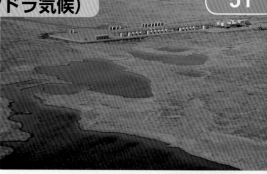

→6 凍土上の建物[ロシア・チュコト自治管区]　永久凍土は夏季にはその一部がとける。そのため建物は杭を打ち高床式にして，倒壊を防止している。

自然・環境・防災

◯ トナカイの遊牧民族の居住地域

→7 トナカイの遊牧[ロシア・チュコト自治管区]　ユーラシア大陸北部のツンドラ地帯では，夏季に雪がとけ，蘚苔類・地衣類などの寒さに強い植物がトナカイのえさとなる。(▶P.232)

◯ 北半球の永久凍土の分布

→ 年間を通して凍結している土壌は**永久凍土**とよばれる(全陸域の14%)。近年の温暖化により永久凍土が融解し，凍土に含まれる温室効果ガスであるメタンの大気への放出により，地球温暖化の加速が懸念されている。

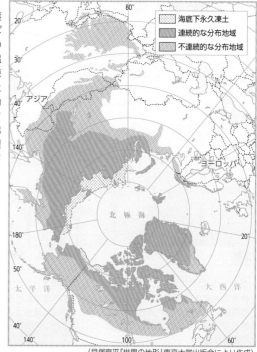

海底下永久凍土	
連続的な分布地域	
不連続的な分布地域	

(貝塚爽平『世界の地形』東京大学出版会により作成)

1 H（高山気候）

気候区	気候の特徴	植生と土壌	人間生活との関係	主な分布地域
高山気候（H）	①海抜高度が増すにつれ，気温は100mにつき約0.65℃ [気温の逓減率（減率）] 低下する。 ②気温の年較差が小さく，日較差が大きい（常春の気候）。 ③降水量は比較的少ない。1,500～2,000mで降水量は多くなり，高度が増すと減少する。	①標高の低い高木帯から，標高の高い森林限界にかけて，熱帯植物から寒帯植物へ垂直的に変化する。	①ヒマラヤ山中・チベット高原の遊牧やアンデス山中の農耕（じゃがいも），高地（高山）都市の発達。 ②避暑地（熱帯の高原）。シムラ・ダージリン（インド）など。	①ヒマラヤ山中～チベット高原 ②アンデス山中

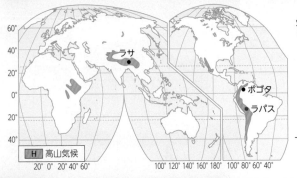

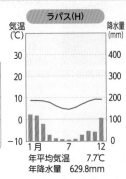

ラパス（H）

年平均気温　7.7℃
年降水量　629.8mm

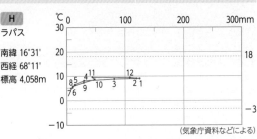

H
ラパス
南緯 16°31'
西経 68°11'
標高 4,058m

（気象庁資料などによる）

Q 高山気候の気温・植生の特徴は何か。
【18年B本・第1問・問4】

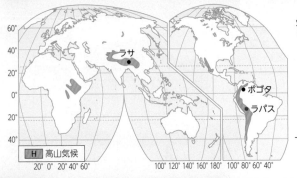

←1 ヒマラヤ山脈を望むポカラ郊外 [ネパール] ネパールの都市ポカラは標高830mの観光地で，冬でも昼間は暖かく半そででも過ごせる。後方はアンナプルナ山。

中央アンデス南部の環境と土地利用（▶P.242）

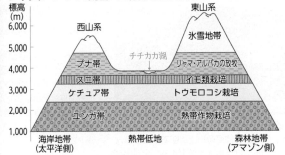

（注）左は現地の住民による環境区分の名称。
（山本紀夫『ジャガイモのきた道』岩波書店による）

南アメリカの高山都市

● 高山都市
　（数字は海抜高度：m）
▨ 海抜高度500m以上

2 植生と土壌

気候	Af・Am 熱帯雨林	Aw サバナ	BW 砂漠	BS ステップ・プレーリー	Cs 硬葉樹林
植生	多種多層の常緑広葉樹の密林。一般に樹木は硬く，利用できる樹種が限られる。チークやマホガニーは高級家具に，ラワンは合板に利用。	熱帯の長草草原。アカシアやバオバブなどの樹木が疎らに生育。雨季には樹木・草本が茂るが，乾季には樹木は落葉し，草本も枯れる。	降水量が極端に少なく，植生はほとんど見られない。オアシスには樹木も生育し，居住も可能。	ステップは砂漠周辺に見られる短草草原。プレーリーは北米大陸の長草草原。	夏の乾燥に耐える小型で硬い葉を持つオリーブやコルクがし，月桂樹などの常緑広葉樹が散在。
植生模式図	—30m —20m —10m				
土壌	ラトソル	ラトソル・赤黄色土	砂漠土	半砂漠土・栗色土・黒土	栗色土・赤褐色土

ラトソル（ラテライト性土壌）
熱帯の高温多雨地域に広く分布。降雨で有機物や塩類が洗い流され（溶脱），鉄とアルミニウムが残留した赤色のやせた酸性土壌。

赤黄色土
亜熱帯地域に分布する，ラトソルに似たやせた酸性土壌。表層に腐植層が形成され，黄色味を帯びる。

塩性土壌（砂漠土）
蒸発が活発なため，地中の塩類が毛細管現象によって地表付近に集積した白みを帯びた土壌。アルカリ性が強く，植生もほとんどないことから腐植が極めて貧弱。

栗色土
ステップに分布する栗色の土壌。弱アルカリ性で，腐植層は厚くはないが比較的肥沃。灌漑による耕地化も進む。

FOCUS 気候と植生

◯気候帯と植物帯

気候帯				植物帯				
乾燥 ← → 湿潤			寒冷	乾燥 ← → 湿潤				寒冷
氷 雪 気 候 EF			↑	永 久 氷 雪				↑
ツンドラ気候 ET				ツンドラ				
亜寒帯(冷帯)Dw・Df				タ イ ガ				
砂漠気候 BW	半乾燥気候 BS	半湿潤気候	温帯気候 Cw・Cf・Cs	砂漠	ステップ砂漠	ステップ	長草草原	温帯林
			サバナ 熱 帯 気候 Aw・Af				暖帯林
			↓ 温暖					熱帯雨林 ↓ 温暖

(G.T.Rennerによる)

↑ ケッペンは気候により植生が大きく影響を受けることに着目した。なかでも気温と降水量により植生が変化する。

→ この世界植生地図は，1985年から1987年までの3年間に収集されたデータから作成された。世界各地に広がる8つの一般的な植生タイプ(熱帯雨林・常緑樹林・落葉樹林・草原・半砂漠・砂漠・高山・ツンドラ)の分布が確認できる。

◯世界の植生分布

▢ TROPICAL FOREST (熱帯雨林)	▢ SEMI-DESERT (半砂漠)
▢ EVERGREEN FOREST (常緑樹林)	▢ DESERT (砂漠)
▢ DECIDUOUS FOREST (落葉樹林)	▢ TUNDRA (ツンドラ)
▢ GRASSLAND (草原)	▢ ALPINE DESERT (高山,不毛地帯)

(Murai et al.(1990) UNEP/GRID-Europe提供)

成帯土壌と間帯土壌

気温及び降水量の変化に対応して，それぞれの気候・植生下で特色ある土壌が形成される。この種の土壌を**成帯土壌**(例：写真❶～❹)という。
　これに対して，気候・植生の影響よりも**母岩**・地形・地下水などの因子に強く制約されて生成された土壌を**間帯土壌**(例：写真❺～❼)という。

⬇❶ ラトソル

⬇❷ 赤黄色土

⬇❸ 褐色森林土

⬇❹ ポドゾル

(写真①～④：永塚鎮男氏)

⬅❺ テラローシャ 玄武岩が風化した土壌で，ブラジル高原南部に分布する赤紫色の土。ポルトガル語で「紫色の土」。比較的肥沃。

⬅❻ レグール 玄武岩が風化した土壌で，デカン高原に分布する肥沃な黒色土。綿花栽培がさかんで綿花土ともいう。

⬅❼ テラロッサ 石灰岩が風化した土壌で，地中海沿岸地域に分布する弱アルカリ性の赤色の土壌。ラテン語で「赤色の土」。

Cw	Cfa・Cfb	Df・Dw	ET	EF
照葉樹林	混合林(混交林)	タイガ	ツンドラ	氷雪原
葉が厚く，表面に光沢がある葉を持つシイ，カシ，クス，ツバキなどの常緑広葉樹を優占種とする広葉樹林。	ブナ，ナラなどの広葉樹とマツ，モミなどの針葉樹が混合する森林。	高緯度に分布するモミ，ツガ，トウヒ，カラマツなどの針葉樹林帯。純林を形成することが多い。	短い夏季に雪や氷，地表付近の凍土が解け，コケ類や地衣類，低灌木が生育。	一年中，雪や氷河に覆われることから，植物はほとんど生育しない。
—30m —20m —10m				
栗色土・黒土・赤黄色土	黒土・褐色森林土・ポドゾル性	ポドゾル	ツンドラ土	(永久凍土)

黒土
草原を中心に分布。中性～弱アルカリ性で降雨による養分の流出がないことから，腐植層が厚く肥沃な土壌。**チェルノーゼム**，**プレーリー土**，**パンパ土**などがあり，世界的な穀倉地帯となる。

褐色森林土
温帯の森林帯に発達。表層は腐植層が厚く暗褐色で，下層部は酸化鉄が多く褐色となる，弱酸性の土壌。黒土に次ぐ肥沃土で良質の耕地となる。

ポドゾル
湿潤な**タイガ**に分布する強酸性土壌。低温のため腐植の分解が進まず，下方に移動する水分が鉄分や塩類を溶脱するため，灰白色の層を形成。農業には不向き。

ツンドラ土
ツンドラ地帯に分布する青灰色の土壌の総称。低温のため，夏に繁茂するコケ類や地衣類などの分解が進まずに堆積。下層には永久凍土層が存在する。

1 地球上の水と循環

降雪
降雨
湖・川からの蒸発
土壌・植物からの蒸発
浸透
海からの蒸発
土壌・川へしみ出す地下水
湖へしみ出す地下水
海へしみ出す地下水

↑ 地球には13億8,500万km³の水が存在する。その97.5％は海水，残り2.5％のうちの70％が氷雪，30％は地下水である。

2 日本と世界の河川とその特徴

● 河況係数とは

➡ 河況係数＝最大流量÷最小流量。河況係数の値が大きいほど，河川の流量の変動が大きく，季節変化が大きい。値が1に近いほど，流量の変動が小さい。

(注) 最小流量が0になると河況係数は∞になる。

河川名	流域面積	観測地点	河況係数
北 上 川	10,150km²	狐 禅 寺	159
利 根 川	16,840	栗 橋	1,782
天 竜 川	5,090	鹿 島	1,430
淀 川	8,240	枚 方	114
紀 ノ 川	1,750	橋 本	6,375
吉 野 川	3,750	中 央 橋	∞
筑 後 川	2,863	瀬 ノ 下	8,671
ナ イ ル 川	3,349,000	カ イ ロ	30
ド ナ ウ 川	815,000	ウ ィ ー ン	4
ミシシッピ川	3,222,000	セントポール	20
コ ロ ラ ド 川	630,000	グランドキャニオン	181
ラ イ ン 川	199,000	バ ー ゼ ル	18

(阪口豊ほか『日本の自然(3)』岩波書店，『理科年表』2015)

● 主な河川の縦断曲線

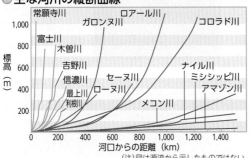

常願寺川
富士川
木曽川
吉野川
信濃川
最上川
利根川
ロアール川
ガロンヌ川
コロラド川
ナイル川
セーヌ川
ミシシッピ川
ローヌ川
アマゾン川
メコン川

標高(m)：1,000／800／600／400／200

河口からの距離 (km)：0／200／400／600／800／1,000／1,200／1,400

(注) 図は源流から示したものではない。

◀ 河川の上流から河口までの縦断面を記すと，日本の河川は，急で川の長さが短い特徴がある。大河川でも上流で降った雨は2〜3日で河口に達し，利用されずに海へ流れる量も多い。

(阪口豊ほか『日本の自然③〜日本の川』岩波書店による)

● 年間総流量に対する月別流量の割合

➡ 河川の流量は，一般的に降水量の季節変化を反映する。メコン川は雨季と乾季の明瞭なサバナ気候(Aw)の地域を流れるため流量の季節変化が大きい。ライン川はCfb気候の地域を流れるため流量の季節変化がみられず，流量も通年で安定している。エプロ川は地中海性気候(Cs)下を流れ，乾燥する夏季は流量が少ない。エニセイ川は5〜6月にかけて融雪水により急激に増水し，下流で洪水を引き起こすこともある。(▶P.230 写真①)

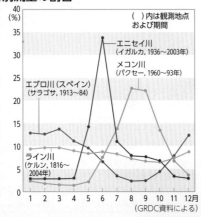

(%)：40／35／30／25／20／15／10／5／0

( )内は観測地点および期間

エニセイ川 (イガルカ, 1936〜2003年)
メコン川 (パクセー, 1960〜93年)
エブロ川 (スペイン) (サラゴサ, 1913〜84)
ライン川 (ケルン, 1816〜2004年)

1／2／3／4／5／6／7／8／9／10／11／12月

(GRDC資料による)

3 河川の種類

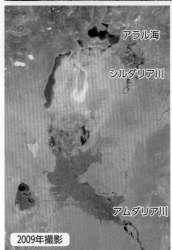

アラル海
シルダリア川
アムダリア川

2009年撮影

↑1 国際河川・ドナウ川[ドイツ・リーデンブルク] 国際河川は多くの国や国境を流れており，国際的に航行の自由が認められている。

◀2 内陸河川・アムダリア川[ウズベキスタン] 内陸河川は大陸内部の乾燥した盆地を流れ，海洋への出口をもたない。アムダリア川はパミール高原が源流で，かつてアラル海に注いでいた。

↓3 外来河川・ティグリス川上流[トルコ] 外来河川は湿潤地域を源にして乾燥地域を流れる河川で，沿岸にはオアシスが多く，水を利用して小麦やなつめやしなどの栽培も行われる。

セントヘレンズ山

スピリット湖

環境・防災 自然・

堰止湖

←4 スピリット湖[アメリカ・ワシントン州] 堰止湖は火山噴出物や土石流，氷河などにより，堰き止められてできる。セントヘレンズ山の噴火で形成された。

断層湖

→5 バイカル湖[ロシア] 断層運動でできた凹地に水がたまってつくられる。世界で最も深く(1,741m)，透明度が高い湖(40m)で，世界遺産の一つでもある。

氷河湖

←6 スペリオル湖[カナダ] 氷河の侵食によってできた凹地に水がたまってつくられる。

カルデラ湖

→7 屈斜路湖[北海道・美幌町] 火山活動によってできたカルデラに水がたまってつくられる。中央の中島は中央火口丘である。

5 地下水とその利用

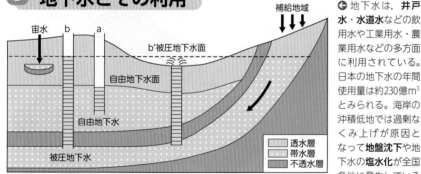

a は普通の揚水井戸，b・b'は掘り抜き井戸
b'は自噴井(鑽井)

(Todd)

← 地下水は，**井戸水・水道水**などの飲用水や工業用水・農業用水などの多方面に利用されている。日本の地下水の年間使用量は約230億m³とみられる。海岸の沖積低地では過剰なくみ上げが原因となって**地盤沈下**や地下水の**塩水化**が全国各地に発生している。

◉地下水の分類

自由地下水 (不圧水)	最も地表に近いところにある帯水層中の地下水。一般に**台地(洪積台地)**上では**深井戸**を掘削しないと得られないため，開発が遅れた。
被圧地下水	**不透水層**間にはさまれた地下水。大気圧以上の圧力を受けている。**掘り抜き井戸**を掘ると被圧地下水面まで水位が上がってくる。井戸の高さが被圧地下水面以下だと**自噴**する。 囫グレートアーテジアン盆地(▶P.78・246)(大鑽井盆地，オーストラリア)
宙水	自由地下水位面より上方に，部分的な**不透水層**がある場合に，その上にたまっている局地的な地下水。

6 海洋

◉世界の海流

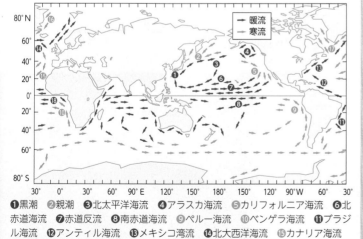

❶黒潮 ❷親潮 ❸北太平洋海流 ❹アラスカ海流 ❺カリフォルニア海流 ❻北赤道海流 ❼赤道反流 ❽南赤道海流 ❾ペルー海流 ❿ベンゲラ海流 ⓫ブラジル海流 ⓬アンティル海流 ⓭メキシコ湾流 ⓮北大西洋海流 ⓯カナリア海流 ⓰東グリーンランド海流 ⓱ラブラドル海流 ⓲ギニア海流

暖流…低緯度から高緯度への流れ
寒流…高緯度から低緯度への流れ　と分けられている。

(高野健三『海洋大循環』『海洋科学基礎講座　海洋物理Ⅱ』東海大学出版会による)

よりみち Geography　タクラマカン砂漠を潤すカンアルチン

中国西部にあるシンチヤンウイグル(新疆維吾爾)自治区は，タクラマカン砂漠などがある乾燥地帯である。シルクロードのオアシス都市トゥルファン(吐魯番，人口25万人)は，トゥルファン盆地の都市でぶどうやもも，ハミうり，すいかなどを栽培している。その水源はテンシャン(天山)山脈の雪解け水とカンアルチンとよばれる地下水路から供給されている。カンアルチンは20～30mの間隔で井戸を掘り，その底をつなげて水路としているので水の蒸発を防いでいる。

日本の地形・気候

1 日本の地形

◀1 フォッサマグナ西縁［長野県］ 糸魚川・静岡構造線に沿う谷で，中央部に湖が確認できる。この湖は，仁科三湖（手前から木崎湖・中綱湖・青木湖）とよばれている。また，左奥には，北アルプスの山々が連なっている。

矢印の方向に撮影

長野県

フォッサマグナ(Fossa Magna)
「大きな溝」の意味。1875（明治 8）年来日したドイツの地質学者ナウマン(Nauman)が，東北日本と西南日本の境界にある大亀裂帯を発見し命名した。地体構造の西縁は糸魚川・静岡構造線とよばれる。

● 4つのプレートの境界付近に位置する日本列島

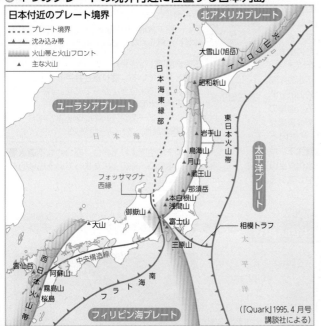

日本付近のプレート境界
- ------ プレート境界
- ▲▲▲ 沈み込み帯
- 火山帯と火山フロント
- ▲ 主な火山

北アメリカプレート

ユーラシアプレート

日本海東縁部

日本海

大雪山（旭岳）

昭和新山

岩手山

鳥海山

月山

蔵王山

那須岳

本白根山

浅間山

御嶽山

富士山

フォッサマグナ西縁

大山

東日本火山帯

相模トラフ

太平洋プレート

太平洋

雲仙岳

阿蘇山

霧島山

桜島

西日本火山帯

中央構造線

三原山

南海トラフ

フィリピン海プレート

（『Quark』1995. 4 月号 講談社による）

→2 日本列島付近の海底鳥瞰図
日本海溝は，太平洋プレートが北アメリカプレートの下に沈み込む場所に形成。伊豆・小笠原海溝は，太平洋プレートがフィリピン海プレートに沈み込む場所に形成。

伊豆・小笠原海溝

日本海溝

（提供：（財）日本水路協会海洋情報研究センター）

中央構造線(Median Line) 日本列島を内帯・外帯とに分ける地体構造上の境界線で，西南日本では明瞭である。中央構造線の北側は内帯とよばれ，ゆるやかな高原が多い。南側は外帯とよばれ，けわしい山地である。

Ｑ 日本はどのようなプレート境界に位置しているか。
【07年B本・第 1 問・問 5】

◀3 中央構造線［四国］ 高知・徳島県を流れる吉野川，奈良・和歌山県を流れる紀ノ川は，中央構造線に位置している。衛星画像でみると，直線に延びる中央構造線が鮮明に分かる。（▶P.254）

→4 三原山噴火［1986年・東京都伊豆大島］ 三原山は，伊豆大島にある活火山である。1986年11月15日に噴火が始まり，溶岩が斜面を流れ下り集落に迫った。そのため，約 1 万人の住民が島から避難した。

2 気候 (▶P.252〜263)

● 日本の気候区分

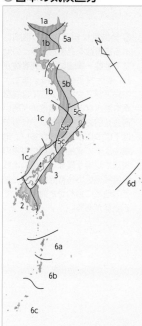

1 日本海型	a	オホーツク型
	b	東北・北海道型
	c	北陸・山陰型
2 九州型		
3 南海型		
4 瀬戸内型		
5 東日本型	a	東部北海道型
	b	三陸・常磐型
	c	東海・関東型
	d	中央高原型
6 南日本型	a	奄美区
	b	那覇区
	c	先島区
	d	小笠原区

（関口武・福井英一郎氏による）

オホーツク型　網走
年平均気温　6.9℃
年降水量　844.2mm

月平均気温は12月から3月まで0℃以下に下がる。降水量は8月が最も多いが，年間の総降水量は1,000mm以下のところが多い。

北陸・山陰型　金沢
年平均気温　15.0℃
年降水量　2,401.5mm

平均気温は各月とも0℃以上である。降水量は7月に230mmを超えるが，最も多い月は12，1月で，これは冬季の季節風降雪によるものである。

南海型　潮岬
年平均気温　17.5℃
年降水量　2,654.3mm

年間の降水量が非常に多く，年間総降水量は2,600mmを超える。6月と9月にほとんど同じ大きさの降水量極大を示す。

瀬戸内型　岡山
年平均気温　15.8℃
年降水量　1,143.1mm

温暖で晴天に恵まれ，年間を通じて降水量が少ない。耕地にため池がある地域も多く，乾燥地特有のミカン，イグサなどの栽培がさかんである。

東海・関東型　東京
年平均気温　15.8℃
年降水量　1,598.2mm

6，9，10月に降水量が多い。各月とも平均気温は0℃以上で温暖な気候。日本列島が東西から南北に折れ曲がる部分にあたり，天気の構造は複雑である。

中央高原型　長野
年平均気温　12.3℃
年降水量　965.1mm

沿岸から入るにつれて内陸部では気温の較差がだんだん大きくなり，内陸性気候の特性をおびる。降水量は6〜9月に多い。

（気象庁資料などによる）

● 日本付近の気団

気団名	高気圧	性質	発生地	活動期
シベリア気団	シベリア高気圧（大陸高気圧）	寒冷・乾燥	シベリア大陸	冬・春・秋
小笠原気団	小笠原高気圧（太平洋高気圧）	高温・湿潤	小笠原方面の海上	春・夏・秋
オホーツク海気団	オホーツク海高気圧	低温・湿潤	オホーツク海上	梅雨期
長江気団（揚子江気団）	移動性高気圧（変質する）	温暖・乾燥	中国大陸，長江（揚子江）流域	春・秋
赤道気団	―	高温・湿潤	赤道付近の海上	梅雨後期及び台風襲来時

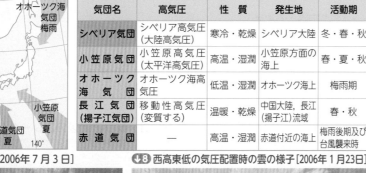

↓7 梅雨期の雲の様子 [2006年7月3日]

↓8 西高東低の気圧配置時の雲の様子 [2006年1月23日]

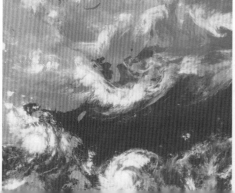

↑5 オホーツク海の流氷 [北海道・3月]

自然・防災

↑6 緋寒桜 [沖縄県・今帰仁城跡・1月]

よりみち　Geography

信州がさわやかな理由

　信州のイメージのひとつに「さわやか」があげられる。特に夏は涼しい。山に囲まれ，内陸部にあるため，強い日射により局地的にヒート・ロウ（熱的低気圧）現象が生まれ，風が吹き込む。もともと空気が澄んでいるので，「さわやかな風」になる。

　夏の暑さを表す用語に「不快指数」と「真夏日」がある。長野地方気象台によると，不快指数80以上の年間日数では，長野12.1日，松本8.4日，飯田9.9日，軽井沢は0である。東京18.2日，大阪22.0日などと比べれば快適さが理解できるだろう。

　真夏日は，8月を中心に観測されるが，長野は年間39日，松本38日で，大阪66日，東京45日と比べてみると，涼しさが理解できる。さらに，1日の最低気温が25℃以上の夜を「熱帯夜」とよぶが，最も多い長野で年間0.6日，松本0.1日，軽井沢，飯田では0である。大阪26日，東京14日などと比べても，きわめて少ない。

　また，信州には山，川，湖，高原，森林，避暑地などが多く，これも「さわやか」イメージにつながっているといえるだろう。

（『やさしい長野県の教科書』しなのき書房による）

1 地域別の自然災害

Q 自然現象は自然災害を引き起こす一方で、利用可能な資源を生み出すこともある。その例を挙げてみよう。
【23年A本・第1問・問6】

● 世界の自然災害の被害額と死者数（1967〜2016年）

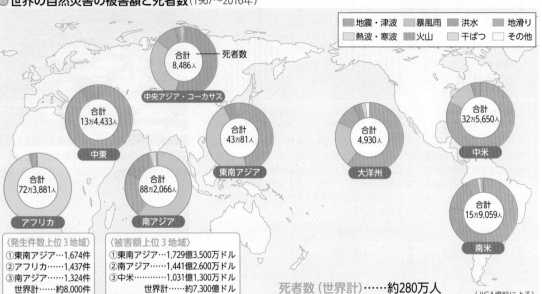

凡例：地震・津波　暴風雨　洪水　地滑り　熱波・寒波　火山　干ばつ　その他

- 中央アジア・コーカサス　合計 8,486人　死者数
- 中東　合計 13万4,433人
- 東南アジア　合計 43万81人
- 大洋州　合計 4,930人
- 中米　合計 32万5,650人
- アフリカ　合計 72万3,881人
- 南アジア　合計 88万2,066人
- 南米　合計 15万9,059人

〈発生件数上位3地域〉
①東南アジア…1,674件
②アフリカ……1,437件
③南アジア……1,324件
世界計……約8,000件

〈被害額上位3地域〉
①東南アジア…1,729億3,500万ドル
②南アジア……1,441億2,600万ドル
③中米…………1,031億1,300万ドル
世界計……約7,300億ドル

死者数（世界計）……約280万人

（JICA資料による）

⟵ 地域別に自然災害の種類による被害数を見ると、多くの地域で**地震・津波による死者数**が高い割合を占めている。また、中央アジアや南アジアでは暴風雨や洪水などによる被害が高い割合を占め、一方でアフリカでは干ばつによる被害が多い。地域によって発生する自然災害の種類や規模が異なる。その地域の自然環境の特徴を学ぶことや、その地域に合わせた対策をたてる必要がある。

● 地域別の自然災害被害額

（1985〜2018年）

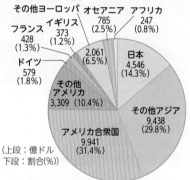

- その他ヨーロッパ 2,061（6.5%）
- フランス 428（1.3%）
- イギリス 373（1.2%）
- ドイツ 579（1.8%）
- オセアニア 785（2.5%）
- アフリカ 247（0.8%）
- 日本 4,546（14.3%）
- その他アジア 9,438（29.8%）
- その他アメリカ 3,309（10.4%）
- アメリカ合衆国 9,941（31.4%）

（上段：億ドル　下段：割合(%)）

（中小企業庁資料による）

⟳ 自然災害被害額は、日本やアメリカ合衆国など**先進国で高い**。先進国は都市化が進んでいるため、一度大規模な自然災害が発生すると被害額は大きくなる。また、その他アジア地域やその他アメリカ地域は、近年の急激な都市化の進展により高くなっている。アフリカは被害の規模や人数と比較すると被害額は少なくなっており、地域の経済の状況を表している。

● 世界の主な自然災害（1960年以降〜2023年）

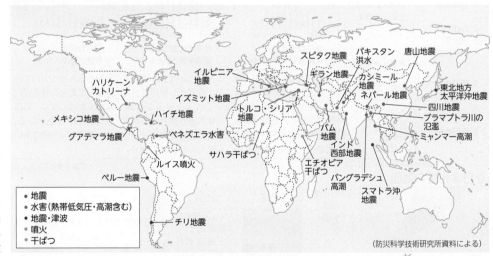

ハリケーンカトリーナ、メキシコ地震、グアテマラ地震、ハイチ地震、ベネズエラ水害、ペルー地震、ルイス噴火、チリ地震、イルピニア地震、イズミット地震、トルコ・シリア地震、サハラ干ばつ、スピタク地震、ギラン地震、バム地震、エチオピア干ばつ、インド西部地震、バングラデシュ高潮、スマトラ沖地震、パキスタン洪水、カシミール地震、ネパール地震、唐山地震、東北地方太平洋沖地震、四川地震、ブラマプトラ川の氾濫、ミャンマー高潮

凡例：
- ● 地震
- ● 水害（熱帯低気圧・高潮含む）
- ● 地震・津波
- ● 噴火
- ● 干ばつ

（防災科学技術研究所資料による）

⟳ 毎年、世界では、約1億6千万人が被災し、約10万人の命が奪われるとともに、被害額が膨らんでいる。世界各地で自然災害が増加しており、持続可能な開発の障害となっている。また、この半世紀ほどの世界の自然災害を概観すると、大きな被害をもたらす災害は、地震と水害（サイクロン、ハリケーンや洪水など）である。

⟵1 **2023年2月に発生したトルコ・シリア地震［トルコ］** 2023年にトルコ南東部で、シリアとの国境に近い東アナトリア断層でマグニチュード7.8の地震が、その後にマグニチュード7.6の地震が立て続けに発生した。国土地理院は東アナトリア断層を挟んで5mを超える地殻変動を確認したと発表している。この地域は日本と同じように複数のプレートの境界部に位置し、ひずみがたまり地震が発生しやすい。トルコでは過去に複数回大地震に見舞われたことがあり対策を進めてきたが、古く弱い構造の建造物も多く、被害が拡大した。

● トルコ・シリア周辺のプレート分布

ユーラシアプレート、黒海、イスタンブール、北アナトリア断層、東アナトリア断層、アナトリアプレート、エーゲ海プレート、地中海、アフリカプレート、アラビアプレート

（JAMSTEC BASE資料による）

② 世界を襲った自然災害

↑1 温暖化によるサハラの干ばつ[モロッコ]
温暖化の影響による干ばつによって、サハラでは深刻な水不足が懸念されている。その影響は、飲料水の不足などによって疫病が蔓延したり、農作物の収穫量が減少したりするなどあらゆる面で深刻である。

↑2 集集地震(1999年)で生じた地震断層[台湾]
台湾のほぼ中央に位置する南投県集集鎮付近で発生。死傷者1万人を超え、建物や道路などに大規模な断層が出現し、注目を集めた。

↑3 スマトラ島沖地震(2004年)による津波[インドネシア] スマトラ島沖地震では、地震による被害だけではなく、大津波によって周辺各国に甚大な被害が発生し、22万人以上が犠牲となった。

↑4 暴風雨・洪水(2018年)による被害[イタリア]
イタリア各地が暴風雨に見舞われ、「水の都」「運河の都」などの愛称で知られるベネチアにおいては、水位が異例の高さに達し、街の存続が危惧された。

↑5 山林火災(2008年)による被害[アメリカ合衆国] カリフォルニア州は、春から秋にかけ乾燥し、風が強く、暑いため火災が発生しやすい。強く乾燥した風の流入によって、火の勢いが増してくる。

↑6 ハリケーンによる大規模な被害(2018年)[アメリカ合衆国] ハリケーン・カトリーナは、アメリカ合衆国南東部を襲った大型ハリケーンである。バハマ南東で熱帯低気圧が発生したのが発端で、ニューオーリンズでは大半が冠水し、死者は1,800人を超えた。

↑7 拡大する氷河湖[ネパール] ネパールでは、近年、おおよそ3年に1度以上の頻度で、氷河やモレーンのダムに支えられた氷河湖が決壊し、洪水に見舞われる。これは地球温暖化の影響である。

↑8 ピナトゥボ火山の噴火(1991年)[フィリピン]
400年ぶりの大噴火で、20世紀において発生した最大級の火山噴火の一つである。噴火によって放出された大量の火山灰が成層圏にまで達したため、世界中の日射量が長期にわたって減少した。

↑9 四川大地震(2008年)による土砂災害[中国]
2008年5月、中国のスーチョワン(四川)省アバ・チベット族チャン州をマグニチュード8.0の大地震が襲った。山岳部で地震が発生したため地すべりや斜面崩壊による被害が多く、市街地にも被害が出た。

1 地震による災害 ●日本付近で発生する地震の種類

地震はあらゆる場所で発生しているのではなく，その発生場所は5つに分けられる。（　）内はその地震の代表例。

❶大陸プレート内の浅い地震
(1995年 兵庫県南部地震)

❺沈み込んだプレート内の深い地震
(1993年 釧路沖地震)

❹沈み込んだ海洋プレート内の地震
(1994年 北海道東方沖地震)

❷プレート境界地震
(1923年 関東地震)
(1968年 十勝沖地震)
(1978年 宮城県沖地震)
(2011年 東北地方太平洋沖地震)

❸沈み込む海洋プレート内の地震
(1933年 三陸沖地震)

プレート境界
海溝（トラフ）
大陸プレート
海洋プレート
マントル

❶深さは20kmより浅い。マグニチュード5程度でも被害が大きい。
❷深さは50kmより浅い。マグニチュード7以上になると大きな津波が発生。
❸海洋プレートが沈み込む前に発生する浅い地震。
❹海洋プレートが沈み込んだ後に発生する深い地震。
❺深く沈み込んだ海洋プレート内の地震。

↓1 津波による被害［岩手県陸前高田市・2011年7月］

2 津波による災害

● **津波とは**　津波とは，「津」(港や湾)での波を意味する。高潮が，周期が短く，表面的なものに対して，津波は，周期が長く，海の深くまでが同時に動くため，「海の壁」となる。

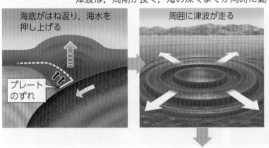

海底がはね返り，海水を押し上げる

プレートのずれ

周囲に津波が走る

沿岸

時速34km　8.0m　水深1m
時速43km　4.5m　水深10m
時速110km　2.5m　水深100m
時速250km　1.7m　水深500m
時速720km　水深4,000mで高さ1mの…　1m　水深4,000m

※深い海ほど津波の進むスピードは速く，海岸に近づいて海が浅くなると遅くなるが，自動車並みの速さである。また，深い海から浅い海に津波が進んでくると，津波の高さは高くなる。

(水産庁資料などによる)

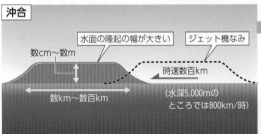

沖合

数cm～数m
水面の隆起の幅が大きい
ジェット機なみ
時速数百km
数km～数百km
(水深5,000mのところでは800km/時)

● **津波の周期と波浪（はろう）の周期**

津波も波浪も海水の振動によって引き起こされる波動現象である。

周期とは，波の山がやってきて，さらにその次の波の山が到達してくる間の時間のこと。波浪の周期は長くても数十秒程度であるのに対し，津波の周期は数十分にも及ぶ。津波の長い周期により，津波の押しが長時間継続する。また，津波は，波と波の間隔である波長が非常に長く，巨大な波高となる。

このため，津波は陸上を奥深く浸入したり，数kmにわたって河川を逆流したりするほどのエネルギーがある。

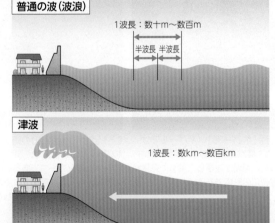

普通の波（波浪）
1波長：数十m～数百m
半波長　半波長

津波
1波長：数km～数百km

(水産庁，気象庁資料)

● **津波の高さ**

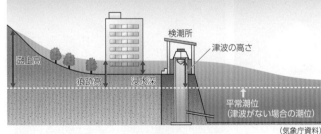

遡上高
痕跡高
浸水深
検潮所
津波の高さ
平常潮位（津波がない場合の潮位）

(気象庁資料)

津波の高さを表す表現には，次のようなものがある。

津波の高さ　平常潮位面からの波の高さのことで，波高ともいう。海岸にある検潮所，験潮場などで検潮儀を用いて観測する。

浸水深　陸上の構造物に残る，地面から水面までの高さ

痕跡高　陸上の構造物に残る，平常潮位面から水面までの高さ

遡上高　陸上の斜面や崖などに残る，平常潮位面から水面までのその付近における最大の高さ

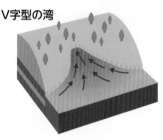

2 堤防を越える津波［岩手県宮古市］　2011年3月11日，宮城県三陸沖の海底で発生した東北地方太平洋沖地震は，マグニチュード9.0を記録した。この地震により，大津波が沿岸部に押し寄せ，岩手県・宮城県・福島県を中心とした東北地方・関東地方に甚大な被害をもたらした。

3 復興が進む田老地区［岩手県宮古市］と**4** 震災遺構の仙台市荒浜地区住宅基礎［宮城県］　東日本大震災の記憶や教訓を未来へ伝承し，今後備えるべき大規模災害に対応するため，災害伝承施設をネットワーク化し，防災や減災に関する学びや備えを発信する取り組みが行われている。東日本大震災を経験し，その教訓や知見が蓄積されてきた中で，震災を風化させないために「3.11伝承ロード」として遺構の改修・保存がなされている。また，被災地でのフィールドワークを通して復興の過程を学ぶ機会を作るなど観光も含めた地域振興で地域の活性化を目指す動きもある。写真3では，東日本大震災後に高台移転地となった「三王団地」が奥に見える。

○ **東北地方太平洋沖地震における津波の高さ**

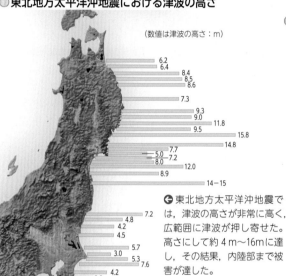

（数値は津波の高さ：m）

6.2
6.4
8.4
8.5
8.6
7.3
9.3
9.0
11.8
9.5
15.8
14.8
7.7
5.0　7.2
8.0
12.0
8.9
14〜15

7.2
4.8
4.2
4.5
5.7
3.0
5.3　7.6
4.2
2.2
2.6

◆ 東北地方太平洋沖地震では，津波の高さが非常に高く，広範囲に津波が押し寄せた。高さにして約4m〜16mに達し，その結果，内陸部まで被害が達した。

（国土交通省資料により作成）

○ **地形による津波の増幅の例**

V字型の湾

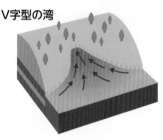

岬の先端

（気象庁資料による）

5 「みやぎ東日本大震災津波伝承館」で公開されている展示物［宮城県］

◆ ◆ 東北地方太平洋沖地震による津波は，湾の形により遡上高が地域によって異なった。V字型の湾（上図）では，湾の奥に津波のエネルギーが集中するためリアス海岸などでは波高が高くなった。岬の先端（下図）では津波が海岸線に対し平行になるため波高が高くなった。

環境・防災

4 **防災・減災**

よりみち
Geography　**災害を伝える地図記号が決定**

▼地理院地図の表示

▼2万5千分の1
地形図の表示

（地理院地図）

国土地理院では，新たな地図記号「自然災害伝承碑」を制定し，2019年6月からウェブ地図サービス「地理院地図」に掲載を始めた。同年9月から2万5千分の1地形図に掲載を開始する。「自然災害伝承碑」は，過去に発生した津波，洪水，火山災害，土砂災害等の自然災害に係る事柄が記載されている石碑やモニュメントを示す。

○ **津波の被害地図**

Ⓐ2011年東日本大震災
Ⓑ2004年インド洋津波
Ⓒ1896年三陸沖地震
Ⓓ1883年インドネシア・クラカタウ島火山地震
Ⓔ1868年チリ地震
Ⓕ1755年ポルトガル・リスボン地震

（内閣府資料による）

6 電柱に取り付けられた津波注意の看板［神奈川県真鶴町］　海抜6mを示している。

1 活断層がずれ動くときの種類（タイプ）

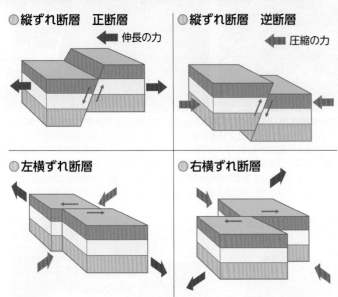

◉縦ずれ断層　正断層
伸長の力

◉縦ずれ断層　逆断層
圧縮の力

◉左横ずれ断層

◉右横ずれ断層

⬆ 地盤のずれは，そのずれ動く方向により「縦ずれ」と「横ずれ」に区分される。縦ずれには断層面にそって滑り落ちる正断層と下側の岩盤が上側の岩盤に乗り上げる逆断層とがある。また断層面に対し水平方向に力がかかると横ずれが生じる。日本列島周辺では，プレートの動きから逆断層や横ずれ断層が生じることが多い。

3 日本は有数の地震国

◉日本列島付近の地震分布

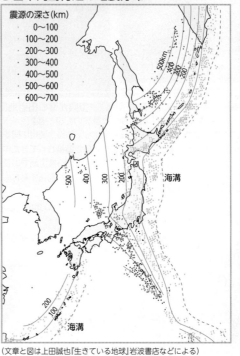

震源の深さ(km)
0〜100
100〜200
200〜300
300〜400
400〜500
500〜600
600〜700

海溝

海溝

（文章と図は上田誠也『生きている地球』岩波書店などによる）

プレートの動きと地震　日本は世界でも有数の地震国である。これは日本列島がプレートの沈み込み帯の上に位置しているからである。日本で起こる地震の主な震源を調べてみると，太平洋の側から日本海に向かってしだいに深くなっていくことがわかる。この震源が分布している面を**深発地震面**という。

2 日本の活断層

◉日本の主な活断層の分布

⬆1 兵庫県南部地震（阪神・淡路大震災）で現れた活断層の地表地震断層〔淡路市〕　この場所は，現在，資料館としてそのまま保存されている。（1995年1月撮影）

（地震調査研究推進本部ウェブページによる）

⬆ 第四紀（260万年前）以後に活動した証拠のある断層，特に数十万年前以降に繰り返し活動し，将来も活動すると考えられる断層のことを「活断層」とよぶ。現在，日本では内陸部，海底部を含めて2千以上もの「活断層」が見つかっており，将来地震を引き起こす可能性が高い地域も多い。地下に隠れていて地表に現れていない「活断層」もある。

◉2018年から30年間に震度6弱以上の揺れに見舞われる確率

	26％以上
	6〜26％
	3〜6％
	0.1〜3％
	0.1％未満
	（基準日：2018年1月1日）

0　100km

（「全国地震動予測地図」による）

◉M8超の地震発生確率

30年以内に60〜80％　政府の地震調査委員会は，南海トラフで起きると予測される巨大地震の発生確率を全域で統一して予測する方針に改めた。従来の東海・東南海・南海の3領域に分けて計算してきたものを見直した。

マグニチュード（M）9を含めたM8以上の巨大地震が南海トラフ沿いで起きる確率は今後30年以内で60〜80％となる見込み。過去に繰り返されてきた地震は発生間隔にばらつきがあるため，将来の予測も幅を持たせた。調査委員会は2001年から，各領域で起きることを前提に計算してきたが，実態にそぐわなかった。

M9だった東日本大震災を予測できなかった反省から見直し作業を進めていたもので，調査委員会はこれまでの予測を毎年算定し直しており，2018年6月の発表では北海道東部で大幅に高まった（釧路で前年比22ポイント増の69％）ほか，太平洋岸も千葉85％，横浜82％，静岡70％，高知75％と引き続き高い確率となっている。

（『朝日新聞』2013.5.20などによる）

↑**2** 熊本地震で崩れた石垣と瓦が落ちた熊本城の天守閣 [熊本県，2016年4月]　2016年4月14日夜，熊本県益城町を中心とした地域で震度7を記録する地震が発生した。また4月16日未明にも地震があり，深刻な被害をもたらした。家屋被害は活断層の直上を中心に広がった。

←**3** 熊本地震で出現した地表地震断層 [熊本県]
熊本地震では，日奈久断層帯および布田川断層帯に沿って地表地震断層が出現した。水田を右横ずれさせている様子がみてとれる。

◉**右横ずれ断層**

伸長の力

圧縮の力

→**4** 新潟県中越地震で発生した液状化現象 [新潟県小千谷市，2004年11月]
地下水位の高い砂地盤が，地震の震動を受けることによって液状化する現象を**液状化現象**とよぶ。これにより比重の大きい建物が沈んだり，地中にある比重の小さい下水管が地表に浮き上がってきたりすることがある。

浮き上がった
マンホール

→**5** 東日本大震災で救助活動を続ける消防隊員 [宮城県，2011年3月]　消防，警察，海上保安庁，自衛隊，地域の人々やボランティアが，被災者の救援や救助に当たった。

→**6** 活断層の溝（トレンチ）調査 [長野県白馬村]　活断層の調査では，深さ数m〜10m程度の溝（トレンチ）を掘削し，地層のずれ量や活動履歴を明らかにする。ほかにも地形調査や反射法地震探査などの方法を用いて調査が行われることもある。

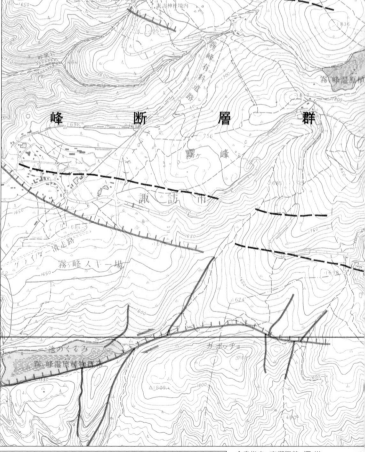

推定活断層（地表）	- - - -	変位した谷線	
横ずれ		沖積低地	
縦ずれ			

今泉俊文・東郷正美・澤 祥・池田安隆・松多信尚(1999)：2万5千分1都市圏活断層図「諏訪」(80%に縮小)，国土地理院

↑**7** 活断層図（都市圏活断層図）　阪神・淡路大震災後，地震災害を起こす活断層について情報公開の必要性が高まり，国土地理院では活断層図を作成している。日本各地の図幅が整備されており，令和3年9月現在で217面の活断層図を公開している。

1 火山地形

◉さまざまな火山の形

傾斜の緩やかな火山	円錐形の火山	ドーム状の火山
（楯状火山）	（成層火山）	（火山岩尖・鐘状火山）
マグマ（溶岩）に粘りけがないために，緩やかな傾斜の山ができる。	大きな爆発音を発し，噴出物が噴煙となって上空10,000mまで達することがある。	周りの岩石を吹き飛ばしながら，土地を押し上げ，マグマ（溶岩）が顔を出す。

おもな火山岩	玄武岩	安山岩	流紋岩

高い 1,200℃ ◀ ・・・・・・・ マグマ（溶岩）の温度（噴出時） ・・・・・・・ ▶ 低い 950℃

小さい ◀ ・・・・・・・ マグマ（溶岩）の粘性 ・・・・・・・ ▶ 大きい

↑1 マウナロア山［ハワイ島］ 標高4,170m

↑2 富士山［静岡・山梨］ 標高3,776m

↑3 昭和新山［北海道］ 標高398m

2 火山フロント

◉日本の火山分布（2023年8月現在）

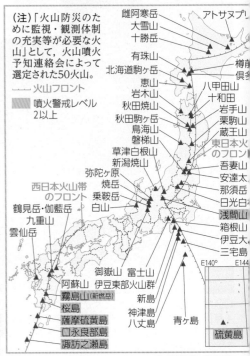

（注）「火山防災のために監視・観測体制の充実等が必要な火山」として，火山噴火予知連絡会によって選定された50火山。
—— 火山フロント
▨ 噴火警戒レベル2以上

雌阿寒岳／アトサヌプリ／大雪山／十勝岳／有珠山／北海道駒ヶ岳／樽前山／俱多楽／恵山／八甲田山／岩木山／十和田／秋田焼山／岩手山／秋田駒ヶ岳／栗駒山／鳥海山／蔵王山／磐梯山／東日本火山帯のフロント／草津白根山／新潟焼山／吾妻山／弥陀ヶ原／焼岳／安達太良山／西日本火山帯のフロント／乗鞍岳／那須岳／鶴見岳・伽藍岳／白山／日光白根山／九重山／浅間山／雲仙岳／箱根山／御嶽山／富士山／伊豆大島／阿蘇山／伊豆東部火山群／三宅島／霧島山（新燃岳）／新島／桜島／神津島／薩摩硫黄島／八丈島／青ヶ島／口永良部島／諏訪之瀬島／硫黄島

E140° E144°

（気象庁資料などによる）

↑ 世界の火山の分布状況からみて，日本は世界有数の火山国である。ただし，日本列島のどこにでも火山があるわけではなく，北海道・本州・九州に列状に連なって分布する。火山は海溝やトラフといった海洋プレートが沈み込む境界とほぼ並列した形で見られる。このような縁を火山フロントという。

3 火山災害

溶岩流（ようがんりゅう）	火砕流（かさいりゅう）	噴石（ふんせき）

↑4 伊豆大島噴火の溶岩流（1986年） 高温の溶岩が火山の斜面を流れ，近くの建物や道路，木々を巻き込みながら燃やす。流れ出る速さは人が歩く速さ程度である。

↑5 雲仙普賢岳噴火の火砕流（1991年） 高温の岩石や火山灰・火山ガスなどが混合物となり斜面を高速で流れ出る。周辺に大きな被害を与えることもある。

（名古屋市消防局提供）
↑6 御嶽山噴火の噴石被害（2014年） 噴火時に火口から直径数センチ以上の岩片や軽石が飛んでくることもある。特に火口から半径2km以内は危険であり，2km以遠でも風下側は注意が必要である。

←7 岩屑なだれを伴う山体崩壊・磐梯山［福島県・2000年］ 山体の一部が大きな塊となって高速で流れてくる。広域に被害が及ぶので早めの避難が必要となる。

◉注意が必要なその他の現象

火山性地震	火山が噴火する前や噴火中に地震がおこり，場所によっては大きな揺れを観測することがある。
火山ガス	マグマに溶け込んでいたガス成分が気体となり噴出するもので，二酸化炭素などのさまざまな成分を含んだものが噴火時に噴出される。
降　灰	細かく砕けた灰が空高く吹き上げられ，風により長期間，遠方まで浮遊することがある。日本の場合は，上空を偏西風が吹くため西から東に降灰がおこることが多い。
水蒸気爆発	熱せられた地下水が水蒸気となって爆発する。噴石や爆風をともなうこともある。

4 火山災害と防災マップ

↓8 富士山ハザード統合マップ（令和3年改訂版）

→ 富士山は約300年前に噴火した後，現在まで大きな噴火は見られないが，活火山として活動を続けている。約3,200年間に起きた火山災害（溶岩流については2,000年間）の実績から現在に起きるであろう火山災害について検討し，理解していくことが災害時に命を守る行動につながる。

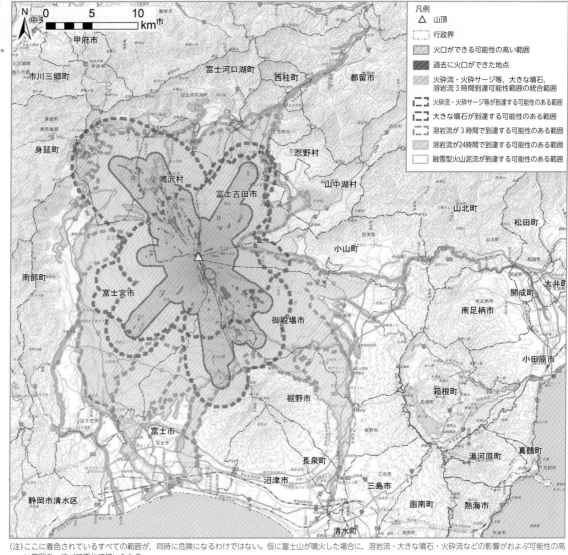

凡例
△ 山頂
行政界
火口ができる可能性の高い範囲
過去に火口ができた地点
火砕流・火砕サージ等，大きな噴石，溶岩流3時間到達可能性範囲の統合範囲
火砕流・火砕サージ等が到達する可能性のある範囲
大きな噴石が到達する可能性のある範囲
溶岩流が3時間で到達する可能性のある範囲
溶岩流が24時間で到達する可能性のある範囲
融雪型火山泥流が到達する可能性のある範囲

（注）ここに着色されているすべての範囲が，同時に危険になるわけではない。仮に富士山が噴火した場合に，溶岩流・大きな噴石・火砕流などの影響がおよぶ可能性の高い範囲を，すべて重ねて描いたもの。

（富士山火山防災対策協議会提供）

5 火山とその恩恵

↓9 **日本有数の温泉湧出量と源泉数をほこる別府温泉（大分）** 温泉は火山性温泉と非火山性温泉に分類される。火山地帯に分布するマグマだまりの熱により，地下に浸透した雨や雪が温められ様々な成分が溶けこんだ温泉となる。温泉は昔から湯治として利用され，現在も観光地として有名な温泉が多くみられる。

↓10 **イエローストーン国立公園** アメリカ合衆国アイダホ州・モンタナ州・ワイオミング州にまたがり1872年に世界で初めてとなる国立公園に指定された。間欠泉や火山地形をはじめとする大自然の宝庫であり，ここでしか見られない地形や生態系も多くみられる。ツアーや宿泊施設も整備されており，壮大な景観と地球環境を学習する場所として適している。

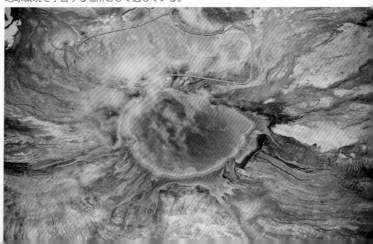

1 令和元年東日本台風（台風19号）

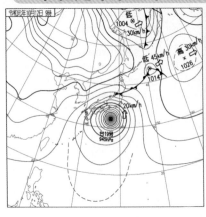

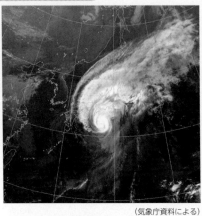

（気象庁資料による）

↑**3** 浸水した新幹線の車両［長野県・2019年10月］

↑**1・2** 2019年10月12日9時における天気図（左）と衛星赤外線画像（右）　2019年，大型の台風19号が発生し，日本列島への接近・通過に伴い広い範囲で大雨・暴風・高波・高潮などが発生した。関東甲信越や東北地方などで各時間降水量や瞬間最大風速の観測史上1位を記録するなど記録に残る暴風雨となった。各地では堤防が決壊し，河川の氾濫が発生したほか土砂災害も見られた。また，電気・水道道路・鉄道施設などのライフラインにも被害が生じ，気象災害の対策を改めて見直す機会となった。

↓**4・5** 長野市における令和元年台風19号に伴う大雨による浸水推定段彩図（左）と長野市の洪水ハザードマップ（右）　国土地理院が作成した浸水推定段彩図（浸水範囲における水深を算出し明るい色ほど浅く暗い色ほど深い）と長野市が作成した浸水ハザードマップを比較すると実際に浸水した範囲とハザードマップの浸水予想範囲がほぼ一致している。また，周囲の地形との関連性から段丘や扇状地は浸水しておらず，氾濫原，特に後背湿地や旧河道での被害が比較的長い時間続いた。日ごろからハザードマップや周辺の地形について考えることが実被害を最小限に抑えるために必要である。

（国土地理院ウェブサイトおよび長野市）

2 都市型水害

Q 水害は都市化によってどのような特徴を持つか。【23年B本・第1問・問6】

↑1 大雨で冠水した道路 [東京都] 都市部の市街地では，建物・道路などにより雨が地下に浸透しないので，河川に一気に流れ込むことが多くなり，都市部でも洪水が起こる。また，地下鉄などの公共交通機関が冠水し，不通になるなどの被害が起こる。

3 土砂災害

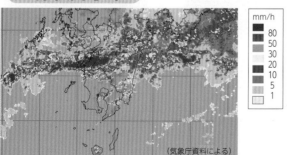

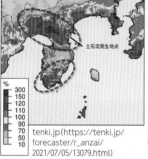

tenki.jp(https://tenki.jp/forecaster/r_anzai/2021/07/05/13079.html)

↑2 2021年7月4日に発生した土石流 [静岡県熱海市] 近年はこれまで経験したことがないほどの量の大雨が降ることがある。短時間の激しい大雨のほか，長時間降水が続くことにも注意が必要である。山際や人工的に造成された土地は長時間の降水で地盤が緩んでいることがあるため，避難を心がける必要がある。

R3 過去最高の降水量に対する2021年7月4日の降水量の割合（72時間降水量）

4 線状降水帯

mm/h
80
50
30
20
10
5
1

(気象庁資料による)

↑4 2020年7月4日の線状降水帯 近年メディア等で頻繁に報道されている。暖かく湿った空気が地表付近に継続して流れ込み，前線の影響で上昇気流が発生し積乱雲を生じさせる。そこに一定の風向により積乱雲が集中して激しい雨が降る。また，線状降水帯が生じやすい地形は海に面した地域や山地が分布する地域で河川氾濫や土砂災害などの副次的な災害にも注意が必要である。

都市では地面がアスファルトなど人工的に舗装されており，雨水の多くは地面にしみ込まず排水溝を流れながら下水管や解放水路を経由して河川に排水される。近年頻繁に発生する豪雨などによって，都市に降る雨水の量と速度が河川に排水される量と速度を上回った時に，排水溝や水路から水があふれて浸水する（内水氾濫）。また，低気圧や前線の影響により河川の増水や高潮・津波により堤防から水があふれ出たり決壊したりすることもある（外水氾濫）。都市の人工被覆率が増加（地下浸透率の低下）すると，これまで水害がなかった地域でも都市型水害を誘発するおそれがあり，経済的にも打撃を受ける。

● 内水氾濫と外水氾濫

内水氾濫

河川へ排水する川や，下水路の排水能力の不足による浸水

外水氾濫

決壊

堤防から水があふれるまたは決壊による浸水

● 土砂災害の前兆現象

がけ崩れ

土砂災害には，「がけ崩れ」「地すべり」「土石流」の3つの種類があり，これらが発生する際は，何らかの前兆現象がみられることがある。

← 大雨によって地中にしみ込んだ水分が土の抵抗力を弱め，急激に斜面が崩れ落ちる。突発的かつ急速に起こることが多い土砂災害。

（がけ崩れの前兆現象）
● 小石がバラバラと落ちてくる
● がけから水が湧いてくる
● がけにひび割れができる

地すべり

← すべりやすい地層を境にして，その上の土がそっくり動き出す土砂災害。地層ごと大きく移動していくのが特徴。

（地すべりの前兆現象）
● 地面にひび割れができる
● 地面の一部が陥没する
● 沢や井戸の水が濁る
● がけや斜面から水が噴き出す

土石流

← 土石と水が一体となって流れ落ちる現象。古くから「山津波」「鉄砲水」といって恐れられている土砂災害。

（土石流の前兆現象）
● 山鳴りや立木の裂けるような音
● ふだん聞き慣れない大きな音
● 雨が降り続いているのに川の水が急に減り始める
● 川の水が濁ったり倒木などが流れてくる

自然・環境・防災

世界の環境問題

(▶P.184・185)

1 地球環境問題の世界的広がり

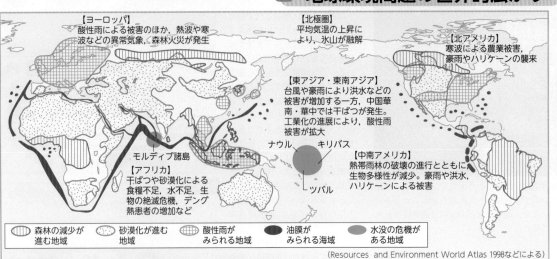

【ヨーロッパ】 酸性雨による被害のほか、熱波や寒波などの異常気象、森林火災が発生

【北極圏】 平均気温の上昇により、氷山が融解

【北アメリカ】 寒波による農業被害、豪雨やハリケーンの襲来

【東アジア・東南アジア】 台風や豪雨により洪水などの被害が増加する一方、中国華南・華中では干ばつが発生。工業化の進展により、酸性雨被害が拡大

【中南アメリカ】 熱帯雨林の破壊の進行とともに生物多様性が減少。豪雨や洪水、ハリケーンによる被害

【アフリカ】 干ばつや砂漠化による食糧不足、水不足、生物の絶滅危機、デング熱患者の増加など

モルディブ諸島

ナウル　キリバス　ツバル

凡例：森林の減少が進む地域／砂漠化が進む地域／酸性雨がみられる地域／油膜がみられる海域／水没の危機がある地域

(Resources and Environment World Atlas 1998などによる)

❻ 世界的な広がりとなっている環境問題は、大きく分けて先進国の経済活動に起因するもの（海洋汚染・酸性雨・地球温暖化・オゾン層の破壊など）と途上国の人口急増に起因するもの（過放牧・過耕作による熱帯林の減少や破壊・砂漠化・公害問題など）がある。そして、これらは単独の問題ではなく、相互に関連している。たとえば、有害廃棄物の越境移動では、先進国で問題となる有害廃棄物を、対外債務を減らすために貧困に悩む途上国が受け入れているという構図になっている。

2 相互に関連する地球環境問題

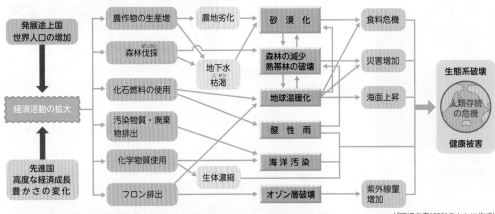

発展途上国 世界人口の増加 → 農作物の生産増 → 農地劣化
森林伐採
化石燃料の使用
汚染物質・廃棄物排出
化学物質使用
フロン排出

経済活動の拡大

先進国 高度な経済成長 豊かさの変化

地下水枯渇
砂漠化
森林の減少 熱帯林の破壊
地球温暖化
酸性雨
海洋汚染
生体濃縮
オゾン層破壊

食料危機
災害増加
海面上昇
紫外線量増加

生態系破壊 人類存続の危機 健康被害

(『環境白書』2001をもとに作成)

Q 酸性雨に対する先進国と新興国（発展途上国）の対応はどのように違うだろうか。

❻ **人間の存在が環境を脅かす**　地球全体はひとつの**生態系**である。自然環境のもとに、植物・動物・バクテリアなどが営んでいる活動そのものが、**物質循環システム**を構成し、それぞれの生存を維持している。本来、生態系には**自浄作用**がある。しかし、その限界を超える人間の経済活動や人口増加などによって廃棄物や汚染物質が排出され、自浄作用が機能しなくなり**環境問題**が発生する。

3 温暖化がもたらす2つの側面〜北極海をめぐる動き

←1 北極圏のホッキョクグマ　流氷水域を中心に生息するホッキョクグマは、北極圏での海氷の減少によって、その生活圏を脅かされている。氷期・間氷期を乗り越えて現在生息しているホッキョクグマにとって、**地球温暖化による急激な海氷の減少**は初めての経験であり、南下して生き延びるのか、絶滅してしまうのか、関心を寄せている人は少なくない。

🌀北極海の海氷面積の変化

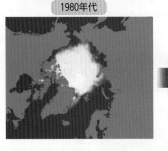
1980年代

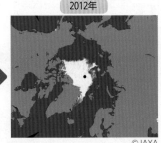
2012年

©JAXA

↑2・3 2012年9月、北極海の海氷面積が観測史上最小記録を更新した。また、海氷密接度は最低で、氷と氷の隙間が開き、海氷自体が弱体化してきていることも判明した。また、大陸沿岸の海氷も後退したため、**カナダとロシア沿岸の航路が開通**した。

🌀北極海における天然ガスの埋蔵量

北極海ロシア海域での推定未発見埋蔵量 **650兆立方フィート**（石油換算で約1,000億バレル）

天然ガス　ロシア確認可採埋蔵量（2005年）**47.8兆立方フィート**

(独立行政法人石油天然ガス・金属鉱物資源機構資料)

🌀温暖化がもたらす新たなビジネスチャンス

➡ 北極海の海氷が融解することで、2つの経済的実益が見込めるという。1つは**海底資源の採掘**が容易になること、2つめは「**北西航路（北極ルート）**」といわれるヨーロッパと東アジアを結ぶ航路の開発である。スエズ運河やパナマ運河を経由せず、8,000kmも航路が短縮でき、吃水（船体の水中に没している部分の深さ）の制限もない有望な航路となる。

(▶P.251)

大阪　北極　パナマ運河　ロンドン　スエズ運河
— 2万3,300km
— 2万1,200km
— 1万5,700km

(『地図で読む世界情勢』草思社による)

1 森林面積の純変化（左）と砂漠化の進む地域（右）

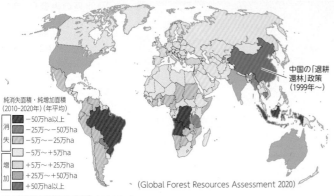

純消失面積・純増加面積
(2010-2020年) (年平均)

消失	−50万ha以上
	−25万～−50万ha
	−5万～−25万ha
	−5万～＋5万ha
増加	＋5万～＋25万ha
	＋25万～＋50万ha
	＋50万ha以上

中国の「退耕還林」政策（1999年～）

(Global Forest Resources Assessment 2020)

モーリタニア
サヘル地域
0°

砂漠化の度合い

極度の乾燥地域（年降水量30mm未満）	最も進んでいる地域
	進んでいる地域
	わずかずつ進む地域

(UNEP資料による)

◯森林面積の変化(1,000ha)

	1990年	2000年	2010年	2020年	1990-2020年の増減	割合
ア ジ ア	585,393	587,410	610,960	622,687	37,294	6.4%
ヨ ー ロ ッ パ	994,319	1,002,268	1,013,982	1,017,461	23,142	2.3%
ア フ リ カ	742,801	710,049	676,015	636,639	−106,162	−14.3%
北・中アメリカ	755,279	752,349	754,190	752,710	−2,569	−0.3%
南 ア メ リ カ	973,666	922,645	870,154	844,186	−129,480	−13.3%
オ セ ア ニ ア	184,974	183,328	181,015	185,248	274	0.1%
世 界 計	4,236,432	4,158,049	4,106,316	4,058,931	−177,501	−4.2%

(『FRA2020 main report』)

◑ この30年間でアフリカと南アメリカを中心に森林面積が大幅に減少した。熱帯林の減少は生物種の半数以上が生息する環境を脅かしている。野生生物種からの遺伝情報は，生物工学に応用できるため，熱帯林の保護が必要であり，**ワシントン条約**や**生物多様性条約**の実効ある運用が求められる。一方，**砂漠化**が最も進む**サヘル（地域）**では，自然現象よりも人口増に伴う**過放牧**や**過耕作**，**灌漑**の取水など人為的な原因が多い。(▶P.184・185)

Q 森林面積の変化から読み取れることと，その背景について考えてみよう（特にインドネシア・中国・ブラジル・フランス・西アフリカ諸国）。
【14年B本・第5問・問1】

2 森林破壊

←1 セルバに延びる道路 [ブラジル] 牧場・農場開拓や鉱山開発によりセルバの奥地まで道路が延びている。近代文明と距離を置いて自給自足を行う**先住民の生活圏**が狭まっている。

→2 針葉樹林の伐採 旧ソ連解体後のロシアでは木材伐採が進行し，**北洋材**として輸出されている。針葉樹は樹木の生育が遅いため，再生ペースを上回る伐採で**表土**が融解し，永久凍土中の**メタン**が放出される問題が生じている。(▶P.80)

3 砂漠化

↓3 町に迫る砂漠 [サヘル地域] 世界遺産に登録されているモーリタニアの古都シンゲッティでは，干ばつと伐採により，砂漠を囲む自然の植生が消え，砂漠が動き出し，町に迫り町を覆う状態になりつつある。

よりみち Geography　地図から消える!? アラル海

大アラル海

▽アラル海の変遷

↑4・5 縮小するアラル海（左は1989年，右は2014年）

→6 砂に埋もれる船

流入するアムダリア川，シルダリア川流域で**灌漑のための取水**が増加し，その流域は**綿花**の大産地となった（旧ソ連時代の**自然改造計画**）。その結果，湖への流入水量が減少し，アラル海は急速に縮小，1989年には北と南に分かれた。南の大アラル海はさらに東西に分かれ，2009年8月には，その東部分はほぼ干上がった。

自然・環境・防災

1 後退する氷河

`1940年代`

`2003年7月19日`

←1・2 氷河の後退[フランス] 地球の気温は19世紀末から約100年間で，0.85℃上昇している。そのため**南極・北極**の氷や高所の**山岳氷河**がとけて海水面が10〜25cm上昇したり，極端な高温現象，洪水・干ばつなどがみられるようになってきている。写真はアルプス山脈の最高峰，モンブランの東面を流れるメールドグラス氷河で，氷河が後退しているのが分かる。

2 日本の温室効果ガス排出量の内訳

(2021年度)

| 二酸化炭素 90.9% | メタン 2.3 | 一酸化二窒素 1.7 | その他 5.1 |

総排出量：11億7,000万t　（国立環境研究所資料）

4 主な国の1人当たりCO₂排出量

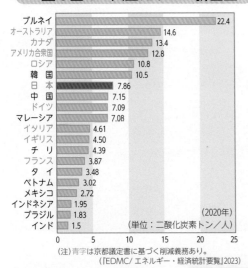

国	排出量
ブルネイ	22.4
オーストラリア	14.6
カナダ	13.4
アメリカ合衆国	12.8
ロシア	10.8
韓国	10.5
日本	7.86
中国	7.15
ドイツ	7.09
マレーシア	7.08
イタリア	4.61
イギリス	4.50
チリ	4.39
フランス	3.87
タイ	3.48
ベトナム	3.02
メキシコ	2.72
インドネシア	1.95
ブラジル	1.83
インド	1.5

(2020年)
（単位：二酸化炭素トン／人）

(注)青字は京都議定書に基づく削減義務あり。
（『EDMC/エネルギー・経済統計要覧』2023）

3 世界のCO₂排出量割合

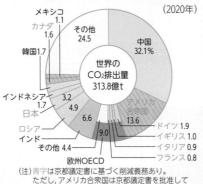

(2020年)

世界の
CO₂排出量
313.8億t

- その他 24.5
- 中国 32.1%
- メキシコ 1.1
- カナダ 1.6
- 韓国 1.7
- インドネシア 1.7
- 日本 3.2
- ロシア 4.9
- インド 6.6
- その他 4.4
- 欧州OECD 9.0
- アメリカ合衆国 13.6
- ドイツ 1.9
- イギリス 1.0
- イタリア 0.9
- フランス 0.8

(注)青字は京都議定書に基づく削減義務あり。
ただし，アメリカ合衆国は京都議定書を批准していない。
（『EDMC/エネルギー・経済統計要覧』2023）

←産業革命後の工業化進展や生活水準向上にともない，石炭・石油など化石燃料の消費が増えCO₂などの**温室効果ガス**が増加，地球は徐々に温暖化しつつある。地球の平均気温は19世紀末から現在までにすでに0.85℃上昇したといわれ，このままでは2100年までに地球の平均気温は現在より最大4.8℃上昇し，海面水位も最大82cm上昇すると予測(IPCCの2013年報告)。近年の異常気象と温暖化は直接結びつくわけではないが，温暖化が背景にあると説明する研究者も多い。

Q 新興国（インドやブラジル，中国）のCO₂排出量の増加率は，先進国と比較してどうなっているのだろうか。【10年B追・第5問・問3】

5 地球温暖化への警鐘

↑3 国連本部で開かれた気候行動サミットで演説するグレタ・トゥーンベリさん スウェーデンのグレタさんは2018年の夏，当時15歳で地球温暖化の危機を訴えるために，学校の授業を欠席する「学校ストライキ」を始めた。「(大人は)2050年より先なんて考えない。でも私は，そのとき人生の半分しか生きていない」という彼女の危機感はSNSを通じてヨーロッパ各地の若者の共感を呼び，「学校ストライキ」が広がった。地球温暖化対策に動きが鈍い国際社会に対し，地球温暖化の影響を強く受ける若者が声を上げ始めている。

6 温暖化の進行

●世界の年平均地上気温の平年差の経年変化

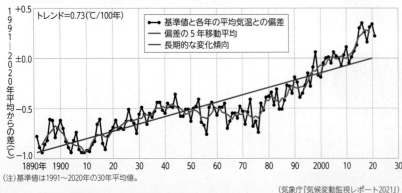

トレンド=0.73(℃/100年)

- 基準値と各年の平均気温との偏差
- 偏差の5年移動平均
- 長期的な変化傾向

縦軸：1991〜2020年平均からの差(℃)　+0.5 / ±0.0 / −0.5 / −1.0
横軸：1890年 1900 10 20 30 40 50 60 70 80 90 2000 10 20 30

(注)基準値は1991〜2020年の30年平均値。
（気象庁『気候変動監視レポート2021』）

●温室効果ガス総排出量に占める各種ガスの排出量 (2019年)

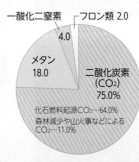

- 一酸化二窒素 4.0
- フロン類 2.0
- メタン 18.0
- 二酸化炭素(CO₂) 75.0%

化石燃料起源CO₂…64.0%
森林減少や山火事などによるCO₂…11.0%

←IPCC（国連気候変動に関する政府間パネル）は，2021〜2040年に世界の平均気温上昇が産業革命以前から1.5度以上に達するとの予測を示している。温室効果ガスのうちCO₂に次ぐ排出量は**メタン**である。メタンはCO₂の約25倍の温室効果があり，放出源は牛のげっぷ(▶P.188 写真②)や化石燃料の採掘，融解した永久凍土などである。

(注)CO₂換算ベース。合計が100%になるよう調整していない。
（IPCC第6次報告書）

1 酸性雨とは

図表：pHスケール（pH=0〜14）

- バッテリー液
- レモン果汁
- 酢
- 欧米の酸性雨
- 自然発生源の影響を受けた酸性雨
- 日本の酸性雨
- 正常な雨
- 蒸留水
- 重曹水
- アンモニア水

pH=0	1	2	3	4	5	6	7	8	9	10	11	12	13	14

酸性雨 ← 酸性 中性 アルカリ性

（『今、「地球」が危ない』学習研究社による）

⬆ 中性はpHが7を示す。一般にpHが**5.6以下を酸性雨**とよんでいる。pH値は0.5～1.0減ると酸性度は7～10倍となる。雨の広がりとともに酸性雨の被害地域は広域になる。産業革命以降、イギリスでその被害が指摘され、ヨーロッパでは「**緑のペスト**」とよばれている。急速な工業化が進む中国でも「**空中鬼**（コンチュンクイ）」と称される。**アシッドショック**とは、春に積雪が溶けることで一時的に酸性物質が河川や湖沼に集中して入り込む現象をいう。

2 酸性雨の原因と被害

◀3 酸性雨による森林の枯死［ドイツ］ ドイツ北部のハルツ山脈では、1990年代に酸性雨の被害を受けた。森林監視人による巡回・調査も行われているが、酸性雨に加えて木に寄生する昆虫の異常発生も報告され、森林の枯死に追い打ちをかけている。酸性雨により森林内で保たれていた**生態系が崩れた**ことによる現象ではないかといわれている。

⬆1・2 (上) ヨーロッパで最も汚染された都市［ルーマニア・コプサミカ］と (下) 酸性雨への対策［ドイツ］ 東欧諸国はかつて社会主義体制のもと、環境問題への対策を積極的には行ってこなかった。写真の都市コプサミカは「"Ash factory (廃墟工場)"の遺物都市」とよばれる。1930年代の工場が操業し、さまざまな汚染物質を排出していた。**旧社会主義国**の多くが近年、EU基準に沿い汚染防止装置を設置したが、まだ有毒な廃棄物が存在し、大気汚染物質の**NOx (窒素酸化物)** や**SOx (硫黄酸化物)** の排出源となっている。産業革命による工業化が最も早かったイギリスでは、工場の排煙による大気汚染が酸性雨をもたらしたため、高層の煙突を設置して風で排煙を東へ流したが、その物質は北ヨーロッパに酸性雨を降らせることになった。スウェーデンやノルウェーの湖沼は魚類の絶滅が進んでいるため、対策として**石灰など中和剤の散布**が行われている。

3 オゾン層の破壊

● 南極の例

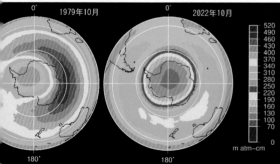

1979年10月　　2022年10月

520 / 490 / 460 / 430 / 400 / 370 / 340 / 310 / 280 / 250 / 220 / 190 / 160 / 130 / 100 / 70 / 0

m atm-cm

(注) m atm-cm (ミリ アトム センチ) はオゾン量の単位。（気象庁資料による）

●南極のオゾンホール面積の変化

グラフ：オゾンホール面積（万km²）と南極大陸との面積比

(万km²) 3,000 / 2,500 / 2,000 / 1,500 / 1,000 / 500 / 0

オゾンホール面積　2,640

南極大陸の面積

(倍) 2.0 / 1.5 / 1.0 / 0.5 / 0　南極大陸との面積比

1979 / 85 / 90 / 95 / 2000 / 05 / 10 / 15 / 20 / 22年

（気象庁資料などによる）

Q ヨーロッパでの酸性雨対策にはどんなものがあるのだろうか。【13年B追・第5問・問5】

⬅ 地上から約10～50km上空の成層圏にある**オゾン層**は、太陽光に含まれる有害紫外線を吸収し、地球上の生物を保護している。しかしエアコンや冷蔵庫の冷媒やスプレー缶、半導体洗浄で使用されていたフロンがオゾン層を破壊し、ホール (穴) をあけて有害紫外線を増加させた。1985年の**ウィーン条約**、87年の**モントリオール議定書**以降の取り組みにより、**95年特定フロンは生産等が全廃された**。しかし**代替フロンも温室効果を招く**ことから、脱フロン対策が進行中である。

● 北極の例

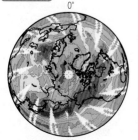

2011年3月

オゾン量 高／低

0°　180°（気象庁資料による）

◀4 北極圏のオゾンホール 北極上空でも1990年代以降、オゾン層の破壊が周期的に発生している。近年では2011年に過去最大規模で発生し、オゾン全量の40%以上が破壊された。しかし、南極のようにオゾンホールは固定化せず、北極圏の気温上昇によりホールは拡大することはない。

4 紫外線対策

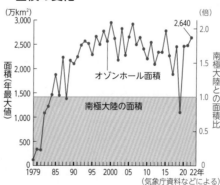

◀5 屋外で帽子をかぶる小学生［オーストラリア・タウンズヴィル］ オゾンホールの近くに位置するオーストラリアは、皮膚ガンの発生率が世界で最も高いとされる。そのため紫外線対策への意識が高く、子どもたちも帽子やサングラスを着用して、**皮膚ガンや白内障**に備えている。

自然・環境・防災

1 4つの農耕文化の発生地と伝播

▲サバナ農耕文化[起源地：西アフリカ] 東アフリカ→インド・華北へと伝播。種子によって繁殖する一年生の夏作物を指す。

○根栽農耕文化[起源地：東南アジア] 起源地→オセアニア・アフリカの熱帯雨林へ伝播。栄養繁殖作物（根分・株分によって広まる）のイモ類が中心。栽培が比較的容易。

●新大陸農耕文化[起源地：アメリカ大陸] メキシコ高原やアンデス山脈で起こった，根菜作物（キャッサバ・ジャガイモ・サツマイモ）と種子作物（トウモロコシ）にカボチャ・トマトなどの野菜類が加わったもの。

■地中海農耕文化[起源地：地中海東岸・西アジア] 種子によって広まる冬作物。麦作混合農耕文化。麦類と豆類の栽培，家畜飼育も早くから行われた。

Q 大航海時代以降新大陸からもたらされた作物をあげ，ヨーロッパの食料状況に与えた影響を考えよう。【09年B本・第3問・問1】

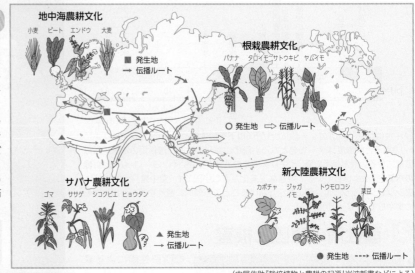

（中尾佐助『栽培植物と農耕の起源』岩波新書などによる）

2 主な作物の有効積算温度と栽培限界

◉有効積算温度

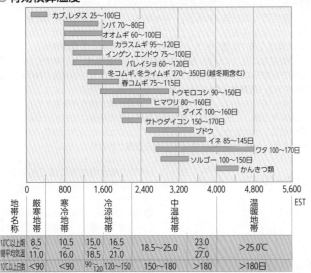

地帯名称	厳寒地帯	寒冷地帯	冷涼地帯	中温地帯	温暖地帯
10℃以上日数月平均気温	8.5　11.0	10.5　16.0	15.0　18.5	16.5　21.0	18.5～25.0	23.0　27.0	>25.0℃
10℃以上日数	<90	<90	90　120	120～150	150～180	>180	>180日

（注）有効積算温度（EST）は，栽培期間について0℃以上の日平均気温を積算したもの（℃・日）。

◉栽培限界

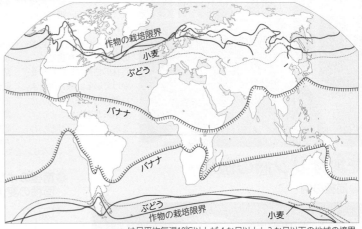

―― は月平均気温10℃以上が4か月以上と3か月以下の地域の境界。

（『Alexander Weltatlas』1993）

◐◑ 作物にはそれぞれ適した気候条件（温度）の指標として，**有効積算温度（EST）**が用いられる。上図作物の生育限界も有効積算温度と降水量が大きな決定要素となっている。

3 各国の労働生産性と土地生産性

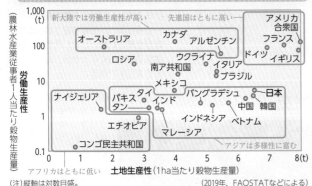

（注）縦軸は対数目盛。　　　　　（2019年，FAOSTATなどによる）

⬆ アジアの農業は単位面積当たりに多くの資本や労働力が投下され**土地生産性**が高くなるが，生産コストがかかるため**国際競争力**は弱く，また**労働生産性**が低い。新大陸の農業は単位面積に対する労働力・資本投下の割合は低いが，労働生産性は高い。国際競争が激化する中，先進国を中心に両者を高めていく研究・開発が進められている。

4 市場との距離と農業形態（チューネンの孤立国）

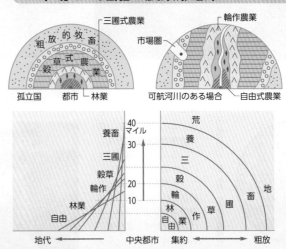

⬅ ドイツの経済学者**チューネン**は「農牧業の経営形態は市場への輸送距離によって変化する」と定義した。**都市に近いほど集約的に，遠いほど粗放的**になると考えたのである。また河川が利用できると輸送費が安くなるので，河川に平行して農業地域が延びる。

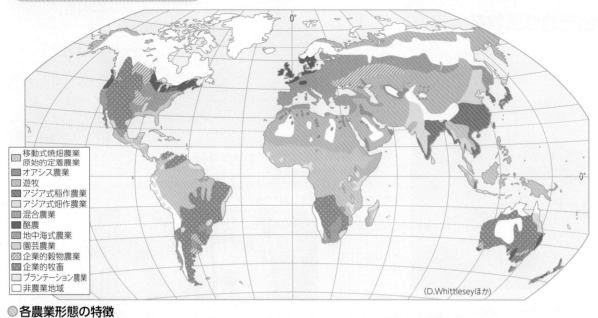

	移動式焼畑農業
	原始的定着農業
	オアシス農業
	遊牧
	アジア式稲作農業
	アジア式畑作農業
	混合農業
	酪農
	地中海式農業
	園芸農業
	企業的穀物農業
	企業的牧畜
	プランテーション農業
	非農業地域

(D.Whittleseyほか)

◆ ホイットルセイ
（1890-1956年）は，アメリカの地理学者。作物や家畜の種類，生産の目的や方法を指標に世界の農業地域を区分した。修正を加えられながら，現在でも最も用いられる地域区分である。

農林水産業

◯各農業形態の特徴

	農業形態	特　徴	おもな地域
伝統的な農業（＊自給的農業）	遊　牧（▶P.74）	自然の牧草と水を求めて家畜とともに移動する粗放的な牧畜形態。衣食住を家畜に依存。乾燥地域では羊・ヤギ・馬・牛など，寒冷地域では**トナカイ**（▶P.232），高山地域では**ヤク**（チベット）（▶P.1）や**リャマ・アルパカ**（アンデス）（▶P.242）を飼育している。	北アフリカ〜西アジア〜中央アジア，ツンドラ地帯，チベットやアンデス山中。
	移動式焼畑農業（▶P.74）	森林や草原を焼き，草木灰を肥料とし，ハック（掘棒）を使って耕作する。地力減退により，2〜3年で移動する。**キャッサバ・ヤムいも・タロいも**（▶P.0）などを生産。	東南アジア，アフリカ中部，アマゾン川の流域など。
	原始的定着農業	移動式畑作農業が，交通などの便利な場所などで定着化。	アンデス山脈以西，アフリカ中部など。
	オアシス農業（▶P.74）	乾燥地域で，外来河川や湧水，**カナート**（▶P.47）とよばれる地下水路（イランの呼称）などを利用して行われる灌漑農業。なつめやし・小麦・綿花・果樹などが栽培される。	ナイル川流域，中央アジア，西アジア，イラン高原など。
	アジア式畑作農業（▶P.75）	過剰な農村人口のもとで狭い耕地に多くの労働力が投入される農業。畜力の利用や灌漑施設の整備は進んでいる。土地生産性は高い。そのうち稲作に適さない地域で，コウリャン・アワなどの自給的な畑作物と小麦・大豆などの主食・綿花など換金作物を栽培する，**自給的色彩の濃い集約的農業**。	中国華北・東北，インド・デカン高原など。
	アジア式稲作農業（▶P.75）	アジア式のうち，家族労働を中心として主食作物である稲を栽培する**集約的・自給的**な農業。手労働中心で牛馬など役畜を使用，近年機械化が進行。灌漑用水路が発達。東南アジア大河下流デルタでは商業的な米作もみられる。	日本，中国華中・華南，東南アジアの沖積平野及びインド・ガンジス川流域など。
商業的農業	混合農業（▶P.76）	小麦・ライ麦（▶P.0）などの穀物とトウモロコシ・エン麦・大麦及び地力回復のための根菜類やマメ科植物・牧草などの**飼料作物**を**輪作**で栽培し，現金収入源として牛・豚・家禽などの**家畜**を多頭飼育する。東ヨーロッパでは作物の生産性が低下するため，家畜の飼育頭数が減少し自給的となる。	（商業的）フランス以東の西・中ヨーロッパやアメリカのコーンベルト，パンパなど。（自給的）ロシア，東ヨーロッパ諸国，トルコなど。
	酪　農（▶P.77）	冷涼な気候と痩せた土地条件のもとで，牧草・根菜類などの飼料作物を栽培して多数の**乳牛**を飼育し，生乳やバター・チーズなどの生産を行う**集約的農業**。大都市周辺では生乳が生産されるのに対し，遠隔地ではバターやチーズが生産される。	西・北ヨーロッパ，五大湖周辺，オーストラリア南東部及びニュージーランドなど。
	園芸農業（▶P.236）	**大都市近郊**において，市場への出荷を目的として，限られた耕地に多くの資本を投下して**野菜・果樹・花卉**などを栽培し狭い土地から高収益をあげる，専業化された**集約的農業**。遠郊地域においても，輸送機関の発達により，温暖な気候を利用しての促成栽培，冷涼な気候を利用する抑制栽培が実施されている（**輸送園芸**）。	大都市周辺やオランダなどのほか，アメリカ大西洋岸やメキシコ湾岸，スペイン・フランスの地中海沿岸など。
	地中海式農業（▶P.76）	Ｃｓ気候地域の農業。夏季の乾燥と高温に耐えるオリーブ（▶P.0・49・76），レモン・オレンジ（▶P.49・76）などの**柑橘類**や**ぶどう**などの果樹を集約的に栽培し，冬季の降水を利用し自給用の小麦を栽培する。また，山地ではヤギ・羊の**移牧**もみられる。	地中海沿岸やアメリカ・カリフォルニア州，チリ中部など。
企業的農業	企業的牧畜（▶P.78）	ヨーロッパ人の移住により新大陸の草原地帯を中心に発達した，世界市場を背景とした**大規模・効率的な牧畜**。加工された配合飼料を与えたり，最新の飼育技術や機械を利用し，収益性が大きい。冷凍船の就航など輸送革命により発達。	アメリカ西部（プレーリー）・オーストラリアなどのステップ，アルゼンチンのパンパなど。
	企業的穀物農業（▶P.78）	広大な土地にトラクター・コンバインなどの大型農業機械を駆使して，主穀作物である**小麦**を**単作・連作**により**大規模**栽培する粗放的な穀物農業。低い土地生産性の反面，労働生産性は高い。	北アメリカのグレートプレーンズ，アルゼンチンのパンパ，オーストラリア南東部，ウクライナ〜カザフ〜南西シベリアなど。
	プランテーション農業（▶P.79）	低緯度地方で，欧米人（企業）が資本や技術を提供し，低賃金の住民や移民の労働力を雇用して，コーヒー・カカオ・茶・ゴムなどの**熱帯性作物**を大規模に**単一耕作（モノカルチャー）**する企業的農業。	東南アジア，南アジア，ラテンアメリカ，アフリカなど熱帯気候の地域。

＊「自給的」であった形態は，近年流通網の発達とともに販売目的の生産が増加し，商業的性格の一面も加わる。

伝統的な農牧業

1 世界の伝統的な農牧業

←1 焼畑農業[インドネシア] 熱帯地域に多くみられる。酸性の強いラトソルに覆われている地域では，耕作地とする森林を焼き払い，その草木灰を肥料として**キャッサバ・いも類**など自給的穀物を生産する。2～3年で地力が減退するため，移動しながら焼畑がくり返される。

↑2 遊牧・ゲル[モンゴル] 組立て式テントとともにえさ場を求めて移動しながら羊・ヤギ・馬の飼育を行う。テントはフェルト地の布で，屋内では乾燥させた家畜の糞をじゅうたんの下に敷きつめ，防寒をする。中国では，パオとよばれる。（▶P.47 写真⑩）

↑4 なつめやし（デーツ）の収穫[イラク] 砂漠気候の地域では，山麓の湧き水や外来河川流域などで，オアシス農業がみられる。小麦やなつめやしの自給的生産が中心だが，なつめやしの実やぶどうの輸出もみられる。

地下水路→
畑

↑5 地下水路による灌漑農地の拡大[中国・トゥルファン盆地] 乾燥地域では，オアシスの水を地下水路を用いて，広い地域へ供給し，灌漑農地を拡大させている。自給用の小麦・ぶどうのほか，西瓜などの野菜類，商品作物として綿花の生産なども行われている。

↑3 原始的定着農業[ブルキナファソ] 熱帯でも降水量がやや少ない地域では，定住した農民が，牛・豚・羊などの家畜飼育と雑穀の栽培，換金作物の栽培などを組み合わせた農業を行っている。ただし，農具は鋤や棍棒などが用いられる粗放的農業である。

←6 集落でのヴルスト（ソーセージ）作り[ハンガリー] 家畜の飼育頭数の少ない東ヨーロッパでは，自給用に豚を飼育・加工し，ソーセージなどにして保存している。地縁・血縁関係の強い集落の中で，協力しあって暮らしているので，村落共同体としての結びつきは強いが，やや閉鎖的な農村社会が形成される。

←7 小麦生産[インド・パンジャブ地方] インド北西部パンジャブ地方では，植民地時代より，灌漑設備の整った小麦及び綿花の生産地帯となっている。インドの小麦生産量は中国に次いで世界2位であるが，国内需要も多く自給的である。（▶P.205）

↑8 浮稲栽培 [タイ・チャオプラヤデルタ] 雨季になると耕地の水位も上昇し、かつて「**浮稲**」が栽培されていた。無肥料で行うこの生産形態は、粗放的な生産の代表例といえる。現在は排水設備の整備や灌漑設備の整備による乾季栽培の開始により、生産量が増加した。それに伴い商業的性格が強まり、タイは米の輸出世界上位を継続させている。

↑9 チュー川（珠江）流域の二期作 [中国] 中国南部のチュー川（珠江）流域では、温暖な気候を利用して1年に米を2回収穫する二期作が行われる。

↑10 緑の革命の功罪 小麦や米などの品種改良により、高収量を目指すものであり、今日ではアジア地域に広く普及している。特に1960年代におけるIR8米の開発は、増産をもたらし「**緑の革命**」とよばれた。しかし、灌漑・肥料・農薬が必要で、20世紀後半においては富裕農への普及にとどまり、零細農と大土地所有者の格差を広げる結果となった。今日では零細農層にも浸透し、米作生産量全体を押し上げている。

↑11 商業的な稲作 [ベトナム・メコンデルタ] ベトナムは市場経済の導入にともない生産性が向上し、現在では、米の輸出上位国となっている。特に広大なメコンデルタ地域では、輸出目的の生産が行われ、土地生産性も東南アジアではトップとなり、商業的性格が高まっている。

Q 稲作がさかんな国の気候的特徴を答えよう。

3 世界の米の生産・貿易

◉ 米の生産（2021年）

世界計 7億8,729万t	中国 27.0%	インド 24.8		7.2	6.9	5.6	4.3	3.2	その他 21.0

インドネシア、ベトナム、バングラデシュ、タイ、ミャンマー

◉ 三大穀物の貿易量（2021年）

	生産量 (A) (10万t)	輸出量 (B) (10万t)	B/A(%)
米	7,873	507	6.4
小麦	7,709	1,981	25.7
トウモロコシ	12,102	1,961	16.2

◉ 米の輸出入国（2021年）

輸出 5,065万t	インド 41.5%	タイ 12.0	ベトナム 9.2	7.8	5.6	その他 23.9

パキスタン、フィリピン 5.8、アメリカ合衆国

輸入 5,092万t				その他 70.8

中国 9.7%、エチオピア 2.8、バングラデシュ 5.1、モザンビーク 3.0、コートジボワール 2.8

◉ 米の土地生産性上位国（2021年）

順位	国 名	1ha当たり収穫量(t)
①	エジプト	10.2
②	ウルグアイ	9.4
③	オーストラリア	9.4
④	アメリカ合衆国	8.6
⑤	ペルー	8.3
⑥	トルコ	7.7
⑦	日本	7.5
⑧	スペイン	7.3

◉ ベトナムの米生産量と収穫面積の変化

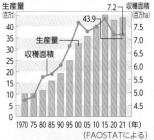

1970 75 80 85 90 95 00 05 10 15 20 21 (年)
（FAOSTATによる）

4 モンスーンアジアの稲作地域

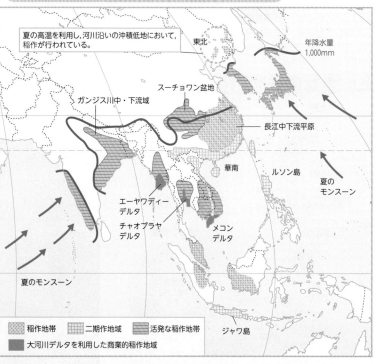

夏の高温を利用し、河川沿いの沖積低地において、稲作が行われている。

東北、年降水量 1,000mm、スーチョワン盆地、ガンジス川中・下流域、長江中下流平原、華南、ルソン島、夏のモンスーン、エーヤワディーデルタ、チャオプラヤデルタ、メコンデルタ、夏のモンスーン、ジャワ島

■ 稲作地帯　■ 二期作地域　■ 活発な稲作地帯
■ 大河川デルタを利用した商業的稲作地域

商業的農牧業

西ヨーロッパ農法の移り変わり

❶ 休閑地には家畜を放牧 二圃式農業 休閑 冬はコムギ

❷ ブタなど共同放牧 休閑 三圃式農業 夏はオオムギ 冬はコムギ

❸ カブ・クローバー フランドル農法 夏はオオムギ 冬はコムギ

❹ クローバー マメ科 根粒菌(土を肥やす) ノーフォーク農法 夏はオオムギ 冬はコムギ カブ

1 西ヨーロッパ農法の起源と商業的農業

◀ 古代地中海地方で**二圃式農業**が発達。中世において北西ヨーロッパを中心に**三圃式農業**が普及。近世以降になり，休閑地に地力回復をはかる**マメ科植物**や**根菜類**が栽培され，やがて，現在の**輪作**へと発展していく。

> **マメ科植物**…空気中の窒素を土中に固定
> **根菜類**…小麦栽培などで弱った土の団粒構造を強め，微生物の活動を活発化する。

↑1 ビート栽培 [ドイツ] ヨーロッパでは寒冷地域を中心に飼料作物としてビート(てんさい)の栽培がさかんである。ビートは代表的な根菜類であり，地力の回復を図ることができる。「砂糖大根」ともよばれ，砂糖を採ったしぼりかすが飼料となる。

2 商業的混合農業

↑3 多頭飼育される家畜 [ドイツ] 商業的混合農業では，家畜を市場へ出荷することが目的とされている。十分な飼料で畜舎において多頭飼育されるのが，この農業形態における特徴である。写真奥に見えるのが畜舎。(▶P.224 写真③)

↑2 輪作 [ドイツ] 商業的混合農業では，農耕地を4つ以上に分割し，年によって生産作物を変える**輪作**形態がとられている。ドイツでは，中世以来林地が開発され，集村を中心に耕作地が配置されている。

3 主な農作物の生産高 (2021年)

大麦
世界計 1.5億t
ロシア 12.4%
オーストラリア 10.1
フランス 7.8
ドイツ 7.1
ウクライナ 6.5
スペイン 6.4
イギリス 4.8
カナダ 4.7
トルコ 3.9
その他 36.3

てんさい
世界計 2.7億t
ロシア 15.3%
フランス 12.7
アメリカ合衆国 12.3
ドイツ 11.8
トルコ 6.8
ポーランド 5.7
その他 35.4

ぶどう
世界計 7,352万t
中国 15.2%
イタリア 11.1
スペイン 8.3
アメリカ合衆国 7.5
フランス 6.9
トルコ 5.0
その他 46.0

オレンジ類
世界計 1億1,752万t
中国 27.7%
ブラジル 14.7
インド 8.7
スペイン 4.8
アメリカ合衆国 4.3
メキシコ 4.3
エジプト 3.4
その他 32.1

(注)みかん等を含む。(FAOSTAT による)

4 地中海式農業

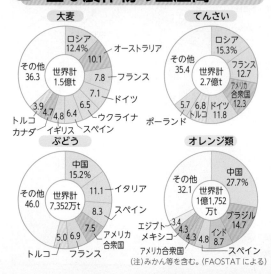

←↓4・5 オリーブの収穫 [ギリシャ]とオレンジの収穫 [スペイン] 夏に高温乾燥となるのを活かし，商品作物として耐乾性樹木作物の生産が行われ，オリーブやぶどう，オレンジなどの柑橘類が栽培されている。スペインは，EU諸国への柑橘類の輸出もさかんである。左の写真ではオリーブの収穫にあたり，下にシートを敷いて，実を落として集めている。

◎ヨーロッパのぶどう栽培地域

←8 フランスのぶどう(生産量世界5位, '21年)の主産地は, ケスタ地形の**シャンパーニュ**地方, ボルドー周辺などが挙げられる。世界的にはCs気候の地域が主要生産地であり, カリフォルニア, チリ, コーカサス地方などが有名である。

↑6 牧草地に放牧される牛[デンマーク] かつて**大陸氷河**に覆われていたやせ地では**酪農**がさかんで, 大都市近郊では生乳が出荷され, 遠郊地域では乳製品に加工されて都市に出荷される。現在では, 生産性が向上するとともに多角化し, デンマークでは豚の飼育, 豚肉の加工も行われている。

5 新大陸の商業的農業

←8 コーンベルトのとうもろこし栽培 アメリカオハイオ州西部からイリノイ州, ミズーリ州北部にかけての地域は, **コーンベルト**とよばれ, とうもろこしと大豆を飼料作物として栽培し, 肉牛・豚を飼育し出荷する**商業的混合農業**を展開している。とうもろこし・大豆とも中国の需要増加や, バイオエタノール原料として価格が上昇しているが, 気候変動のため生産が安定しない。

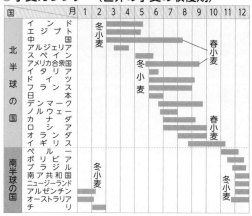

←7 カリフォルニアのトラックファーミング[アメリカ合衆国] 温暖な気候を利用して野菜や果樹の促成栽培が行われている。保冷車とハイウェーを利用し, 新鮮なまま大都市へ出荷する遠郊農業で, **トラックファーミング**ともよばれる。

6 小麦・とうもろこしの生産と流通

◎アメリカ合衆国の農業地域

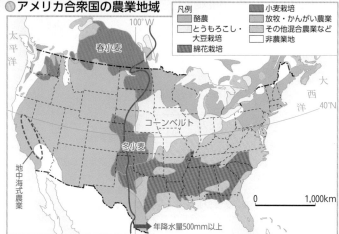

◎小麦カレンダー(世界の小麦の収穫期)

← 温暖地域では冬小麦→初夏収穫。冷涼地域では春小麦→秋収穫。さらに北半球と南半球では収穫期が半年ずれるため, 結果的に一年を通じて世界のどこかで収穫されていることになる。

Q 混合農業(輪作)は小麦栽培のほかにどのような作物を栽培しているかあげ, その理由を考えてみよう。

◎小麦の生産と主な輸出入国

↑EUの生産上位国は, 土地生産性も高く集約度は高い。EUの農業政策によって保護され, EU域内への輸出が活発である。新大陸は土地生産性が低く労働生産性が高い企業的経営であり, 輸出上位国となっている。アジアは自給目的で生産されている。

◎とうもろこしの生産と主な輸出入国

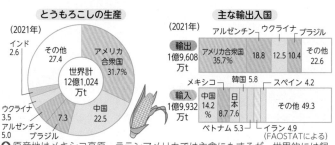

↑原産地はメキシコ高原。ラテンアメリカでは主食にもするが, 世界的には飼料作物として広く利用されている。労働力は米・小麦に比較すると少なく, 機械化も容易で粗放的栽培に向く。アメリカ合衆国の**コーンベルト**, 中国の華北・東北などが世界的な主産地。(▶P.192・P.237)

企業的農牧業

1 先進国の大規模農業

↑1 センターピボット[アメリカ合衆国・アリゾナ州] アメリカ合衆国西部やアラビア半島などの乾燥地域では，灌漑設備を用いて大規模な農業地域が形成され，企業的に小麦や牧草の生産が行われている。農場は円形で直径約1km。回転するスプリンクラーにより散水される。(▶P.237写真⑥)

↑2・3 小麦地帯での土壌流出(右下)と等高線耕作[アメリカ合衆国・アーカンソー州] 小麦栽培における連作は土壌の団粒構造(保水性や通気性がある，理想的な土壌の状態)を弱め，降雨により土壌流出が引き起こされる。この対策として，**等高線耕作**が行われている地域もみられる。

←4 フィードロットでの牧牛[アメリカ合衆国・テキサス州] アメリカ合衆国西部では肉牛の肥育が行われている。少ない労働力で，大規模・合理的な飼育が行われており，高い労働生産性を示す。(▶P.237写真⑧)

←5 グレートアーテジアン(大鑽井)盆地における牧羊 オーストラリアは世界有数の羊の飼育国であり，6千万頭を超える。特に**グレートアーテジアン盆地**東部では年降水量500mm以下の地域で，1農家当たり2,000haを超える農地に数千頭の羊が飼育されている。家畜の飲み水として，**掘り抜き井戸**の水(塩分を含み，人間の飲料水としては適さない)が用いられている。

↑6 穀物メジャーのシーポートエレベーター 今日アメリカ合衆国の穀物輸出において，約90%を占めているのが，**穀物メジャー**とよばれる少数の巨大穀物商社である。穀物の集荷・貯蔵・運搬をほぼ独占し，資材・肥料・種子の供給などの関連産業(**アグリビジネス**)までも支配し，政治経済にも影響力をもっている。また，国外にも多数の支社や農園があり，多国籍企業として世界各国の農業政策にも影響を及ぼしている。

◉家畜飼育頭数(2021年)

牛 世界15.3億頭：ブラジル / アメリカ合衆国6.1 / 14.7% / インド12.6 / エチオピア4.3 / 中国3.9 / その他58.4

豚 世界9.8億頭：中国46.1% / アメリカ合衆国7.6 / ブラジル4.4 / スペイン3.5 / ロシア2.7 / ドイツ2.4 / その他33.3

羊 世界12.8億頭：中国14.5% / インド5.8 / オーストラリア5.3 / ナイジェリア3.8 / トルコ3.5 / イラン3.5 / チャド3.3 / その他60.3

◉牛肉の輸出額(2021年)

世界計588(億ドル)：アメリカ合衆国15.7% / ブラジル13.6 / オーストラリア11.6 / ニュージーランド7.8 / オランダ5.7 / カナダ5.4 / アルゼンチン4.6 / その他35.6
(注)水牛を含まない。
(FAOSTATによる)

↑ オーストラリア産牛肉は日本・アメリカ向け輸出が多く，ブラジル産牛肉はアメリカのファストフード店からの需要が大きい。豚の飼育は中国のスーチョワン(四川)省，ホーナン(河南)省が中心地域であり，各農家による集約的生産である。

↓7 ブラジルの肉牛の飼育[ブラジル・マットグロッソ州] 近年ブラジル中西部のマットグロッソ州を中心に，アメリカ合衆国のファストフード企業が大規模な肉牛の飼育を行っており，挽肉の加工品が全世界に流通されている。

◉新大陸諸国の農業の特色

	農林水産業従事者1人当たりの農用地(ha)(2018年)	土地生産性農用地1ha当たりの穀物生産量(t)(2021年)	労働生産性農林水産業従事者1人当たりの穀物生産量(t)(2014年)	輸出比率(生産量に占める輸出量の割合, %)(2019年) 小麦	牛肉	羊毛
アメリカ合衆国	186.1	8.3	183.8	51.8	7.8	30.2
カナダ	204.2	3.1	160.3	70.5	27.8	47.6
ブラジル	27.6	4.5	9.7	10.1	15.4	79.3
アルゼンチン	6,117.0	5.2	36.7	54.2	17.9	23.7
オーストラリア	1,096.3	2.5	83.5	54.5	55.5	89.8
ニュージーランド	69.6	8.7	5.8	0.0	67.2	28.0
日本	1.9	6.8	9.3	0.0	0.9	0.0

＊2013年。
(FAOSTATなどによる)

↑ 新大陸各国の農業は大規模な企業的経営であり，高い労働生産性により国際競争力が強く，輸出割合が高い。特に生産性の向上を図ってきたカナダ，アメリカ合衆国，オーストラリアは顕著である。

Q 企業的農牧業がさかんな国の歴史的特徴をあげよう。

農林水産業

↑8 天然ゴムの収穫 [マレーシア] 自動車産業の発達につれ，イギリス企業により東南アジアを中心に展開した。合成ゴムの普及で農園は減少したが，石油価格の上昇で再び需要と生産量が増えている。

↑9 油やしの収穫 [マレーシア] 特にマレーシア，インドネシアでの生産量が急増。パーム油，洗剤の原料，最近はバイオマス燃料の原料としても注目される。しかし，造園時の熱帯雨林伐採などの問題もある。

↑10 洗浄されるバナナ [フィリピン] フィリピンやエクアドルなど世界的なバナナ生産国では，アメリカ合衆国などの多国籍企業と契約した大農園が輸出目的での生産を展開している。

↑11 コーヒー豆の収穫 [ベトナム] コーヒー豆の生産は，近年ベトナムの生産が増加し，ブラジルに次ぐ世界2位(2021年)。国際競争の中で，価格の変動が激しい。

◎ 熱帯性商品作物の主な産地

（『GOODE'S WORLD ATLAS』などによる）

凡例：
- 産地
- バナナの栽培限界
- ココやしの栽培限界
- ●：コーヒー
- ●：天然ゴム
- ✎：さとうきび
- ⚘：綿花
- ☙：茶
- ✎：カカオ
- ✎：落花生
- ✎：バナナ
- Ψ：ジュート

↩ アジア，アフリカ，ラテンアメリカの熱帯地域においては，欧米資本の経営下におかれた**プランテーション**による熱帯性商品作物の生産が行われてきた。近年ではアジアやラテンアメリカの一部の国では，農場の国有化や土地改革による地元農民による経営に変化してきている。しかし経済的に自立が難しい地域においては欧米資本が残存していることが多く，輸出用商品作物生産への偏りが，自給用商品作物生産の圧迫につながっている。

3 農業のグローバル化

↩12 日本向けのほうれんそう加工工場 [中国・チョーチヤン(浙江)省] 中国では近年，商品作物の生産が活発化しているが，特に華北・華中の沿岸部地域では日本向けの野菜の生産がさかんである。またその出荷方法も安価な労働力と日系企業の資本を利用して，下処理を行った半加工品の出荷されるようすがみられる。

↩13 日本向けのカボチャを収穫 [トンガ] 近年，中国や東南アジア，オセアニア諸国からの野菜の輸入量が急増している。トンガでは日系資本による大規模農場でカボチャの生産が行われ，1年に2回生産されて日本や韓国の端境期に出荷されている。果実が硬く傷がつきにくいため作業しやすいという点も，トンガにおいてカボチャ生産が発達した理由の一つである。

◎ 日本の主要国からの野菜輸入量の変化

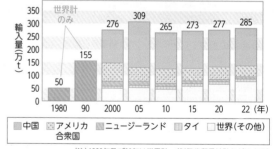

年	輸入量(万t)
1980	50
90	155
2000	276
05	309
10	265
15	273
20	277
22	285

※1980年及び90年は世界計のみ

凡例：中国／アメリカ合衆国／ニュージーランド／タイ／世界(その他)

(注)1980年及び90年は世界計。(財務省貿易統計などによる)

◎ 東京都中央卸売市場に入荷するカボチャの月別入荷量 (2022年)

月	入荷量(t)
1	1,760
2	1,895
3	2,060
4	1,770
5	1,875
6	2,034
7	2,103
8	1,987
9	2,797
10	3,190
11	1,986
12	2,259

凡例：ニュージーランド／世界(その他)／日本1位の都道府県／日本2位の都道府県／日本(その他)

(東京都中央卸売市場資料による)

↑ 1980年代における円高の進行，中国における市場経済の進展，冷蔵輸送技術の発達に伴って，日本の野菜輸入量は1990年代に急増した。2000年代に入るとおよそ300万tの輸入量となっている。また，南半球のオセアニア諸国からの輸入の増加も顕著である。ニュージーランドやトンガでは日本で開発された品種が現地で生産されている。

世界と日本の林業

1 世界の林業

↑2 タスマニア島の森林[オーストラリア] タスマニア島は降水量が多く，豊富な原生林が存在し，多様な野生生物の生息地となっている。しかし近年では森林の伐採事業が進められ，毎年22,000haもの森林が消失している。その多くは木材チップとなり，製紙原料として日本などへ輸出されている。伐採跡地は焼却され，あらたにユーカリが植林される。これは**ユーカリ**が紙生産に適した木材とされているからで，かつての豊かな生態系はユーカリ単一樹種の森林へと変化しつつある。（▶P.248 写真⑤）

↑1 タイガの伐採[ロシア] ロシアの木材伐採量は世界5位（'21年），輸出量は世界1位（'21年）である。シベリアから極東に広がる**タイガ**の伐採と輸出は外貨獲得の一助となっており，近年は中国への輸出が急増している。一方でタイガの伐採が地球温暖化の要因にもなっている。（▶P.69 ②）

→4 パルプ工場[フィンランド・ピエタルサーリ] 北欧諸国は森林資源の宝庫であり，木材と紙類の輸出が輸出品目の上位を占める（'20年）。森と湖の国フィンランドは輸出額の2位が紙類，8位が木材である。またスウェーデンは5位が紙類であり，工業製品の輸出額と肩を並べている。

↑3 合板の加工[インドネシア] **熱帯林**は豊富な樹種・樹量を誇るが，有用材はわずかであり，そのわずかな有用材を目指して，略奪的伐採が行われた。フィリピン・インドネシア・マレーシアでは国内熱帯林の保護のため，丸太・製材の輸出を制限している。一方で国内産業の振興のため，ラワンなどは合板材に加工される。合板の輸出制限は行っていないので伐採量は多く，港湾からコンテナを用いて日本などに輸出している。

↑5・6 ウッドチップ積出港[チリ南部]とウッドチップ（右） 近年，日本では製紙パルプ原料として，**ウッドチップ**の輸入が顕著である。カナダの亜寒帯（冷帯）林のものに加え，南半球のオーストラリア（ユーカリ），チリ・ニュージーランド（ラジアータ松）からの輸入が増えている点が大きな特徴である。

2 森林分布と主な国の木材伐採量・用途

スウェーデン 92.7 74
ロシア217 93.0
カナダ142 99.0
71.7 日本33
アメリカ合衆国454 84.3
ナイジェリア77 13.0
中国336 53.6
インド 350 14.2
マレーシア 86.3 17
チリ60 73.4
ブラジル 266 53.7
4.9
エチオピア 119 2.5
インドネシア 125 70.6
オーストラリア31 87.4
ニュージーランド 36 100.0
コンゴ民主共和国94

木材伐採量（2021年）
- 300
- 100
- 50
- 10
（百万㎥）

用途別比率（2021年）
- 用材
- 薪炭材

（注）国名と併記してある数字は，木材伐採量を示す。用途数値は%。
（「LIVING PLANET REPORT 2008」，FAOSTATによる）

凡例：
- ■ 熱帯・亜熱帯の湿潤広葉樹林
- ■ 熱帯・亜熱帯の季節林
- ■ 熱帯・亜熱帯の針葉樹林
- ■ 温帯の広葉樹林・混合林
- ■ 温帯針葉樹林
- ■ 北方林・タイガ

← 木材伐採量の上位国はアメリカ合衆国・インド・中国・ブラジル・ロシア・カナダであるが，先進国は用材中心に木材が用いられているのに対し，発展途上国では**薪炭材**の比率が高い。中国，インドやアフリカ諸国において砂漠化が進展する一つの要因として，人口増加にともなう薪炭材の過剰伐採がある。

③ 森林資源の分布・特色・利用

	分布と林相	特色	利用樹種
熱帯林	アマゾン川流域(セルバ),カリブ海沿岸,コンゴ川流域,東南アジア ・**熱帯雨林**——多層的な常緑広葉樹林 ・**熱帯モンスーン林**——高木層が落葉広葉樹のため下層樹やつた類が繁茂 ・**マングローブ林**——海洋沿岸部	①多種多様な樹種が混在するが,サバナ地域などでは,**硬木の特殊材としての伐採が中心。** ②市場に最も遠く,交通も不便で開発が遅れた。 ③最近はパルプ材・合板材などの生産が急増し,**各地で熱帯林の消滅**が問題となっている。	有用材 ・**チーク**→船舶材・家具材・枕木 ・**マホガニー**→西洋の高級家具材 ・**紫檀・黒檀**→東洋の高級家具材 ・**ラワン**→合板材・建築材・家具材 有用樹 **ケブラチョ**→タンニン,油やし・ココやし・天然ゴム・キナ
温帯林	⑦西南日本~中国本土 ①地中海沿岸 ⑦東北日本,中・西部ヨーロッパ ・暖帯林(低緯度側)**常緑広葉樹林**(⑦照葉樹林①硬葉樹林)**かし**帯 ・温帯林(高緯度側)**落葉広葉樹林**(⑦針葉樹との混林)**ぶな**帯	①日本,中・西部ヨーロッパでは**人工林が多く,集約的な林業が発達。** ②市場に近く,交通も便利。樹種が多く,需要も多い。	有用材 ・**常緑広葉樹**(かし・しい) ・**落葉広葉樹**(ぶな・なら・けやき) ・**針葉樹**(まつ・すぎ・ひのき・もみ・とうひ) 有用樹 くす→しょう脳,コルクがし・オリーブ,うるし
亜寒帯林	北ヨーロッパ,ロシア北部,アラスカ,カナダ ・**針葉樹林** **タイガ**(原生林の意)地帯	①樹種が少なく,樹高のそろった**純林**が多いので,大量生産が可能。 ②**軟木**が多く,パルプ材・建築材として利用価値が大きい。	有用材 からまつ,とどまつ,とうひ,もみ

④ 日本の木材集積地

7 北山杉みがき

8 屋久杉の森と渓流

農林水産業

⑤ 世界の林業統計

Q 木材がどのように利用されているかできる限りあげてみよう。

◎ 木材伐採量

世界計 39.7 億㎥	アメリカ合衆国 11.4%	インド 8.8	中国 8.5	ロシア 6.7	5.5	3.6	インドネシア 3.2 ┌エチオピア 3.0	その他 49.3	(2021年)

ブラジル / カナダ

(FAOSTATによる)

◎ 木材輸出入量

輸出 世界計 3.1 億㎥	ロシア 15.4%	カナダ 11.1	8.0	ドイツ 7.4	チェコ 7.1	5.1	4.5	フィンランド 3.2	その他 38.2	(2021年)

ニュージーランド / アメリカ合衆国 / スウェーデン

輸入 世界計 3.0 億㎥	中国 32.2%	アメリカ合衆国 9.6	4.4	4.2	4.0	3.0	イタリア 2.9	その他 39.7	

オーストリア / イギリス / ベルギー / ドイツ

(注)丸太と製材の合計で,合板,木質パルプなどは含まない。 (FAOSTATによる)

◎ 日本の丸太輸入先の推移

1975年	アメリカ合衆国	ロシア	マレーシア	インドネシア	フィリピン		その他
1985年							ニュージーランド
1995年							パプアニューギニア
2005年							
2022年	243						

0 500 1,000 1,500 2,000 2,500 3,000 3,500万㎥
カナダ

(財務省「貿易統計」による)

◎ 日本の製材輸入先の推移

1975年	カナダ その他 マレーシア マレーシア インドネシア アメリカ合衆国				
1985年	ロシア フィリピン ニュージーランド マレーシア			インドネシア	
1995年				チリ オーストラリア	
2005年			オーストリア		
2022年	ロシア スウェーデン フィンランド 490				

0 200 400 600 800 1,000 1,200万㎥

(財務省「貿易統計」による)

◎ 日本のウッドチップ輸入先の推移

1995年	アメリカ合衆国 カナダ インドネシア オーストラリア チリ		その他		
2005年	ニュージーランド				
2015年	ベトナム 南アフリカ共和国				
2022年	マレーシア インドネシア チリ タイ ブラジル 1,131				

0 200 400 600 800 1,000 1,200 1,400万t

(財務省「貿易統計」による)

◎ 日本の木材需給量の推移

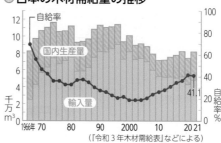

自給率
国内生産量
輸入量
41.1

(『令和3年木材需給表』などによる)

◎ 日本の用材需要

その他 2.9
合板用 15.3
製材用 39.0
パルプ・チップ用 42.8%
計 6,714万㎥ (2021年)

(注)チップは工業原料として使われる木材で,木片にしたもの。
(『令和3年木材需給表』による)

↑ 1960年代の木材輸入自由化以降,日本の林業の衰退とともに輸入量が増加した。近年は各国による丸太・製材の輸出制限により,木材自体の輸入量は減少しているが,合板・チップの輸入量がそれに代わって増加する傾向がみられてきた。

◎ 日本の人工林の林齢別面積

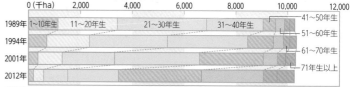

1989年	1~10年生	11~20年生	21~30年生	31~40年生	41~50年生
1994年					51~60年生
2001年					61~70年生
2012年					71年生以上

0 2,000 4,000 6,000 8,000 10,000 12,000(千ha)

(注)森林法に基づく森林計画対象森林の「立木地」の面積。 (『木材・林業統計要覧』2016などによる)

↑ 伐採されないまま林齢が高まり,新たに植林されていない状況がうかがえる。

→9 急勾配での間伐作業[群馬県・南牧村] 日本の山林は,急勾配地域が多く,生産コストがかかるため,林業の従事者の減少と高齢化が進んでいる。そのため,**間伐**などの山林育成が進まず,荒廃している地域も少なくない。

← 日本では新しい紙の生産の約60%が古紙の再利用であり,パルプ用ウッドチップ全体の輸入量は以前に比べ減少した。

世界と日本の水産業

◉世界の海域別漁獲高（2020年）

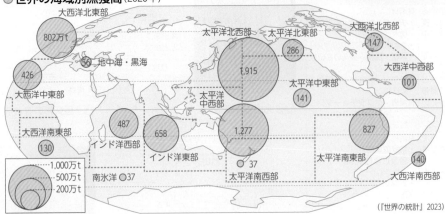

- 大西洋北東部 802万t
- 56 地中海・黒海
- 大西洋中東部 426
- 太平洋北西部 1,915
- 太平洋北東部 286
- 大西洋北西部 147
- 大西洋中西部 101
- 太平洋中西部 141
- 大西洋南東部 130
- インド洋西部 487
- インド洋東部 658
- 太平洋中西部 1,277
- 太平洋南東部 827
- 太平洋南西部 37
- 大西洋南西部 140
- 南氷洋 37

- 1,000万t
- 500万t
- 200万t

（『世界の統計』2023）

◉主な国の漁獲量の推移

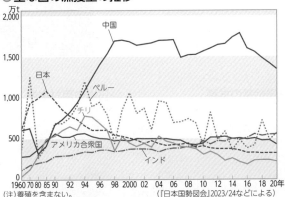

（縦軸）万t 2,000 / 1,500 / 1,000 / 500 / 0
（横軸）1960 70 80 85 90 92 94 96 98 2000 02 04 06 08 10 12 14 16 18 20年

中国, 日本, ペルー, チリ, アメリカ合衆国, インド

(注) 養殖を含まない。
（『日本国勢図会』2023/24などによる）

→1 ノルウェーのタラ漁　ノルウェー・アイスランド・イギリスを中心に大西洋北東部の漁場において，タラやニシンなどの漁獲が活発である。潮目やバンクが発達する恵まれた自然環境のもと，トロール漁法による漁獲が行われてきた。現在，世界の漁獲高においては中国が大きな伸びを示している。また，自国の需要増加と中国・日本への水産物輸出を背景にインドやベトナム・インドネシアなどの東南アジア諸国の伸びが著しい。

→2 インドネシアのエビの養殖場[バリ島]

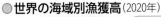

◉大西洋北西部漁場

暖流 / 寒流 / 主要漁港 / バンク

カナダ, ラブラドル海流, ニューファンドランド, セントジョンズ, セントローレンス川, 200m, シャーロットタウン, セントジョン, ノヴァスコシア半島, ハリファクス, サンピエールバンク, グランドバンク, 潮目, アメリカ合衆国, ポートランド, ボストン, グロスター, コッド岬, ジョージバンク, メキシコ湾流, 200m

(注) 主な漁獲物は，タラ・ニシン・サバ・カレイなど。

◉太平洋北西部漁場

0 500km

暖流 / 寒流 / 主要漁港 / バンク

オホーツク海, 200m, ロシア, ウラジオストク, 武蔵堆, 大和堆, 稚内, 釧路, 千島海流（親潮）, 八戸, 石巻, 銚子, 焼津, 潮目, 太平洋, 中国, 日本海, リマン海流, 対馬海流, インチョン, プサン, 境, 福岡, 長崎, 日本海流（黒潮）, 東シナ海, 対馬海流, シャンハイ, 0 500km

(注) 主な漁獲物は，寒流ではサケ・マス・ニシン・タラ，暖流ではサバ・イワシ・カツオ・マグロなど。

◉大西洋北東部漁場

東グリーンランド, 北大西洋海流, ナルヴィク, ロフォーテン諸島, アイスランド, 東グリーンランド海流, 潮目, フェロー諸島, オーレスン, シェトランド諸島, アバディーン, グレートフィッシャーバンク, 北海, ドッガーバンク, イギリス, キングストン(ハル), グリムスビー, アイルランド, グレートヤーマス, フランス, 200m, 大西洋, ノルウェー

暖流 / 寒流 / 主要漁港 / バンク

0 500km

(注) トロール漁法がさかん。主な漁獲物は，ニシン・タラなど。

◉主な魚類

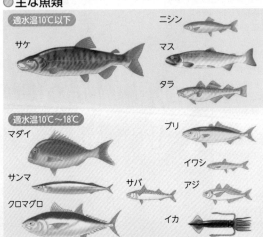

適水温10℃以下
サケ / ニシン / マス / タラ

適水温10℃〜18℃
マダイ / ブリ / サンマ / イワシ / サバ / アジ / クロマグロ / イカ

適水温18℃以上
カツオ / カジキ

◉トロール漁法

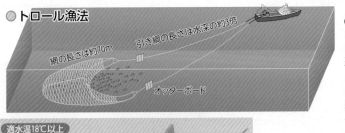

網の長さは約70m / 引き網の長さは水深の約3倍 / オッターボード

◉トロール網という袋状の網を引いて，海底に棲息するタラ・ヒラメ・カレイなどの魚類を捕獲する漁業。17世紀にイギリスで始まり，日本には20世紀初頭に伝えられた。

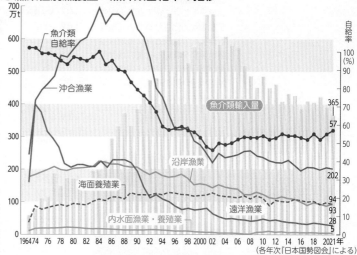

● 漁業種別漁獲量・魚介類自給率の推移

（各年次『日本国勢図会』による）

魚介類自給率

沖合漁業

魚介類輸入量

沿岸漁業

海面養殖業

遠洋漁業

内水面漁業・養殖業

365
57
202
94
93
28
5

↑3 **日本近海のイワシ漁** 日本近海を中心とする太平洋北西部は，魚種・漁獲高とも世界最大の漁場である。しかし，多く漁獲されるイワシ・サバ・サンマ・イカの需要は減少し，輸入によるエビ・マグロ・サケ・マスなどの需要が高まっている。また，近年，中国などの船舶による日本近海の公海での操業が多くなった。

↑ 2021年の日本の水産物漁獲量は422万tであり，ピークであった1984年の1,206万tに比べると半分以下に減少している。70年代に**200海里水域**の設定やオイルショックにより遠洋漁業から撤退して以降，近海においても乱獲による資源の枯渇，人件費の高騰や就業者の高齢化による後継者不足，国際競争の激化により漁獲量は減少の一途をたどっている。最近は石油価格の高騰により利益が減少し，漁業従事者の減少に拍車がかかっている。

↑4・5 **中国でのウナギの養殖と稚魚**
（右） 日本は世界有数の水産物輸入国であり，自給率は50％程度に低下した。アジア諸国からや，北米・ロシアからのタラ類，アフリカ西岸からのタコ類，ヨーロッパからのサバ・アジ類などに輸入の特徴がある。東南アジアやインドのエビ，中国のウナギ，そしてチリ南部のサケ・マスなどの養殖された水産物も急増している。

● 主な漁港の水揚げ量と主な魚介類 (2021年)

（　）の数字の単位は万t。

長崎 (5.2)
マアジ，サバ類，カタクチイワシ，マイワシ
松浦 (5.9)
北浦 (4.1)
境 * (9.1)
サバ類，カレイ類，スルメイカ
平内 (3.9)
八戸 (4.4)
紋別 (7.4)
枝幸 (4.4)
常呂 (3.7)
網走 (5.0)
湧別 (3.8)
山川 (4.0)
枕崎 (6.2)
奈屋浦 (2.5)
広尾 (7.0)
宮古 (3.1)
大船渡 (2.6)
気仙沼 (7.5)
女川 (4.2)
石巻 (9.6)
根室 (2.9)
焼津 (14.8)
カツオ，マグロ類
銚子 (28.0)
サバ類，サンマ，マイワシ，ブリ類
マイワシ，スケトウダラ，カタクチイワシ
釧路 (20.5)

(注) 年間水揚げ量2.5万t以上の漁港。水揚げ量には貝類・藻類を含む。
＊「境」は漁港名で，「境港」は市の名称。
■ で示した魚種は，その漁港に水揚げされる主な魚介類。

（『日本国勢図会』2023/24などによる）

● 日本の主な魚介類輸入先 (2022年)

マグロ 17.7万t	(台湾) 32.8%	中国 14.1	韓国 9.7	6.3	5.4	その他 31.7

セーシェル　バヌアツ

エビ 15.7万t	インド 23.5%	ベトナム 17.3	インドネシア 16.4	10.5	タイ 6.2	その他 26.1

アルゼンチン

ウナギ 8,268t	中国 80.3%	(台湾) 19.7

アメリカ合衆国 5.0

サケ・マス 23.0万t	チリ 63.1%	ノルウェー 14.5	ロシア 9.8

その他 7.6

タコ 3.4万t	モーリタニア 28.9%	モロッコ 25.0	中国 19.7	ベトナム 15.8	その他 10.6

（財務省「貿易統計」による）

→6 **蓄養マグロ（クロマグロ）の水揚げ [クロアチア]** 1995年以降，地中海沿岸諸国では初夏に捕獲したクロマグロを太らせ，秋から冬にかけて脂の乗った状態で出荷する「蓄養マグロ」を増産している。多くが日本へ輸出されているが，これがマグロの乱獲を引き起こしている。2010年3月には，地中海周辺におけるクロマグロ禁漁に関する提案がワシントン会議において出されるなど，保護の動きは強まっている。

日本では20世紀後半頃からクロマグロが高級化した。価格高騰に伴って乱獲が進み，資源管理が課題となっている。

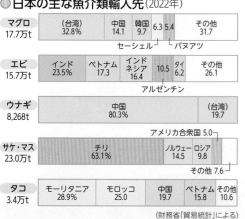

農林水産業

1 日本の農業の変遷

1960年代

←1 八郎潟の干拓[秋田県] 戦後日本では主食である米の生産量を安定化させるため、食糧管理制度の継続と共に大規模な農地開発を展開し、米の増産計画が図られた。特に水深の浅い湖沼や湿地帯の干拓事業は、全国で進められた。写真は1961年。

●農家数と農業就業人口に占める60歳以上の割合の推移

（「世界農林業センサス」などによる）

❷農業における機械化・省力化の進展及び農村における第2次・3次産業の発達に伴い、高度経済成長期以降、専業農家が減少し、第2種兼業農家が増加した。加えて、農業従事者の高齢化も急速に進んだため、旧来の専業・兼業という分類から、販売農家・自給的農家および販売農家についても主業・準主業・副業的農家という分類が用いられるようになっている。この分類によると、副業的農家あるいは自給的農家の割合が増加している点が顕著である。

1980年代

←2 減反政策により水田を畑にしネギを植える農家[熊本県] 食管制度に支えられて米の生産量が増加したのに対し、食文化の多様化によって米の消費量が減少した。余剰米は増加し、政府の財政を圧迫した。これに対して政府は1970年代から米の作付面積を強制的に制限する減反政策を推し進めた。安定した収入の得られる米の生産を制限された生産者の中には、野菜栽培などへ転作する者が増加した。また、高齢化が進行した。

●戦後日本の農業史年表

年	事　項
1952	5度目の食糧管理法改正。米について生産者米価と消費者米価が設定される。
1960年代	大豆、麦、雑穀、飼料などの輸入自由化が始まる。
1967	自主流通米制度導入、減反政策開始。
1981	食管法改正、米の流通規制を廃止（流通の自由化）
1986〜1993	GATTウルグアイ・ラウンド　農産物貿易自由化が焦点となる。
1991	アメリカとの農産物交渉で、日本は牛肉、オレンジ自由化に踏み切る。農産物輸入自由化が進む。
1995	食管法廃止。米の流通に関し国内完全自由化。米輸入のミニマム・アクセス始まる（米の輸入開始）。
1999	米輸入の関税化（輸入規制廃止）始まる。
2004	牛トレーサビリティ法施行（BSE問題による）。
2009	農地法改正、農業生産法人（一般企業）による農業参入規制緩和。
2010	米トレーサビリティ法施行（事故米穀問題による）。
2013	TPP（環太平洋経済連携）協定に参加

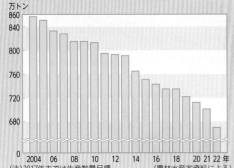

↑3 黒豚の飼育[鹿児島県霧島市]　↑4 電照菊のビニールハウス[愛知県田原市]
↑減反政策が進み、農産物の輸入自由化が進み始めた1980年代において、日本ではより収益性の高い商業的な農業が進展する。野菜や花卉の端境期に市場へ出荷する抑制栽培や畜産物の質を高めてブランド化をはかる農法、さらには休耕田を借り受けて大規模化をはかり生産性を高める稲作などの試みが展開した。

1990年代

↑5 農産物輸入自由化反対のデモ[東京] 1988年から始まった牛肉・オレンジの輸入自由化によって、安価な海外産のオレンジ果汁や牛肉が輸入されるようになり、国内のみかん農家や畜産農家は大打撃を受けた。特に日本のみかん畑は急な斜面に立地しているため、従事者の高齢化にともなって離農者が増加した。

↓7 ドローンによる農薬散布[兵庫県丹波篠山市] 農業分野にICTやロボット、AIを活用したスマート農業が登場し、効率性などで期待されている。

2000年代〜

●米の生産量の見通しの推移

万トン

（注）2017年までは生産数量目標。（農林水産省資料による）

●米の減反が終了へ

1人あたり年間消費量

118kg　1962年度

主食としての地位低下　洋食化や人口減で…

55kg　2015年度

減反政策（1971年本格実施）

作付面積

317万ha　1969年 → **148万ha**　2016年

米余り防止で作付けを制限

2017年をめどに廃止

競争が進む
・農家が自由に生産量を決める
・お米が安くなる？
・米農家の集約が進む？

（「朝日新聞」2017.3.11による）

↑米の需要減のため、政府は減反政策を1970年代に始めた（生産調整）。しかし、農業生産の自由化・競争を進めるため、2017年に減反の廃止が打ち出された。

←6 水田耕作の大規模化[宮城県登米市] 現在農地の売買は農地法により制限されているが、貸借の形で農地を拡大する農業従事者や農業法人も多い。

←8 農業の高齢化の進行[奈良県十津川村]
現在，日本の農業経営者の6割が60歳以上となっており，また，後継者がいない農家は約半数に達する。日本の農地には，急傾斜地を開墾したものも少なくない。そのため，**高齢化により農業生産地域の縮小**が予想される。

○ 耕地率と経営規模の国際比較(2011年)

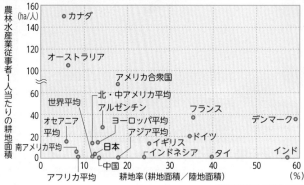

縦軸：農林水産業従事者1人当たりの耕地面積(ha/人)、160、140、120、100、80、60、40、20
横軸：耕地率(耕地面積／陸地面積)(%)、10、20、30、40、50、60

カナダ、オーストラリア、アメリカ合衆国、北・中アメリカ平均、世界平均、アルゼンチン、フランス、デンマーク、オセアニア平均、ヨーロッパ平均、アジア平均、イギリス、ドイツ、南アメリカ平均、日本、インドネシア、タイ、インド、アフリカ平均、中国

『世界の統計』2014による

↑農林水産業従事者1人当たりの耕地面積は新大陸で圧倒的に高く，自給的なアジアでは低い。一方耕地率では，アジア・ヨーロッパ諸国のうちで，広い平野をもつ国々で高いのに対し，未利用地の広い新大陸や山地・砂漠比率の高い国々で低くなっている。

○ 日本の農水産物の主な輸入相手国とその内訳(2020年)

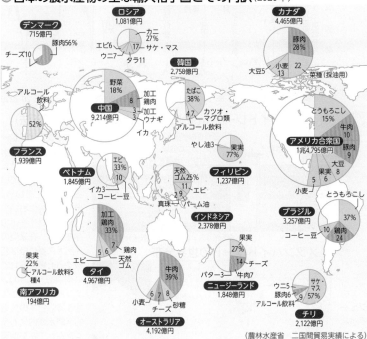

デンマーク 715億円：豚肉56%、チーズ10
ロシア 1,081億円：カニ27%、サケ・マス17、エビ6、ウニ7、タラ11
カナダ 4,465億円：豚肉28%、小麦22、菜種(採油用)13、大豆5
韓国 2,758億円：たばこ38%、カツオ・マグロ類47、アルコール飲料
中国 9,214億円：野菜18%、加工鶏肉8、加工ウナギ3、イカ3
フランス 1,939億円：アルコール飲料52%
ベトナム 1,845億円：エビ33%、イカ3、コーヒー豆10
フィリピン 1,237億円：果実77%、天然ゴム25%、エビ11、真珠9、パーム油2
アメリカ合衆国 1兆4,795億円：とうもろこし15%、牛肉10、豚肉8、大豆8、果実5、小麦6
タイ 4,967億円：加工鶏肉33%、鶏肉7、果実22%、エビ6、天然ゴム5、アルコール飲料5、種4
南アフリカ 194億円
インドネシア 2,378億円：果実27%、チーズ14、牛肉7、天然ゴム
ブラジル 3,257億円：鶏肉37%、コーヒー豆24、果実10
ニュージーランド 1,848億円：牛肉39%、チーズ8、砂糖6、バター3、小麦7
オーストラリア 4,192億円：小麦6、牛肉6、チーズ8
チリ 2,122億円：サケ・マス57%、ウニ5、豚肉6、アルコール飲料9

(農林水産省 二国間貿易実績による)

↑日本は世界最大の農産物輸入国であるが，特に穀物，畜産物，水産物において依存度が高い。アメリカ合衆国からの輸入が最大であるが，中国，タイ，カナダ，オーストラリアが続いている。

↓9・10 北京市内で販売される新潟産コシヒカリ(左)と，台湾で販売される鳥取産二十世紀梨(右)　国際競争力の弱さから農産物の輸入国として位置づけられている日本であるが，これからの農業を活性化していくためにも，ブランド化した日本の農産物を積極的に海外で販売していくことも重要である。東アジアや東南アジアでは，高所得者層を中心に日本の高品質の農産物が人気であり，少々価格が高くても購入者は多い。さらにインターネットを通じての販売など，海外への販売戦略が注目され始めている。

○ 日本の食料自給率の推移

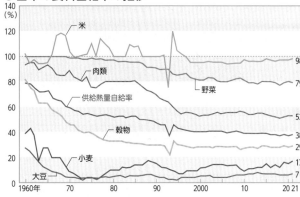

縦軸：(%)、140、120、100、80、60、40、20
横軸：1960、70、80、90、2000、10、20 21

米 98、肉類、野菜 79、供給熱量自給率 53、穀物 38、大豆 29、小麦 17、7

(注)**供給熱量自給率**＝(国内生産による供給熱量÷総供給熱量)×100(%)
『令和2年度食料需給表』

↑1960年代以降，日本の**食料自給率**は急速に低下してきた。特に小麦や大豆は顕著である。その背景には，円高による国際競争力の低下などがあげられる。供給熱量自給率に換算すると約40%である。

↓11・12 牛肉のトレーサビリティ　輸入農畜産物が増加する中で，食の安全への関心が高まっている。価格が高くても，安心できるものを購入したいとの消費者の思いから，スーパーなどで生産者の顔が見える形での農産物販売が導入されている。さらに，BSE問題を受けて2004年には牛トレーサビリティ法が施行され，生産→流通→販売の経過が明確になるよう，識別個体番号の設置が義務づけられた。さらに，2011年には米に関して産地情報の伝達が義務づけられた。

世界のエネルギー資源

←2 コミ共和国(ロシア)の天然ガス田 天然ガスには油田上部に滞留する**石油系ガス**と,有機物の腐敗による**メタン系ガス**がある。環境負荷が小さく埋蔵量も多いため石油代替エネルギーとして注目されている。パイプラインで送られるほか,低温液化により,前者は**液化石油ガス(LPG)**,後者は**液化天然ガス(LNG)**として専用タンカーで運ばれる。日本はLPGを中東から,LNGをオセアニア・東南アジアから主に輸入している。写真はロシアの民営化された石油生産会社のルクオイル(▶P.233)資本のガス田で,この企業は石油価格の高騰により巨大な利益を上げている。

1 石油・天然ガス・メタンハイドレート等の資源

↑1 ガワール油田の積み出し港ラスタヌーラ[サウジアラビア] 特殊なプランクトンの遺骸が海底に沈積し,バクテリアの分解と地圧・地熱で油化したものが石油である。**褶曲構造**の背斜部に油田が形成されやすい。中東に6割の原油が埋蔵され偏在性が高い。ガワール油田は生産量・埋蔵量ともに世界有数で,ペルシア湾岸の**ラスタヌーラ港**から積み出されるとともに,ペトロラインで紅海沿岸のヤンブーに送油されている。日本は原油輸入先として脱中東を目指しているが,アジアの経済発展に伴い,中国・東南アジアからの輸入は激減し,中東比率が9割近くを占めている。

● 世界の原油・天然ガスの生産と貿易

原油											
産出量 52.2億kL (2021年)	アメリカ合衆国 18.5%	サウジアラビア 12.2	ロシア 12.2	カナダ 6.0	中国 4.4	イラン 4.1	4.0	クウェート 3.3	ブラジル 3.0		その他 27.7
輸出量 20.6億t (2020年)	サウジアラビア 16.3%	ロシア 11.6	イラク 8.2	イラク 7.7	カナダ 7.6	アラブ首長国連邦 5.9	クウェート 4.7				その他 38.0
輸入量 21.4億t (2020年)	中国 25.4%	アメリカ合衆国 13.6	インド 9.2	韓国 6.2	日本 5.4	ドイツ 3.9					その他 36.3

(『日本国勢図会』2023/24)

天然ガス							
産出量 4.04兆m³ (2021年)	アメリカ合衆国 23.1%	ロシア 17.4	イラン 6.4	カタール 5.2	カナダ 4.4	4.3 オーストラリア	3.6 その他 35.6
輸出量 1.24兆m³ (2020年)	ロシア 19.3%	アメリカ合衆国 10.2	カタール 8.9	ノルウェー 8.7	カナダ 5.7	中国 オーストラリア	その他 35.1
輸入量 1.21兆m³ (2020年)	中国 10.8%	日本 8.7	ドイツ 6.9	イタリア 6.0	5.5	オランダ 5.3 5.0	その他 51.8

アメリカ合衆国　メキシコ

(『世界国勢図会』2022/23による)

↑ 天然ガス産出量でアメリカ合衆国は2009年にロシアを上回った。これは**シェールガス**の産出量の増加による。これによりアメリカ合衆国はLNG輸入の必要がなくなった。シェールガスの活用が可能となったことで,人類が活用できる天然ガスの量は250年分以上伸びたと考えられている。さらにアメリカ合衆国におけるシェールオイルの増産により,アメリカ合衆国が原油の産出量上位国となった。

Q 原油の輸出国と輸入国の特徴をあげてみよう。

● 世界の原油生産とOPECのシェア

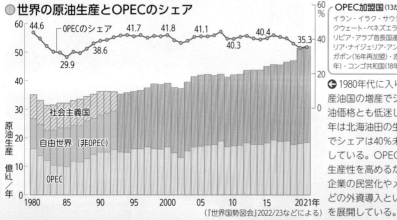

44.6 OPECのシェア 41.7 41.8 41.1 40.4
38.6
29.9 40.3 35.3

社会主義国
自由世界(非OPEC)
OPEC

原油生産 億kL/年

1980 85 90 95 2000 05 10 15 2021年

(『世界国勢図会』2022/23などによる)

OPEC加盟国(13か国) '23年6月
イラン・イラク・サウジアラビア・クウェート・ベネズエラ(原加盟国)・リビア・アラブ首長国連邦・アルジェリア・ナイジェリア・アンゴラ(07年)・ガボン(16年再加盟)・赤道ギニア(17年)・コンゴ共和国(18年)

← 1980年代に入り非OPEC産油国の増産でシェア,石油価格とも低迷したが,近年は北海油田の生産減などでシェアは40%未満で推移している。OPEC諸国では生産性を高めるため,国営企業の民営化やメジャーなどの外資導入といった戦略を展開している。

○ 原油価格の推移(月平均)

(ドル/バレル)

※1 1バレル=約160L (石油連盟資料)

1986年1月まで アラビアンライト原油の公式販売価格
1988年4月から 市場連動価格制へ移行

←08.7.11に瞬間的に147.2ドルを記録

第一次石油危機 ぼっ発・第四次中東戦争 '73年10月
イラン革命 第二次石油危機 '79年1月
イラン・イラク戦争ぼっ発 '80年9月
クウェート侵攻 '90年8月
アジア経済危機 '97年
ハリケーン「カトリーナ」'05年8月
米軍イラク侵攻 '03年3月

4.31 14.85 36.00 27.33 11.30 33.43 64.96

1974年 76 78 80 82 84 86 88 90 92 94 96 98 2000 02 04 06 08 10 12 14 16 18 20 22 23

○ メタンハイドレート(methane hydrate)の採取(減圧法)

メタンガスの回収　水を汲みあげる　メタンガスの回収
抗井内の水頭を下げメタンハイドレート層にかかる圧力を減圧
減圧によってメタンハイドレートが分解。メタンガスバブルが発生
ポンプ
減圧により分解　メタンハイドレート層

((独)石油天然ガス・金属鉱物資源機構資料による)

←メタンハイドレートとは,メタンが水分子の中に取り込まれて液状となっている層のことをいう。現在の研究において,メタンハイドレートの存在量は,在来型の天然ガス量にほぼ匹敵すると考えられている。減圧法によりメタンガスを採取し生産する。日本の排他的経済水域内にも多く存在し,在来型天然ガスの次世代を担うエネルギー資源として注目されている。

○ メタンハイドレートの世界分布

北極海　大西洋　太平洋　インド洋

● 海洋性メタンハイドレート
● 陸上メタンハイドレート

日本海から採掘したメタンハイドレート

((財)エネルギー総合工学研究所資料による)

○ シェールオイルの国別埋蔵量(2013年)

(世界計 3,450億バレル)

ロシア	750億バレル
アメリカ合衆国	580
中国	320
アルゼンチン	270
リビア	260
オーストラリア	180
ベネズエラ	130
メキシコ	130
パキスタン	90
カナダ	90

(EIA資料)

○ シェールガスの埋蔵量(2013年)

(世界計 7,299兆m³)

北アメリカ	1,685兆m³
アジア・太平洋	1,607
南アメリカ・カリブ諸国	1,430
中東・北アフリカ	1,003
ヨーロッパ	470
旧ソ連諸国	415
サブサハラ・アフリカ	390

(石油天然ガス・金属鉱物資源機構資料による)

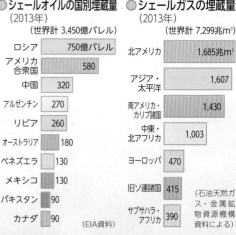

↑3 オイルサンドの採掘[カナダ・アルバータ州]
カナダは産油量世界4位('21年)であるが，埋蔵量において世界3位('20年)である。これはアルバータ州に分布する**オイルサンド**（タール状の石油を含んだ砂岩，頁岩の場合は**オイルシェール**という）を算入しているためである。かつてオイルサンドの産出はコストがかかり採算に合わなかったが，世界的な原油高で生産量が増加した。

● 世界の油田・天然ガス田分布と原油埋蔵量・移動

↘4 ビンに詰められた原油[ドイツ・ウセドーム島]

プルドーベイ
ヨーロッパ旧ソ連 254
チュメニ
北アメリカ 377
中・南アメリカ 524
メキシコ湾岸
マラカイボ
ガワール
中東 1,329
アフリカ 199
アジア・オセアニア 72

原油の移動（2008年）
1,000～3,000 / 3,000～5,000 / 5,000以上（万t）

原油確認埋蔵量（億kL）（2020年）

油田 ○　天然ガス田 ●

(注) 矢印は経路を示すものではない。
（『Diercke Weltatlas』「BP Statistical Review of World Energy」などによる）

2 石炭資源

● 世界の石炭生産と貿易

石炭 産出量 68.0億t	中国 57.4%		インド 10.5	インドネシア 8.1	オーストラリア 6.3	ロシア 4.9	アメリカ合衆国 3.6 3.2	その他 6.0
石炭（2020年）輸出量 13.1億t	インドネシア 31.0%	オーストラリア 29.7	ロシア 15.3	南ア共和国 5.6	アメリカ合衆国 5.2	南ア共和国 4.5	その他 8.7	
輸入量 12.6億t	中国 24.0%	インド 17.0	日本 13.7	韓国 9.1	コロンビア 4.3	アメリカ合衆国 4.1（台湾）	その他 27.8	

ベトナム
（『日本国勢図会』2023/24)

日本の石炭輸入先
ロシア 6.3
その他 13.2
インドネシア 14.1
オーストラリア 66.4%
総量 1.83億t（2022年）
（財務省「貿易統計」）

↑6 ニューカースル港の石炭[オーストラリア] グレートディヴァイディング山脈には，品質の高い炭田が存在し，オーストラリアの石炭産出量は世界4位('20年)，輸出は2位('20年)である。石炭は東部沿岸の輸出港から，日本・中国・韓国などへ輸出されている。

↑5 ルール炭田の製鉄所[ドイツ] ヨーロッパ最大の鉄鋼業地域であるルール地方は，良質な**瀝青炭**の産出による炭田立地型の工業地帯である。しかし資源の枯渇化，品質低下，施設設備の老朽化に加え，ヨーロッパの鉄鋼需要頭打ち，臨海地域への移行を受け，鉄鋼生産は衰退の一途をたどった。ルール地方には閉鎖された製鉄所が増加し，空き工場周辺では治安の悪化するインナーシティ問題が発生した。今日では電気電子関連の先端産業が誘致され，新しい工業地域形成が進められている。

↓7 鉄鋼業に用いられる瀝青炭の粘結炭

● 世界の炭田分布と石炭の移動

ルール
クズネック
アパラチア
ドネツ
タートン
トランスヴァール
ボウエン
モウラ

石炭の移動（2019年）
1,000～3,000 / 3,000～5,000 / 5,000以上（万t）

(注) 海上輸送分のみ。矢印は航路を示すものではない。

主な炭田 ●

（『Diercke Weltatlas』『EDMC／エネルギー・経済統計要覧』2022などによる）

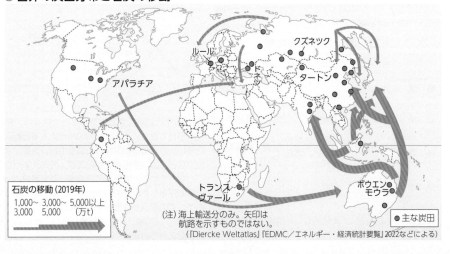

1 電力資源

←1 ブラジル・パラグアイのイタイプダム パラナ川に造られた最大出力が1,475万kWの世界2位の水力発電所である。ブラジルの電力は約6割が**水力発電**で、ノルウェー・カナダと並ぶ水力発電国である。

→2 ローヌ川沿いの原子力発電所[フランス] フランスは原子力発電比率が7割と高く、一貫して原子力政策を推し進めてきた。現在、余剰電力の輸出国でもある。

→3 廃炉作業が進められている福島第一原発(2016年2月)[福島県] 2011年の東北地方太平洋沖地震において炉心溶融を起こした福島第一原発の処理は、今もなお困難を極めている。核燃料が溶け落ちたデブリは、今も取り出し方法が確立されておらず、また放射能に汚染された建屋や核廃棄物の処理方法も確立されていない。

◎ 主な国の発電量と電力構成比(2020年)

国	水力	火力	原子力	新エネルギー	発電量(十億kWh)	対世界比(%)
中 国	18%	火力 67%	原子力5%		7,765	(28.9)
アメリカ合衆国	7	60	19		4,260	(15.9)
インド	11	76	3		1,533	(5.7)
ロシア	20	60	20		1,090	(4.1)
日 本	9	73	4		1,018	(3.8)
カナダ	59	18	15		652	(2.4)
ブラジル	64	13	2		621	(2.3)
ドイツ	43	11	4		573	(2.1)
フランス	13	9	67		532	(2.0)
イギリス	38	16	3		311	(1.2)
オーストラリア	6	77			265	(1.0)
スペイン	13	33	22		263	(1.0)
ポーランド	81		2		158	(0.6)

(注)世界の総発電量は26,833(10億kWh)。新エネルギーは風力・地熱発電など。 (IEA資料による)

↑中国やインド・ポーランド・オーストラリアのように石炭資源を多くもつ国は、**火力発電**の比率が高い。アメリカ合衆国・ドイツは火主原従型であったが、原子力政策をいったんは消極的方向に見直した。

◎ 水力・火力・原子力発電の比較

	水 力	火 力	原 子 力
電 源	河川等の流水	石炭・石油・LNG	ウラン
立 地	山間部	消費地付近	地方の臨海地
経 費	設備・送電費が高い。	設備・送電費が安い。燃料費が高い。	設備・補償費が高い。
効 率	水量に左右される	一定	不安定(事故・検査等)
問題点	ダムの堆砂	大気汚染	放射能汚染・放射性廃棄物・温廃水

◎ 原子力発電(沸騰水型の原子炉)のしくみ

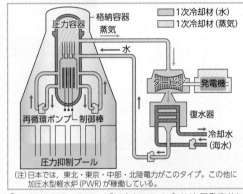

格納容器 / 圧力容器 / 蒸気 / 1次冷却材(水) / 1次冷却材(蒸気) / 水 / タービン / 発電機 / 再循環ポンプ / 制御棒 / 復水器 / 冷却水(海水) / 圧力抑制プール

(注)日本では、東北・東京・中部・北陸電力がこのタイプ。この他に加圧水型軽水炉(PWR)が稼働している。

◎ 主な国の原子力発電設備状況
(2022年1月現在)(▶P.279)

国名	運転中(万kW)	基数
アメリカ合衆国	9,928	95
フランス	6,404	56
中国	5,328	51
日本	3,308	33
ロシア	2,951	34
韓国	2,342	24
カナダ	1,451	19
ウクライナ	1,382	15
イギリス	849	12
スペイン	740	7
スウェーデン	707	6
インド	678	22
世界計	40,689	431

(『世界国勢図会』2022/23)

↑1986年のチョルノービリ(チェルノブイリ)原発事故以降、フランス・日本を除く国々で進んだ「原発離れ」の流れは、2000年代後半における石油価格の高騰や温暖化対策により解消の方向に転換されつつあった。しかし、2011年における福島第一原発事故は、ドイツ・スイス・イタリアなどに、再び脱原発へと舵を切らせることとなった。一方、原発への依存度の高いフランスや経済成長の著しい中国・インド・ロシアは原発推進に積極的である。

◎ 日本の発電量と構成比率の推移

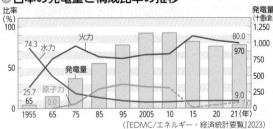

比率(%) / 発電量(十億kWh) / 火力 / 水力 74.3 / 発電量 / 原子力 / 25.7 / 65 / 0.0 / 80.0 / 970 / 9.0 / 7.0 / 1955 65 75 85 95 2005 10 15 20 21(年)

(『EDMC/エネルギー・経済統計要覧』2023)

↑1980年代以降火主原従型となった日本は、**原子力発電**が推し進められてきた。しかし、2000年代に入ると相次いだ事故及び事故隠し、さらには2007年の新潟県中越沖地震による柏崎刈羽原発火災などにより稼働停止が相次ぎ、発電比率が低下あるいは横ばいとなっていた。2011年の福島第一原発事故以降、定期検査により稼働停止した原発の再稼働が行えず、2012年5月にいったん国内すべての原発が稼働停止した(2015年8月に川内原発1号機が再稼働)。その後、原発再稼働に関し、賛成派と反対派の間で議論が起こっている。

◎ 日本の時間帯・発電方法別発電量(2000年代の状況)

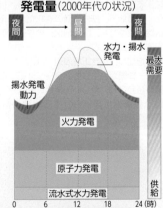

夜間 → 昼間 → 夜間 / 水力・揚水発電 / 揚水発電動力 / 最大需要 / 火力発電 / 原子力発電 / 流水式水力発電 / 供給 / 0 6 12 18 24(時)

↑需要ピーク時は、**揚水発電**により補い、逆に夜間の余剰電力により、揚水式発電所において、ポンプアップしている。

2 各国のエネルギー事情

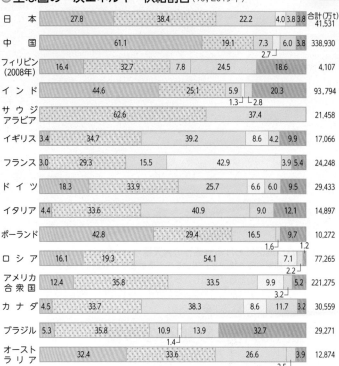

←4 牛糞燃料作り[インド・ヴァラナシ(ベナレス)] 発展途上国では一次エネルギー供給割合において，バイオ燃料と廃棄物(Biofuels and waste，以前はCRWと表記されていた)の比率が高い。薪炭が多いが，牛の多いインドでは牛糞が重要な燃料であり，収入源でもある。円形にし壁に貼り付け一週間ほど乾燥させると，匂いもなく火力も予想以上に強い。

● 一次エネルギー(供給)に占める再生可能エネルギーの割合(2015年)

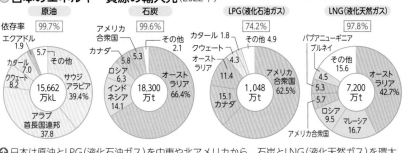

- 30%以上
- 20〜30%未満
- 10〜20%未満
- 0〜10%未満
- 資料なし

(IEA資料による)

● 主な国の一次エネルギー供給割合(%, 2019年)

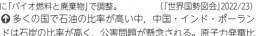

国	石炭	石油	天然ガス	原子力	水力・地熱	バイオ燃料と廃棄物	合計(万t)
日 本	27.8	38.4	22.2	4.0	3.8	3.8	41,531
中 国	61.1	19.1	7.3	2.7	6.0	3.8	338,930
フィリピン(2008年)	16.4	32.7	7.8		24.5	18.6	4,107
インド	44.6	25.1	5.9	1.3	2.8	20.3	93,794
サウジアラビア		62.6	37.4				21,458
イギリス	3.4	34.7	39.2	8.6	4.2	9.9	17,066
フランス	3.0	29.3	15.5	42.9	3.9	5.4	24,248
ドイツ	18.3	33.9	25.7	6.6	6.0	9.5	29,433
イタリア	4.4	33.6	40.9		9.0	12.1	14,897
ポーランド	42.8	29.4	16.5		1.6	9.7	10,272
ロシア	16.1	19.3	54.1	7.1	2.2	1.2	77,265
アメリカ合衆国	12.4	35.8	33.5	9.9	3.2	5.2	221,275
カ ナ ダ	4.5	33.7	38.3	8.6	11.7	3.2	30,559
ブラジル	5.3	35.8	10.9	1.4	13.9	32.7	29,271
オーストラリア	32.4	33.6	26.6		3.5	3.9	12,874

(注)100%になるように「バイオ燃料と廃棄物」で調整。
(『世界国勢図会』2022/23)

● 多くの国で石油の比率が高い中，中国・インド・ポーランドは石炭の比率が高く，公害問題が懸念される。原子力発電比率の高いフランスや，石油を輸出して国内では安価な天然ガスを用いるロシア，地熱比率が高いニュージーランドやフィリピンなどが特徴的である。また，発展途上国は薪炭を含むバイオ燃料と廃棄物の比率が高くなっている。

エネルギー・鉱工業

3 日本のエネルギー事情

● 日本のエネルギー資源の輸入先(2022年)

(財務省「貿易統計」などによる)

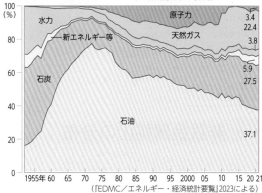

原油 依存率 99.7%
エクアドル 1.9
その他 5.7
カタール 7.0
クウェート 8.2
サウジアラビア 39.4%
アラブ首長国連邦 37.8
15,662万kL

石炭 99.6%
アメリカ合衆国 5.3
カナダ 5.8
ロシア 6.3
インドネシア 14.1
その他 2.1
オーストラリア 66.4%
18,300万t

LPG(液化石油ガス) 74.2%
カタール 1.8
クウェート 4.3
オーストラリア 11.4
カナダ 15.1
その他 4.9
アメリカ合衆国 62.5%
1,048万t

LNG(液化天然ガス) 97.8%
パプアニューギニア
ブルネイ 4.5
ロシア 5.3
アメリカ合衆国 5.7
マレーシア 16.7
その他 15.6
オーストラリア 42.7%
7,200万t

↑ 日本は原油とLPG(液化石油ガス)を中東や北アメリカから，石炭とLNG(液化天然ガス)を環太平洋地域から多く輸入している。政情不安や輸送の安全面から，脱中東をめざしてきた。しかし，アジア太平洋産油国の経済発展により，これらの国自身のエネルギー需要が伸びているため中東に依存せざるをえない構造となっている。

● 日本の一次エネルギー供給構成の推移

水力
新エネルギー等
石炭
石油
原子力 3.4
天然ガス 22.4
3.8
5.9
27.5
37.1

1955年 60 65 70 75 80 85 90 95 2000 05 10 15 20 21

(『EDMC／エネルギー・経済統計要覧』2023による)

4 省エネのための取り組み

←5 太陽光発電設備から充電する，PHV(プラグインハイブリッド)車 地球温暖化問題や原子力発電の見直しによって自然エネルギーや再生可能エネルギーが注目されるなか，次世代の主流カーとして注目されているのが，EV車(電気自動車)やPHV車である。車体の充電器に蓄えられた電気は，災害時に送電が止まった際に，生活に必要な電気を供給する電源としても注目される。

→6 新宿副都心のコージェネレーションシステム ターボ冷凍機(単機容量世界最大) 新宿副都心の高層ビル群で用いられる冷房，暖房，電気，給湯，蒸気などは一括して管理センターでつくられる。ここでは発電時に生じた熱を用いて暖房供給したり，冷房によって各ビル内から回収した熱を用いて蒸気をつくり発電を行うなど，エネルギーを無駄なく使う点が特徴である。このような省エネルギーシステムをコージェネレーションとよぶ。

↑1 ピルバラ地区における鉄鉱石の露天掘り 鉄鉱石とは酸化鉄を含む鉱石の総称であり，中でも鉄分と酸素のみで構成されているのが**赤鉄鉱**や**磁鉄鉱**で品質がよい。大規模な鉱山の多くは先カンブリア時代の地層が露出した安定陸塊の楯状地が多い。また，乾燥地域の方が含有率が高い。オーストラリアは鉄鉱石の産出量が世界1位（'20年），輸出1位（'21年）で，その主産地が北西部のピルバラ地区（**2**図中Ⓐ）である。

2 鉄山分布と鉄鉱石の移動

(注)図中の番号は右の説明文を参照。

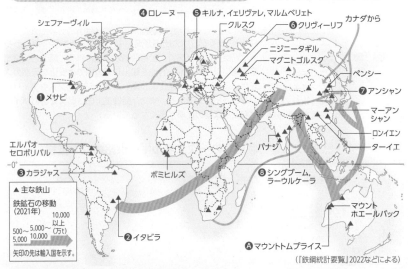

▲ 主な鉄山

鉄鉱石の移動（2021年）
10,000以上
500～5,000～10,000（万t）
5,000 10,000

矢印の先は輸入国を示す。

（『鉄鋼統計要覧』2022などによる）

3 非鉄金属鉱山の分布

(注)図中の番号は右の説明文を参照。

■銅　□金
⊙ボーキサイト　▲ニッケル
☆すず　●鉛・亜鉛
◇ダイヤモンド

1 鉄鉱石の生産

●鉄鉱石の産出・輸出入と日本の輸入先

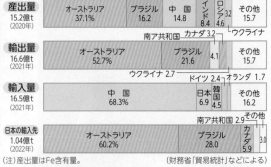

産出量 15.2億t (2020年)	オーストラリア 37.1%		ブラジル 16.2	中国 14.8	インド 8.4	ロシア 4.6	3.2	その他 15.7

南ア共和国・カナダ 3.2　ウクライナ

輸出量 16.6億t (2021年)	オーストラリア 52.7%			ブラジル 21.6	4.1	その他 15.7

ウクライナ 2.7　ドイツ 2.4　オランダ 1.7

輸入量 16.5億t (2021年)	中国 68.3%		日本 6.9	韓国 4.5	その他 16.2

南ア共和国 2.9　その他

日本の輸入先 1.04億t (2022年)	オーストラリア 60.2%		ブラジル 28.0	カナダ 5.9	3.0

(注)産出量はFe含有量。　　（財務省「貿易統計」などによる）

↑2 赤鉄鉱

Q 鉄鉱石産出国と銅鉱産出国の大地形的特徴を答えよう。

◎世界の主な鉄山

❶**メサビ（アメリカ合衆国）**アメリカ最大の鉄山でスペリオル湖西岸の**ダルース港**から搬出される。

❷**イタビラ（ブラジル）**ミナスジェライス州。**イパチンガ**のウジミナス製鉄所で加工されるほか，ヴィトリア港から輸出。

❸**カラジャス（ブラジル）**パラ州。アマゾン地方開発の拠点。1968年より外資導入により「大カラジャス計画」が進められた。世界最大の埋蔵量。**サンルイス港**まで鉄道で輸送。

❹**ロレーヌ（フランス）**リン分を含む低品位の**ミネット鉱**。1878年に**トーマス製鋼法**の発明で開発が進んだが，1997年に完全閉山。

❺**キルナ，イェリヴァレ，マルムベリェト（スウェーデン）**EU諸国へ輸出する。夏季はボスニア湾岸の**ルレオ港**から冬季は不凍港であるノルウェーの**ナルヴィク港**から搬出される。

❻**クリヴィーリフ（クリヴォイログ）（ウクライナ）**旧ソ連最大の鉄鉱山。ドネツ炭田と結びついて**ドニプロ（ドニエプル）工業地域**を形成。

❼**アンシャン（中国）**戦後中国の鉄鋼業を支えた**三大鉄鋼コンビナート**の一つ。**フーシュン炭田**と結びつき，鉄鋼業が展開。

❽**シングブーム，ラーウルケーラ（インド）**ジャルカンド・オリッサ両州にまたがる鉄鉱石生産地域。**ダモダル炭田**と結びついて鉄鋼業地域を形成。

◎世界の主な非鉄金属鉱山

❶**サドバリ（カナダ）**世界最大のニッケル鉱床。銅や白金，コバルトなども産出。

❷**チュキカマタ（チリ）**大規模な露天掘りの銅山。**アントファガスタ港**より輸出。

❸**セロデパスコ（ペルー）**銀の産出では世界最大級。鉛・亜鉛・銅の複合鉱山。漁港として水産加工業が発達している**カヤオ**から輸出される。

❹**カッパーベルト（コンゴ民主共和国～ザンビア）**コンゴ民主共和国の**カタンガ州**からザンビア北部にかけての銅鉱床。コンゴ民主共和国は内戦のため生産量激減。ザンビアからは**タンザン鉄道**によりタンザニアの**ダルエスサラーム**から輸出。

❺**ウェイパ（オーストラリア）**世界最大のボーキサイトの産出地。

❻**ニューカレドニア島（フランス領）**世界的なニッケル産地。独立かフランス帰属かをめぐって国内で対立。

❼**ナンリン山脈（中国）**世界最大の鉛・亜鉛の産出地域。レアメタルも豊富に産出される。

❽**ノリリスク（ロシア）**ニッケル・銅の冶金コンビナート，世界最北の工業都市。

4 非鉄金属・レアメタルの生産

←3 ラエスコンディーダ銅山での銅鉱の採掘[チリ] 世界最大の銅産出国のチリでは，国営企業となったチュキカマタ銅山に対し，外国資本参入を認めたラエスコンディーダでは英米系大手企業が運営し，生産量が大幅に増加している。銅は銅鉱として輸出するほか，精錬し付加価値を高めて輸出される。 →3図中B

↑4 チリの銅山で活躍する日本（コマツ）製大型無人ダンプカー 危険が伴う鉱山開発作業において，自動制御によりダンプカーを操作し，生産性の向上を図っている。

Q ボーキサイト産出国の気候的特徴をあげよう。

5 非鉄金属の用途 （赤字は主な生産国）

銅

（注）写真は黄銅鉱
展性・延性・耐酸性・伝導性に優れ，加工しやすい。電気の良導体であり，電気機械工業には欠かせない素材。（チリ，中国，ペルー，アメリカ合衆国）

すず

精錬したものは光沢があり銀白色。熱すると融けやすく，ブリキ・ハンダ・青銅の原料として用いられる。（中国，インドネシア，ミャンマー，ボリビア）

鉛

青白色の柔軟性のある金属で方鉛鉱などから生成。主に蓄電池（バッテリー）・ハンダなど。（中国，オーストラリア，アメリカ合衆国，ペルー）

亜鉛
閃亜鉛鉱などから生成。トタン・メッキ・ダイカスト・各種合金を生成。（中国，ペルー，オーストラリア，インド，アメリカ合衆国）

ニッケル
銀白色で耐熱，耐食，耐酸性に優れる。非鉄合金のほか，ステンレスとして用いられる。（フィリピン，ロシア，カナダ）

タングステン

融点が高く，比重，電気抵抗が大きい。超硬工具や耐熱鋼，フィラメントなどに用いられる。（中国，ロシア，カナダ）

マンガン

乾電池に用いられるほか，耐摩耗性，耐食性，しなやかさが必要となる合金に添加される。（南アフリカ共和国，オーストラリア，中国，ガボン）

クロム

耐食性に優れ，鉄・ニッケルとの合金はステンレス，ニッケルとの合金はニクロム線として用いられる。（南アフリカ共和国，カザフスタン，トルコ，インド）

このほかにも，液晶パネルやLEDの材料として用いられる**インジウム**や，小型電解コンデンサの材料として携帯電話には欠かせない**タンタル**などの需要も大いに高まっている。また**イリジウム**でできた**るつぼ**は，耐熱性に優れ2,000度に熱して作る人工結晶製造のための容器として，工業分野での需要が大きい。

ボーキサイト　アルミナ　アルミ地金

↑5〜7 アルミニウムの製造 アルミニウムは電気の缶詰とよばれ，精錬時に大量の電力を必要とする。ボーキサイトの産出国はオーストラリア，中国，ギニア，ブラジル，インド。

◯ 主な非鉄金属の生産（2020年）

銅 鉱[1] 2,040万t	チリ 28.4%	ペルー 12.0	中国 8.3	コンゴ民主共和国 6.3	アメリカ合衆国 6.2	その他 38.8
鉛 鉱[1] 472万t	中国 42.6%		オーストラリア 10.8	アメリカ合衆国 6.5	5.8	その他 34.3
亜 鉛 鉱[1] 1,270万t	中国 33.2%	ペルー 11.1	オーストラリア 10.4	5.9	5.7	その他 33.7
すず 鉱 26.4万t	中国 31.8%	インドネシア 20.1	アメリカ合衆国	ミャンマー 11.0	インド 7.8	その他 29.3
ボーキサイト 3.87億t	オーストラリア 26.7%	中国 23.7	ギニア 22.0	ブラジル 7.9	ペルー 5.3	その他 14.4
金 鉱 3,030t	中国 12.0%	アメリカ合衆国 10.8	ロシア 10.1	カナダ 6.4	インドネシア 5.6	ガーナ 4.1 その他 51.0
銀 鉱 2.37万t	メキシコ 23.4%	中国 14.3	オーストラリア	ペルー 11.7	チリ 6.6	その他 44.0
ニッケル鉱 251万t	インドネシア 30.7%	フィリピン 13.3	ロシア 11.3	（ニューカレドニア） 8.0	6.7	オーストラリア 6.7 カナダ その他 23.3

（注）1）2019年。　（『日本国勢図会』2023/24などによる）

よりみち Geography　都市鉱山

↑8 資源の宝庫 携帯電話やパソコン，その他の家電製品にも部品として多くのレアメタルや貴金属が用いられている。電気機械製品やその廃棄物の中に多量の鉱産資源が存在することから，都市部に眠る資源，すなわち「都市鉱山」とよばれる。

↓9 携帯電話を分解し部品を取り出す従業員[中国・コワントン（広東）省] 現在，日本などの携帯電話・家電製品などの廃棄物は中国や東南アジア諸国などに持ち込まれ，安い労働力で分別され，リサイクルされる。

エネルギー・鉱工業

工業の発達とグローバル化

1 工業の発達段階

手工業

～中世
自給用あるいは客の注文に応じ，生産者が道具を用いて手作業により生産する方式。

問屋制家内工業

中世～近世
流通を担当する問屋が集めた注文に応じ，農村に分散する手工業者に生産させる方式。問屋は原料や生産用具を貸し付けて生産させ，製品を引き取って販売する。

工場制手工業（マニュファクチュア）

16世紀後半～
資本を集積した問屋などが工場をおこし，生産者を賃金労働者として雇用し，工場内で道具を用いて分業で生産する方式。品質の管理がしやすく，新たな動力の導入により機械工業への転換がはかれる。

→ 産業革命

工場制機械工業

18世紀後半～
多くの労働者を工場に集め，機械及び動力を用いて均一な製品を大量に生産する工業システム。近代工業の推進力となった。

↑1 19世紀初頭におけるイギリスの綿織物生産工場

● 綿工業における技術革新

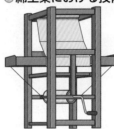

← 1783年にカートライトは蒸気機関を応用した力織機を発明した。

● 動力革命

← 1769年にワットはニューコメンの蒸気機関を改良し，実用的な蒸気機関を完成させた。

2 アジアと日本における工業のグローバル化

● 日本のアジア向け直接投資の地域別推移

（注）「他のASEAN」は，1998年よりラオス，ミャンマー，1999年よりカンボジアを含む。また，2000年及び2003年は，引き揚げ超過となった。インドは2015年に引き揚げ超過となった。アジアNIEs及び他のASEANは2016年に引き揚げ超過となった。

（縦軸：億ドル，横軸：1995年～21年）

アジアNIEs（ホンコン，台湾，韓国，シンガポール）
インド
中国
ASEAN4（タイ，インドネシア，マレーシア，フィリピン）
他のASEAN

740
27
100
249
72
292

（JETRO「直接投資統計」による）

↑ 1980年代は**アジアNIEs**の工業化の進展を受けアジアNIEs諸国への投資が多かったが，90年代に入り**ASEAN4**の工業化により投資先も移行する。90年代後半，アジア諸国の通貨危機で投資額は減少するが，2000年代に入り再び増加し，労働コストも安く，経済成長も著しい中国やインドへの投資額が増加している。一方，域内における自由化の進展や技術力の向上により，ASEAN4への進出も減少していない。さらに，中国よりもコストの安価なその他のASEAN諸国への投資も増加が顕著である。

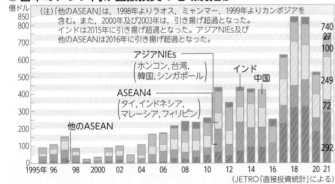

←2 「スズキ」のインド工場
インドでは自動車需要も急速に伸びており，年間の国内生産台数は2001年は85万台だったが，2022年には546万台となった。デリーに進出したスズキも，地元資本との合弁で低価格車を製造し業績を伸ばした。また地元の会社が格安の自動車販売に踏み切っており，インドでの競争は激しさを増している。（▶P.208）

3 EU域内における工業のグローバル化

↑3 エアバス社の飛行機組立［フランス・トゥールーズ］ 写真のA380は完全2階建て構造で，全長73m，翼幅80m，最大座席853席で，世界最大である。
（▶P.226②）

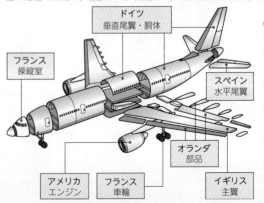

ドイツ
垂直尾翼・胴体
フランス
操縦室
スペイン
水平尾翼
アメリカ
エンジン
フランス
車輪
オランダ
部品
イギリス
主翼

← 最終組立工程が**トゥールーズ**において行われているが，その部品は周辺のEU各国で生産されている。関税や通貨の障壁がないため，部品の輸送コストが小さく，EU域内で**国際分業**が成立している典型的な事例である。

4 ウェーバーの工業立地論

➡ **ウェーバー**（ドイツ）は著書『諸工業の立地について』(1909)の中で，工業生産で利潤を左右するものは輸送及び労働コストであり，特に**輸送コスト**が最低になる地点に工業が立地するとした。輸送コストを左右するものは原料や製品の性質や重量である。右図のように，**原料・動力・製品の重量**をそれぞれW1・W2・W3とすると，工場Pはr1・W1＋r2・W2＋r3・W3の値が最小となる地点に立地する。

B（動力所在地）
r2
P（工場）
r3　r1
C（消費市場）　　A（原料所在地）

原料産地

純粋原料
生産工程で重量が変化しないもの

市　場

任意の地点

重量減損原料
加工後の重量＜加工前の重量となり，輸送費は安くなる

普遍原料
どこでも産出する原料で，一般に加工後の重量＞加工前の重量

5 主な工業立地の型

分　類	特　徴	例
原料指向型	原料が重く，原料産地で加工した方が輸送費も安くすむ。	セメント，紙パルプ，鉄鋼，陶磁器
市場指向型	原料が各地で得られるとき，消費地に近い所で製品化した方が輸送費が安い。また，情報の発達した都市部が有利なもの。	ビール，清涼飲料水，印刷，出版
労働力指向型	豊富な労働力の得やすいところに立地。組み立て型の工業など。	自動車，電気機械，繊維
臨空港指向型	軽くて小さいが価値のあるもの。空港や高速道路を利用して輸送。	エレクトロニクス製品（半導体）（▶P.99）
臨海指向型	原料を海外に依存するもの。製品の輸出にも便利。	鉄鋼，石油化学製品

Q ビール工業の立地条件を説明しよう。【16年B追・第2問・問2】

6 工業の立地

● セメント工場

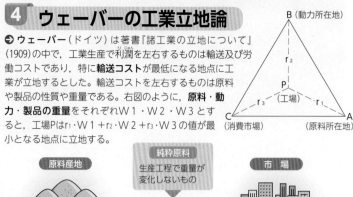

←4 セメント工場 [埼玉県・横瀬町]

➡ **セメント**の原料である石灰石は**重量減損原料**であるため，原料産地の近くで製品化すれば輸送コストが少なくてすむ。埼玉県秩父市や山口県宇部市，福岡県北九州市のように原料産地に立地しているケースが多い。

八戸
大船渡
糸魚川
秩父
宇部
北九州

沖縄県

(2022年4月1日現在)
『日本国勢図会』2023/24

● ビール工場

←5 ビール工場の内部 [神奈川県]

➡ ビールや清涼飲料水の原料は大半が水である。水は**普遍原料**であるため，輸送コスト削減のため，消費の多い大都市の近郊に立地する。東京から中央道を山梨方面に向かうと，府中市付近で右手に競馬場，左手にビール工場がみえる。

(キリン，アサヒ，サッポロ，サントリー，オリオンの5社)(各社資料による)

(2022年)

ビールの原料

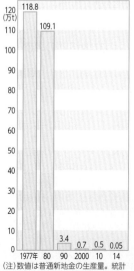
水
麦芽　ホップ

● アルミニウム(製錬)工場

1978年

2010年

日本軽金属・蒲原工場
(2014年閉鎖)

(日本アルミニウム協会資料による)

● 日本のアルミニウム生産の推移

118.8
109.1
3.4　0.7　0.5　0.05

120
(万t)
110
100
90
80
70
60
50
40
30
20
10

1977年　80　90　2000　10　14

(注)数値は普通新地金の生産量。統計は2014年で終了した。
『日本国勢図会』2016/17

➡ **アルミニウム**は別名「電気の缶詰」とよばれるほど，精錬に大量の電力を必要とする。かつては水力発電を用い，福島県会津若松市や長野県大町市など内陸地方に多く立地した（動力立地型）。しかし電力料金の高騰で撤退が続き，近年は静岡県静岡市(旧蒲原町)に1か所操業していたが，2014年に撤退した。現在では新地金は100%輸入し，再生地金の生産が主流である。

● アルミニウムの生産国と輸出国

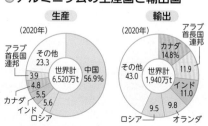

生産
(2020年)
世界計
6,520万t
中国 56.9%
その他 23.3
アラブ首長国連邦 3.9
カナダ 4.8
インド 5.5
ロシア 5.6

輸出
(2020年)
世界計
1,940万t
アラブ首長国連邦
カナダ 14.8%
その他 43.0
インド 11.0
オランダ 9.8
ロシア 9.5
11.9

『日本国勢図会』2023/24などによる

➡ アルミニウムの生産は，消費量の多い中国で，世界全体の約半分を占めるほか，電気料金の安価な国が上位となっている。

金属工業

↑1 タラントの製鉄所 [イタリア] イタリアでは第二次世界大戦後, タラントに輸入鉄鉱石, 輸入石炭で製鉄を行う巨大製鉄所を建設した。これは「遅れた南部」に経済発展を促す「バノーニ計画」の一環である。

↑2 パオシャン(宝山)製鉄所 シャンハイ(上海)の臨海部に中国最大の製鉄所がある。原料の鉄鉱石は主にオーストラリアから輸入し, 最新鋭の施設設備によって年間1,100万tの生産を行う臨海市場型の製鉄所である。このほかに, 中国ではタンシャン(唐山)で大規模な臨海市場型鉄鋼業が操業を開始した。

1 鉄と鋼ができるまで

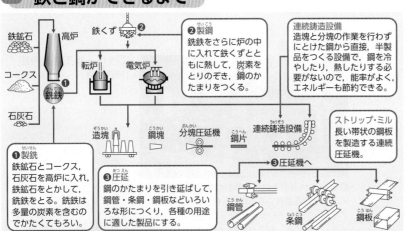

①製銑
鉄鉱石とコークス, 石灰石を高炉に入れ, 鉄鉱石をとかして, 銑鉄をとる。銑鉄は多量の炭素を含むのでかたくてもろい。

②製鋼
銑鉄をさらに炉の中に入れて鉄くずとともに熱して, 炭素をとりのぞき, 鋼のかたまりをつくる。

③圧延
鋼のかたまりを引き延ばして, 鋼管・条鋼・鋼板などいろいろな形につくり, 各種の用途に適した製品にする。

連続鋳造設備
造塊と分塊の作業を行わずにとけた鋼から直接, 半製品をつくる設備で, 鋼を冷やしたり, 熱したりする必要がないので, 能率がよく, エネルギーも節約できる。

ストリップ・ミル
長い帯状の鋼板を製造する連続圧延機。

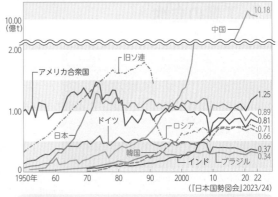

←3 鋼板 鋼管は, 鋼板を丸めるため, 一般的につなぎめができる。しかし, 高度な技術開発を進めた日本の企業はつなぎめのない鋼管を製造し, 全世界に販売している。付加価値を高めることで, 安価なアジア産鉄鋼と差別化を図っている。

2 主な国の粗鋼生産の推移

『日本国勢図会』2023/24

Q アメリカ合衆国, 中国, 日本の粗鋼生産量の推移について説明しよう。

○ 世界の鉄鋼メーカー別粗鋼生産量(2021年) (百万t)

会社名(国名)	生産量	会社名(国名)	生産量
宝鋼集団(中国)	119.95	江蘇沙鋼集団(中国)	44.23
アルセロール・ミタル(ルクセンブルク)	79.26	ポスコ(韓国)	42.96
鞍鋼集団(中国)	55.65	河北鋼鉄集団(中国)	41.64
日本製鉄(日本)	49.46	建龍集団(中国)	36.71

『日本国勢図会』2023/24

よりみち Geography 鉄鋼業地域の変遷 ○立地移動の事例

国 名	原料産地立地	臨海立地
イギリス	バーミンガム(ミッドランド地方)	ミドルズブラ, カーディフ
フランス	メス, ナンシー(ロレーヌ鉄山)	ダンケルク, フォス
ド イ ツ	エッセン, ドルトムント(ルール炭田)	ブレーメン
アメリカ	ピッツバーグ(アパラチア炭田)	スパローズポイント
日 本	北九州, 室蘭(石炭), 釜石(鉄鉱石)	鹿嶋, 君津, 倉敷, 大分
中 国	アンシャン(鞍山),パオトウ(包頭),ウーハン(武漢)(石炭・鉄鉱石→三大鉄鋼コンビナート)	パオシャン(宝山), タンシャン(唐山)
韓 国	―	浦項

鉄鋼業は**重量減損原料**であり, 原料産地での立地が主であった。しかし, 1970年代から80年代にかけ, 発展途上国やオーストラリアから安価な原料が輸入されるようになると, 市場に近い臨海部の埋立地などに大規模な製鉄所が立地し, 原料産地の製鉄業は衰退傾向となる。90年代になると, 軽金属や合金など非鉄金属の需要が伸び, 先進国では先端産業が発達して軽薄短小製品の生産が中心となったため鉄需要は頭打ちとなった。いわゆる「鉄冷え」の状態が発生し, 欧米各国の鉄鋼生産量は横ばいか減少していった。そうした中, 中国・インドなど新興国での著しい経済発展で鉄の需要が大幅に増加し, 鉄鋼生産の中心は中国とその周辺諸国へと移行した。ヨーロッパの斜陽化は進み, 世界最大の鉄鋼メーカーであるアルセロール(本社ルクセンブルク)はミタル・スチール(オランダ, インド系資本)に吸収合併されてしまった。

3 日本の主な鉄鋼工場 (高炉一貫製鉄所所在地)

(2022年7月現在)

福山(JFEスチール)
倉敷(水島)(JFEスチール)
東海(日本製鉄)
北九州〈戸畑区〉(日本製鉄)
大分(日本製鉄)
室蘭(日本製鉄)
千葉(JFEスチール)
鹿嶋(日本製鉄)
君津(日本製鉄)
川崎(JFEスチール)
加古川(神戸製鋼所)
和歌山(日本製鉄)

『日本国勢図会』2023/24

↑ 1990年代に低迷した日本の鉄鋼業は, 中国での需要増で生産量は回復基調にある。日本の鉄鋼業は石炭や鉄鉱石産地の室蘭, 北九州八幡, 釜石で始まったが, 戦後は輸入鉱石を用いたため, 市場に近い太平洋ベルトに立地する。自動車産業が発達する愛知県で最も生産量が多い。

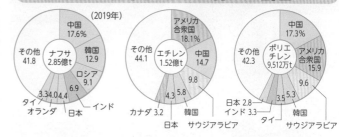

2 主な石油化学製品の国別生産割合 (2017年)

ナフサ (2019年) 2.85億t
- 中国 17.6%
- 韓国 12.9
- インド
- 日本 4.4
- オランダ 4.0
- タイ 3.3
- ロシア 9.1 (6.9)
- その他 41.8

エチレン 1.52億t
- アメリカ合衆国 18.1%
- 中国 14.7
- サウジアラビア 9.8
- 韓国 5.8
- カナダ 3.2
- 日本 4.3
- その他 44.1

ポリエチレン 9,512万t
- 中国 17.3%
- アメリカ合衆国 15.9
- サウジアラビア 9.6
- 韓国 5.3
- タイ 3.5
- インド 3.3
- 日本 2.8
- その他 42.3

(『世界国勢図会』2022/23による)

3 日本の化学工業の製品構成 (2020年)

総生産額 39兆9,076億円
- 石油製品・石炭製品 (プラスチック、有機顔料など) 28.0%
- 有機化学工業製品 (プラスチック、有機顔料など) 23.6
- 医薬品 22.2
- 油脂加工製品 (塗料、石けん・合成洗剤など) 6.8
- 無機化学工業製品 (ソーダ、無機顔料など) 6.5
- その他 12.9

(『日本国勢図会』2023/24による)

石油・石炭製品 (エチレンなどの石油化学基礎製品) の生産を除くと、従来は基礎素材である有機化学工業製品 (プラスチック、有機顔料など) が中心であったが、近年は医薬品や化粧品などの高機能品に生産をシフトしている。

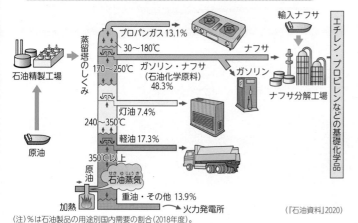

① サウジアラビアの石油精製プラント　サウジアラビアでは原油の輸出だけでなく、近年石油化学工業にも力を入れており、エチレン、ポリエチレンなどの生産量が増加している。

1 石油化学コンビナートのしくみ

蒸留塔のしくみ
- 石油精製工場
- 原油
- 30〜180℃ プロパンガス 13.1%
- 170〜250℃ ガソリン・ナフサ (石油化学原料) 48.3%
- ガソリン
- ナフサ
- 輸入ナフサ
- ナフサ分解工場
- 240〜350℃ 灯油 7.4%
- 軽油 17.3%
- 350℃以上
- 石油蒸気
- 重油・その他 13.9%
- 加熱
- 火力発電所
- エチレン・プロピレンなどの基礎化学品

(注) %は石油製品の用途別国内需要の割合 (2018年度)。

(『石油資料』2020)

① 原油を蒸留装置によって精製し、**石油製品**が製造される。揮発油、**ナフサ**、灯油などである。また、**ナフサ**を熱分解してエチレンやプロピレンなどの素材 (基礎化学品) が生産され、さらにこれを加工して、くらしに役立つさまざまな**石油化学製品**が生産される。

② **エチレンプラント内部**　石油化学工場において、炭化水素を熱分解し、分留精製してエチレンなどの石油化学基礎製品を製造するのが**エチレンプラント**である。このエチレンを経てプラスチックやゴムなどが加工されるため、エチレンプラントを中心にさまざまな石油化学工場が集中してコンビナートを形成し、各工場はパイプなどでつながれ密集している。

石油化学製品の需要 (2021年)

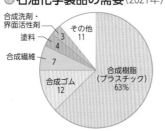

- 合成樹脂 (プラスチック) 63%
- 合成ゴム 12
- 合成繊維 7
- 塗料 4
- 合成洗剤・界面活性剤 3
- その他 11

(注) 各製品の国内需要を金額ベースで算出 (石油化学工業協会資料による)

4 主な国のプラスチック生産

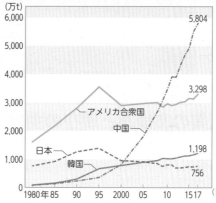

- アメリカ合衆国 3,298
- 中国 5,804
- 日本 1,198
- 韓国 756

(1980, 85, 90, 95, 2000, 05, 10, 15, 17年)

近年、中国で大規模な生産設備が建設され続けており、2006年にはエチレンの生産量においても中国は日本を上回った。日本の生産設備は中国より小規模かつ旧式なほか、原油・天然ガス調達にコストがかかり、国際競争において苦戦を強いられている。

(注) ポリエチレン、ポリプロピレン、ポリスチレン、ポリ塩化ビニルの4大汎用プラスチックの合計。

(『日本国勢図会』2022/23などによる)

5 石油化学コンビナートとエチレンプラント生産能力

① 石油化学工業は各社間の製品において大きな差がなく、生産設備の規模によりコスト削減が図られ価格が決定する。そのため競争力の高い企業に合併、統合が進んだ。日本でも1980年代に政府主導で統合が進められ、石油化学コンビナートを形成する企業 (事業所) 数は減少した。しかし、大規模化を進めた欧米に対し、規模は小さく国際競争力で劣っている。

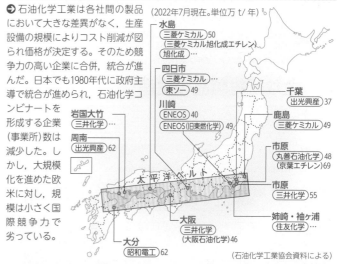

(2022年7月現在。単位万t/年)

- 水島 三菱ケミカル 50／三菱ケミカル旭化成エチレン／旭化成
- 四日市 三菱ケミカル…／東ソー 49
- 川崎 ENEOS 40／ENEOS (旧東燃化学) 49
- 岩国大竹 三井化学…
- 周南 出光興産 62
- 大阪 三井化学／大阪石油化学 46
- 大分 昭和電工 62
- 千葉 出光興産 37
- 鹿島 三菱ケミカル 49
- 市原 丸善石油化学 48／京葉エチレン 69
- 市原 三井化学 55
- 姉崎・袖ヶ浦 住友化学…
- 太平洋ベルト

(石油化学工業協会資料による)

Q 日本の石油化学コンビナートの立地の特徴を答えよう。

エネルギー・鉱工業

繊維工業

↑1 チヤンスー (江蘇)省での綿織物工業 [中国] 世界の綿花の35%を産出する中国では，世界の綿織物の33%を生産する。地元の原料と豊富で安価な労働力を用いて，大都市周辺の省を中心に生産が活発である。高級品以外の繊維産業は労働力立地型で，綿織物ではパキスタン，バングラデシュなどが生産量を伸ばしている。

→2 ミラノのブランドショップ [イタリア] 毛織物や絹織物などの高級品の生産では，流行に対し敏感に反応していくため，市場に立地することが多い。また伝統技術の存在地域，消費地に近く原料輸入に便利な先進国の港湾地域にも立地する。ミラノは世界的な流行の発信地でもあり，伝統技術にも支えられている。

1 産業革命とイギリス

→ 18世紀後半，産業革命により機械化が進み，イギリスの**ランカシャー地方**は世界的な綿織物工業地帯となった。ランカシャー地方は動力の石炭に恵まれ，偏西風の風上となり湿潤であることが立地要因である。反対に偏西風の風下で乾燥する**ヨークシャー地方**は毛織物工業が発達した。伝統技術をもつ**フランドル地方**の職人が，百年戦争を契機に移住したことも立地要因である。

2 主な繊維工業のあゆみと現在の主要生産地

綿織物	**イギリスではランカシャー地方(1)**，19〜20世紀のアメリカ合衆国南部の滝線都市やニューイングランド。中国，ウズベキスタンなどの中央アジア，インドのムンバイ，パキスタン，バングラデシュなど。日本では戦後高度経済成長期まで大阪府など。
毛織物	**ベルギーでは10世紀フランドル地方，イギリスではヨークシャー地方(1)**。アメリカ合衆国のボストン・プロビデンス。日本では愛知県西北部の一宮など。
絹織物	中国では養蚕がさかんで，製糸の75%('13年)，絹織物の49%('05年)を生産。ほかにはイタリアのミラノ，フランスのパリなど。日本では石川県金沢，福井，京都市西陣など。
化学繊維	先進国の石油化学コンビナートに隣接。日本では東海・瀬戸内地方に加え，伝統的繊維産業地域の北陸地方，愛知県，宮崎県延岡など。

(注)太字は特に歴史上代表的な産地。細字は現在の産地。

→3 繊維工場(旭化成(株))[宮崎県延岡市] 旭化成株式会社は石油化学関連企業で有名だが，原点は戦前宮崎県延岡市で化学繊維や工業薬品などを製造していた。戦後アクリル繊維を中心に合成繊維を商品化し大手となったが，1990年代以降は国際競争の中でアクリル繊維分野から撤退，現在は，医療機器分野や水処理分野で繊維の技術を活かして研究開発を進めている。

3 主な繊維製品の生産

綿糸
5,044万t
(2014年)

中国 72.3%	インド 7.6	パキスタン 6.3	その他 8.5

トルコ 3.3 ┐ ┌ ブラジル 2.0

生糸
9.4万t
(2020年)

中国 56.7%	インド 38.0	その他 5.3

インドネシア ┐

綿織物
1,723万t
(2014年)

中国 32.5%	インド 29.3	パキスタン 18.9	4.5	その他 14.8

タイ 2.7 ┐ ┌ (台湾)2.0

再生・半
合成繊維
525.6万t
(2016年)

中国 65.7%	インド 10.6	インドネシア 9.7	その他 9.3

その他 ┐

合成繊維
5,375万t
(2019年)

中国 91.6%	台湾 3.5	韓国 2.7	2.2

『日本国勢図会』2023/24などによる

4 日本の化学繊維工場の分布

→ かつての繊維産業地帯や石油化学コンビナートが立地している太平洋，瀬戸内海の沿岸に集中している。

(2020年5月現在)

● レーヨン・アセテート
● プロミックス
● 合成繊維

(注)工場所在地は化繊協会会員。ただし，関連会社を含む。
(日本化学繊維協会資料による)

1 中国の自動車産業

↑1 **中国の自動車工場[リヤオニン（遼寧）省]** 世界最大の自動車生産・販売台数を誇る中国には，120を超えるメーカーと2,000を超える部品メーカーが乱立し，他国のメーカーとの合併・提携もさかんである。

2 五大湖沿岸，メキシコの自動車関連産業

◉ 五大湖沿岸の自動車産業

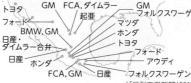

← 1920年代から，アメリカのデトロイトがピッツバーグの鉄鋼業を背景に自動車工業の中心となった。五大湖周辺に関連産業の工業が立地した。ケンタッキー州では1990年代から日本の自動車メーカーが現地生産を展開した。なお，ゼネラルモーターズなどアメリカの自動車メーカーは生産費の安いメキシコなどに生産拠点を移している。

◉ 自動車メーカーの主なメキシコ生産拠点

（「日刊工業新聞」2017.1.11により作成）

3 主な国の自動車生産の推移

（『日本の自動車工業』などによる）

↑ 1980年代の貿易摩擦により，1990年代に日本企業が欧米での現地生産に切り替えたり，円高で工場の一部を東南アジアや中国へ移転したのが生産減の要因となった。しかし2005年以降，環境問題でハイブリッドカーの需要増で，再び日本の生産台数が増加した。さらに，2008年からの金融危機以降，日本やアメリカ合衆国の生産台数が低迷していた間に，中国の生産台数が大きく伸びた。背景には中国における大幅な需要の伸びと，それによる海外企業の中国進出があげられる。

4 世界の主な自動車メーカー

順位	自動車メーカー	国名	生産台数（万台）
1	**トヨタ自動車**	**日本**	1,047
2	フォルクスワーゲン	ドイツ	1,038
3	現代自動車	韓国	722
4	ゼネラルモーターズ	アメリカ合衆国	686
5	フォード	アメリカ合衆国	639
6	**日産**	**日本**	577
7	**ホンダ**	**日本**	524
8	フィアット	イタリア	460
9	ルノー	フランス	415
10	PSA	フランス	365

（注）2017年。世界の総生産台数は9,692万台。

（『日本国勢図会』2020/21）

5 EUの自動車産業

↑2 **ハンガリーの自動車工場** EUの東欧への拡大で，ドイツなどの大手メーカーの工場移転が，社会資本の整備が進み労働コストが安く関税のかからない東欧へと進んでいる。部品の製造や組立てはほぼ東欧で行われ，EU域内での国際分業体制が形成されている。

6 日本の主な自動車工場分布

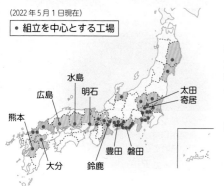

（2022年5月1日現在）
・組立を中心とする工場

← 日本の自動車製造工場は北関東・南関東地方と東海地方に集積している。豊富で安価な若年労働力と熟練労働力に恵まれ，関連産業が発達しており，輸送に便利な港湾の近くといった条件を兼ね備えた都市周辺地域が多い。

（注）組立工場のみ。日本自動車工業会加入の自動車メーカーのみで，その関連企業等の工場は含まない。
（日本自動車工業会資料による）

Q 近年，自動車生産台数が伸びている国について，その背景を述べよう。【12年B追・第2問・問5】

↑3 **無人駐車場で充電する電気自動車[東京都]** 2009年度からのエコカーに対する優遇税制などの政策により，各社ハイブリッドカーの販売が好調であり，また将来的にはリチウムイオン電池を備えた電気自動車の普及といった，環境に配慮した自動車が期待されている。

↓5 **自動車専用運搬船の内部**

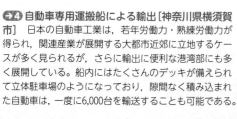

→4 **自動車専用運搬船による輸出[神奈川県横須賀市]** 日本の自動車工業は，若年労働力・熟練労働力が得られ，関連産業が展開する大都市近郊に立地するケースが多く見られるが，さらに輸出に便利な港湾部にも多く展開している。船内にはたくさんのデッキが備えられて立体駐車場のようになっており，隙間なく積み込まれた自動車は，一度に6,000台を輸送することも可能である。

造船

↑1 **ウルサンの船舶製造 [韓国]** 近年世界の船舶の新規受注量は増加し，受注は韓国・日本・中国に集中している。原材料を運ぶ専用船の需要が増え，中国・インドでの製造業の生産拡大の影響が大きい。(▶P.196 写真⑧)

1 世界の造船竣工量（しゅんこう）の推移

(注)AWES=Association of West European Shipbuilders（西欧造船工業会）

（日本造船工業会資料による）

↑ 1960年代まではイギリスが世界を代表する造船国であったが，70年代以降日本が世界最大となった。しかし90年代になると韓国が急成長し，最近はタンカーやコンテナ船で韓国の受注が多い。2000年に入って中国も飛躍的に伸びているため，日本は両国に大きく水をあけられた。

2 日本の主な造船所 (2022年)

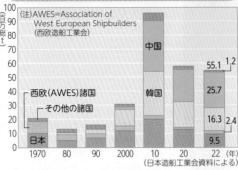

東広島　三原　函館
呉　尾道
福山
佐世保　倉敷
伊万里　玉野
長洲　舞鶴
下関　横浜
横須賀
今治　坂出　豊橋
西条　津
大阪　大阪
神戸
長崎
西海

（日本造船工業会会員各社ホームページによる）

電気機械

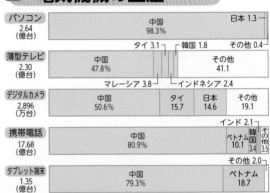

←2 **中国チョントゥー（成都）市のパソコン工場** 電気機械の加工・組立てなどの機械工業は低廉で豊富な若年労働力が必要となる「**労働力立地型**」工業である。現在は中国やベトナムなど，NIEs諸国やASEAN4に続く工業国が主流となっている。中国では比較的低価格である家庭電化製品において，世界的に高いシェアを占めている。特に**パソコン**の組立てでは98％('16年)を占めている。

3 電気機械の生産 (2016年)

パソコン 2.64（億台）	中国 98.3%	日本 1.3 その他 0.4

タイ 3.1　韓国 1.8

薄型テレビ 2.30（億台）	中国 47.8%	その他 41.1

マレーシア 3.8　インドネシア 2.4

デジタルカメラ 2,896（万台）	中国 50.6%	タイ 15.7	日本 14.6	その他 19.1

インド 2.1

携帯電話 17.68（億台）	中国 80.9%	ベトナム 10.1 韓国 3.4 その他 3.5

その他 2.0

タブレット端末 1.35（億台）	中国 79.3%	ベトナム 18.7

（電子情報技術産業協会資料による）

4 電気機械工業の国際分業

国・地域	分業の傾向	製品例
日本・アメリカ合衆国・EU	R&D（研究・開発部門）資本集約的先端技術産業	産業用ロボット，工作機械，高付加価値の電子・電気機器，半導体，集積回路など
NIEs・ASEAN4	標準化した付加価値の高いもの，先端技術製品	電気・電子製品，半導体，集積回路，ハードディスクドライブなど
中国・ベトナム・インド・工業化途上国	標準化した低価格の電気機械	一般家庭電気製品・通信機器・パソコン組立てなど

5 日本の主な電気機械工場

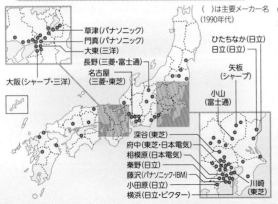

（　）は主要メーカー名（1990年代）

草津（パナソニック）
門真（パナソニック）
大東（三洋）
長野（三菱・富士通）
名古屋（三菱・東芝）
大阪（シャープ・三洋）
ひたちなか（日立）
日立（日立）
矢板（シャープ）
小山（富士通）
深谷（東芝）
府中（東芝・日本電気）
相模原（日本電気）
秦野（日立）
藤沢（パナソニック・IBM）
小田原（日立）
横浜（日立・ビクター）
川崎（東芝）

← 日本の主要電気機械工業は，1980年代から一般工場がアジアへ移転し，よりブランド化・高度化の進んだ部門が残っている。それらの工場も豊富な若年労働力が得られる大都市周辺に立地している。ただし，現在は閉鎖する工場も増加している。

6 日本の工作機械生産

→3 **産業用ロボットの製造 [兵庫県明石市]** **工作機械**は工業生産を行う機械や，その部品を作る機械で，日本は世界的に大きなシェアを占める。数値制御（NC）工作機械（自動生産を実現する工作機械）は国内の小規模な事業所にも浸透し，金属加工を行う切削型工作機械の生産部門では，長年世界1位を維持してきた。また，産業用ロボットの開発分野でもトップで，自動車・半導体メーカーで広く用いられている。

○ 日本の工作機械部門のシェア

金属工作機械生産額（2016年）

809.6（億ドル）	中国 28.3%	ドイツ 15.4	日本 15.0	7.3	イタリア 6.8	韓国 5.3	その他 21.9

アメリカ合衆国

（『日本国勢図会』2018/19）

産業用ロボット稼働台数（2021年）

347.7（万台）	中国 35.2%	日本 11.3	韓国 10.5	9.8	ドイツ 7.1	その他 26.1

アメリカ合衆国

（『日本国勢図会』2023/24）

Q 消費者向け電気機械生産国と工作機械生産国のそれぞれの上位国の差異は何か。【13年B本・第2問・問3】

電子機械

7 半導体, 集積回路の生産と立地

◉半導体素子の構造

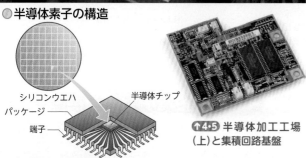

シリコンウエハ
パッケージ
端子
半導体チップ

↑4・5 半導体加工工場（上）と集積回路基盤

🔼半導体など先端産業部門では企業が資本を提供し, 大学の研究機関で先端技術の研究を進める産学連携が一般化している。**シリコンヴァレー**におけるスタンフォード大学, **ボストン**近郊の**エレクトロニクスハイウェー**におけるマサチューセッツ工科大学, 中国ペキンの**中関村**におけるペキン大学などが該当する。一方, 日本, アメリカ合衆国など先進国が圧倒的に優位であった半導体部門においてもアジアの新興工業国の伸長が著しい。

10 日本の主な半導体工場 (2022年)

🔽空港と半導体工場　半導体は小型・軽量で製品価格が高く, 生産費に占める輸送費の割合が小さいため, 製品を**空輸**したり**高速道路**を利用して輸送することが可能である。そのため地価が安く広大な敷地が得られ, 安価な労働力の得やすい地方の空港あるいは高速道路の周辺に立地する工場が多い。東北地方（**シリコンロード**）, 九州地方（**シリコンアイランド**）などが代表的であったが, 海外との競争により閉鎖される工場も増加している。

- 半導体工場（半導体チップの製造を行う工場）
- ✈ ジェット機の就航する空港（2018年4月1日現在）

0　200km

（『日本国勢図会』2023/24などによる）

🔽9 熊本地震で操業を停止した半導体工場 [熊本県菊陽町]　熊本空港周辺には多くの半導体関連産業が展開している。2016年4月に発生した熊本地震により, 1～数か月間操業が停止され, 自動車部品不足により大手自動車会社の生産に影響をおよぼした。

Q 九州・東北地方の高速道路沿いに半導体工場が多いのはなぜか。【18年B本試・第2問・問2】

---

8 世界の半導体産業

◉世界の地域別半導体市場

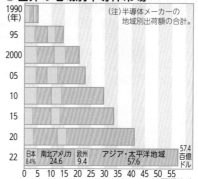

（注）半導体メーカーの地域別出荷額の合計。

1990年 / 95 / 2000 / 05 / 10 / 15 / 20 / 22

日本 8.4%　北米アメリカ 24.6　欧州 9.4　アジア・太平洋地域 57.6　57.4百億ドル

0 5 10 15 20 25 30 35 40 45 50 55 （百億ドル）

（『日本国勢図会』2023/24などによる）

◉メーカー別半導体売上高

（2022年）（単位 億ドル）

順位	メーカー名	売上高
1	サムスン電子（韓）	638
2	インテル（米）	584
3	クアルコム（米）	348
4	SKハイニックス（韓）	335
5	マイクロン・テクノロジー（米）	268
6	ブロードコム（米）	239
7	AMD（米）	236
8	テキサス・インスツルメンツ（米）	188
9	アップル（米）	181
10	メディアテック（〈台湾〉）	180

（『日本国勢図会』2023/24）

◉集積回路の輸出額（2020年）

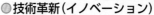

国・地域	億ドル
（香港）	1,501
（台湾）	1,231
中国	1,165
シンガポール	847
韓国	826
マレーシア	450
アメリカ合衆国	432

0　500　1,000　1,500　（億ドル）

（『世界国勢図会』2022/23）

9 世界各地の先端産業の展開

◉技術革新（イノベーション）

第4次産業革命はAIとIoTがカギとなる

18世紀後半～	第1次産業革命　蒸気機関 → 軽工業
19世紀後半～	第2次　電力 → 重工業
1970年代～	第3次　コンピュータ → 自動生産
現在	第4次　AI（人工知能）やIoT（モノのインターネット）, ロボット
将来	産業の高度化

（『読売新聞』2016.8.31による）

↑6 知能化機能を搭載した人と一緒に働けるロボット（ファナック(株)）[山梨県]　コンピュータの処理速度などが大幅に向上した現在, AI（人工知能）を利用したIoT（Internet of Things）が新しい製造業のありかたとして注目されつつある。

🔽7・8 サイバージャヤにある日系企業 [マレーシア]　サイバージャヤはクアラルンプール市郊外に設けられた,「マルチメディア・スーパー・コリドー」ともよばれるICT企業及び住宅地を兼ね備えた開発地域である。環境保全に優れた工業団地及び住宅団地の構想（グリーン経済・環境技術の採用）と, 豊富・安価で品質の高い労働力により, 2009年に開発が開始されて以降, 日本を始め欧米各国から大手ICT産業が多く参入し, 国際的なICTハブ化を目指している。

エネルギー・鉱工業

1 日本の工業の新たな取り組み

←1 産学官連携で開発された ロボットハンド「F-hand」[東京都・2018年] 先進国においては独創的な技術や製品の開発・商品化に取り組むベンチャービジネス（VB）の台頭が顕著である。VBは少人数の若者たちでも起業でき，創造・革新的な事業を展開する。2006年の会社法改正により，「合同会社」という社員の共同経営的形態が認められたことで，より起業しやすくなった。合同会社には個人ではなく，研究機関の参加も可能であり，**産学連携**の重要性が主張されている。

2 ファブレス企業とファウンドリ

● ファブレス企業のモデル図

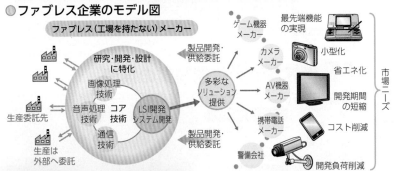

（株式会社メガチップスの資料による）

↑ ファブレス企業とは工場を持たないメーカーを指し，生産部門は完全に**アウトソーシング**している。アメリカ合衆国のアップル社がファブレス化したのを手始めに，日本でも半導体産業などのファブレス化が顕著である。企業は各メーカーから依頼された技術の開発設計を行うために，国内メーカーに対し営業・販売を行い，自らは研究・開発・設計に特化する。一方，製造を行う側は，特定ファブレス企業から受注するのみならず，世界中の開発設計企業からの注文をこなす。こうした生産企業を「ファウンドリ (foundry)」とよぶ。近年タイ，インドネシアなどでは高い技術力により，ファウンドリ企業が増加している。

↑2 半導体を検査する工場従業員 [マレーシア・2021年]

3 進む空洞化

● 増加する海外現地法人売上高の推移

（注）日本標準産業分類の改定に伴い，06年度以前は旧分類，07年度以降は新分類での数値。

163.8
139.4

（経済産業省「海外事業活動基本調査」による）

↑ 海外で製品を生産する企業は，増加傾向にある。円高やコストの問題などが背景にあるが，「**加工貿易**」型から「**水平分業**」型への変化が一層はっきりしてきたといえる。

● 日本の製造業の事業所数 及び従業者数の変化

（万事業所）　　　　　　　　（万人）

従業者数
事業所数
802
33.8

（『工業統計表』などによる）

Q 日本がコンテンツ産業に力を入れる 理由とその影響について考えよう。

● 海外のコンテンツ市場における日本由来コンテンツの売上 (2016年)

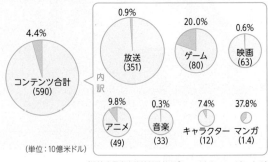

4.4%
コンテンツ合計 (590)

0.9%
放送 (351)

20.0%
ゲーム (80)

0.6%
映画 (63)

9.8%
アニメ (49)

0.3%
音楽 (33)

7.4%
キャラクター (12)

37.8%
マンガ (1.4)

内訳

（単位：10億米ドル）

（経済産業省商務情報政策局「Age Of Content」による）

↑ 日本のコンテンツ産業の海外輸出は，ゲーム，アニメ，マンガが代表的である。それに対して韓国ではドラマ・音楽などに力を入れている。

4 中小企業の新たな展開

→3 東大阪市（大阪府）の町工場で働く女性（1980年代） かつて東京都大田区や川崎市，東大阪市は日本の金属製品加工工業，電気部品製造業などの中心であった。しかし企業のファブレス化が進み，製造部門が海外に移転する中で，その地位は低下した。しかし，この地域にしかない技術やそれに伴う開発技術は，研究開発部門への特化という形で，地域を変容させつつある。

● 大阪府東大阪市の製造業の事業所数の変化
（可住地面積52平方キロメートル）

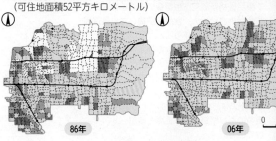

86年　　　　06年

（事業所）　70　40　10　　□欠損値

（『中小企業白書』2010による）

↓4 タイの大田区工場アパート「オオタ・テクノ・パーク」 東京都大田区や東大阪市に集積する中小製造業は，発注元の大手企業が海外に生産シフトするのに対応し，アジアを中心に分工場を開設する動きを加速している。大田区産業振興協会はタイに区内企業向けの工場アパート「オオタ・テクノ・パーク」を2006年に開設した。オンリーワン技術をもつ入居企業は，タイに立地する世界の企業から新たな仕事を獲得している。

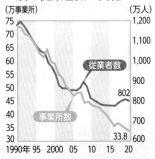

↑5 ホンダ鈴鹿工場の組み立てライン[三重県鈴鹿市] 　**中京工業地帯**は工業製品出荷額において工業地帯別1位であり，全体の2割を占める。特にトヨタ，ホンダを中心とした輸送用機械の比率が高い。また，豊富な若年労働力の存在も立地理由の一つである。

↑6 堺北港の住友金属製鉄所[大阪府堺市] 　**阪神工業地帯**は内陸部に電気機械工業が発達したのに対し，臨海部には鉄鋼業など輸入原料を用いての金属工業が発達している。出荷額の構成比としても，京葉工業地域と並んで金属工業の割合が20％程度で，臨海型工業の発達に特徴がみられる。

↑7 千葉県市原の石油化学コンビナート　富士石油袖ヶ浦製油所[千葉県市原市] 　京浜から京葉にかけての臨海地域は，臨海型工業が発達。特に首都圏大消費地を抱え，輸入原料を用いての石油化学コンビナートやLNG加工施設が集中する。**京葉工業地域**では，工業出荷額の構成比では化学工業が40％程度で，他の工業地域と比べて突出している。

◎ 主な工業地帯の業種別出荷額割合(2019年)

	金属	電気機械	輸送機械	その他機械	化学	食料品	繊維	その他
京浜 52兆円	13.2%	10.0	14.5	11.4	22.3	13.9	0.4	14.3
阪神 36兆円	21.2%	11.2	9.2	16.2	17.3	11.0	1.4	12.5
中京 65兆円	9.9%	9.6	47.1		9.7	6.5	5.0 / 0.9	11.3

（三大工業地帯）

	金属	電気機械	輸送機械	その他機械	化学	食料品	繊維	その他
北関東 31兆円	14.2%	11.1	18.4	14.5	10.6	15.6	0.6	15.0
京葉[千葉] 13兆円	21.3%	4.0	7.6	1.1	40.1	16.1	0.2	9.6
東海[静岡] 17兆円	7.7%	18.0	24.8	8.5	11.2	13.7	0.7	15.4
瀬戸内 31兆円	18.1%	5.0	19.9	10.2	22.3	7.8	2.1	14.6
北九州[福岡] 10兆円	17.0%	5.2	33.6	6.0	6.7	16.6	0.6	14.3

（その他の工業地域）

金属　電気機械　輸送機械　その他機械　化学　食料品　繊維　その他

(注)京浜工業地帯は[東京・神奈川・千葉・埼玉]の合計，阪神は[大阪・兵庫・和歌山]の合計，中京は[岐阜・愛知・三重]の合計，北関東は[茨城・栃木・群馬]の合計，瀬戸内は[岡山・広島・山口・香川・愛媛]の合計数値。
(『工業統計表』)

◎ 業種別構成の推移(出荷額)

	金属	機械	化学	繊維	食料品	その他
1909年	6.3%	4.3	7.8	41.0	27.3	13.3
35	18.4%	12.6	16.8	32.3	10.8	9.1
55	17.0%	14.7	12.9	17.5	17.9	20.0
75	14.9%	33.1	10.1	7.5	10.2	24.2
95	12.5%	43.4	10.0	3.2	11.3	19.6
2019	13.5%	45.3	13.3	1.2	12.2	14.5

(『工業統計表』などによる)

（縦書き）エネルギー・鉱工業

6 日本の地場産業

◎ 日本の主な伝統的工芸品と地場産業

★ おもな伝統的工芸品
● その他の地場産業

酪農品／ビール／合板
大館曲げわっぱ／南部鉄器／天童将棋駒／宮城伝統こけし／洋食器／小千谷縮／十日町絣／会津塗／加賀友禅／九谷焼／金沢漆器／高岡銅器／信州紬／桐生織／益子焼／配置薬／結城紬／こいのぼり／岩槻人形／西陣織／京友禅／京焼・清水焼／京扇子／山中漆／若狭塗／眼鏡枠／松本家具／木曽漆器／鉛筆／江戸切子／江戸指物／福山琴／熊野筆／萩焼／針・ピン／縫製品／びん・鏡／まほう／びん・鏡／刃物／水引／楽器／甲州水晶貴石細工／甲州手彫印章／唐津焼／伊万里・有田焼／博多織／久留米絣／タオル／丸亀うちわ／ボタン・手芸用品／奈良筆／駿河雛人形／美濃焼／岡崎石工品／本場黄八丈／信楽焼／瀬戸染付焼／名古屋桐箪笥／常滑焼／波佐見焼／堺打刃物／彦根仏壇／紀州漆器／芭蕉布／琉球びんがた／壺屋焼／本場大島紬

(経済産業省資料などにより作成)

↕ 日本には世界的なシェアを持つ地場産業地域がいくつも存在する。伝統的な加工業から発達したもの，激しい国際競争の中で地域の独自性をいかしてブランド化したものなど，発達要因は様々である。鯖江市の眼鏡フレームは世界的シェアを誇り，飯田市の水引生産は全国生産の70％を占める。愛知県の瀬戸地方から岐阜県多治見周辺は瓦生産も含めた窯業が伝統的に発達し，丸亀市では団扇の生産がさかんで全国から細かいニーズに応じたものを受注し，高級品から低価格品まで生産している。

↓8 眼鏡フレームの生産[福井県鯖江市]

↓9 水引の生産[長野県飯田市]

↓10 瀬戸物工場[愛知県瀬戸市]

↓11 団扇の製造[香川県丸亀市]

↓12 富山県の金属加工工業(YKK) 　富山県は配置薬の製造が近世から有名であったが，戦後は富山港を抱えて輸出入，国内移送に便利である点と，豊富な包蔵水量による電力供給により工業化が進展した。特に化学製品の製造やファスナーなどの金属加工工業が有名。

↓13 新潟県　燕・三条地域の金属加工工業 　燕・三条地域では高度経済成長期に洋食器の加工工業が発達し，欧米への輸出により世界的なシェアを誇った。現在そのトップの地位は安価な労働力の途上国に譲ったが，その時培った技術をいかし，各種精密製品の金属加工を手がける。

第3次産業の発展 ～消費活動

1 多様化する商業形態

←1 **アウトレットモール** 観光地や郊外に1990年代からブランド品などを低価格で販売するアウトレット店舗を一か所に集めたショッピングモールが立地。写真は三井アウトレットパーク仙台港。

←2 **総合スーパー** 1957年大阪にダイエーがオープン。スーパー各社は店舗の全国展開を進め、「流通革命」を推進した。近年、消費者の多様化に対応して業態も多様化してきている。

←3 **ホームセンター** DIY (Do It Yourself:日曜大工) が消費者に浸透していくにつれ、そのための資材を店頭商品として並べるホームセンターが登場した。消費者が車で来店する前提で店舗は設計され、都市郊外に立地することが多い。

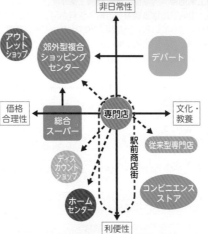

←4 **大型スーパーの複合商業施設化** 地方都市では**モータリゼーション**(自動車が日常生活全般に普及)が進行した。以後、総合スーパーは他業態(専門量販店や外食産業など)と協同で大規模な**ショッピングセンター**を郊外に建設して対応した。写真は群馬県高崎市のイオンモール高崎。

↑5 **都心立地のデパート** ルーツが呉服店の老舗百貨店は**都心立地**、私鉄系百貨店は自社の**ターミナル駅**に立地する例が多い。近年は郊外の大規模ショッピングモールの核店舗となる例も多い。写真は新宿タカシマヤ。

→6 **コンビニエンスストア内に開局した郵便局 [長野県坂城町]** 出店の際には一つの地域に集中させる**ドミナント方式**を採り、商品の配送効率や集中出店でも認知度アップを図る。物販以外にも住民票の取得などさまざまなサービスを提供し、利便性が高い。

（図）
非日常性 / 価格合理性 / 文化・教養 / 利便性
アウトレットショップ / 郊外型複合ショッピングセンター / デパート / 総合スーパー / 専門店 / 従来型専門店 / ディスカウントショップ / 駅前商店街 / コンビニエンスストア / ホームセンター

（宗重博之『流通業界地図入門』による）

Q 大型小売店や銀行の立地にはどんな特色があるだろうか。
【14年B本・第3問・問4】

商業形態別・事業所数の割合

		百貨店	コンビニエンスストア	専門店	総合スーパー
立地型(%)(2014年)	駅周辺型	53.4	44.8	36.0	27.9
	市街地型	33.7	15.9	23.2	15.5
	住宅地背景型	6.7	28.7	28.1	19.7
	ロードサイド型	4.5	8.4	9.6	34.9
	その他	1.7	2.1	3.1	2.1
開店時期(%)	1984年以前	63.3	19.9	56.7	41.1
	1985-1994年	15.6	22.5	15.9	22.6
	1995-2004年	21.1	57.8	27.4	36.3

（『平成26年商業統計表』）

◆ 現在、さまざまなタイプの流通形態(デパート・スーパー・コンビニエンスストア・アウトレットモールなど)が共存している。立地をみると、デパートは駅周辺・市街地型が多い。コンビニエンスストアは駅周辺や、住宅地を背景にした立地に特色がある(商品構成は消費者が最寄りの店で買うことが多い日用必需品や食料品などの**最寄り品中心**のため)。総合スーパーはロードサイド型の立地が他業種よりも多い。かつての**大規模小売店法から大店立地法への法改正**による影響や、消費者の購買行動の変化に対応するために、既存店舗の**スクラップ・アンド・ビルド**の必要性があるからである。コンビニ業界も不振店を閉鎖して、より立地条件のよいところへ出店する経営体制になっており、従来からある市街地立地型の専門店は、厳しい経営環境が続いている。

2 中心商店街の衰退と再開発

←7 **中心市街地の空洞化 [秋田県能代市]** 現在、地方都市では**中心市街地の居住人口の減少と高齢化**が進行している。商業施設の郊外化に伴って、空き店舗・空きビル・空き家が増え、中小都市の商店街では昼間からシャッターが降ろされている光景がみられる。

→8 **レトロな車で「昭和の町」をドライブ [大分県豊後高田市]** 昭和30年代の町並みをブリキや木製の看板が並ぶ「昭和の町」として再現した町で、レトロカーのレンタル事業が始まった。地方都市でも滋賀県長浜市の黒壁スクエアや、鳥取県境港市の水木しげるロードなどの成功例がある。

3 人口減の日本から、海外へ

→9 **バンコクに進出したセブンイレブン [タイ]** 日本で培った経営ノウハウをもとに、経済成長が続く東アジアや東南アジアの大都市で、現地の状況に応じてカスタマイズした出店を進めている。これは出店する国の都市にコンビニを支える**インフラが整備**されてきていることを意味しており、今後の出店でも競争の激化が予想される。

→10 **ロンドンに進出したユニクロ [イギリス]** **ファストファッション**(流行と低価格を両立させ、短いサイクルで世界的に大量生産・販売する形態)のビジネスモデルを確立したユニクロは、社内公用語を英語とし、積極的に日本人以外の雇用を進め、世界市場への進出を加速させている。

1 主な国の労働時間・休暇日数（2015年）

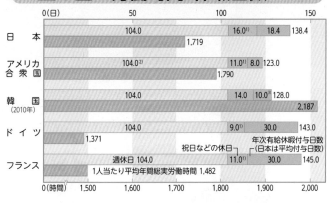

1）2017年　2）2006年　3）2012年　（『データブック国際労働比較』2017などによる）

⬆ 日本の企業の約60％で完全週休2日制が実施され，何らかの週休2日制と合わせると90％以上となる。しかし，事業規模や職種により実施状況や実態には大きな差がある（統計には現れない**サービス残業**や**休日出勤**など）。また日本は他国と比べ**祝日が多い国**であるが，年次有給休暇の取得日数は少ない。休暇の取り方も年末年始やお盆，ゴールデンウィークにまとめて取ることが多く，休暇は与えられたものとして考える面がある。一方，欧米では休暇は労働者の権利として保障されたものであるという考え方が一般的である。

Q ①訪日外国人旅行者数の推移の特徴を国別（中国，韓国，台湾，アメリカ合衆国）に考えよう。
【19年A本・第2問・問5】

3 グリーンツーリズムとエコツーリズム

⬅1 **トレッキング[ノルウェー]** **グリーンツーリズム**は「都会の住民が農山漁村に滞在し，自然や文化，農業・漁業体験などをする旅行形態」で，**エコツーリズム**は「自然環境や地域の歴史・文化を踏まえた生態系を意識し，それを学びながら観光すること」である。

4 日本の観光業のグローバル化

◉外国人向け地図記号（一部）

項目	外国人向け地図記号	由来
交番		警官が敬礼した姿に建物を表す枠をつけたもの
郵便局		「郵便」を表すピクトグラムを記号化
ショッピングセンター／百貨店		ショッピングカートにものを載せたイメージを記号化
コンビニエンスストア／スーパーマーケット		サンドイッチと飲み物のイメージを記号化

⬅ 国土地理院により，観光立国実現や東京2020オリンピック・パラリンピック競技大会の円滑な開催などのために，地図に記載する地名などの英語表記ルール及び外国人向けの地図記号の検討が行われ，15の施設で外国人向け地図記号が決められた。

Q ②ヨーロッパにおける地中海沿岸諸国への国際観光客の流れには，どのような傾向があるのだろうか。【13年B本・第4問・問5】

➡ 北部の国々は，**バカンス**の季節になると地中海沿岸へ移動し，冬も避寒地として訪れる。フランスの**コートダジュール**と**ラングドック・ルション**を中心にイタリア沿岸からスペインまでリゾート地が続いている。国際旅行収支は北部のゲルマン諸国は赤字，南部のラテン諸国は黒字である。フランスでは**バカンス法**が制定され，年5週の有給休暇（と週35時間の労働時間目標）が保障されている。

2 世界の観光客

◉観光客数上位10位（2019年）

国名	客数（万人）
フランス	8,932
スペイン	8,351
アメリカ合衆国	7,926
中国	6,573
イタリア	6,451
トルコ	5,119
メキシコ	4,502
タイ	3,992
ドイツ	3,956
イギリス	3,942

（国連資料）

◉主な国の国際旅行収支（2019年）

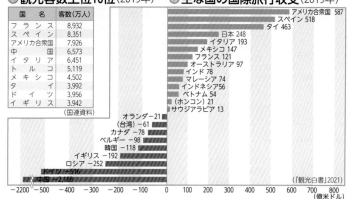

（『観光白書』2021）

⬆ 世界の観光地域別受入人数をみると，観光資源が豊富なヨーロッパが上位にある。旅行収支では，収入を観光に消費できる余裕がある先進国が上位を占めている。

◉日本人の海外旅行者数・訪日外国人旅行者数の推移

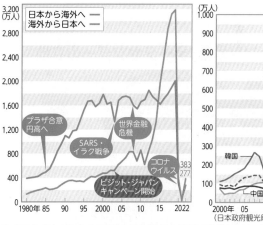

◉主な国・地域の訪日外国人旅行者数の推移

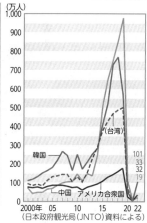

（日本政府観光局（JNTO）資料による）

⬆ 1980年代中ごろからの円高で海外旅行の「割安感」が広まり，旅行者が急増した。2003年から始まったビジット・ジャパンキャンペーンにより訪日外国人旅行者数が急増し，2018年には3,000万人を突破した。これはLCC（格安航空会社）の就航や訪日プロモーション効果などが要因とされる。しかし，2020年2月以降，新型コロナウイルス対策の入国制限の実施により，訪日外国人旅行者数は激減し，2020年4月は前年比99.9％減となった。観光業界を中心に日本経済は大打撃を受けた。

◉ヨーロッパ各国の目的地別旅行者数・収支

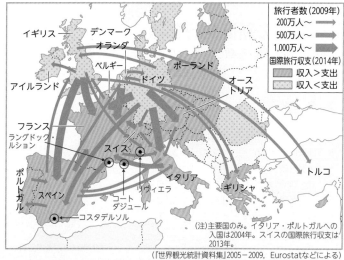

（注）主要国のみ。イタリア・ポルトガルへの入国は2004年。スイスの国際旅行収支は2013年。

（『世界観光統計資料集』2005-2009，Eurostatなどによる）

通信・交通　消費・貿易

1 「空の世界」のグループ化（航空連合）

◉ 航空連合と主な加盟航空会社 (2018年12月現在)

(『航空統計要覧』2019)

航空連合	アジア	アフリカ	ヨーロッパ・ロシア	南北アメリカ	オセアニア
スターアライアンス ⭐ STAR ALLIANCE	タイ国際航空 全日本空輸 シンガポール航空 アシアナ航空 中国国際航空 トルコ航空 エア・インディア 深圳航空 エバー航空	南アフリカ航空 エジプト航空 エチオピア航空	ルフトハンザドイツ航空 スカンジナビア航空 オーストリア航空 LOTポーランド航空 アドリア航空 クロアチア航空 TAPポルトガル航空 SWISS ブリュッセル航空 エーゲ航空	ユナイテッド航空 エア・カナダ アビアンカ航空 コパ航空	ニュージーランド航空
スカイチーム SKYTEAM	大韓航空 中華航空 中国東方航空 中国南方航空 ベトナム航空 ガルーダ・インドネシア航空 ミドル・イースト航空	ケニア航空	KLMオランダ航空 アエロフロート アリタリア航空 エア・ヨーロッパ エールフランス タロム航空 チェコ航空	デルタ航空 アエロメヒコ アルゼンチン航空	
ワンワールド oneworld	キャセイパシフィック航空 日本航空 ロイヤル・ヨルダン航空 マレーシア航空 カタール航空		英国航空 フィンエア イベリア航空 S7航空	アメリカン航空 LATAM航空	カンタス航空

⬆ 航空業界では1990年代から規制緩和が進み, 格安航空会社 (LCC) が新規参入した。大手航空会社はエアライン・アライアンス (航空連合) を結成し, 共同運航やマイレージサービス (搭乗距離に応じたポイントサービス) などで顧客の囲い込みをしている。

⬆**1・2** ピーチ・アビエーションと旧バニラエア LCC (Low Cost Carrier) は格安航空会社のことで, 顧客へのサービスを効率化し低価格を実現している。2012年にはピーチ, ジェットスター, 2013年にバニラエアが国内線で運航を開始。世界各地では, 飛行距離3,000km以下でのシェアが伸びている。ピーチは2019年, バニラエアと統合した。

2 コンテンツ産業, データセンターの立地

パンパカパンツ©PPP

⬆**3** アニメ映画の制作現場 [東京都]　アニメ制作では制作会社間の結びつきが強く, 初期の頃に立地が多かった東京都練馬区～杉並区にかけて, 現在も多くの制作会社が存在し (「アニメのまち」とも言われる), 東京圏に9割の事業所が集中している。(▶P.100)

⬆**4** 石狩データセンター [北海道石狩市]　首都圏に集中していた情報サービス産業は, 東日本大震災後, **災害リスク回避**を目的に, 特にデータセンター*が次の点を考慮しつつ, 地方に立地している。①災害 (地震, 津波や水害, 火山活動, 落雷など) の危険度が低いこと, ②電力需要を安定的かつ安価にまかなうことができること (冷涼な気候が優位), ③立地に際しての規制や税制, 優遇措置の有無。

＊インターネット用サーバやデータ通信, 電話等の装置を設置・運用することに特化した施設の総称。

Q 先進国と新興国との違い, 国土面積に留意して, アメリカ合衆国, ブラジル, 日本, マレーシアの新聞発行部数について考察しよう。

【13年B本・第3問・問5】

3 世界の新聞発行部数

◉ 新聞紙別の発行部数ランキング (2019年)

順位	新聞名	国名	部数(千部)
1	読売新聞	日本	8,115
2	朝日新聞	日本	5,604
3	Dainik Bhaskar	インド	4,321
4	参考消息	中国	3,749
5	Dainik Jagran	インド	3,410
6	人民日報	中国	3,180
7	The Times of India	インド	3,030
8	毎日新聞	日本	2,452
9	Malayala Manorama	インド	2,370
10	日本経済新聞	日本	2,347

(World Press Trends 2019)

◉ 新聞発行部数の増減率 (2004～2014年)

成人人口1000人あたりの新聞発行部数の増減率
■ 100%以上
■ 50%～100%
□ 0%～50%
□ -20%～0%
□ -20%未満
□ 資料なし

(日本新聞協会『日本新聞年鑑』)

⬅ 新聞を取り巻く環境は大きく変化している。アメリカ合衆国や日本, イギリス, ドイツなどの先進国では, 発行部数が減少傾向であるのに対し, インド, 南アフリカ共和国, ブラジルなどの新興国では, 発行部数が増加している。「紙」の新聞市場が縮小傾向にある先進国では, 有料のオンライン新聞やスマートフォン向けのアプリによる提供など, 次世代向けメディアの多様化が進んでいる。日本では2000年代に入り若年層 (～20歳代) の新聞離れが顕著で, 「読まない」層が「読む」層を上回っている。

1 アブシンベル神殿

ナイル川

世界遺産とは

人類の歴史上重要な時代を例証する，建造物，技術，景観顕著な例。
人類の創造的天才の傑作を表現するもの。現存する，又は消滅した文化的伝統，まれな証拠となるもの。
ある文化圏において建築，技術，記念碑的芸術，町並み計画の発展に関し，人類の価値の重要な交流を示すもの。

←1 アブシンベル神殿［エジプト］「世界遺産」創設のきっかけとなったのがアブシンベル神殿である。**アスワン・ハイ・ダム**建設により水没の危機にあったこの遺跡は，**ユネスコ（国連教育科学文化機関）**の救済キャンペーンによって，現在の位置への移築が実現した。

2 プロが選ぶ！世界遺産ベスト10

(NHK『探検ロマン世界遺産』ツアーコンダクター，専門誌編集者，写真家などが選んだランキング)

● 第1位

←2 マチュピチュ［ペルー］ インカ帝国時代の都市遺跡であり，標高2,500mの高地に築かれていることから「空中都市」とも称される。遺跡の研究も進んでいるが，まだ謎も多くさまざまな説が存在する。

○ 第2位

←3 イグアス国立公園［アルゼンチン・ブラジル］ 滝幅4km，最大落差82mにわたり巨大な水量が流れ落ちる世界最大の滝。最大瀑布は「悪魔の喉笛」と称され，周囲には原生林が広がる。

◎ 第3位

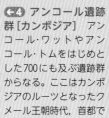

←4 アンコール遺跡群［カンボジア］ アンコール・ワットやアンコール・トムをはじめとした700にも及ぶ遺跡群からなる。ここはカンボジアのルーツとなったクメール王朝時代，首都であった場所である。

○ 第4位

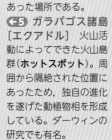

ウミイグアナ

←5 ガラパゴス諸島［エクアドル］ 火山活動によってできた火山島群（**ホットスポット**）。周囲から隔絶された位置にあったため，独自の進化を遂げた動植物相を形成している。ダーウィンの研究でも有名。

○ 第5位

サンタ・マリア・デッラ・サルーテ教会

カナル・グランデ（大運河）

←6 ヴェネツィア［イタリア］「水の都」や「アドリア海の女王」とも称される。潟の上に築かれた都市で，運河網が発達し市内移動・運搬は水上バスやフェリーである。防潮堤建設のモーセ計画がある。

順位	遺産名［所在国・都市］		
6	モン・サン・ミシェル［フランス］	9	エルサレムの旧市街とその城壁群［イスラエル］
7	ペトラ遺跡［ヨルダン］	10	カッパドキア［トルコ］
8	アルハンブラ宮殿［スペイン］		

3 日本の新しい世界遺産と暫定リスト

●日本にあるユネスコ暫定リスト
①佐渡鉱山の遺産群 ②平泉（拡張） ③古都鎌倉 ④彦根城
⑤飛鳥・藤原の宮都と関連資産群

←7 北海道・北東北の縄文遺跡群 日本最大級の縄文集落跡の三内丸山遺跡（青森県）など，北海道，青森県，岩手県，秋田県に点在する17の遺跡で構成される。

日本各地に「世界遺産登録を通じて地域振興を図っていく」地域が多数存在する。その活動の中で，地元が再発見・再評価されることも多い。

←8 富士山 富士山は世界文化遺産として登録された。理由として①信仰の対象，②芸術の源泉，③名山としての景観が挙げられている。かつて世界「自然」遺産への登録を目指して活動した時期もあった。「環境保全の対策に問題がある」と指摘されてからは，清掃登山をはじめ関係者の努力により改善されたが，保全状況を3年ごとにユネスコへ報告しなければならない（通常6年ごと）。

←9 奄美大島，徳之島，沖縄島北部及び西表島 絶滅危惧種95種（そのうち75種は固有種）を含む陸生動植物の生息・生育地である。写真は沖縄島北部のやんばる地域に生息する野生のヤンバルクイナ。

4 登録抹消と「負」の世界遺産

←10 アラビア・オリックス保護区［オマーン］ 保護区内の密猟や設定区域の90%縮小等により2007年，世界遺産リストから初めて登録が抹消された。

↓11 アウシュヴィッツ強制収容所［ポーランド］ ユネスコでの公式な定義はないが「人類が犯した悲惨な事件を伝え，後世の戒めとなる物件」を指す。

Q 新型コロナウイルスによる移動制限で，2020年にヴェネツィアで起こった自然環境に関する変化は何か。

消費・貿易 通信・交通

交通の発達

1 時間と距離の短縮

↑1 馬車

↓3 蒸気船

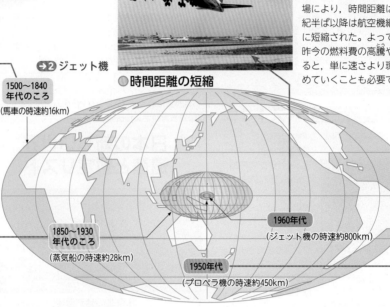

→2 ジェット機

● 時間距離の短縮

1500〜1840
年代のころ
(馬車の時速約16km)

1850〜1930
年代のころ
(蒸気船の時速約28km)

1950年代
(プロペラ機の時速約450km)

1960年代
(ジェット機の時速約800km)

↓4 プロペラ機

↻ 人や物の移動のことを**交通**という。2地点間を移動するのに要した時間の長短で表されるのが**時間距離**である。19〜20世紀にかけて蒸気船や蒸気機関車の登場により、時間距離は大幅に短縮された。さらに20世紀半ば以降は航空機網の発達により、時間距離は一気に短縮された。よって地球はかなり小さくなったが、昨今の燃料費の高騰や温室効果ガスの発生などを考えると、単に速さより環境にも優しい交通システムを求めていくことも必要であろう。

2 大陸横断鉄道と交通の発達の歴史

↑5 プロモントリーサミットでの鉄道開通記念式典［アメリカ合衆国・ユタ準州，1869年5月10日］

蒸気船…1807年フルトン（アメリカ合衆国）が発明。ニューヨーク〜オールバニ間に定期船運行。

蒸気機関車…1825年スティーブンソン（イギリス）が実用化。ストックトン〜ダーリントン間で営業運転。

自動車…19世紀末ダイムラー（ドイツ）がガソリン機関による自動車を発明。フォード（アメリカ合衆国）が大量生産。（▶P.238 写真③）

担夫交通	人間が直接荷物を運搬する。家畜を利用しにくい**熱帯雨林**や**山岳地域**などにみられる。
駄獣交通	家畜を利用して荷物や人を運搬する。アンデス山脈の**リャマ**・チベット高原の**ヤク**などが当てはまる。
輓獣交通	ソリや車を家畜に引かせて荷物や人を運搬する。**牛・馬・トナカイ**などが利用される。

↑ 産業革命以前、交通機関の動力は人力・畜力・風力などに限られていた。家畜は気候や地形によって利用しにくい地域があって不便であったが、人力よりはるかに多量の物資を運搬することが可能で、また農耕用としても利用価値は高かった。産業革命後は石炭・石油の利用により、輸送力は飛躍的に増大した。

3 主な交通機関の長所と短所

交通機関	長 所	短 所
鉄道交通 （▶P.109）	大量の旅客・貨物を長距離にわたって**迅速・安全・確実**に輸送できる。運行の定時性に優れ、時間正確。交通渋滞に悩む都市部での地下鉄やモノレールなど、環境の見地からも期待される。	地形的な制約（山地・勾配など）を受けやすく、トンネルや鉄橋・レールの敷設などに**多額の経費**がかかる。人口密度の低い地域などの路線は採算が合わず、廃止や第三セクターへの転換をせまられる。
自動車交通 （▶P.109）	**戸口から戸口（door to door）**への一貫した輸送が可能で、時間や経路に制約されずに目的地まで到達できる。宅配便など、生活の中でますます便利な輸送・交通手段となっている。	大量・迅速・長距離輸送に不適（近年の高速道路整備・車両の大型化によって改善されつつある）。**交通渋滞**など道路状況により運行の定時性を欠く。**騒音・大気汚染**などの環境問題の一因となる。
航空交通 （▶P.107）	最も**迅速**な交通機関。地形や水陸分布による制約がなく、2点間をほぼ**最短コース**で直結。近年ではIC部品や高級生鮮品など、貨物輸送が急増している。	気象による制約が大きく、発着は空港に限られる。**輸送コストが高く**、重量物の大量輸送には適さない。その後ジャンボ機の就航により、旅客や貨物の大量輸送が可能となった。
水上交通 （▶P.108）	船を用いるために輸送単位が大きく、**安価**な費用で**大量輸送**が可能なため、重量のある貨物などを運ぶのに適する。	速度が**遅い**ため、運搬に時間がかかる。水路のある場所や海・湖・河川などに限られ、船の発着も港に限定されるなど、**自然の条件による制約**が大きい。

←1 チャンギ国際空港[シンガポール] 人口約600万人(2022年)のシンガポールで,チャンギ国際空港の国際旅客数は成田国際空港をも上回る約7,000万人で,現在もその数は増え続けている。1日24時間,世界各地から乗り継ぎ客が集まり,深夜でも毎日100便近くが離着陸する。多くの乗り継ぎ客のために到着から出発までの手続きはほぼ同じ階で済ませることができ,無料のインターネット使用や無料の市内ツアー(2時間程度・ビザ不要)も用意されるなど,**ハブ空港**として発展を続けている。

1 ハブ空港とは

← ハブとは自転車の輪の中心のことで,**ハブ空港**とはその地域の拠点となる24時間離着陸可能な空港である。ハブ空港は経済的な効果も大きいため,各地でその主導権をめぐる競争が激しくなっている。日本では現在,東京(羽田)・成田・中部・関西国際空港がハブ空港に位置づけられている。

3 世界の航空輸送

Q 日本(東京)から出発する日本の航空会社の国際線の直行便はどの地域に向かうものが多いか(東京は成田+羽田)。【15年A本・第2問・問4】

国際線航空輸送量(2015年)
- 100億トンキロ以上
- 50〜100
- 10〜50
- 10億トンキロ未満(白はデータ不明)

(『世界の統計』2023などによる)

↑ 北アメリカやヨーロッパを中心に発達する航空路は今では世界各地を結んでいる。日本からもアジア各国への路線が充実し,多くの旅客や貨物を運んでいる。

2 世界の空港利用状況

● 国際線の貨物取扱量(2021年)

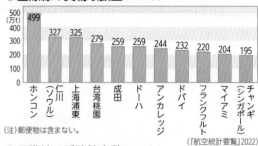

空港	万t
ホンコン	499
仁川(ソウル)	327
上海浦東	325
台湾桃園	279
成田	259
ドーハ	259
アンカレッジ	244
ドバイ	232
フランクフルト	220
マイアミ	204
チャンギ(シンガポール)	195

(注)郵便物は含まない。

(『航空統計要覧』2022)

● 国際線の乗降旅客数(2019年)

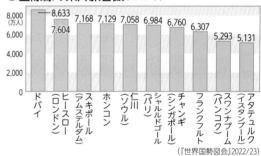

空港	万人
ドバイ	8,633
ヒースロー(ロンドン)	7,604
スキポール(アムステルダム)	7,168
ホンコン	7,129
仁川(ソウル)	7,058
シャルルドゴール(パリ)	6,984
チャンギ(シンガポール)	6,760
フランクフルト	6,307
スワンナプーム(バンコク)	5,293
アタテュルク(イスタンブール)	5,131

(『世界国勢図会』2022/23)

↑ ドバイ・ホンコン・チャンギなどの国際空港は,定住人口規模に比べて国際旅客数,すなわち外国人客の利用が多い。それは交通の要衝に位置し,乗り継ぎの利便性が高いためである。

↑2 地方空港と乗客[タンザニア] 道路や鉄道などの陸上交通網が未発達な地域では,陸上の障害に関係なく点と点を結ぶことができる航空機が,重要な交通の手段となっている。

通信・交通 消費・貿易

1 世界の海上輸送

●世界の海上コンテナ荷動き量(2021年)

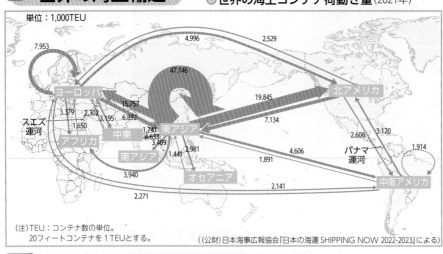

単位：1,000TEU

7,953
4,996　2,529
47,146
15,757　19,845
ヨーロッパ
3,379　2,302
3,195　6,892
スエズ運河　1,650　中東
アフリカ　1,741　4,633　3,409　東アジア
南アジア　1,441　2,981
3,940　1,891　4,606
オセアニア
2,271　2,141
北アメリカ
7,134
2,608　3,120
パナマ運河　1,914
中南アメリカ

(注)TEU：コンテナ数の単位。
　　20フィートコンテナを1TEUとする。

((公財)日本海事広報協会『日本の海運 SHIPPING NOW 2022-2023』による)

● 東アジア－北アメリカ間の北太平洋航路と東アジア－ヨーロッパ間の地中海＝インド洋航路以上に，近年はシャンハイ(上海)，シンガポール，プサン(釜山)などのコンテナ港を拠点とする東アジア域内での輸送が多い。

●世界の主なコンテナ港(2020年)

港　湾　名	国　　名	取扱量(万TEU)
シャンハイ(上海)	中　　国	4,350
シンガポール	シンガポール	3,687
ニンポー(寧波)	中　　国	2,873
シェンチェン(深圳)	中　　国	2,655
コワンチョウ(広州)	中　　国	2,319
チンタオ(青島)	中　　国	2,201
プサン(釜山)	韓　　国	2,160

(注)TEU：コンテナ数の単位。20フィートコンテナを1TEUとする。
(『世界国勢図会』2022/23)

Q 魚介類，穀物類，肉類について，日本の輸入額の多い上位3か国を答えよう。
【18年A本・第4問・問1】

2 世界の主な品目別海上荷動き量 (2021年, 推計)

世界119.8億t	原油・石油製品 23.7%	鉄鉱石 12.7	石炭 10.3	穀物 4.4	液化ガス 4.1	その他 44.8

(注)液化ガスはLPGとLNG。(『世界国勢図会』2022/23)

● 貨物輸送の中心は原油・石油製品で，西アジアからヨーロッパやアジア，特に日本へと輸送される。シンガポールやホンコンなど海上交通の拠点は，**中継貿易港**として古くから繁栄してきた。

↑1 タンカー 原油を運ぶための巨大な船。船倉が大きなタンクになっている。

↑2 LNG船 メタンを主成分とする**液化天然ガス(LNG)**を液体にして運ぶタンカーである。

↑3 バルクキャリア 鉄鉱石・石炭など，形が安定しない乾貨を運ぶ。**ばら積み貨物船**ともいう。

↑4 コンテナ船 箱型のコンテナに雑貨を入れて運搬する。そのままトラックに積み替えて運ぶことができる。

3 商船の国別・船種別の船腹量 (2022年)

国別

パナマ 15.5%
その他 28.9
世界計 14.9億総t
リベリア 14.0
4.1
5.1
5.6　6.0　8.8
12.0
一般貨物船
マーシャル諸島
(ホンコン)
シンガポール
中国
マルタ
バハマ

船種別

その他 19.6
ばら積み乾貨物船 35.2%
世界計 14.9億総t
コンテナ船 17.7
油送船 23.2
4.3

(注)1月1日現在。100総t以上の鋼船。
(『世界国勢図会』2022/23)

● **便宜置籍船**は，船の登録税や取得税などの税金の安い国に船の籍を置くもので，パナマやリベリアが世界1・2位の商船保有国になっているのはこのためである。実際にはアメリカ合衆国や日本などの船が多い。

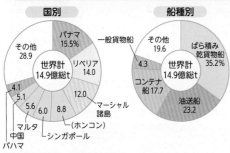

●閘門式運河のしくみ

←5 パナマ運河 1914年に開通したパナマ運河は全長約64kmで，太平洋とカリブ海を結ぶ重要な閘門式の運河である。2016年拡張工事が完了し，従来よりさらに大型のタンカーなどが通過できるようになった。

4 ヨーロッパの内陸水路

0°　200km　15°
北海・バルト海運河
ブレーメルハーフェン　ロストク
ウィルヘルムスハーフェン　リューベク　シュチェチン
ハンブルク　ブレーメン
アムステルダム　ベルリン
ロッテルダム
ユーロポート　デュースブルク　ミッテルラント運河
ロンドン　アントウェルペン　エルベ川
カレー　ダンケルク　ケルン
ルアーヴル　リエージュ　フランクフルト　ドナウ運河
ルアン　マンハイム　マイン川　ドナウ川
パリ　マルヌ・ライン運河　カールスルーエ
ブルゴーニュ運河　ストラスブール
バーゼル
リヨン

年間貨物取扱量(1985年)
1億t以上
5000万～1億
2000万～5000万
1000万～2000万
500万～1000万

通過可能な船舶の大きさ
2000t以上
1350～2000t
1000～1350t
1000t未満

『De Grote Bosatlas』1988などによる

● 西岸海洋性気候で河川の流量が安定し，土地が低平であるヨーロッパは，ライン川やドナウ川などの**国際河川**や**内陸水路・運河**が発達し，物資の輸送に利用されている。

←6 エルベ川をまたぐ水路橋[ドイツ] マクデブルク近郊に開通した長さ1kmの高架式水路橋である。

1 主な国の鉄道輸送量 (2018年)

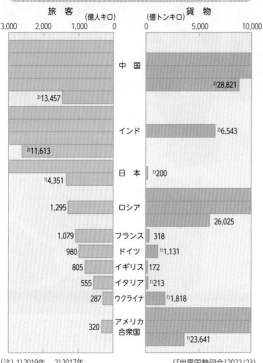

旅客 (億人キロ) ／ 貨物 (億トンキロ)

国	旅客	貨物
中国	(目盛振り切れ)	2)28,821
インド	2)13,457	2)6,543
日本	2)11,613	1)200
ロシア	4,351	26,025
フランス	1,295	318
ドイツ	1,079	1)1,131
イギリス	980	172
イタリア	805	1)213
ウクライナ	555	1)1,818
アメリカ合衆国	287 / 320	1)23,641

(注) 1) 2019年。 2) 2017年。 　　　(『世界国勢図会』2022/23)

⬆ 人口密度が高く，中小都市が多い日本やインド，ヨーロッパ諸国などでは，都市圏や都市間の旅客輸送において鉄道の果たす役割は大きい。広大な国土をもつアメリカ合衆国では旅客輸送は航空機や自動車が主で，鉄道は貨物輸送が中心である。同じく広大なロシアでは東西を結ぶ大動脈として，特に貨物輸送の比重が大きい。中国では高速道路の発達で貨物輸送が鉄道から自動車に移りつつあり，近年，旅客・貨物輸送とも高速化が進んでいる。

➡1 ケニアの通勤列車　渋滞もなく大量輸送が可能な鉄道は，朝夕の通勤・通学の手段としては最適といえる。しかし，人口密度の極端に高い大都市ではラッシュ状態となることも日常的である。

➡2 英仏海峡トンネルを抜けるユーロスター　ドーバー海峡の下を貫く英仏海峡トンネル (全長50.5km) の開通により，パリ─ロンドン間は2時間15分で結ばれるようになった。

消費・交通・通信・貿易

2 主な国の自動車保有台数の推移

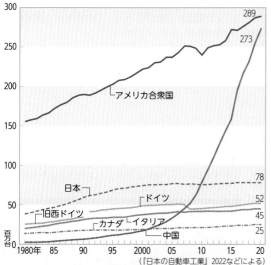

（百万台）

- アメリカ合衆国　289
- 273
- 日本　78
- ドイツ　52
- カナダ　45
- イタリア
- 旧西ドイツ
- 中国　25

1980年 85 90 95 2000 05 10 15 20
（『日本の自動車工業』2022などによる）

⬆ 生活と自動車の結びつきが強いアメリカ合衆国は，世界の自動車の約2割を保有している。1990〜2020年の約30年間に中国の自動車保有台数は大幅に増加し，経済発展と生活水準の向上により今後も増加するとみられる。(▶P.97)

Q 中国の鉄道輸送における近年の変化について述べよう。【16年B追・第2問・問3】

⬅3 中国の高速道路　中国の高速道路は総延長が16万km ('20年) を超え，チベット自治区を除く各地へと延びている。一方で年間21万件の事故 ('13年) と6万人の死者 ('13年) を出すなど，自動車の増加による排気ガス問題とともに，安全対策も緊急の課題となっている。

3 高速道路整備の比較　(▶P.195)

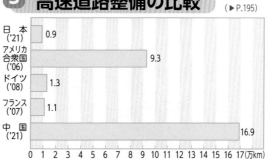

国	総延長 (万km)
日本 ('21)	0.9
アメリカ合衆国 ('06)	9.3
ドイツ ('08)	1.3
フランス ('07)	1.1
中国 ('21)	16.9

0 1 2 3 4 5 6 7 8 9 10 11 12 13 14 15 16 17 (万km)
（『高速道路便覧』2011，『道路統計年報』2022などによる）

⬅ 中国の高速道路の総延長は16万kmを超え，世界一である。2011〜16年までの6年間は毎年およそ1万kmずつ，上海・天津などの都市部を中心に延長されてきた。日本・ドイツ・フランスなどは国土面積も狭く，新しい高速道路は建設しにくい状況にある。中国では自動車保有台数に比べ高速道路の建設がめざましい。

1 通信の歴史と生活の変化

●通信の歴史

年	事　項
1876	グラハム・ベルが電話機を発明
77	電話機が日本に輸入される
95	マルコーニが無線電信機を発明
1925	日本でラジオ放送開始
46	アメリカにコンピュータ出現
53	ＮＨＫ及び民放がテレビ放送開始
69	アメリカでインターネット誕生
84	日本でインターネット開始
89	ＮＨＫ衛星放送本放送開始
	通信衛星によるＣＡＴＶへの番組提供
95	ウインドウズ95発売
	日本のインターネット拡大
	デジタル多チャンネル衛星放送開始
2000	ＢＳデジタル衛生放送開始
2000 前半	ADSL方式によるブロードバンド インターネットの家庭への普及
2006	地上デジタルTV放送始まる
2000 後半	インターネットを用いた動画配信 サービスが本格化
2012	地上アナログ放送完全終了
2020	新型コロナウイルスの感染症拡大を 背景にICTの利活用が進展

（豊田薫『第三次産業と暮らしはどう変わったか』地歴社などによる）

→1 ベルの電話機 1877〜78年に使用されたもの。

→3 蓄音機とレコード

↓5 初期のテレビで実験放送の映像を見る子どもたち[1951年]

↑2 ラッパ付ラジオを聞く家族[1925年] 1925年にラジオ放送が開始された。

↑4 世界初の汎用コンピュータ[1946年, ワシントンD.C.]

→6 ポケット・ベル（ポケベル）[1997年] 携帯用の小型ディスプレーに数字や文字が表示される。2019年にサービスが終了した。

↑20世紀末のポケット・ベルやPHSの登場から, 携帯電話やインターネットは生活になくてはならないものとなった。電子メールを郵便のイメージとすればブログは掲示板, そしてツイッター (twitter) は「つぶやき」とされる。この「つぶやき」は140字という制限はあるが, 事前に申請（フォロー）しておくことで, 自動的に読みたい人の元に届くようになっている。便利になった反面, 個人情報の流出や希薄な人間関係など, 多くの問題も表面化している。

2 世界の移動電話の普及率（2020年）

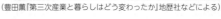

⑤ロシア 239
⑧日本195
④アメリカ 351
①中国1,718
②インド 1,154
③インドネシア 356
⑥ブラジル 206
⑦ナイジェリア 204

100人当たり加入台数
- 150以上
- 100〜150
- 65〜100
- 30〜65
- 30未満
- 資料なし

①〜⑧は加入台数上位
8か国（単位：百万台）

（ITU資料による）

Q ①固定電話より携帯電話（移動電話）の普及率が, 特に発展途上国で高くなっている理由を考えてみよう。【19年A本・第4問・問3】

← 世界全体で移動電話契約数が固定電話加入回線数を上回ったのは2002年で, 携帯電話やPHSなどの移動電話は, 固定電話に比べて電話回線などの設備投資が少なくてすみ, 外出先でも使えるなど利便性も高いことから, 先進国（北欧など）を中心に普及してきた。近年は発展途上国においても, 固定電話より移動電話の方が急速に普及しつつある。

Q ②大陸間の海底ケーブルの敷設密度が, 南半球より北半球の方が高い理由を答えよう。【15年A本・第2問・問6】ほか

3 固定電話の契約数（2021年）

（100人当たり）

国	件
フランス	58.5
日本	49.3
イギリス	48.4
ドイツ	46.3
韓国	44.8
スペイン	40.1
イタリア	33.8
イラン	33.3
アメリカ合衆国	29.0
メキシコ	19.7
ロシア	16.4
ブラジル	13.4
中国	12.7
インド	1.7

（ITU資料による）

4 海底ケーブル

●日本周辺の海底ケーブル敷設状況

北朝鮮　大韓民国　日本

（注）元のウェブサイトで色ごとの細かい敷設状況を確認できる。
（TeleGeography「Submarine Cable Map」）

↓7 世界の海をつなぐ海底ケーブル インターネットや国際電話などの通信網を支える海底ケーブルは, 通信量の増加によって新設が計画されている。写真の海底中継器は水深8,000mの深海にも耐え, 日本とアメリカ合衆国間の太平洋横断ケーブルなどに使用される。

5 世界のインターネット利用者率 (2020年)

イギリス 94.8
カナダ 97.0
アメリカ合衆国 90.9
日本 90.2
中国 70.4
インド 43.0

(2020年)
- 50%以上
- 40～50未満
- 30～40未満
- 20～30未満
- 20%未満
- 資料なし

(ITU資料による)

Q インターネットの利用者率の高い国3か国を答えよう。【10年 B本・第6問・問6】

← インターネットは，世界各国のコンピュータ通信網を電話回線などを利用し，相互に接続した情報・通信ネットワークである。20世紀の終わりころから急速に普及したが，先進国と発展途上国間の普及率の差は大きく，**情報格差 (デジタルデバイド)** は拡大する傾向にある。情報格差は同じ国内においても年齢によるコンピュータの利用度の差や，貧富の差などによって生じることもある。また一方で個人情報の流出など，情報管理をめぐるトラブルも増えている。

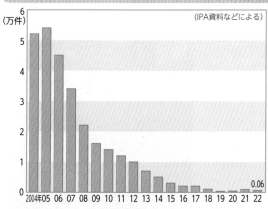

↑8 **コールセンター[インド]** インドのICT産業は，その英語力を活かしたコールセンター業務が中心であったが，業務の高度化が進んでいる。その背景には人件費の上昇とフィリピンの台頭がある。(▶P.209 6)

6 国民総所得 (GNI) とインターネット利用者率

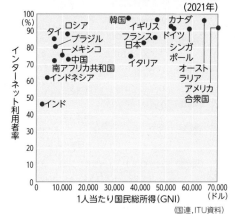

(2021年)
縦軸: インターネット利用者率 (%) 0～100
横軸: 1人当たり国民総所得 (GNI) (ドル) 0～70,000

韓国，イギリス，カナダ，ロシア，ドイツ，タイ，ブラジル，フランス，シンガポール，日本，メキシコ，中国，イタリア，オーストラリア，南アフリカ共和国，アメリカ合衆国，インドネシア，インド

(国連，ITU資料)

↑ 国民総所得 (GNI) の大きい先進国は，インターネットなどの情報技術がますます発達し，GNIが小さく，インフラ整備の遅れている発展途上国との**情報格差 (デジタルデバイド)** が問題となっている。

7 地域別インターネット利用者

北アメリカ

| アジア 53.4% | ヨーロッパ 14.3 | 南アメリカ 9.6 | アフリカ 11.5 | 6.7 |

中東 3.9 オセアニア 0.6

世界総利用者数51.7億人 (2021年) (ITU資料などによる)

↑9 **進化する携帯電話** JR東日本のサービス「モバイルSuica」は，携帯電話の端末にSuica機能を備え，2008年3月からは乗車券なしで新幹線に乗れるサービスも始まった。写真はApple Pay (アップルペイ) のSuicaを利用したもの。

消費・貿易
通信・交通

8 コンピュータウイルスの発見届出件数の推移

(万件)
(IPA資料などによる)

縦軸 0～6
2004年 05 06 07 08 09 10 11 12 13 14 15 16 17 18 19 20 21 22
0.06

↑ **コンピュータウイルス**とは電子メールなどによって感染し，コンピュータに障害を起こすプログラムである。情報化社会の進展の中でウイルスの発見件数は増加していたが，防御対策をとることで感染の実害は減少している。

● 電子商取引 (eコマース)

企業
企業間取引 (B to B)
インターネットオークションなど
消費者間取引 (C to C)
消費者
インターネット
shop
企業
インターネット商店街など
企業と消費者間の取引 (B to C)
消費者
携帯電話

(注) BはBusiness，CはConsumerの略。

↑ **電子商取引 (eコマース)** とはインターネット上で商品の売買などを行うもので，注文から決済まですべてパソコンを通して行う。携帯電話からも接続できる手軽さもうけている。その中心は企業間取引 (**B to B**) であるが，企業と消費者間 (**B to C**) や消費者間 (**C to C**) の取引も増えている。

水平貿易・垂直貿易と国際分業

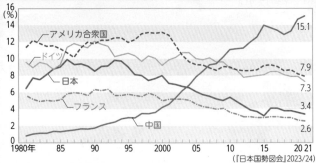

↑1 上海洋山深水港のコンテナ［中国・上海・2021年］

1 世界の輸出貿易に占める主な国の割合

（グラフ：1980年〜2021年）
- アメリカ合衆国
- ドイツ
- 日本
- フランス
- 中国

2021年の値：中国 15.1、アメリカ合衆国 7.9、ドイツ 7.3、日本 3.4、フランス 2.6

（『日本国勢図会』2023/24）

↑ 世界の輸出貿易の上位は先進国が占めるが，経済発展の著しい中国は2004年には日本を，2007年にはアメリカ合衆国を抜いて2位となり，さらに2009年にはドイツを抜いて世界1位の輸出国となった。

2 主な国の1人当たり貿易額と貿易依存度（2021年）

	1人当たり貿易額（ドル）		貿易依存度（%）	
国名	輸出	輸入	輸出	輸入
オランダ	47,796	43,309	82.6	74.8
ベルギー	46,961	43,940	91.8	85.9
ドイツ	19,566	17,026	38.3	33.3
カナダ	13,304	13,210	25.5	25.3
韓国	12,433	11,867	35.6	34.0
フランス	9,062	11,066	19.8	24.1
イタリア	10,302	9,411	29.0	26.5
イギリス	6,959	10,312	15.0	22.2
アメリカ合衆国	5,206	8,710	7.5	12.6
日本	6,067	6,171	15.3	15.6
ロシア	3,403	2,095	27.8	17.1
中国	2,359	1,886	19.0	15.2
ブラジル	1,310	1,095	17.5	14.6
インド	281	407	12.4	17.9

（注）貿易依存度はGDPに対する輸出入額の割合。国名の配列は1人当たり貿易額の多い順ではなく，主な国のみを取り上げた。
（『日本国勢図会』2023/24）

3 主な国の貿易相手国（2021年）

中国
- 輸出：アメリカ合衆国 17.1%、（ホンコン）10.4、日本 4.9、ベトナム 4.1、韓国 4.5、その他
- 輸入：（台湾）9.4%、韓国 8.0、日本 7.7、アメリカ合衆国 6.8、オーストラリア 6.1、その他

ベトナム* （*2020年）
- 輸出：アメリカ合衆国 27.4%、中国 17.4、（ホンコン）3.7、韓国 6.8、6.8、その他
- 輸入：中国 32.2%、韓国 17.9、日本 7.8、タイ 4.2、その他

アメリカ合衆国
- 輸出：カナダ 17.5%、メキシコ 15.8、中国 8.6、日本 4.3、韓国 3.8、その他
- 輸入：中国 17.8%、メキシコ 13.6、カナダ 4.8、ドイツ 4.8、日本 4.8、その他

ロシア
- 輸出：中国 13.9%、オランダ 8.6、ドイツ 6.0、ベラルーシ 4.6、トルコ 5.4、その他
- 輸入：ドイツ 24.8%、中国 9.3、アメリカ合衆国 6.0、ベラルーシ 5.3、韓国 4.4、その他

ブラジル
- 輸出：中国 31.4%、アメリカ合衆国 11.2、アルゼンチン 4.3、オランダ 3.3、チリ 2.5、その他
- 輸入：中国 21.7%、アメリカ合衆国 18.1、ドイツ 5.4、アルゼンチン 5.2、その他

ドイツ
- 輸出：アメリカ合衆国 8.9%、フランス 7.6、オランダ 7.4、イタリア 7.3、5.5、その他
- 輸入：オランダ 14.6%、中国 8.2、フランス 6.4、ベルギー 5.6、5.5、その他

フランス
- 輸出：イタリア 14.3%、ドイツ 8.0、スペイン 7.7、アメリカ合衆国 5.7、7.1、その他
- 輸入：ドイツ 16.8%、ベルギー 10.7、スペイン 8.9、8.3、7.9、その他

オランダ
- 輸出：ベルギー 24.6%、ドイツ 11.3、イギリス 8.9、イタリア 4.5、5.6、その他
- 輸入：中国 17.3%、ドイツ 14.7、ベルギー 8.2、7.0、4.1、その他

イギリス
- 輸出：アメリカ合衆国 13.7%、オランダ 8.9、フランス 7.8、6.8、5.8、その他
- 輸入：中国 14.3%、ドイツ 11.3、アメリカ合衆国 8.3、オランダ 6.5、ノルウェー 5.4、その他、アイルランド

カナダ
- 輸出：アメリカ合衆国 75.7%、イギリス 2.6、メキシコ 5.4、中国 4.6、その他
- 輸入：アメリカ合衆国 48.6%、中国 14.0、ドイツ 3.1、その他

（注）*2020年。
（『日本国勢図会』2023/24などによる）

4 国際分業の型

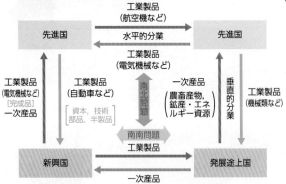

国際分業の型の図
- 先進国 ⇔ 先進国：工業製品（航空機など）水平的分業
- 工業製品（電気機械など）
- 先進国：工業製品（電気機械など）［完成品］一次産品
- 工業製品（自動車など）資本，技術，部品，半製品
- 一次産品（農畜産物，鉱産・エネルギー資源）
- 垂直的分業：工業製品（機械類など）
- 南北問題／南南問題
- 新興国 ⇔ 発展途上国：工業製品
- 一次産品

↑ **国際分業**には工業製品などを交換しあう**水平的分業**と，先進国と発展途上国間で工業製品と一次産品（原料や食料）を交換しあう**垂直的分業**がある。近年は途上国の工業化や経済のグローバル化の進展により，製品や工程ごとに分業が進み，発展途上国を含む地球レベルでの最適立地を求めて，新しい国際分業が行われるようになっている。

よりみち Geography フェアトレード（公正な貿易） ▶P.159

フェアトレードとは，世界貿易や流通機構の歪みなどによって，正当な利益が得られない発展途上国などで生産された食料品・工芸品・衣料品などをフェア（公正）な価格で購入し，途上国の貿易と人々の自立を支援する運動である。発展途上国では劣悪な労働環境で，受け取る賃金が不当に安く抑えられ，労働者の権利が守られないことが多い。フェアトレードは，アジアやアフリカ，中南米などの女性や小規模農家などの社会的・経済的に立場の弱い人びとに仕事の機会をつくりだし，公正な対価を支払うことで，彼らが自らの力で暮らしを向上させる支援をする取り組みである。1960年代に欧米で始まり，日本でもフェアトレードによる商品を扱う店が増えている。

↓2 フェアトレードによる商品

1 DAC加盟国の政府開発援助（ODA）の実績

国　名 （実績額上位10か国）	実績額 （2021年） （百万ドル）	（％）	対GNI比率 （2021年） （％）	順位
アメリカ合衆国	41,872	23.6	0.18	23
ド　イ　ツ	31,491	17.7	0.74	4
フ ラ ン ス	16,700	9.4	0.52	7
イ ギ リ ス	16,379	9.2	0.50	9
日　　　本	**15,750**	**8.9**	**0.34**	**12**
カ　ナ　ダ	6,226	3.5	0.32	13
イ タ リ ア	6,119	3.4	0.28	18
スウェーデン	5,927	3.3	0.92	3
オ ラ ン ダ	5,288	3.0	0.52	6
ノ ル ウェー	4,673	2.6	0.93	2
DAC加盟国合計	177,637	100.0	0.33	－

（注）DAC（開発援助委員会，**D**evelopment **A**ssistance **C**ommittee。29か国とEUが加盟。）は，OECDの下部組織で，主として援助の量的拡大，質的向上について援助供与国間の意見調整を行う。　　　（OECD資料による）

◆国連は，GNI（国民総所得）に対するODA（政府開発援助）総額の比率の目標を0.7％としているが，DAC（開発援助委員会）の加盟国でこの目標値を達成したのはルクセンブルク・ノルウェー・スウェーデン・ドイツ・デンマークのみである（2021年）。日本は供与国の中で総額では5位だが，対GNI比では0.34％にとどまっている。

◆日本のODAの援助先はアジアが最も多いが，中東及びアフリカが増加している。

● 主な援助国の政府開発援助（ODA）実績の推移

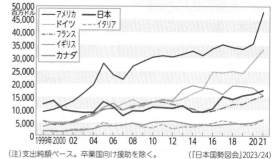

（注）支出純額ベース。卒業国向け援助を除く。　（『日本国勢図会』2023/24）

● 日本の二国間政府開発援助の地域別配分の推移

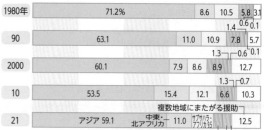

中南米 4.0　オセアニア 3.5　ヨーロッパ 0.5
（『開発協力白書』2022）

2 政府開発援助（ODA）の形態・内容

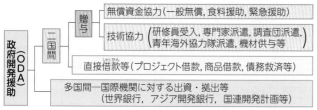

政府開発援助（ODA）
- 二国間
  - 贈与
    - 無償資金協力（一般無償，食料援助，緊急援助）
    - 技術協力（研修員受入，専門家派遣，調査団派遣，青年海外協力隊派遣，機材供与等）
  - 直接借款等（プロジェクト借款，商品借款，債務救済等）
- 多国間—国際機関に対する出資・拠出等（世界銀行，アジア開発銀行，国連開発計画等）

（『経済協力のはなし』日本経済教育センター）

● 日本の政府開発援助（ODA）の内容

	無償資金協力など		貸付など39.6	国際機関への拠出
1980年 33.0億ドル	贈与19.7% 11.3	8.4 技術協力		40.7
1990年 92.2億ドル	32.8% 15.0	17.8	42.5	24.7
2021年 157.7億ドル	36.0% 7.4	28.6	37.7	26.3

（『日本国勢図会』2023/24などによる）

Q 日本による2国間ODA供与額が減少している地域はどこか。【19年A追・第4問・問6】

↑1 日本のコートジボワールに対する無償資金協力によって建設された立体交差点［コートジボワール・2019年］

3 環太平洋経済連携（TPP）協定

● TPP参加国（2023年3月現在）

2017年1月，アメリカ合衆国は離脱を表明

カナダ / 日本 / シンガポール / ブルネイ / ベトナム / マレーシア / オーストラリア / ニュージーランド / メキシコ / ペルー / チリ

◆**環太平洋経済連携（TPP）協定**の交渉は多くの分野で交渉が難航し，自由化・規制撤廃を主張する国と，可能な限り自国に有利な例外を残そうとする国の対立がくり広げられた。2015年に交渉参加国12か国の間で協定ルールの大筋合意に至った。2017年にアメリカ合衆国が離脱を表明し，2018年にアメリカ合衆国を除く11か国でTPPが発効した。2023年，イギリスの加盟が内定した。

● TPP発効後の輸入関税

	品目	現在の関税率	→ 発効後
2018年12月30日 即時	キウイ	6.4%	撤廃
	ブドウ	7.8〜17%	撤廃
	メロン	6％	撤廃
	モモ	6％	撤廃
	イチゴ	6％	撤廃
	アスパラガス	3％	撤廃
	小麦	55円/kg	豪州，カナダに無関税枠
	コメ	341円/kg	豪州に無関税枠
2023年4月 6年目	ビスケット（砂糖入り）	15%	撤廃
27年4月 10年目	豚肉（高価格帯）	4.3%	撤廃
	豚肉（低価格帯）	482円/kg	50円/kg
28年4月 11年目	イカ	10.5%	撤廃
	牛タン	12.8%	撤廃
	リンゴ	17%	撤廃
33年4月 16年目	牛肉	38.5%	9％
	チェダーチーズ	29.8%	撤廃

（農林水産省資料による）

通信・交通　消費・貿易

① 日本の交通

◉日本の国内輸送の割合の変化

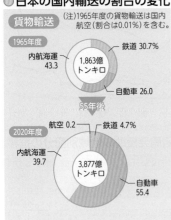

貨物輸送

(注)1965年度の貨物輸送は国内航空(割合は0.01%)を含む。

1965年度
- 鉄道 30.7%
- 内航海運 43.3
- 1,863億トンキロ
- 自動車 26.0

↓55年後↓

2020年度
- 航空 0.2
- 鉄道 4.7%
- 内航海運 39.7
- 3,877億トンキロ
- 自動車 55.4

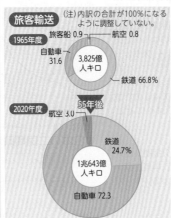

旅客輸送

(注)内訳の合計が100%になるように調整していない。

1965年度
- 旅客船 0.9
- 航空 0.8
- 自動車 31.6
- 3,825億人キロ
- 鉄道 66.8%

↓55年後↓

2020年度
- 航空 3.0
- 鉄道 24.7%
- 1兆643億人キロ
- 自動車 72.3

(『日本国勢図会』2022/23)

↑ かつては貨物・旅客輸送の中心は鉄道であったが，現在ではその利便性から，自動車が中心となっている。貨物では安くて大量に輸送できる船舶の比率も高く，生鮮食料品など航空機による輸送も増加している。

◉日本の貨物・旅客輸送量の推移

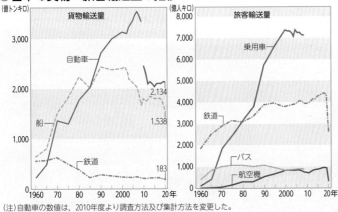

貨物輸送量 (億トンキロ)
- 自動車 2,134
- 船 1,538
- 鉄道 183
- 1960 70 80 90 2000 10 20年

旅客輸送量 (億人キロ)
- 乗用車
- 鉄道
- バス
- 航空機
- 1960 70 80 90 2000 10 20年

(注)自動車の数値は，2010年度より調査方法及び集計方法を変更した。

(『2020(令和2)年版交通経済統計要覧』2022刊)

↑ 1980年代以降，旅客輸送量では，乗用車が鉄道に変わり，旅客輸送の主体になった。しかし，大都市圏では，現在においても鉄道が旅客輸送の中心である。貨物輸送量においては，1960年代以降，鉄道輸送量が減少している。

◉旅客・貨物の航空輸送(定期便)の推移

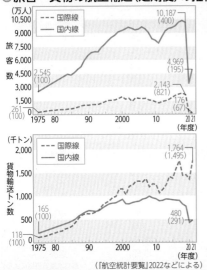

(万人)
- 国際線
- 国内線
- 旅客数
- 10,187(400)
- 2,545(100)
- 4,969(195)
- 2,143(821)
- 261(100)
- 176(67)
- 1975 80 90 2000 10 20 21 (年度)

(千トン)
- 国際線
- 国内線
- 貨物輸送トン数
- 1,764(1,495)
- 165(100)
- 480(291)
- 118(100)
- 1975 80 90 2000 10 20 21 (年度)

(注)( )内は1975年度を100としたときの指数である。

(『航空統計要覧』2022などによる)

↑ 1975年～2019年の間で，国内線の旅客数は約4倍，国際線では約8倍に伸びており，国際線での利用客の増加が著しい。一方，貨物輸送では，2021年までの間で国際線が約15倍に急増している。輸出入における航空輸送は，今後も増加するものと予想される。

↑1 青函トンネルを抜ける列車(北海道新幹線) 2016年3月，新たに新青森－新函館北斗間が開業し，北海道から九州まで新幹線で結ばれることになった。しかし，東京－新函館北斗間は最速でも約4時間を要し，沿線人口も少ない地域のため，今後に不安も残している。

◉全国の新幹線の路線

- 開業区間
- 工事区間
- 未着工区間
- リニア中央
- 計画がある11路線
- ┬ ルートは決まっていない

旭川
札幌
新函館北斗
新青森
秋田
新庄
新潟
長野
金沢
岡山
松江
東京
品川
博多
名古屋
新大阪(大阪)
大分 高知
長崎
鹿児島中央

(国土交通省資料などによる)

← 全国の新幹線の路線は，2022年現在で，工事中の区間も含め，約3,300kmとなった。今後東京－名古屋間を約40分で走る「リニア中央新幹線」が開業する予定である。一方で乗客の少ない地方ローカル線は廃止となり，地域住民の生活にも影響が出ている。

←2 物流をささえるトラック輸送 小回りのきく自動車は国内貨物輸送の中心となっている。

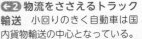

→3 都市路面電車[富山県高岡市] LRT(Light Rail Transit)とよばれる路面電車はフランスで完成し，ヨーロッパを中心に導入された。車両の小型軽量化・低床化などの改良がなされ，日本でも熊本・広島などで導入されている。

2 日本の貿易

◉日本の輸出入の変化 – 輸出入品目の戦前と近年の比較

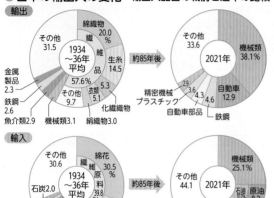

（財務省「貿易統計」などによる）

⬆ 第二次世界大戦前の日本は，繊維原料を輸入し，繊維製品を輸出する加工貿易の型がすでにできつつあった。現在では輸入品にも製品が目立ち始めている。コストの安いアジアなど，海外への工場進出がさかんになったことによる。

◉日本の貿易相手国の変化

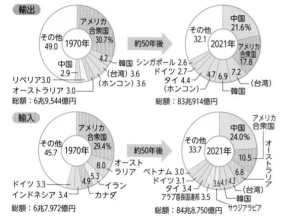

（財務省「貿易統計」などによる）

⬅ 貿易相手国の変化をみると，輸出入ともにアメリカ合衆国依存型からアジア諸国への転換が読み取れる。中でも，中国の占める割合が高くなっている。

◉日本からみた日中間の主要貿易品に占める中国の割合（2021年）

輸出品
- 半導体等製造装置 38.8%（1）
- プラスチック 36.6%（1）
- 自動車 8.8%（3）
- 集積回路 25.5%（2）
- 科学光学機器 30.5%（1）

輸入品
- 通信機 73.0%（1）
- コンピュータ 77.6%（1）
- 衣類 55.8%（1）
- 音響・映像機器 58.3%（1）
- 金属製品 55.6%（1）

（注）カッコ内の数字は中国の順位。掲載品目は日中間の輸出入品目のうち金額の多い順。

（『日本国勢図会』2023/24）

⬆ 日本にとって中国は最大の貿易相手国である。日本からは付加価値の高い集積回路や機械部品などが多く輸出され，中国からは電気機械製品や衣類などを輸入する水平貿易である。

◉FTA（自由貿易協定）・EPA（経済連携協定）の動き（2023年3月現在）

Free Trade Agreement　Economic Partnership Agreement

相手国		協定・合意内容等	
		日本側	相手国側
1)発効済み	メキシコ 05年4月発効	豚肉・オレンジジュースに低関税枠。牛肉などに無税枠。	10年以内に鉄鋼関税撤廃。自動車も7年目に完全自由化。
	マレーシア 06年7月発効	熱帯果実・合板以外の林産品関税の撤廃。バナナに無税枠。	温帯果実の関税撤廃。鉱工業品について10年以内に関税撤廃。
	チリ 07年9月発効	精製銅・銀さけは10年間，ワインは12年間で段階的関税撤廃。	鉱工業品について10年以内に関税撤廃（自動車は即時撤廃）。
	タイ 07年11月発効	熱帯果実・えびの関税撤廃。鶏肉の関税削減。	鉄鋼は10年以内に関税撤廃。3,000cc超の自動車の関税削減。
	インドネシア 08年7月発効	鉱工業品・林産品・えびの関税即時撤廃。看護師等の受け入れ。	自動車の段階的関税撤廃。鉄鋼の免税措置。温帯果実の即時撤廃。
	ブルネイ 08年7月発効	鉱工業品・熱帯果実・えびの関税即時撤廃。林産品の段階的撤廃。	自動車は3年以内，電気・電子製品は5年以内に関税撤廃。
	フィリピン 08年12月発効	熱帯果実の低関税枠・無税枠。看護師・介護福祉士受け入れ。	鉱工業品について10年以内に関税撤廃（自動車は2010年）。
	EU 19年2月発効	ワイン，化学工業製品，繊維，繊維製品の関税撤廃。皮革・履物は11〜16年ほどで撤廃。	工業製品の100%の関税撤廃。乗用車は8年目に撤廃。農林水産品はほぼ全品目で撤廃。
中断中 2)交渉	韓国	交渉中断中。ただし，2022年に地域的な包括的経済連携（RCEP）協定が発効し，日韓では初めてのFTAが誕生した。	
	カナダ	2012年以降，2014年まで7回の交渉会合が開催されたが，TPP交渉を優先させることで，それ以降の会議は行われていない。	

1) ほかに，シンガポール，ASEAN，スイス，ベトナム，インド，ペルー，オーストラリア，モンゴル，イギリスと協定が発効済。2) コロンビア，トルコなどと交渉中である。　（「日本の経済連携協定(EPA)交渉」外務省経済局などによる）

➡4 フィリピン人介護士　フィリピンとは，2006年9月にEPA（経済連携協定）が結ばれ，日本が看護師・介護福祉士を受け入れることになった。

◉日本一の貿易港～成田国際空港（▶P.283）

主な港別貿易額（2022年）　　　　　　　　（億円）

港名	輸出	輸入	合計
成田国際空港	158,430	200,613	359,043
東京港	74,699	153,934	228,634
名古屋港	140,130	71,975	212,105
横浜港	82,416	67,324	149,739
神戸港	71,880	48,732	120,612

（「財務省貿易統計」による）

◉成田国際空港の輸出入品の内訳（2022年）

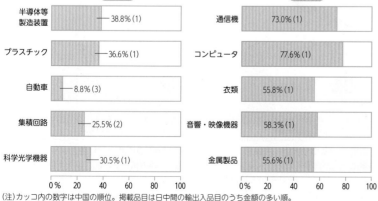

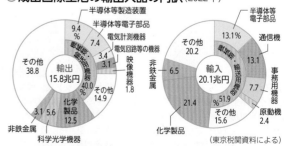

（東京税関資料による）

⬆ 成田国際空港は，1997年に横浜港に代わり，日本で最大の貿易港になった。小型軽量の半導体など電子部品が輸出入とも多い。

① 世界人口の増加

←1 ケニアの子だくさん家族 ケニアは人口5,499万人，自然増加率は23‰，乳児死亡率は32‰にものぼる。アジア，アフリカの人口増加が著しい地域では，なぜ子だくさんとなるのか考えよう（2020年のケニアの合計特殊出生率は3.37。日本は1.34）。

●世界の地域別人口の変遷

→ 18世紀の産業革命以降に世界人口の増加ペースが早くなってきた。そして，20世紀に人類は**人口爆発**とよばれる人類史上最大の人口増加を経験した。1900年におよそ16億人だった世界人口は1950年におよそ25億人となり，2023年にはおよそ80億人にまで急増，特に第二次世界大戦後の増加が著しい。

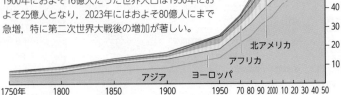

（注）1950・1970・1980・1990年のヨーロッパの数値には旧ソ連の人口も含まれる。
（国連資料などによる）

●地域別人口の推移と推計

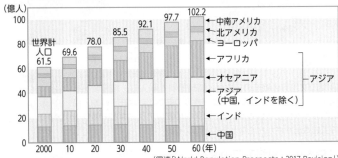

（国連「World Population Prospects：2017 Revision」）

↑ヨーロッパと北アメリカの割合が減少し，中国も低下してきている。一方，今後の人口増加が見込まれる地域は，アフリカ（特にサハラ砂漠以南），南アジア，南アメリカである。

Q 今後人口ボーナス局面に向かっていく地域はどこだろうか。

よりみち Geography　人口ボーナスと人口オーナス（負担・重荷）

従属人口（年少人口＋老年人口）を生産年齢人口で割った値が従属人口指数。人口ボーナスはこの値が低下していく局面をいい，経済成長にとってプラスに作用する（日本では団塊の世代が生産年齢人口となっていった1950〜1970年ごろが当てはまる）。一方，この値が上昇していくと人口オーナス期に入り，人口構成が変化し経済にとってマイナスに働く（労働力不足，貯蓄率の低下，社会保障制度の行き詰まりなど）。そのため経済界では人口オーナスへの対策や提案がいくつか行われている（女性や高齢者の労働参加率向上や市場の流動性を高めるなど）。アジア諸国でも日本を追うように今後，NIEs，ASEAN4，中国，その他のASEAN，インドの順に人口オーナスの局面に入るという。

●これまでの人口ボーナス，今後の人口オーナス

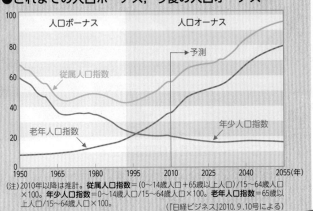

（注）2010年以降は推計。**従属人口指数**＝（0〜14歳人口＋65歳以上人口）/15〜64歳人口×100。**年少人口指数**＝0〜14歳人口/15〜64歳人口×100。**老年人口指数**＝65歳以上人口/15〜64歳人口×100。
（『日経ビジネス』2010.9.10号による）

---

② 人口転換モデル

少ない子どもを大切に育て高い教育を受けさせる。

高齢化が進むため少子化の一方で死亡率が高まる。

近代的な経済の進展

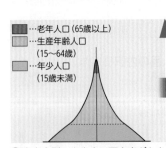

…老年人口（65歳以上）
…生産年齢人口（15〜64歳）
…年少人口（15歳未満）

↑富士山型 出生率，死亡率がともに高く，衛生状態も悪い状況では，**乳児死亡率**が高くなる。また寿命も短いため，形は裾が広くなり**富士山型**となる。子だくさん家族は，自分の家族の生存を考えた安全保障の一面もある。

↑ピラミッド型 医療の進歩，環境衛生の改善により自然増加率は急激に上昇し，**人口爆発**とよばれる現象を引き起こす。特に第二次世界大戦後の発展途上国でみられる状況であり，**家族計画**の普及が急務である。

↑つり鐘型 多産多死型から出生率が次第に低下し，改善された衛生環境等により平均寿命も延びて，老年人口が多くなる。人口増加は低く安定した**少産少死型**である。**生産年齢人口**が比較的多く人口は漸増か停滞の場合が多い。

↑つぼ型 つり鐘型よりさらに**出生率が低下**し，死亡率を下回ると人口が減少する。老年人口が年少人口よりも多くなり，その負担が増大し**高齢化社会**を迎える。生産年齢人口比の低下とともに労働力不足が生じると，国力の衰退を招く。

③ 主な国の人口ピラミッド

↑緑色の三角形の下辺位置以降の若い世代では，出生率が低下し，つりがね型となっている。経済成長と人口転換の関連がわかる。

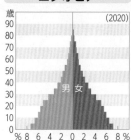 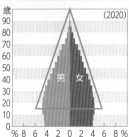 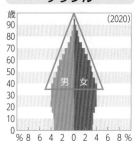 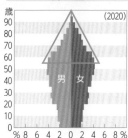 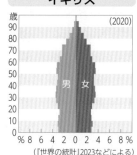

エチオピア (2020) 歳

インド (2020) 歳

ブラジル (2020) 歳

韓国 (2020) 歳

イギリス (2020) 歳

（『世界の統計』2023などによる）

↑出生率が高いため，子どもの人口が多い富士山型。しかし，内戦の影響で寿命が延びず乳児死亡率が高い。

↑多産少死型，家族計画の普及が不十分。近年は，かつてほど出生率が高くないため，0～9歳の人口が少ない。

↑工業化が進展し，生活水準が向上するとともに，家族計画が普及し始めた。子どもの人口が減少しており，釣鐘型。

↑高い生活水準を維持しようとする風潮や，女性の社会進出にともなう晩婚化により，少子化が進む。つぼ型。

↑少子化が進む中で，高齢化の影響により死亡率が上向きとなり，人口停滞～微減となる。

④ 産業別人口構成

↑2 **スーパーマーケットのレジ[イギリス・ロンドン]** 先進国では第1次産業から第2次産業を経て第3次産業にシフトし，その比率が増大している。同じ産業分野でもより付加価値の高い産業へ移行することも含め，「**産業構造が高度化する**」という。

> 産業別人口構成は三角図表を用いると判別しやすい。第1次産業（農・牧・林・水産業）を左辺で，第2次産業（鉱業・製造業・建設業）を右辺で，第3次産業（商業・サービス業・運輸通信業など）を下辺で読み取るのが一般的である。

↓5 2018年にオープンした「**東京ミッドタウン日比谷**」**[東京都]** 日本では，**高度経済成長**を境にしてサービス業・商業などの第3次産業人口比率が増加した。

→3 **途上国の農業風景[タイ]** タイの第1次産業人口は32%（'18年）を占める。農業国としての一面では，まだ機械化されていない田植え風景もみられる。共同体的な**労働集約度**の高い農業となっている。

主な国の産業別人口構成（2018年）

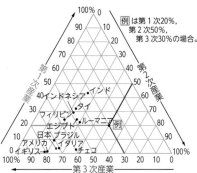

例は第1次20%，第2次50%，第3次30%の場合。

（ILOSTATなどによる）

→4 **紡績工場[ルーマニア]** 旧社会主義諸国などは，かつて国家の**計画経済**に基づいて工業化を進めてきた（**五か年計画**）影響が残り，第2次産業従事者比率が高いところに特色がある。

主な国の産業別人口構成の推移

①パキスタン（'61～'18）
②フィリピン（'65～'18）
③エジプト（'60～'18）
④メキシコ（'60～'18）
⑤日本（'20～'50～'65～'18）
⑥チリ（'60～'18）
⑦イタリア（'65～'18）
⑧旧西ドイツ・ドイツ（'65～'18）
⑨イギリス（'51～'18）
⑩アメリカ合衆国（'65～'18）
⑪中国（'78～'18）

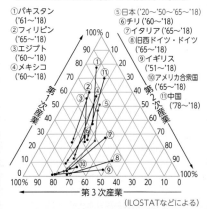

（ILOSTATなどによる）

Q 日本，アメリカ合衆国，中国における産業別就業者割合の変化の特徴とは何か。【13年B本・第2問・問1】

↓6 **1900年代前半の日本の農村** 戦前の日本は農業従事者数が最も多く，第1次産業従事者が80%近くを占めていた。戦後の高度経済成長期に第2・3次産業へとシフトした。

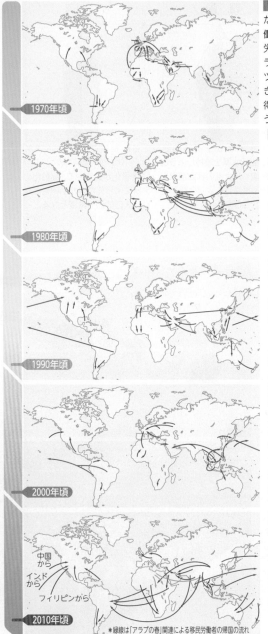

1970年頃

1980年頃

1990年頃

2000年頃

中国から
インドから
フィリピンから

2010年頃

＊緑線は「アラブの春」関連による移民労働者の帰国の流れ

1970年頃まで 戦後の経済復興から発展期に移行した旧西ドイツやフランスなどは，経済成長を支える労働力が不足し，**ガストアルバイター**（ドイツ語で「客人労働者」）の受け入れを始める。南欧諸国や旧植民地（フランスは**アルジェリア**やチュニジアなど），旧西ドイツは**トルコ**から多くの労働力の流入が始まった。出稼ぎ労働者らは母国に帰っても，今以上の仕事の機会は得られそうにないと，次第に受け入れ国へ定着するようになる。

1980年頃まで 1973年の**第一次石油危機**以降，西欧では大量の失業者が発生し，新規の外国人労働者の受け入れを停止する。既に滞留している外国人労働者へは，帰国を促す政策をとった。一方，中東産油国は原油価格の上昇により，経済成長が始まる。多数の労働者を受け入れるが，「単身者であり滞在期限付き」という条件があった。そのためペルシア湾岸の産油国では**男女比が崩れ，男性の多い国**が多くなっている。

1990年頃 日本では，1990年に**入国管理法の改正**が行われた。それまでは未熟練労働者の入国は認められていなかった（そのため不法就労外国人問題が顕在化）。法改正によりこの点が一部緩和され，日系3世までは未熟練労働者であっても就労可能となった。これにより主に**ブラジルやペルーなど**，中南米諸国からの日系人の入国が多くなる。バブル経済の崩壊後，労働力需要が減っても3K（きつい・危険・汚い）労働に従事する構造は変わっていない。（▶P.123）

2000年頃 「経済成長がヒトの流れをつくる」ことが如実に表れてきた。①**EUが東欧へと拡大**（04年10か国加盟）したことで域内移動が活発化②**ペルシア湾岸諸国**にみられる経済発展と，建設ブームでの外国人労働者の存在③**ＡＳＥＡＮ諸国**が世界の成長センターとして伸びていることに伴う人口移動など，グローバル経済が国境を越えたものや人の流れを変えている。また，近年の国際人口移動の約半分は女性となっている。

2010年頃 **世界金融危機**（2008年）による移民の動きの変化は長続きせず，経済成長地域に吸引される移民パターンへと回帰している。世界的な移民の動きは多様化してきているが，すでに長年にわたって移住先で定住化が進んだ人々は，世界金融危機でもあまり動きがない。「**アラブの春**」（2010年〜）による移民労働者の帰国も一時的なものであり，回復傾向にある。

（桑原靖夫『国境を越える労働者』岩波新書，
IOM「WORLD MIGRATION REPORT2011」などによる）

↑**1** ドイツで働くトルコからのガストアルバイター

↑**2** フランスで働くアフリカ系労働者

↑**3** 日本で働く日系ブラジル人の子どもたち

↑**4** サウジアラビアで働く出稼ぎ労働者

↑**5** 中国資本による国立劇場の建設［セネガル］

---

2 難　民

●**出身国別の難民総数**（2021年末現在）

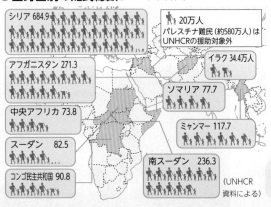

シリア 684.9

20万人
パレスチナ難民（約580万人）は
UNHCRの援助対象外

イラク 34.4万人

アフガニスタン 271.3

ソマリア 77.7

中央アフリカ 73.8

ミャンマー 117.7

スーダン 82.5

南スーダン 236.3

コンゴ民主共和国 90.8

（UNHCR
資料による）

❷**難民**とは人種民族的，思想的，政治的理由により母国で迫害，または戦争災害のため外国へ避難した人々を指す。しかし長い戦乱により居住地が破壊され，国内にいながら故郷を失った難民同様の人々も多い。歴史的には第二次世界大戦時のユダヤ人難民，ベトナム戦争後の**インドシナ難民**などがある。近年ではアフリカでの**飢餓難民**や政治的混乱による難民（ソマリア・スーダン・コンゴ民主共和国），アフガニスタンやイラク，シリア国内の治安悪化による難民が生じている。難民を支援する国連機関には**国連難民高等弁務官事務所（UNHCR）**と国連パレスチナ難民救済事業機関（UNRWA）とがある。

Q スーダンやミャンマーでの難民発生原因は何か。【11年B本・第5問・問3】

↓**6** アフガニスタンの難民キャンプで国連児童基金（ユニセフ）の配給食料を待つ子どもたち

1 世界の人口増加率

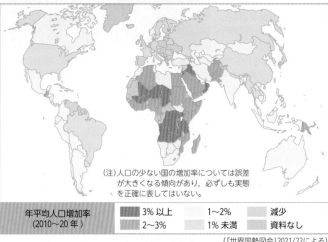

(注)人口の少ない国の増加率については誤差が大きくなる傾向があり、必ずしも実態を正確に表してはいない。

年平均人口増加率 (2010〜20年)		
3%以上	1〜2%	減少
2〜3%	1%未満	資料なし

（『世界国勢図会』2021/22による）

Q ①旧ソ連諸国や東欧諸国で、人口が減少している国が多い理由は何だろうか。【12年B本・第5問・問1】

←1 人口爆発国の路上生活者[インド・コルカタ(カルカッタ)] 発展途上国の大都市では、路上生活をする成人や**ストリートチルドレン**（家庭や社会の保護もなく、路上で物売りや靴磨き、日雇い労働をして暮らす子どもたち）をみかける。大都市での雇用機会を求めて流入する人々は、チャンスに恵まれることなく、**スラム**の居住者(温暖な地域では路上生活者)になってしまう例が多い。(▶P.130③)

2 出生率と1人当たり国民総所得

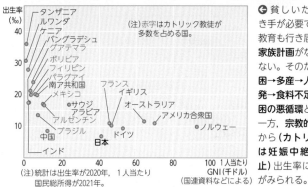

(注)赤字はカトリック教徒が多数を占める国。

(注)統計は出生率が2020年、1人当たり国民総所得が2021年。(国連資料などによる)

← 貧しいため働き手が必要であり、教育も行き届かず、**家族計画**がなされない。そのため**貧困→多産→人口爆発→食料不足→貧困の悪循環**となる。一方、宗教的理由から(**カトリックは妊娠中絶を禁止**)出生率に違いがみられる。

3 女子教育と人口 ●女性の識字率と出生率

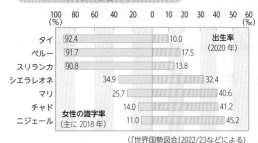

	女性の識字率(主に2018年)	出生率(2020年)
タイ	92.4	10.0
ペルー	91.7	17.5
スリランカ	90.8	13.8
シエラレオネ	34.9	32.4
マリ	25.7	40.6
チャド	14.0	41.2
ニジェール	11.0	45.2

（『世界国勢図会』2022/23などによる）

← 発展途上国では乳児死亡率が高いため、欲しい子どもの数より多く産んでしまう例が多い。**女性の地位向上や教育**によって人口増加は防ぐことができる。

→2 NGOによる女子の教育[カンボジア] 発展途上国の多くは**女性に教育は必要ない**という考えが一般的で、**子どもは労働力**と位置づけられ多産となる。女性への教育により発言力が増す(**エンパワーメント**)と、次第に**家族計画**もしっかりとして人口爆発も落ち着いてくる。

(c)Harsha De Silva

4 インドの人口問題 (▶P.207)

●南アジアの人口密度

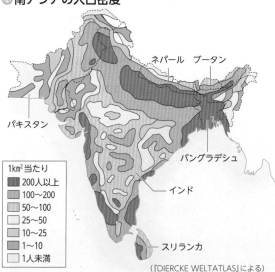

1km²当たり	
200人以上	
100〜200	
50〜100	
25〜50	
10〜25	
1〜10	
1未満	

（『DIERCKE WELTATLAS』による）

●インドの人口推移

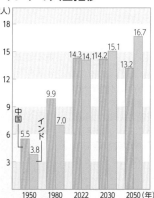

中国 5.5 / インド 3.8（1950年）
9.9 / 7.0（1980年）
14.3 14.1 14.2（2022年）
15.1 13.2（2030年）
16.7（2050年）

（World Population Prospects）

↑ インドの人口は現在、14億人を超え、2023年半ばに中国を抜き世界1位になる見込みである。(▶P.206写真③)

Q ②インドの人口対策を整理しよう。【13年B本・第5問・問3】

↓3 家族計画を奨励する看板[インド・デリー] 人口増加が続くインドでは**家族計画(産児制限)政策**として、子どもの数を**2〜3人**にすることの奨励、不妊治療の強制や避妊具の配給をしてきたが、成功しなかったため、増える人口へは**緑の革命**による食料増産で対応した。現在は都市と農村、南部と北部の地域差が出生率にも表れつつある(共に前者が低い傾向)。近年は**女子教育**に力を入れ、家族計画を進めている。

PRACTISE FAMILY PLANNING

🔭 FOCUS　中国の人口問題 〜2016年「一人っ子政策」廃止

❶ 一人っ子政策の歴史

◯ 人口動態

（若林敬子『中国の人口問題』東京大学出版会，『中国年鑑』2023による）

→1 一人っ子政策を奨励していた看板［ペキン・2007年］

◯ 中華人民共和国は1949年の建国以降，出生率は急増したが，1960年前後は**大躍進**政策の失敗と大飢饉の発生で，人口が減少した。しかし，その後は**多産多死**となり人口が急増する。指導者であった**毛沢東**は「人間はものを食べる口はひとつだが，働く手は2本ある。つまり，人口は多ければ多いほど国の武器になる」という人口資本説を唱え，彼の死（1976年）まで中国では人口研究がタブーとされた。そして1979年から**一人っ子政策**が始まる。強制力のあるこの政策により，人口動態は安定低下期に入る。1980年代には合計特殊出生率も2.0を下回るが，わがままに育てられた「**小皇帝**」や戸籍を持たない「**黒孩子**」などが問題視されるようになった。2010年代に入り一人っ子政策第1世代は**80后**（1980年代生まれ）と呼ばれ，社会の中堅になっている。2016年，一人っ子政策は廃止され，2021年には3人目の出産も認められることとなった。

↑2 総人口が約60年ぶりに減少，中国の新生児室［2023年1月］ 中国では2022年末の人口が14億1,175万人となり，約60年ぶりに人口が減少した。人口減少に転じた中国は今後，労働人口が縮小し少子高齢化が進む。政府は2016年に「一人っ子政策」を廃止し，子育て支援をするなど出産奨励にかじを切ったが，若い世代の反応は鈍い。一人っ子政策の影響で男女比が不均衡となっており，男性が結婚を望んでも相手がいない問題もある。

◯ 中国の人口ピラミッドと計画出産の歴史

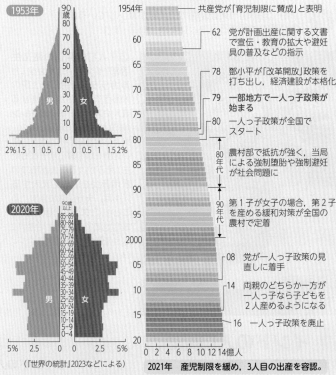

（『世界の統計』2023などによる）

1954年	共産党が「育児制限に賛成」と表明
62	党が計画出産に関する文書で宣伝・教育の拡大や避妊具の普及などの指示
78	鄧小平が「改革開放」政策を打ち出し，経済建設が本格化
79	一部地方で一人っ子政策が始まる
80	一人っ子政策が全国でスタート
80年代	農村部で抵抗が強く，当局による強制堕胎や強制避妊が社会問題に
90年代	第1子が女子の場合，第2子を産める緩和対策が全国の農村で定着
08	党が一人っ子政策の見直しに着手
14	両親のどちらか一方が一人っ子なら子どもを2人産めるようになる
16	一人っ子政策を廃止

2021年　産児制限を緩め，3人目の出産を容認。

（「朝日新聞」2016.1.26などによる）

❷ 偏在する人口

◯ 省別人口密度（2020年）

ヘイロンチヤン（黒竜江）省、ペキン（北京）、内モンゴル自治区、シンチヤンウイグル自治区、シャントン（山東）省、チンハイ（青海）省、チャンスー（江蘇）省、シャンハイ（上海）、チベット自治区、ホーナン（河南）省、ユンナン（雲南）省、チョーチヤン（浙江）省、コワンシー壮族自治区、コワントン（広東）省

凡例：
- 500人/km²以上
- 300〜500
- 100〜300
- 10〜100
- 10人未満

（『中国統計年鑑』2021）

← 経済発展が著しい沿岸部は西部（内陸）からの人口流入（**盲流・民工潮**）が続いており，人口密度も高い。ただ，都市に定住しても戸籍は出身地の**農村戸籍**のままであり，**都市戸籍**の取得にはうまくいって5〜10年を要し，社会保障等の待遇では「**二級市民**」的な扱いとなる。

◯ 省別人口自然増加率（2021年）

内モンゴル自治区、ニンシヤ回族自治区、シンチヤンウイグル自治区、チンハイ（青海）省、チベット自治区、ペキン（北京）、シャンハイ（上海）、ユンナン（雲南）省、コワンシー壮族自治区

全国平均0.34‰
- 9‰以上
- 6〜9
- 3〜6
- 0〜3
- 0‰未満

（『中国統計年鑑』2022）

↓3 大家族で暮らす少数民族［コイチョウ（貴州）省のミャオ族］ 「**少数**」民族とはいえ56の民族がおり，実数では約1億1,400万人を数える。5つの自治区がある（①**チベット自治区**・チベット族92%，②**シンチヤンウイグル自治区**・ウイグル族45%，③コワンシー壮族自治区・壮族33%，④ニンシヤ回族自治区・回族20%，⑤内モンゴル自治区・モンゴル族17%）。しかし，**漢族の流入・移住**が進み，③，④，⑤の自治区では既に漢族比率の方が上回っている（③61%，④79%，⑤79%）。

1 各国の高齢化比率の推移

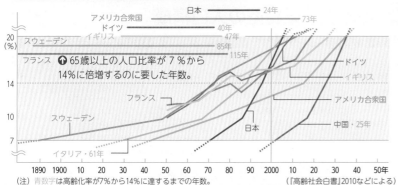

アメリカ合衆国 —— 日本 —— 24年
ドイツ —— 40年 —— 73年
イギリス —— 47年
スウェーデン —— 85年
フランス ↑ 65歳以上の人口比率が7%に14%に倍増するのに要した年数。 115年

ドイツ
イギリス
フランス
アメリカ合衆国
スウェーデン
日本
中国・25年
イタリア・61年

(注) 青数字は高齢化率が7%から14%に達するまでの年数。　（『高齢社会白書』2010などによる）

● 65歳以上の高齢者が人口比率で7%を超えた社会を**高齢化社会**、14%を超えた社会を**高齢社会**という。日本の高齢化の進行は急速で、**1994年**に高齢社会となった。他の先進国の状況と比べると、その速さがわかる。

● 国民負担率（社会保障負担率＋租税負担率）

（年度）	租税負担率	社会保障負担率	計
スウェーデン (2020)	49.5	5.1	54.6 (20.3)
ドイツ (2020)	30.3	23.7	54.0 (21.7)
日本 (2023)	28.1	18.7	46.8 (28.0)
アメリカ合衆国 (2020)	23.8	8.5	32.3 (16.6)

□ 租税負担率
■ 社会保障負担率
（ ）内は老年人口（65歳以上）比率（'20年）

0　20　40　60　80(%)
（財務省資料）

◀1・2 **スウェーデンの恵まれた老人ホームと幼稚園** スウェーデンでは24時間対応の訪問介護、補助器具や住宅改造サービスなど高福祉社会を実現してきた。一方で労働力減少に対応するため出生率の増加を目指し、保育施設の充実にも努めている。働く母親が安心して子どもを育てられる環境づくりに力を入れているのである。

2 スウェーデンの対応

3 女性の社会参画と出生率

◀3 **駅ナカ保育園**［神奈川県横浜市］ 駅ビルの中に保育園を開設することで、働く若い世帯の**育児支援**となる。駅のもつ利便性をいかし、男性も育児参加しやすくしている。

● 各国の合計特殊出生率 (2020年)

（World Development Indicatorsによる）

■ 6人以上　■ 4〜6人
□ 3〜4人　■ 2〜3人
■ 2人未満　□ 資料なし

❶ 合計特殊出生率は、1人の女性が生涯（15歳〜49歳）に何人の子どもを産むかを示す数値である。日本は2005年に**1.26**の最低値を記録した（'21年は1.30）。

(注) CCRC＝Continuing Care Retirement Community

● 女性の年齢別労働力率の国際比較 (2021年)

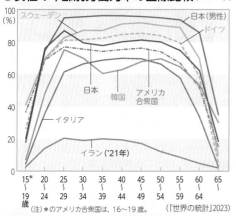

スウェーデン
日本（男性）
ドイツ
日本
韓国
アメリカ合衆国
イタリア
イラン（'21年）

15*　20　25　30　35　40　45　50　55　60　65
〜　〜　〜　〜　〜　〜　〜　〜　〜　〜　〜
19歳 24　29　34　39　44　49　54　59　64

(注) *のアメリカ合衆国は、16〜19歳。　（『世界の統計』2023）

4 日本版CCRC

→4 CCRCの一つ「スマートヴィレッジ稲毛」［千葉県千葉市］ アメリカ合衆国で発展した新しい形の高齢者コミュニティ（CCRC：高齢者が健康時から介護時まで継続的なケアが保証される共同体）は、日本では意訳して「生涯活躍のまち（日本版CCRC）」として紹介されている。スマートヴィレッジ稲毛は2010年開設、現在は約700人が暮らすCCRCの先駆で、民間事業者が始めた新しい高齢社会の生活モデルである。

Q GDP比公的社会支出割合とGNI比租税負担率を比べると、北欧諸国にはどのような特徴があるか。【18年B本・第5問・問5】

Q 日本の都市部でも「買い物難民」が発生している。その背景は何か。【13年B追・第3問・問6】

1 日本の人口の推移と将来推計

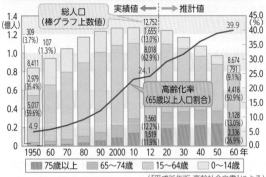

総人口（棒グラフ上数値）
実績値 ← | → 推計値
高齢化率（65歳以上人口割合）

凡例: 75歳以上 / 65〜74歳 / 15〜64歳 / 0〜14歳

（『平成25年版 高齢社会白書』による）

↑ 日本の人口は，現在1億2,000万人を超えているが，しだいに減少に転じる。2050年以降は1億人を下回り，2100年には6,000万人台になるという予想もされている。

2 都市型・農村型の人口構成

（多摩市資料，『栄村村勢要覧』による）

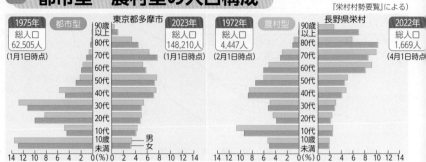

都市型：東京都多摩市
1975年 総人口 62,505人（1月1日時点）
2023年 総人口 148,210人（1月1日時点）

農村型：長野県栄村
1972年 総人口 4,447人（2月1日時点）
2022年 総人口 1,669人（4月1日時点）

↑ 多摩ニュータウンは1966年に開発が始まり，八王子市など4市にまたがる丘陵に2,980haの宅地を開発した（計画人口約34万人）。しかし，少子高齢化で急速に人口構成が変化した（1975年の星型人口ピラミッドは2023年にはみられない）。一方，農村部においては若年人口が多く流出し，過疎問題が深刻である。人口の半分以上が65歳以上の高齢者で，地域共同体の維持が困難な限界集落は全国で約8,000にも及ぶ（1972年のひょうたん型人口ピラミッドは2022年にはみられない）。

3 都道府県別人口増加率の変化

人口増加: 5%以上 / 2.5〜5.0% / 0.0〜2.5%
人口減少: 0.0〜2.5% / 2.5%以上
（国勢調査などによる）

高度成長期

1965〜70年
1970年
● 総人口 103,720（千人）
● 合計特殊出生率 2.13
● 人口増加率 5.5（%）（1965〜70年）

安定成長期

1975〜80年
1980年
● 総人口 117,060（千人）
● 合計特殊出生率 1.75
● 人口増加率 4.6（%）（1975〜80年）

バブル後期〜

1990〜95年
1995年
● 総人口 125,570（千人）
● 合計特殊出生率 1.42
● 人口増加率 1.6（%）（1990〜95年）

「人口静止社会」へ

2000〜05年
2005年
● 総人口 127,768（千人）
● 合計特殊出生率 1.26
● 人口増加率 0.7（%）（2000〜05年）

→ 高度経済成長期に起きた過疎現象も，1980年ころになると落ち着きをみせる。地域の工業化推進と地方中核都市の発達がその要因である。しかし，2000年になると大都市遠隔地で再び人口減少が顕著になった。これは高齢化の進んだ地域の人口減少であり，少子化に伴い人口増加もなくなった。総務省によれば，日本は2005年から07年にかけてが「人口静止社会」の時期にあたり，08年以降が人口が継続して減少する社会の始まりの年＝「人口減少社会元年」としている。

（▶P.272）

↓1 大阪万博（1970（昭和45）年）

地方で生まれた人々が進学や就職で三大都市圏を中心とした太平洋ベルトへ移り住んだようすが分かる（向都離村）。過疎と過密が社会問題化した。

↓2 鹿島臨海工業地域

日本全体が人口増加にあったのは，第二次ベビーブームの影響である。東京だけが人口減となるが，周辺県が増加（ドーナツ化現象）し，首都圏としてみると人口集中は続いた。

↓3 好景気の象徴〜高級車の展示会場

首都圏への集中，なかでも東京への一極集中が加速した。地方では仙台や広島，福岡等の広域中心都市を擁する県は人口が増加している反面，人口減少が始まっている県も出てきた。（▶P.129 4）

↓4 人口流出に伴う過疎化〜廃屋となった民家（青森県）

東京23区の人口が増加した「都心回帰」の時期である。一方，北東北や山陰など人口減少とともに少子高齢化が急速に進行し，限界集落が問題化してきた。

4 少子・高齢化社会

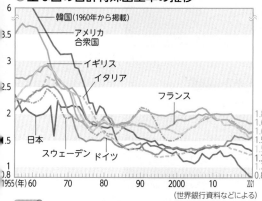

↑5 **資生堂が設けた保育施設**［東京都港区］　少子化対策にあたっては，出産・育児に対する補助金の拡大，産休・育休制度の拡充，若年層の安定的雇用の確保，労働時間の短縮など労働環境の改善や，保育制度の充実が急務である。しかし，各国が少子化対策にかけている費用を比較すると，対GDP比（'17年）でフランスが3.6%，スウェーデンが3.4%に対し，日本は1.8%である。

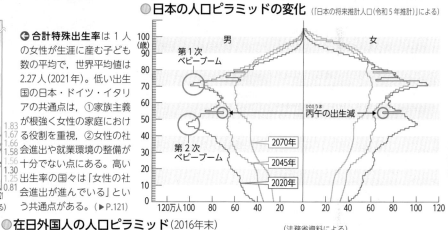

↖6 **グループホーム**

↑7 **介護を受ける高齢者**［東京都豊島区］　高齢化の進展とともに日常生活において，介護を必要とする高齢者が増え続けている。高齢化社会では，医療・福祉の充実が課題であるが，財政面での負担も大きい。

● 主な国の合計特殊出生率の推移

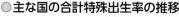

（世界銀行資料などによる）

韓国（1960年から掲載）
アメリカ合衆国
イギリス
イタリア
フランス
日本
スウェーデン　ドイツ

1.83
1.67
1.66
1.58
1.56
1.25
0.81

← **合計特殊出生率**は1人の女性が生涯に産む子ども数の平均で，世界平均値は2.27人（2021年）。低い出生国の日本・ドイツ・イタリアの共通点は，①家族主義が根強く女性の家庭における役割を重視，②女性の社会進出や就業環境の整備が十分でない点にある。高い出生率の国々は「女性の社会進出が進んでいる」という共通点がある。（▶P.121）

● 日本の人口ピラミッドの変化 （「日本の将来推計人口（令和5年推計）」による）

男　女
第1次ベビーブーム
第2次ベビーブーム
丙午（ひのえうま）の出生減
2070年
2045年
2020年

5 日本の外国人労働者

● 都道府県別在留外国人数 （2022年6月）

↓ 1990年の**入国管理法改正**による規制緩和などで，日本へ働きに来る外国人労働者は増加している。群馬県**太田市**や**大泉町**，静岡県**浜松市**，愛知県**豊田市**などでは，中国などアジア以外にもブラジルなど南アメリカからの労働者が増加している。

（▶P.118写真③）

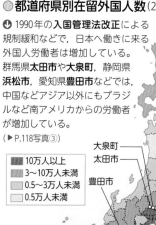

大泉町
太田市
豊田市
浜松市

10万人以上
3〜10万人未満
0.5〜3万人未満
0.5万人未満

（法務省「在留外国人統計」）

● 在日外国人の人口ピラミッド （2016年末）

（法務省資料による）

中国（69.6万人）
韓国（45.3万人）
ブラジル（18.1万人）
フィリピン（24.4万人）

● 在留外国人の国籍別割合 （2022年6月）

ブラジル
その他 27.2
中国 25.1%
計 296万人
7.0
ベトナム 16.1
フィリピン 9.8
韓国・朝鮮 14.8

（法務省「在留外国人統計」）

● 就労目的の新規入国者の状況 （2019年）

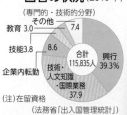

（専門的・技術的分野）
その他 7.4
教育 3.0
技能 3.8
技術・人文知識・国際業務 37.9
企業内転勤 8.6
興行 39.3%
合計 115,835人

（注）在留資格

（法務省「出入国管理統計」）

↓8・9 **専門用語を学習している外国人の看護師・介護福祉士候補者**　人手不足に直面している建設・農業・宿泊・介護・造船分野では，2019年からこれまでの技能実習制度を変更し新たな在留資格を作ることで，正式に「労働者」として受け入れる体制になった。

村　落

1 村落の立地

◉特色ある村落の立地

○ 条里集落
★ 隠田百姓村
■ 新田集落
◯ 散村

上川盆地
石狩平野
黒部川扇状地（富山）
砺波平野
五箇山（富山）★
白川郷（岐阜）★
檜枝岐（福島）★
出雲平野
三富新田（埼玉）■
有明海 ■
九十九里浜（千葉）■
大井川下流（静岡）
近江盆地 ◯
奈良盆地 ◯
祖谷（徳島）★
椎葉（宮崎）★
讃岐平野（香川）◯
五家荘（熊本）★
米良荘（宮崎）★

自然堤防上の集落

自然堤防上の集落／後背湿地

自然堤防

岩木川

→1 岩木川の自然堤防上に立地する集落［青森県］ 岩木川下流の沖積平野では，洪水からの安全度が高い**自然堤防上**に集落が立地する。自然堤防上には，りんご畑と集落が立地し，後背湿地には水田が広がる。（▶P.30）

◉村落の立地条件

自　然　条　件		社　会　条　件	
・飲料水・農業用水などの**水が得やすい**。 ・平坦な土地で農業生産に都合がよい。 ・水害など自然災害が少ない。		・外敵から防御しやすい。 ・交通の便が良く，生活物資が手に入りやすい。	
扇状地	谷水の得られる**扇頂**と，伏流水が湧き出する**扇端**に立地する。	谷口集落	山地と平地との物資の交換。
沖積平野 三角州	洪水を避けるため，**自然堤防**のような微高地や河岸段丘の**段丘面**に立地する。	渡津集落	河川の渡し場や橋の両側。
山地	日照の良い南向きの緩斜面に立地する**日向集落**。	落合集落	河川の合流点。物資の積み替え。
		湾頭（港頭）集落	天然の良港となる場所。陸と海との結節点。

←2 谷口集落（溪口集落）［埼玉県・飯能市］ 河川が山地から平地に出る**谷口**に発達した集落で，相互の生産物を交易する市場町に発達した例が多い。

←3 丘上集落［クロアチア・モトヴン］ 主に外敵の侵入から守るために丘の上に立地した集落。中世初期まで治安が悪かった地中海沿岸にみられる。現在は観光地となっている集落もある。

2 村落の発達

古　代	中　世		近　世	近　代
条里集落	豪族屋敷村	隠田百姓村	新田集落	屯田兵村
大化の改新の班田収授法による日本最初の計画的村落。**碁盤目状**土地割りと道路網が特色。**奈良盆地**や**讃岐平野**（香川県）などの近畿地方・瀬戸内地方に多く分布する。 🔍**key word** 条・里・坪・町・反	豪族の館を中心に，村落はその周囲に立地。防御的性格が強い。館は土塁や濠に囲まれていた。 🔍**key word** 関東…堀ノ内・根小屋・寄居・箕輪，東北…舘・要害，中・四国…土居，九州…麓・拵・構	落武者や租税のがれの農民が，隔絶する山間部に定住してできた村落。古い生活習慣が保存されている。**白川郷**（岐阜県）・**祖谷**（徳島県）・**五家荘**（熊本県）・**米良荘**（宮崎県）などにみられる	江戸時代，計画的な耕地開発により成立した新しい集落。開発の遅れた台地（洪積台地）・火山山麓・干拓地に成立。**三富新田**や**有明海干拓地**などにみられる。 🔍**key word** ○○新田・新開・出村・免	明治初期に，北海道の開拓や北方警備，生活に困窮する士族授産などの目的から成立。**石狩平野**・**上川盆地**などの北海道だけにみられる。「屯田」や「兵村」という地名が残っている地域もある。

↓4 奈良盆地の条里地割　奈良盆地は条里制により古代から開発が進み，碁盤目状の土地割りが顕著である。集落は塊村状となっていることが多い。（▶別冊P.41）

↓5 武蔵野台地の三富新田［埼玉県］ 三富は水の乏しい武蔵野台地北部に位置する**新田集落**である。元禄時代に川越藩が開拓した藩営新田。集落形態は**路村**で，屋敷林に囲まれた家屋の背後に**短冊状**に耕地が伸びている。（▶別冊P.41）

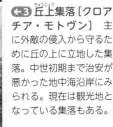

↓6 屯田兵村［北海道・上湧別町］ 北海道の警備・開拓，士族授産を目的に1874（明治7）年，琴似村（現札幌市）から開始され，屯田兵は約4万人が参加し，1903（明治36）年までに37村が建設された。（▶別冊P.42）

1：25,000　70%縮小

③ 村落の形態

散 村

↑7 タウンシップ制による散村 [アメリカ・カンザス州] アメリカでは1862年の**ホームステッド法**によって，５年間定住開拓した人は約65haの土地を無償で与えられ，**西部開拓が促進された。**（▶P.236）

↑8 砺波平野の散村 [富山県] 庄川や小矢部川によって形成された複合扇状地である。砺波平野には，傾斜が緩く，水に恵まれた平地が広がっている。風を防ぐための**屋敷林**に囲まれた農家が，50〜100mの間隔をおいて散在する。

Q 村落が散村と集村に分かれるのはなぜなのか，特徴を比較して考えよう。

塊 村 | 集 村

街 村

↑9 塊村 [フランス・プロヴァンス地方] 家が不規則に並び塊状に集まっている。村内の道路も不規則であり，その多くは**自然発生的な集落**である。**水利**や**日照**などの条件のよいところに立地する。村落形態としては最も一般的な形である。

↑10 街村 [長野県・妻籠宿] 道路に沿って家屋が密に細長く並んだ村落である。日本では街道に沿って形成される例が多く，機能面では交通・商業の発達がみられる。**宿場町・市場町・門前町**にはこの形態が多い。（▶P.128・別冊P.43㉒）

円 村 (環村) | 路 村

↑11 円村 (環村) [フランス・ブラム] 中心にある広場や教会を囲んで家屋が配置され，中央からは放射状の道路と同心円状の道路，土地割りがなされている。東ヨーロッパのスラブ民族の農業集落に多い形態(特に旧東ドイツ〜ポーランド)。

↑12 路村 [ルーマニア・バナート地方] 家屋が一本の道路に沿って列状に並んでいる村落形態で，計画的な**開拓村**にみられる。住民は道路機能に依存せず農業や漁業に従事し，付近の土地割りも道路に直交する短冊形が多い。

アジア側

ヨーロッパ側

黒海
ボスポラス海峡
マルマラ海 イスタンブール

1 都市の立地

←1 東西交易の結節点・イスタンブール[トルコ] ボスポラス海峡をまたぎ両岸に市街地が広がるイスタンブールは，紀元前7世紀にギリシャの植民市**ビザンティウム**として建設された。その後，ローマ帝国の首都**コンスタンティノープル**と改名，15世紀にはオスマン帝国に支配されて**イスタンブール**と改称され，ヨーロッパ（西）とアジア（東）を結ぶ貿易の中心として繁栄した。トルコの首都が**アンカラ**に移っても，同国第一の経済都市の地位は変わっていない。

◉都市の立地点と立地条件 （▶P.210）

立地点	立地条件	代表的都市
平野の中心	大平野を後背地として発達	モスクワ・ベルリン・パリ・東京
谷口（渓口）	山地と平野との経済的接触点	青梅・五日市（東京）・小千谷（新潟）・桐生（群馬）・宝塚（兵庫）
異文化の接触線	農耕地域と牧畜地域の境界線上	パオトウ・チャンチャコウ（中国）・サマルカンド（ウズベキスタン）
湾頭		サンクトペテルブルク（ロシア）・ボルティモア（アメリカ合衆国）
海峡の両端	水上交通の要地	イスタンブール・ジブラルタルとセウタ・函館・青森
運河の両端		スエズとポートサイド（スエズ運河）コロンとパナマシティ（パナマ運河）
可航河川の沿岸	水陸交通の結節点	ニューヨーク・ニューオーリンズ・ベオグラード（セルビア）
滝線	河川交通の終点	フィラデルフィア・リッチモンド・コロンビア（アメリカ合衆国）
峠のふもと		ミラノ・トリノ・小田原（神奈川）・三島（静岡）
渡津	陸上交通の要地	ミネアポリスとセントポール（アメリカ合衆国）・島田・金谷（静岡）
高山都市	低緯度地域で標高が高く，常春の気候の場所	ラパス・キト・メキシコシティ・ボゴタ・ナイロビ

2 都市の成立

コンテナ船

地中海
ポートサイド
スエズ運河
カイロ スエズ
シナイ半島

←2 交通の要衝・スエズ[エジプト] 紅海に臨むスエズ運河南端の都市。かつては紅海とナイル川を結ぶ運河の入口でもあると共に，メッカ巡礼への出港地でもあった。その後，オスマン帝国海軍の拠点となり，さらに1869年のスエズ運河の開通によって港湾都市として発展した。近年は石油化学工業の集積がみられる。

ドイツ
ネルトリンゲン
ミュンヘン
オーストリア
スイス

→3 囲郭都市ネルトリンゲン[ドイツ] 中国やヨーロッパの古代〜中世都市は，**町全体が城壁で囲まれている**ことが多かった（日本の城下町の多くは，城だけが堀で囲まれている）。ネルトリンゲンはロマンチック街道沿いの都市で，1300年代に作られた環状の城壁が市街地を囲んでいる。内側の市街地は中世の景観が今も残り，教会や市庁舎，広場を中心とした集村形態が広がる。

Q 囲郭都市がアメリカ合衆国には存在しないのはなぜか。
【14年B本・第3問・問6】

↓4 セントルイス[アメリカ合衆国] ミシシッピ川とミズーリ川が合流する地点に立地した**双子都市**で，西部開拓の拠点となった。それを記念したゲートウェイアーチが建設された。

ミシシッピ川
イースト・セントルイス
ミズーリ川
セントルイス

◉アメリカ合衆国の滝線都市

ハドソン川
オンタリオ湖
デラウェア川
ア
パ
ラ
チ
ア
山
脈
ニューヨーク
フィラデルフィア
ボルティモア
ワシントンD.C.
ジェームズ川
リッチモンド
ロアノーク川
ローリー
コロンビア
オーガスタ
メーコン
コロンバス
タスカルーサ
サバンナ川
大西洋
大西洋岸平野
メキシコ湾岸平野
セントルイス
ミシガン湖
エリー湖
オハイオ川

0 500 1000km
●滝線都市

↑アメリカ東部のピードモント台地から大西洋岸平野に流れ出る河川はそこで滝となり，水車・水力発電所が建設された。**紡績・織物・製粉業が発達し都市が形成**された。

Geography よりみち

地名が明かす都市の立地

外国の地名にみられる共通の語尾は，都市の立地に関連し，次のような意味をもつ。

城（都市）	カッスル（castle 英）バラ（brough・burgh 英）ブルク（burg 独）ブール（bourg 仏）グラード・ゴロド（grad・gorod 露）スク（sk 露）
橋	ブリッジ（bridge 英）ブルック（bruck 独）
浅瀬（渡津）	フォード（ford 英）フルト（furt 独）
堤防	ダム（dam 蘭）
イスラム都市	バード（abad アラビア）
町・集落	タウン（town 英）ウィッチ（wich 英）ビル（ville 仏）シュタット（stadt 独）

（注）◯内は語。

3 都市の発達と機能分化

Q 古代日本の計画都市のモデルと特徴は何だろうか。【17年B本・第3問・問2】

←5 上空からみた大阪市 古くから瀬戸内海と京都を結ぶ交通の要津として発達した大阪は，中之島・堂島から大阪ビジネスパークにかけて**中心業務地区（CBD）** を形成。北は梅田，南に難波・天王寺の私鉄ターミナル駅が位置し，商業集積とともに郊外への**結節地域**となっている。（▶P.285）

●都市の地域分化モデル

地価

官庁・オフィス・商業地 A

商業地 B

郊外の住宅街 C

工場・倉庫・流通センター D

農用地・住宅地 E

都心

距離

（大阪都市圏の構造）

泉北ニュータウン
京阪奈学術研究都市

地方の核都市
（奈良市など）

郊外の核都市
（堺・西宮など）

副都心
（梅田・難波など）

都心
（中心業務地区
=CBD）

（高橋伸夫ほか『新しい都市地理学』東洋書林などによる）

4 都市機能による分類

分　類		代　表　的　都　市
生産都市	林業都市	アルハンゲリスク（ロシア），シトカ（アメリカ合衆国）
	水産都市	アバディーン（イギリス），セントジョンズ（カナダ）
	鉱業都市	撫順（中国）（石炭），バクー（アゼルバイジャン）（石油），ヨハネスバーグ（南ア共和国）（金），チュキカマタ（チリ）（銅）
	工業都市	鞍山（中国），バーミンガム（イギリス），ピッツバーグ（アメリカ合衆国），ジャムシェドプル（インド）
交易都市	商業都市	ニューヨーク，フランクフルト（ドイツ），シャンハイ（中国）
	貿易都市	ロッテルダム（オランダ），ホンコン（中国），シンガポール
	交通都市	港湾　パナマ，アデン（イエメン） 空港　アンカレジ（アメリカ合衆国） 鉄道　ウィニペグ（カナダ）
消費都市	政治都市	ワシントンD.C.，キャンベラ（オーストラリア），イスラマバード（パキスタン），デリー（インド）
	軍事都市	ポーツマス（イギリス），サンディエゴ（アメリカ合衆国）
	宗教都市	エルサレム（イスラエル），メッカ（サウジアラビア），バチカン，ヴァラナシ（インド）
	住宅都市	レッチワース（イギリス），ポツダム（ドイツ）
	学術都市	オックスフォード（イギリス），ハイデルベルク（ドイツ）
	観光都市	アテネ（ギリシャ），ローマ，ラスベガス（アメリカ合衆国）
	保養都市	カンヌ，ニース（フランス），ダージリン（インド），マイアミ（アメリカ合衆国）

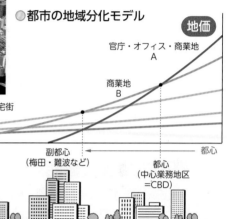

↑7 学術都市・ハイデルベルク ドイツ最古のハイデルベルク大学のほか，第二次世界大戦の被害がなかったこともあり，古い町並みが残る観光地でもある。

↑6 政治都市・キャンベラ オーストラリアの首都機能に特化した連邦政府直轄地の**計画都市**。シドニーとメルボルンのほぼ中間に位置している。

↓8 宗教都市・バチカン ローマ市内にある世界最小の独立国。世界中の**カトリック教会の中心**である教皇庁のほか，サン＝ピエトロ大聖堂など貴重な建築物がある。

↓9 保養都市・カンヌ，ニース，モナコ 南フランス地中海沿岸地方（**コートダジュール**），そしてイタリアの**リヴィエラ海岸**へと続く，高級避寒リゾートである。

村落・都市

1 日本の都市

◎都市の階層からみた分類の例

```
                  ┌ 大都市(国家都市)東京,名古屋,大阪  ┌ 大都市圏都市
                  │   大都市周辺都市(衛星都市)      │(人口200万人以上)
                  │    小金井,市川                └
        ┌ 中小都市┤
        │         │         ┌ 広域中心都市(地方中枢都市)(人口100万人程度)
        └ 地方都市┤         │  札幌,仙台,広島,福岡
                  └         │  地域中心都市(県域中心都市)(人口10万人以上)
                            └  農村中心都市(小都市)(人口10万人以下)
```

(山鹿誠次『都市地理学』大明堂などによる)

都市の人口
(人口統計は2022年1月)
- ◉ 200万人以上
- ◉ 100～200万人
- ◉ 60～100万人
- ◉ 50～60万人
- ▢ 政令指定都市
- ─ 広域中心都市 (地方中枢都市) の都市圏

(『日本国勢図会』2023/24などによる)

都制 東京都の23区を**特別区**とし,市町村などの普通地方公共団体に準ずるものとして扱われている。

政令指定都市 人口50万人(実際は100万人前後)以上の都市で,府県または知事などの事務権限のうち,福祉,衛生,都市計画など18項目の事務を,府県を経ずに国と直接に行える。つまりは,"都道府県と同格"の扱いを受ける都市である。

中核市 1994年に発足した制度で,政令指定都市に準じた事務配分が行われることから**第二政令指定都市**ともいわれる。人口20万人以上(2020年までに限り,人口が20万人未満でも中核市に移行が可能)。

中核市 旭川・函館・青森・八戸・盛岡・秋田・山形・福島・郡山・いわき・水戸・宇都宮・前橋・高崎・川越・越谷・川口・八王子・柏・船橋・横須賀・富山・金沢・福井・甲府・長野・松本・岐阜・豊橋・岡崎・一宮・豊田・大津・高槻・寝屋川・東大阪・八尾・豊中・吹田・枚方・尼崎・西宮・明石・姫路・奈良・和歌山・倉敷・鳥取・松江・福山・呉・下関・高松・松山・高知・久留米・佐世保・長崎・大分・宮崎・鹿児島・那覇

(2023年4月現在)

2 都市の起源・機能

起源	代表的な都市
門前町	高野山,長野,成田,永平寺(福井),平泉(岩手)
鳥居前町	伊勢(三重),琴平(香川),大社(現出雲市,島根),日光(栃木),諏訪(長野),宮島(現廿日市市,広島)
城下町	名古屋,金沢,熊本,姫路,高知,仙台,広島
宿場町	草津(滋賀),金谷(現島田市,静岡),島田,浦和(現さいたま市),千葉,三島
港町	長崎,新潟,青森,博多,函館,敦賀(福井)
寺内町	今井町(奈良・橿原),富田林(大阪),一身田(三重・津)

機能	代表的な都市
工業都市	[鉄鋼]鹿嶋(茨城),君津(千葉),加古川(兵庫),福山(広島),北九州(福岡) [自動車]太田(群馬),浜松(静岡),豊田(愛知),鈴鹿(三重),広島,苅田(福岡) [造船]長崎 [石油化学]市原(千葉),四日市(三重),周南(山口) [絹工業]桐生(群馬),福井 [化学繊維]倉敷(岡山),防府(山口),延岡(宮崎) [製紙・パルプ]苫小牧(北海道),富士(静岡),川之江(現四国中央市,愛媛)
林産都市	能代(秋田),新宮(和歌山)
水産都市	釧路(北海道),銚子(千葉),焼津(静岡),境港(鳥取)
交通都市	[鉄道]米原(滋賀),高崎(群馬) [港]横浜(神奈川),神戸(兵庫),下関(山口) [空港]千歳(北海道)
宗教都市	[仏教]長野,成田(千葉) [神道]伊勢(三重),天理(奈良)
住宅都市	[東京周辺]浦安・松戸・市川(千葉),小平・多摩(東京) [名古屋周辺]春日井・小牧(愛知) [大阪周辺]高槻・茨木・枚方・池田・豊中(大阪),芦屋(兵庫)
文化・学術都市	つくば(茨城)
観光都市	鎌倉(神奈川),奈良,京都
保養都市	[避暑]軽井沢(長野) [臨海(避寒)]逗子(神奈川) [温泉]熱海(静岡),別府(大分)

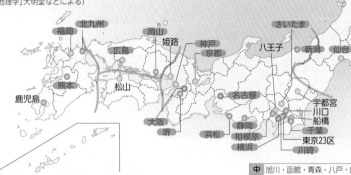
↓1 鳥居前町(琴平)
(▷別冊P.43⑳) 金刀比羅宮 参道

↓2 城下町(姫路) 天守閣 堀

↓3 港町(長崎) 造船所

↓4 交通都市(米原)

↓5 文化・学術都市(つくば)

↓6 保養都市(別府)

3 都市の内部構造

←7 副都心 [新宿区] 交通の要所に形成される商業集積地域で，都心の機能を代行する。**新宿**には日本有数の高層ビルが林立する。
（▶別冊P.44㉓）

↓9 ニュータウン [多摩市] 1970年から東京都南西部多摩丘陵に建設された。郊外の鉄道沿線に計画的に大規模開発され，都心に通勤する人が多く，**昼間人口**より**夜間人口**の方が多い。

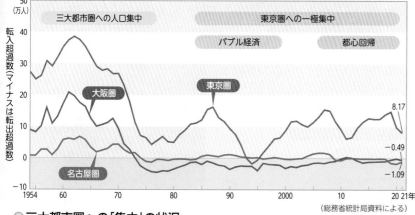

↑8 都心 [丸の内] 丸の内は，東京の**中心業務地区 (CBD)** である。官公庁・デパート・高級専門店が集積する高層建築ビルの街であり，**昼間人口**が**夜間人口**より著しく多いのが特徴である。

→10 ウォーターフロント [お台場] 従来，工場や倉庫として利用されてきた港湾周辺の水際地域が，娯楽施設・住宅地として，再開発されている。東京では，**お台場**の開発のほか，隅田川河畔などで開発が進んだ。

（▶別冊P.44㉔）

4 東京への一極集中

Q 大都市圏における中心都市，ニュータウンのある衛星都市，外縁部に位置する都市では，昼夜間人口比率にどんな違いがみられるだろうか。【14年B本・第3問・問3】

高度経済成長期は**三大都市圏**への人口集中が進行した。1970年代は関西に基盤を置く企業の東京への本社機能移転が進行し，関西経済の地盤沈下が指摘された。バブル期以降は東京圏への**一極集中**がさらに進行し，東京は世界の各国を代表する都市群の一つとなった。特に金融・情報・メディア関連の世界的企業の集積では，東京が圧倒的で人(ヒト)・物(モノ)・金(カネ)がさらに人々を引きつける現象となっている。（▶P.122 3）

◎三大都市圏の転入超過数の推移

東京圏：東京都，神奈川県，埼玉県，千葉県
名古屋圏：愛知県，岐阜県，三重県
大阪圏：大阪府，京都府，奈良県，兵庫県

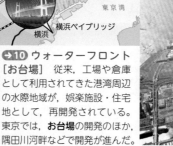

（総務省統計局資料による）

◎東京23区の昼間人口指数 (2020年)

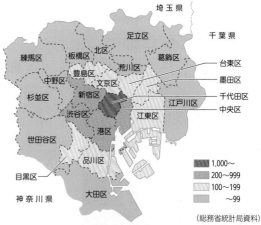

凡例：
- 1,000～
- 200～999
- 100～199
- ～99

（総務省統計局資料）

官公庁や企業の本社が集中する千代田区の値が飛び抜けて高く，それを囲むように都心3区の残りの港区と中央区，副都心(新宿・渋谷・池袋)のある新宿区・渋谷区が広がっているのが分かる。さらにその周辺部は23区内ではあるものの指数が100を下回っている。

(注) **昼間人口指数** $= \dfrac{昼間人口}{夜間人口} \times 100$

◎三大都市圏への「集中」の状況

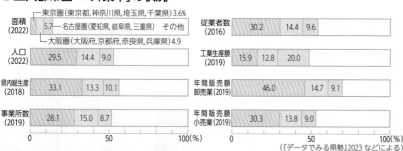

	東京圏(東京都,神奈川県,埼玉県,千葉県)	名古屋圏(愛知県,岐阜県,三重県)	大阪圏(大阪府,京都府,奈良県,兵庫県)	その他
面積 (2022)	3.6%	5.7	4.9	
人口 (2022)	29.5	14.4	9.0	
県内総生産 (2018)	33.1	13.3	10.1	
事業所数 (2019)	28.1	15.0	8.7	
従業者数 (2016)	30.2	14.4	9.6	
工業生産額 (2019)	15.9	12.8	20.0	
年間販売額 卸売業(2019)	46.0	14.7	9.1	
年間販売額 小売業(2019)	30.3	13.8	9.0	

（『データでみる県勢』2023 などによる）

村落・都市

Q プライメートシティ（首位都市）が成立しやすい国の特徴とは何か。【11年B追・第3問・問2】

1 大都市への人口集中

●各国の都市人口率の推移

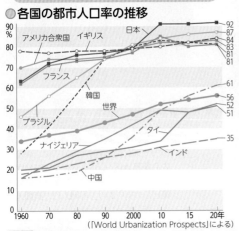

（注）都市の定義は国によって異なる。日本のデータについて、「都市」とは、①人口5万人以上、②製造業や貿易、都市的な業務に携わっている人が市全人口の60%以上などとされたもの。

（「World Urbanization Prospects」による）

● これまで、都市人口率は先進国と発展途上国とでは大きな差があった。近年、発展途上国での人口増加は同時に農村から都市への急激な人口移動を伴い、大都市がより大きな大都市圏域を形成している。一方、先進国では大都市への集中から郊外化の動きもある。

●プライメートシティ（首位都市）（2020年）

（Demographic Yearbookなどによる）

国名	チリ	ペルー	メキシコ	タイ	コンゴ民主共和国	ウルグアイ	韓国	アイスランド
首都(首位都市)(人口:万人)	サンティアゴ(677)	リマ(1,072)	メキシコシティ(890)	バンコク(1,054)	キンシャサ(1,159)	モンテビデオ(175)	ソウル(969)	レイキャビク(12)
首位都市への人口集中度(%)	35	33	7	15	13	50	19	36
人口2位の都市(人口:万人)	プエンテアルト(63)	アレキパ(92)	グアダラハラ(164)	チョンブリ(140)	ルブンバシ(202)	カネロネス(57)	プサン(338)	アークレイリ(1.9)
都市人口率(%)	88	78	81	51	46	96	81	94

（注）チリ、コンゴ民主共和国、ウルグアイ及びアイスランドの「都市人口率(%)」以外の数値は、2015〜19年の数値。

↑ 国の政治・経済・文化など各種の機能が一都市に集中し、人口も首位で2位以下の都市との格差が大きい都市を**プライメートシティ（首位都市）**という。発展途上国の大都市が好例であるが、韓国は「漢江の奇跡」（経済成長）でソウルへの人口集中が進んだ。アイスランドは地形上の理由によるものである。

2 都市の光と影（バングラデシュ・ダッカの例）

↑1〜3 ダッカの2つの顔 人件費が中国の3分の1ともいわれるバングラデシュは、農村を中心に**グラミン銀行**（06年ノーベル平和賞）の**マイクロクレジット**（無担保少額融資）、都市部ではNGOの**BRAC**による繊維工場への融資が奏功し、縫製業を中心に経済成長をとげた。都心部では高層ビル群が林立する一方、ボスティ（ベンガル語で**スラム**の意）で農村からの流入者が増加し、線路脇に小屋を建てて生活している。また交通渋滞も有名でリキシャがあふれている。

3 産業化なき都市化

↑4 混雑するコルカタ[インド]

〈発展途上国の都市構造〉

東南アジア〜南アジアのモデル図

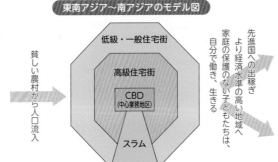

貧しい農村から人口流入 →

低級・一般住宅街
高級住宅街
CBD（中心業務地区）
スラム

先進国への出稼ぎ → より経済水準の高い地域へ 家庭の保護のない子どもたちは、自分で働き、生きる

CBD＝Central Business District

↑ 発展途上国では農村よりも賃金が高く、就業機会に恵まれた都市への人口流入が起きている。しかし流入する人口に対応した産業が育成されておらず、インフラ等も整備されていないことから、さまざまな社会問題が発生している。

↑5 アメリカへの不法入国を試みるメキシコ人（奥）と国境パトロール隊員（手前）
↓6 靴みがきをするストリートチルドレン[インド]（▶P.119写真①）

1 巨大都市の成立

←1〜3 空からみたニューヨークと治安が回復した地下鉄
ニューヨークは祖国から新大陸へ渡ってきた移民の窓口であった。世界経済の中心で，摩天楼(Skyscraper)の景観となっている。1980年代，ニューヨークは治安が悪化し危険なエリアも多かったが，軽犯罪も徹底的に取り締まることで治安を回復し，住民や観光客も再び戻ってきた(割れ窓理論の応用)。

2 セグリゲーション(すみ分け)
segregation

↑4 イスラーム(イスラム教)の礼拝　　↑5 リトル・イタリーにあるイタリア料理店　　↑6 チャイナタウン

↑ ニューヨークのセグリゲーション　アメリカやヨーロッパの大都市では，人種・民族・社会階層・所得水準などにより，居住地が分離されすみ分けられている例が多い。多種多様な移民が暮らす場合，それぞれに民族のすみ分けが起こる。

3 インナーシティ問題

↓7 移民が住む不法占拠住宅[フランス・パリ]　先進国の都心周辺部では都市域の拡大に伴って，住宅環境が悪化し人口が減少，商工業も衰退して都市機能が低下する現象が生じた。失業者や高齢者率が高くなり，住宅の老朽化や犯罪の増加などの問題も多くなった。これらの現象をインナーシティ問題といい，都市再開発に向けての大きな課題となっている。

Ｑ 大都市圏の成長，衰退，再生期にみられる現象にはどんなことがあるか。
【13年B追・第3問・問5】

1980年
■ 黒人50%以上
■ 黒人30〜50%
▨ ヒスパニック50%以上
▨ ヒスパニック30〜50%
□ 白人80%以上
□ 白人60〜80%

1980年
■ 10%以上
▨ 8〜10%

(成田孝三『転換期の都市と都市圏』)
❶ソーホー地区　❷セントラルパーク　❸自由の女神像　❹J・F・ケネディ空港　❺サウス・ブロンクス　❻ハーレム地区

↓ ニューヨークの白人，黒人，ヒスパニックのコミュニティ別集中割合(左)とニューヨークのコミュニティ別男子失業率(下)

↑ 大都市におけるすみ分けは，生活の有様を映し出す。ニューヨークでは人種・民族別に居住区が分かれ，黒人・ヒスパニック集中区が隣接し，ともに失業率も高い。貧困層の分布とも一致しており，対策が課題である。

マンハッタン　ブロンクス　ブルックリン

村落・都市

① ニュータウン計画

● ロンドンのニュータウン開発

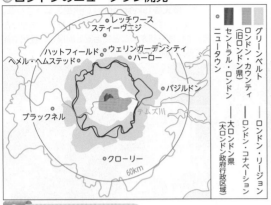

凡例:
- ニュータウン
- セントラル・ロンドン（旧ロンドン県）
- ロンドン・カウンティ（旧ロンドン県）
- グリーンベルト
- ロンドン・コナベーション —大ロンドン（大ロンドン県）
- ロンドン・リージョン（大ロンドン政府行政区域）

地名: レッチワース、スティーヴニジ、ハットフィールド、ウェリンガーデンシティ、ハーロー、ヘメル・ヘムステッド、バジルドン、ブラックネル、クローリー、テムズ川、60km

← ↑**1** **ストックホルム南部のニュータウン［スウェーデン］** 大ロンドン計画はハワードの提唱した田園都市構想を引き継ぎ，ロンドン周辺に職住近接のニュータウンを建設した。一方，ストックホルムでは都市計画の基本を職住分離とし，公共・商業施設を中心へ，周辺に一戸建てや集合住宅を配置している。写真の白い球体の建物はグローブアリーナ。

Q ロンドン大都市圏の都市計画の流れをまとめてみよう。【14年B本・第3問・問2】

② 再開発の例

全面改造型（クリアランス型）→全く新しいものにつくりかえる再開発		
世界の例 シドニー（ダーリングハーバー） ムンバイ（都心部のスラム地区） パリ（メーヌ・モンパルナス地区）	**日本の例** 東京（恵比寿ガーデンプレイス） 大阪（ビジネスパーク） 神戸（ハーバーランド）	

ウォーターフロント開発→水際地域の港湾施設・倉庫の再開発		
世界の例 ロンドン（ドックランズ） リバプール（アルバートドック） サンフランシスコ（フィッシャーマンズワーフ）	**日本の例** 東京（大川端リバーパーク21，豊洲） 横浜（みなとみらい21）（▶P.135②） 千葉（幕張新都心）	

修復・保全型→在来の住民の生活継続を前提に都市機能の回復へ		
世界の例 パリ（マレ地区，カルチェラタン） シンガポール（チャイナタウン）	**日本の例** 横浜（馬車道通り） 京都（三条通り） 川越（かねつき通り）	

↓**4** **トロントのウォーターフロント再開発［カナダ］** ランドマークとしてのCNタワーを背景に，かつて倉庫や工場であった港湾施設跡地を再開発した。水辺の遊歩道や複合商業施設，レジャー関連エリアなど総合的な再開発が行われたハーバーフロント地区は，官民出資により1980年から開発事業に取り組み，公共施設の充実や交通網の整備に配慮がなされている。

↑**2** **パリの市街地とラ・デファンス地区** パリ市内では伝統的な建築物や景観保護のため，高層建築物は建設できない。そのため経済成長に伴うオフィス需要を満たすように，1958年からラ・デファンス地区の開発を実施した。現在ではグランダルシュ（新凱旋門）をはじめとした高層ビルが林立し，大企業の本社の集積も目立っている。

ラ・デファンス地区、ラ・ヴィレット（食肉市場跡地を公園へ）、ルーブル、アール地区（中央卸売市場をSCへ）、エトワール凱旋門、カルチェラタン地区、マレ地区、リヨン駅、ボージュネル地区、シトロエン地区（工場跡地を公園へ）、モンパルナス地区（駅周辺再開発）

（櫻井朝雄『パリの背なか』創知社などによる）

← **3** **歴史的建造物とカフェが並ぶマレ地区［フランス・パリ］** 1500年代に建てられた貴族の館が建ち並ぶ歴史的景観地区であり，その一部はピカソ美術館をはじめとして博物館や古文書館に転用されている。またユダヤ人街でもあったことから，シナゴーグ（ユダヤ教会）のほか，カフェやブティックが点在し安息日の関係上，日曜日も営業しているので，観光客が多く訪れる。

↓**5・6** **ドックランズの再開発［イギリス・ロンドン］** 19世紀の大英帝国を支えた港湾地区のドックランズは，海上輸送のコンテナ化に対応せず衰退し，都心隣接部の広大な荒廃した地区（スラム）となった。1980年代から再開発が始まり，新交通システムや地下鉄の延長，インテリジェントビルの建設等によりオフィス街に変貌した。

3 エコシティ（環境共生都市）

↑7 北九州エコタウン [福岡県・北九州市] ゼロ・エミッション（廃棄物をゼロにすること）を目指す北九州市では、リサイクル工場やリユース工場の集積メリットをいかした連携を図り、環境と産業振興を統合した地域政策を行っている。写真は集められたOA機器（リサイクル前）。

↑8 屋上緑化 [東京都・六本木ヒルズ] ビルの屋上に植物を植えて緑化することにより、**大気の浄化**、**ヒートアイランド現象**の緩和、冷暖房費の削減効果があるという。東京都では一定基準以上の建物に対して緑化を義務づけている。自治体によっては導入への助成制度がある。（▶P.41）

4 コンパクトシティ

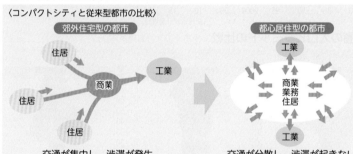

〈コンパクトシティと従来型都市の比較〉

郊外住宅型の都市
住居　住居　住居　商業　工業
交通が集中し、渋滞が発生
方向別の差が大きく非効率

都心居住型の都市
工業　商業業務住居　工業
交通が分散し、渋滞が起きない
方向別の差が小さく効率的
（国土交通省ホームページなどによる）

↑ 地方都市は中心市街地の**空洞化**・高齢化と商業地・住宅地の**郊外化**が進展している。自治体の住民サービスも公共投資の観点からみると効率が悪い。そこで「歩いていける範囲が生活圏」として**職住近接**のまちづくり概念が生まれた。そこでは再開発を通してコミュニティの再生も目指している。

　東日本大震災の復興に向け、**コンパクトシティ**の発想が注目されている。過去100年の間に3度の津波被害を受けた三陸沿岸では、その度に高台への移住が行われた。被災地での高齢化は全国平均よりも進行しており、人口減少も進んでいることから、まちをコンパクトシティ化し先進的な「防災に強いまち」とすることが求められている。

6 ロードプライシング制度

←10 ロンドンでは渋滞緩和のために2003年から導入された**渋滞税**によって、決められた時間に中心部に乗り入れる車両は、1日当たり15ポンド（2020年）の支払いが義務づけられている。監視カメラによる課金システムで、テロ防止に運用も可能だという。CO₂排出量の少ないハイブリッド車は課金対象外で、渋滞緩和と環境への配慮を両立させる試みとして他の都市へも広がりつつある。

5 スマートシティ

↓9 Fujisawaサスティナブル・スマートタウン [神奈川県・藤沢市] パナソニック工場跡地につくられている「持続可能なまちと低炭素型社会」を目指した先進スマートタウンで、2018年には、1,000世帯規模となる。自然再生エネルギーを有効活用しエネルギーの自給自足を推進するなど、街の仕組みそのものをサスティナブル（持続可能）なものとすることで、3世代100年にわたる街の成長・成熟・発展を構想している。

村落・都市

7 ジェントリフィケーション

↓11 高級ブランドの店舗 [ソーホー・アメリカ合衆国] 若年層で新しいワークスタイルやライフスタイルをもつ人々が、都心近くで地価の安い地区に居住し就業して（**職住近接**）、そこが有名になると地価が上がり、それまでの住民が住めなくなる。そして最後に進出してきた高級店や高級集合住宅だけが残る「高級化現象」をジェントリフィケーション（gentrification）という。ニューヨークの**ソーホー**は典型例。

ルイ・ヴィトン

1 都市のさまざまな問題

↑1 混雑と渋滞 [東京都・港区] 過度の人口集中と車の増加によって，都市内部では慢性的に一日中交通渋滞がいちじるしい。朝夕の通勤ラッシュなど，交通整備が追いつかない状況にある。

◉都市周辺部の変容〜大阪府豊中市・吹田市の例

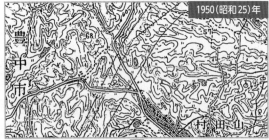
1950（昭和25）年

1966（昭和41）年

1998（平成10）年

↑ かつて水田や森林であった周辺の里山は，1960年代以降の宅地開発や鉄道・高速道路の開通により，まったく景観を変えてしまった。（▶別冊P.44㉕）　（1：50,000　大阪東北部）

→2 都心の高層マンション [東京都・中央区]
ウォーターフロントでは建物容積率の規制緩和により，高層マンションの建設が相次ぎ，都心で再び人口が急増している。新宿をはじめとした高層ビルは，業務ビルが中心であるのに対し，東京湾岸（ベイエリア）で建設が進んだ高層ビル群は，居住者向けのタワーマンションが多い。

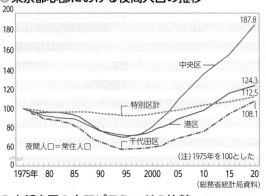

◉東京都心部における夜間人口の推移

（注）1975年を100とした
（総務省統計局資料）

← 東京都心部では，夜間人口（常住人口）が減少し周辺部の人口が増加する**ドーナツ化現象**がみられ，1975年を100とした指数は，減少し続けていた。近年は，都心部に住む人々が多くなり，指数は上昇傾向にある。

Q 大都市圏の都心，郊外，外側に位置している地域の人口ピラミッドは，次の①〜③のうちそれぞれどれか？【18年B本・第3問・問6】

◉大都市圏の人口ピラミッドの比較　➡右上の「Q」を見てみよう

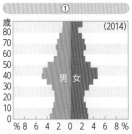
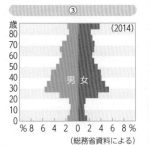

（総務省資料による）

←3 郊外の都市化 [東京都・江戸川区] 大都市近郊地域においては，鉄道路線の開通などを契機に農地の宅地化が進展し，一戸建て住宅や団地・アパートが増加した。都市計画によらず，地価の安い場所に，無秩序に住宅や事業所が建てられて，農地と宅地の混在などが進行することを，**スプロール（虫食い）現象**とよぶ。

←4 ニュータウンのオールドタウン化・廃墟化により解体される団地 [東京都・多摩市] 大都市圏の住宅需要の高まりに対応し各地に造成されたニュータウンは，造成から40〜50年が経過した。入居時の親世代からその子どもへと世代が移り，子ども世代は別の場所に住み，親世代は高齢化し住み続ける，または「空き」のまま放置される問題が深刻である。

2 東京周辺の再開発

幕張メッセ
お台場
東京ディズニーランド，東京ディズニーシー
東京国際空港
東京湾アクアライン
とみらい21
横浜ベイブリッジ

↑5 上空からみた東京湾

◎開発が続く東京

2016〜19年度	オリンピック施設(有明アリーナ，オリンピックアクアティックセンターなど)が次々と完成。
2018年度	築地市場に代わる，豊洲新市場が開場。
2019年度	JR山手線 品川一田町間に高輪ゲートウェイ駅設置。
2027年度	高さ390mの超高層複合ビルの「トーチタワー(TORCH TOWER)」が東京駅前に完成予定。
2029年度	羽田空港アクセス線(仮称)開業予定。
2030年代半ば	東京メトロ有楽町線の豊洲〜住吉の延伸，南北線の品川〜白金高輪の延伸(共に2022年に事業許可)。

(『2020東京・首都圏未来予想図』宝島社などによる)

汐留貨物駅
浜離宮恩賜庭園
1986年

汐留シオサイト
浜離宮恩賜庭園
2012年

←8 みなとみらい21[横浜市] 横浜市が中心になり進めている新しい街づくり計画地区である。都心に近い臨海部の跡地・埋立地の**再開発**で，ランドマークタワー・国際会議場などが建設された。(▶P.132 2)

↑6・7 旧国鉄汐留貨物駅の再開発[東京都・港区] 旧国鉄汐留貨物駅周辺は，1995年以降に再開発が進展し，現在では高層ビル群が林立している(汐留シオサイト)。

◎重要伝統的建造物群保存地区

町並みの種類と特色	保存中の町並みの例
●江戸以降建築の港町の西洋風石造建築群 異国情緒あふれる町並み	函館市元町末広町　長崎市東山手・南山手　神戸市北野町山本通
●江戸時代の城下町に残る武家屋敷地区 土塀や生け垣のある風景が特徴	仙北市角館　弘前市仲町　安芸市土居廓中　南九州市知覧　萩市堀内地区
●戦乱からのがれた隠田百姓村の古い集落 合掌造りの村落が特徴	南砺市相倉・菅沼(五箇山)　白川村荻町
●江戸時代の宿場町に残る古い家並み 本陣・旅籠が街道沿いに帯状に並ぶ税や格子窓の民家が特徴	下郷町大内宿　若狭町熊川宿　亀山市関宿　東御市海野宿　塩尻市奈良井　南木曽町妻籠宿
●古都の門前町と茶屋町など古い家並み 寺社や土産物店・商家が入り混じった風情ある伝統的家並み	京都市嵯峨鳥居本　京都市祇園新橋　京都市上賀茂　京都市産寧坂
●浄土真宗の信徒が寺を中心に集住した寺内町 防御のための土塁や濠が特徴	橿原市今井町　富田林市富田林
●商人が集住して商業活動を展開した町並み 土蔵のある商家が特徴	倉敷市倉敷川畔　香取市佐原　近江八幡市八幡
●伝統的地場産業を基礎として発達した町並み 陶磁器や鉱山に沿った家並み	有田町有田内山　大田市大森銀山

3 伝統的建造物と町並み保存

↓9 大内宿[福島県・下郷町] 江戸時代会津若松と日光を結ぶ会津西街道の宿場町であった。茅葺き屋根の町並みが保存され，観光地として注目されている。

➡ 地域の歴史的文化景観を保護するため，文化庁では**「町並み保存」**を進めている。1975年，文化財保護法の改正により**伝統的建造物**群の制度が発足し，保存が図られるようになった。2021年8月2日現在では，104市町村126地区が指定され，約30,000件の建造物が保存すべき建造物として指定されている。

さまざまな衣食住

1 世界の衣装

● 世界の伝統的衣装

➡ 人類は，気候・風土に適した生活しやすい衣装を工夫してきた。寒暖や湿気はもちろん紫外線や温度差にも考慮して素材を選択し，デザインの改良を経て民族独自の衣装を考案してきた。帽子や靴，装身具，化粧なども民族文化の重要なアイテムである。グローバル化によって，現在は画一化されたヨーロッパスタイルとなり，各地の民族衣装は衰退していく傾向にある。

獣皮　獣皮
アノラック　キルト　サラファン
ジーンズ　ジャージー　毛　デール　チマ・チョゴリ
サラーピ　フェズ（帽子）　チャドル　旗袍
トガ　カフタン　ターバン　和服
パンジャビ　絹　スーツ
パナマ帽　綿　アバヤ　サリー　アオザイ
毛
↑1 綿花
ポンチョ　ケンテ　カンガ　サロン　スル
ソンブレロ（帽子）

原料
↑2 蚕の繭

Q 乾燥地域のイランで，女性の衣装であるチャドルの役割を答えよう。【18年B本・第3問・問2】

（下の写真のⒶ～Ⓗは上図に対応）

熱帯地域

Ⓐ

Ⓑ

↑3 ナイジェリアの女性 年中高温湿潤のナイジェリアでは，ゆとりのある衣装が好まれる。部族や村ごとに極めて変化のあるデザインを採用し，首飾りや腕輪など装身具にもかなりのバリエーションがある。

➡4 インドのサリー 熱帯気候では腰に布片を巻くだけの衣服が多い。腰巻布の分布はインド～東南アジア，太平洋地域に広がる。中でもインドのサリーは，長さ5m以上もあり，僧の袈裟懸けのように身に着ける（ちなみに下には半袖の丈の短い肌着を着ける）。

乾燥地域

Ⓒ

Ⓓ

↑5 イランのチャドル イスラームの聖典コーランでは女性は顔と手以外を見せないことが義務づけられている。ムスリム女性の外出用の伝統衣装を一般にヒジャブとよぶ。直径5～6mの風呂敷状の布を頭からかぶって全身を包む。サウジアラビアではアバヤ，イランではチャドル，アフガニスタンではブルカとよぶ。

➡6 サハラ・トゥアレグ族 砂漠気候は日射が強く，気温は40℃以上になるが，湿度は低く乾燥し，発汗が多くなる。このような気候には全身を包んで日射を遮る服がよい。トゥアレグ族の着ている服は，ガンドゥラといい，青か白で「青の遊牧民」ともよばれている。

温帯（西岸）地域

Ⓔ

↑7 イギリス・スコットランドのキルト キルトはタータンチェック柄の毛織物で作られる。これは各氏族ごとに，特定の格子模様を紋章として用いたもの。キルトは膝までのショートスカート型で，プリーツがある。ハイソックスをはき，腰前にはスポランという革袋をぶら下げる。

温帯（東岸）地域

Ⓕ

➡8 韓国のチマ・チョゴリ 上衣のチョゴリ（短衣）は，丈が短く胸元に長い2本の紐が付いており，結んで下に垂らす。下衣のチマ（裳）は，長い巻きスカートとなっている。足にはボソンという綿入れの履き物を履く。夏の湿潤気候もしのぎやすいようにできている。

亜寒帯（冷帯）地域

Ⓖ

↑9 ロシアの民族衣装 サラファンは，深い森林地帯に暮らしてきたロシア人女性のジャンパースカートである。スラブ系民族に共通するデザインで**亜麻**を素材としたプラトーク（ブラウス）の上に着用する。

➡10 アラスカ・イヌイット **アザラシ**など食用のために捕獲した動物の毛皮を防寒のために着用している。毛皮のアノラック（イヌイット語で「衣類」の意），毛皮のズボン，長靴，手袋等は，**トナカイ**の腱を縫い糸として使っている。（▶P.138写真⑨）

寒帯地域

Ⓗ

2 世界の住居

●世界の伝統的家屋と伝統住居

➜ 熱帯では，湿気や害虫から身を守る通気性のある家屋が造られてきた。乾燥帯では，粘土を型に入れて固めた後に，強い日射で乾燥させて作る日干しレンガを素材としてきた。温帯と亜寒帯（冷帯）では石材と木材を高度に加工した住居がみられ高層建築も可能である。現代の都市では，空調の利いた鉄筋コンクリートの高層マンションを住居とする人々が増えている。
（下の写真の🅐～🅗は上図に対応）

（『世界のおもしろ住宅』松下電工コミュニケーションセンターによる）

イグルーツピク
ヤランガ
ログハウス
イズバ
ウイグアム
ユルト
ゲルパオ
チセ
ヤオトン
アドベー
ロングハウス

主な建築材料
草，竹（ワラ，ヤシなど）　日干しレンガ，土
木材　石材

Q 湿度が高く気温の年較差の大きい地域の家屋は，どんな工夫がされているだろうか。【06年B本・第1問・問2】

熱帯地域

←11 水の上の家[ブラジル] アマゾン盆地の**セルバ**（熱帯雨林）では雨季と乾季の水位に差があるので，杭上に木材と木の葉を使用して家屋を造る。雨季には舟が重要な交通手段となる。高温湿潤の環境の中，害虫や感染症から身を守るために編み出された生活の知恵である。

←12 ケニアの牛糞の家 **サバナ**の広がるケニアのマサイ族は，牛糞で家屋を造る。木の枝を骨として形を作り，牛糞で壁や屋根を何度も塗り固める。乾燥した気候下ではすぐに乾いて固まり，断熱性の高い住みやすい家となる。

乾燥地域

←13 土の中の家[黄土高原・中国] 中国北部の黄土高原では降水量が少なく建築材となる樹木が育たないため，地面を掘り下げて窰洞（ヤオトン）という地下住居で暮らしている。地下の家は夏涼しく冬は暖かい。ヤオトンには平地に四角い穴を掘る「下沈式」と崖に横穴を掘る「山懸式」がある。

←14 遊牧民のテント サハラ砂漠の極めて乾燥した地域の遊牧民は，ラクダと羊を連れて移動しながら暮らしている。自家製の羊毛（フェルト）からなる簡素なテントで暮らし，家畜の糞を燃料として炊事をする。

温帯（西岸）地域

←15 とんがり帽子の家[イタリア] 南イタリアの世界遺産アルベロベッロはとんがり屋根の家（トルッロ）が連なる。地中海地方で多く産出される石灰岩の平らな板を積み重ねた家である。とんがり帽子の上には棟飾りをつけ石材を石灰を原料とした漆喰で固めてある。

亜寒帯（冷帯）地域

←17 森の中の家[カナダ] 冬季の低温と積雪の中で，豊富な木材を使用したログハウスを建てる。丸太を水平方向に井桁のように組んだ建築物。木材家屋は湿度の調整と断熱性の高さに優れる。左の煙突周辺はレンガで建造し，暖炉のある居間は長い冬の憩いの場となる。

温帯（東岸）地域

←16 ヒマラヤ山麓の石の家[ネパール] 標高3,000mに近いヒマラヤ山麓のマルファ村は，チベット街道に沿って，白い平らな石を積み上げた石造建築が連なる。平らな屋上には牛やロバで運んだ薪の束を蓄えておく。

寒帯地域

←18 氷の家イグルー 極寒の**ツンドラ**地帯で暮らすイヌイットは，アザラシなどの狩猟の際にイグルーという待避住居（シェルター）を造る。圧雪を大きなナイフでブロック状に切り出し，螺旋状に積み上げて瞬時に造る。

生活・民族・宗教文化

3 世界の食生活

↑1 日本の家庭料理　米を主食とし，豆類，野菜，魚介類，肉類，漬け物，汁ものなど多様なおかずを準備し，箸で食べる食事が特色である。近年は洋風化が著しく，脂肪や乳製品の摂取量が増えている。

●宗教上の食の禁忌

イスラーム（イスラム教） ▷ コーラン
✕ ハラーム（食してはいけないもの） 豚 酒 犬 虎 ロバ 血 など
○ ハラール（食してよいもの） 屠殺→加工→調理の一定の作法あり 牛 馬 羊 ヤギ らくだ など

ユダヤ教 ▷ 旧約聖書 カシュルート（食事規定）
✕ 馬 豚 らくだ 狐 狼 血 甲殻類 軟体動物 鯨
○ 牛 羊 ヤギ 魚 鴨 鶏

ヒンドゥー教 ▷ 肉食は少ない
✕ 牛（シヴァ神の乗る神聖な動物）
○ 牛乳 乳製品

Q 南アジア地域が，なぜ1人当たりの肉類の消費量が最も少ないのだろう。【10年B本・第4問・問5】

熱帯地域

←2 ロボ[フィジー]　南太平洋の島々では，**キャッサバ**と豚肉をバナナの葉に包み，土に穴を掘って熱した石で蒸し焼きにするロボ料理が有名である。サンゴの島々で豊富な**ココナツミルク**は重要な調味料となる。

←3 南インド　年中高温で湿潤な南インドでは，バナナの葉を皿として，米，**ナン**，そして香辛料で味付けした魚介類，野菜をやや離して盛りつける。伝統的に右手のみ使って食事をする習慣がある。

乾燥地域

←4 西アジア[イラン・テヘラン]　年中乾燥した西アジアでは，小麦生地を塩やヨーグルトで味付けしてから独特な竈で焼いた円形の平たい**ナン**を主食としている。香辛料で味付けした羊肉やチーズといっしょに右手のみ使って食べる。

←5 中国[シーアン（西安）]　中国の北部では，雑穀を細長い麺状にして食べる文化が生まれ，のちに小麦粉を原料としてつくる麺類が中心となった。**麺類**のほか餃子，マントウ，点心類とバリエーションが増えていった。

温帯（西岸）地域

←6 フランス[パリ]　フランスは，有数の農業国であり，料理の食材も多い。クロワッサンと**チーズ**，カフェオレが典型的なパリジャンの朝食である。アバ（内臓）を食材とした高級料理は，**ワイン**とともに楽しむ。

亜寒帯（冷帯）地域

←8 ロシアのライ麦パン　冷涼なロシアでは小麦が育たないため，**ライ麦**からパンを作る。ライ麦パンは酸味があり，密度が高く固いため保存に優れる。キャビア，ハム，チーズ，レバーミンチをのせて食べる。

温帯（東岸）地域

←7 メキシコのトルティーヤ[サンルイスポトシ]　メキシコ原産であるトウモロコシを石でつぶした粉からつくるインディオの主食であった薄焼きパンを**トルティーヤ**という。チーズ，サラダ，挽肉などを唐辛子ペーストではさんだものをタコスという。

寒帯地域

←9 イヌイットのあざらし[グリーンランド]　グリーンランドで暮らす**イヌイット**は，あざらしが重要な食材で，ライフルでしとめたあと，凍り付く前に脂肪や内臓など解体する。肝臓や心臓は生食し，ビタミンを補う。

4 世界の伝統的主食と伝統料理

カイザーゼンメル
ワッフル
サンドイッチ
バゲット
クロワッサン
タラトール
黒パン　ボルシチ
ピロシキ
マントウ
シシカバブ
麺包子
キムチ
ベーグル
ホットドッグ
ハンバーガー
パエリア
チュロス
パスタ
ピッツァ
クスクス
ナン(麦)
ツァンパ(麦)
フォー(米)
トルティーヤ
チャパーティー
インジェラ
ウガリ
フーフー(いも)
トムヤムクン
フェイジョアーダ(豆)
チューニョ(いも)
アサード(牛)
ロボ

人類は長い歴史の中で，地域ごとに食文化を形成してきた。熱帯地域ではいも類や雑穀，乾燥地域では乳製品主体，モンスーンアジアの米食そしてヨーロッパの麦食文化である。のちの異文化の交流により伝統的な民族料理から複数の文化が混合したメニューがうまれてきた。FAO（国連食糧農業機関）集計の1人1日当たり食料供給量から世界各地の食文化を探ってみよう。

▨	米
▨	麦(小麦，ライ麦，大麦など)
▨	雑穀(あわ，ひえなど，トウモロコシ)
▨	いも類(ヤム，タロ，キャッサバ，じゃがいもなど)

(左頁の写真A〜Iと，下の写真P〜Uは上図に対応)

□内 1人1日当たり食料供給量(2011〜13年)
(単位：g FAO資料による)

穀　物

← 10 クスクス[モロッコ]　西アジア地域は世界で最も穀類消費が多い。クスクスは小麦を粒状に固め，オアシスで生産されるたっぷりの野菜と羊肉をのせて炊き，オリーブ油やハリッサという香辛料ソースで味を調える。

モロッコ	696
エジプト	691
アルジェリア	596
ブルキナファソ	595
マリ	592
チュニジア	584
日本	286

い　も　類

← 11 フーフー[ガーナ]　熱帯アフリカ地域は世界で最もいも類消費が多い。フーフーはヤムいもとキャッサバをゆでて杵で突いた餅状の料理でガーナの主食。唐辛子と油脂を主体とした濃いソースで味付けをする。

ガーナ	1,192
コートジボワール	822
モザンビーク	728
コンゴ	724
ナイジェリア	689
マラウイ	516
日本	83

野菜類

↑ 12 中華料理[中国]　東アジアと地中海沿岸地域は野菜の消費量が多い地域である。中華料理は極めて多くの食材を使い高熱で炒めるメニューが多い。家族は円卓を囲み，多数の皿に盛りつけられた料理を取り分けて箸で食べる。

中国	968	イラン	685	トルコ	660
ギリシャ	636	リビア	621	日本	278

肉　類

↑ 13 アサード[アルゼンチン]　新大陸諸国は，肉類消費量が多い。アサードは，アルゼンチンの広大な牧場で働くガウチョの食文化をルーツとする。大都市では羊や牛の半身を買い，自宅に付属しているバーベキュー施設で丸焼きして楽しむ習慣がある。

ニュージーランド	361	オーストラリア	354	アメリカ	323
イスラエル	298	オーストリア	294	日本	141

牛乳・乳製品

↑ 14 フォンデュ[スイス]　北ヨーロッパとアルプス地方は乳製品の消費量が多い。スイスでは鍋に細かくスライスしたチーズを入れ白ワインで溶かす。フォークに刺したパンや野菜にチーズを絡めとって食べる。

フィンランド	1,082	オランダ	956	スウェーデン	938
スイス	819	デンマーク	774	カザフスタン	771
日本	195				

魚介類

↑ 15 タラ[アイスランド]　アイスランド，ノルウェー，日本，韓国は水産物の消費量が多い。アイスランドは冷涼なため農耕に適さず，乳製品と水産物を主に摂取してきた。タラは干物や塩漬けなど保存食としても貴重。商業捕鯨国で鯨肉は対日主要輸出品目である。

韓国	212	マレーシア	159	ポルトガル	157
日本	151	ミャンマー	149	ノルウェー	146

民族生活・文化・宗教

1 ユネスコ「人種と人種差の本質に関する声明」(1951年)

「人類学における人種の概念は，研究のための便宜的な分類であって，人種という言葉は，遺伝的身体形質において他と区分される人間集団のみに適用されなければならない。・・・人種の優劣には根拠がない。人種間の差異は同一種内の個人差よりも大きくはない。集団に共通な心理的属性は歴史的・社会的背景によって形成されるものであって，人種とは直接関係がない。遺伝的差異が文化的差異の主要因であるという考えは証明されていない。いわゆる純粋な人種が存在するという証拠はない。人種混交が生物学的に不利な結果をもたらすという証拠もない。」

2 人種の分布

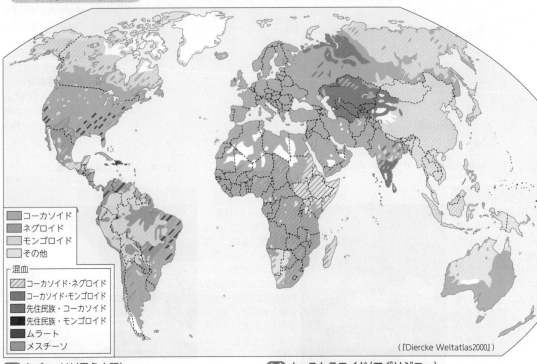

凡例：
- コーカソイド
- ネグロイド
- モンゴロイド
- その他

混血
- コーカソイド・ネグロイド
- コーカソイド・モンゴロイド
- 先住民族・コーカソイド
- 先住民族・モンゴロイド
- ムラート
- メスチーソ

(『Diercke Weltatlas2000』)

↓1 コーカソイド(白色人種)

特徴
皮膚…白色・褐色
頭髪…直毛・波状毛
体毛…多い
目…淡青・暗褐色
鼻…高い

分布
ヨーロッパ人(ゲルマン・ラテン・スラブ族)
アラブ人(セム・ハム族)
インド人

↓2 モンゴロイド(黄色人種)

特徴
皮膚…黄色・銅色
頭髪…太く黒い直毛
体毛…少ない
目…褐色
鼻…中程度の高さ

分布
東アジア・東南アジア・北アジアの諸民族
ネイティブアメリカン(インディアン・インディオ)
イヌイット

↓3 ネグロイド(黒色人種)

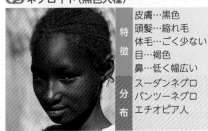

特徴
皮膚…黒色
頭髪…縮れ毛
体毛…ごく少ない
目…褐色
鼻…低く幅広い

分布
スーダンネグロ
バンツーネグロ
エチオピア人

↓4 オーストラロイド(アボリジニー)

特徴
皮膚…褐色
頭髪…波状毛
体毛…多い
目…褐色
鼻…広鼻

分布
オーストラリア

3 民族

民族は文化にもとづく概念であり，一般に，共通の出自観，言語，生活様式，宗教などの文化的属性を共有し，「われわれ意識」に支えられた集団のことをいう。「われわれ意識」は，他者との違いを認知することによってもたらされる主観的なものであり，ある民族が文化的属性をどれだけ共有するかは集団によってさまざまである。このような集団はけっして不変のものではなく，他の集団との相互関係によって歴史的に生成され，変化していく動的な性格をそなえている。極端な場合は，言語が異なっていても同じ民族意識をもつ集団さえ生まれている。　(「エンカルタ2002」)

↑民族は人種のように外見から見分けはつきにくい。しかし，「自分たちは同じ民族」という意識が，お互いを結びつける絆となっている。一般にいわれる「日本人」は，民族でも人種でもない。この日本には，アイヌ系日本人がいうシャモ(和人)や沖縄系日本人がいうヤマトンチュ(大和の人)という大和系日本人ばかりではなく，肌，目，毛の色，顔，信仰，言語も多彩な人間が含まれ共存しているのである。

よりみち Geography 初のアフリカ系大統領(オバマ元大統領)

↓5 オバマ元大統領

アメリカ合衆国第44代大統領。父はケニア出身の黒人，母はカンザス州出身の白人である。インドネシア，ハワイに在住し，イリノイ州議会議員から合衆国上院議員となり，2008年11月，アフリカ系として，またハワイ州出身として初めての大統領に当選した。2009年にノーベル平和賞受賞。現職の合衆国大統領としては，第26代のS=ルーズベルト，第28代のW=ウィルソンに続いて3人目であった。2012年5月には，現職の大統領として初めて同性婚を支持することを表明した。

1 言語の分布

インド・ヨーロッパ語族			アルタイ語族	トルコ語(❽)・モンゴル語(❾)・朝鮮語(❿)?・日本語(⓫)?
西方系	スラブ語	ロシア語(❶)・ウクライナ語・ポーランド語	シナ・チベット語族	中国語(⓬)・タイ語・チベット語・ミャンマー語
	ゲルマン語	英語(❷)・ドイツ語(⓱)・オランダ語・スウェーデン語	オーストロネシア語族（マレー・ポリネシア語族）	マレーシア語・インドネシア語(⓭)・フィリピノ語・マオリ語
	ラテン語	フランス語(⓰)・スペイン語(❸)・ポルトガル語(❹)・イタリア語(❺)・ルーマニア語	オーストロアジア語族(南アジア語族)	ベトナム語・クメール(カンボジア)語・モン語
	ギリシャ語	ギリシャ語	ドラヴィダ語族	タミル語・テルグ語
東方系	インド・イラン語	ヒンディー語(❻)・ウルドゥ語・ペルシア語(イラン語)・ベンガル語	ニジェール・コルドファン語族	フラニ語・バンツー語(⓮)・コイサン語・スワヒリ語
アフリカ・アジア語族（アフロ・アジア語族）		ヘブライ語(❼)・アラビア語(⓯)・ベルベル語・ハウサ語	アメリカ諸語	イヌイット語・ナヴァホ語・マヤ諸語・ケチュア語
ウラル語族		ハンガリー語・フィンランド語・エストニア語		

(注)表中の●の数字は，下の地図に対応している。朝鮮語，日本語は諸説があり，現在のところ系統不明の「孤立した言語」とするのが一般的であるが，ここでは，アルタイ語族に分類してある。

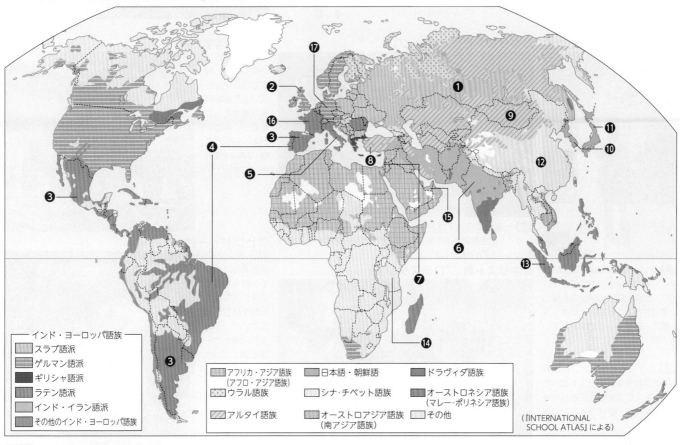

インド・ヨーロッパ語族
- スラブ語派
- ゲルマン語派
- ギリシャ語派
- ラテン語派
- インド・イラン語派
- その他のインド・ヨーロッパ語族

- アフリカ・アジア語族（アフロ・アジア語族）
- ウラル語族
- アルタイ語族
- 日本語・朝鮮語
- シナ・チベット語族
- オーストロアジア語族（南アジア語族）
- ドラヴィダ語族
- オーストロネシア語族（マレー・ポリネシア語族）
- その他

（『INTERNATIONAL SCHOOL ATLAS』による）

2 主な言語別人口

- 中国語 　1,322(百万人)〔中国，東南アジア〕
- スペイン語 　475〔スペイン，ブラジルを除くラテンアメリカ〕
- 英語 　373〔ヨーロッパ，北アメリカ，オーストラリア，ニュージーランド，アジア・アフリカ諸国〕
- アラビア語 　362〔西アジア，北アフリカ〕
- ヒンディー語 　344〔インド，バングラデシュ〕
- ベンガル語 　234〔バングラデシュ，インド東部〕
- ポルトガル語 　232〔ポルトガル，ブラジル，アンゴラ〕
- ロシア語 　154〔旧ソ連，東ヨーロッパ〕
- 日本語 　125〔日本，ハワイ〕
- ラフンダー語 　101〔パキスタン〕
- ジャワ語 　68〔インドネシア〕

(注)数値は第一言語の人口。〔 〕内は主な地域。
（『The World Almanac』2023などによる）

南アジアの多様な言語
インド…公用語はヒンディー語。補助公用語は英語。憲法記載の地方言語は22で96.6%をしめる。インド全体の言語数は1,683
パキスタン…ウルドゥ語(国語)，英語(公用語)，パンジャブ語など

Q 中国系・マレー系・インド系など多くの民族が住むシンガポールで，共通語として用いられる言語は何か。【07年B本・第5問・問5】

世界の「こんにちは」
(注)❶〜⓱は上の図に対応している。

- ❶ ロシア語・Здравствуйте (ズドラーストヴィチェ)
- ❷ 英語・Hello (ハロー)
- ❸ スペイン語・Buenos días (ブエノス ディアス)
- ❹ ポルトガル語・Boa tarde. (ボア タルデ)
- ❺ イタリア語・Buongiorno. (ボォンジョールノ)
- ❻ ヒンディー語・नमस्ते (ナマステー)
- ❼ ヘブライ語・שלום (シャローム)
- ❽ トルコ語・Merhaba (メル ハバ)
- ❾ モンゴル語・Сайн байна уу (サイン バイノー)
- ❿ 韓国語・안녕 하십니까 (アンニョン ハシムニカ)
- ⓫ 日本語・こんにちは
- ⓬ 中国語(北京語)・你好 (ニーハオ)
- ⓭ インドネシア語・Selamat siang. (スラマッ シィアン)
- ⓮ スワヒリ語・Habari za wchana (ハバリ ザ ウチャナア)
- ⓯ アラビア語・السلام عليكم (アッサラーム アライクム)
- ⓰ フランス語・Bonjour (ボンジュール)
- ⓱ ドイツ語・Guten Tag (グーテン ターク)

民族・宗教
生活・文化

世界の宗教

1 世界の宗教人口 (2022年)

世界の宗教人口 80.3億人

- カトリック 15.7%
- キリスト教 32.2%
- プロテスタント 7.6
- その他 22.5
- その他 8.9
- 仏教 6.9
- ヒンドゥー教 13.5
- イスラーム (イスラム教) 24.9
- スンナ派 22.2
- シーア派 2.5
- その他 0.2

(『The World Almanac』2023)

2 宗教の分布

○ アーミッシュ

→1 一般の市民と離れ自給自足の生活を行っている。特有の厳格な聖書解釈に基づき，アメリカ合衆国に入植した18世紀のままの生活様式を今も守る。電気や近代的機械など一切の文明機器を使用せず，投票などアメリカ合衆国国民の権利も放棄している。❶

○ キリスト教 (モルモン教)

↑2 アメリカ合衆国のユタ州を中心に多くの信者をもつモルモン教は，飲酒・喫煙の禁止など厳しい慣習がある。社会的には**キリスト教**の一宗派として認められている。❷

→4 ルターやカルヴァンの宗教改革の流れをくむ**キリスト教**の総称（カトリック＝旧教に対して新教ともいう）。❹（写真はメソジスト派の礼拝場面）

○ キリスト教 (カトリック)

↑3 一般的にローマカトリック教会を指し，ペテロを創設者としてその後継者である教皇(法王)が，教会を指導する。❸（写真はノートルダム寺院・パリ）

○ キリスト教 (プロテスタント)

○ キリスト教 (東方正教会)

↓5 聖像崇拝をめぐりローマカトリックと対立。スラブ民族を基盤とし，1453年の東ローマ帝国滅亡後はロシア正教・ギリシャ正教・セルビア正教などの各国名・地方名が用いられている。❺

○ 儒教 (儒学)

→7 孔子にはじまる政治・儒教思想。中国歴代の支配階級の基盤思想として定着し，朝鮮・日本へも伝わる。❼（写真は中国曲阜・孔子廟）

○ ヒンドゥー教

→8 インドの民族宗教。バラモン教を基盤にさまざまな民間信仰を融合して成立。インドの生活習慣と**カースト制**に結合。特定の教義や聖典はない。❽（写真は修行僧）（▶P.206）

○ ユダヤ教

↓6 ユダヤ人の民族宗教。ヤーヴェ (ヤハウェ) を唯一神とする。律法主義・選民思想・メシア思想が特色。❻（写真は嘆きの壁）（▶P.213）

○ イスラーム

→9 ムハンマドが創始した宗教。**イスラーム**とは「神に帰依する，絶対に服従する」の意。唯一神アッラーを信仰し，その教典『コーラン』が信者の全生活を律し，また社会や国家のあり方も規定する。❾（写真はイラク・バグダッドでの金曜礼拝の様子）

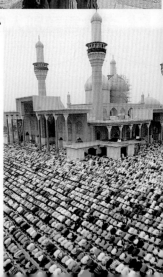

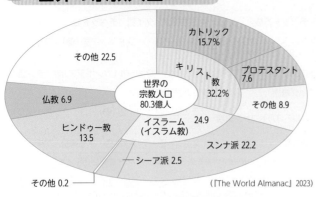

③ 各宗教の歴史的経緯

（▶別冊 P.24）

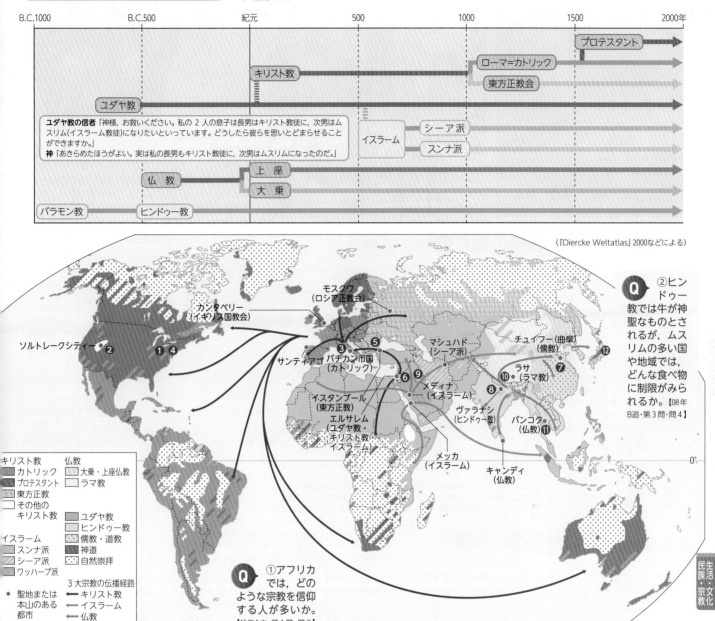

（『Diercke Weltatlas』2000などによる）

ユダヤ教の信者「神様、お救いください。私の2人の息子は長男はキリスト教徒に、次男はムスリム（イスラーム教徒）になりたいといっています。どうしたら彼らを思いとどまらせることができますか。」
神「あきらめたほうがよい。実は私の長男もキリスト教徒に、次男はムスリムになったのだ。」

Q ①アフリカでは、どのような宗教を信仰する人が多いか。【15年A本・第1問・問7】

Q ②ヒンドゥー教では牛が神聖なものとされるが、ムスリムの多い国や地域では、どんな食べ物に制限がみられるか。【08年B追・第3問・問4】

民生活・宗文教化

◉ラマ教（チベット仏教）

↓10 ラマとは仏僧の意。最高権威者が**ダライ・ラマ**であり、彼を仏や菩薩の化身（活仏）とし、代々生まれ変わりながら人々を救済すると考えられている。現在14世。**⑩**

ポタラ宮

◉仏教（上座仏教）

↓11 出家者を中心に個人の修行を重んじ、自己の解脱を目的とする。スリランカ・東南アジアを中心に伝播した（南伝仏教）。**⑪**

◉仏教（大乗仏教）

↓12 慈悲の精神で万人の救済を目指す「利他」の教えが基本。北伝し、東アジアで発展（北伝仏教）。**⑫**（写真提供：長野・善光寺）

❶ 国家の三要素

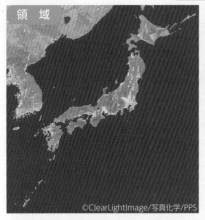

領域

国民

©ClearLightImage/写真化学/PPS

主権

パスポート(旅券)は各国政府が発行し，国籍や身分を証明する。

←↑1～3 領域(領土・領海・領空)，**国民，主権**を国家の**三要素**という。うち一つでも欠けると国家として成立せず，他国の干渉を受けずに領域と国民を統治する対外的な主権をもたなければ，独立国として国際的に認められない。2023年6月現在，独立国は197か国(北朝鮮を含む)。

❷ 第二次世界大戦後の独立国(2023年6月現在)

現在の独立国　197か国 (注1)
うち
国連加盟国　193か国 (注2)

凡例：
- 1945～49年
- 1950年代
- ◎ 1960年代
- 1970年代
- 1980年代
- 1990年代
- ◎ 2000年代
- ● 2010年代

◆おもな非独立地域
❶フランス領ギアナ
❷西サハラ
❸イギリス領ジブラルタル
❹フランス領ニューカレドニア
❺デンマーク領グリーンランド

(注1) 2015年にニウエを承認国としている。日本が承認していない北朝鮮を含む。
(注2) 日本が承認している国のうち，バチカン市国，コソボ共和国，クック諸島及びニウエは国連未加盟。他方，日本が承認していない北朝鮮は国連に加盟。

(外務省資料)

独立国が増加した年代と地域

年代	地域
1810年～1830年	ラテンアメリカ諸国の独立
1940年代後半～50年代	東・東南・南アジア諸国の独立
1960年代	アフリカ諸国の独立。特に1960年は17か国が独立し，「アフリカの年」とよばれる。
1970年代～80年代	カリブ海や太平洋の小島嶼国
1990年～92年	旧ソビエト連邦及び旧ユーゴスラビア連邦の解体による構成国の独立(大部分の国が1991年に独立宣言)

Q 1990年代の初めに，約20か国が独立しているが，その理由を答えよう。【96年本・第6問・問2】

❸ 国際連合の加盟国の推移

❷ 第二次世界大戦後のアジアと1960年代のアフリカ諸国の独立で加盟国が増加し，1990年代の初めは旧ソ連・旧ユーゴスラビアの構成国が次々に独立してさらに増加した。

1945年	14	2	20	2	6 4 3	51
1955年	26	2	20	2	12 9 5	76
1965年	27	2	22	2	17 11 37	118
1975年	29	2	4	27	19 16 47	144

大洋州

	ヨーロッパ	北米	大洋州	CIS諸国*	中南米	アジア	中東	アフリカ	合計
2023年(6月現在)	41	2	9		14	33	25	15	54	193

(注) 非加盟国であったスイス及び東ティモールは，2002年9月の国連総会で加盟が承認された。2006年には独立したモンテネグロが加盟。独立国で未加盟はバチカン市国・コソボ共和国・クック諸島及びニウエとなった(2023年6月現在)。

＊CIS諸国：バルト3国などを除く旧ソ連邦構成9か国。トルクメニスタンは2005年に脱退し準加盟国，ジョージア(グルジア)は2009年に脱退，ウクライナは2014年に脱退表明。

↓❹ **独立の喜びに沸く南スーダン国民[ジュバ・南スーダン]**　2011年7月，スーダンから分離独立した南スーダンは，約1,100万人の人口のほとんどを黒色人種が占めるが，英語が公用語であり，キリスト教を信仰する人も多い。経済基盤である原油は中国企業によって開発されたが，スーダンとの国境地帯に油田が分布するため，緊張した状態が続いている。また現在，2大民族を中心とした民族対立で，事実上の内戦状態が続いている。首都はジュバ(人口32万人，2015年推定)。

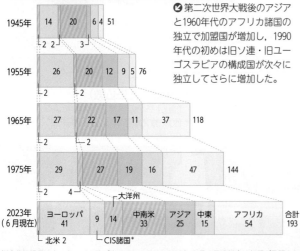

4 独立国の分類

↑5 共和国・フランス 統治権を国民から選ばれた大統領などの代表者に委託している国が共和国で，世界中に数多くある。写真は2017年，フランスの大統領となったマクロン氏。

↑6 専制君主国・サウジアラビア サウド王家のアラビアを意味するサウジアラビアは，王家が世襲により**国王**や閣僚を独占する。

↑7 カントン（連邦）の直接民主制（スイス） 連邦国家スイスでは，住民が直接政治に参加する直接民主制が行われている。住民たちは役人の選出などの課題を挙手による投票で決定する。

5 国家の分類

Q 1990年代以降の国家間の結びつきについて，どのような変化がみられるか。【15年A本・第2問・問7】

分　類		特　色	例
統治権の所在	君主国（王国）	統治権の所在が世襲的な君主（国王・皇帝など）にある国家。うち，君主が専制的に統治する国を**専制君主国**，憲法により君主の統治権を制限する国を**立憲君主国**という。	サウジアラビア（専制君主国），イギリス・オランダ・ノルウェー・タイ・モロッコ（立憲君主国）
	共和国	統治権を国民から選ばれた大統領などに委託する国家。	アメリカ合衆国・フランス・インド・ブラジル・韓国・ネパール
組　織	単一国家	1つの中央政府が，国民と領域を直接統治する国。**中央集権国家**ともいう。	日本・ポルトガル・スウェーデンなど世界の大多数の国家
	連邦国家（連合国家）	複数の州，共和国などが中央政府のもとに結合して形成された国家。中央政府は外交権のほか，州政府や共和国政府から委託された権限（軍事権など）を行使する。州政府や共和国政府は幅広い内政上の権限を有する。	アメリカ合衆国・スイス・ドイツ・カナダ・インド・ブラジル・ロシア・メキシコ
領　域	単節国（単部国）	領土が陸続きで1つにまとまっている国。大陸にある国家の大部分。	モンゴル・ハンガリー・ボリビア
	複節国（複部国）	海洋などにより，領土が2つ以上に分離されている国。島嶼を有する国や飛地国。飛地国はエクスクラーフェンとも称し，領土が他国の領土により分断されている国をいう。	日本・マレーシア・インドネシア・イタリア（複節国），アメリカ合衆国・オマーン・ロシア（飛地国）

◯現在も残る属領

分　類	特　色	例
植民地	本国政府が直接統治する植民地。（支配する本国を**宗主国**という）	ジブラルタル（イギリス領）・ギアナ（フランス領）・ニューカレドニア（フランス領）
租借地	一国が一定期間を限って，統治を行うことを認められた他国の領土内の地域。	キューバのグアンタナモ（アメリカ合衆国）

◐ 保護国・保護領 特定国の保護下におかれ，**主権**を制限された地域。かつてのアンドラ公国はフランスとスペインのウルヘル司教の共同主権下にある保護国であったが，1993年3月独立，7月国連に加盟した。また，かつてのブルネイやソロモン諸島はイギリスの保護領であったが，ブルネイは1984年，ソロモン諸島は1978年に独立した。

↑8 イギリス領ジブラルタル 18世紀以降イギリス領となったジブラルタルは海上交通の要衝であるが，住民の7割はスペイン系で，スペインからの通勤者も多い。

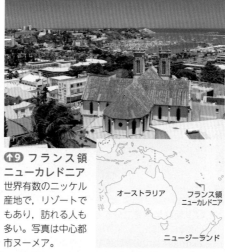

↑9 フランス領ニューカレドニア 世界有数のニッケル産地で，リゾートでもあり，訪れる人も多い。写真は中心都市ヌーメア。

オーストラリア
フランス領ニューカレドニア
インド洋
ニュージーランド

↑10 イギリス領の島から飛び立つ米軍機（ディエゴ・ガルシア島） インド洋に浮かぶこの小さな島は，イギリス領であるがアメリカが補給基地として租借している。写真はアフガニスタン空爆に向かう米軍機。

民生活・宗教化

国境と領土問題

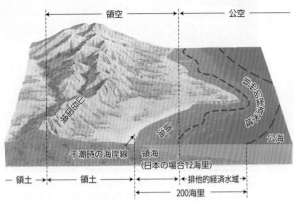

↑ 国家の主権が及ぶ範囲を領域とよび、領土、領海、領空からなる。領海とは沿岸国の主権の及ぶ海域で、日本など多くの国は12海里（約22km）と定めている。

1 国家の領域

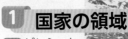

→1 ピレネー山脈のスキーリゾート（アンドラ公国）　ピレネー山脈はスペインとフランスの自然的国境をなす。山中の小国アンドラには、スキーのほか、安い免税品などを求めて、多くの観光客が訪れる。

Q　領空には、領土・領海の上空も含まれるが、宇宙空間は含まれるだろうか。【06年A本・第1問・問8】

2 自然的国境と人為的国境

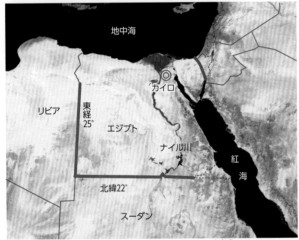

↑2 エジプトと隣国との境界　大部分が砂漠で障壁が少なく、経緯線を利用した直線的な人為的（数理的）国境となっている。

自然的国境	山脈	ヒマラヤ山脈	（中国・ネパールほか）
		スカンディナヴィア山脈	（ノルウェー・スウェーデン）
		ピレネー山脈	（フランス・スペイン）
		アンデス山脈	（チリ・アルゼンチン）
	河川	アムール川	（ロシア・中国）
		メコン川	（ラオス・タイ）
		ドナウ川	（ブルガリア・ルーマニアほか）
		ライン川	（フランス・ドイツ・スイス）
		オーデル川	（ドイツ・ポーランド）
		リオグランデ川	（アメリカ合衆国・メキシコ）
	砂漠	大インド（タール）砂漠	（パキスタン・インド）
	湖沼	スペリオル湖ほか	（アメリカ合衆国・カナダ）
		チチカカ湖	（ペルー・ボリビア）
		ヴィクトリア湖	（ウガンダ・タンザニア・ケニア）
人為的（数理的）国境	緯度	北緯49°、北緯45°、西経141°	（アメリカ合衆国・カナダ）
		北緯22°	（エジプト・スーダン）
	経度	東経25°	（エジプト・リビア）
		東経141°	（パプアニューギニア・インドネシア）
	中立地帯軍事境界線	北緯38°	（大韓民国・朝鮮民主主義人民共和国）

↑3 アメリカ合衆国・カナダ国境　アメリカ・ノースダコタ州とカナダとの国境は、北緯49度線にほぼ一致する。人為的（数理的）国境は直線となることが多い。

↑4 朝鮮半島を二分する軍事境界線　北緯38度線にほぼ沿う。境界線の周囲には、南北幅2km（計4km）の非武装中立地帯がある。

↑5 河川国境ライン川　スイス・アルプス山脈を源とし、ドイツとフランスの国境をなし、ドイツからオランダのロッテルダム付近で北海に注ぐ国際河川である。

③ 世界の国境・領土問題

西経141°
北緯49°
リオグランデ川
北緯45°
スカンディナヴィア山脈
オーデル川・ナイセ川
ピレネー山脈
ドナウ川
アムール川
ヒマラヤ山脈
東経25°
北緯22°
大インド（タール）砂漠
メコン川
東経141°
東経20°
アンデス山脈

——— 自然的国境
——— 人為的（数理的）国境
——— 係争地域

（●付の番号の係争地域は下の表を参照）

自然的国境は山脈・河川・湖沼・海峡などをその境界としているため，地図上でも分かりやすい。人為的（数理的）国境は経緯線に合わせて引かれることが多く直線となる。エジプトは，西のリビアとは東経25度，南のスーダンとは北緯22度の経緯線が国境となる。アフリカではヨーロッパ列国により人為的に国境が引かれたため，独立後も同一民族が分断されたり，異なる民族が同じ国に属することになり，現在の民族紛争の原因となっている。また，独立の際の帰属問題から現在も国境が確定していないカシミール地方など，領土や国境をめぐる問題は世界各地に残っている。

	係争地域	対立国	背景
中・南アメリカ	❶グアンタナモ（キューバ島東端）	アメリカ合衆国 キューバ	1903年からアメリカ合衆国が海軍基地として租借。返還が国交正常化の要件
ヨーロッパ	❷フォークランド諸島（マルビナス諸島）	アルゼンチン イギリス	旧スペイン領を1833年イギリスが占拠。1816年独立のアルゼンチンはスペインからの継承を主張。1982年軍事衝突
	❸英領ジブラルタル	イギリス スペイン	1713年ユトレヒト条約で英領。スペインは強硬に返還を要求。軍事的要衝
アフリカ・西アジア	❹西サハラ	モロッコ 西サハラ	1974年にスペインが領有権を放棄し，1976年に現地住民の一部が独立宣言をした西サハラと，その領有権を主張するモロッコとの衝突
	❺シャトルアラブ川	イラン イラク	1980年9月，75年の国境協定をイラクが一方的に破棄，全面戦争（イラン＝イラク戦争）に突入。88年停戦

	係争地域	対立国	背景
アジア	❻中印国境 東部（マクマホンライン），西部（ラダク地方）	中国 インド	ヒマラヤ山脈をはさむ東部国境と西部国境で対立。再三武力衝突
	❼カシミール地方	インド パキスタン	1947年，印パ分離・独立の際，その帰属をめぐり対立。武力紛争。49年国連の仲介で停戦（▶P.206③）
	❽北方領土（歯舞群島・色丹島・国後島・択捉島）	日本 ロシア（旧ソ連）	北方領土は日本固有の領土であるが，第二次世界大戦の処理から現在ロシアが占拠しているため，政府は返還を要求
	❾竹島	日本 韓国	1952年李ライン宣言，韓国が占拠。65年日韓基本条約で棚上げ。日本は不法占拠に抗議（▶P.154）
	❿尖閣諸島	日本 中国	日本固有の領土。近年海底油田の存在が関係（▶P.154）
	⓫南沙群島（スプラトリー諸島）	ベトナム,中国,台湾,フィリピン,マレーシア,ブルネイ	6つの国家・地域が領有権を主張。海底油田・ガス田の存在が確認されてさらに激化

民族・生活・宗教・文化

◉南沙群島（スプラトリー諸島）の実効支配状況

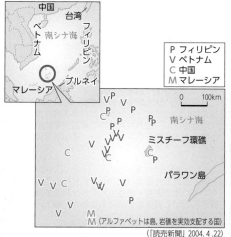

中国
台湾
ベトナム
南シナ海
フィリピン
ブルネイ
マレーシア

P フィリピン
V ベトナム
C 中国
M マレーシア

0　100km

ミスチーフ環礁
パラワン島

（アルファベットは島，岩礁を実効支配する国）

「読売新聞」2004.4.22）

↓❻ 中国による埋め立てが進む南沙群島（スプラトリー諸島）のケナン礁（2015年）

約100の小島・環礁からなる南沙群島は5つの国と1つの地域（台湾）が領有権を主張している。そのうち4か国（フィリピン，ベトナム，中国，マレーシア）は，有人施設を建設するなどいくつかの島を実効支配している。

（提供 フィリピン国軍関係者）

◉カシミール地方（▶P.206③）

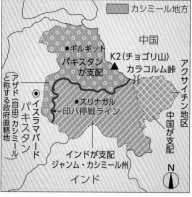

カシミール地方

中国
ギルギット
パキスタンが支配
K2（チョゴリ山）
カラコルム峠
アクサイチン地区
中国が支配
アザド（自由）カシミールと称する政府直轄地
スリナガル
印パ停戦ライン
イスラマバード
パキスタン
インドが支配ジャンム・カシミール州
インド
N

↑インドとパキスタンが領有をめぐり争うカシミール地方は，1972年に停戦ラインが設定された後も両国の衝突が繰り返されている。

1 世界の主な国家群

●経済ブロックの比較 (2021年)

	面積 (万km²)	人口('22年) (億人)	GDP (億ドル)
EU (27か国)	413	4.4	171,778
USMCA	2,178	5.0	265,763
ASEAN	449	6.8	33,403
AU	2,996	14.1	27,246
CIS	2,097	2.4	22,089
MERCOSUR	1,392	3.1	23,482
日 本	38	1.2	49,409

(国連資料などによる)

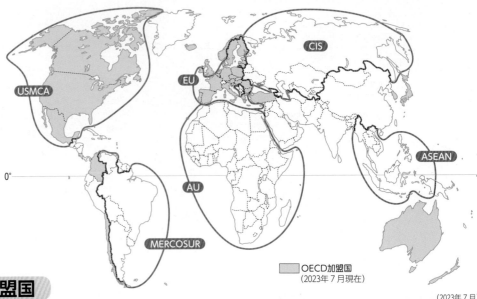

OECD加盟国
(2023年7月現在)

2 主な国家群とその加盟国

(2023年7月)

	名 称	加盟国	目的・現状
政治・軍事的機構	NATO (ナトー) (北大西洋条約機構)	アメリカ合衆国・カナダ・イギリス・フランス・イタリア・ベルギー・オランダ・ルクセンブルク・ノルウェー・デンマーク・アイスランド・ポルトガル(以上原加盟国)・ギリシャ(1952年加盟, 74年一時脱退, 80年再加盟)・トルコ(52年)・西ドイツ(55年, 90年からドイツ)・スペイン(82年加盟)・ポーランド・チェコ・ハンガリー(以上99年加盟)・エストニア・ラトビア・リトアニア・スロバキア・スロベニア・ルーマニア・ブルガリア(以上2004年加盟)・アルバニア・クロアチア(以上09年加盟)・モンテネグロ(17年)・北マケドニア(20年)・フィンランド(23年) 31か国(フランスは1966年に軍事機構を脱退, 09年完全復帰)	冷戦時に旧ソ連・東欧諸国など東側諸国に対する西側の軍事同盟機構として発足。本部ブリュッセル。現在では, ヨーロッパの域内外における危機管理を担う。2001年 9・11テロ以降, 部隊を世界各地へ派遣できる体制の確立が模索されている。東欧諸国との協力関係が進み, 2020年北マケドニアの加盟など, 加盟国数は増加している。
	ASEAN (アセアン) (東南アジア諸国連合)	タイ・マレーシア・フィリピン・インドネシア・シンガポール・ブルネイ(1984年)・ベトナム(95年), ラオス・ミャンマーは同時加盟(97年), カンボジア(99年) (2011年に東ティモールが加盟申請, 2022年加盟内定)　10か国	1967年に5か国で設立。その後5か国が加盟し, 現在ではほぼ東南アジア全域を含む。経済発展及び社会・文化の発展のための, 地域協力・相互援助の組織。地域安全保障と政治の安定, さらにASEAN自由貿易実現をめざす。
	CIS (独立国家共同体)	ロシア・ベラルーシ・モルドバ・アゼルバイジャン・アルメニア・カザフスタン・ウズベキスタン・キルギス・タジキスタン(トルクメニスタンは2005年に脱退し準加盟国, ジョージア(グルジア)は09年に脱退, ウクライナは14年に脱退表明) 9か国　※旧ソ連に帰属していたバルト三国(エストニア・ラトビア・リトアニア)は加盟していない。	バルト3国(エストニア・ラトビア・リトアニア)とジョージアなどを除く, 旧ソビエト連邦を構成する9か国からなる。本部ミンスク。EUのような組織をつくるため, 政治・軍事・経済的な協力を図っている。
	AU (アフリカ連合)	アフリカの54か国と西サハラ(加盟資格停止国を含む)(モロッコは西サハラの参加に反対して1985年脱退したが2017年に再加入。93年エリトリア, 94年南アフリカ, 11年南スーダンが加盟, 22年6月現在, クーデターによる政権奪取への制裁措置で4か国が加盟資格停止)	1963年に結成されたアフリカ統一機構(OAU)がEU型の政治・経済型統合に向け, 2002年7月にAUに改称した。本部アディスアベバ。1984年にOAUから離脱したモロッコは2017年, 33年ぶりに復帰した。
経済的機構	EU (ヨーロッパ連合)	フランス・西ドイツ(1990年からドイツ)・イタリア・オランダ・ベルギー・ルクセンブルク(以上EC原加盟6か国)・アイルランド・デンマーク(以上73年加盟)・ギリシャ(81年加盟)・スペイン・ポルトガル(以上86年加盟)・オーストリア・スウェーデン・フィンランド(95年加盟)・エストニア・ラトビア・リトアニア・ポーランド・チェコ・スロバキア・ハンガリー・スロベニア・マルタ・キプロス(以上04年加盟)・ルーマニア・ブルガリア(以上07年加盟)・クロアチア(13年加盟)　27か国(20年イギリス離脱)	1967年ヨーロッパ共同体(EC)として発足。さらにヨーロッパの政治統合, 経済・通貨統合をめざし, 93年ヨーロッパ連合(EU)が設立。単一通貨制度・共通外交・安全保障政策などを導入し, 発展させる新共同体。イギリスは2016年の国民投票で52%が離脱に賛成, 20年1月, 正式に離脱した。
	EFTA (エフタ) (ヨーロッパ自由貿易連合)	ノルウェー・スイス・アイスランド・リヒテンシュタイン　4か国	EECに対抗するため結成され, 域内では10年間で関税と輸入制限の全廃を計画。1994年, EUとの拡大統一市場へ向けヨーロッパ経済地域(EEA)が発足。本部ジュネーヴ。
	NAFTA (ナフタ) (北米自由貿易協定) →USMCA (米国・メキシコ・カナダ協定)へ	アメリカ合衆国・カナダ・メキシコ　3か国	アメリカ合衆国とカナダの自由貿易協定にメキシコが加わり1994年に成立。10〜15年で加盟国間の関税を段階的に撤廃し貿易の自由化を図る。国内総生産(GDP)で世界最大の自由貿易圏。2017年, アメリカ合衆国は大幅な見直しを主張し2020年に新協定(USMCA)に移行した。
	MERCOSUR (メルコスール) (南米南部共同市場)	ブラジル・アルゼンチン・パラグアイ・ウルグアイ・ベネズエラ・ボリビア(ベネズエラは2017年に加盟資格停止)　6か国	1995年に発足した, 域内関税を相互撤廃して対外共通関税などを設定した組織。ボリビアは, 2015年7月に首脳会議で正式加盟承認し, 域外共通関税に参加。準加盟国を含め, 今後も拡大する様子をみせている。準加盟国はチリ, コロンビア, エクアドル, ガイアナ, ペルー, スリナムの6か国。
	OPEC (オペック) (石油輸出国機構)	イラン・イラク・サウジアラビア・クウェート・ベネズエラ(原加盟国)・リビア・アラブ首長国連邦・アルジェリア・ナイジェリア・アンゴラ(2007年)・ガボン(16年再加盟)・赤道ギニア(17年)・コンゴ共和国(18年)(カタールは19年脱退, エクアドル20年脱退)　13か国	石油輸出国が国際石油資本(メジャー)に対抗して, 産油国の利益を守るための生産・価格カルテル。原油生産の調整と価格安定について協議し交渉にあたるが, 輸出国相互の利害が対立している。

1 経済水準が異なる国々

◉世界の経済ブロックとGNI(国民総所得)比較(2020年)

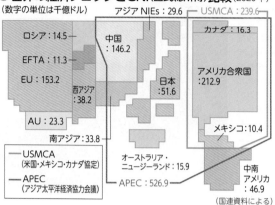

(数字の単位は千億ドル)

アジアNIEs：29.6 USMCA：239.6

ロシア：14.5
EFTA：11.3
EU：153.2
西アジア：38.2
AU：23.3
南アジア：33.8
中国：146.2
日本：51.6
カナダ：16.3
アメリカ合衆国：212.9
メキシコ：10.4

オーストラリア・ニュージーランド：15.9
中南アメリカ：46.9
APEC：526.9

USMCA(米国・メキシコ・カナダ協定)
APEC(アジア太平洋経済協力会議)

(国連資料による)

⬆ 世界の経済は，BRICS(2023年現在，ブラジル・ロシア・インド・中国・南ア共和国)のような世界有数の人口を保有し，安定した市場としても注目される国々の成長を抜きにしては語れなくなっている。

2 海外経済協力

◉主な国のODA援助先と割合(上位5か国)(2020年)

日本のODA (168.9億ドル)		アメリカのODA (303.1億ドル)	
バングラデシュ	12.6%	ヨルダン	4.0%
インド	10.7	アフガニスタン	3.4
インドネシア	8.1	ナイジェリア	3.1
フィリピン	6.8	エチオピア	2.6
ミャンマー	6.5	コンゴ民主共和国	2.6

イギリスのODA (123.8億ドル)		フランスのODA (130.9億ドル)	
エチオピア	2.6%	モロッコ	4.5%
ナイジェリア	2.5	ソマリア	3.4
ソマリア	2.4	インド	3.2
アフガニスタン	2.4	モーリシャス	2.7
イエメン	2.3	セネガル	2.5

※( )内は二国間援助合計額
(「ODA参考資料集」2021による)

⬆ ODA(政府開発援助)とは，発展途上国に対して先進国の政府が行う援助のことで，無償または長期低利の資金援助などからなる。日本はODA総額の大半がアジア諸国向けで，バングラデシュやインドなどへの供与が多い。アメリカ合衆国はヨルダンとアフガニスタンとアフリカ諸国，フランスは旧植民地であるアフリカ諸国への供与が多くなっている。

⬆1 ヨーロッパに向かうアフリカからの不法移民 [スペイン領カナリア諸島]
近年，貧困と飢餓に苦しむサハラ以南の中南アフリカから，仕事と豊かな生活を求めてヨーロッパ諸国への入国をめざす不法移民が急増している。アフリカ大陸北西沖に浮かぶスペイン領カナリア諸島やジブラルタル海峡に臨むスペイン領セウタにはスペイン(EU内の移動は自由)への不法入国を狙う人々が殺到し，スペイン政府は対応に苦慮している。

⬅2 日本の援助で完成した道路の開通式を祝う人々 [ネパール・カトマンズ近郊] ODA(政府開発援助)は発展途上国の生活向上，経済的自立とそのための社会資本の整備などを目的として援助する。ODAに加え，民間の直接投資や，国際協力機構(JICA)の派遣する青年海外協力隊なども発展途上国で活動している。

◉海外経済協力のしくみ

海外経済協力
├ 民間ベース ── NGO
│   └ 直接投資
└ 政府ベース ── 政府開発援助(ODA)
            └ その他の政府資金

⬆ 海外経済協力は，二国間の協力と多国間の協力，政府ベースによるODAなどと民間ベースによるものとに分かれる。民間の直接投資は企業による資本進出が中心であるが，企業の利益を優先しすぎるという批判もある。NGO(非政府組織)は国際赤十字社，国境なき医師団など人的・技術的な支援が中心である。

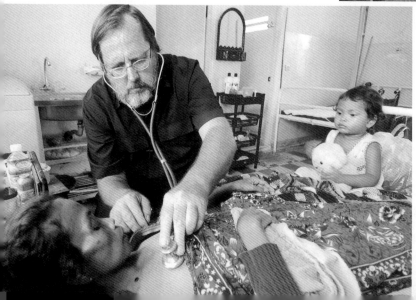

⬅3 カンボジアで医療活動を行うNGO(非政府組織)の医師
NGOには，国境を越えて活動する医師たちの組織もある。

民族・宗教／生活・文化

世界の民族問題1

1 北アイルランド紛争

↓1 アイルランド共和国軍(IRA)によるテロ活動

カトリック 40% アイルランド共和国との統合を目指す

プロテスタント 60% イギリス残留を主張

北アイルランド(イギリス領) ベルファスト

アイルランド共和国 ダブリン

ほとんどがカトリック

対立の背景 **カトリックに対する差別・弾圧** 北アイルランドでは，プロテスタント住民が独占する政府によって納税金額による選挙制限など，貧しいカトリック住民に対する差別が続いていた。1960年代，カトリック住民による公民権運動をイギリス警察が弾圧し，それに対抗してアイルランド共和国軍(**IRA**)のテロ活動が過激化していった。

2 キプロス問題

↓2 山岳地帯から監視を続けるトルコ軍兵士

ニコシア

キプロス共和国(ギリシア正教系)

北キプロス・トルコ共和国(イスラーム系)

対立の背景 **ギリシャ対トルコの「代理戦争」** 1960年イギリスから独立したキプロスだが，74年にギリシャ軍指導のもとギリシア系住民のクーデタが起こると，すぐにトルコも軍を侵攻させ，国土の37%を占領した。83年に「北キプロス・トルコ共和国」として独立を宣言したが，現在この国を承認しているのはトルコのみである。キプロスの中心には，国連によって引かれたグリーンライン(緩衝地帯)があり，首都ニコシアも二分されている。

5 スリランカの民族対立

タミル・イーラム解放の虎(LTTE)の勢力圏

■ 勢力圏 (2005年11月以前)

ジャフナ

スリランカ

コロンボ

スリジャヤワルダナプラコッテー

キャンディ

(外務省資料による)

対立の背景 **多数派シンハラ人のタミル人に対する差別政策** スリランカでは1948年の独立以来，多数派のシンハラ人(上座仏教徒)優遇政策に反発するタミル人(ヒンドゥー教徒)によるテロ活動が続いたが，2009年に政府は過激派LTTEを制圧したとして内戦の終結宣言を出した。

(▶P.206 2)

←5 中部州の州都キャンディで爆破されたバス[2008年]

3 ルワンダ・ブルンジ内戦

↓3 行進する政府軍のフツ族兵士の横をパトロールするフランス軍兵士[ルワンダ・ギセニイエ]

対立の背景 **フツ族とツチ族の政権奪還闘争** 1962年までルワンダを委任統治したベルギーは，少数派のツチ族を優遇し，多数派のフツ族を支配させた。独立後クーデターによりフツ族が政権をとると，ツチ族はルワンダ愛国戦線(RPF)を組織し部族抗争が激化，約50万人のツチ族が虐殺された。内戦・報復を恐れたフツ族は200万人が難民となって国外へ流出した。2000年以降，国外へ流出した難民の帰国も進み，この10年は平均7%を超える経済成長を遂げ，「アフリカの奇跡」といわれている。

4 ベルギーの言語紛争

↓4 いくつかの言語で示された看板

オランダ

フラマン地域 ブリュッセル

ドイツ

ベルギー

ワロン地域

ルクセンブルク

フランス

■ オランダ語(フラマン語)
□ フランス語(ワロン語)
□ ドイツ語
□ オランダ語 フランス語
— 言語界

対立の背景 **北部フラマン地域のオランダ語系フラマン人と南部ワロン地域のフランス語系ワロン人の対立** 首都ブリュッセルは両言語併用地域。

6 バスク独立運動とカタルーニャ(スペイン)

バスク国(自治州) バスク人が居住する地域。スペインの中でも豊かな地方だが，急進的な民族組織「ETA(バスク祖国と自由)」がある。スペインやフランスのバスク人居住地域を独立国家として分離させることを主張している。

カタルーニャ州(自治州) 州都はガウディの建築群があることでも知られるバルセロナ。2006年6月の住民投票により自治権が拡大。税，司法，行政の分野でカタルーニャ州の権限はさらに強くなった。

(▶P.223写真④)

大西洋

フランス

アンドラ公国

ビルバオ

マドリード

サラゴサ

バルセロナ

ポルトガル

スペイン

バレンシア

セビリア

マラガ

ジブラルタル海峡

セウタ

地中海

(「面白いほどよくわかる世界地図の読み方」日本文芸社による)

対立の背景 ←6 **バスク地方の分離独立を掲げる民族組織「バスク祖国と自由(ETA)」の仕業とみられるテロ** ETAが発足したのは1959年で，フランコ体制下でのバスク語使用禁止などの弾圧がきっかけとされている。

北アイルランド問題△×
ベルギーの言語問題○△
旧ユーゴスラビア内戦○
キプロス問題○
ウクライナ問題○
バスク独立運動○△
レバノン内戦×
パレスチナ問題×○
西サハラ問題□
イラクのクウェート侵攻□（1990年8月）
リベリア内戦○（1996年停戦）
アンゴラ内戦□
コンゴ内戦□○
アパルトヘイト○（1991年制度廃止）
ダールフール○
南スーダン○□
ソマリア内戦○
ルワンダ難民問題○

グルジア*・アブハジア紛争○
チェチェン独立運動○
多民族問題○（ナゴルノ-カラバフ自治州）
クルド族独立問題○
パクトニスタン独立運動○
アフガン内戦○×
カシミール紛争□（インド，パキスタン）
シンチャンウイグル自治区分離独立運動○×
シーク教徒自治権拡大運動×
シリア内戦□
イラン・イラク戦争×□（1988年停戦）
イラン・イラク戦争

チベット暴動×
ミャンマー（ビルマ）の少数民族問題○
スリランカ民族問題○×
モロ族の自治要求（フィリピン）
アチェ州独立運動（インドネシア）○

少数民族問題○×（アボリジニー）
フィジーのクーデター◎

ケベック問題○
黒人問題◎
インディアン問題◎
ハイチ問題○
エルサルバドル内戦□（1992年12月停戦）
パナマ問題□
プエルトリコ問題□

◎人種　×宗教
○民族　□その他
△言語

*2015年4月，同国の要請により日本政府は日本語における国名表記をグルジアからジョージアに変更した。

◯民族や国家をめぐる紛争の型

（2013年センター試験地理B［本試］による）

紛争の型	国の領域　民族A　紛争　民族C　民族B　民族の分布域	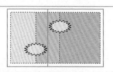	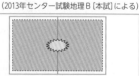	
	諸民族の分布域が国の内外に錯綜し，一つの国の中で，拮抗する複数の民族が主導権を争う。	一つの国の中で，多数派の民族によって抑圧された複数の少数民族が，連帯して抵抗する。	一つの民族が，複数の国にまたがって分布し，それぞれの国において自治や独立を要求する。	一つの民族が二つの国に分断され，政治体制の違いから同一民族どうしで紛争が起こる。
例	ビアフラ紛争時代のナイジェリア	ダールフール紛争（スーダン），モロ諸族（フィリピン）など	数か国にわたって民族が分布し，各国との問題を抱えるクルド人など（▶P.152）	南北に分断されたかつてのベトナム，朝鮮半島など（▶P.196）

民生活・宗教

7 東ティモール

↳7 首都ディリでの集会［2007年］

対立の背景 **インドネシアからの分離独立運動** 16世紀以降ポルトガルの植民地でカトリック教徒の多い東ティモールは1975年に独立を宣言したが，インドネシア政府はこれを弾圧し約30万人が殺害された。1999年の住民投票を経て政府も独立を承認，2002年5月，世界で192か国目の独立国となった。

8 ケベック州（カナダ）

州人口に占めるフランス系人口の割合
■ 80%以上
■ 30%以上

対立の背景 **フランス系住民の分離独立運動** カナダのケベック州ではフランス系住民が80%以上を占め，カトリック教徒が多い。そのためイギリス系主導の連邦政府に対して不満が強く，1960年代以降主権の拡大や分離・独立を求める運動が続いている。
（▶P.235 ③）

↳8 フランス語と英語で書かれた看板［カナダ・モントリオール空港］

Arrivées
Arrivals

9 旧ユーゴスラビア

○分裂後のユーゴスラビア

（人口：2022年）

スロベニア共和国
人口：212万人
面積：20,273km²
宗教：カトリック
言語：スロベニア語
民族構成
スロベニア人 83%　その他

クロアチア共和国
人口：404万人　面積：56,594km²
宗教：カトリック
言語：クロアチア語
民族構成
クロアチア人 90%　セルビア人 4　その他

ボスニア・ヘルツェゴビナ
人口：325万人　面積：51,209km²
宗教：イスラーム、セルビア正教、カトリック
言語：ボスニア語、セルビア語、クロアチア語
民族構成
セルビア人 31　クロアチア人 15　ボスニア人（イスラーム系）50%　その他

モンテネグロ
人口：63万人　面積：13,888km²
宗教：セルビア正教、イスラーム
言語：モンテネグロ語、セルビア語
民族構成
モンテネグロ人 45%　セルビア人 29　ボスニア人 9　その他

セルビア共和国（1自治州を含む）
人口：730万人
面積：77,474km²
宗教：セルビア正教、カトリック
言語：セルビア語
民族構成
セルビア人 83%　マジャール人（ハンガリー人）　その他 4

コソボ共和国
人口：166万人
面積：10,908km²
言語：アルバニア語、セルビア語
民族：アルバニア系 92%

北マケドニア共和国
人口：210万人
面積：25,713km²
宗教：マケドニア正教、イスラーム
言語：マケドニア語、アルバニア語
民族構成
マケドニア人 64%　アルバニア人 25　その他

凡例：
セルビア人／クロアチア人／スロベニア人／マケドニア人／モンテネグロ人／イスラーム系／アルバニア人／マジャール人（ハンガリー人）／ボスニア人／その他

地図注記：リュブリャナ、ザグレブ、ヴォイヴォディナ自治州、ノヴィサド、ベオグラード、サラエボ、ポドゴリツァ、チトーグラード、プリシュティナ、スコピエ　独立

（『世界年鑑』2023などによる）

↑9 国旗を掲げるコソボの人々　旧ユーゴスラビアを構成していた6共和国のうちセルビアはセルビア人（セルビア正教）が多いが、南部のコソボ自治州はムスリム（イスラーム教徒）のアルバニア系住民が約9割を占め、セルビアからの分離・独立を求めてコソボ解放軍（KLA）による武力闘争が本格化した。2008年コソボは一方的に独立を宣言したが、セルビアやロシアはこれを認めていない。2016年7月までに約100か国が独立を承認。

10 クルド人問題

↑10 イラクのクルド人難民キャンプ　イラン・イラク・トルコなど数か国にまたがって居住するクルド人は、総人口約3,500万人の多数民族でありながら、独自の国家をもたない。**クルディスタン（クルド人居住地）**には貴重な水資源や油田があることも関係各国が独立を認めない理由である。近年は各国の枠組みの中で自治権の拡大を目指したり、対話を模索する動きもある一方で、欧米などへ移民として移住する人々も増えてきている。

○クルド人の居住地域

凡例：
クルド人居住地域
⊞ 油田の位置

地図注記：ヨーロッパ、アジア、アラビア、アルメニア、エレバン、エルズルム、トルコ、ワン湖、ワン、ウルミエ湖、タブリーズ、イラン、シリア、モスル、アルビール、キルクーク、ハマダーン、イラク、ティグリス川、ケルマンシャー、バグダッド

（『世界再発見⑤西アジア・中央アジア』同朋舎出版）

〈人口に占めるクルド人の割合〉
トルコ	推定12%
イラン	10%
イラク	15〜20%

（『世界年鑑』2023などによる）

11 パレスチナ問題

←11 分離壁〔パレスチナ自治区・ガザ〕　イスラエルはヨルダン川西岸地区とガザ地区に分離壁を建設した。

→12 「嘆きの壁」と「岩のドーム」〔エルサレム〕　イスラエルの首都エルサレムはユダヤ教・キリスト教・イスラーム（イスラム教）の3つの聖地である。嘆きの壁はユダヤ教の聖地で多くの人が訪れる。

↑1 疲弊するソマリア難民　アフリカ東部に位置するソマリアは、国土の大部分が乾燥気候で食料に乏しく、近年続く内戦によって多くの難民が発生し、経済は壊滅状態にある。1991年以来統一政府が存在しなかったが、2012年9月に新大統領が選出され就任し、同年11月には新政府が樹立された。

↑2 ISIL（「イスラーム国」）支配から逃れるため、国境を越えるシリアの人々[シリア・トルコ国境]　トルコには150万人を超えるシリア難民が流入しており、中でも女性と子どもが多い。

1 主な難民の出身国・地域 （▶P.118）

Q 難民の受け入れ数が多い国を3か国あげよう。【19年B追・第3問・問2】

難民（refugee）

戦争や政治的、宗教的迫害などの危険を逃れるために、住んでいる土地を離れざるを得なくなった人々を**難民（避難民）**とよぶ。近年は、政治的・民族的な迫害などにより土地を離れたものの国内に留まっている人々を国内避難民とよび、広義の難民とする。

◆難民の種類　国際法上の「難民」→戦争や政治的・宗教的・民族的理由により故国を逃れた人々。これ以外は難民条約でいう「難民」には該当しない。→経済的理由、環境による難民など

◀日本は世界の主要国の中でも、難民の受け入れが少ない。2021年、日本で難民認定を申請した外国人は2,413人であった。難民と認められた人は74人で、ほかに人道的な配慮を理由に在留を認めた外国人が580人であった。紛争地域とは別に、統合が進むヨーロッパでは、国境の垣根が低くなり人がより自由に移動できるようになったため、世界各地から保護を求める難民や経済的理由による不法移民が急増した。アフガニスタン、シリア、クルディスタン、イラクなどの中東や南スーダンなどアフリカからの難民に加え、近年では中国からの不法移民も増加している。

[地図：主な難民の出身国・地域]

ウクライナ 32.1万人
トルコ 6.0万人
クロアチア 3.3万人
セルビア 3.8万人
コソボ 3.8万人
西サハラ 9.1万人
マリ 15.4万人
チャド 7.2万人
コートジボワール 7.2万人
ナイジェリア 15.2万人
カメルーン
中央アフリカ 47.1万人
スーダン 62.2万人
南スーダン 77.9万人
コンゴ民主共和国 54.1万人
ブルンジ 29.3万人
ルワンダ 28.6万人
ソマリア 112.3万人
エリトリア 38.0万人
エチオピア 8.6万人
ウガンダ
ケニア
イエメン 26.1万人
イラク 25万人
スリランカ 12.1万人
パキスタン 27.7万人
アフガニスタン 266.6万人
イラン 8.5万人
インド
バングラデシュ
ミャンマー 19.9万人
タイ
ベトナム 31.3万人
中国 21.3万人
ロシア 6.7万人
パレスチナ 515.0万人
シリア 485.1万人
レバノン 106万人
ヨルダン 63万人
31万人
250万人
95万人
156万人
16万人
30万人
27万人
24万人
28万人
42万人
20万人
26万人
11万人
23万人
30万人
11万人
日本
アメリカ合衆国
ハイチ 3.5万人
17万人
ベネズエラ
12万人
エクアドル
コロンビア 9.1万人
ブラジル

主な難民の出身国・地域（2015年末現在）
- 100万人以上
- 10万～100万人未満
- 1万～10万人未満
- 1,000～1万人未満
- 1,000人未満
- 資料なし

主な難民の移動
移動した難民数
30万人

（注）パレスチナ難民とシリア難民を除く。10万人以上の難民の移動を対象。

色文字の国・地域は上位10位。

(UNHCR「Global Trends 2015」、UNRWA資料による)

2 地中海で命を落とす難民

2010年に始まった「アラブの春」で中東や北アフリカの国々が不安定化するとともに、地中海を渡ってヨーロッパに入る難民が急増し、受け入れ先のEU諸国を揺るがす深刻な問題となっている。特に2014年以降、事実上の無政府状態に陥ったリビアから、難民を満載した船がイタリアなどへ渡航を企てるケースが増えており、船が沈没して多くの難民が溺死する事件も起きている。2014年の1年間だけで3,000人以上、15年の1～4月だけで1,700人を超える難民が渡航中に命を落としている。（『今がわかる時代がわかる世界地図2016』成美堂出版）

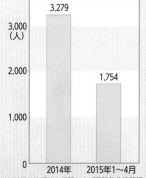

渡航中に死亡した地中海難民の数

- 2014年：3,279（人）
- 2015年1～4月：1,754

(欧州対外国境管理協力機関および国際移住機関調べ)

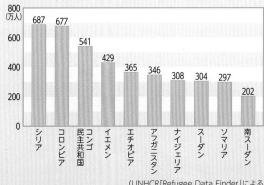

国内避難民の多い国（2021年）

国	万人
シリア	687
コロンビア	677
コンゴ民主共和国	541
イエメン	429
エチオピア	365
アフガニスタン	346
ナイジェリア	308
スーダン	304
ソマリア	297
南スーダン	202

(UNHCR「Refugee Data Finder」による)

民族・生活・宗教・文化

◉日本の領土・領海

↓1 竹島に韓国が建設した接岸施設とヘリポート（1997年）

↑竹島は、韓国の地図には「独島」と書かれてあるが、日本はこの地名を認めていない。

平岩／竹島／男島／女島

↓5 与那国島の日本最西端の碑[沖縄県与那国島]　与那国島は、台湾に近い東経122度56分にある日本の最西端の島である。

↓6 尖閣諸島　中国は「釣魚島」の名称を用い、台湾に付属する島々と主張している。この水域には石油開発有望地域があり、関係諸国の軍事力と石油資源の思惑が入り乱れている。

●北方領土問題

→サンフランシスコ平和条約（1951年）で、日本は千島列島（択捉島以南を含まない）を放棄したが、択捉島以南は日本固有の領土である。現在、ロシアに不法に占拠されているため、返還を求めている。

カムチャツカ半島／北緯50°／ロシア／南樺太／オホーツク海／千島列島／択捉島（えとろふ）／国後島（くなしり）／色丹島（しこたん）／歯舞群島（はぼまい）／日本

→2 墓参りする日本人[色丹島]

■日本が平和条約で放棄した地域（ただし、その帰属国は未決定）
■ロシアと係争中の地域（択捉島・国後島）
■ロシアが平和条約締結後に返還を約束した地域（色丹島・歯舞群島）

↓3 水産加工工場で働く女性[色丹島]　北方領土周辺は、カニ・サケ・サンマなどの水産資源の宝庫である。

↓4 サンゴ礁に囲まれた標高7mの南鳥島　日本最東端の島。東京から南東に1,950km、周囲約5.6kmの隆起サンゴ礁からなる島である。気象庁職員や海上自衛隊員約20名が常駐している。

↓8 コンクリートで守られた沖ノ鳥島（2004年）　建設省（現国土交通省）は300億円をつぎ込んで、水没しそうな沖ノ鳥島を守った。

接続水域　領海よりさらに12海里を指定し、法令違反や入国管理など必要な規制が認められた水域。

領海　国家の主権が及ぶ海域。最低潮位線から3海里、12海里、200海里など国によって異なる。日本は12海里。

1海里＝1,852m（緯度1分の長さ）

日本の排他的経済水域　この水域内では、漁業資源や石油など海底鉱物資源を探査、開発、保存する権利が得られる。

ウラジオストク／日本の北端（45°33'N）／択捉島／札幌／ピョンヤン（平壌）／ソウル／竹島／新潟／仙台／広島／東京／大阪／名古屋／福岡／八丈島／与那国島／尖閣諸島／那覇／沖大東島／小笠原諸島／硫黄島／南鳥島 日本の東端（153°59'E）／日本の西端（122°56'E）／沖ノ鳥島／日本の南端（20°25'N）／シャンハイ（上海）／120°／130°／140°／150°／50°／40°／30°／20°

0 200km

Q 船舶が排他的経済水域（EEZ）を航行するためには、沿岸国の許可が必要か。【06年A本・第1問・問8】

↓7 水没しそうな沖ノ鳥島（1987年）

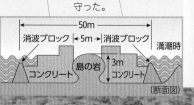

50m／消波ブロック／5m／消波ブロック／満潮時／コンクリート／島の岩／3m／コンクリート／（断面図）

南小島／魚釣島／北小島

SDGs とは

1 持続可能な開発目標 (Sustainable Development Goals)

　2015年9月の国連総会で，国際社会が取り組むべき開発目標である「持続可能な開発のための2030アジェンダ」が採択された。「持続可能な開発目標(SDGs)」は，社会・経済・環境の課題を包括的に捉え，2030年までに達成すべき地球規模の17の目標と169のターゲット(達成目標)を定めている。
　近年は地球温暖化など，世界規模で取り組むことが急務となった数々の地球的課題に直面している。「持続可能な社会」の実現に向けて，さまざまな立場や視点から協働して行動することが必要である。

← 国連本部のギフトショップで販売されているSDGsバッジ。SDGsの普及に向けた取り組みのひとつ。

2 17の目標(ゴール)

SUSTAINABLE DEVELOPMENT G◯ALS

テーマの統合性

SDGsの17の目標はそれぞれ独立しているのではなく，目標の中には他の目標と共通する課題を持つものもある。関連する目標同士が互いに関わり，統合していくことによって理想とする社会の実現に進んでいく。

同時解決性

自然や社会のためになる活動に取り組んだ場合，複数の目標を同時に解決することにつながる。17の目標にある課題は関連し合っていることから，ひとつの活動でいくつもの課題を同時解決できる特徴がある。

協働（パートナーシップ）

17の目標は世界各国の政府や大企業だけが取り組むものではなく，自治体・民間企業・NGOやNPO，個人が参加し，立場が異なる人たちが協働し合い，それぞれが可能な活動をすることで課題の解決につながる。

3 5つのP

（国連広報センター資料を参考に作成）

↑ 2030アジェンダでは，次の5つの頭文字をとった「5つのP」からSDGsの17の目標を大きく5つに分類している。

People (人間)	Prosperity (豊かさ)	Planet (地球)
目標 1〜6	目標 7〜11	目標 12〜15

Peace (平和)	Partnership (パートナーシップ)
目標 16	目標 17

4 SDGsのウェディングケーキモデル

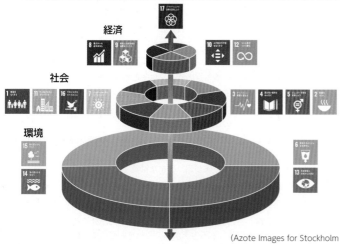

経済

社会

環境

（Azote Images for Stockholm Resilience Centre, Stockholm University）

↑ SDGs以前の国連を中心とした取り組みは，達成できた取り組みもあったが，改善に至らない課題もあった。今後はそれらに継続的に取り組む上で，地球温暖化に代表される自然環境の保全が急務である。SDGsでは「環境」を根底に置き，「社会」，「経済」と相互に関連し合って課題を捉えていこうという視点が特徴である。

5 協働（パートナーシップ）の概念

❶ 個別目標のSDGs　❷ 相互関連のSDGs　❸ 総合的問題解決に向けたSDGs

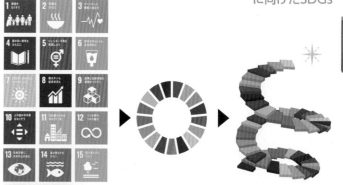

（佐藤真久「2030SDGsで変える」朝日新聞の未来メディア2022.2.3による）

↑ これまでのSDGsの個々の目標に対応する発想①から，SDGs同士の相互関連への気づき②，そして総合的問題解決に向けたSDGs③に発想の転換が求められている。多様な事象を関連づけながら，問題・課題の捉え直しを行い，スパイラル構造で問題解決に取り組んでいく必要がある。

SDGs

1 ゴール1の概要

1 貧困を
なくそう

> あらゆる場所のあらゆる形態の貧困を終わらせる
> (総務省資料)

⤴ 1日に使えるお金が1.90ドル，この数字が2015年に国際的貧困ラインの金額とされ，2022年9月には1日2.15ドルに変更された。世界には1日2.15ドル未満で生活する人が6億5,900万人(2019年)，およそ10人に1人が貧困状態にある。貧困の状態で生活する人々(貧困層)の数は1990年代以降，半分以下に減少したが，発展途上国・後発発展途上国に集中していることが問題である。
　また，貧困とは単に使えるお金や資源がないことだけではない。貧困は，教育を受けられない，飢餓や栄養不良の状態にある，水・電気・ガスなどインフラや衛生設備が未整備である，社会的な差別を受けるなどの問題を引き起こす。貧困を多面的に見ようとする「多次元貧困指数」で示される貧困や「相対的貧困」など，あらゆる貧困をどこでも終わらせることが目標である。

2 ゴール1のターゲット例と指標

ターゲット例 ❶

2030年までに，現在1日1.25ドル未満で生活する人々と定義されている極度の貧困をあらゆる場所で終わらせる。

指標 国際的な貧困ラインを下回って生活している人口の割合(性別，年齢，雇用形態，地理的ロケーション(都市/地方)別)

国際的貧困ライン
「1日1.25ドル未満」の金額は2005年に国際的貧困ラインとして設定されたものである。2015年に「1日1.90ドル」，2022年9月に「1日2.15ドル」の金額に変更された。

◉各国の貧困人口割合の変化

1993年

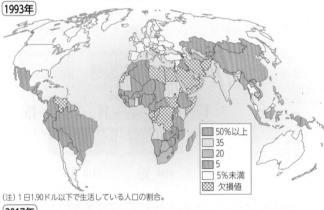

	50%以上
	35
	20
	5
	5%未満
	欠損値

(注)1日1.90ドル以下で生活している人口の割合。

2017年

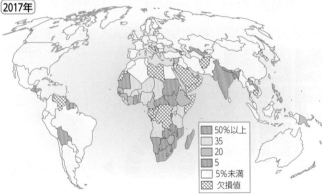

	50%以上
	35
	20
	5
	5%未満
	欠損値

(注)1日1.90ドル以下で生活している人口の割合。　(世界銀行データバンク資料などによる)

⤴ 1日1.90ドル以下で生活している人々は，1993年には約19億人(世界人口の約34.3%)だったが，2017年には6億8,900万人(世界人口の約9.2%)となり，その数は減少している。各国の貧困層の人口の割合はヨーロッパやアングロアメリカの国々で1993年，2017年とも低い。また，1993年と2017年で比較すると，アジアやラテンアメリカの国々で低下しているのがわかる。一方，アフリカ，特にサハラ以南のアフリカの国々では，2017年でもその割合が高い国が多くみられる(南スーダン，中央アフリカ共和国，マダガスカルなど)。これらは武力紛争が起こっている国や後発開発途上国の国々である。

ターゲット例 ❷

2030年までに，各国定義によるあらゆる次元の貧困状態にある全ての年齢の男性，女性，子どもの割合を半減させる。

指標 各国の貧困ラインを下回って生活している人口の割合(性別，年齢別)，各国の定義に基づき，あらゆる次元で貧困ラインを下回って生活している男性，女性及び子どもの割合(全年齢)

◉多次元貧困指数(MPI)でみる貧困の各国の人口割合
(2009〜2020年)

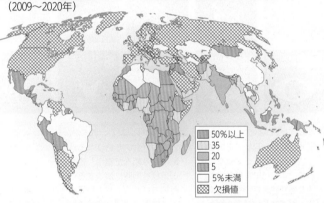

	50%以上
	35
	20
	5
	5%未満
	欠損値

(「人間開発報告書」などにより作成)

多次元貧困指数(MPI)
Multidimensional Poverty Index。貧困を多面的にとらえようとする代表的な取り組みとして，国連開発計画により「人間開発報告書2010年」において導入された。下の指標項目のもとに教育，健康，生活水準のいくつかの指標から貧困の状況を明らかにするものである。主に，発展途上国を対象に指数が算出されている。

指標の分類	指標項目	指標の内容
教育	1.就学年数	就学経験年数が6年以上の世帯員がいない
	2.子どもの就学	学校に通うべき年齢の子どもが就学していない
健康	3.子どもの死	調査日までの過去5年間のうちに子どもが亡くなった世帯
	4.栄養	栄養不足の成人又は子どもがいる
生活水準	5.電力	電気の供給を受けていない
	6.衛生	改善された下水設備がない，改善された下水設備を他の世帯と共用
	7.安全な飲料水	安全な水が得られない，安全な水を入手するのに往復30分以上かかる
	8.床	家の床が泥，砂または糞である
	9.炊事用燃料	糞，木材又は木炭で料理をする
	10.資産	ラジオ，テレビ，電話，自転車，冷蔵庫，自動車を持っていない

⤴貧困は，栄養の貧しさと健康状態の悪化，教育の機会がなく技能に乏しい状態，さらにはインフラの未整備による生活水準の悪化をもたらす。教育・健康・生活水準などの多方面から貧困の状況をとらえる「多次元貧困指数」でみると，国際的貧困ラインでみたものよりも世界にもっと貧困の状態にある人がいることになる。低所得の国で，使えるお金が少ない状態(絶対的貧困)にある人に対して，高所得の先進国においても，その国の文化や生活水準の中で比べたときに，厳しい暮らしをしている状態(相対的貧困)にある人も存在している。

? 探究の視点 ① 貧困が深刻な問題となっている国や地域はどこか？ なぜ貧困にあるのか？

◎貧困が深刻な国

国際的貧困ライン以下で生活する人が多い国

［アジア州］
● バングラデシュ
● インド*
（*総人口が多い）
● フィリピン

［アフリカ州
サハラ以南のアフリカ］
● 南スーダン
● ブルンジ
● マダガスカル
● 中央アフリカ共和国
● タンザニア　など

◎主な国の所得

1人当たりGNI（ドル）／乳児死亡率（1,000人当たりの数）

	中央アフリカ	アフガニスタン	エチオピア	インド	ブラジル	中国	韓国	日本	ドイツ	アメリカ
GNI	493	377	821	2,239	7,305	12,324	35,329	41,162	52,885	70,081
乳児死亡率	75	43	34	26	13	5	5	2	2	5

低所得国／中所得国／高所得国

（注）1人当たりGNI・乳児死亡率は2021年。
（国連資料）

➡1 タンザニアの電気が通っていない住居 貧困が深刻な国では，電気などのインフラが未整備の住居で暮らしていることが多い。

➡3 バングラデシュの洪水 国土の大半がガンジス川やブラマプトラ川の低地や三角州であるため，大雨やサイクロンなどで洪水や高潮が発生しやすい。貧困の状態にあると災害の被害を受けやすく，復興に時間がかかるという問題も生じやすくなる。

➡2 わずかな設備の学校で学ぶ子どもたち［ブルキナファソ］ 教育は，働く時に活用する知識や技術を身につけることができ，貧困を解消する大切な役割をもつ。

➡4 バングラデシュのグラミンバンク 最貧困層に無担保で融資をしている。借り手の97%は女性，ミシンで作った洋服や雑貨などを売っている。融資で返済の責任がある。

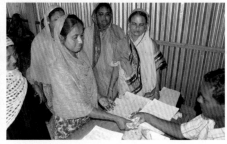

? 探究の視点 ② 貧困って発展途上国のことだけなの？ 日本とは関係のないことだろうか？

◎OECD加盟国の相対的貧困の状況

凡例：平均より下／平均／平均より上／○2008年　平均（2014年）：21.0%

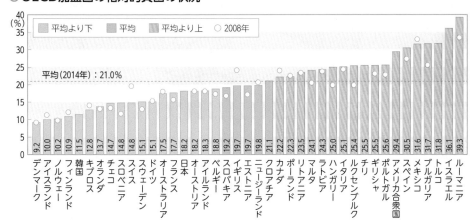

（%）各国の値：デンマーク9.2／アイスランド10.0／ノルウェー10.2／フィンランド10.9／韓国11.5／キプロス12.8／チェコ13.7／オランダ14.7／スロベニア14.8／スイス14.8／スウェーデン15.1／ドイツ15.1／オーストラリア17.5／フランス17.7／オーストリア18.2／アイルランド18.2／スロバキア18.3／イギリス18.8／エストニア19.2／ニュージーランド19.7／クロアチア19.7／カナダ19.8／ポーランド21.1／リトアニア22.2／ラトビア22.3／ハンガリー23.5／イタリア24.1／ルクセンブルク24.3／チリ25.0／ギリシャ25.1／ポルトガル25.4／アメリカ合衆国25.5／メキシコ25.6／スペイン29.4／ブルガリア30.5／トルコ31.6／イスラエル31.7／ルーマニア31.8／36.1／39.3

（注）世帯所得が中央値の60%に満たない世帯に暮らす子ども（0歳～17歳）の割合（2008年，2014年）
（ユニセフ・イノチェンティ研究所『イノチェンティレポートカード14 未来を築く：先進国の子どもたちと持続可能な開発目標（SDGs）』）

● 世帯所得がその国の所得の中央値の60%に満たない世帯に暮らす子ども（0歳～17歳）の割合（2008年と2014年）を示したもの。OECD加盟国の平均でも21.0%，5人に1人の子どもが「相対的貧困」の状態にある。日本は18.2%。「相対的貧困」の状態の場合，高所得の先進国であっても，食費を切りつめるため十分に食事をとっていない，家計を支えるためアルバイトをする，金銭的な理由で進学をあきらめるなどの子どもたちがいる。

相対的貧困 その国や地域の文化や生活水準の中で比較して，大多数よりも貧しい状態のことを指す。所得でみると，世帯の所得がその国の等価可処分所得の中央値の半分に満たない状態のことをいう。

➡5 「認定NPO法人おてらおやつクラブ」［奈良県］ 寺の「おそなえ」を「おさがり」としてさまざまな事情で困るひとり親家庭に「おすそわけ」する活動。国内の子どもの貧困問題の解決を目指す。

©認定NPO法人おてらおやつクラブ

➡6 NPO法人豊島子どもWAKUWAKUネットワーク［東京都］ 東京都豊島区で，プレーパークや子ども食堂，無料学習支援などを行っている。地域で困っている子どもを，大人が支える活動をしている。

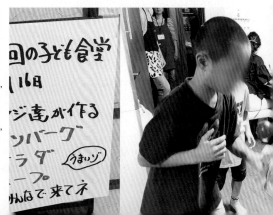

©豊島子どもWAKUWAKUネットワーク

SDGs

1 ゴール2の概要

2 飢餓を
ゼロに

飢餓を終わらせ，食料安全保障及び栄養改善を実現し，持続可能な農業を促進する

(総務省資料)

↑ 国連ではSDGsの目標として飢餓をゼロにすることをあげている。具体的な内容は，①2030年には飢餓に終止符を打ち，特に子どもや女性の栄養状態を改善する，②食料の生産性を向上させ食料の安定供給を確保する，③気候変動を食い止め，災害による農業生産低下を食い止めること，④発展途上国などにおいて農業インフラを充実させる，⑤農産物の改良をはかるために生物多様性を守り，希少種の遺伝子を守ることなどがターゲットとしてあげられている。

2 ゴール2のターゲット例と指標

ターゲット例 1

2030年までに，飢餓を撲滅し，全ての人々，特に貧困層及び幼児を含む脆弱な立場にある人々が一年中安全かつ栄養のある食料を十分得られるようにする。

指標 栄養不足蔓延率，食料不安の経験尺度(FIES)に基づく中程度又は重度な食料不安の蔓延度

→ ランドラッシュとは「農地争奪戦」と訳される。将来的な食料危機への不安から，自国の食料確保を外国の農地獲得に求める国（先進国・産油国・人口が多い国々）がある反面，途上国では国内の開発投資のための手段として，農地や未開発地を外国へ売却・貸与する国もある。

ターゲット例 2

5歳未満の子どもの発育阻害や消耗性疾患について国際的に合意されたターゲットを2025年までに達成するなど，2030年までにあらゆる形態の栄養不良を解消し，若年女子，妊婦・授乳婦及び高齢者の栄養ニーズへの対処を行う。

指標 5歳未満の子どもの発育阻害の蔓延度，5歳未満の子どもの栄養不良の蔓延度，15～49歳の女性における貧血の蔓延度など

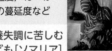

→1 栄養失調に苦しむ子ども[ソマリア]

ターゲット例 3

2030年までに，土地，その他の生産資源や，投入財，知識，金融サービス，市場及び高付加価値化や非農業雇用の機会への確実かつ平等なアクセスの確保などを通じて，女性，先住民，家族農家，牧畜民及び漁業者をはじめとする小規模食料生産者の農業生産性及び所得を倍増させる。

指標 農業/牧畜/林業企業規模の分類ごとの労働単位あたり生産額，小規模食料生産者の平均的な収入

● 世界全体の品目別食料需要量の見通し

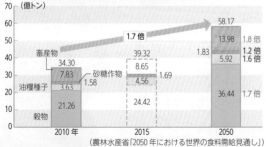

(農林水産省「2050年における世界の食料需給見通し」)

↑ 世界の食料需要量は，発展途上国の成長を背景に2050年には2010年比1.7倍(58.17億トン)となる見通しである。

● ランドラッシュ（ランドグラブ）の構図

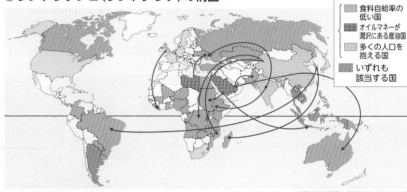

買われる国
買う国
食料自給率の低い国
オイルマネーが潤沢にある産油国
多くの人口を抱える国
いずれも該当する国

(農業情報研究所資料などによる)

● 世界の飢餓状況

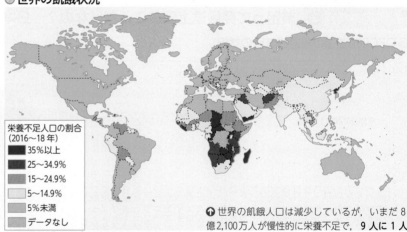

栄養不足人口の割合
(2016～18年)
35%以上
25～34.9%
15～24.9%
5～14.9%
5%未満
データなし

(ワールドハンガーマップ：国連世界食糧計画(WFP)による)

ターゲット例 4

2020年までに，国，地域及び国際レベルで適正に管理及び多様化された種子・植物バンクなども通じて，種子，栽培植物，飼育・家畜化された動物及びこれらの近縁野生種の遺伝的多様性を維持し，国際的合意に基づき，遺伝資源及びこれに関連する伝統的な知識へのアクセス及びその利用から生じる利益の公正かつ衡平な配分を促進する。

指標 中期又は長期保存施設に保存されている食料及び農業のための植物及び動物の遺伝資源の数，絶滅の危機にあると分類された在来種の割合

↑ 世界の飢餓人口は減少しているが，いまだ8億2,100万人が慢性的に栄養不足で，**9人に1人**が飢餓に苦しんでいる。サハラ砂漠以南のアフリカの国々で，**栄養不足人口**が多い。また，中東では紛争によって生活が破壊され，難民化するなどして飢餓状態に追い込まれる人々が急増している。

↓2 大規模に種子を保存している種子バンク[アメリカ合衆国]

● 地域別の人口・食料生産等の比較 (2021年)

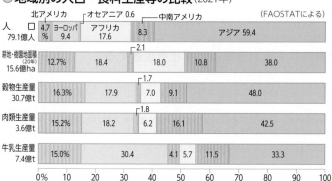

(FAOSTATによる)

	北アメリカ	ヨーロッパ	オセアニア0.6 アフリカ	中南アメリカ	アジア
人口 79.1億人	4.7%	9.4	17.6	8.3	59.4
耕地・樹園地面積(20年) 15.6億ha	12.7%	18.4	18.0 / 2.1	10.8	38.0
穀物生産量 30.7億t	16.3%	17.9	7.0 / 1.7	9.1	48.0
肉類生産量 3.6億t	15.2%	18.2	6.2 / 1.8	16.1	42.5
牛乳生産量 7.4億t	15.0%	30.4	4.1 5.7	11.5	33.3

0% 10 20 30 40 50 60 70 80 90 100

← 穀物や動物性たん白質食品の生産は, 人口の少ない北アメリカやヨーロッパに偏っていることが分かる。またアフリカ諸国は, 耕地・樹園地面積比率は小さくないが, 食料の生産比率が小さい。これは, 商品作物栽培が多く生産性が低いことを示す。

◀1 廃棄される食品
コンビニエンスストアや各種弁当販売の業界, あるいは事前に作り置きをするファストフード業界では, 顧客予想数に対し利潤の限度を考慮して多めに用意し, 一定時間が経過した際, 売れ残った食品を廃棄している。外食需要が増加する昨今, それに比例して廃棄される食品の量も増加している。写真のパンは, 養豚の発酵飼料の原料として再利用される。

● 各国のフード・マイレージの比較

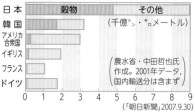

日本	穀物	その他
韓国		
アメリカ合衆国		
イギリス		
フランス		
ドイツ		

(千億トン・キロメートル)

農水省・中田哲也氏作成。2001年データ, 国内輸送分は含まず

0 1 2 3 4 5 6 7 8 9

(「朝日新聞」2007.9.30)

【フード・マイレージ (t・km) ＝輸入相手国別の食料輸入量×輸出国から輸入国までの輸送距離】で算出。食料生産地と消費地が近いと値は小さく, 遠くなれば大きくなる。農林水産省の試算(01年)によれば, 日本のフード・マイレージは総量, 国民1人当たり共に世界1位。これは米以外の多くの食料を輸入に頼っていることに原因がある。食料を運ぶコストとCO₂排出が環境に負荷をかけるため, 「地産地消」が推奨されている。

● 世界の純食料貿易

(注)世界の食料の純貿易(輸出ー輸入:カロリー換算)を, カロリー表示の食料消費量で除したもの。栄養不足人口比率が20%以上の国については, 一定の加重計算を行っている。また, 家畜の貿易は含まない。

(2002～2004年)
輸出ー輸入(カロリー換算)/食料消費量(カロリー)
% < -50 -25 0 25 50 > データなし (『世界の農林水産』2006冬号)

← 数値のマイナスが大きい国は, 乾燥地域の中東や穀物生産性が低いスペインや日本などである。しかしこれらの国は輸入する経済力があり, 食料が不足しているがマイナスが小さいアフリカ諸国は, 輸入する経済力がないと考えられる。これらの地域は今日の穀物価格高騰により, 深刻な影響を受けている。

● 遺伝子組み換え作物の栽培面積推移

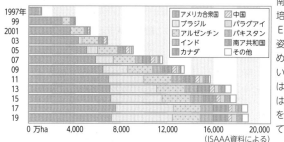

凡例	
アメリカ合衆国	中国
ブラジル	パラグアイ
アルゼンチン	パキスタン
インド	南ア共和国
カナダ	その他

1997年 99 2001 03 05 07 09 11 13 15 17 19

0 万ha 4,000 8,000 12,000 16,000 20,000
(ISAAA資料による)

← アメリカ合衆国を中心に南北アメリカ大陸の国々で栽培面積が増加している。一方, EUや日本では導入に慎重な姿勢を崩していない(そのためこれらの国々への輸出が多いオーストラリアでも栽培量は多くない)。ただし, 大豆は世界の作付面積の80%以上を遺伝子組み換え大豆が占めているのが現実である。

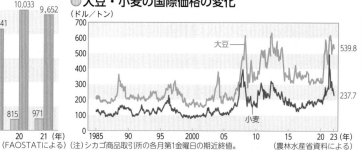

↑2 害虫に強い耐性を持つ遺伝子組み換えトウモロコシを栽培しているシンジェンタジャパンの試験農場[静岡, 2010年]

● 中国の小麦・大豆輸入量の変化

→ 現在, 穀物価格に影響を及ぼしているのが, 家畜の飼料用の穀物である。飼料用の穀物需要量が増加すると価格が上昇するが, その上昇を見込んでアグリビジネスが穀物を買い入れ, さらに価格が上昇する。

輸入量(万t)

(年)	小麦	大豆
1965	653	16
75	414	87
85	625	150
95	128 291	
2005	479	2,904
10	240	5,701
15	431	8,441
20	815	10,033
21	971	9,652

(FAOSTATによる)

● 大豆・小麦の国際価格の変化

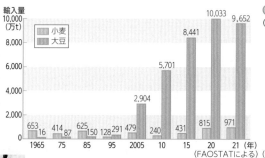

(ドル/トン)

大豆 539.8
小麦 237.7

700 600 500 400 300 200 100

1985 90 95 2000 05 10 15 20 23 (年)

(注)シカゴ商品取引所の各月第1金曜日の期近終値。 (農林水産省資料による)

◀3 ブラジル南部の港から輸出される大豆
中国は世界的な穀物生産国であり, 大豆や小麦の輸出国であったが, 経済水準, 生活水準の向上に伴い食料・家畜の飼料の輸入が大幅に増加してきている。世界的な穀物の需給関係に多大な影響を及ぼしており, 穀物価格上昇の一因となっている。ブラジルでは中国への輸出向けに大豆の生産地域が拡大している。

● フェアトレードのしくみ (▶P.112)

生産者 → フェアな価格で取引 / 消費者 → 販売者 → 輸入者

FAIRTRADE

(コープかがわ資料による)

1 ゴール3の概要

3 すべての人に
健康と福祉を

あらゆる年齢のすべての人々の健康的な生活を確保し，福祉を促進する （総務省資料）

↑❷ エイズ・結核・マラリアそして熱帯病，最近の日本ではあまり聞かなくなった。これらの伝染病や感染症にかかる人が多い国では，医療や保健衛生が不足していること，経済面の格差がみられる。そして，そのような国では妊産婦や新生児の死亡率も高くなっている。すべての人が健康にいられるよう，医療や保健衛生の向上，福祉の充実を図ることが目標である。また，精神疾患で亡くなる若年層や交通事故による死亡者が少なくなるように努めることも，このテーマの目標である。

2 ゴール3のターゲット例と指標

ターゲット例 ❶

2030年までに，世界の妊産婦の死亡率を出生10万人当たり70人未満に削減する。

指標 妊産婦死亡率
専門技能者の立ち会いの下での出産の割合

ターゲット例 ❷

全ての国が新生児死亡率を少なくとも出生1,000件中12件以下まで減らし，5歳以下死亡率を少なくとも出生1,000件中25件以下まで減らすことを目指し，2030年までに，新生児及び5歳未満児の予防可能な死亡を根絶する。

指標 5歳未満児死亡率，新生児死亡率

◉妊産婦死亡率 (2018年)

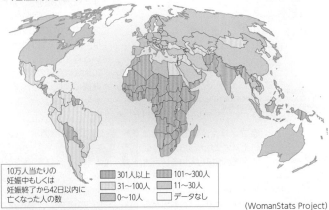

10万人当たりの
妊娠中もしくは
妊娠終了から42日以内に
亡くなった人の数

- 301人以上
- 101〜300人
- 31〜100人
- 11〜30人
- 0〜10人
- データなし

(WomanStats Project)

↑❷ 妊産婦死亡率と乳幼児死亡率はともに，アフリカ（特にサハラ以南のアフリカ）の国々，インド・バングラデシュ・パキスタン・アフガニスタンなどの南アジア周辺の国々，ハイチやドミニカ共和国などの中南米の国々で高い。特に，サ

◉乳幼児死亡率（5歳未満の子どもの死亡率）(2021年)

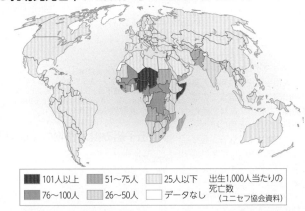

- 101人以上
- 51〜75人
- 25人以下
- 76〜100人
- 26〜50人
- データなし

出生1,000人当たりの死亡数

(ユニセフ協会資料)

ハラ以南のアフリカの国々では，ニジェール・チャド・ナイジェリア・ソマリアなどで，10万人当たりの妊産婦のうち301人以上が亡くなり，5歳未満児は1,000人当たり101人以上が亡くなっている。

ターゲット例 ❸

2030年までに，エイズ，結核，マラリア及び顧みられない熱帯病といった伝染病を根絶するとともに肝炎，水系感染症及びその他の感染症に対処する。

指標 非感染者1,000人当たりの新規HIV感染者数（性別，年齢及び主要層別）など

◉3大感染症と顧みられない熱帯病（NTDs）

（日本製薬協会資料）

3大感染症	顧みられない熱帯病（NTDs）
HIV/AIDS 結核 マラリア	デング熱／狂犬病／トラコーマ／ブルーリ潰瘍／ハンセン病／トレポネーマ感染症／シャーガス病／睡眠病／住血吸虫症／リンパ系フィラリア症／嚢尾虫症／メジナ虫症／包虫症／リーシュマニア症／土壌伝播寄生虫症／オンコセルカ症／食物媒介吸虫類感染症

（注）NTDsはNeglected Tropical Diseasesの略。

↑ WHO（世界保健機関）が定める3大感染症はエイズ（HIVウイルス感染による免疫不全症候群）・結核・マラリアである。また，デング熱，ハンセン病，狂犬病などが熱帯病の代表例である。これらの伝染病や感染症は，アジア太平洋地域の国々やアフリカ（特にサハラ以南のアフリカ）の国々で感染者が多くなっている。病気をもたらす細菌や病気を媒介するもの（代表例：蚊などの虫）が熱帯地域に多くいることも関係するが，貧困や飢餓，衛生状態が良くないこと，医療体制の未整備など保健衛生の格差，経済面の格差が大きく関係する。エイズの感染者はアフリカで多く，また女性の感染者が多い。

◉HIV感染者の地域別状況 (2020年)

地域	HIV感染者数（万人）	
	総数	新規感染者
サハラ以南アフリカ	2,530	74
アジア太平洋	580 [430〜700]	24 [17〜31]
ラテンアメリカ	210 [140〜270]	10 [7〜15]
カリブ海沿岸	33 [28〜39]	1.3 [0.9〜1.8]
中東・北アフリカ	23 [19〜31]	1.6 [1.2〜2.8]
東欧・中央アジア	160 [150〜180]	14 [12〜16]
西欧・中欧・北アメリカ	220 [190〜260]	6.7 [5.3〜8.1]
全世界	3,770 [3,020〜4,510]	150 [100〜200]

主な国	計（万人）	15〜49歳人口に占めるHIV感染者の割合(%)
南アフリカ共和国	780	19.1
モザンビーク	210	11.5
ナイジェリア	170	1.3
タンザニア	170	4.7
ザンビア	150	11.1
ケニア	140	4.2
ウガンダ	140	5.4
ジンバブエ	130	11.9
マラウイ	99	8.1
エチオピア	62	0.9
コンゴ民主共和国	51	0.7
カメルーン	50	3.0

（UNAIDS資料などによる）

↑ 中南アフリカ（ブラックアフリカ）の感染症拡大はHIV（ヒト免疫不全ウイルス）のみならず，2014年にエボラ出血熱でも多くの犠牲者を数えた。（▶P.221）

 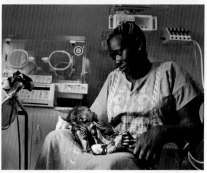

↑1 栄養失調に苦しむ子どもたち[エチオピア](左) **↑2 生まれたばかりの子どもを抱く母親[南スーダン](右)**　2017年，世界中で5歳未満児は540万人が亡くなった。そのうち，生後1か月以内に亡くなった子どもの数は250万人だった。さらにそのうちの90万人は，生まれたその日に亡くなっている。子どもの死亡リスクは，生まれて間もなくがもっとも高く，その後徐々に下がっていく。乳幼児の主な死亡原因は伝染病や感染症（およびそれらの合併症）である。清潔な水，石けんでの手洗い，良好な栄養摂取と抗生物質の投与で防ぐことができる。

←3 薬の空き瓶や空き箱を掲げて不足するエイズの薬を求める人々　サハラ以南のアフリカの国々ではエイズ（HIVウイルスによる免疫不全症候群）の感染者が多くなっている。この地域でHIVに感染している人の割合が男性10人に対して女性12人である。特に若い女性の感染率は若い男性よりずっと高い。また，女性の感染率ピーク年齢が男性より低い。母子感染や異性間性交渉が主な感染要因と考えられており，適切な治療や避妊具の使用などの社会的な対応が必要となってくる。

新型コロナウイルス（COVID-19）が猛威をふるう

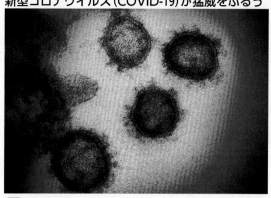

↑4 電子顕微鏡で見た新型コロナウイルス　2020年の初頭から，新型コロナウイルスによる感染症が世界の各地で広がりを見せており，多くの人が亡くなった国もある。この感染症により，「ロックダウン（都市封鎖）」をした国や地域もあった。また，国や地域を越えた移動が制限され，グローバル社会に大きな影響を与えた。現在は，ワクチンの接種による免疫力の強化や特効薬の開発などが急がれている。

●過去に起きた主なパンデミック

発生年	名　称	推定死者数
1918年	スペイン風邪	約4,000万人
1957年	アジア風邪	約200万人
1968年	香港風邪	約100万人
2009年	新型インフルエンザ	約1万8,000人

←新型コロナウイルス感染症は「パンデミック」とよばれる世界的な感染症の大流行にあたる。

? 探究の視点 ② **先進国で起こる健康や福祉に関する問題とは？**

●成人肥満比率の各国比較（OECD諸国）（2015年）

国	(%)
アメリカ合衆国	38.2
メキシコ	32.4
ニュージーランド	30.7
ハンガリー	30.0
オーストラリア	27.9
イギリス	26.9
カナダ	25.8
チリ	25.1
韓国	5.3
日本	3.7

（「OECD Health Statistics」による）

←世界基準での肥満比率はBMIが30以上の成人人口比率とされる。先進国の中ではアメリカ合衆国の肥満比率が突出している。一方，日本や韓国は食生活様式が欧米と異なるため，低くなっているのではないかとされる。

●世界の自殺率（2015年）

順位	国　名	平均(人)	男性(人)	女性(人)	備　考
1	スリランカ	34.6	58.8	13.3	
2	ガイアナ	30.6	46.0	15.5	
3	モンゴル	28.1	48.2	9.2	
4	カザフスタン	27.5	48.1	9.6	旧ソ連構成国
5	コートジボワール	27.2	38.8	14.4	
6	スリナム	26.9	41.6	12.6	
7	赤道ギニア	26.6	39.1	13.2	
8	リトアニア	26.1	47.1	8.1	旧ソ連構成国
9	アンゴラ	25.9	38.1	14.3	
10	韓国	24.1	36.1	13.4	
参考	日本	15.4	21.7	9.2	

（注）人口10万人当たりの自殺者数。　（WHO "GHO data"）

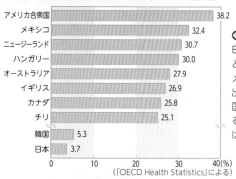

←5 メタボリック症候群の男性[ヨーロッパ]　WHOによると，世界の肥満人口は2010年に19億人を超え，飢餓人口約10億人の2倍近くにもなるという。肥満が原因とされる医療費の増大に対し，デンマークでは「脂肪税（飽和脂肪酸が2.3%以上含まれる食品に課税）」，ハンガリーでは「（通称）ポテトチップス税（塩分，糖分の高い食品に課税）」が導入された（ともに2011年）。

　子どもの肥満は，成人肥満につながりやすく，高血圧や糖尿病など生活習慣病のリスクが高くなる。そのため，アメリカでは小学校の自販機は水と果汁100%ジュースのみと申し合わせたり，シンガポールでは，校内で揚げ物や炭酸飲料の販売を制限するなどの対策を行い，効果を上げているという。

↑かつての旧ソ連構成国・旧社会主義国では，体制の変化（移行）による閉塞感や経済的な不安から高い自殺率が続いた。現在でも上位20か国にロシアをはじめ6か国が入る。上位の途上国では国内の混乱や，その国独自の事情によるもの（ガイアナのインド系住民男性に寄せる家族の期待とその未達→絶望感→自殺や，農薬の入手のしやすさによる衝動的自殺など）が考えられる。一方，宗教で自殺を禁じているイスラームの国々では，総じて低い。ただし，各国での死因の特定・証明方法は異なることもあり単純比較には注意を要する。

1 ゴール4の概要

4 質の高い教育を みんなに

すべての人々への包摂的かつ公正な質の高い教育を提供し，生涯学習の機会を促進する

(総務省資料)

⬆読み書きができない15歳以上の人口は，世界に7億人存在する。そのおよそ3分の2が女性とされている。教育や職業訓練を受けられなければ，より良い暮らしに向かうことも困難である。そこで，経済力，性別，年齢，障害などにかかわらず，すべての人が質の高い教育を受けられるようにしようというのがこの目標である。この目標を達成するためには，経済発展だけでなく，女性や少数民族，障害者などへの差別を解消する必要がある。

2 ゴール4のターゲット例と指標

ターゲット例 ❶

2030年までに，すべての子どもが男女の区別なく，適切かつ効果的な学習成果をもたらす，無償かつ公正で質の高い初等教育及び中等教育を修了できるようにする。

指標 読解力，算数について，最低限の習熟度に達している次の子どもや若者の割合(性別ごと)，修了率(初等教育，前期中等教育，後期中等教育)など

● 中学校（前期中等教育）の就学率 (2016〜22年)

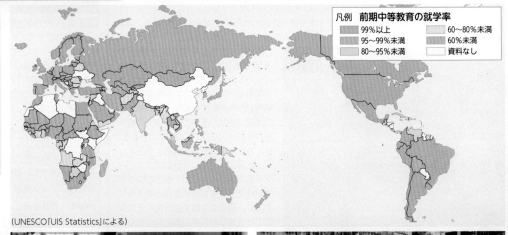

凡例 前期中等教育の就学率
- 99%以上
- 95〜99%未満
- 80〜95%未満
- 60〜80%未満
- 60%未満
- 資料なし

(UNESCO「UIS Statistics」による)

ターゲット例 ❷

2030年までに，すべての人々が男女の区別なく，手の届く質の高い技術教育・職業教育および大学を含む高等教育への平等なアクセスを得られるようにする。

指標 過去12か月に学校教育や学校教育以外の教育に参加している若者又は成人の割合(性別ごと)

⬆**1** コロナ禍でオンライン授業を受ける子ども[ドイツ] ⬆**2** IT環境が整わずオンライン授業が受けられない子ども[インド]

2020年，日本は新型コロナウイルスの蔓延により，すべての学校が一時休校になった。そうした中，地域や学校によって休校中の対応に大きなばらつきがあった。その背景に，情報通信技術(ICT)の活用状況の違いがあげられる。オンライン授業をしようとしても，家庭の経済状況によってはIT環境が整わないことも多かった。こうした経済格差，情報格差の拡大が教育格差につながる場合もある。

ターゲット例 ❸

2030年までに，すべての若者および大多数(男女ともに)の成人が，読み書き能力及び基本的計算能力を身に付けられるようにする。

指標 実用的な読み書き能力・基本的計算能力において，少なくとも決まったレベルを達成した所定の年齢層の人口割合(性別ごと)

● 世界の識字率 (2015年)

- 90%以上
- 80〜90%
- 70〜80%
- 60〜70%
- 50〜60%
- 50%未満
- 資料なし

(UNESCO Institute for Statistics)

小学校に通えない子どもの数（2000年〜2012年）

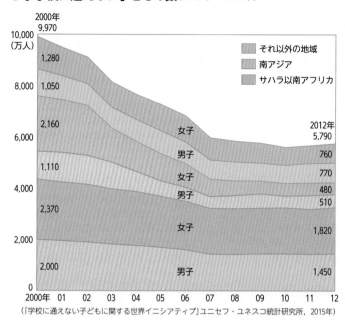

凡例:
- それ以外の地域
- 南アジア
- サハラ以南アフリカ

2000年 9,970（万人）

2000年の内訳（上から）：
- 1,280
- 1,050
- 2,160
- 1,110
- 2,370
- 2,000

2012年 5,790

2012年の内訳：
- 女子 760
- 男子 770
- 女子 480
- 男子 510
- 女子 1,820
- 男子 1,450

（「学校に通えない子どもに関する世界イニシアティブ」ユニセフ・ユネスコ統計研究所, 2015年）

学校に行けない8つの理由

理由1 学校が近くにない
日本には学区があって，近くの学校に通う。しかし，貧しい国や地域では，学校の数が少なく，家からは遠すぎて通えないことがある。

理由2 先生がいない
先生を育てる仕組みがなかったり，先生に給料を払えなかったりする国や地域がある。また，給料や生活環境の問題から，農村地域に先生が行きたがらないということもある。

理由3 学校に通うためのお金がない
生活をしていくためのお金すら十分に手に入れることもできないため，授業料や教科書代が払えない人が多く存在する。

理由4 家計を助けなければならない
家が貧しく，家計を助けるために，子どもでも農業など家の仕事を手伝ったり，外に働きに出なければいけないことがある。

理由5 弟や妹の世話をしなければならない
両親とも働かなければならないために，子だくさんの家庭では，兄や姉が幼い弟妹の面倒を見なければならないこともある。

理由6 親が学校に行かせてくれない
子どもを学校に通わせるくらいなら，働かせたほうがましだと考えている親や，女の子に教育は必要ないと考えている親がいる。

理由7 重病にかかった
貧しい国や地域では衛生環境が悪いうえに，栄養状態も悪いため，病気にかかりやすく，近くに病院もないために病気が重くなり，治らない子どもがいる。

理由8 戦争に巻き込まれた
戦争などで学校が破壊されたり，難民として避難しなければならなかったり，時には少年兵として駆り出されたりする子どもがいる。

（JICA資料による）

↑1 海外に届けられるランドセル［アフガニスタン］ 日本の化学メーカー株式会社クラレは，使われなくなったランドセルを募集し，紛争と混乱が続くアフガニスタンの子どもたちに届ける「ランドセルは海を越えて」という取り組みをしている。
©アフガン医療連合／「ランドセルは海を越えて」

↑2 JICAによる「みんなの学校」プロジェクトで行われている授業［マダガスカル］ 就学率の低い国での「教育に対する親の低い意識」を克服するため，JICA（国際協力機構）は地方行政と地域住民による学校運営という形で支援している。現地の人々によるコミュニティ協働型学校経営が教育環境の改善につながっている。「みんなの学校」プロジェクトでは，現地の地域コミュニティを重視し，「住民参加型」で学校運営に取り組んでいるが，この理由を考えてみよう。
©JICA

? 探究の視点 ❷ 大災害やパンデミックがもたらす教育格差について考えよう

←3 「みちのく未来基金」 2011年に東日本大震災において被災し，両親またはどちらかの親を亡くした子どもたちの高校卒業後の進学を支援するため，カゴメ（株）・カルビー（株）・ロート製薬（株）の3社が発起企業となり「みちのく未来基金」が設立された。東日本大震災直後に誕生した子どもの進学まで，四半世紀の支援を継続する。大災害やパンデミック（感染症の世界的大流行）が発生した場合の教育環境の課題について，SDGsの目標を踏まえつつ考えてみよう。

©公益財団法人みちのく未来基金

SDGs

1 ゴール5の概要

5 ジェンダー平等を実現しよう

> ジェンダー平等を達成し，すべての女性及び女児の能力強化を行う （総務省資料）

⬆ 人口の半分を占める女性が，差別によって自分の能力を十分に活かせなければ，社会や経済が持続的に発展していくことができない。女の子だというだけで学校に行けなかったり，出産や家事を強いられたりすることが当たり前の国もある。さらには，人身売買の対象になって性的に搾取され，日常的に暴力をふるわれる女の子も少なくない。このような現状を無くすために，社会の制度や慣行を変えようと呼びかけていくのがこの目標である。

2 ゴール5のターゲット例と指標

ターゲット例 ①

あらゆる場所における全ての女性及び女児に対するあらゆる形態の差別を撤廃する。

指標 性別に基づく平等と差別撤廃を促進，実施及びモニターするための法律の枠組みが制定されているかどうか

◎「ジェンダー」と「セックス」

「生物学的な性差(sex)」に対し，「ジェンダー」は「社会的・文化的な性差(gender)」で，社会や文化によって決まる男と女の違いをさす。簡単にいえば，ジェンダーは，服装や髪型，言葉遣い，家庭や職場での役割や責任，職業などにみられる男と女の違いだといえる。「ジェンダー平等」とはこうしたジェンダーにもとづく差別や偏見をなくすことである。

◎性的少数者 (LGBT, LGBTQ+)

- Lesbian(女性同性愛者)
- Gay(男性同性愛者)
- Bisexual(両性愛者)
- Transgender(性別越境者)
- Queer，Questioning (性自認が定まらない人)

⬆1 LGBTQのパレード[フランス]

ターゲット例 ②

人身売買や性的，その他の種類の搾取など，全ての女性及び女児に対する，公共・私的空間におけるあらゆる形態の暴力を排除する。

指標 これまでにパートナーを得た15歳以上の女性や少女のうち，過去12か月以内に，現在，または以前の親密なパートナーから身体的，性的，精神的暴力を受けた者の割合(暴力の形態，年齢別)など

© プラン・インターナショナル

⬆2 国際ガールズデー 開発途上国では多くの女の子が10代前半での結婚を余儀なくされている。先進国でも女の子にはさまざまな制約がある。こういった問題を背景に，「女の子の権利」や「女の子のエンパワーメント」の促進を国際社会に呼びかける日として，国際ガールズデー(10月11日)が国連によって定められた。

ターゲット例 ③

政治，経済，公共分野でのあらゆるレベルの意思決定において，完全かつ効果的な女性の参画及び平等なリーダーシップの機会を確保する。

指標 国会及び地方議会において女性が占める議席の割合など

◎ジェンダー不平等指数(GII)

日本 0.083

ジェンダー不平等指数(GII)
(2021年)
- 0.650 以上
- 0.500～0.650 未満
- 0.350～0.500 未満
- 0.200～0.350 未満
- 0.200 未満
- 資料なし

(UNDP「Human Development Report」2021/2022 による)

(注)GII：Gender Inequality Index, GGGI：Global Gender Gap Index

⬆ 北欧を中心としたゲルマン諸国が低位である。5つの指標は，女性から人間開発の可能性を奪うものである。一方GGGI(グローバル・ジェンダー・ギャップ指数)という指標もある。これは各国における男女格差を測る指数で，経済，政治，教育，健康の4つの分野から作成される。日本のGGGIによる順位は120位('21年)。女性の政治・経済参画度の低さや賃金の男女格差が影響し，低い順位が続いている。

GIIとは ジェンダー不平等指数(GII)は妊産婦死亡率，15～19歳女性1,000人あたりの出生数，国会議員女性割合，中高等教育を受けた成人の割合(男女別)，労働力率(男女別)を基準とし，0(完全平等)～1(完全不平等)までを表す。

↓3 日本の閣僚(2022年)と↓4 フィンランド(2019年)の閣僚 女性の割合の違いに着目しよう。

女の子の児童婚率の高い上位国

（2012〜2019年）
（注）18歳未満で結婚した20〜24歳の女性の割合

（ユニセフ「世界子供白書2021」）

順位	国	%
1	ニジェール	76
2	中央アフリカ	61
3	チャド	61
4	マリ	54
5	モザンビーク	53

5th WAW!
World Assembly for Women

5回 国際女性会議 WAW!

23-24 March , 2019 TOKYO

↑1 児童婚により低年齢で出産し，子育てをする少女［バングラデシュ］
18歳未満での結婚，またはそれに相当する状態にあることを児童婚という。児童婚は，子どもの権利の侵害であり，特に女の子は妊娠・出産による妊産婦死亡リスクが高まるほか，暴力，虐待，搾取などの被害も受けやすい。また，学校を中途退学するリスクも高まる。男の子も児童婚に含まれるが，女の子が児童婚の対象となるケースが多い。

↑2 国際女性会議で講演するマララ・ユスフザイ氏［東京・2019年］
2014年，史上最年少でノーベル平和賞を授与されたマララさんは，11歳の時から，母国パキスタンで女子教育についての子どもの権利を訴えてきた。その活動が称えられ，2011年には栄誉あるパキスタン政府平和賞（市民賞）を受賞したが，その翌年10月，通学バスの中で銃撃され，重傷を負った。奇跡的な回復を遂げた後も，すべての子どもたちの教育の権利の実現に向けて国際社会に訴えかけるとともに，子どもたち自身に向けても，「声をあげて立ち上がろう」と励まし続けている。マララさんのおかれていた社会状況と彼女の行動について調べてみよう。また，SNS等での配信から，彼女の現在の取り組みも確認してみよう。

? 探究の視点 ❷ 日本におけるジェンダーギャップについて考えよう

6歳未満の子どもを持つ夫婦の家事・育児関連時間
（1日当たり，国際比較）

凡例：家事・育児関連時間　うち育児の時間

	〈妻〉		〈夫〉
日本	7：34（うち3：45）		0：49（うち）1：23
アメリカ合衆国	5：40（2：18）		1：20　3：10
イギリス	6：09（2：22）		1：00　2：46
フランス	5：49（1：57）		0：40　2：30
ドイツ	6：11（2：18）		0：59　3：00
スウェーデン	5：29（2：10）		1：07　3：21
ノルウェー	5：26（2：17）		1：13　3：12

（『男女共同参画白書』平成30年版）

↑ 国際的に見て，女性の家事・育児関連時間が多い。男女平等に仕事や家庭に参加できるための制度には，どのようなものがあるだろうか。

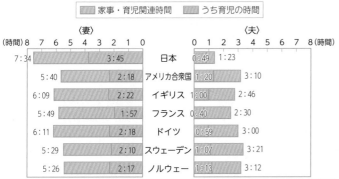

©臼井儀人／双葉社・シンエイ・テレビ朝日・ADK

↑3 『クレヨンしんちゃん』は，日本で幅広く愛されるアニメ作品の1つである。「野原しんのすけ」の父親「ひろし」は会社勤めのサラリーマンで，母親「みさえ」は専業主婦である。他にも，さまざまなドラマやマンガ・アニメの家庭環境を思い浮かべてみよう。

日本における第1子出産後の妻の就業変化

グラフ（子どもの出生年別，%）

凡例：不詳／妊娠前から無職／出産退職／就業継続（育休なし）／就業継続（育休利用）

子どもの出生年	不詳	妊娠前から無職	出産退職	就業継続（育休なし）	就業継続（育休利用）
1985-89	3.1	35.5	37.3	18.4	5.7
1990-94	3.4	34.6	37.7	16.3	8.1
1995-99	3.8	32.8	39.3	13.0	11.2
2000-04	3.8	28.4	40.3	12.2	15.3
2005-09	4.1	24.0	42.9	9.5	19.4
2010-2014	4.2	23.6	33.9	10.0	28.3

出産前有職 72.2（100）%
出産後継続就業率 38.3（53.1）%
正規の職 69.1%
パート・派遣 25.2%

（注）（　）内は出産前有職者を100として，出産後の継続就業者の割合を算出

（令和4年版『厚生労働白書』）

← 日本における第1子出産後の女性の継続就業割合は53.1％（2010〜2014年）となっており，いまだに半数近くの女性が出産を機に離職している。

1 ゴール6の概要

6 安全な水とトイレを世界中に

> すべての人々の水と衛生の利用可能性と持続可能な管理を確保する
> （総務省資料）

⬆ 安全な飲み水をすぐに手に入れることができない人が世界中に21億人以上存在する。また，糞便や工場排水などによって汚染された水を飲んで下痢になり，命を落とす子どももいる。今後，人口増加や気候変動により，水不足が悪化することも予測される。発展途上国での上下水処理や再利用の仕組みを整えるとともに，きれいな淡水をつくり出すのに必要な自然環境を保護・回復して，人々が持続的に水を利用できるようにすることが重要である。

2 ゴール6のターゲット例と指標

ターゲット例 ❶

2030年までに，全ての人々の，安全で安価な飲料水の普遍的かつ平等なアクセスを達成する。

指標
安全に管理された飲料水サービスを利用する人口の割合

ターゲット例 ❷

2030年までに，全ての人々の，適切かつ平等な下水施設・衛生施設へのアクセスを達成し，野外での排泄をなくす。女性及び女児，並びに脆弱な立場にある人々のニーズに特に注意を払う。

指標
安全に管理された公衆衛生サービスを利用する人口の割合，石けんや水のある手洗い場を利用する人口の割合

⬆ 水はきれいなだけでなく，安全でなければ人々の健康を守ることができない。しかし，現状は多くの人が安全に管理された飲み水を利用できない状況にある。中には未処理の地表水を使用しているため，下痢症やそれに伴う脱水症状を起こす人が絶えないような地域もある。5歳児未満が下痢症にかかると，命を落とすこともある。また，不衛生な環境や汚染された水はコレラや赤痢，A型肝炎，腸チフスといった感染症の伝染とも関連する。

● 世界の人々の，飲み水へのアクセス状況

（2017年時点）

2 %
1億4,400万人
6 %
4億3,500万人
3 %
2億600万人
19%
14億人
71%
53億人

- 安全に管理された飲み水を利用できる
- 基本的な飲み水を利用できる
- 限定的な飲み水を利用している
- 改善されていない水源を利用している
- 地表水（池や川の水）を利用している

（WHO/UNICEF JMP「Progress on household drinking water, sanitation and hygiene 2000-2017」）

● 世界の人々の，衛生施設（トイレ）へのアクセス状況

（2017年時点）

6億7,300万人
9 %
7億100万人
9 %
6億2,700万人
8 %
29%
22億人
45%
34億人

- 安全に管理された衛生施設（トイレ）を利用できる
- 基本的な衛生施設（トイレ）を利用できる
- 限定的な衛生施設（トイレ）を利用している
- 改善されていない衛生施設（トイレ）を利用している
- 屋外排泄をしている

（WHO/UNICEF JMP「Progress on household drinking water, sanitation and hygiene 2000-2017」）

衛生的なトイレや手洗い施設が利用できないことで，感染症を拡大させる危険性がある。衛生的な個室トイレなどを利用できないことは，人としての尊厳を損なう可能性もあり，守れないのは健康以外にもある。

ターゲット例 ❸

2030年までに，全セクターにおいて水利用の効率を大幅に改善し，淡水の持続可能な採取及び供給を確保し水不足に対処するとともに，水不足に悩む人々の数を大幅に減少させる。

指標
水の利用効率の経時変化，水ストレスレベル：淡水資源量に占める淡水採取量の割合

ターゲット例 ❹

2030年までに，国境を越えた適切な協力を含む，あらゆるレベルでの統合水資源管理を実施する。

指標
統合水資源管理（IWRM）実施の度合い（0-100），水資源協力のための運営協定がある越境流域の割合

● 世界各地の水紛争の例

ヨルダン川
イスラエル・ヨルダン・レバノン他
水源地域の所有と水の配分

ティグリス・ユーフラテス川
トルコ・シリア・イラク
水資源開発と配分

ドナウ川
スロバキア・ハンガリー
運河のための水利用

アラル海（アムダリア・シルダリア川）
カザフスタン・ウズベキスタン他
水の過剰利用と配分

コロラド川
アメリカ・メキシコ
水の過剰利用と汚染

ボスニア
戦時下の水供給停止

漢江
北朝鮮・韓国
ダム建設と環境

ナイル川
エジプト・スーダン・エチオピア
ダム建設と水配分

インダス川
インド・パキスタン
水の所有権

セネパ川
エクアドル・ペルー
水資源の所有

マレーシア・シンガポール
水供給の停止

パラナ川
アルゼンチン・ブラジル・パラグアイ
ダム建設と環境

ザンビア
内戦下の水供給停止

ガンジス川
インド・バングラデシュ
堰の建設と運用

（国土交通省ウェブサイトhttps://www.mlit.go.jp/mizukokudo/mizsei/mizukokudo_mizsei_tk2_000021.html）

⬇❶ 水汲み仕事をする子どもたち［マラウイ］

● 1人当たり水資源量 (2013年)

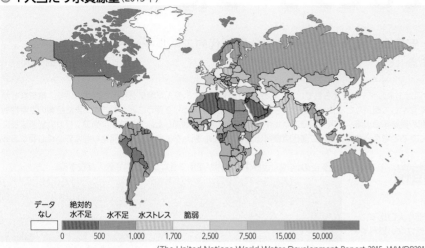

データなし｜絶対的水不足｜水不足｜水ストレス｜脆弱

0　　500　　1,000　　1,700　　2,500　　7,500　　15,000　　50,000

(The United Nations World Water Development Report 2015, WWDR2015)

生活，農業，工業，エネルギー及び環境に要する水資源量は年間1人当たり1,700m³ が最低基準とされており，これを下回る場合は「水ストレス下にある」状態，1,000m³ を下回る場合は「水不足」の状態，500m³ を下回る場合は「絶対的な水不足」の状態を表すとされる。水ストレスが高まる要因について，以下の項目ごとに地域別の例をあげてみよう。
・気候変動
・地域紛争
・人口増加と工業化

● 屋外排泄をする人口の割合

- 0 – 1
- 1 – 5
- 5 – 25
- 25 – 50
- 50 – 100 (%)
- データなし

(WHO/UNICEF JMP 「PROGRESS ON HOUSEHOLD DRINKING WATER, SANIRARION AND HYGIENE 2000-2020」)

↑**1 屋外で排泄する子ども [インド・ニューデリー・2015年]**　世界ではいまだ約20億人がトイレを使用できず，6億7,300万人が屋外で排泄を行っている。

？ 探究の視点 ❷　災害時の水・トイレ問題について考えよう

↑**2 大便を入れる段ボール箱**

↑**3 被災した汚水処理施設**

↑**4 水洗機能を失った小便器**

↑**5 水洗機能を失った和式便器**

↑**6 液状化で損傷したマンホール**

↑**7 詰まって使用できないトイレ**

(写真②〜⑦は日本トイレ研究所提供)

災害時には，飲食料や衣料の確保とともに，トイレ・衛生対策が重要である。食事や入浴はある程度我慢ができたとしても，排泄は生活する上で欠かせない生理現象であるため，我慢することはできない。過去の震災では，トイレに行く回数を減らすために水分を控えたことで慢性的な脱水状態となり，その結果，下肢静脈血栓ができやすくなることが指摘されている。衛生的で安全なトイレが，健康と人権を守るために必要な条件であることがわかる。

過去の災害時のトイレに関する実態を調べ，今後どのような備えが必要か考えよう。

エネルギーをみんなに，そしてクリーンに

1 ゴール7の概要

7 エネルギーをみんなに そしてクリーンに

すべての人々の，安価かつ信頼できる持続可能な近代的エネルギーへのアクセスを確保する

(総務省資料)

⬆ 電気やガスなど私たちの生活はエネルギーに支えられている。しかし，世界では約8億人が電気を利用できずにいる。電気などが使えない国，地域では，薪炭を燃やして暖房などを使っている。最貧国では，夜でも明かりを使うことができず，また産業の生産性も低いままである。ただし18世紀の産業革命以降，経済発展でエネルギーの消費は急速に増加した。今後アジアやアフリカの経済成長によって，エネルギー消費が増加すると考えられている。二酸化炭素排出量を減らし，新たなエネルギーの開発も考えていく必要がある。

2 ゴール7のターゲット例と指標

ターゲット例 ❶

2030年までに，安価かつ信頼できる現代的エネルギーサービスへの普遍的アクセスを確保する。

 電気を受電可能な人口比率，家屋の空気を汚さない燃料や技術に依存している人口比率

● 世界の人口と一次エネルギー消費量

世界の人口(2022年)

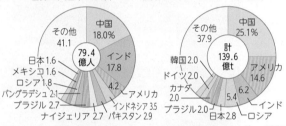

中国 18.0%
インド 17.8
アメリカ 4.2
インドネシア 3.5
パキスタン 2.9
ナイジェリア 2.7
ブラジル 2.7
バングラデシュ 2.1
ロシア 1.8
メキシコ 1.6
日本 1.6
その他 41.1
79.4億人

世界の一次エネルギー消費量(2020年)

中国 25.1%
アメリカ 14.6
インド 6.2
ロシア 5.4
日本 2.8
ブラジル 2.0
カナダ 2.0
ドイツ 2.0
韓国 2.0
その他 37.9
計 139.6億t

(『World Population Prospects』2022，『EDMC/エネルギー・経済統計要覧』2023)

主な国の1人当たりの一次エネルギー消費量(2020年)

(『EDMC/エネルギー・経済統計要覧』2023による)

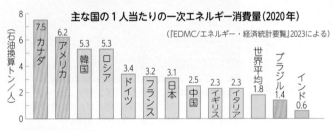

(石油換算トン／人)

カナダ	アメリカ	韓国	ロシア	ドイツ	フランス	日本	中国	イギリス	イタリア	世界平均	ブラジル	インド
7.5	6.2	5.3	5.3	3.4	3.2	3.1	2.5	2.3	2.3	1.8	1.4	0.6

ターゲット例 ❷

2030年までに，世界のエネルギーミックスにおける再生可能エネルギーの割合を大幅に拡大させる。

 最終エネルギー消費量に占める再生可能エネルギー比率

ターゲット例 ❸

2030年までに，世界全体のエネルギー効率の改善率を倍増させる。

 エネルギー強度(GDP当たりの一次エネルギー)

ターゲット例 ❹

2030年までに，再生可能エネルギー，エネルギー効率及び先進的かつ環境負荷の低い化石燃料技術などのクリーンエネルギーの研究及び技術へのアクセスを促進するための国際協力を強化し，エネルギー関連インフラとクリーンエネルギー技術への投資を促進する。

 クリーンなエネルギー研究及び開発と，ハイブリッドシステムに含まれる再生可能エネルギー生成への支援に関する発展途上国に対する国際金融フロー

● 世界の電源構成 (2020年・燃料投入ベース)

世界計 5,337百万t	石炭 43.9%	天然ガス 23.5	原子力 13.1	水力 7.0	地熱・風力 5.5	バイオマス・廃棄物 4.0	石油 3.1

(注)石油換算。合計が100%になるように調整していない。
(『EDMC/エネルギー・経済統計要覧』2023)

⬇1 夜の地球　世界中で電力が使用できない人は約8億人存在する。

● 世界の一次エネルギー消費量の推移

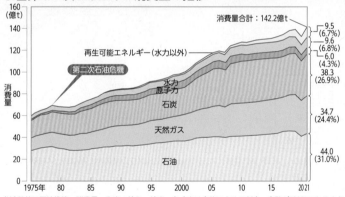

消費量合計：142.2億t
9.5 (6.7%)
9.6 (6.8%)
6.0 (4.3%)
38.3 (26.9%)
34.7 (24.4%)
44.0 (31.0%)

再生可能エネルギー(水力以外)
第二次石油危機
水力
原子力
石炭
天然ガス
石油

消費量 (億t)

(注)数値は石油換算。消費量＝生産＋輸入－輸出。( )内は全体に占める割合，合計が100%になるように調整していない。
(『石油資料』2022などによる)

● 新エネルギーの現状

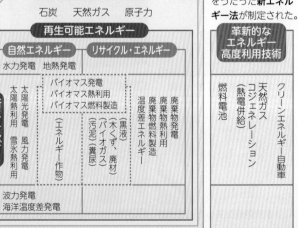

❹ 期待されるエネルギー 1997年に，新エネルギーの開発援助などをうたった**新エネルギー法**が制定された。

(新エネルギー財団HPによる)

探究の視点❶ 再生可能エネルギーにはどのようなものがあるだろうか？

↑1 中学校の屋根に取り付けられた太陽光発電パネル[京都府・南丹市立八木中学校]

↑2 陸上に比べ大きな風力が得られる洋上風力発電[デンマーク]

↑3 松川地熱発電所[岩手県・八幡平市] 1966年に運転を開始した，日本初の地熱発電所である。ここは，蒸気だけで発電する仕組みで，発電の際の炭酸ガスは火力発電所の20分の1～200分の1である。

◉太陽光発電導入量

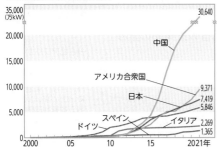

◉風力発電導入量

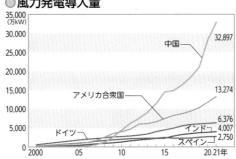

◉地熱発電導入量（2020年末）

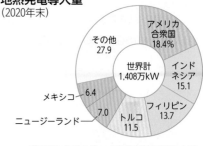

世界計 1,408万kW
アメリカ合衆国 18.4%
インドネシア 15.1
フィリピン 13.7
トルコ 11.5
ニュージーランド 7.0
メキシコ 6.4
その他 27.9

（『EDMC／エネルギー・経済統計要覧』2022による）

探究の視点❷ バイオマスなど植物を利用したエネルギーを考えよう

◉実用化の進むバイオマス燃料

ブラジルやアメリカ合衆国では，ガソリンに代わる自動車燃料としてバイオ燃料が注目されている。さとうきびやとうもろこしから生成される燃料が**バイオエタノール**であり，これを生産するための消費が増加した。このため，これら作物の増産も進められているが，食用に用いられることから作物の価格にも影響を及ぼしている。

◉燃料用エタノールの生産量の推移

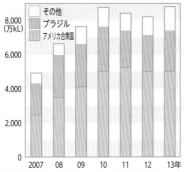

↑国策的にバイオエタノール生産を推進してきたブラジルをアメリカ合衆国が追い抜いた。なお，2010年以降，原油価格が横ばいから下落に転じ，バイオエタノールの生産は横ばいとなっている。

◉ブラジルのエネルギー源構成比（2014年）

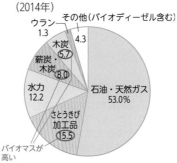

石油・天然ガス 53.0%
さとうきび加工品 15.5
水力 12.2
薪炭・木炭 8.0
木炭 5.7
ウラン 1.3
その他（バイオディーゼル含む）4.3
バイオマスが高い

◉アメリカ合衆国のエタノール生産と生産能力

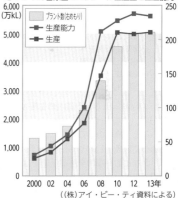

（（株）アイ・ビー・ティ資料による）

◉主な穀物の国際価格の推移

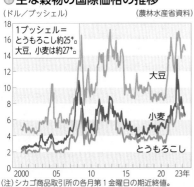

（農林水産省資料）
1ブッシェル＝とうもろこし約25㎏。大豆，小麦は約27㎏。

（注）シカゴ商品取引所の各月第1金曜日の期近終値。
↑大豆・小麦・とうもろこしともに生産量の多いアメリカ合衆国は，環境・食料・国際関係までを見据えて穀物価格を決めていく戦略である。

（『あたらしいエネルギーを生み出せ』PHP研究所などによる）
↑**バイオマスエネルギー**とは，生物資源から作るエネルギーである。大気から二酸化炭素をとりこんだ資源から生成されるため，たとえ燃焼によって二酸化炭素を排出しても，地球全体の二酸化炭素を増加させないエネルギー資源として評価される。具体的には建築廃材や木屑，家庭の生活ごみ，廃油，家畜のし尿などを分解発酵させてメタンガスやアルコールを精製し，燃料や発電資源として用いようとする試みが進められている。日本でも循環型社会形成の燃料として期待されている。

↑4 **木質燃料ペレット** 再生可能エネルギーの一つとして注目されている。間伐材や製材端材を用いた小粒状の固形燃料。

1 ゴール8の概要

8 働きがいも経済成長も

> 包摂的かつ持続可能な経済成長及びすべての人々の完全かつ生産的な雇用と働きがいのある人間らしい雇用(ディーセント・ワーク)を促進する
>
> (総務省資料)

⬆ディーセント・ワークとは「働きがいのある人間らしい仕事」のことで、ILO(国際労働機関)でも「全ての人にディーセント・ワーク-Decent Work for ALL-」が目指されている。まず、仕事があることが基本だが、その仕事は権利、社会保障、社会対話が確保されていて、自由と平等が保障され、働く人の生活が安定する、すなわち、人間としての尊厳を保てる生産的な仕事であることが「働きがいのある人間らしい仕事」である。
(国際労働機関資料)

2 ゴール8のターゲット例と指標

ターゲット例 ①

各国の状況に応じて1人当たり経済成長率を持続させる。特に後発開発途上国は少なくとも年率7%の成長率を保つ。

指標 1人当たりの実質GDPの年間成長率

ターゲット例 ②

2020年までに、就労、就学および職業訓練のいずれも行っていない若者の割合を大幅に減らす。

指標 就労、就学及び職業訓練のいずれも行っていない15〜24歳の若者の割合

● 1人当たりのGDP年平均成長率(2016〜2019年)

	7%以上
	3.8%以上7%未満
	0%以上3.8%未満
	0%未満
	資料なし

(注) 世界の1人当たりのGDPの年平均成長率は3.8% (世界銀行資料などによる)

⬆世界の経済指標である**国内総生産(GDP)**の上位は2021年時点で1位アメリカ合衆国、2位中国、3位日本、4位ドイツ、5位インド、6位イギリスとなっている。1人当たりのGDP年平均成長率をみると、高いのはロシア、中国、インドなどの新興国や東欧諸国、東南アジア、アフリカの一部となっている。日本やヨーロッパなどは経済の成熟や人口停滞などから低成長となっているが、アフリカなどの一部の発展途上国では政情不安などにより経済成長率が低迷し、安定した経済成長が実現できていない国も多い。

● 地域別若者の失業率の推移

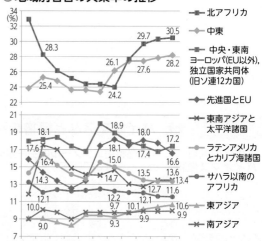

凡例:
- 北アフリカ
- 中東
- 中央・東南ヨーロッパ(EU以外)、独立国家共同体(旧ソ連12カ国)
- 先進国とEU
- 東南アジアと太平洋諸国
- ラテンアメリカとカリブ海諸国
- サハラ以南のアフリカ
- 東アジア
- 南アジア

(国際労働機関資料による)

⬆世界中の多くの国で、若年者の失業率は高い状態にある。背景には景気の悪化や、勤続年数が短いこと、非正規雇用率が高いことから解雇されやすいなどの理由がある。また、AIや産業用ロボットの導入などにより、労働者には専門能力が求められるようになっている。スキルを習得する機会がない場合、それが雇用不安につながる。若者の雇用不安は、将来の希望が持てない状態から抜け出せない、奨学金の返済ができないなどの問題とも関わっており、若者の雇用創出が課題となっている。

ターゲット例 ③

強制労働を根絶し、現代の奴隷制、人身売買を終わらせるための緊急かつ効果的な措置の実施、最悪な形態の児童労働の禁止及び撲滅を確保する。2025年までに児童兵士の募集と使用を含むあらゆる形態の児童労働を撲滅する。

指標 児童労働者(5〜17歳)の割合と数(性別、年齢別)

● 地域別の児童労働者数(2020年)

- ヨーロッパ・中央アジア 830万人
- アフリカ 9,220万人
- 南北アメリカ 830万人
- アラブ諸国 240万人
- アジア太平洋 4,870万人

(注) 5〜17歳の児童労働者。
(ユニセフ「Child Labour Global Estimates 2020」)

● 世界の児童労働者数の推移

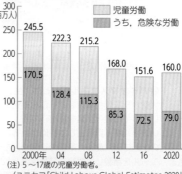

凡例:
- 児童労働
- うち、危険な労働

年	児童労働	うち、危険な労働
2000年	245.5	170.5
04	222.3	128.4
08	215.2	115.3
12	168.0	85.3
16	151.6	72.5
2020	160.0	79.0

(百万人)
(注) 5〜17歳の児童労働者。
(ユニセフ「Child Labour Global Estimates 2020」)

✅世界では約1億6千万人の子どもたちが**児童労働**に従事している。これは実に世界の5〜17歳の子どもの10人に1人の割合である。その地域別の内訳をみると、アフリカ地域で多く、次いでアジア地域で多い。アフリカやアジアの発展途上国で児童労働は多い一方で、先進国地域を含んだ世界各地で児童労働が行われているというのも現実である。児童労働は子どもが教育を受ける機会の喪失となり、貧困の連鎖につながるなどSDGsでも掲げられている他の多くの課題とも関連する問題である。児童労働の撤廃は他の目標よりも5年早い2025年までの目標達成が掲げられている。

●非正規労働者数の推移

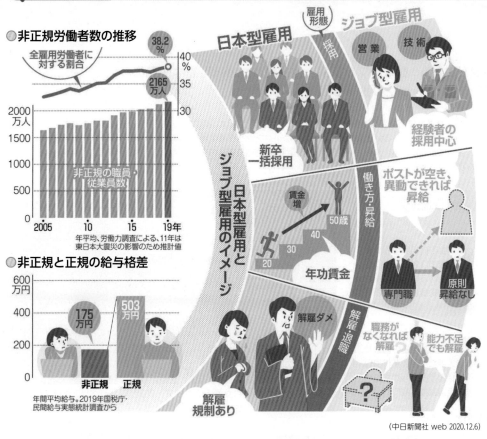

日本型雇用とジョブ型雇用のイメージ

（中日新聞社 web 2020.12.6）

●非正規と正規の給与格差

非正規 175万円　正規 503万円

年間平均給与。2019年国税庁・民間給与実態統計調査から

❻日本では全雇用者数に対する非正規雇用者の割合が年々増加しており，現在は約4割となっている。非正規雇用者と正規雇用者では給与に加えて，休暇制度や賞与などのさまざまな面で格差が生じている。不合理な待遇格差を禁止する**「同一労働同一賃金」**を定めた法律が大企業では2020年から，中小企業でも2021年から施行されるなど，ようやく対策が始まった段階である。

非正規労働者の待遇格差の背景にあるのが**日本型雇用**である。その特徴は，「新卒一括採用」，「年功序列」，「終身雇用」である。これらの仕組みは高度経済成長期の日本を支えてきたが，一括採用からもれた場合，正規雇用者になるのが難しいことや，正規雇用者が解雇されにくい分，若者の新卒採用者数で労働者数の調整が行われるなどの課題が生じている。

世界では**ジョブ型**といわれる職務に応じて賃金が決まるという仕組みが主流である。日本でも一部の企業で導入が進んでいるが，解雇のリスクや給与の固定化などの課題がある。

また，日本では学歴や性別によっても正規労働者率に違いがある。特に男性に比べて女性は正規率が低く，これは家庭における家事・育児の分担が女性に偏ることが背景にある。制度面の整備は行われているが，男性の意識や男性が育児休暇を取れるような職場の理解など，課題は多い。しかし，この問題はSDGs 5 のゴールとも関連する課題であり，日本では今後特に対応が急務の課題である。

●世界の識字率（2015年）

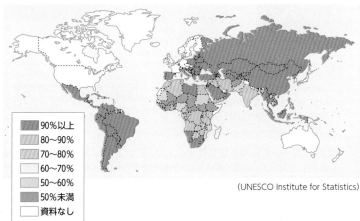

- 90%以上
- 80〜90%
- 70〜80%
- 60〜70%
- 50〜60%
- 50%未満
- 資料なし

（UNESCO Institute for Statistics）

❶**識字とは文字を読み，書くことができる**ことを意味する。世界平均は86.3％で，中国では96.8％，インドで74.4％，バングラデシュでは65.1％となる。アフリカ諸国の中にはセネガル51.9％，マリ33.1％というデータもある（統計は2015〜2018年）が，調査方法や「識字」の基準についての国による違いもあり，注意を要する。

児童労働の背景には識字率からも分かるように，教育の普及の格差や治安の安定性，貧困の問題がある。多くの子どもたちは働きたいから働いているのではなく，働くしかなく働いているのが現状である。児童労働者の約半数は**少年兵**や人身売買を含む危険，有害労働に従事している。また，路上生活を余儀なくされているいわゆる**ストリートチルドレン**と呼ばれる子どもたちの多くも，教育の機会を奪われ，生活のために働かざるを得ない状況となっている。児童労働は将来的には若年者の失業率の高さや，経済停滞にもつながるため，負の連鎖を断ち切るためにも解決しなければならない。

❶1 武器を手に持つ少年兵［南スーダン］

SDGs

❷2 ゴミ捨て場でまだ使えるものを探す子どもたち［フィリピン・マニラ］

1 ゴール9の概要

9 産業と技術革新の基盤をつくろう

強靱（レジリエント）なインフラ構築，包摂的かつ持続可能な産業化の促進及びイノベーションの推進を図る

(総務省資料)

↑ 経済成長をする上で，産業と技術革新の基盤を作り上げることが欠かせない。東アジアや東南アジア諸国の発展にも，インフラ整備や産業への投資が大いに関連がある。そのため，ゴール9はインフラと技術革新への継続的な投資，GDPに占める産業セクターの割合を高めることを目標としている。また，後発開発途上国が情報通信技術へのアクセスを向上させ，安価にインターネットにアクセスできるような状況の実現も目標としている。

2 ゴール9のターゲット例と指標

ターゲット例 ①

すべての人々に安価で公平なアクセスに重点を置いた経済発展と人間の福祉を支援するために，地域・越境インフラを含む質の高い，信頼でき，持続可能かつ強靱（レジリエント）なインフラを開発する。

指標 全季節利用可能な道路の2km圏内に住んでいる地方の人口の割合，旅客と貨物量（交通手段別）

ターゲット例 ②

包摂的かつ持続可能な産業化を促進し，2030年までに各国の状況に応じて雇用及びGDPに占める産業セクターの割合を大幅に増加させる。後発開発途上国については同割合を倍増させる。

指標 GDPに占める製造業付加価値の割合及び1人当たり製造業付加価値，全産業就業者数に占める製造業就業者数の割合

↑1 **井戸から水をくむ女性［リベリア・2020年］** リベリアは後発開発途上国（LDC）の1つで，小さな村落では安全な水を入手することが困難である。

●各国の産業別GDP（国内総生産）の構成比 (2020年)

産業別GDPの構成比

その他 / 農林水産業 / 鉱工業 / サービス業 / 建設業 / 運輸・通信業 / 卸売・小売業

日本 5.1兆ドル
0.6 / 1.1% / 23.4 / 5.3 / 15.3 / 10.2 / 44.1

ブラジル 1.4兆ドル
5.6% / 3.5 / 13.2 / 6.7 / 42.7 / 13.9 / 14.4

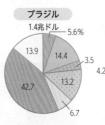

エチオピア 966億ドル
4.5 / 35.6% / 6.3 / 16.8 / 15.5 / 17.1 / 4.2

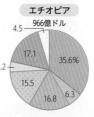

ナイジェリア 4,299億ドル
1.3 / 24.1% / 20.7 / 7.5 / 14.6 / 12.6 / 19.2

(『世界国勢図会』2022/23)

● GDP（国内総生産）規模の小さい後発開発途上国は，農林水産業の比率が高い。それに対し，GDPが高い国は第2次・第3次産業の比率が高くなっている。

●新興国・途上国のセクター別インフラ需要の予測 (2014-2020年)

(億ドル)

凡例: 維持補修 / 建設

電力 / 運輸 / 通信 / 水・衛生等 (『通商白書』2016)

ターゲット例 ③

産業の多様化や商品への付加価値創造などに資する政策環境の確保などを通じて，開発途上国の国内における技術開発，研究及びイノベーションを支援する。

指標 全付加価値における中位並びに先端テクノロジー産業の付加価値の割合

↓2 **ドローンの活用実験を見守る人々［マラウイ・2017年］** ユニセフは2017年，マラウイで空撮や輸送など人道的用途でのドローン活用の実験を始めた。

●新興国・途上国のインフラ需要・投資の予測 (2014-2020年)

(億ドル)

凡例: インフラ需要 / 予想されるインフラ投資

南アジア / ラテンアメリカ / 中国 / 東アジア・太平洋（中国を除く） / 欧州・中央アジア / サブサハラアフリカ / 中東北アフリカ (『通商白書』2016)

↑経済成長率とインフラ投資額との関連を調べてみよう。

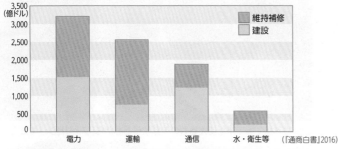

◉日本が最大の援助供与国となっている国20か国（2020年現在）

（注）支出総額ベース。日本が2位の援助供与国となっている国は，イラン，ブラジル，パプアニューギニアなど22か国（2020年）。
（DAC統計による）

←1 日本企業による発展途上国インフラ投資の例 KDDI財団はネパールの首都カトマンズから約650km離れた西部山岳地帯のダル地区において，海底ケーブル同様の頑丈な光ファイバーケーブルを陸上に敷設するという低コストでユニークな工法により，地域ネットワークを構築した。

（提供／公益財団法人KDDI財団）

◉主要援助国のODA実績の推移

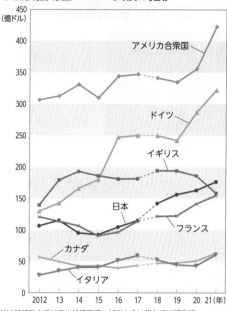

（注）2017年までは支出純額実績。18年からは贈与相当額実績。
（OECD資料による）

⬆アメリカ合衆国は，1990年代にODA（政府開発援助）の額を減らしたが，現在再度増加させている。日本はODAで世界一位になった年もあったが，近年は横ばいからやや増加傾向である。

◉アメリカ合衆国の投資分野

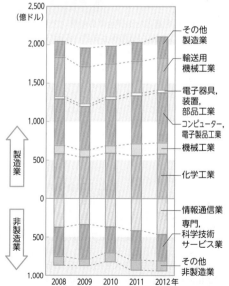

（科学技術・学術政策研究所）

⬆アメリカ合衆国は，さまざまな分野に研究開発投資を行っているが，近年は情報通信，コンピューター，電子製品などへの投資が多い。これにより多くのIT企業が設立され，事業規模が拡大した。これは発展途上国にもインターネットの拡大をもたらした。ただし，その基本ソフトやサービスはアメリカ合衆国をはじめとした先進国に依存している。

◉国・地域別研究者数（2014〜2016年）

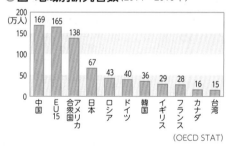

（OECD STAT）

◉主要国における論文数の推移

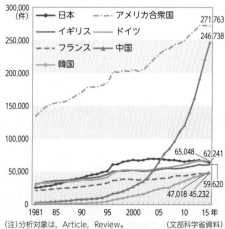

（注）分析対象は，Article，Review。 （文部科学省資料）

◉主な国の研究開発費の推移

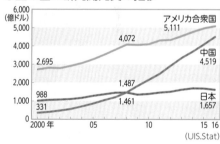

（UIS.Stat）

⬅理工学系の主要論文の多くはアメリカ合衆国をはじめ先進国での研究の成果である。ただし，ここ20年ほどで中国が論文数を増加させている。また一例としてエネルギー効率の各国比較をみると先進国が高い成果を見せている。

↓2 スマートフォンを使う女性
［ケニア・2018年］

SDGs

1 ゴール10の概要

10 人や国の不平等をなくそう

各国内及び各国間の不平等を是正する

(総務省資料)

↑ 1つの国の中で生じている不平等にはどのようなものがあるだろうか。富裕な人々と貧困に悩む人々，大都市地域と地方農山村地域，正規労働者と非正規労働者，ジェンダーによる差別，高齢者や障害者が暮らしにくい社会，移民・難民や外国人労働者に対する差別，人種・民族や宗教による差別など，さまざまな不平等がある。さらに，世界の各国，各地域における不平等にはどのようなものがあるだろうか。経済的に豊かな先進国と経済的発展から取り残された開発途上国との間の経済的格差の拡大が大きな問題であり，巨大企業が支配するグローバル資本主義のあり方や企業の社会的な責任が問われている。

2 ゴール10のターゲット例と指標

● ジニ係数 (2013～21年)

日本 32.9

凡例：50以上／40～50未満／40未満／資料なし

(世界銀行「World Development Indicators」による)

ターゲット例 ①

2030年までに，各国の所得下位40％の所得成長率について，国内平均を上回る数値を漸進的に達成し，持続させる。

指標 1人当たりの家計支出または所得の成長率（人口の下位40％のもの，総人口のもの）

← 「ジニ係数」は社会における所得配分の平等・不平等を測る指標で，通常0から1までの数字で示され，0に近いほど平等，1に近いほど不平等で所得格差が大きいことを意味する。世界銀行が発表するジニ係数は0から100で表され，0に近いほど平等，100に近いほど不平等を意味する。
　格差が大きい国には，アフリカ中南部の資源保有国やラテンアメリカ諸国およびイラン，トルコなどが含まれる。特に政治や経済の民主化が遅れた途上国で，富裕な一部の人々（少数支配層）と大多数の低所得層との格差が大きく，さらに，社会保障制度による所得再分配の機能が弱い国ではその値が高くなる傾向がある。アフリカ南部諸国やラテンアメリカ諸国がその典型的な例である。

● 人間開発指数 (2021年)

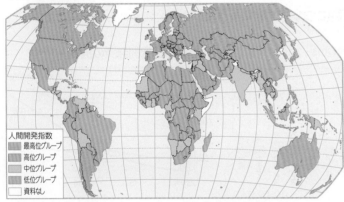

人間開発指数
最高位グループ／高位グループ／中位グループ／低位グループ／資料なし

(国連「人間開発報告書」2021/2022)

ターゲット例 ②

2030年までに，年齢，性別，障害，人種，民族，出自，宗教，あるいは経済的地位その他の状況に関わりなく，すべての人々の能力強化及び社会的，経済的及び政治的な包含を促進する。

指標 中位所得の半分未満で生活する人口の割合（年齢，性別，障害者別）

← 戦後の国際社会においては経済成長を通じた国民全体の所得向上が必要である，との考え方が中心であった。しかし，次第に「低所得が貧困の原因なのか」，「真の豊かさとは何か」という疑問が強まった。**人間開発指数**「HDI」とは，国の発展レベルを図るための基準として，「人間の自由の拡大」，「選択の幅の拡大」を「発展」としてとらえるため，①出生時の平均余命，②平均就学年数と就学予測年数，③1人当たりGNI（国民総所得）の3つの指標を指数化したものである。
　上位には，社会保障制度が充実している北ヨーロッパをはじめとするヨーロッパ諸国や北アメリカ，オセアニアの先進国が並ぶ。一方，下位には大部分のアフリカ諸国や南アジア諸国が多く含まれ，その格差は明瞭で，文字どおり「**南北問題**」が顕著に表れている。グローバル経済の中での格差縮小のための国際的な政策が求められている。

● 日本の雇用形態別，性別，年齢階級別賃金 (2022年)

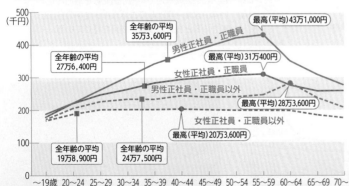

（千円）

全年齢の平均 35万3,600円
最高（平均）43万1,000円
男性正社員・正職員

全年齢の平均 27万6,400円
最高（平均）31万7,400円
女性正社員・正職員

男性正社員・正職員以外

最高（平均）28万3,600円

女性正社員・正職員以外
最高（平均）20万3,600円

全年齢の平均 19万8,900円
全年齢の平均 24万7,500円

～19歳 20～24 25～29 30～34 35～39 40～44 45～49 50～54 55～59 60～64 65～69 70～

(注)「正社員・正職員以外」は非正規雇用者をさす。●は賃金が最も高い年齢階級とその平均賃金。

(厚生労働省『令和4年賃金構造基本統計調査の概況』)

ターゲット例 ③

税制，賃金，社会保障政策をはじめとする政策を導入し，平等の拡大を漸進的に達成する。

指標 賃金及び社会保障給付から成るGDP労働分配率

← 日本では2000年以降，パート，アルバイト，嘱託など非正規の社員・職員の比率が年々増加しつつあり，特に女性のその割合が高い。また，若年層の身分や収入が不安定な**非正規雇用者の増加は所得格差の拡大**を招き，経済的理由で結婚を躊躇する未婚者の増加が**少子化**の一因となっている。年齢階級別には，男女とも30代以降における正規，非正規の賃金格差が10～20万円あり，その不平等が顕著である。また，男性と女性の正規社員・職員の賃金格差も約12万円と非常に大きい。これは，賃金が高い管理職の比率が，圧倒的に男性の方が高いことを意味する。女性管理職が少ない背景には，子育てに伴うキャリアの中断や，家事・育児の負担が女性に偏ることや，女性が専門職に就きづらい社会的な**男女差別**の風潮などがある。「**クオーター制**」の導入など，男女ともに正規雇用者としての活躍が進む国では経済が活性化する。日本も「男性は主に仕事，女性は主に家事・育児」という**性別役割分担**を前提としている制度や意識を変える必要がある。

● 資産の極端な不平等

> 最富裕層2,153人　＞　最貧困層46億人(世界人口の約60％)
> (Oxfam international)

↑1 南スーダンの避難民の人々

↑ 貧困をなくす活動をしている国際NGO「オックスファム」の発表(2021年)によると，①世界のビリオネア(10億ドル以上の資産を持つ人)の数が過去10年間で倍増し，最富裕層2,153人は，最貧困層46億人よりも多くの資産を保有している。②世界で最も裕福な1％の人々は，その他の69億人がもつ富の合計の2倍以上の富を持っている。③最も裕福な22人の男性の富の合計は，アフリカのすべての女性が持つ富よりも大きい。

● 世界の億万長者(2023年)

順位	国籍	肩書
1位	フランス	LVMH(ファッションブランド)CEO
2位	アメリカ合衆国	テスラ(電気自動車)，スペースX(宇宙開発)CEO
3位	アメリカ合衆国	アマゾン(ネット通販)CEO
4位	アメリカ合衆国	オラクル(ソフトウェア)創業者
5位	アメリカ合衆国	世界最大の投資持株会社筆頭株主
6位	アメリカ合衆国	マイクロソフト(ソフトウェア)創業者
7位	アメリカ合衆国	金融情報会社CEO
8位	メキシコ	大手通信会社を所有する実業家
9位	インド	インド最大の民間企業の会長，実業家
10位	アメリカ合衆国	マイクロソフト(ソフトウェア)前CEO

(『Forbes』フォーブス世界番付・億万長者ランキング(2023年版))

↑ アメリカ誌『Forbes』が発表した世界の資産総額ランキング首位は，世界的なファッションブランドCEOのベルナール・アルノー氏で，資産は2,110億ドル(約27.9兆円)に達する。国境を越えて活動し，税負担の軽い国や地域(タックス・ヘイブン)に拠点を置く巨大IT企業や多国籍企業の「課税逃れ」を防止するため，G7やOECDでは，法人税の最低税率を高めることや巨大IT企業に対する「デジタル課税」などが議論されつつある。また，アメリカ合衆国の報道機関であるプロパブリカは，アメリカ合衆国の富裕層は，「莫大な富と比べほぼ納税していない」と指摘している。

? 探究の視点 ❷　「消費する人」と「生産する人」の格差はなぜ大きいのだろうか？

● チョコレートの生産上位国と1人当たりGNI(ドル, 2021年)

ドイツ	52,885	ベルギー	51,634
オランダ	56,574	スイス	90,045

↑2 チョコレート

● カカオ豆の主要輸出国と1人当たりGNI(ドル, 2021年)

コートジボワール	2,462
ガーナ	2,348

↑3 ガーナのカカオ農場で働く人々

● チョコレートの販売価格とカカオ豆の生産者の報酬の差

| 販売価格を100円(税抜き)とすると…… | ← | カカオ豆生産農家の手取り額➡ 3円　1日の収入➡約50～130円 |

(渡辺龍也監修『考えよう！やってみよう！フェアトレード』彩流社などによる)

販売／チョコレート製造／輸入

カカオ豆を原料とする食品のサプライチェーンを独占・支配するグローバル企業が，発展途上国でカカオ豆を低価格で買い付け，付加価値をつけた製品を高価格で販売する。

必要な取り組み

生産者を支援する企業やNGOが，長期的に生産者が納得できる適正な価格で直接カカオ豆を買い上げ，先進国でチョコレートを製造して消費者に販売する。このような「公正な」貿易をフェアトレードとよぶ。

? 探究の視点 ❸　増加する外国人労働者の生活や人権は守られているだろうか？

↓4 ニット工場で働くベトナム人技能実習生[新潟県]

● 日本の外国人労働者の推移

200(万人)・150・100・50
2011 12 13 14 15 16 17 18 19 20 21 22年
外国人労働者数／技能実習生数

(注)技能実習生数は，在留資格「技能実習1号」及び「技能実習2号」の総在留外国人数を合わせた数としている。(法務省「在留外国人統計」などによる)

● 技能実習生の主な出身国(2022年10月末)

| 計34.3万人 | ベトナム 53.3％ | 12.6 | 中国 11.7 | 9.4 | その他 13.0 |

フィリピン／インドネシア
(厚生労働省資料による)

← 日本では少子高齢化による労働力不足が年々深刻化し，それを補う目的で雇用された外国人労働者数は2022年10月現在で約182万人で，年々増加しつつある。特に増加が顕著なのは，外国人労働者技能実習生制度に基づく「技能実習生」と，相当程度の知識や技能を要する業務に従事可能な在留資格「特定技能」で日本に在留する外国人である。ともに事実上，人手不足の中小企業に労働力を供給する国策でもあった。しかし，技能実習生に対して，雇用主が最低賃金以下での長時間労働を強いたりパワーハラスメントをするなどの人権侵害が相次ぎ，失踪する実習生が後を絶たない。長野県では事業主の指示で雷雨時にも畑で働かされ，落雷で死亡した実習生もいた。ブローカーに多額の金を支払い来日する外国人労働者の若者を，単なる「労働力」として扱う企業や雇用主の姿勢を改める必要がある。

SDGs

1 ゴール11の概要

11 住み続けられるまちづくりを

包括的で安全かつ強靭(レジリエント)で持続可能な都市および
人間居住を実現する

(総務省資料)

⬆ レジリエンスとは日本語訳すると「復元力」や「回復力」を意味する言葉で，SDGsの中で重要なキーワードの一つである。地域や社会，個人が災害によってダメージを受けた場合や，都市問題や環境問題により直面する変化に対し回復するプロセスや能力のことを指す。

2 ゴール11のターゲット例と指標

ターゲット例 ❶

2030年までに，包摂的かつ持続可能な都市化を促進し，全ての国々の参加型，包摂的かつ持続可能な人間居住計画・管理の能力を強化する。

指標 人口増加率と土地利用率の比率など

●2030年時点のメガシティー覧

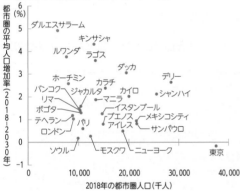

(注)各国第一都市のみを抽出

(国土交通省国土交通政策研究所資料による)

⬆ 人口1,000万人を超える都市圏をメガシティとよび，近年その数は世界的に増加している。その大半は低所得国や新興国であり，特にアジアで急増している。アフリカやラテンアメリカでも人口が集中する都市が増え，発展途上国での人口増加と同時に仕事やより良いサービスを求め農村から都市へ人口移動が起き，より大きな都市圏を形成している。

●世界の都市人口割合 (2018年)

凡例:
- 80%以上
- 60〜80%未満
- 40〜60%未満
- 40%未満
- 資料なし

(注) モナコなど農村部を持たない国・地域は除く。
都市人口が10万人に満たない国・地域は除く。

(国連資料による)

●世界における農村から都市への変化

(柴山元彦他『地理と地球科学の図鑑』を参考に作成)

1850−1900年
シカゴでの建設ブームで都市の人口は3倍になった

1980年代
中国がグローバル経済状態に突入し，都市人口の急激な増加が見られた

1970年代
工業化や集中農法が低所得国での都市化を促し，世界的な都市化を促進した

1820−40年
ヨーロッパと北アメリカの産業革命によって農村地域から都市部への移動が始まり，現代の都市化へとつながる

1920年代
第一次世界大戦中の社会構造の変化で多くの若者が都市部へ移った

1950年代
世界の人口のちょうど30%が都市部に住んでいた

2007年
世界の人口の半数以上が都市部に住んでいる

⬆ 人々は農村地帯に住み農業に従事していたが，農業が機械化されて人手が要らなくなると，工業に仕事を求めて都市に移動した。都市に住む人の割合は地域によって異なり，ヨーロッパと北アメリカの大部分では人口の80%以上が町や都市に住む。

⬆ 現在世界人口の約半数が都市部で生活しており，2040年には50億人に達すると予測されている。特に発展途上国の都市人口が急激に増えると考えられている。ゴール11の目標の1つはすべての人々が適切，安全かつ安価な住宅及び基本的なサービスへのアクセスを確保することであるが，都市人口の急激な増加に対し，水道や生活環境，公衆衛生といった基本的なサービスやインフラの整備が間に合わない可能性がある。また，二酸化炭素の排出量を増やし，さらなる環境汚染を引き起こすおそれがある。

ターゲット例 ❷

2030年までに，貧困層及び脆弱な立場にある人々の保護に焦点を当てながら，水関連災害などの災害による死者や被災者数を大幅に削減し，世界の国内総生産比で直接的経済損失を大幅に減らす。

指標 10万人当たりの災害による死者数，行方不明者数，直接的負傷者数など

●近年の自然災害による被害額のGDP比

世界銀行による所得区分	国名	年	災害種別	被害額(10億ドル)	被災年GDP(10億ドル)	被害額/GDP
低	タジキスタン	2008	異常気温	0.84	3.72	23%
低	ハイチ	2010	地震	8.00	6.48	123%
低	サモア	2012	サイクロン	0.13	0.64	20%
中低	ガイアナ	2005	洪水	0.47	0.79	59%
中低	ガイアナ	2006	洪水	0.17	0.82	21%
中高	チリ	2010	地震	30.00	171.96	17%
中高	タイ	2011	洪水	40.00	318.52	13%
高	アメリカ合衆国	2005	ハリケーン	125.00	12,274.90	1%

日本

災害名	年	被害額	被災年GDP	被害額/GDP
阪神・淡路大震災	1995	約9兆6千億円	496兆円	1.9%
東日本大震災	2011	約16兆9千億円	482兆円	3.5%

(注)GDP及び所得区分は災害発生年前年の値及び区分を使用。

(アジア防災センター資料による)

⬅ 発展途上国では被害額は少ないが対GDP割合が高く，実際に自然災害により被害が発生すると大きなダメージを受けてしまう。また，復興には費用がかかるため発展途上国の持続可能な開発の妨げとなるおそれがある。災害に対する脆弱性を減らすとともに，すべての人が安全で強靭(レジリエント)な都市づくりを世界中で考えていかなければならない。

←1 ヒマラヤ山系の氷河湖 [ブータン]　ブータンが位置するヒマラヤ山系の氷河は地球温暖化の影響を受けており，氷河湖の決壊が発生し洪水による被害が起きることがある。国民の安全な生活を確保することを目的に，洪水リスク分析・気象衛星を用いた予報体制の確立・コミュニティレベルにおける避難体制の強化・防災法の制定などが行われている。JICAや日本の関連省庁もブータンにおけるプロジェクトに協力している。

©2011 NTT-GEOSPACE CORPORATION

0　　　　　　　　　400m

| 避難場所 🏃 | | 避難経路 ／ | | 避難する時気をつけること ★ | その他 ✕ | 消防設備 🏠 |
| 危険な場所(地震の時) ✕ | | 危険な場所(大雨の時) ✕ | | バス停 🚏 | 木 🌲 | |

(注)長野市立信里小学校周辺。(信州大学，長野市立信里小学校作成資料による)

©大塚知則／Cynet Photo

↑2 地域住民による防災訓練で土のうつくり [栃木県]　災害への備えを考える際に自助・共助・公助に分けることができる。自助とは自分・家族の命を守ること，共助とは地域やコミュニティでともに助け合うこと，公助とは公的機関による救助・援助を指す。公助だけでは災害から身を守ることができないことが多く，自助・共助を高める活動が全国的に普及し始めている。

↑3 小学生が作成した身近な地域の防災マップ　ウェブ上に避難所や避難経路，浸水域や地震の揺れやすさなどをレイヤーとして重ね合わせ，1つの地図として確認することができる。ハンディGPSなどで位置情報を入れ，GISを活用すれば，より高精度のマップが作成できる。

●持続可能な社会経済システムの構築を目指す都市・地域に向けての実践事例　**↓4 路面電車 [富山県富山市]**

環境未来都市と環境モデル都市

●環境未来都市
現代社会が直面している諸問題(地球温暖化，資源・エネルギーの問題，超高齢社会への対応など)を環境・社会・経済の3つの側面から解決する持続可能な社会経済システムを構築しつつ，「誰もが暮らしたいまち」「誰もが活力あるまち」の実現を目指し，選定された都市。

●環境モデル都市
環境に配慮した低炭素社会の実現を目標に，先駆的な取り組みにチャレンジしている都市。東日本大震災後はエネルギー問題にも注目される中で，地域資源を最大限に活用しながら低炭素化と持続可能な発展を目指す地域モデルとして選定された都市。

富山市　LRT(Light Rail Transit)などの公共交通を中心としてコンパクトシティを目指す取り組みや，地理的特性を活かし，バイオマスの医薬品やエネルギーなどの利活用を目指す取り組みを行っている。

横浜市　大都市が抱える諸課題に対し，地域の特徴や企業・市民団体など住民を巻き込みながら，環境・エネルギー問題，持続可能な住宅地へのアプローチ，子育て支援・高齢者活躍プロジェクトなど幅広い視点での活動を行っている。

↓5 Tsunashima サスティナブル・スマートタウン(綱島SST)にある水素ステーション [横浜市]

↓6 綱島SST内のショッピングモール(左)と学生寮(右)

SDGs

1 ゴール12の概要

12 つくる責任 つかう責任

持続可能な生産消費形態を確保する （総務省資料）

⬆ 地球上の天然資源は有限であるが，20世紀後半以降，先進国を中心に急速に経済・社会が発展し，食料や工業製品の大量生産・大量消費による廃棄物が増加して，環境汚染や資源の枯渇が急速に進展しつつある。私たちは早急に持続可能な生産と消費のパターンを再構築する必要に迫られている。そのためには，生産においても，消費においても自然に負荷を与える廃棄物の量をできるだけ減らし [Reduce]，廃棄せずに再利用し [Reuse]，資源として製品化する [Recycle] など，資源を効率的に使う仕組みを確立する必要がある。また，発展途上国に対しては，より持続可能な生産・消費形態の促進のための科学的・技術的能力の強化を支援する仕組みの確立も必要である。

2 ゴール12のターゲット例と指標

ターゲット例 ①

2030年までに小売・消費レベルにおける世界全体の1人当たりの食料の廃棄を半減させ，収穫後損失などの生産・サプライチェーンにおける食品ロスを減少させる。

指標 食料損耗指数，食料廃棄指数

●**日本の食品廃棄物の発生状況と割合**（2021年度推計）

	うち食品ロス量※	
外食産業，食品製造業など食品関連事業者からの**事業系食品廃棄物等** 1,670万トン	規格外品，返品，売れ残り，食べ残しなど 279万トン	53%
一般家庭からの**家庭系食品廃棄物等** 732万トン	食べ残し，過剰除去，直接廃棄など 244万トン	47%
食品廃棄物等合計 2,402万トン	**食品ロス量合計** 523万トン	100%

※可食部分と考えられる量 （政府広報オンラインによる）

⬅ FAO（国連食糧農業機関）の報告書によると，世界の食料生産量約40億tの3分の1にあたる約13億tの食料が先進国を中心に毎年廃棄されている。日本でも，家庭と事業者を合わせて1年間に約2,400万tもの食品が廃棄されている。このうち，まだ食べられるのに廃棄される食品（食品ロス）は約520万t（2021年推計値）にも達し，国民1人当たりに換算すると，1人1日当たり約114gとなり，おにぎり1個分を捨てていることになる。
　先進国では過剰に生産され，余った食料が大量に廃棄（フードロス）される一方，途上国では貧困や気候変動，紛争などによる食料不足が深刻化し，約8億人が飢餓に苦しんでいる。この不均衡を是正するためにはどうすればよいのか，日々の生活の中で食品ロスを減らすために何ができるか考えてみよう。

ターゲット例 ②

2030年までに，廃棄物の発生防止，削減，再生利用及び再利用により，廃棄物の発生を大幅に削減する。

指標 各国の再生利用率，リサイクルされた物資のトン数

●**世界のプラスチック消費量の推移**

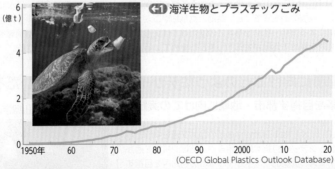

←1 海洋生物とプラスチックごみ

（OECD Global Plastics Outlook Database）

●**国別のプラスチック容器包装ごみ排出量**（2014年）

（国連環境計画（UNEP）による）

⬆ 世界のプラスチック汚染は急速に世界の海に広がっている。2016年の世界経済フォーラム年次総会では，少なくとも世界で年800万tのプラスチックが海に流出しているとの報告書が示された。2050年までに海中のプラスチックが「世界中の魚の総重量を超える」と警告した。海に流出したプラスチックごみは海流に乗り，北太平洋，南大西洋の中緯度など特定の海域に集まりやすい。それらは紫外線や摩擦で細かく粉砕されマイクロプラスチックとなる反面，深海では分解されず多数が堆積する。

ターゲット例 ③

2030年までに天然資源の持続可能な管理及び効率的な利用を達成する。

指標 天然資源等消費量（DMC），1人当たりのDMC及びGDP当たりのDMC

●**世界主要国の1人当たりエネルギー供給量**（石油換算：トン，2019年）

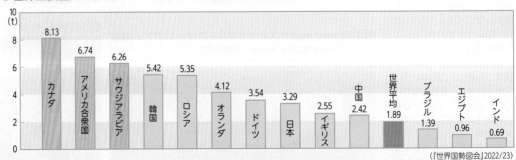

カナダ	アメリカ合衆国	サウジアラビア	韓国	ロシア	オランダ	ドイツ	日本	イギリス	中国	世界平均	ブラジル	エジプト	インド
8.13	6.74	6.26	5.42	5.35	4.12	3.54	3.29	2.55	2.42	1.89	1.39	0.96	0.69

（『世界国勢図会』2022/23）

⬆ 天然資源が豊富な一部の先進国のエネルギー消費量は，発展途上国の3～10倍にもおよぶ。日本やEU諸国など資源が乏しい先進国の一部の国では省エネ技術が進歩し，その効率的な運用により，1人当たりエネルギー消費量は2～3tと少ない。今後の新興国や発展途上国のエネルギー需要の増加や環境問題を考えれば，再生可能エネルギーへのシフトが望まれる。

↑1 縫製工場で働く人々[バングラデシュ]

↑2 崩落した縫製工場ビルの救助現場[2013年]

● アジア・オセアニア諸国の賃金比較（2019年）

都市	基本給（ドル）
横浜	2,834
ソウル	2,208
シンガポール	1,946
シャンハイ（上海）	662
バンコク	413
ムンバイ	306
マニラ	234
ハノイ	217
ダッカ	109

（注）製造業の一般工の平均月額賃金の比較。
（三菱UFJ銀行 Global Business Insight資料による）

＊長田華子『990円のジーンズがつくられるのはなぜ？－ファストファッションの工場で起こっていること』合同出版による

↑ バングラデシュの面積は約14.8万㎢（日本の約4割），人口は日本を上回る約1.7億人（2022年）の高密度国である。主要産業は農業や縫製など労働集約型の軽工業である。農村地域の人々は慢性的な貧困状態で生活し，特に女性は労働や教育，健康などの面で低い地位に置かれている。女性の地位向上に役立ったのが初等教育の普及とグラミン銀行による自立のための少額融資制度である。1980年代から先進国ファストファッション企業からの委託生産による縫製業が急速に発達した。低賃金労働力が豊富に存在し，生産コストを切り下げて「990円のジーンズ」＊の生産が可能になったからである。しかし，縫製工場労働者の労働環境は厳しく，過酷な長時間労働や低賃金，パワハラ，劣悪な職場環境，度重なる工場火災，複数の工場が雑居するビルの崩壊などがあった。低価格のファストファッションの背景には，途上国労働者の低賃金で過酷な労働環境があることに気づこう。

? 探究の視点 ② 大量の古着はどこへいくのだろう？　世界の古着経済

↑3 道端で中古衣類（古着）を販売する若い男性[コートジボワール]

● 古着の主な輸出入国（2016年）

イギリス 35　ドイツ 50
アメリカ合衆国 75
アラブ首長国連邦 4　6
ガーナ 12　ケニア 11
中国 13
パキスタン 84　タイ 5
2
日本 24
21　12 マレーシア

●＝輸出
●＝輸入〈単位は万トン〉

（国連資料による）

↑ 日本の衣料廃棄物は，全体の排出量が年間約140万tで，その9割以上が家庭から排出される。そのうち，リサイクルやリユースに回される再生利用量は約20%に過ぎず，残りの多くが焼却・埋め立て処分されている。先進国から輸出された「古着」はパキスタン，マレーシア，ケニアなどの発展途上国で仕分け・再製品化され各国へ輸出される。衣料廃棄物が増加した背景には，新興国などにおける衣料品消費量の増大がある。アパレル企業間の競争が激化し，コストを下げた廉価・大量生産の「ファストファッション」の流行により，気軽に廃棄される衣料品が増加した。

? 探究の視点 ③ 便利な生活を支えるICT機器の原料は紛争鉱物？

コンゴ民主共和国

↓ タンタルはスマートフォンの小型化に貢献したレアメタルで，産出の約4割がコンゴ民主共和国である。同国の東部は1995年以来の紛争地域でレアメタルの産地でもあるため，その獲得と輸出を資金源とする武装勢力や国軍兵士による支配が続いている。彼らは，鉱山の周辺地域の住民を支配するため，村を襲撃して略奪・殺害を行うほか，地域コミュニティや家族を破壊するための「戦争の武器」として多くの女性に残虐な性暴力を行う。コンゴ民主共和国の婦人科医のデニ・ムクウェゲ医師は，コンゴ東部に病院を建て，4万人以上の性暴力被害者を救い，2018年にノーベル平和賞を受賞した。便利なICT機器が国際社会で求められるほどレアメタルの需要が増えるが，それが武装勢力の資金源とならないよう，国際的な取り組みやICT企業による調査などが必要である。

↓4 タンタルを含む鉱石コルタンを採掘する労働者[コンゴ民主共和国]

↓5 性暴力の被害に遭った女性たちを治療したムクウェゲ医師
[コンゴ民主共和国]

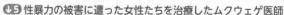

SDGs

1 ゴール13の概要

13 気候変動に具体的な対策を

> 気候変動及びその影響を軽減するための緊急対策を講じる （総務省資料）

↑ 近年増加する自然災害の原因の一つが，地球温暖化とその影響を総合した気候変動といわれている。陸や海の温度の上昇が干ばつや大洪水の増加につながり，世界中で大きな災害が発生している。地球温暖化の原因は二酸化炭素などの温室効果ガスであり，人間の経済活動の活発化により産業革命以降その排出量が増加している。地球温暖化にストップをかけるため，2015年にはパリ協定が採択され，世界が一つとなって気候変動に取り組む動きが加速している。

2 ゴール13のターゲット例と指標

ターゲット例 ①

全ての国々において，気候関連災害や自然災害に対する強靭性（レジリエンス）および適応の能力を強化する。

指標 10万人あたりの災害による死者数，行方不明者数，直接的負傷者数など

○世界の自然災害発生頻度及び被害状況の推移（年平均値）

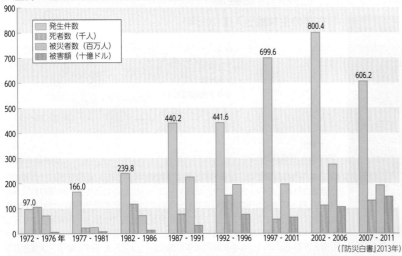

凡例:
- 発生件数
- 死者数（千人）
- 被災者数（百万人）
- 被害額（十億ドル）

97.0 / 166.0 / 239.8 / 440.2 / 441.6 / 699.6 / 800.4 / 606.2

1972 - 1976年 / 1977 - 1981 / 1982 - 1986 / 1987 - 1991 / 1992 - 1996 / 1997 - 2001 / 2002 - 2006 / 2007 - 2011

（『防災白書』2013年）

↑ 発生件数は1970年代から2000年代の30年にかけて，6倍から8倍にまで急増している。死者数は期間による差があり，横ばいだが，被災者数，被害額はいずれも増加傾向にある。この30年で科学技術が発展し，災害の予測精度は上がっているが，以前にも増して災害への備えの必要性が増している。一方，自然災害発生の原因と考えられている地球温暖化対策も急務となっている。

また，地球温暖化は自然災害だけでなく，健康被害や食料水不足，生態系の破壊など非常に多岐にわたるリスクを引き起こすと考えられている。

○将来の主要なリスク（複数の分野地域におよぶ主要リスク）

1 海面上昇 高潮 （沿岸，島しょ）	**2** 洪水 豪雨 （大都市）
3 インフラ機能停止 （電気供給，医療などのサービス）	**4** 熱中症 （死亡，健康被害）
5 食糧不足 （食糧安全保障）	**6** 水不足 （飲料水，灌漑用水の不足）
7 海洋生態系損失 （漁業への打撃）	**8** 陸上生態系損失 （陸域及び内水の生態系損失）

（全国地球温暖化防止活動推進センター資料による）

干潮時

満潮時

ツバル / オーストラリア / ニュージーランド

◀1・2 **海面上昇で水没の危機にあるツバル** 海面上昇による被害（地中から海水が噴出し，畑の作物が被害。井戸水の塩水化，海岸侵食など）が出ているツバルでは，国民の**集団移住**をニュージーランドに打診し，条件付きで年間75人ずつの移住が進行中である。ツバル政府は自国のインターネット・ドメイン".tv"の使用権をアメリカのdotTV社に売却した（国家予算の3倍以上）ことにより，この資金を元に国連加盟を果たした（2000年）。以降，地球温暖化による海面上昇のおそれを各国に訴えている。（▶P.250）

◉京都議定書とパリ協定の比較

京都議定書		パリ協定
・先進国のみ	削減主体	・すべての締約国
・先進国全体で少なくとも5％削減	全体の削減目標	・全体の削減量は明記せず ・気温上昇は2度を十分に下回り，1.5度に抑える努力をする
・あり	目標達成の義務づけ	・なし
・先進国を中心に温室効果ガス排出量などを報告	検証方法	・各国の削減目標などを5年ごとに見直し
・批准国が55か国以上。その中の先進国のCO₂排出量が先進国全体の55％以上	主な発効条件	・批准国が55か国以上。批准国の温室効果ガス排出量が全体の55％以上

「読売新聞」2015.12.15

◉主な温室効果ガス排出国の主張

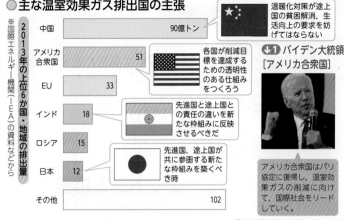

※国際エネルギー機関（＝IEA）の資料などから
2013年の上位6か国・地域の排出量

中国　90億トン

温暖化対策が途上国の貧困解消，生活向上の要求を妨げてはならない

アメリカ合衆国　51

各国が削減目標を達成するための透明性のある仕組みをつくろう

EU　33

インド　18

先進国と途上国との責任の違いを新たな枠組みに反映させるべきだ

ロシア　15

日本　12

先進国，途上国が共に参画する新たな枠組みを築くべき時

その他　102

↓1 バイデン大統領［アメリカ合衆国］

アメリカ合衆国はパリ協定に復帰し，温室効果ガスの削減に向けて，国際社会をリードしていく。

「読売新聞」2015.12.15などによる

◉主な国の温室効果ガス排出量の削減目標

ノルウェー
30年までに少なくとも1990年比40％

EU
30年までに少なくとも90年比40％

インド
30年までにGDP当たり排出量を05年比33〜35％

中国
30年までにGDP当たり排出量を05年比60〜65％（削減目標は二酸化炭素が対象）

ロシア
30年までに90年比25〜30％

アメリカ合衆国
25年までに05年比26〜28％

日本
2030年までに13年比26％

オーストラリア
30年までに05年比26〜28％

「信濃毎日新聞」2015.12.15

← 温暖化対策の国際的な取り決めとして1997年に採択された**京都議定書**では，ヨーロッパや日本などの先進国に，二酸化炭素などの温室効果ガスの削減が義務づけられた。温暖化の責任の多くは，早くから石炭や石油を大量に消費してきた先進国にあると考えられたからだ。しかし，当時世界最大のCO₂排出国だったアメリカ合衆国は，経済への影響を理由に参加しなかった。それから18年が経過し，今や世界一のCO₂排出国は中国に変わり，途上国の排出量も増加して地球全体で取り組まざるを得なくなった。そこで，全世界が合意できる枠組みづくりの努力が重ねられ，ようやく**パリ協定の採択に至った。**

『ジュニアエラ』2016年2月号による

◉日本の温室効果ガス排出量の推移と将来目標

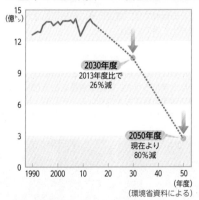

（億トン）

2030年度
2013年度比で26％減

2050年度
現在より80％減

1990　2000　10　20　30　40　50（年度）
（環境省資料による）

← 日本の削減目標値26％（2013年度比）は，原子力発電所の再稼働を進めて原発で20〜22％を確保し，加えて再生可能エネルギーを現在の約2倍の22〜24％にする電源構成で達成されるとしている。ただ原発再稼働をめぐっては，安全審査をクリアすることや，老朽炉の延命，新増設などの問題が山積する。一方，石炭火力発電所の建設についても，環境省が反対を表明した計画が複数ある。1970年代から省エネ化が進んだ日本の現状での対策では，大幅削減は厳しいとの見方もある。

パリ協定では5年ごとに削減目標の見直しが定められている。その最初の機会が2020年であったが，EUが削減目標を引き上げたのに対し，日本は26％削減と目標を据え置いた。

←2 レジ袋有料化スタートの案内［東京・2020年］　日本では，海洋プラスチック等による環境汚染や地球温暖化という世界的課題を背景に，2019年5月にプラスチック資源循環戦略が策定された。取り組みの一環として，2020年7月から，プラスチック製のレジ袋を店が無料で配ることが禁止された。国内では推定年20万トンのレジ袋が使われている。プラスチックには石油由来の材料が使われているため，製造段階でも焼却段階でも地球温暖化の原因となる二酸化炭素を排出してしまう。プラスチックの使用の抑制が二酸化炭素排出の抑制につながる。

◉日本の電源構成の推移

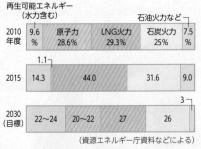

	再生可能エネルギー（水力含む）	原子力	LNG火力	石炭火力	石油火力など
2010年度	9.6％	28.6％	29.3％	25％	7.5％
2015	14.3	1.1	44.0	31.6	9.0
2030（目標）	22〜24	20〜22	27	26	3

（資源エネルギー庁資料などによる）

よりみち Geography　地球温暖化対策のための税の導入

●地球温暖化対策税による家計負担

（環境省資料による）

税によるエネルギー価格上昇額		エネルギー消費量（年間）	一世帯当たりの負担額
【ガソリン】	0.76円/L	448L	
【灯油】	0.76円/L	208L	
【電気】	0.11円/kWh	4,748kWh	1,228円/年（102円/月）
【都市ガス】	0.647円/Nm³	214Nm³	
【LPG】	0.78円/kg	89kg	

※化石燃料ごとの税負担
石油　760円/kl
ガス　780円/t
石炭　670円/t

CO₂排出量1トン当たり289円

↑ 温暖化対策強化のため2012年から「地球温暖化対策のための税」が段階的に施行され，2016年最終税率への引き上げが完了した。これはすべての化石燃料の利用に対して，広く公平に負担を求めたもので，一世帯当たりの負担額が，1,228円/年と試算されている。

1 ゴール14の概要

14 海の豊かさを守ろう

> 持続可能な開発のために海洋・海洋資源を保全し，持続可能な形で利用する （総務省資料）

⬆ 地球のおよそ70％を占める海は，多くの海洋生物を育んで豊かな生態系をつくっている。そして日本をはじめ，世界の国が海洋生物を海洋資源として利用している。海洋生物の生態系や多様性を保ちつつ，持続可能な形で利用することのバランスをとることが「海の豊かさを守ろう」のゴールである。海は国と国をこえてつながっているので，海洋ごみは自分の国だけでなく他の国にも流れ着く。ある所の海が汚れると回り回っていろいろな海が汚れていく。海洋資源をどこかで取りすぎると海全体のバランスも崩れていく。各国が持続可能な利用を行うとともに，協力して取り組むことも，必要になってくる。

2 ゴール14のターゲット例と指標

ターゲット例 ❶ 2025年までに，海洋ごみや富栄養化を含む，特に陸上活動による汚染など，あらゆる種類の海洋汚染を防止し，大幅に削減する。

指標 沿岸富栄養化指数，プラスチックごみの密度

ターゲット例 ❸ 2030年までに，漁業，水産養殖及び観光の持続可能な管理などを通じ，小島嶼開発途上国及び後発開発途上国の海洋資源の持続的な利用による経済的便益を増大させる。

指標 小島嶼開発途上国，後発開発途上国及び全ての国々のGDPに占める持続可能な漁業の割合

⬆**1·2** 海岸を埋め尽くすプラスチックなどの漂着ごみ [佐田岬・愛媛県]（左）と赤潮 [須佐湾・山口県]（右）　海洋ごみには，海岸に打ち上げられた「漂着ごみ」，海面や海中を漂う「漂流ごみ」，海底に沈んで溜まった「海底ごみ」がある。これらの多くは，陸上や海上で物の不注意な取扱いや廃棄（投棄）によって海洋ごみになったものである。また，都市での生活排水や工場排水による海水の富栄養化によって起こる赤潮なども海洋の状態を悪化させるものである。世界の海はつながっているのでこれらの問題は1つの国の問題ではない。

ターゲット例 ❷ 2020年までに，海洋及び沿岸の生態系に関する重大な悪影響を回避するため，強靱性（レジリエンス）の強化などによる持続的な管理と保護を行い，健全で生産的な海洋を実現するため，海洋及び沿岸の生態系の回復のための取組を行う。

指標 生態系を基盤とするアプローチを使用して海域を管理している国の数

⬆**3** 養殖カキの水揚げ [宮城県・気仙沼市]　東北地方の太平洋沿岸地域は日本有数の漁業のさかんな場所である。東日本大震災の被災地でもあるこの地域では，震災以降に持続可能な水産養殖に力を入れる漁家が出てきている。

⬇**4** 市場に並ぶ外国産のマグロ [築地市場・東京都]　人気のある魚種は輸出のために魚が水揚げされることがあるが，果たしてこれは持続可能な漁業だろうか。特定の魚種をとる（売る）ために行う漁業は環境に対する負荷も大きくなる。そして，持続可能な漁業のために「とり続ける」だけでなく「育てながらとる」水産養殖を行うようになってきている。

◉ **生物多様性ホットスポットマップ**

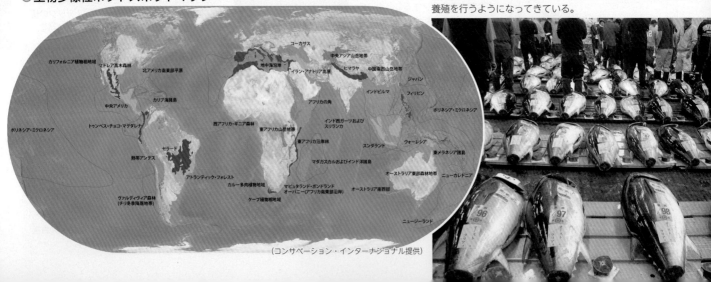

カリフォルニア植物相地域／マドレア高木森林／北アメリカ南部平原／中央アメリカ／カリブ海諸島／ポリネシア・ミクロネシア／トゥンベス・チョコ・マグダレナ／熱帯アンデス／セラード／アトランティック・フォレスト／ヴァルディヴィア森林（チリ冬降雨林地帯）／西アフリカ・ギニア森林／カルー多肉植物地域／マプタランド・ポンドランド・オーバニー（アフリカ南東部沿岸）／ケープ植物地域／コーカサス／地中海沿岸／イラン・アナトリア高原／アフリカの角／東アフリカ山岳地帯／東アフリカ沿岸林／マダガスカルおよびインド洋諸島／中央アジア山岳地帯／ヒマラヤ／中国南西山岳地帯／インド西ガーツおよびスリランカ／インドビルマ／スンダランド／ウォーレシア／ジャパン／フィリピン／ポリネシア・ミクロネシア／東メラネシア諸島／オーストラリア東部森林地帯／ニューカレドニア／オーストラリア南西部／ニュージーランド

（コンサベーション・インターナショナル提供）

●マイクロプラスチックの密度分布(予測)

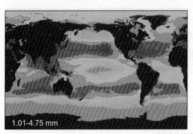

1.01-4.75 mm

1,000,000
100,000
10,000
1,000
100
10
1 (個/km²)

(環境省資料による)

●日本全国10地点の漂着ごみ(種類別)

	重量(%)	容積(%)	個数(%)
プラスチック	23.3	48.4	65.8
金属	0.4	0.6	4.0
布	0.2	0.1	0.8
ガラス・陶器	0.6	0.2	2.8
紙	0.03	0.01	0.3
木材	12.8	7.0	7.3
その他人工物	4.7	2.4	3.1
自然物	58.0	41.3	15.9

(注) 2016年度。稚内, 根室, 函館, 遊佐, 串本, 国東, 対馬, 五島, 種子島, 奄美の10地点。(環境省「プラスチックを取り巻く国内外の状況」による)

⬅ マイクロプラスチックを含めたプラスチックごみによる海洋汚染は, 地球全体に広がっている。マイクロプラスチックとは大きさが５ミリ以下の微小なプラスチックで, ごみとして海に流れ込んだ包装容器などのプラスチック製品が壊れて細かくなったものが多い。これはプラスチックが, 水・二酸化炭素・メタンなどに無機化する分解が起こりにくく, 細かくなってもプラスチックとして残り続けるためである。有害化学物質を吸着する性質があり, 誤飲した鳥や魚などへの影響が懸念されている。

⬅ 環境省が2016年度に全国10地点で行った漂着ごみ調査では, 重量ベースでは自然物が, 容積及び個数ベースではプラスチック類が最も高い。自然にかえらない人工物のごみとしてはプラスチックが多い。内訳は, 漁網やロープなどの漁具や飲料用ボトルが多くを占める。プラスチックごみを減らすために, 以前からいわれているReduce(廃棄物の発生抑制), Reuse(再使用), Recycle(再資源化) の３Ｒの取り組みの継続と, **バイオマスプラスチックや生分解性プラスチック**の利用拡大などのRenewable (再生可能) が必要とされている。しかし, 生分解性プラスチックなどは, きちんと分解されて環境に影響を与えないか未解明な点もある。

⬆**1** 「オーシャン・クリーンアップ作戦」により回収された漂流プラスチック [太平洋] 海洋ごみや海洋汚染は, それを出した国だけでなく, 他国の周辺の海にも広がる。2012年にオランダの高校生が発表した「オーシャン・クリーンアップ作戦」は, 風や海流の影響でごみが集まることに着目し, フェンスをつくってごみを回収する取り組みである。

⬅**2** 収集された漂着物 [アメリカ合衆国・ワシントン州] 東日本大震災の津波で海に流れ出したがれきが, 長い年月をかけて, ハワイ諸島やアメリカ合衆国の西海岸に漂着している。

●サンゴ礁の分布

(貝塚爽平編『世界の地形』東京大学出版会を参考に作成)

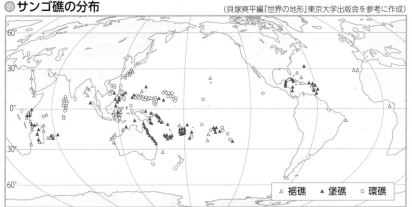

△ 裾礁 　▲ 堡礁 　○ 環礁

⬆ サンゴ礁は低緯度地方の温暖な海に分布する。現在, 海洋環境の悪化, 地球温暖化にともなうサンゴの白化現象, 人為的な破壊でサンゴ礁が縮小している。

⬆**3** サンゴの周りを泳ぐ魚 [慶良間列島・沖縄県] サンゴ礁は地球の表面積の0.1%の面積を占める程度だが, 魚, 貝, エビ類, カニ類, 棘皮動物(ヒトデ・ウニなど), 藻類など83万種もの多様な生物が生息しており, 「海の熱帯林」ともよばれる。サンゴ礁がつくる生態系は私たち人間にも恩恵を与えている。多種多様な動植物の生息・生育環境を提供して, 食料や医薬品の開発に利用される可能性のある生物を育む。また, サンゴ礁のある海中の美しい景色は, 私たちに安らぎを与えている。

⬇**4** サンゴの白化 [小笠原諸島・東京都] サンゴには, 褐虫藻とよばれる藻が棲みついて共生している (サンゴの老廃物を褐虫藻がもらい, 褐虫藻が光合成でつくった栄養をサンゴがもらう)。このためサンゴは通常茶色く見える。しかし, 海水温が上昇し, 褐虫藻がなくなる(その色素が失われる)とサンゴの本来の色である白が見えてしまう(=白化現象)。サンゴは, 褐虫藻がなくなると栄養をもらえなくなり, 死んでしまう。

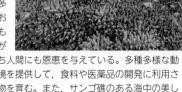

よりみち Geography 「その地で, その時に旬の魚を食べる」持続可能な漁業のために

愛媛県の宇和島市の沿岸部はリアス海岸になっており, 潮流の具合がよく水深が深い地形的な特徴から, かつてから漁業がさかんであった。昭和30年代から養殖を行うのに適した環境をいかして, 真珠母貝養殖・真珠養殖・ハマチ養殖などの養殖業を始め, 現在ではマダイ・ブリ・シマアジなどの多くの養殖魚や, 希少価値の高い越物真珠の産地になっている。

水産養殖は特定の魚種を安定的に水揚げできる利点があるが, 同じ魚種を生産し続けることで海洋環境を悪化させ, 海洋生物の多様性を失わせる可能性もある。水産養殖だけでなく, その場所でその時期に漁家がとる魚種を私たちの食卓で食べることも漁業を続けていくことにつながる。地産地消の漁業, 旬の魚を食べることが, 私たちの身近ですぐにできる持続可能な漁業, 海の豊かさを守る活動ではないだろうか。

⬇**5** 宇和島の養殖

1 ゴール15の概要

15 陸の豊かさも守ろう

陸域生態系の保護，回復，持続可能な利用の推進，持続可能な森林の経営，砂漠化への対処，ならびに土地の劣化の阻止・回復及び生物多様性の損失を阻止する
(総務省資料)

⬆森林・湿地・山地および乾燥地など，世界の陸域には各地の地形や気候に合わせてさまざまな植物相や動物相が見られ，多様な生態系が形成されている。これらは，異常気象などの自然現象が原因となる場合だけでなく，それ以上に人間活動が原因となって（この場合の方が多い）生態系のバランスが崩れることがある。その結果，砂漠化や野生生物種の絶滅を招くことになる。人間活動（主に経済活動）と自然の保護・回復を両立させて，どのように陸域生態系の多様性を保つ形での持続可能な利用を行うのかが今後の私たちの課題である。

2 ゴール15のターゲット例と指標

ターゲット例 ① 2020年までに，国際協定の下での義務に則って，森林，湿地，山地及び乾燥地をはじめとする陸域生態系と内陸淡水生態系及びそれらのサービスの保全，回復及び持続可能な利用を確保する。

指標 土地全体に対する森林の割合，陸生及び淡水性の生物多様性に重要な場所のうち保護区で網羅されている割合（保護地域，生態系のタイプ別）

●森林面積の純変化

中国の「退耕還林」政策（1999年～）

純消失面積・純増加面積（2010-2020年）（年平均）

消失	
■	−50万ha以上
■	−25万～−50万ha
■	−5万～−25万ha
□	−5万～＋5万ha

増加	
■	＋5万～＋25万ha
■	＋25万～＋50万ha
■	＋50万ha以上

(Global Forest Resources Assessment 2020)

●砂漠化の進む地域

モーリタニア
サヘル地域
0°

砂漠化の度合い

■ 極度の乾燥地域（年降水量30mm未満）
■ 最も進んでいる地域
■ 進んでいる地域
□ わずかずつ進む地域
(UNEP資料による)

⬆森林，山地，草原，乾燥地，湖沼，湿地など世界の陸域ではさまざまな自然景観を見ることができる。それぞれの環境に合わせて植物相や動物相が存在して，生態系が形成されている。これらの生態系は互いに影響しあってバランスを保ちながら，多種多様な生き物が暮らす地球環境がつくられている。海域だけでなく，陸域においても，ある場所で生態系のバランスが崩れると，ほかの場所の生態系が破壊されることがある。異常気象などの自然現象が影響することもあるが，それ以上に人間活動（主に経済活動）が生態系を破壊することが多い。人間活動と自然の保護・回復を両立する持続可能な利用を考えなくてはならない。

ターゲット例 ② 保護の対象となっている動植物種の密猟及び違法取引を撲滅するための緊急対策を講じるとともに，違法な野生生物製品の需要と供給の両面に対処する。

指標 密猟された野生生物又は違法に取引された野生生物の取引の割合

⬇①マレーシアなどの森林地帯に生息するシロマブタザル 樹上生活をするため，森林の開発や破壊などによる生息地の減少で個体数も減少している。準絶滅危惧種に指定。

●絶滅が危惧される主な動物

ピューマ
ジャイアントパンダ
ヨウスコウカワイルカ
カリフォルニア・コンドル
マウンテンゴリラ
ツキノワグマ
ニホンカワウソ
イリオモテヤマネコ
ジャガー
チンパンジー
トラ
アジアゾウ
クロサイ
アイアイ
オランウータン
オオアリクイ
タテガミナマケモノ
シーラカンス
キタケバナウオンバット

▨ 生物多様性ホットスポット

(Conservation International 資料による)

⬆野生の動植物種の保護も大切な「陸の豊かさを守る」こと。地球上の動物や植物は約175万種が見つかっており，まだ見つかっていない生物も含めると870万種にもなるという。このうち50%以上の生物は，地表の10%にも満たない熱帯雨林に生息していると言われている。この熱帯雨林が，現在破壊されつつある。**ワシントン条約**は「絶滅のおそれのある野生動植物の種の国際取引に関する条約」といい，絶滅のおそれのある野生生物のデータベースが「**レッドリスト**」である。野生生物の絶滅は，種の多様性を損なうことになる。

➡1 アマゾンの熱帯雨林の破壊[ブラジル・2019年]

アマゾンの熱帯雨林は牧場や農場の開拓，鉱山開発，それに伴う，トランスアマゾニアンハイウェイなどの道路の開通によって破壊されつつある。この状況を熱帯雨林が魚の骨のように破壊されている様子「フィッシュボーン」として見ることができる。熱帯雨林の破壊は生態系や動植物の多様性を損なうことにつながる。熱帯地域の土壌は，ラトソルとよばれる栄養の少ない赤色をした土壌である。一度，熱帯雨林を伐採してしまうと栄養の少ない土壌で森林を再生させることは難しく，さらには土壌流出につながり地域の自然環境を破壊することになる。

➡2～5 熱帯林の中に広がる油やしのプランテーション[マレーシア]とパーム油が使用された食品　マレーシアやインドネシアなどの東南アジアの国々では油やしのプランテーションが見られる。1960年代以降，天然ゴムのプランテーションが油やしへ転作された。油やしはパーム油を採るために生産されている。パーム油は安価で年間を通じて収穫できる油で，特に食用油として，マーガリン，ポテトチップス・インスタントラーメンなどの揚げ油などに用いられている。私たちの身近な食品のために熱帯林・野生の動植物の命が失われている。

マーガリン

フライドポテト

◎砂漠化

⬅6 点滴農法[オーストラリア・クインズランド州]　従来のスプリンクラー方式（水をまく方式）に比べ，乾燥地域の耕地化では，この点滴給水方式がより節水・雑草防止・病虫害発生防止・環境保護面で優れている。日本では，鳥取大学農学部の研究が先進的な取り組みとして知られる。

⬆7 植林の様子[中国・ペキン(北京)近郊]　砂漠化問題についての国際協力を定めた条約が，砂漠化対処条約である（1996年発効。特にアフリカ諸国の砂漠化と干ばつを重視）。これは砂漠化が進む国が防止のための行動計画を作成し，先進国が支援することを義務づけている。中国は「退耕還林（条件の悪い農地等に植林を実施）」政策を1999年から全面実施している。

? 探究の視点 ❷ **環境保護のためにどんな取り組みができるだろうか？**

◎ラムサール条約－日本の条約湿地 (2023年7月現在53か所)

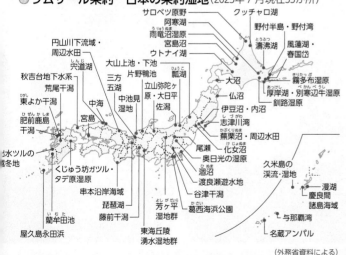

サロベツ原野
クッチャロ湖
野付半島・野付湾
円山川下流域・周辺水田
宍道湖
雨竜沼湿原
宮島沼
ウトナイ湖
濤沸湖
風蓮湖・春国岱
大山上池・下池
片野鴨池
大沼
霧多布湿原
秋吉台地下水系
荒尾干潟
三方五湖
立山弥陀ヶ原・大日平
仏沼
厚岸湖・別寒辺牛湿原
釧路湿原
東よか干潟
中海
宮島
中池見湿地
佐潟
伊豆沼・内沼
肥前鹿島干潟
蕪栗沼・周辺水田
志津川湾
尾瀬
化女沼
くじゅう坊ガツル・タデ原湿原
奥日光の湿原
串本沿岸海域
渡良瀬遊水地
久米島の渓流・湿地
漫湖
慶良間諸島海域
琵琶湖
谷津干潟
芳ヶ平
葛西海浜公園
与那覇湾
藤前干潟
蘭牟田池
東海丘陵湧水湿地群
名蔵アンパル
屋久島永田浜

（外務省資料による）

⬆ 1971年イランのラムサールで採択された正式名「特に水鳥の生息地として国際的に重要な湿地に関する条約」。ワシントン条約と並ぶ動植物保護のための条約。湿地や干潟は微生物等が多く，小動物が生息し「天然の浄化装置」といわれる。

◎ナショナル・トラスト運動

THE TALE OF PETER RABBIT

BEATRIX POTTER

⬆8・9 湖水地方とピーターラビット[イギリス]　イングランド北西部は氷河作用による湖沼群が広がり，風光明媚な景観である。ナショナル・トラスト運動は，自然景観や歴史的遺産の保全を目的にイギリスで始まったものであり，市民活動によって基金を募って土地を買い上げたり，自治体に買い取りを求めたりする。ピーターラビットの作者ポターは，湖水地方の土地をナショナル・トラストに寄付している。日本では和歌山県田辺市の天神崎が第1号であり，北海道・知床半島や埼玉県・狭山丘陵（トトロのふるさと財団）などの活動もある。

SDGs

❶ ゴール16の概要

16 平和と公正をすべての人に

> 持続可能な開発のための平和で包摂的な社会を促進し、
> すべての人々に司法へのアクセスを提供し、
> あらゆるレベルにおいて効果的で説明責任のある包摂的な制度を構築する
>
> （総務省資料）

↑世界中で紛争やテロが絶えず、多くの人々の命が失われたり、住む場所を追われたりしている。ゴール16は、平和で人々が安心して暮らせる社会を実現するための道すじを、具体的なターゲットとしてあげている。

❓ 探究の視点 ❶ 国連平和維持活動（PKO）とは何だろう？

●国連PKOの展開状況（2022年10月時点）

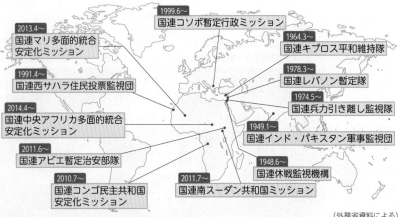

- 2013.4～ 国連マリ多面的統合安定化ミッション
- 1999.6～ 国連コソボ暫定行政ミッション
- 1964.3～ 国連キプロス平和維持隊
- 1991.4～ 国連西サハラ住民投票監視団
- 1978.3～ 国連レバノン暫定隊
- 2014.4～ 国連中央アフリカ多面的統合安定化ミッション
- 1974.5～ 国連兵力引き離し監視隊
- 2011.6～ 国連アビエ暫定治安部隊
- 1949.1～ 国連インド・パキスタン軍事監視団
- 2010.7～ 国連コンゴ民主共和国安定化ミッション
- 2011.7～ 国連南スーダン共和国ミッション
- 1948.6～ 国連休戦監視機構

（外務省資料による）

↑PKO部隊は2019年3月までに71回編成された。冷戦下（～1989）においては、東西対立を背景にした国家間の紛争が多かったが、冷戦後は同一国内における内戦や民族紛争などが多く、その任務は複雑、多様化している。

●各国のPKOへの派遣人員と予算分担率（2022年）

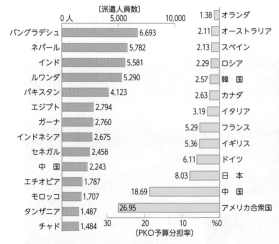

［派遣人員数］

国	派遣人員数
バングラデシュ	6,693
ネパール	5,782
インド	5,581
ルワンダ	5,290
パキスタン	4,123
エジプト	2,794
ガーナ	2,760
インドネシア	2,675
セネガル	2,458
中 国	2,243
エチオピア	1,787
モロッコ	1,707
タンザニア	1,487
チャド	1,484

国	PKO予算分担率（%）
オランダ	1.38
オーストラリア	2.11
スペイン	2.13
ロシア	2.29
韓 国	2.57
カナダ	2.63
イタリア	3.19
フランス	5.29
イギリス	5.36
ドイツ	6.11
日 本	8.03
中 国	18.69
アメリカ合衆国	26.95

（注）PKO年間予算は2021/22年で、総額63億7,878万ドル。

（『世界国勢図会』2022/23）

❓ 探究の視点 ❷ 現在の紛争や対立について考えよう

↑1 **ミャンマーで起きた軍部によるクーデター** 2021年2月、ミャンマーで軍部によるクーデターが起こった。市民による抗議デモが国内各地で起き、軍部との衝突によって多くの死傷者が出ている。

↑2 **ルカシェンコ大統領に抗議する市民［ベラルーシ］** ヨーロッパ最後の独裁者ともいわれるルカシェンコ大統領は26年間ベラルーシを統治してきた。2020年には選挙を不正操作して6選を果たした。2021年5月には、反体制派のジャーナリストを拘束するため旅客機を強制着陸させるなど、国際的な非難を招いている。

SDGs ゴール17 パートナーシップで目標を達成しよう

① ゴール17の概要

17 パートナーシップで目標を達成しよう

> 持続可能な開発のための実施手段を強化し、グローバル・パートナーシップを活性化する
>
> (総務省資料)

⬆ ゴール1から16までは、課題となっているテーマについて達成目標をかかげている。ゴール17では、1〜16の目標について世界中の人々がパートナーシップを結び、さまざまな問題の解決のため、協力していくことが求められている。

? 探究の視点 ① 国際連合と世界について考えよう

● 国連通常予算の分担率と分担額(2022〜24年)

	分担率 (%)	分担額 (2022年度分 千ドル)
アメリカ合衆国	22	693,417
中国	15.3	480,790
日本	8.0	253,192
ドイツ	6.1	192,612
イギリス	4.4	137,895
フランス	4.3	136,099
イタリア	3.2	100,514
カナダ	2.6	82,832
韓国	2.6	81,130
スペイン	2.1	67,261
オーストラリア	2.1	66,537
ブラジル	2.0	63,448
ロシア	1.9	58,814

(注)分担額の世界計は、3,151,896(千ドル)。　　　　　　　　　　『世界国勢図会』2022/23）

⬆ 国連分担率は3年ごとに見直される。分担額は単年分の通常予算で、国連職員が国連に対して支払う所得税にあたる、職員課金を含む。出身国への納税義務は免除される。

⬆1 第76回国連総会[アメリカ合衆国・2021年]

? 探究の視点 ② 援助と自立を考えよう

● 後発開発途上国(LDC)46か国(2022年8月現在)

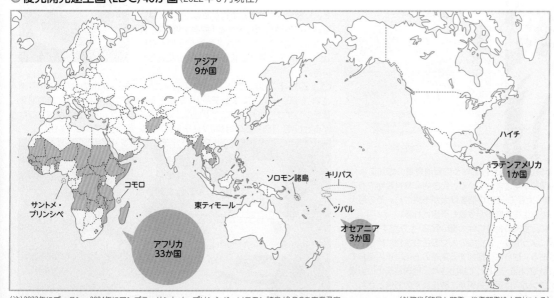

アジア 9か国　ハイチ　ラテンアメリカ 1か国　コモロ　ソロモン諸島　キリバス　サントメ・プリンシペ　東ティモール　ツバル　オセアニア 3か国　アフリカ 33か国

⬅ 後発開発途上国への援助としては金銭だけでなく、持続可能なエネルギーやインフラ、輸送、インターネット技術などへの援助も必要である。さらに、適切に援助や資金が使われているか監視することも援助の一つとなる。

(注)2023年にブータン、2024年にアンゴラ、サントメ・プリンシペ、ソロモン諸島がLDCを卒業予定。　　　（外務省「貿易と開発　後発開発途上国」による）

SDGs

🔍 FOCUS 大豆とSDGs

探究の視点
1. 世界的に大豆の需要が増加している理由は何だろうか？
2. 大豆栽培地域の拡大は地球の自然環境にどのような影響を与えるだろうか？
3. 食肉消費の増加は地球環境にどのような影響をもたらすだろうか？

図1 大豆の生産上位国と生産量の変化

(万t)

	1980年	2000年	2020年	2021年	％
ブラジル	1,515	3,274	12,180	13,493	36.3
アメリカ合衆国	4,877	7,506	11,255	12,071	32.5
アルゼンチン	350	2,021	4,880	4,622	12.4
中国	791	1,541	1,960	1,640	4.4
世界計	8,087	16,142	35,346	37,169	100.0

(FAOSTATなどによる)

図2 大豆の用途

➡油を絞る →大豆油（食用油として需要増大）
　　　　　→大豆かす（家畜飼料として需要が増大）
➡煮る（蒸す）→味噌、醤油、納豆など発酵食品
➡浸して砕く→豆乳、豆腐、油揚げ
➡煮豆、きな粉、枝豆、もやしなど、惣菜や菓子類

⬆1 大豆製品

⬆大豆の栄養成分は米や小麦と比較して、タンパク質や脂質が多いので、「畑の肉」とよばれている。

図3 食料の生産に使われる資源

1kgの生産に必要な 水の量		1kgの生産に必要な 穀物の量		地球温暖化の リスクも
牛肉	20.6t	牛肉	11kg	成熟した乳牛はげっぷで毎日400～500Lのメタンガスを排出
豚肉	5.9t	豚肉	7kg	
鶏肉	4.5t	鶏肉	4kg	
とうもろこし	0.4t			
じゃがいも	約0.2t			
大豆	約2.5t			

（「朝日新聞」2021.3.23）

⬇2 肉牛のフィードロット（大規模肥育施設）[アメリカ合衆国]

図4 温室効果ガス排出の部門別割合（2010年）

その他のエネルギー

家畜 40%
その他 60

電力・熱 25%
その他 18
農業 12
運輸 14
産業 21
10

（「朝日新聞」2018.10.10）

⬆人口の増加や発展途上国・新興国の経済発展に伴う肉類消費量の増加により、畜産物生産に必要な飼料穀物の増加が見込まれている。代表的な飼料穀物であるトウモロコシに加えて、大豆かす（大豆ミール）の需要増大が予想され、その最大の供給元として南米や北米での大豆生産の増加が今後も予想される。
　しかし、図3に示されたように、食肉の生産には大量の穀物（大豆かすを含む）が必要であり、その価格の高騰によっては、途上国の人々の主食食物供給量を脅かし、飢餓につながるおそれがある。さらに、増加する家畜の消化器官内発酵で発生した大量のメタンが「げっぷ」や「おなら」として排出され、地球温暖化の影響が広がることも懸念される。メタンガスは温室効果が二酸化炭素の25倍とされ、家畜が発生させるメタンガスの9割を「げっぷ」が占める。

⬇3 熱帯林を伐採してつくられた大豆畑 [ブラジル・マットグロッソ州]

世界1位の大豆生産国となったブラジルでは21世紀初頭から、その栽培地域がブラジル高原西部からブラジル南部諸州に急速に拡大した。特にアマゾン川以南の地域では畑造成のための熱帯林伐採やサバナの開墾が急速に進展し、植生の破壊が顕著となった。さらに、栽培の大半が遺伝子組み換え大豆であり、その栽培には大量の水と農薬や化学肥料が使用されるため、健康への懸念もある。

⬇4 大豆

図5 世界の肉類消費量の推移

(kg/人・年)

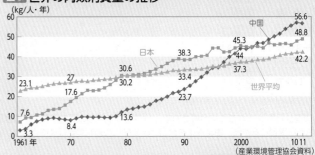

中国 56.6
48.8
日本 45.3
38.3
44
30.6 30.2 33.4 37.3
27 23.7 世界平均 42.2
23.1 17.6 13.6
7.6 8.4
3.3
1961 70 80 90 2000 10 11

（産業環境管理協会資料）

⬆世界における肉食の増加は、畜産業の拡大による地球温暖化の影響を増大させるおそれがあり、また、穀物の飼料化は途上国の食料不足をより深刻化させるおそれがある。世界には、地球への負荷を減らそうと「菜食主義」をとる人々や、肉や魚だけでなく乳製品も使わない「ビーガン（完全菜食主義者）」の人々が増加している。

⬇5 大豆ミートのキーマカレー

⬇6 2019年3月、アメリカ合衆国・ニューヨーク市の全学校で実施された「ミートレスマンデー」 ニューヨーク市の全学校では、肉の消費量を少しずつでも減らすことが健康改善と温室効果ガスの排出量削減につながるとして、「肉抜きの月曜日（ミートレスマンデー）」を実施している。

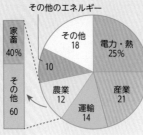

1 地域区分の方法

地域区分	定義	具体例
等質地域 (同質地域)	ある地域の内部が何らかの指標・観点からみて、ほぼ同じ性質であるとみなしうるような地域。 **核心地域** 等質地域のうち、地域の特性を示す指標が最も顕著で、指標の核となる地域。 **周辺地域** 核心地域の周囲に広がり、比較的指標の特性がうすい地域。核心地域との間に境界線を引くことが困難なことがある。	農業地域区分(ホイットルセイ) 気候区分(ケッペンなど) 文化圏(文化地域)
機能地域 (結節地域)	ある場所を中心にいろいろな機能で結びつき、一つの統一された空間的な範囲を設定した地域。機能地域は内部で地域分化した多数の同質地域をもち、それらが全体として機能的に結びついている。一般に階層構造を有する。	都市圏 商圏 通学圏 通勤圏

⬆ 本来、空間的な事象を整理し、共通した性質や機能をもった地域に分かりやすく類型化したものが**地域区分**である。地域区分には気候・土壌・植生などの自然的特性に基づいた地域区分(ケッペンの気候区分が代表的)や、社会・経済・文化などの人文的特性に基づいた地域区分(ホイットルセイの農業地域区分が代表的)がある。

⬤ 等質地域の例 ～都道府県別の1人当たり国民医療費

▨ 41万円以上	(2020年度)
▦ 38～41万円未満	
▤ 35～38万円未満	
□ 32～35万円未満	
▥ 32万円未満	

全国平均 34.1万円

(『日本国勢図会』2023/24)

⬤ 機能地域の例 ～都市構造モデル

都市内部の地域分化

1 CBD(中心業務地区)
2 卸売・軽工業地区
3 漸移地区
4 一般住宅地区
5 高級住宅地区
6 新しい住宅地区

(バージェス(米)、1923年)

⬆ シカゴにおける調査から、都市の内部はCBD(中心業務地区)を中心として卸売・軽工業地区、漸移地区、一般住宅地区、郊外へと**同心円状**に広がっていくという仮説。漸移地区とは商業地域と住宅地域が移り変わるところで、スラムが発生する場所でもある。

2 世界の地域区分

⬤ 6つの州で分けた世界の地域区分

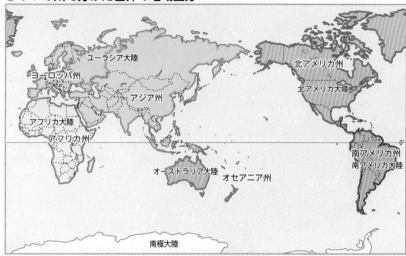

⬆ 世界の陸地は、大きく6つの大陸に分かれている。このうち、南極大陸を除く5つの大陸と付近の島々は、6つの州に分けることができる。大陸のなかでも、ユーラシア大陸はアジア州とヨーロッパ州に分けられ、ロシアやトルコは、この2つの州にまたがった国である。

⬤ 本書で用いた世界の地域区分

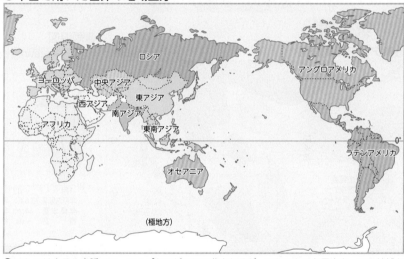

⬆ ロシアは**ウラル山脈**でヨーロッパとアジアに二分されるが、ロシアという国家を一つの地域として区分している。アジア州が東アジア・東南アジア・南アジア・西アジア・中央アジア・シベリアの6つの地域に分けられるように、州をさらにいくつかの地域に分けることもできる。南北アメリカに関しては、州でみると、**パナマ地峡**以北が北アメリカ、以南が南アメリカとなる。カリブ海の島々は北アメリカに区分される。しかし、本書では社会・文化的な視点から、メキシコ以南の地域をラテンアメリカとして扱い、アメリカ合衆国とカナダは、イギリス系移民が主導権をとってきた英語圏の地域として**アングロアメリカ**として扱っている。ラテンアメリカの地域はかつてスペインやポルトガルの植民地であったことから、言語はラテン系のスペイン語やポルトガル語が使われ、宗教もカトリックが広く信仰されているという共通点がある。

⬤ アジアの拡大図

⬅ アジアは図の5つの地域と北部のシベリアの6つの地域に分けられるが、シベリアはロシアという国家として扱われることが多いため、アジアはこの5つの地域で区分されることが多い。

1 地形

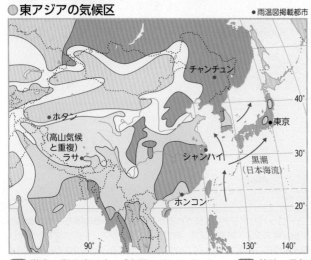

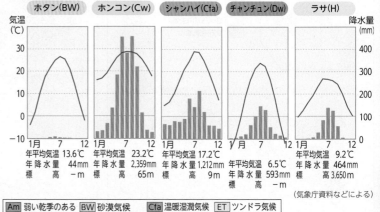

← 東北西部の大シンアンリン山脈〜チンリン山脈東端〜南部のユンコイ高原東縁を結ぶ線から東側は、トンペイ平原・華北平原・長江中下流平原・チュー川流域の沖積平野に至る広大な平野が南北に連なり、農業がさかんで人口密度が高く、**漢民族**を主体に総人口の約75%が集中する。

この線の西側の地域には、幾多の山脈で区切られた標高500〜2,000m前後の高原や盆地が広大な面積を占め、漢民族のほか**少数民族**が多く居住する。ホワンツー高原からスーチョワン盆地を経てユンコイ高原に至るこの地域には、総人口の約20%が居住する。

さらに西側の地域には、**古期造山帯**に属し新生代に再び隆起した高峻な山脈に囲まれてタリム盆地とジュンガル盆地があり、また、**新期造山帯**に属するヒマラヤ山脈の北側には標高が平均4,000mの寒冷で乾燥したチベット高原が広がる。

2 気候

●東アジアの気候区

●雨温図

	ホタン(BW)	ホンコン(Cw)	シャンハイ(Cfa)	チャンチュン(Dw)	ラサ(H)
年平均気温	13.6℃	23.2℃	17.2℃	6.5℃	9.2℃
年降水量	44mm	2,359mm	1,212mm	593mm	464mm
標高	−m	65m	9m	−m	3,650m

(気象庁資料などによる)

Am 弱い乾季のある熱帯雨林気候	**BW** 砂漠気候	**Cfa** 温暖湿潤気候	**ET** ツンドラ気候
	BS ステップ気候	**Df** 亜寒帯湿潤気候
Aw サバナ気候	**Cw** 温暖冬季少雨気候	**Dw** 亜寒帯冬季少雨気候

↓1 厳寒の街を歩く人々［中国・チャンチュン(長春)］ 1月の平均気温は−15℃近い。

↓2 黄砂に見舞われた街を行く人々［中国・タイユワン(太原)］ 黄砂は春に多く発生する。

↓3 茶摘み［中国・フーチエン(福建)省］ 温暖多雨でウーロン茶の産地として有名である。

1 中国の民族と生活

↑1 武装警察と衝突するウイグル族の女性たち [中国・シンチヤンウイグル自治区] この自治区では総人口の45％をムスリム（イスラーム教徒）のウイグル族が占めるが，流入する漢民族も42％を占め，民族対立が深まった。1990年代以降ウイグル族による独立運動が活発化，漢民族主体の政府による一般ウイグル人への人権侵害が深刻化している。

↑2 ゼロコロナ政策で自動車と人影が消えた大都市シャンハイ（上海）[中国・2022年] 中国は「国民の行動を徹底的に管理し感染拡大を抑制する」という厳しい「ゼロコロナ政策」を実施し，2022年春にはオミクロン株の感染者が出たシャンハイ市でロックダウン（都市封鎖）が実施された。市民2,500万人が家から出られない事態が続き，不満が高まった。

↑3 大型連休で大混雑の万里の長城 [中国・ペキン市郊外] 経済成長による所得水準の向上により，中国では富裕・中産階級が増大し，その消費支出の拡大が顕著である。自動車保有台数は急増し，高速道路網の整備も急速に進展しつつある。自家用車を利用して国内の観光地を訪れる人々が急激に増加しつつあり，建国記念日である10月1日の国慶節を中心とした大型連休には観光地での大渋滞や大混雑がみられる。

↑4 民族衣裳を着たユンナン（雲南）省の少数民族ペー族の女性たち 中国には人口の約9割を占める**漢民族**のほか，55の**少数民族**が暮らしている。高峻な山脈に囲まれ交通不便なユンナン（雲南）省には約7割を占める漢民族のほか，ペー族，イ族，ハニ族など多くの少数民族が焼畑耕作など自給的農業を営みつつ生活している。ペー族は省の北西部に多く分布する。

2 中国の民族構成

Q 中国の少数民族の中で最も人口が多い民族は何か。【15年A本・第3問・問4】

● 少数民族の割合
（2020年第7回人口調査）

漢民族 91.1%（12億8,631万人）	55の少数民族 8.9

ウイグル族	回族	満州族	モンゴル族

壮族 1.39%	0.83	0.81	0.78	0.74	0.70	0.68	0.45	その他 2.26

計 1億2,547万人　└ミャオ族 └トゥチャ族 └プイ0.25　イ族　（『中国年鑑』2022）による

● 中国の主な民族分布

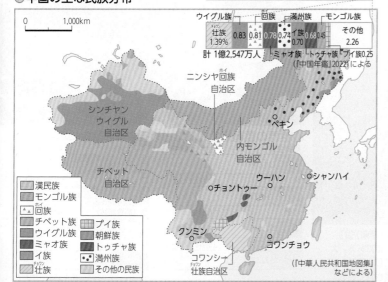

```
0        1,000km

シンチヤンウイグル自治区
チベット自治区
内モンゴル自治区
ニンシヤ回族自治区
ペキン
ウーハン
シャンハイ
チョントゥー
クンミン
コワンチョウ
コワンシー壮族自治区
```

凡例：
漢民族／モンゴル族／回族／チベット族／ウイグル族／ミャオ族／イ族／壮族／プイ族／朝鮮族／トゥチャ族／満州族／その他の民族

（『中華人民共和国地図集』などによる）

3 韓国の生活

↑5 ソウルのキムチ祭り [韓国] 韓国の家庭では，晩秋から初冬にかけて，年中行事の一つになっているキムチ漬けが始まる。韓国の食文化を代表するキムチは，ハクサイなどの野菜にトウガラシなどを加えて発酵させた漬物で，冬の保存食である。

● オンドルの構造

→ オンドル（温突）は台所で料理を作る時に使う燃料（かつては薪，のち練炭）の煙を，床下に通して部屋を暖める設備である。朝鮮半島や中国東北部にみられた。現在は，温水による床暖房が一般的である。

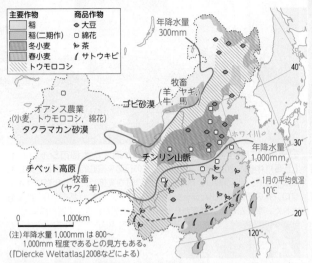

主要作物
稲
稲（二期作）
冬小麦
春小麦
トウモロコシ

商品作物
◆大豆
□綿花
♪茶
✦サトウキビ

年降水量300mm
牧畜（羊，ヤギ，牛，馬）
ゴビ砂漠
オアシス農業（小麦，トウモロコシ，綿花）
タクラマカン砂漠
チベット高原
牧畜（ヤク，羊）
チンリン山脈
ホワイ川
年降水量1,000mm
1月の平均気温10℃

0　　1,000km

（注）年降水量1,000mmは800〜1,000mm程度であるとの見方もある。
（『Diercke Weltatlas』2008などによる）

↑　1,000mmの年降水量線（チンリン山脈〜ホワイ川を結ぶ線）以北が**畑作農業地域**，以南が**稲作農業地域**である。

←1　収穫したトウモロコシを袋に入れる農民［リャオニン（遼寧）省］
中国のトウモロコシ生産量はアメリカ合衆国に次ぐ世界2位で約2.7億t（2021年），東北3省や華北北部が生産地である。経済成長による食肉（特に豚肉）消費量増大に対応するため，生産量の約6割が飼料用に，約2割がスターチ・燃料エタノールなど工業用に，残りが食用に利用されている。需要の増大により輸入量が増加した。

↑2　**ホワンツー（黄土）高原の羊の放牧**　ホワンツー高原は年降水量が300〜500mmの半乾燥地域で，人口増加に伴う森林伐採や羊などの家畜の**過放牧**による植生の減少が著しく，**砂漠化**の進行が顕著である。

↑3　**日本向け食品加工工場**［チアンスー（江蘇）省］　中国東部では，野菜生産などの**商業的農業**やその加工業が発達している。日本は生鮮・冷蔵野菜の6割，調整品を含む冷凍野菜の5割を中国から輸入している（2021年）。写真は漬物工場。

↓5　**パイナップルの収穫**［ハイナン（海南）省］　島全体が熱帯気候に属するため，バナナ・パイナップル，ライチ・天然ゴムなど，さまざまな熱帯性作物の栽培がさかんである。

↑4　**コンバイン（収穫機）を使ったハイブリッド米の収穫**［フーナン（湖南）省］
中国の主な稲作地帯は長江中流・下流地域およびヘイロンチヤン（黒竜江）省である。大規模農家を中心に大型農業機械の導入が進展すると同時に，多収量品種として開発された「ハイブリッド米」の作付面積が近年急速に拡大し，米はほぼ自給が達成されている。

● 世界の農畜産物生産に占める中国の割合（2021年）

品目	世界計	割合
穀物全体	（世界計30.7億t）	20.6%
米	（世界計7.9億t）	27.0%
小麦	（世界計7.7億t）	17.8%
とうもろこし	（世界計12.1億t）	22.5%
野菜全体	（世界計11.5億t）	52.0%
茶	（世界計2,819万t）	48.8%
豚（飼育頭数）	（世界計9.8億頭）	46.1%
果実全体	（世界計9.1億t）	27.9%

（FAOSTATによる）

① 工業製品生産に占める中国の割合 (2022年)

粗鋼		
	世界計 18.9億t	
54.0%		

造船竣工量 (2021年)		
	世界計 6,078万総t	
44.2%		

自動車		
	世界計 8,502万台	
31.8%		

アルミニウム (2020年)		
	世界計 6,520万t	
56.9%		

薄型テレビ (2016年)		
	世界計 2億2,953万台	
47.8%		

パソコン (2016年)		
	世界計 2億6,353万台	
98.3%		

スマートフォン (2016年)		
	世界計 14.6億台	
82.3%		

化学繊維 (2019年)		
	世界計 6,121万t	
92.4%		

(『日本国勢図会』2023/24などによる)

←1 IT巨大企業テンセントの本社 [シェンチェン (深圳)・コワントン (広東)省] テンセントは中国で時価総額最大のIT大企業で，GAFA (Big Four)と肩を並べるグローバル企業である。オンラインゲーム事業が収益の中心で，ソーシャルメディア事業も展開する。シェンチェンにはそのほか世界最大級の通信機器メーカーのファーウェイなど多くの巨大企業が集中する。

←2 新エネルギー車 (NEV) 導入を積極的に進める中国 [ペキン (北京)] 中国は環境保護や新規産業育成のため電気自動車や燃料電池車など新エネルギー車の生産割合を高めるよう自動車メーカーに義務づけ，財政支援によりその販売台数は急増している。

> **NEV** New Energy Vehicle (新エネルギー車)の略。EV(電気自動車)，PHV(プラグインハイブリッド車)，FCV(燃料電池自動車)の総称。HV(ハイブリッド車)は含まれない。

↓4 郷鎮企業の電池工場で働く女性 [シャントン (山東)省] 人民公社の工業部門がその解体後，「郷」(村)・「鎮」(町)営企業となったもので，現在では公営・私営も含めて，製造業からサービス業に至る農村部の広範な中小企業の総称として使用される。農村の余剰労働力を吸収して成長した。

中国の鉱工業

○ 中国の鉱工業

0　　　　　1,000km

Q 中国の一次エネルギー供給構成の61%(2020年)を占めるエネルギーは何か。【06年A本・第5問・問3】

（『Diercke Weltatlas』2006などによる）

↓3 急増する中国の風力および太陽光発電 [チアンスー (江蘇)省] 中国では環境問題への対応と「CO$_2$の排出量を2030年までに減少に転じさせ，2060年までにカーボンニュートラルを実現する」という国家目標を達成するため，近年，風力発電と太陽光発電への設備投資が急増している。2014年～2019年の5年間に風力発電発電量は約2.6倍，太陽光発電発電量は約7.7倍に増加し，ともに世界1位で約3割を占めている。

↓5 大量の煙を排出する石炭火力発電所 [タートン (大同)・シャンシー (山西)省] 石炭産出国である中国では，一次エネルギー供給の約60%を石炭が占める。さらに発電電力量の約68%が火力発電で，その燃料の約7割を石炭が占める。硫黄分が多い石炭の消費はPM2.5などの大気汚染や酸性雨を深刻化させたため，太陽光や風力での発電を増やしつつある。

地誌 東アジア

社会主義経済から市場経済へ

Q コンテナ取扱量世界１位の港湾を有する中国の都市はどこか。【12年A本・第２問・問６】

1 中国経済の歩み

年	事 項
1978	・市場経済導入を試みる**改革・開放政策**の開始
79	・**「一人っ子」政策**の開始
80	・**経済特区**の設置を決定（シェンチェンなど４都市）
82	・人民公社廃止
84	・**経済技術開発区**を設置（ターリエンなど14都市）
89	・天安門事件
90	・中国初の証券取引所がシャンハイに開設される
92	・鄧小平の南方講話による**改革・開放政策**の堅持と経済成長の加速のよびかけ
	・共産党大会で**社会主義市場経済**を宣言（国有企業の経営権確立や市場参入，株式会社を含む金融や商品，不動産などの市場育成を目指すとした）
97	・イギリスから**ホンコン返還** ┐ともに「１国２制度」が適用
99	・ポルトガルから**マカオ返還** ┘される特別行政区となる
	・**西部大開発**に着手（沿海部との格差を縮小するため，チベットなど西部内陸部12の省や自治区に重点投資）
2001	・**世界貿易機関（WTO）**加盟
08	・**北京オリンピック**開催
09	・中国の**輸出貿易額が世界１位**となる
16	・将来の労働力確保のため「二人っ子政策」を開始
21	・３人目の出産を認める「三人っ子政策」へ転換

↙1 コンテナを満載して専用埠頭から出港するコンテナ専用船[シャンハイ（上海）] 経済発展にともなう貿易量の増大により，中国主要港湾の**コンテナ取扱量**の増加が顕著である。シャンハイ港は世界一のコンテナ取扱量を有し，2005年には沖合に新たな大規模コンテナターミナルと専用港湾が開港した。

4 水産業の変化

↓6 シャンハイ（上海）ガニの養殖[チヤンスー（江蘇）省] 中国では経済成長による所得水準向上や食生活多様化が進み，魚介類の消費が増大した。それにともない海面や内水面での養殖生産量が急増し，7,048万t（2020年）と世界の約６割を占め，漁業生産量1,345万t（同年）の約５倍である。魚種はコイ類を中心に海藻類・貝類・エビ・カニ・ウナギなどが多く，一部は輸出されている。

2 農業の変遷

1949年	1950年代	1980年代前半	1990年代・2000年代
地主制度 → 中華人民共和国成立	土地改革 → 農業集団化 → 拡大 人民公社制度全国に	農民の生産意欲の低下 → 農業生産の停滞 → 個人経営農家増加 生産責任制導入 人民公社解体	農業生産の増加 商業的農業の発達（特に沿海地域の野菜やその加工品の）輸出増加 物輸入が増大 大豆や穀物など農産肉類消費量の増大 経済発展による食生活の変化

↑2 人民公社のはくさい畑[ペキン近郊・1982年] 集団労働でその報酬も一律であったため，農民の生産意欲が低く，中国の農業生産は停滞した。

↑3 26階建て「養豚ビル」を利用した企業的養豚業[フーペイ（湖北）省・2022年] 近年は豚肉の消費量も増加している。

3 外国企業の進出と情報化社会

←4 にぎわう外資系コーヒーチェーン店[コワンチョウ（広州）] 経済発展を続ける中国に進出する外国企業が増加した。特に所得水準が高まった沿海地域の大都市に多くが立地する。このコーヒーチェーン店も富裕層を中心に利用客が多く，価格はやや高いが良質な味と清潔な店内が好評を博している。

←5 激増する宅配便[チョーチヤン（浙江）省] 経済発展に伴い，中国のインターネット利用者数は約10億人，利用率は70％に及ぶ（2020年）。近年，所得水準が高い東部の大都市を中心にインターネットを利用した通信販売が急増し，宅配便取扱個数が激増している。宅配業者間の競争も激しく，配達員不足や遅配など問題が深刻化している。食品宅配サービスにも人気が高まっている。

1 中国の経済発展

● 中国の主要高速鉄道路線図（2020年8月）

ハルピン
テンチン
ペキン
チャンチュン
タイユアン
チョンチョウ
シーアン
ターリエン
ランチョウ
チンタオ
チョンチン
ナンキン
チョントゥー
ウーハン
シャンハイ
ハンチョウ
チャンシャー
クンミン
コワンチョウ
アモイ
ホンコン

―― 運行路線

（注）一部建設中を含む。　（Ara China中国旅行資料による）

←1 ランチョウ（蘭州）駅で発車を待つ車両 経済発展を続ける中国は，近年，国土の南北及び東西を結ぶ旅客や貨物の輸送需要が急速に増大し，高速輸送の大動脈としての高速鉄道や高速道路の整備が急速に進展している。高速交通網整備は，沿海部と内陸部，都市部と農村部の経済格差の是正を図る目的もある。

↑2 共働きの親に代わり孫の面倒を見る祖父母 中国政府は2021年，少子化を踏まえて第3子を認め，出産を奨励する政策を発表した。これに対し，出産適齢期世代の不満が高まっている。教育費などの養育費や生活費が高いため共稼ぎでも生活維持が精一杯の状況の家族が多く，2人目ですら無理な状況の世帯が多いからだ。少子化の解決には税金の優遇や保育所整備など総合的な対策が必要である。（▶P.120）

2 地域格差と人口移動

←3 長距離バスに乗車する人々［コイヤン（貴陽）・コイチョウ（貴州）省］ 中国では内陸部から沿海部の大都市に出稼ぎする人々や，国内を旅行する多くの人々が鉄道や長距離バスを利用する。高速道路整備の進展により長距離バスが多く運行されている。

● 省別1人当たり総生産額（GDP）と人の移動

内陸→沿海部
への移動

省別1人当たりGDP（2021年）

▨	100,000以上（元）
▨	75,000～100,000
□	50,000～75,000
▨	50,000未満

（『中国統計年鑑』2022などによる）

← 中国では経済発展した沿海部と発展から取り残された内陸部との顕著な所得格差が，多くの出稼ぎ労働者を生み出している。近年，沿海部の賃金上昇と人手不足により，内陸部への企業進出が進みつつある。

3 環境問題

↙4 PM2.5で視界不良となった市街地とマスクをして行き交う人々［テンチン（天津）］ PM2.5は粒径2.5マイクロメートル以下の微小の「粒子状物質」で，自動車の排気ガスや工場排煙などが原因とされる。呼吸器系の病気を誘発し，日本への影響も懸念される。大気汚染対策の一つとして自動車のEV化（電気自動車の普及）が推進されている。

→5 サンシヤダム［フーペイ（湖北）省］ 治水や発電を目的として，長江中流に建設された世界最大級のダムで，付設された閘門により1万tまでの船舶が通航できる。工事に伴い100万人以上の住民が移住を余儀なくされた。

4 西部大開発

5 輸出額と1人当たりGDPの推移

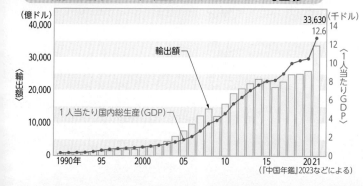

33,630
12.6

輸出額

1人当たり国内総生産（GDP）

1990年　95　2000　05　10　15　20 21
（『中国年鑑』2023などによる）

● 中国の貿易品目の変化

1980年				2021年			
輸　出		輸　入		輸　出		輸　入	
石油・石油製品	21.3(%)	機械類	27.9(%)	機械類	43.0(%)	機械類	33.6(%)
糸・織物	14.9	鉄　鋼	11.6	うち通信機器	9.4	うち集積回路	16.1
衣　類	9.0	穀　物	11.2	コンピュータ	6.1	原　油	9.6
機械類	3.8	織物用繊維	11.1	衣　類	5.2	鉄鉱石	6.8
織物用繊維	2.5	肥　料	4.9	繊維品	4.3	精密機械	3.9
穀　物	2.5	糸・織物	4.4	金属製品	4.3	自動車	3.2
その他	46.0	その他	28.9	自動車	4.2	プラスチック	2.8
				その他	39.0	その他	40.1
総額（億ドル）	193	総額（億ドル）	194	総額（億ドル）	3兆3,623	総額（億ドル）	2兆6,844

約40年後

（『日本国勢図会』1983，2023/24）

地誌 東アジア

1 朝鮮半島の歴史

年	事　項
1910	日本，韓国（朝鮮）を併合，朝鮮総督府設置
45	米・ソが南北に分割占領（北緯38度線）
48	大韓民国成立
	朝鮮民主主義人民共和国成立
50	朝鮮戦争始まる
53	朝鮮休戦協定成立
65	日韓基本条約調印，日韓国交正常化
88	ソウルオリンピック
91	韓国，北朝鮮国連同時加盟
2000	南北首脳会談，南北共同宣言
03	北朝鮮，核拡散防止条約から脱退
06,09,	核実験や事実上のミサイル発射に対し，
13,16,17	国連安保理は北朝鮮制裁決議を採択

←1 韓国の文在寅前大統領（右）と軍事境界線を越えて韓国に入る北朝鮮の金正恩朝鮮労働党委員長［パンムンジョム（板門店）・2018年］　近年，北朝鮮による弾道ミサイル発射や核実験の強行など，朝鮮半島の情勢は緊張状態が続いた。2018年4月にほぼ10年半ぶりとなる南北首脳会談が開催され融和が図られたが，2022年5月に尹錫悦大統領になり，対立が強まった。

2 農　業

→2 農園で作物を収穫するベトナム人労働者［韓国］　日本と同様に少子高齢化による深刻な労働力不足に悩む韓国は，2004年に「雇用許可制」を導入し，製造業，農畜産業など五つの分野で外国人労働者を受け入れた。カンボジア，ベトナム，ネパールなどアジア諸国出身者約38万人（2021年）がこの制度を利用して働いている。

3 経済成長と少子化

←3 深刻化する少子化，ソウルの新生児室　合計特殊出生率が1を割って0.84（2020年）となった韓国では，急速な少子化への危機感が高まっている。その背景には若い世代の不安定な雇用状況や重い育児負担，首都ソウルの住宅価格の高騰など，子どもを産む選択がしにくい現状がある。

→4 自動車工業［ウルサン］　現代（ヒュンダイ）財閥から分離した自動車企業の工場である。韓国の自動車生産台数は376万台（世界5位，2022年），自動車輸出台数はフランス，日本，ドイツなどに次ぐ世界6位（2022年）である。

←5 公務員試験合格に向け大教室で講義を受ける予備校生［ソウル］　大企業に就職するため有名大学合格を目指す大学入試も競争が激しいが，大学卒業後に身分が安定した公務員を志願する若者が急増している。背景には若者の高い失業率がある。

4 首都ソウルへの集中　(▶P.130 1)

↑6 政府セジョン庁舎と屋上庭園の花壇［セジョン市］　ソウル首都圏への諸機能と人口集中を解消するため，2012年から一部行政機関の移転が始まり，教育・文化，医療・福祉などを含む「行政中心複合都市」の建設が進む。

↓7 ソウルに近接するインチョン（仁川）国際空港　日本の大都市や地方都市との路線も多く，文字どおり東アジアを代表するハブ空港の一つとなった。(▶P.107)

↓8 造船工場［ウルサン］　韓国の造船竣工量は2000年に日本を抜いて世界1位となった。2010年以降は中国が1位を保っている。(▶P.98 1)

1 北朝鮮

↑1 収穫した野菜を荷車で運ぶ北朝鮮の農民　社会主義国である北朝鮮の農業生産の主体は集団農場であるが，慢性的な肥料不足や機械化の遅れなどから穀物生産が停滞し，食料危機が続いている。一部で田畑担当責任制が導入された。

↑2 軍事パレードで披露された大陸間弾道ミサイル[ピョンヤン・2023年]　軍事優先や国際社会の制裁により北朝鮮経済が混迷を続けている。

↑3 ピョンヤンのデパートで買い物をする女性　企業や協同農場ごとに独立採算制が認められたが，その競争の激化の中で貧富の差および首都と地方との格差が広がりつつある。

2 モンゴル

◢4 首都ウランバートルの街角　ウランバートルにはモンゴル総人口の約47％にあたる約152万人（2019年）が居住する。旧ソ連に次いで1924年に社会主義国となったモンゴルは，1991年から市場経済に移行し，92年に社会主義を放棄した。経済成長が続き，自動車台数も急激に増加した。遠景は信仰者が多いチベット仏教の寺院。「MAXH」は政権与党の略称を記した広報の看板で，モンゴルではロシア文字が使用されている。

近年モンゴルは，銅・石炭・金・モリブデン・レアアースなど鉱産資源の開発・輸出を推進している。

●モンゴルの輸出

品目	割合
石炭	28.1%
金	23.6
銅鉱	23.5
鉄鉱石	8.4
羊毛・獣毛 3.1	
その他	13.3

総額 75.8億ドル（2020年）

（『世界国勢図会』2022/23）

Q 台湾は安定陸塊，古期造山帯，新期造山帯のいずれに属するか。【07年A本・第3問・問2】

→5 民族祭典「ナーダム」で行われるブフ（モンゴル相撲）競技

よりみち
Geography　台湾の発展

↑6 タイペイ（台北）市中心部　台湾は国際的には中華人民共和国の一部であるが，全土を実効支配する「政府」がタイペイに存在し，十数か国が「国家」として承認する。アジアNIEsの一地域として経済発展を遂げ，知識集約型産業育成に力を注ぐ。写真中央の超高層ビル（高さ509m）はランドマークの「台北101」。

↓7 屋台街で食事を楽しむ人々[台湾]　台湾や東南アジア諸国では都市部を中心に，手軽で庶民的な価格の屋台食が普及している。

●中国の字体　中華人民共和国の文字改革により簡略化された漢字を「簡体字」とよび，中国本土で使用される。もとの漢字を「繁体字」とよび，ホンコンや台湾で使用される。来日中国人観光客増加の中で両字体併記が望ましいとされる。

日本の漢字	簡体字	繁体字
中華	中华	中華
議論	议论	議論
豊富	丰富	豐富
医学	医学	醫學

地誌 東アジア

↑**1** 洪水で水浸しになったバンコク市内［タイ・2011年］　タイを含むインドシナ半島は**南西季節風（モンスーン）**により5〜10月が雨季となり、大河川下流の**沖積平野**では増水する河川の氾濫水を利用した**浮稲**の栽培も行われてきた。特に雨季の終わり頃には大雨が降りやすく、**チャオプラヤ川**の中下流において深刻な洪水被害が発生することが多い。氾濫水は農地を水没させ、市街地を水浸しにするなどの被害をもたらす。

1 地形

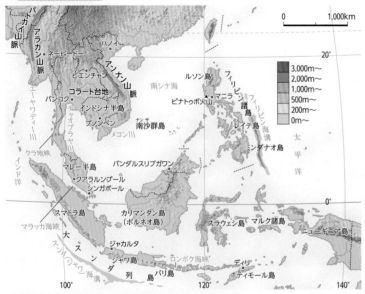

0　　1,000km

3,000m〜
2,000m〜
1,000m〜
500m〜
200m〜
0m〜

パトカイ山脈
アラカン山脈
ハノイ
ネーピードー
アンナン山脈
ビエンチャン
ルソン島
フィリピン諸島
南シナ海
コラート台地
バンコク
ピナトゥボ火山
マニラ
インドシナ半島
プノンペン
ナンサ（南沙）群島
レイテ島
エーヤワディー川
チャオプラヤ川
メコン川
フィリピン海溝
ミンダナオ島
クラ地峡
マレー半島
クアラルンプール
シンガポール
バンダルスリブガワン
カリマンタン島（ボルネオ島）
スラウェシ島
マルク諸島
スマトラ島
マラッカ海峡
大スンダ列島
ジャカルタ
ジャワ島
ジャワ海溝
ロンボク海峡
バリ島
ディリ
ティモール島
ニューギニア島
インド洋
太平洋

Q インドネシアの島で、北部で民族の独立運動が起き、また、2014年に津波の被害を受けた島はどこだろうか。【16年A本・第3問・問5ほか】

←**4** バリ島の火山アグン山の麓に広がる棚田　ジャワ島の東に位置するバリ島は、独自のヒンドゥー教文化が残る、東南アジアを代表する観光・リゾート地としても知られている。ジャワ島同様に火山が多く、肥沃な土壌に恵まれ、灌漑水路も整備されているため**二期作**がさかんであり、また、山間部には**棚田**が発達する。

↑**2** 海岸の家屋を飲み込む高潮（たかしお）［フィリピン・レイテ島］　地球温暖化に伴う海水温上昇により、勢力の強い熱帯低気圧の発生が増加している。2013年にフィリピン中部を襲った「史上最大級」の台風30号は、猛烈な強風と気圧の低下により高さ5〜6mの高潮を発生させ、沿岸部に甚大な被害をもたらした。

↑**3** 熱帯雨林の川べりに立地する漁民の集落［インドネシア・カリマンタン島］　島の大部分が**熱帯雨林**であり、人々は漁業や焼畑農業を営みながら生活する。河川が重要な交通路となり、沿岸には**杭上家屋**も見られる。

2 気候

● 東南アジアの気候区　　　　●雨温図掲載都市

アパリ
バンコク
クアラルンプール
ワインガプ
南シナ海
北赤道海流

Af 熱帯雨林気候
Am 弱い乾季のある熱帯雨林気候
Aw サバナ気候
Cw 温暖冬季少雨気候
Cfa 温暖湿潤気候
Cfb 西岸海洋性気候

● 雨温図

（気象庁資料などによる）

	クアラルンプール(Af)	アパリ(Am)	バンコク(Aw)	ワインガプ(Aw)
年平均気温	27.8℃	27.2℃	29.1℃	26.8℃
年降水量	2,842mm	1,894mm	1,718mm	902mm
標高	27m	2m	3m	―m

気温（℃）　降水量（mm）

1 稲 作

↑**1 機械化が進むメコンデルタの稲刈り[ベトナム]** ベトナムは世界有数の米輸出国で，生産の約半分と輸出量の約9割をメコンデルタで生産している。**緑の革命**と肥料使用の増大により，ベトナムの米の生産量はこの30年間に約2倍に増加した。(▶P.75)

↑**2 庭でコーヒー豆を干す農民[ベトナム]** 近年，ベトナムはブラジルと並ぶ世界的なコーヒー豆生産・輸出国となった。栽培の中心はインスタントコーヒー用や缶コーヒー用のロブスタ種であり，南部の高原地帯で多く栽培されている。(▶P.277)

3 水産業

↑**7 輸出向け冷凍エビの生産工場[ベトナム]** 水産物の輸出に力を入れるベトナムのエビの主要輸出先は日本，アメリカ，EUである。1980年代に始まったエビの養殖ブーム以降，エビ養殖池の開発が熱帯アジア各地の**マングローブ林**消失の最大の原因となっている。

● 日本のエビの輸入先 (2022年)

輸入計 2,213億円	ベトナム 20.0%	インド 19.8	インドネシア 17.0	アルゼンチン 10.2	タイ 5.8	その他 27.2

(注)生鮮・冷凍のもの　　(財務省「貿易統計」による)

2 商品作物の栽培

←**3 バナナを収穫する農園労働者[フィリピン]** (▶P.79 写真⑩)

↓**4 バナナ・プランテーションと農薬を散布する小型飛行機[フィリピン]** フィリピン南部のミンダナオ島では，1960年代からアメリカの**多国籍企業**によるバナナ・プランテーションが発達し，1970年代には日本企業も参入した。数千ヘクタールの**プランテーション**を効率的に経営するため，小型機による耐ウイルス性殺菌剤の散布を行っている。

● 油やし(パーム油)の生産 (2020年)

世界計 7,588万t

- インドネシア 59.0%
- マレーシア 25.2
- タイ 3.5
- コロンビア 2.1
- ナイジェリア 1.7
- その他 8.5

(FAOSTAT)

←**5・6 油やしの実の収穫[インドネシア・スマトラ島]とパーム油を利用した食品** 製紙・パルプ企業によって伐採された熱帯雨林の跡地には，利益率が高い油やしの木が多く植林された。油やしの実からしぼられた**パーム油**は，植物性油脂として先進国を中心にさまざまな食品に多く利用されている。(▶P.185)

4 林 業

↘**8 熱帯材の搬送[マレーシア・サバ州]** 日本はラワン材などの熱帯材の多くをインドネシア及びマレーシア(生産地はサラワク州，サバ州)から輸入しているが，その大半が合板類である。これらの国では商業伐採や油やし農園造成のための熱帯林の伐採が進み，環境破壊が懸念されている。

↑マレーシアの民族構成(2022年)

インド系 6.6　その他 0.7
中国系 22.8　総人口 3,375万人
ブミプトラ(マレー系と先住民族) 69.9%

(『世界年鑑』2023)

↑**1** **クアラルンプールの街角[マレーシア]** マレーシアでは，経済的な実権を握る中国系華人に対し，マレー系の人々との経済格差が正のため，教育や雇用，融資などさまざまな分野でマレー系を優遇する**ブミプトラ政策**が採用されている。

2 アジアにおける宗教の分布

仏教
- ■ 大乗仏教
- □ 上座仏教
- ▨ チベット仏教(ラマ教)
- ■ キリスト教
- ■ イスラーム
- ■ ヒンドゥー教
- □ 道教・儒教
- □ その他

宗教の伝播
→ 大乗仏教　→ キリスト教
→ 上座仏教　→ イスラーム

ヒンドゥー教

(『Diercke Weltatlas』1985などによる)

← ミャンマー・タイ・ラオス・カンボジアでは，戒律の厳しい**上座仏教**が人々の信仰を集めている。フィリピンではカトリックなど**キリスト教**が多く信仰されている。また，マレーシア・インドネシア方面には，アラブ人の商人によって伝えられた**イスラーム(イスラム教)**が分布する。

Q 東南アジアでタイだけがなぜ独立を維持できたのだろう。【96年A本・第6問・問1】

↓**4** **難民キャンプで暮らすロヒンギャの人々[バングラデシュ]** ロヒンギャはミャンマー西部ラカイン州に居住するムスリム(イスラーム教徒)の少数民族である。軍事政権による少数民族抑圧を契機に隣国への難民流出が増加した。2017年，ロヒンギャ武装組織と治安部隊が衝突後，弾圧を逃れてバングラデシュに流出するロヒンギャ難民が急増した。

ミャンマー
ラカイン州
ネーピードー
バングラデシュ
ヤンゴン

1 東南アジアの華僑(かきょう)・華人(かじん)人口

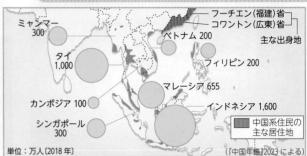

フーチエン(福建)省
コワントン(広東)省
主な出身地

ミャンマー 300
ベトナム 200
タイ 1,000
フィリピン 200
カンボジア 100
マレーシア 655
シンガポール 300
インドネシア 1,600

■ 中国系住民の主な居住地

単位：万人 (2018年)　(『中国年鑑』2023による)

↑ **華僑・華人**とは中国・台湾以外に定住する中国系住民の総称で，総数は約4,929万人 (2021年)といわれ，大部分が東南アジアに居住する。出身地は華南のフーチエン(福建)省とコワントン(広東)省が多い。一般に「**華僑**」が中国籍または台湾籍を保持しているのに対し，「**華人**」は帰化や現地生まれで居住国の国籍を取得している者をいう。

↑**2** **米国系のコーヒー工場で豆をえり分ける女性たち[東ティモール]** 1975年にポルトガルから独立宣言した東ティモールは，インドネシアに併合されたが，その強権支配を脱して2002年に独立を達成した。輸出用作物としてのコーヒー栽培に力を入れると同時に，ティモール海の海底で開発・産出される原油や天然ガスの輸出に力を入れている。

←**3** **托鉢を受ける僧侶[ミャンマー]** 上座仏教は厳しい出家・修行による僧侶個人の解脱を目的とする。僧侶は修行の一つとして街で托鉢を行い，一般の人々は食物などを僧侶に施すことで救済を願う。

(▶P.143写真⑪)

3 旧宗主国と民族・宗教

	旧宗主国	主な民族と宗教
フィリピン	スペイン→アメリカ合衆国	マレー系中心　キリスト教
ベトナム	フランス	ベトナム人85%　仏教など
カンボジア	フランス	クメール人98%　仏教
ラオス	フランス	タイ系ラオ民族53%　仏教
タイ	独立維持	タイ人85%　仏教95%
ミャンマー	イギリス	ビルマ人68%　仏教88%
マレーシア	イギリス	マレー系70%，中国系22%　イスラーム
シンガポール	イギリス	中国系74%，マレー系14%　仏教・イスラーム・キリスト教など
ブルネイ	イギリス	マレー系66%　イスラーム
インドネシア	オランダ	マレー系中心　イスラーム87%
東ティモール	ポルトガル(→インドネシア)	メラネシア系中心　キリスト教98%

(『世界年鑑』2023などによる)

1 東南アジアの鉱工業

凡例
■ 石炭　# 石油　⊥ 天然ガス　▲ 鉄　Cu銅鉱　Snスズ　Aℓボーキサイト　Ni ニッケル　○ 工業が発達した都市や大都市圏

→1 石炭を満載して川を下るバージ船 [インドネシア・カリマンタン島東部]

近年，インドネシアの石炭産出量と輸出量の増加が顕著であり，2020年現在世界1位の輸出国である。石炭は火力発電用の需要が多い日本など，東アジア諸国に多く輸出される。

→2 ブルネイの首都バンダルスリブガワンのモスクと水上家屋　ブルネイは原油と天然ガスの輸出を経済基盤とする富裕国で，原則，医療費や教育費は無料，個人の所得税もかからない。マレー人が7割を占め，国民の8割がムスリム（イスラーム教徒）である。日本が最大の輸出相手国で，液化天然ガスを多く輸出する。

2 工業化の進展

↑3 日本企業の自動車組立工場 [タイ・チョンブリー]　「アジアのデトロイト」を標榜するタイは，各国自動車企業の東南アジア最大の生産拠点として，その自動車生産台数は169万台（2021年）であり，その大半を日本企業が占めている。部品生産はASEAN4か国及び台湾に生産工場を配置し，**ASEAN自由貿易地域**の非課税メリットを活用して，水平分業で補完しあっている。バス，トラックなど商用車の生産も多く，完成車は日本をはじめ国内やASEAN域内，オーストラリア，中東にも多く輸出される。

↑4 進出した韓国企業の携帯電話工場で働く従業員 [ベトナム・ハノイ近郊]　人件費が低廉なベトナムへ進出する企業が近年増加し，首都ハノイ近郊の工業団地には日本，中国，韓国などから進出した企業の工場が多く分布する。この工場では，スマートフォンを含む携帯電話が年産1億台を目標に生産され，ASEAN域内をはじめ世界各国に輸出されている。ベトナムのスマートフォンを含む携帯電話生産台数は，中国に次ぐ世界2位（2015年）となった。

→5 日系縫製工場で働く女性労働者 [ミャンマー・ヤンゴン]　民政移管後経済改革を進めたミャンマーでは，低廉で豊富な労働力を求めて外国企業の進出が増加した。ヤンゴン周辺の工業団地には日本，韓国，中国などのアパレル企業の縫製工場が集中する。

→6 車とバイクが混在する大渋滞 [インドネシア・ジャカルタ]　経済成長が顕著な新興国では，大都市を中心に富裕層が保有する乗用車と，中間層・低所得層が保有するバイクの台数が急激に増加し，大規模な渋滞が慢性化している。朝の通勤ラッシュでは，渋滞する乗用車やバスの横におびただしい数のバイクが並ぶ。急速に増加する自動車に，地下鉄などの公共交通機関や道路などの交通インフラの整備が全く追い付いていない現状がある。

→7 日本企業のバイク・オートバイ工場 [インドネシア・ジャカルタ]

地誌　東南アジア

ASEANの歩みと経済発展

1 ASEANの成立と拡大

◯成立の経過

年	事　項
1967 8月8日	バンコクにて**ASEAN(東南アジア諸国連合)**が発足
	5か国…タイ，フィリピン，マレーシア，シンガポール，インドネシア
	[目的] 当初は北ベトナムなど社会主義勢力の拡大に対抗する政治同盟的なねらいもあったが，やがて地域経済協力機構に転換 ①域内における政治・経済的安定の確保 ②域内における経済成長や社会・文化的な発展の推進 ③域内諸問題の解決
1984	イギリスから独立した**ブルネイ**が加盟
1993	**ASEAN自由貿易地域(AFTA)**締結
1995	ベトナムが加盟
1997	ラオス，ミャンマーが加盟
1999	内戦が終結した**カンボジア**が加盟し，10か国となる
2015	経済統合をめざす**ASEAN経済共同体(AEC)**が発足
2022	東ティモールの新規加盟が内定

→ **ASEAN10**は，面積は日本の約12倍(449万km²)，人口は約5倍(6.8億人，2022年)の経済圏である。GDP(国内総生産)は発展途上国を多く含むため，約3兆ドルと日本の約68%(2021年)。

◯1970年代後半の東南アジア

凡例：
- ASEAN原加盟国
- 社会主義政権が支配する国
- イギリス植民地(ブルネイ)
- ポルトガル領をインドネシアが併合(東ティモール)

中華人民共和国／ビルマ／ラオス／タイ／カンボジア／旧ベトナム民主共和国(北ベトナム)／北緯17度／ベトナム／旧ベトナム共和国(南ベトナム)／フィリピン／ブルネイ／マレーシア／シンガポール／インドネシア／東ティモール／0°

→ 第二次世界大戦後，アメリカ合衆国と旧ソ連の対立・衝突(東西冷戦)が深刻化し，さらに1949年の中華人民共和国の成立もあって，インドシナ半島では社会主義勢力が拡大した。南北の分断国家となったベトナムでは，旧ソ連・中国の支援を受けた北ベトナムとアメリカ合衆国の支援を受けた南ベトナムの間でベトナム戦争(1964−75)が起こり，多くの犠牲者が出た。勝利した北ベトナムにより南北が統一され全土が社会主義化された。

↑1 **ジュロン工業団地に隣接するコンテナターミナル[シンガポール]** 単なる中継貿易港から脱却して工業化を目指したシンガポールは，1960年代に南西部にジュロン工業団地を造り，積極的に外国企業を誘致して造船・石油精製・化学・機械などの工業を発展させ，顕著な経済成長を成し遂げた。隣接する港湾のコンテナ取扱量は世界2位(2020年)である。

↑2 **ベトナム南部から船で脱出する難民[1975年・南ベトナム]** 社会主義化による抑圧を嫌う多くの人々が船で周辺諸国へ脱出し，難民は「ボートピープル」とよばれた。アメリカ，カナダ，オーストラリアへの移住者も多かった。

↑3 **地雷撤去作業に従事する政府やNGOの撤去隊員[カンボジア]** 内戦が続いたカンボジアでは現在でも多くの地雷が埋まり，その被害が深刻である。撤去隊員による命がけの作業が現在も続いている。

◯ASEAN 4か国の輸出品目の変化

タイ

	米	野菜	魚介類	衣類	天然ゴム	その他
1984年 74億ドル	14.8%	11.0	7.6	7.4	7.4	51.8

	機械類	野菜・果実 3.7		その他
2021年 2,667億ドル	31.7%	11.7		48.1

自動車──プラスチック4.8

フィリピン

	果実	衣類	銅鉱 5.0	その他
1984年 50億ドル	10.3%	6.5	6.4 6.0	65.8

やし油・砂糖

	機械類	銅 3.2	その他
2021年 746億ドル	63.7%		26.4

野菜・果実 3.8──精密機械 2.9

マレーシア

	原油	機械類	木材	天然ゴム	パーム油	その他
1984年 141億ドル	24.0%	16.2	12.7	11.2	9.1	26.8

	機械類	石油製品	精密機械 3.7	その他
2021年 2,992億ドル	40.8%	7.4		38.6

衣類 4.8──パーム油 4.7

インドネシア

	原油	石油ガス	石油製品 6.7	その他
1984年 219億ドル	50.4%	16.2		22.4

	石炭	機械類	パーム油	鉄鋼	天然ゴム 4.3	その他
2021年 2,315億ドル	13.7%	11.5	9.2	7.9		53.6

有機化合物 4.1

(『日本国勢図会』1988,2023/24などによる)

→4 **経済成長するマレーシアの首都クアラルンプール** マレーシアは**輸出加工区**に外国企業を積極的に誘致し，電気・電子工業を発展させて経済成長した。郊外にはハイテク関連企業が集まる新興都市サイバージャヤ(▶P.99 ⑨)がある。高層化が進展する中心市街地の一角に「ペトロナスツインタワー」があり，ランドマークになっている。

ペトロナスツインタワー(452m)

→5 **首都マニラの高層ビル群と海辺に広がるスラム[フィリピン]** フィリピンは2014年に人口が1億人を突破した。工業化は遅れていたが，近年，電気・電子機器工業やコールセンターなどのサービス業が発達しつつあり，海外出稼ぎ労働者からの送金も経済基盤の一つである。貧富の差が大きく，マニラには多くの**スラム**があり，ゴミの投棄場で廃品を回収してわずかな日銭を稼ぐ貧しい人々が多い。

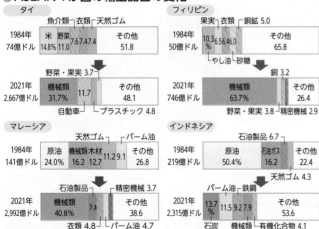

Q ASEAN，EU，USMCA(新NAFTA)のうち，人口最大の組織，GDP(国内総生産)最大の組織をそれぞれ答えよう。
【10年B本・第6問・問5】

② 経済発展とインフラ整備

↑① **経済発展を続ける大都市ホーチミンと激増するバイク**　南北統一前は「サイゴン」とよばれた。ベトナム最大の大都市で，フランス統治時代の名残りが残る旧市街と経済成長を象徴する高層ビル群が混在する，ベトナム経済の中心地である。急増するバイクや交通渋滞，大気汚染などの**都市問題**も深刻化しつつある。

↑③ **日本企業の医療用医薬品製造工場のコントロールルームで監視する生化学者［シンガポール］**　シンガポールは東京23区を少し上回る面積の島に598万人（2022年）が居住する都市国家で，**中継貿易港**として発展した。独立（1965年）後は急速な工業化により，ＡＳＥＡＮの先頭を走る経済成長を記録した。現在では，金融，流通や情報通信など**知識集約型産業**の発達が顕著で，多国籍企業の東南アジア地域統括拠点が集う。近年は世界的なバイオ医薬品企業の製造プラントや研究開発拠点が集中し，バイオメディカルサイエンスのハブに成長しつつある。

↑④ **メコン川をまたぐネアックルン橋の完成［カンボジア］**　経済発展が続くASEAN諸国では交通施設，上下水道・電気・ガスなど生活施設，情報・通信施設などの産業の基盤となる公共の**社会資本**（インフラストラクチャー）の整備が緊急課題となり，先進国企業による投資が活発である。日本の**ODA**，無償資金協力で2015年に完成したこの橋で，ベトナム南部のホーチミンからタイのバンコクに至る物流の大動脈が完成した。

←⑤ **観光客でにぎわうアンコール・ワット［カンボジア］**　アンコール・ワットは9世紀から15世紀に栄えたクメール人のアンコール朝によって造営された石造のヒンドゥー教寺院である。侵攻したシャム人により破壊され密林に埋もれていたが19世紀に発見され，以後調査・研究と修復が進んだ。壮大な都城跡や付近の建造物は1992年に「アンコール遺跡群」として世界文化遺産に登録され，世界有数の観光地の一つとなった。現在は仏教寺院となっている。

↑② **バンコク市街地を走る高架鉄道［タイ］**　東南アジアの大都市は，経済発展による人口や諸機能の集中により自動車が急増し，交通渋滞が深刻である。各都市とも，大量輸送が可能な**鉄道の整備**を進めている。バンコク市街地には，高架鉄道（BTS・スカイトレイン），地下鉄（MRT），郊外の空港と結ぶARL（エアポートレールリンク）が路線網を形成し，数分間隔で大量の旅客を輸送する鉄道交通システムが重要な役割を果たしつつある。

③ ミャンマー政変

←⑥ **国軍に抗議する市民のデモ隊に放水するミャンマー警察［ミャンマー・首都ネーピードー］**　クーデターとは，武力行使など非合法な手段によって政権を掌握することである。ミャンマーでは2021年2月，国軍がクーデターで全権を掌握し，総選挙で政権を託された，民主化運動指導者アウン・サン・スー・チー氏が率いる政党NLD＝国民民主連盟の指導者を拘束した。クーデターに抗議する多くの市民が逮捕・拘束され，警察や国軍の発砲や暴力による死者や負傷者が増え続けている。

④ 環境問題

←⑦ **先進国から不法輸入された廃棄プラスチックのかたまり［マレーシア］**　廃棄プラスチックによる環境汚染が深刻化する中で，日本など先進国からの最大の受け入れ先だった中国が2017年に輸入を禁じた影響で，マレーシア，ベトナム，タイなどの東南アジア諸国が新たな受け入れ先となった。これらの国では廃プラスチックによる環境汚染が深刻化したため，その輸入を規制したり発送元へ送り返したりしている。

南アジアの自然環境

1 地形

2 気候

○ 南アジアに吹く季節風(モンスーン) (▶P.40 ③)

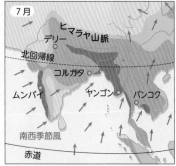

1月

パミール高原　ヒンドゥークシ山脈　カラコルム山脈　K2(チョゴリ山)8611m　チベット高原
イスラマバード　ヒマラヤ山脈　エヴェレスト山 8848(8850)m　B
パンジャブ　デリー　カトマンズ　ティンプー　ブラマプトラ川
大インド(タール)砂漠　ヒンドスタン平原　ダッカ
カラチ　コルカタ(カルカッタ)　ガンジス川
インド半島　西ガーツ山脈　東ガーツ山脈
ムンバイ(ボンベイ)　デカン高原
アラビア海　A　チェンナイ(マドラス)
ベンガルール(バンガロール)
コロンボ　スリジャヤワルダナプラコッテ
モルディブ諸島　セイロン島
インド洋

3,000m〜　2,000m〜　1,000m〜　500m〜　200m〜　0m〜

0　500km

デリー　北東季節風　北回帰線
ムンバイ　コルカタ　ヤンゴン　バンコク
赤道

7月

ヒマラヤ山脈　デリー　北回帰線
ムンバイ　コルカタ　ヤンゴン　バンコク
南西季節風　赤道

降水量(mm)　100　200　400

(『Diercke Weltatlas』2000による)

○ 南アジアの気候区　雨温図掲載都市

m　8,000　6,000　4,000　2,000　0
インド洋　西ガーツ山脈　デカン高原　ヒンドスタン平原　ヒマラヤ山脈
A　B

Af	熱帯雨林気候	Cw	温暖冬季少雨気候
Am	弱い乾季のある熱帯雨林気候	Cs	地中海性気候
Aw	サバナ気候	Df	亜寒帯湿潤気候
BW	砂漠気候	ET	ツンドラ気候
BS	ステップ気候		

カラチ　アラハバード　ムンバイ　コロンボ
790.5mm

○ 雨温図 (気象庁資料などによる)

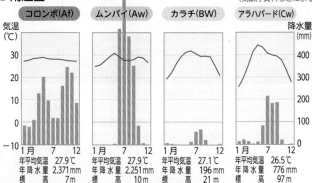

	コロンボ(Af)	ムンバイ(Aw)	カラチ(BW)	アラハバード(Cw)
年平均気温	27.9℃	27.9℃	27.1℃	26.5℃
年降水量	2,371mm	2,251mm	196mm	776mm
標高	7m	10m	21m	97m

 1 **地震で倒壊した家屋と被災した人々[ネパール]** 2015年4月に発生したネパールでの大地震は，多くの死傷者と多数の住宅倒壊という甚大な被害をもたらし，同国経済に深刻な打撃を与えた。特に地震に対する強度が弱いれんが造りの建物の倒壊が，多くの犠牲者を出す要因となった。

2 **サンゴ礁のラグーンを埋め立てた人工島[モルディブ]** 地球温暖化に伴う海面上昇と首都があるマレ島の過密への対応から，最大24万人が居住可能な人工島「フルマーレ」の建設と移住が進みつつある。

Q 高潮と津波の違いは何か。【14年 A本・第4問・問3】

3 自然災害と環境問題

3 **洪水の中を必死に避難する人々[パキスタン・2022年9月]** パキスタンでは2022年夏，モンスーンによる豪雨でインダス川が氾濫し，国土の3分の1の地域が水没，3,000万人近くが被災する大規模な自然災害が発生した。住む場所を失った上，水や食料，医薬品や生活物資の不足も深刻で，被災地への国際支援拡大が必要とされる。

↑1 デカン高原の綿花栽培 インド半島の大部分を占める**デカン高原**は黒色の肥沃な土壌である**レグール**におおわれ，綿花の世界的な産地として知られている。周辺にはムンバイ，アーメダーバードなど多くの綿工業都市が発達した。近年，インドでは遺伝子組み換え綿花の栽培が増加しつつある。

↑4 パンジャブ地方の小麦の栽培 インドからパキスタンにまたがる**パンジャブ地方**は大半が**ステップ気候**である。イギリス植民地時代に灌漑用水路網が整備され，生産性の高い農業地域を形成し，小麦・綿花・稲などが栽培されている。（▶P.74 写真⑦）

2 主要作物の分布

凡例
- 米
- 小麦
- 落花生
- さとうきび
- 綿花
- ジュート
- 茶
- レグールの分布地域
- 年降水量 1,000mm

（『Diercke Weltatlas』2015 などによる）

1 南アジアの主要作物

↑2 田植えの様子 [インド] インドでは，1960年代以降「**緑の革命**」により稲や小麦の多収量品種が普及し，増産につながった。稲作は夏の南西季節風がもたらす雨に依存する。

➡3 スリランカの茶園で働くタミル人労働者

↑5 祭礼行事の食事をする人々[インド] さまざまな混合香辛料を加えて味付けしたカリー料理がふるまわれ，右手を用いて食事をする。異なる**カースト**の人が用いた可能性があるため食器を使用せず，バナナの葉の上に料理が盛られている。感染症拡大とともに日本製爪切りの人気が高まった。（▶P.138）

➡6 いろいろな香辛料が並ぶ市場 16世紀以降，南インドの**香辛料**を求めて，多くのヨーロッパ商人が海路インドを目指した。かつては胡椒1gが金1gに相当するほど貴重なものであった。

1 インドの言語

○主要言語分布

カシミール語
パンジャビー語
デリー
グジャラート語
ヒンディー語
ムンバイ(ボンベイ)
マラーティー語
カンナダ語
マラヤーラム語
ベンガル語
アッサム語
コルカタ(カルカッタ)
オディアー語
テルグ語
チェンナイ
タミル語

（ジョンソン『南アジアの国土と経済　インド』二宮書店による）

◁1 10ルピー札　左側には，インドの20の地方公用語のうち15が印刷されている。また，左下には**連邦公用語のヒンディー語**，右下には**準公用語の英語**で10ルピーと印刷されている。

（植村俊『世界紙幣図鑑』日本専門図書出版）

Q パキスタンおよびバングラデシュの公用語をそれぞれ答えよ。【08年B本・第4問・問6】

2 南アジアの宗教分布

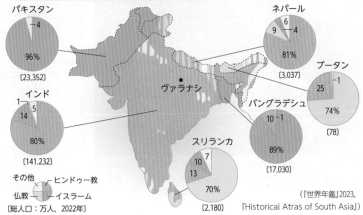

パキスタン
4
96%
〔23,352〕

ネパール
6
9 4
81%
〔3,037〕

ブータン
25 1
74%
〔78〕

インド
1 5
14
80%
〔141,232〕

バングラデシュ
10 1
89%
〔17,030〕

スリランカ
10 7
13
70%
〔2,180〕

ヴァラナシ

その他
仏教　　　ヒンドゥー教
　　　　イスラーム
〔総人口：万人，2022年〕

（『世界年鑑』2023，『Historical Atras of South Asia』）

↑ イギリスの植民地であったインドは，1947年，**ヒンドゥー教徒**主体の**インド**と**ムスリム**(イスラーム教徒)主体の**パキスタン**の2国に分裂して独立した。さらに，東パキスタンは1971年にパキスタンから分離独立して**バングラデシュ**となった。1948年にイギリスの自治領となり，1972年に完全独立した**スリランカ**では，1980年代以降，政権を掌握した多数派で仏教徒の**シンハラ人**と，権利を抑圧された少数派でヒンドゥー教徒の**タミル人**武装勢力との間で激しい内戦が続いたが，2009年に政府軍がタミル人武装勢力を制圧し，内戦は終結した。地図中のヴァラナシはヒンドゥー教の聖地である。

↑2 ガンジス川で沐浴する人々[インド・ヴァラナシ]　ヒンドゥー教徒にとって聖なる川ガンジスは生命そのものであり，朝日とともに多くの人々が川に入る。岸辺の石段はガートとよばれ，雨季になると石段の上部まで水位が上昇する。その背後には**ヒンドゥー教**の寺院や小さな宿屋が並ぶ。人々は川の水で身を清めた後，ここ**聖地ヴァラナシ**(ベナレス)のヒンドゥー教寺院で神々に祈りを捧げる。

↑3 世界一の人口大国となったインドでヒンドゥー教の祭典に集った人波[ムンバイ]　国連人口基金は2023年半ばにインドの人口が世界最多の14億2,860万人になり，中国を抜いて世界一の人口になるとの推計を発表した(2023年4月)。生産年齢人口の増加による経済成長が見込まれる一方，食料・雇用・インフラ整備が人口増加に追い付いていない現状がある。

3 民族・領土問題

STOP TERRORISM IN KASHMIR INDIAN DOGS GO BACK

◁4 自治権撤廃に抗議するイスラーム教徒の市民[インド・ジャンム・カシミール州]　藩王のインド帰属文書署名と多数派**ムスリム**住民の反発に端を発し，1947年に第一次印パ戦争が勃発，この時の軍事境界線が両国実効支配の境界(停戦ライン)となっている。2019年10月，インド政府はこの州の自治権を突如剥奪した。これに抗議する市民とインド治安部隊との衝突が続いている。

○カシミール地方（▶P.147）

アフガニスタン
停戦ライン
(パキスタン)
中国
(中国)
イスラマバード
(インド)
ジャンム・カシミール州
パキスタン
インド
デリー
ネパール

― 確定国境　…… 未確定国境
カシミール地方

4 人口問題

↑5 採石場で働く8歳の少女[インド・ラージャスターン州]　途上国の貧困世帯では子どもは生活費を稼ぐ貴重な労働力であるため，学校へ行けずに長時間・低賃金労働を余儀なくされる。中には親の借金のため，「債務奴隷」として働かされている子どももいる。

←6 路上で生活する人々[インド・コルカタ(カルカッタ)]　インドでは急激な人口増加のもとで，多くの人々が貧しい農村地域から雇用を求めて都市へ流出した。農村からの流入人口により膨張した大都市では，**インフォーマルセクター**と呼ばれる公式統計の職業分類にない不安定な職業に従事する，半失業状態の貧困層を中心に，不良住宅(**スラム**)居住者や路上生活者(**ホームレス**)，**ストリートチルドレン**が多くみられる。(▶P.119)
← 女性の社会的地位の低さは識字率の男女差にも象徴される。

◉南アジア3か国の人口・保健統計等の比較

	年	インド	パキスタン	バングラデシュ
人口(百万人)	'22	1,412	234	170
出生率(‰)	'20	18.5	27.4	17.5
死亡率(‰)	'20	5.7	6.8	5.5
乳児死亡率(‰)	'21	25.5	52.8	22.9
平均寿命(歳) 男性	'19	69.5	64.6	73.0
平均寿命(歳) 女性	'19	72.2	66.7	75.6
成人識字率(%) 男性	'18	82.4	71.1('17)	76.7
成人識字率(%) 女性	'18	65.8	46.5('17)	71.2
1人当たりGNI(ドル)	'21	2,239	1,584	2,579

(注)乳児は満1歳未満の子ども。　　　(『世界国勢図会』2022/23などによる)

5 都市と農村

↑7 家族計画の授業を受ける女子生徒[パキスタン・スワート地方]　途上国では女性の地位が低く，家族計画の進展が遅れている。**識字率向上**など，女子教育の普及による女性の地位向上が出生率低下や貧困脱却の大きな鍵となる。スワート地方は女子教育の必要性を訴えたマララ・ユスフザイさんの出身地。

↑8 貧しい農村に暮らす人々[インド・ビハール州]　急速な経済発展を続けるインドは，また農村を中心に膨大な貧困人口をかかえ，生活困窮に苦しむ農民が多い(世帯年間所得が5千ドルを下回る低所得層が約7億人)。近年，遺伝子組み換え種子の購入で，借金苦におちいる農民が増加した。

←9 ダッカの交通渋滞[バングラデシュ]と**←10** ダッカで開業した初の都市高速鉄道　バングラデシュの首都ダッカの人口は約2,100万人。急激な人口増加とモータリゼーションの進展により，幹線道路を中心に交通渋滞が深刻化し，大気汚染による健康被害も深刻である。政府はその解決策として都市鉄道の建設に着手し，日本の経済・技術協力を得て2022年12月に郊外の住宅街や空港と都心部を結ぶ路線が開業した。鉄道普及による都市交通の利便性向上への期待も大きい。

←11 ブータンの民族衣装　ブータンはヒマラヤ山脈南側の小国で，総人口78万人(2022年)の7割がチベット仏教徒であり，農業が経済の主体である。男性の民族衣装「ゴ」，女性の民族衣装「キラ」ともに日本の着物に似ている。また，赤飯・ソバ・納豆など日本と似た食文化をもつ。

地誌 南アジア

インドの鉱工業と経済発展

南アジアの鉱工業

ラホール（繊維・鉄鋼・機械）
ネパール
ブータン
パキスタン
デリー（ICT・電子・自動車・機械・繊維・衣類）
カラチ（繊維・鉄鋼・機械・精油）
インド
アサンソル
ダモダル
ジャムシェドプル（鉄鋼）
ダッカ（繊維・衣類）
アーメダーバード（ICT・石油化学・繊維）
シングブーム
スーラト
ムンバイ（ICT・電子・自動車・石油化学・機械・繊維）
チッタゴン（鉄鋼・機械）
コルカタ（繊維・ICT）
ハイデラバード（ICT・電子・機械）
バングラデシュ
ベンガルール（バンガロール）（ICT・航空機・電子・自動車・繊維）
チェンナイ（ICT・自動車・機械）
スリランカ

- ■ 炭田
- ▲ 鉄鉱石
- ● 鉛・亜鉛
- △ ボーキサイト
- ◆ ダイヤモンド
- ⌗ 油田
- 天然ガス
- ― 原油パイプライン
- ◦ 主要工業都市
- ICT:ソフトウェア産業

0 400 800km

『Diercke Weltatlas』2006などによる

1 伝統工業

←1 **サリーを着用したインド人女性** サリーはインドなど南アジア諸国において女性が長さ約5mの一枚の布を，体を包み込むように身にまとう優雅な民族衣装である。色・柄も多様で木綿や絹などの素材でつくられる。（▶P.136 写真④）

↓2 **手織り機による綿布の生産[インド・デリー郊外]** 世界有数の綿花生産国であるインドは，中国に次ぐ世界2位（2014年）の綿織物生産国でもあり，製品は世界中に輸出されている。

2 縫製業

←3 縫製工場で働く女性[バングラデシュ] 首都ダッカやその周辺は近年，外国企業の注文に応じて衣類を生産する縫製工業が急速に発達し，主要輸出品となった。縫製工業はこの国の女性就業率の向上と貧困削減に大きく貢献しているが，労働環境は厳しい。

3 鉄鋼業

←4 ジャムシェドプルの製鉄工場[インド] 近接するダモダル炭田の石炭とシングブーム鉄鉱山の鉄鉱石を原料として利用するインド最大の鉄鋼メーカーの工場である。1907年にタタ財閥により建設された。

ダモダル炭田
アサンソル
コルカタ
シングブーム
ジャムシェドプル
ベンガル湾

4 自動車工業

←5 インドと日本の合弁企業による自動車生産 経済成長が続くインドでは，中間層の増加により自動車需要が増大しつつあり，日本や欧米の企業が相次いで進出し，年間生産台数も546万台（2022年）で世界4位となった。

Q 装飾用ダイヤモンド加工業がさかんな国を，インド以外に2か国あげよ。
【12年B追・第2問・問1】

5 ダイヤモンド加工業

↓6 **ダイヤモンド加工業の中心地スーラトの研磨工場[インド]** インドはかつて世界最大のダイヤモンド生産・輸出国であった。現在はアフリカやロシアなどから輸入した原石を選別・切削・研磨し，宝石装身具に加工して輸出する。ムンバイはダイヤモンド取引の一大中心地である。

6 ICT産業・アウトソーシング

↑7 アウトソーシング会社のオフィス[インド・ベンガルール] ベンガルールはICT企業が集中し、「インドのシリコンヴァレー」とよばれている。高い技術力と英語力をもつ低廉な労働力とアメリカ合衆国との時差を利用した、ソフトウェア開発やコールセンター業務などのアウトソーシング（外部委託）により、インドのICT産業は急成長し、経済成長を牽引しつつある。

↑8 ハイデラバードに開設されたアマゾンの巨大オフィス[インド] デカン高原中部に位置するハイデラバード（人口約700万人）は、ベンガルールに次ぐ米国巨大ICT企業の第二の拠点として近年、グーグルやマイクロソフトなどの巨大オフィスの立地が増加し、その顕著な発展が注目されている。州政府による積極的な誘致や地元の工科系大学出身技術者の大量雇用が可能なことなどが立地の要因である。

○ 時差を利用したアウトソーシング

インド企業	アメリカ企業
朝 8:30 ←	夕方 19:00
夕方 19:00 →	朝 5:30

国際電話・インターネット
ベンガルール　シリコンヴァレー
ソフトウェア開発・コールセンター業務・データ処理業務など

（▶P.111 写真⑧）

→9 ムンバイのファストフード店 インド総人口の約8割を占めるヒンドゥー教徒は、宗教上の理由から牛肉を食べない。世界的に有名なこのファストフードチェーン店では牛肉のかわりに鶏肉を使用した「チキンバーガー」が主力商品となっている。ベジタリアン向けのメニューも用意されている。

7 経済発展と中産階級の拡大

○ インドのGDP（国内総生産）の推移

（億ドル）

年	GDP
1970	604
80	1,818
90	3,169
2000	4,602
10	17,290
20	26,230
21	32,015

← 混合経済体制 → 1991年 開放経済体制に移行、経済成長 →

基幹産業は国営。他は民営。
鉄鋼業・繊維工業などが発展。

経済の自由化。外国企業が多く進出し、
ICT産業、自動車工業などが発展。

（世界銀行資料などによる）

←10 街頭で牛乳を売る人々[インド] ヒンドゥー教では牛が神聖視され、その肉は一切口にされないが、牛乳は人々の重要なタンパク源として古くから飲用され、またバター、チーズなどの乳製品として多くの料理に用いられる。近年の経済成長による食生活の多様化で牛乳及び乳製品の生産・消費量が急激に増加し「白い革命」とよばれる。牛乳は煮沸して飲むほか紅茶に入れて飲まれる。インドの牛乳生産量とバター生産量は世界1位（2021年）。

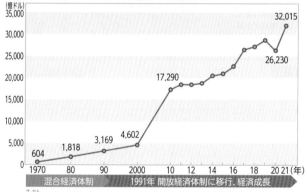

8 南アジア各国の貿易統計 (2020年)

輸出額・輸入額（単位：億ドル）、構成比（単位：%）

インド		バングラデシュ（'15年）		パキスタン		スリランカ	
輸出計2,755		輸出計317		輸出計237		輸出計120	
機械類	11.8	衣類	84.2	繊維品	32.0	衣類	42.5
石油製品	9.7	繊維品	5.1	衣類	27.8	茶	12.4
医薬品	7.3	はきもの	2.2	米	9.4	ゴム製品	5.3
有機化合物	5.8	魚介類	1.4	野菜・果実	3.4	繊維品	4.3
ダイヤモンド	5.5			銅	1.9	野菜・果実	4.0
繊維品	5.5			精密機械	1.7	機械類	3.8
衣類	4.7			魚介類	1.7	香辛料	2.9
鉄鋼	4.6			有機化合物	1.6	石油製品	2.6
輸入計3,680		輸入計481		輸入計501		輸入計195	
機械類	21.3	繊維品	17.2	機械類	18.9	機械類	16.3
原油	17.5	機械類	15.0	石油製品	9.4	繊維品	14.5
金（非貨幣用）	6.0	石油製品	9.3	原油	5.0	石油製品	7.7
有機化合物	4.6	鉄鋼	4.7	パーム油	4.6	鉄鋼	4.0
石炭	4.5	綿花	4.6	液化天然ガス	4.5	自動車	3.6

（『世界国勢図会』2022/23による）

←11 サッカーW杯試合球の製造工場でボールの革張りをする労働者[パキスタン] 牛などの家畜頭数が多いパキスタンでは高品質の皮革製品の製造・輸出がさかんであり、特にサッカーボールが有名で、一時は児童労働が問題化した。ボールは手縫いから接着へ、牛皮から人工皮革製へと変化した。

1 地形

アラビア半島　ダフナー砂漠　ザグロス山脈　ペルシア湾　イラン高原　ルート砂漠

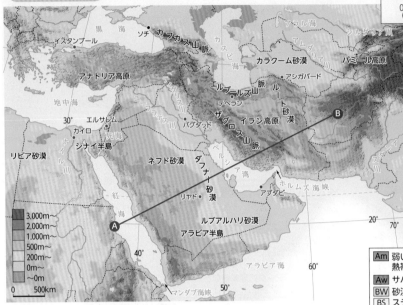

Q 火山灰起源のやわらかい岩山に多くの洞窟住居がみられるカッパドキア地方はどこの国だろうか。【16年A本・第3問・問2】

⬅ 南部のアラビア半島は古い岩石からなる**安定陸塊**（楯状地）で，その大半が**砂漠**である。アフガニスタンからイラン高原を経てトルコのアナトリア高原に至る地域は，**新期造山帯**の高く険しい山脈が東西に連なり，その間に砂漠や**ステップ**の乾燥した高原が広がる。地中海沿岸から中央アジア山麓にかけては**地中海性気候**がみられる。北部の内陸湖カスピ海・アラル海を中心とした地域にも砂漠やステップが広がる。

◉ 西・中央アジアの気候区

⬅1 **死海に浮き読書をする男性**　河川には微量の塩分が含まれるが，蒸発がさかんな乾燥地域の**内陸湖**は海への出口がないため，塩分濃度が濃い**塩湖**となりやすい。**アフリカ大地溝帯**の北端に位置する死海は，イスラエル・ヨルダン・パレスチナ自治区の境界をなし，湖面の標高は－400m，最深部は湖面下－426mにも達する。典型的な内陸湖・塩湖で，浮遊を楽しむ観光客が世界中から訪れる。

Am	弱い乾季のある熱帯雨林気候
Aw	サバナ気候
BW	砂漠気候
BS	ステップ気候
Cw	温暖冬季少雨気候
Cs	地中海性気候
Cfa	温暖湿潤気候
Cfb	西岸海洋性気候
Df	亜寒帯湿潤気候
Dw	亜寒帯冬季少雨気候
ET	ツンドラ気候

● 雨温図掲載都市

2 気候

⬇2 **砂漠地域を流れるユーフラテス川**　イラク南部の大半は砂漠気候であるが，**外来河川**ティグリス川，ユーフラテス川の両大河が流れるメソポタミアの平野には小麦や野菜，果樹などを栽培する**オアシス農業**が発達する。手前の河岸にはナツメヤシ農園が広がり，対岸には灌漑用の水車がみられる。

◉ 雨温図
（気象庁資料などによる）

テヘラン(BS)　リヤド(BW)　イスタンブール(Cs)　タシケント(Cs)

気温(℃)　　　　　　　　　　　　　　　　　降水量(mm)

	テヘラン	リヤド	イスタンブール	タシケント
年平均気温	18.3℃	27.0℃	15.1℃	15.3℃
年降水量	244mm	127mm	677mm	455mm
標高	1,204m	635m	18m	489m

よりみち
Geography　アジアとヨーロッパの境界　（▶P.126）

⬇3 **ボスポラス海峡（対岸がアジア側）**　アジアとヨーロッパの地理的な境界としてはロシアのウラル山脈，黒海とカスピ海の間に連なるカフカス山脈，黒海とマルマラ海をつなぐボスポラス海峡がある。国際海峡であるボスポラス海峡は，最も狭い箇所の幅が698m，両岸がトルコの大都市イスタンブールである。両岸は3本の橋と2本の海底トンネルで結ばれている。地政学上の要衝であることから，軍艦の通航には一定の制限がある。北側には黒海が広がり，穀物運搬船通航をめぐるウクライナとロシアの対立が続く。

↑1 小麦の収穫 [カザフスタン]　カザフスタン北部のステップ地帯は，肥沃な黒色土（チェルノーゼム）に恵まれ，世界有数の**企業的穀物農業**地帯を形成する。同国は世界的な小麦の生産・輸出国である。

←2 ワイン祭りで踊りながらぶどうを踏む女性たち [アルメニア]　コーカサス諸国の南部に位置するアルメニアは温暖な気候でぶどうが多く栽培される。ワインやブランデーの産地として有名であり，その多くが輸出される。アルメニア正教徒が多い。

↑3 綿花の栽培 [ウズベキスタン]　旧ソ連時代に，アムダリア川流域で多くの灌漑用水路が建設され，世界的な**綿花**の生産・輸出地域となった。収穫期の秋には学校も休みとなり，児童が綿摘み労働に駆り出される。隣国のトルクメニスタンも綿花の生産・輸出国である。

↑4·5 バッタ被害の拡大 [イエメン] とサバクトビバッタ　2020年の冬から春にかけてアフリカ東部でバッタの群が過去最大規模で発生し，収穫前の農作物を食べ尽くした。前年のサイクロンによる多雨が契機とされ，被害はイエメンからインドに及び，深刻な食料危機が生じた。

→6 羊の群れとクルド人の羊飼い [トルコ]　西アジア・中央アジアの乾燥地域では羊の**遊牧**が広く行われ，羊毛はテントや織物の原料に，羊乳はチーズやヨーグルトに加工されるなど，衣食住を羊に多く依存する生活が営まれてきた。トルコ東部には**クルド人**が多く居住し，多くが羊の飼育と農業を営み，近年ようやく定住生活を送るようになった。独立運動が弾圧された時期には国内の大都市やヨーロッパへの移民も増加した。羊の飼育は**移牧**形式で行われている。

↓7 稼動停止が増加しつつあるセンターピボット [サウジアラビア]　サウジアラビアはセンターピボットによる大規模**灌漑農業**を発展させ，国内需要を上回る小麦を輸出したこともあった。地下の帯水層を水源としていたが過剰揚水によるその枯渇が心配されるため，政府はセンターピボットの稼動を停止する政策を進めている。

↓8·9 砂漠の遊牧民ベドウィンとそのテント（左上）[サウジアラビア]　ベドウィンとはアラビア半島を中心に，西アジアから北アフリカの砂漠やその周辺の半乾燥地域に暮らすアラブ系**遊牧民**の総称で，ラクダや羊などの家畜の群れとともにテントに寝泊まりしながら遊牧を行う。近年，都市部への定住者が増加している。

地誌　西・中央アジア

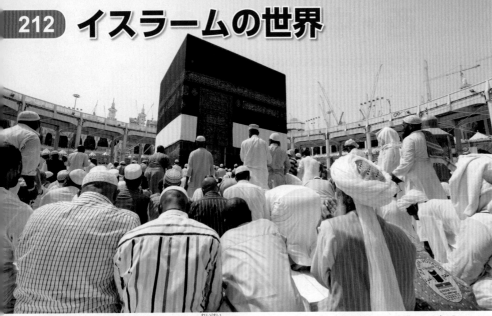

↑2 断食の夜の人々の食事　断食月（ラマダーン）には日の出から日没までの間，飲食は禁止され，日没後，人々は食事をとる。

↑1 聖地メッカで金曜日正午の集団礼拝を行うムスリム（イスラーム教徒）[サウジアラビア]　ムスリムにはメッカの方向（キブラ）に向かっての1日5回の礼拝と，金曜日正午の礼拝所（モスク）における集団礼拝が義務づけられている。写真中央は聖地メッカの大モスクの中央にあるカーバ神殿で，高さ15mの石造の立方体の建物であり，コーラン（クルアーン）の言葉を刺繍した黒い布で覆われ，東の角に聖なる黒石がはめ込まれている。

↑3 ブルカをまとった女性[アフガニスタン・カブール]　女性は肌を他人に見せないようにし，目の部分のみ網状にして視覚を確保する。

六信（6つの信仰の柱）
神（アッラー），**天使**，**聖典**（最も完全なコーランのほか，モーセ五書，イエス福音書など），**預言者**（最後・最大のムハンマドのほか，イエス，モーセなど），**来世**，**天命**

五行（ムスリムとして実践すべき5つの務め）
①**信仰告白**…「アッラーのほかに神はない。ムハンマドはその使徒である」と唱える。
②**礼拝**…1日5回聖地メッカの方向に向かって礼拝する（夜明け前，正午過ぎ，午後，日没後，就寝前）。金曜日の正午過ぎには集団礼拝が行われる。
③**断食**…イスラーム暦第9月（断食月，ラマダーン）に30日間，日の出から日没までの間，一切の飲食を断つ。自己の欲望にうち克つための試練の期間。
④**喜捨**…貧者や孤児，寡婦などの救済のための寄付，救貧税。
⑤**巡礼**…一生に一度の聖地メッカのカーバ神殿への巡礼。

↑イスラームとはアラビア語で「神（アッラー）への絶対服従」を意味する。ムスリムの務めとしての「六信五行」のほか，「豚肉の食用禁止」「飲酒の禁止」「女性は外出時に身体や髪を衣服（チャドルなど）やスカーフで覆う」「利子の禁止」などの社会規範（イスラーム法）がある。

●イスラーム諸国の分布
↑創始者ムハンマドによって7世紀に誕生したイスラームは，その後のイスラーム帝国の発展により，8世紀には西アジアから北アフリカを経てイベリア半島へ，また中央アジアへも広まった。その後，インド洋交易の発展に伴い，13〜15世紀にかけインドやインドネシアへ広まり，さらにサハラ以南へも広まった。

よりみち
Geography　イスラーム諸国の国旗

イスラーム諸国の国旗には，神聖な色とされる緑や赤が多く用いられ，特にアラブ諸国ではこれに黒と白が加わる。また，ムスリムの国であることを象徴するシンボルとして，三日月（新月）と星が多く用いられているが，その起源や意味についてはさまざまな説がある。

トルコ

マレーシア

アルジェリア

アラブ首長国連邦

パキスタン

ウズベキスタン

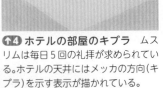

↑4 ホテルの部屋のキブラ　ムスリムは毎日5回の礼拝が求められている。ホテルの天井にはメッカの方向（キブラ）を示す表示が描かれている。

■ ムスリムの比率80％以上の国
■ ムスリムの比率50％〜79％の国・地域
▨ 国としては50％以下だが，ムスリムが多い地域，及びムスリムが大半を占める非独立地域
● アラブ人主体の国家
（注）数字は国民全体に占めるムスリムの比率。

（地図内の注記）
アゼルバイジャン87
キルギス70
ボスニア・ヘルツェゴビナ40
西サハラ（非独立地域）
モロッコ99
チュニジア98
アルバニア
トルコ98
シリア88
カザフスタン
ウズベキスタン76
トルクメニスタン87
シンチヤンウイグル自治区61
ニンシヤ回族自治区
アルジェリア99
レバノン59
イラク98
イラン98
アフガニスタン99
タジキスタン84
中国
モーリタニア99
マリ90
リビア96
エジプト84
ヨルダン
クウェート74
パキスタン96
セネガル94
ニジェール90
チャド57
エリトリア
サウジアラビア94
アラブ首長国連邦62
オマーン
バングラデシュ
フィリピンミンダナオ島西部
ガンビア90
ギニア85
ブルキナファソ61
ナイジェリア51（北部に多い）
スーダン68
ジブチ
カタール78
イエメン
ブルネイ80
ナイジェリア
ソマリア99
ケニア東部
タンザニア東部
モルディブ100
タイ南部60
マレーシア
インドネシア87
コモロ98

アラブ人　アラビア語を母語とし，多くがイスラームを信仰する民族の総称。

（『世界年鑑』2023などによる）

↑1 ヒジャブの被り方を調整する女性 [イラン・テヘラン・2022年] 2022年9月，イランで女性に義務づけられている「ヒジャブ」（髪の毛を隠す布）の着用が不適切だとして逮捕された女性が警察で急死した。この事件への抗議デモが続き，髪の毛を出す女性，ヒジャブを着用しない女性が増えつつある。

↑2 サマルカンドのイスラーム建築 [ウズベキスタン] チムール帝国の首都として繁栄したサマルカンドのレギスタン広場には，15〜17世紀に建てられた3つのメドレッセ（神学校）が立ち並ぶ。

↑3 女子教育の再開を求める女性たち [アフガニスタン・カブール・2022年] 2021年，米軍が撤退したアフガニスタンではイスラム主義勢力タリバンが政権を掌握した。タリバンは女性の権利について，「イスラム法の範囲内で尊重する」とするが，女性の就業や服装は厳しく制限されている。また，女性が中等・高等教育を受ける権利も一旦認められたものの強硬派の反対で撤廃された。弾圧されつつも女性たちの運動が続く。

→4 自動車の運転訓練を受ける女性 [サウジアラビア] 保守的なイスラームのこの国は世界で唯一女性の車の運転が禁止されてきたが，2018年6月にようやく女性の運転を認める法律が施行された。

3 宗教の聖地エルサレムの旧市街地

ムスリム（イスラーム教徒）地区
キリスト教徒地区
悲しみの道
神殿の丘
聖墳墓教会
岩のドーム
嘆きの壁
アルメニア教徒地区
アルアクサ・モスク
ユダヤ教徒地区
（「朝日新聞」2004.2.16）

← 城壁に囲まれたエルサレム旧市街地には，**ユダヤ教**の「嘆きの壁」，イエスが十字架にかけられた場所に建つ**キリスト教**の「聖墳墓教会」，**イスラーム**の「アルアクサ・モスク」，「岩のドーム」など伝統ある宗教施設が集中し，その重要性ゆえに紛争の火種となってきた。

→5 聖地「嘆きの壁」で祈るユダヤ教徒 [エルサレム] 迫害を受けたユダヤ人は**シオニズム**（郷土復帰運動）の結果，1948年パレスチナの地に**イスラエル**を建国した。唯一神ヤハウェを信仰するユダヤ教は彼らの民族宗教である。

→6 イスラエル軍によるガザ空爆 2021年5月，**パレスチナ自治区**ガザ地区の武装勢力ハマスとイスラエル軍との間で衝突が発生し多数の犠牲者がみられた。

地中海
パレスチナ自治区
テルアヴィヴ
ヨルダン川西岸地区
エルサレム
ガザ
エジプト
イスラエル
ヨルダン
（「朝日新聞」2021.5.15による）

→7 アメリカ合衆国大使館のエルサレム移転に反発するパレスチナ人 アメリカ合衆国の旧トランプ政権は2017年12月，**エルサレム**をイスラエルの首都と認定し，2018年5月に大使館をエルサレムに移転した。国際社会はエルサレムの帰属を「イスラエルとパレスチナの交渉で決めるべきだ」との立場で，各国は地中海沿岸のテルアヴィヴに大使館を置く。

地誌 西・中央アジア

←1 イランの首都テヘラン イラン高原北部のエルブールズ山脈山麓に位置する**テヘラン**は，人口約869万人(2016年)を有する西アジア有数の大都市である。ステップ気候に属するテヘランは夏は暑く乾燥し，冬はやや寒冷で雨が多い。遠景はエルブールズ山脈で，テヘラン近郊にはスキーリゾートが発達している。

↑2 欧州向け自動車生産を開始した韓国系企業の自動車工場 [トルコ] トルコは近年，欧米企業や韓国企業との**合弁企業**による自動車工業の発達が顕著であり，特にEU向け自動車輸出が急増しつつある。また，近年の経済成長により国内市場でも販売台数を伸ばしつつある。さらに鉄鋼業の発達が顕著で，粗鋼生産量は韓国に次ぐ世界8位(2022年)となった。

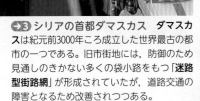

→3 シリアの首都ダマスカス ダマスカスは紀元前3000年ころ成立した世界最古の都市の一つである。旧市街地には，防御のため見通しのきかない多くの袋小路をもつ「**迷路型街路網**」が形成されていたが，道路交通の障害となるため改善されつつある。

←4 ショッピングモールを歩く女性 [クウェート] 人口425万人(2022年)の小国クウェートは，西アジア有数の富裕な産油国であり，生活水準が高い。女性の社会進出や服装の自由化も進み，2005年には女性の選挙権・被選挙権も認められた。

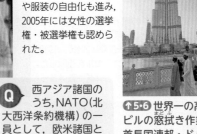

↓7 バイコヌール宇宙基地 [カザフスタン] ソビエト連邦時代の1955年に建設され，現在はロシアが使用する。2020年4月には米露の宇宙飛行士が乗るソユーズ型宇宙船がロケットで打ち上げられ，国際宇宙ステーションとのドッキングに成功した。

Q 西アジア諸国のうち，NATO(北大西洋条約機構)の一員として，欧米諸国との連携が強い国はどこか。【14年B本・第4問・問6】

↑5・6 世界一の高層ビル ブルジュ・ハリファ(左)と高層ビルの窓拭き作業に従事するパキスタン人労働者 [アラブ首長国連邦・ドバイ] 石油収入で潤うペルシア湾岸の産油国では，リゾートマンションやオフィスビルなどの建設ラッシュが続き，インド・パキスタンなど南アジア及びアラブ諸国やイラン出身の多くの**外国人出稼ぎ労働者**が働いている。ドバイを含む**アラブ首長国連邦**では，南アジア系人口の比率が総人口の約36%に達する。ブルジュ・ハリファの高さは828m。

←8 天然ガスの輸出で経済発展を続けるカタールの首都ドーハの高層ビル群 人口268万人(2022年)のカタールは世界3位の**天然ガス**埋蔵量を有し，オーストラリアに次ぐ世界2位の天然ガス輸出国である(2021年)。貿易は大幅な黒字で世界的な高所得国の一つであり，教育費・医療費の完全無料化を実現した。2022年11月のサッカーワールドカップ開催国でもあり，これを契機に自動運転による都市鉄道の整備が進展した。

主な産油国と油田

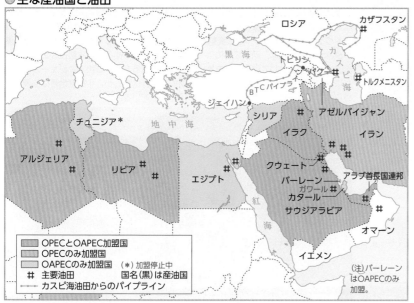

（注）バーレーンはOAPECのみ加盟。

凡例：
- OPECとOAPEC加盟国
- OPECのみ加盟国
- OAPECのみ加盟国　（*）加盟停止中　国名（黒）は産油国
- ⊞ 主要油田
- カスピ海油田からのパイプライン

ペルシア湾を中心とする西アジアは世界最大の産油地帯であり，世界の原油産出量の約3割，埋蔵量の約5割を占めている。この地域に進出した**国際石油資本（メジャー）**に対抗して産油国の利益を守るため，1960年に**石油輸出国機構［OPEC］**，1968年には**アラブ石油輸出国機構［OAPEC］**が結成され，国有化を進めた。近年，アゼルバイジャンやカザフスタンなど，豊富な埋蔵量をもつ**カスピ海**沿岸において，外国資本を中心とした油田開発が急速に進みつつある。さらに，ロシア領内やボスポラス海峡を通過しない新たなルートとして，**BTCパイプライン**（バクー・トビリシ・ジェイハンパイプライン）が建設され，2006年から送油が開始された。

西アジアの比率

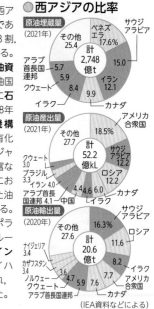

原油埋蔵量（2021年）計2,748億t
- その他 25.4
- ベネズエラ 17.6%
- サウジアラビア 15.0
- イラン 12.1
- カナダ 9.9
- イラク 8.4
- クウェート 5.9
- アラブ首長国連邦 5.7

原油産出量（2021年）計52.2億kL
- その他 27.7
- アメリカ合衆国 18.5%
- サウジアラビア 12.2
- ロシア 12.2
- カナダ 6.0
- イラク 4.6
- 中国 4.4
- アラブ首長国連邦 4.1
- イラン 4.0
- ブラジル 3.3
- クウェート 3.0

原油輸出量（2020年）計20.6億t
- その他 27.6
- サウジアラビア 16.3%
- ロシア 11.6
- イラク 8.2
- アメリカ合衆国 7.7
- カナダ 7.6
- アラブ首長国連邦 5.9
- クウェート 4.7
- ノルウェー 3.6
- カザフスタン 3.4
- ナイジェリア 3.4

（IEA資料などによる）

←1 バクー油田の製油所と市街地［アゼルバイジャン］ カスピ海油田の一角を占めるバクー油田は，20世紀中頃までは旧ソ連邦最大の油田であった。現在はカスピ海の湖底油田が産出の中心で，**BTCパイプライン**を通して輸出される。同国総輸出額の約60%（2021年）を原油が占めている。

→2 原油輸出ターミナル［イラク］ イラクは世界有数の産油国である。湾岸戦争（1991年），イラク戦争（2003年）とそれに伴う経済制裁で原油の産出・輸出は減少したが，近年の治安改善により回復した。原油は南部の中心都市バスラ南方のペルシア湾奥に位置するファオ沖のこの施設から，タンカーで輸出される。

🔍 FOCUS　混迷を深めるシリア

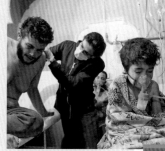

→5 仮設診療所で治療を受ける子どもと男性［シリア］ 呼吸困難に陥るなど，政権軍の空爆で化学兵器が使用された疑惑もある。

↑3 反体制派の拠点イドリブ県で，アサド政権軍の空爆を受けて逃げ惑う人々［シリア］

↑4 2023年2月の大地震で倒壊した建物の瓦礫の中で行われた捜索・救助活動［シリア］

アラブ諸国の民主化運動「アラブの春」が2011年春，シリアに波及した。独裁政権打倒を求める市民のデモをアサド政権が武力弾圧したことを契機に，同年半ばにシリア各地で反体制派の組織化，武装化が始まり，内戦状態となった。

2018年以降，アサド政権はロシアとイランの支援を受けてアメリカ合衆国・イギリス・フランス・トルコが支援する反体制派の拠点を次々に制圧し，軍事的に優位に立った。政権軍によるイドリブ県など北部の反体制派拠点への空爆が続き，医療施設への攻撃が続発する中で，トルコなどの周辺国やEU諸国への難民が約685万人，国内難民は約687万人に達している。

2023年2月の大地震はイドリブ県などの反体制派の拠点地域を襲い，甚大な被害をもたらした。内戦中のため，多くの市民や避難民への援助物資の輸送が停滞し，人道危機が深まった。

シリアをめぐる勢力図

凡例（2021年11月時点。）：
- クルド人武装勢力
- トルコと反体制派
- アサド政権
- イスラム過激派と反体制派
- 反体制派

（「朝日新聞」2021.11.8による）

地誌 西・中央アジア

Q アフリカの河川は流量が多いにもかかわらず，内陸まで大型船舶の航行が困難なのはなぜか。【05年B本・第1問・問4】

⮜アフリカ大陸は低地の割合が少なく，台地や高原状の地域が多いため，北部の**アトラス山脈**（新期造山帯）と南部の**ドラケンスバーグ山脈**（古期造山帯）を除くと，単調な地形の地域が多い。東部には，プレートの広がる境界である**大地溝帯**（グレートリフトヴァレー）が位置し，地殻変動が大きく火山活動が盛んである。**ヴィクトリア湖**やタンガニーカ湖は，地殻変動により形成された湖沼である。世界最長の**ナイル川**は赤道地域を源流として砂漠地帯を貫く**外来河川**である。コンゴ川，ニジェール川とともに河口部で急傾斜地となっており，大型船の航行は難しい。中緯度地帯は砂漠に占められており，内陸部の陸上交通をより困難としている。

1 地形

3,000m〜
2,000m〜
1,000m〜
500m〜
200m〜
0m〜
〜0m

0　　1,000km

アトラス山脈

↑1 オアシスの都市 [モロッコ]　アフリカ大陸北部にひろがるサハラ砂漠は，世界最大の砂漠である。雨の時のみ河川となる**ワジ**の流路が，古くから隊商の交通路となり，湧水のある**オアシス**が大洋の島のように，重要な交易拠点となっていた。モロッコのアトラス山脈南山麓のアイットベンハドゥは，オアシスの要塞都市として知られている。なつめやしの繁茂するオアシスは，カスバとよばれる住宅が密集する迷路状都市である。

2 気候

◉ アフリカの気候区

●雨温図掲載都市

Af	熱帯雨林気候
Am	弱い乾季のある熱帯雨林気候
Aw	サバナ気候
BW	砂漠気候
BS	ステップ気候
Cw	温帯冬季少雨気候
Cs	地中海性気候
Cfa	温暖湿潤気候
Cfb	西岸海洋性気候

⮜アフリカ大陸は平坦な地形のため，緯度に沿った気候分布となっている。赤道付近は熱帯雨林気候とサバナ気候のため，高温で降水量が多い。回帰線地域は乾燥した**砂漠気候**と**ステップ気候**に占められており，世界有数の少雨地帯となっている。地中海沿岸と南アフリカは温帯気候で過ごしやすい。

◉ 雨温図

気温（℃）　降水量（mm）

	トゥアマシナ(Af)	アビジャン(Aw)	ケープタウン(Cs)	アディスアベバ(Cw)
年平均気温	24.3℃	27.0℃	17.1℃	17.0℃
年降水量	3,058mm	1,750mm	493mm	1,147mm
標高	5m	7m	46m	2,354m

（気象庁資料などによる）

↓2 地中海性気候のケープタウン　アフリカ大陸南端に位置するケープタウンは地中海性気候区の良港で，10月から3月の夏は高温乾燥，5月から9月の冬に降水量が集中する。山々は乾燥に強い背丈の低い樹木と草原に覆われている。

↓3 コンゴ盆地のムブティ（ピグミー）　コンゴ盆地の熱帯雨林に暮らす**ムブティ**（ピグミー）は，狩猟で得た肉類と，農耕民のキャッサバなどの農産物を交換し生活している。熱帯地方特有の**風土病**と医療の未発達が問題となっている。

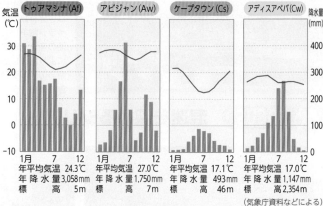

テーブルマウンテン

1 民族問題

◉アフリカの民族分布

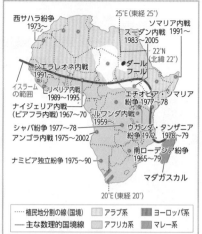

25°E(東経25°)
西サハラ紛争 1973～
ソマリア内戦
スーダン内戦 1991～
1983～2005
●ダールフール
22°N(北緯22°)
シエラレオネ内戦 1991～
イスラームの範囲
リベリア内戦 1989～1995
エチオピア・ソマリア紛争 1977～78
ナイジェリア内戦 (ビアフラ内戦)1967～70
ルワンダ内戦 1959～
ウガンダ・タンザニア紛争 1972、1978～79
シャバ紛争 1977～78
アンゴラ内戦 1975～2002
南ローデシア紛争 1965～79
ナミビア独立紛争 1975～90
マダガスカル
20°E(東経20°)

	植民地分割の線(国境)	アラブ系	ヨーロッパ系
	主な数理的国境線	アフリカ系	マレー系

◉アフリカの宗教分布

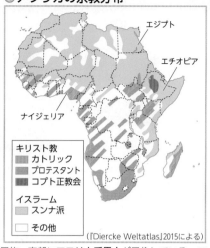

エジプト
エチオピア
ナイジェリア

キリスト教
カトリック
プロテスタント
コプト正教会
イスラーム
スンナ派
その他

(『Diercke Weltatlas』2015による)

⬆ サハラ砂漠南側を境界として北部に**アラブ系**民族，南部に**アフリカ系黒人**が居住している。アラブ人は**イスラーム**を信仰し，東アフリカでは南半球まで拡大している。エチオピアは古キリスト教，アフリカ南部は植民地時代にヨーロッパから伝わったキリスト教が信仰されている。

➡1 **エジプトのラマダーン(断食月)** 北アフリカは，ムスリム(イスラーム教徒)が多数を占める。ラマダーン(断食月)のモスクでの夜の祈りである。

イスラーム

➡2 **エチオピアの日曜礼拝** エチオピアは，古代にキリスト教(コプト正教会)が伝来した。現在，国民の約半数がキリスト教を信仰している。

キリスト教

2 文化と言語

◉アフリカの旧宗主国

(イギリス・エジプト)共同統治

	独立国
	ベルギー領
	フランス領
	スペイン領
	イギリス領
	ポルトガル領
	イタリア領
	ドイツ領

(注)帰属は1914年当時のもの。西サハラは現在モロッコが領有を主張し統治しているが，現地民族解放戦線は独立を宣言している。
(『世界年鑑』2012などによる)

Q 独自な文化のマサイ族が住む，ケニアの公用語を答えよう。【17年A追・第3問・問4】

◉アフリカの主な公用語

スワヒリ語

	英語
	フランス語
	ポルトガル語
	アラビア語
	その他

(『世界年鑑』2023などによる)

◖ アフリカは20世紀前半には，ほとんどの地域がヨーロッパ諸国の**植民地**となっていた。そのため，公用語や商業用語，学校の授業言語は，旧宗主国の言語が使用されている場合が多い。アラブ系イスラームの多い地域は**アラビア語**を公用語としている。独立後，ケニア，タンザニアの**スワヒリ語**や南アフリカの諸言語など，アフリカ言語を公用語とする動きが顕著である。

◉アフリカの識字率(2015年)

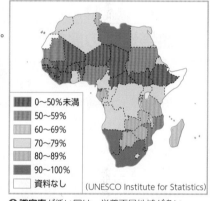

	0～50%未満
	50～59%
	60～69%
	70～79%
	80～89%
	90～100%
	資料なし

(UNESCO Institute for Statistics)

⬆ **識字率**が低い国は，栄養不足地域が多い。
(▶P.158)

🔭 FOCUS アフリカの人口No.1 ナイジェリア

◉ナイジェリアの歴史

年	事項
17世紀	ヨーロッパ人により奴隷海岸と命名
1914	イギリス領となる
1958	ニジェールデルタで**油田開発**開始
1960	イギリスから独立
1963	ナイジェリア連邦共和国へ名称変更
1967	**ビアフラ内戦**(～1970)
1971	OPEC加盟
1991	**アブジャ**に首都を移転
1994	FIFAワールドカップ初出場
2006	石油施設襲撃事件
2013	ボコハラム北部でテロ活動

◉人種構成

その他 38.9
ハウサ族 21.5%
計 21,593万人(2022年)
ヨルバ族 21.2
イボ族 18.4

(注)構成割合は2011年。

➡3 **破壊されたパイプライン** ナイジェリアのニジェール川デルタ地帯は1958年から外国資本により開発が始まった。内戦以降，石油収入の地元還元を求める反政府勢力により，パイプラインや油田の破壊が相次ぎ，生産が不安定となっている。

◉ナイジェリアの部族分布

人口2.1億人のナイジェリアは，アフリカ系の250以上の部族からなる。北部はムスリム(イスラーム教徒)の**ハウサ族**が多く，南部，東部はキリスト教徒の**イボ族**，伝統的宗教を信仰する**ヨルバ族**が多い。主要3部族とその他の部族の混在により，複雑な部族対立が続いている。南東部のイボ族の独立戦争など，アフリカ最大の人口を持つ国土は荒れていたが，近年の石油収入による経済力と中央部への首都移転により，部族対立を融和しようとしている。

ニジェール川
古くからアラブ諸国と交流し，イスラームに改宗
ハウサ・フラニ
首都アブジャ
ベヌエ川
ヨルバ
旧首都ラゴス
イボ
ビアフラ
伝統的宗教を信仰
ポートハーコート
植民地時代にキリスト教をとり入れ，英語を使う
0 200km

(岩渕孝『地球を旅する地理の本③』大月書店による)

アフリカの農牧業

Q コーヒー豆のアラビカ種の原産地エチオピアなど，コーヒー豆輸出国の経済はなぜ向上しないのだろう。【19年B本・第2問・問2】

1 アフリカの農業地域と商品作物の分布

凡例:
- コーヒー
- 綿花
- カカオ
- らっかせい
- 天然ゴム
- さとうきび
- 茶
- 油やし
- 柑橘類
- サイザル麻
- タバコ
- 地中海式農業地域
- 灌漑農業地域
- 自給的農業(乾燥地域)→ソルガム，ミレット
- 自給的農業(湿潤地域)→キャッサバ，稲，ヤムいも，バナナ

2 乾燥地域の農業

↑1 水をくむ女性 [ニジェール] 乾燥アフリカでは，人口増加による過放牧，薪炭材の過伐採による植生の減少により砂漠化が進行している。左の女性は，**サヘル地方**のニジェール・マラディ近郊の村で，ひょうたんで作った容器で水をくんでいる。また，熱帯アフリカには，**ツェツェバエ**という吸血性の蠅(→2)が生息し，人や家畜は睡眠病という風土病に感染しやすい。2014年，西アフリカでエボラ出血熱が流行し，1万人以上が死亡した。

3 熱帯地域の農業

↑3 青空市場で売られるヤムいも [ナイジェリア・ラゴス] 熱帯アフリカ地域は，太平洋諸島と並ぶいも類を主食とする地域で，**ヤムいも，タロいも，キャッサバ**の生産はナイジェリアが世界1位である。小規模栽培農家による自給的な栽培が多い。(▶P.0)

↑4 サイザル麻の加工 [マダガスカル] サイザル麻はメキシコ原産の繊維作物である。2mほど成長した葉から繊維を取り出し，薬品処理をする。その後，屋外で乾燥させると，強靭な天然繊維となる。(▶P.1写真㉒)

4 アフリカの農作物生産量 (2021年)

タロいも 1,240万t
- ナイジェリア 25.9%
- エチオピア 17.0
- 中国 15.1
- カメルーン 14.6
- ガーナ 8.9
- その他 18.5

ヤムいも 7,514万t
- ナイジェリア 67.0%
- ガーナ 11.1
- コートジボワール 10.5
- ベナン 4.3
- その他 7.1

カカオ豆 558万t
- コートジボワール 39.4%
- ガーナ 14.7
- インドネシア 13.0
- ブラジル 5.4
- エクアドル 5.4
- ナイジェリア 5.2
- カメルーン 5.0
- その他 11.9

なつめやし 966万t
- エジプト 18.1%
- サウジアラビア 16.2
- イラン 13.5
- イラク 12.3
- パキスタン 7.8
- アルジェリア 5.5
- その他 26.6

(FAOSTAT による)

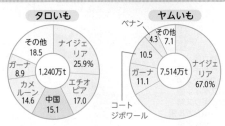

←5 ホワイトハイランドの茶栽培 [ケニア] 暑さをしのげるケニアの高原地帯は，「**ホワイトハイランド**」とよばれ，多数のイギリス人が入植した。アジアから茶を移植し，イギリス向けの大規模な**紅茶プランテーション**が展開している。近年は茶，コーヒーのほかに欧州向けの**花卉栽培**も増加している。

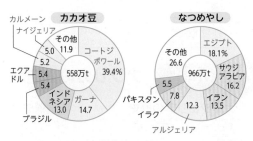

→6 カカオの収穫 [コートジボワール] **ギニア湾沿岸**では商業的なプランテーションが発達している。コートジボワールでは**カカオ**が栽培され，アフリカ大陸全体で世界の7割の生産がある。商品作物は価格の変動が大きいため，栽培作物の多角化が図られている。

カカオの断面

1 産業

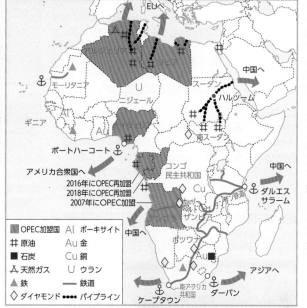

EUへ
中国へ
モーリタニア
ニジェール
ギニア
ポートハーコート
アメリカ合衆国へ
2016年にOPEC再加盟
2018年にOPEC再加盟
2007年にOPEC加盟
スーダン
ハルツーム
南スーダン
コンゴ
民主共和国
ダルエス
サラーム
中国へ
ボツワナ
アジアへ
中国へ
南アフリカ
共和国
ケープタウン
ダーバン

OPEC加盟国	Al ボーキサイト
⊞ 原油	Au 金
■ 石炭	Cu 銅
⋏ 天然ガス	U ウラン
▲ 鉄	— 鉄道
◇ ダイヤモンド	•••• パイプライン

輸出品のほとんどを特定の鉱産資源に頼る**モノカルチャー経済**の国家が多い。原油は新規にOPECに加盟したアンゴラ，ボーキサイトの生産が有数のギニア，ザンビアの銅，ニジェールのウラン，ボツワナのダイヤモンドなどである。南アフリカ共和国は鉄鉱石，石炭をはじめダイヤモンドや**レアメタル**の産出が多く，アフリカ最大の経済大国となっている。

↑1 ザンビアのカッパーベルト銅山　ザンビアの**カッパーベルト**州には高品位の銅山が複数分布している。銅鉱の生産量は世界7位（2018年）でアフリカ2位の生産を誇り，ザンビアの輸出総額の74%を占める主力産業である。**タンザン鉄道**を通じて輸出される。カリバダムの水力発電を利用した外国資本の精銅工業が成立している。

2 輸出に占める鉱産資源の割合

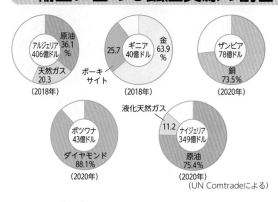

アルジェリア
406億ドル
原油 36.1%
天然ガス 20.3
（2018年）

ギニア
40億ドル
金 63.9%
25.7
ボーキサイト
（2018年）

ザンビア
78億ドル
銅 73.5%
（2020年）

ボツワナ
43億ドル
ダイヤモンド 88.1%
（2020年）

ナイジェリア
349億ドル
液化天然ガス 11.2
原油 75.4%
（2020年）
（UN Comtradeによる）

→2 南アフリカ・イーストロンドンの自動車生産　資源輸出に依存していた南アフリカ共和国は，工業化に力を入れ，イーストロンドン（Industrial Development Zone）に外国自動車企業が進出した。輸出品目の上位に自動車が登場し，ダイムラー・クライスラーの工場で製造されるメルセデスベンツの高級車は，主に日本へ輸出されている。

🔍 FOCUS　アフリカのGNI No.1 南アフリカ

○南アフリカ共和国の歴史

年	事　項
1652	オランダ人移民開始
1814	**イギリス領**となる。
1867	キンバリーで**ダイヤモンド**発見
1872	ヨハネスバーグで**金**発見
1934	英連邦内で独立
1948	**アパルトヘイト**（人種隔離）**政策**開始
1962	国連の経済制裁開始
1976	ソウェト黒人蜂起事件
1991	アパルトヘイト政策廃止
1994	**マンデラ**黒人大統領就任 AU加盟，国連復帰
1995	ラグビーワールドカップ開催
2010	FIFAワールドカップ開催
2011	BRICS首脳会議参加

○人種構成

白人 7.8
混血 8.8
その他 2.5
計
5,965万人
（2022年）
黒人 80.9%

（注）構成割合は2021年推定。
出典『世界年鑑』2023

→3・4 「ダイヤの穴」と鉱山で働く黒人労働者　南アフリカ共和国は，金・ダイヤモンド・レアメタルなどの世界的な産出国で，鉱業が経済の基盤をなす。**ヨハネスバーグ**付近の金鉱では地下3,000mに達する坑道で金が採掘されている。

○南アフリカ共和国のレアメタルの産出（2021年）

プラチナ（白金）（世界計 192t）
南ア共和国 73.8%　その他

パラジウム（世界計 214t）
ロシア 40.2%　39.4　その他

クロム（世界計 4,220万t）
44.0%　その他

マンガン（世界計 2,010万t）
35.8%　その他

バナジウム（世界計 10.5万t）
中国 67.0%　ロシア 19.1　8.4 その他

ジルコニウム（世界計 130万t）（2020年）
オーストラリア 30.8%　23.8　その他

（『日本国勢図会』2023/24）

1 成長するアフリカ

アフリカがいよいよ本格的な成長期に突入し，世界が注目している。アフリカの人口は，2050年には現在の2倍の20億人となる。また，アフリカには広大な未開墾地と豊富な地下資源埋蔵量があり，潜在的開発の余地が多い。最も成長率の高い国家をアフリカ諸国が占め，その資源とBOP (Base of the Economic Pyramid：経済ピラミッドの底)ビジネスをめぐり，欧米諸国と中国，インドの投資競争が始まっている。一方，経済格差や保健衛生問題など課題は多い。アフリカの60%は国際貧困ラインを下回る生活水準で，先進国からの支援がBOP層に確実に行き渡らない実情がある。

TOP(Top of The Pyramid) 富裕層 1日当たり消費金額20ドル以上
MOP(Middle of The Pyramid) 中間層 1日当たり消費金額2〜20ドル
BOP(Base of The Pyramid) 低所得者層 1日当たり消費金額2ドル未満
国際貧困ライン 1日当たり消費金額1.9ドル未満
(世界銀行)

●1 ルワンダの首都キガリの中心市街　かつて大虐殺で離散したルワンダ人が，離散中に欧米でITスキルをつけ母国に帰還し，「アフリカの奇跡」とよばれる経済成長をとげている。サブサハラ地域の成長センターとして発展が著しい。

●アフリカ所得層別人口構成比
(2010年)

TOP 富裕層 4.8

脆弱中間層 13.4
MOP
中間層 20.9

BOP
低所得者層 60.8%

➡ 中間層は北アフリカ5か国に集中し，**サブサハラ**(サハラ以南のアフリカ)では低所得者層が70%を占める。

(AFRICA BUSINESS PARTNERS)

(白戸圭一「現代アフリカの中間層再考」『国際問題No.650』(公財)日本国際問題研究所などによる)

●2 食料増産の切り札〜ネリカ米の収穫[シエラレオネ]　1994年にアフリカ向けに開発された稲の多収量品種NERICA種(ネリカ：New Rice For Africa)，サハラ以南の食料不足のアフリカ諸国の食料増産のためUNDP(国連開発計画)が普及を支援している。

よりみち
Geography ケニアの新ビジネス M-PESA(エムペサ)

「携帯電話のメッセージで送金できるモバイル決済サービス」
アフリカでは，次の事情が問題で送金サービスが難しかった。

治安が悪い。盗難が多い。強盗が多い。激しいインフレが起きやすい。地方は電気がない。銀行口座が持てない。農村部には銀行がない。

●3 携帯電話を使うマサイ族の男性

M-PESAは，携帯回線を使った携帯電話で送金から出金・支払ができるモバイルマネーサービスで，爆発的に普及した。地方でも太陽電池パネルで携帯を充電，ショートメッセージ機能で相手の口座に送金できる。ケニアの国民の70%が利用し，GDPの4割以上がM-PESAで取引されている。

2 アフリカの貿易

従来，アフリカの貿易はフランス，イギリスを中心とした旧宗主国と結びついていた。南北貿易の時代には，アメリカ合衆国・日本向けの輸出が増加し，今世紀になってから**中国**を最大相手国とする国家が増えている。また，アフリカの国々の地域間貿易も急増し，地域国の経済統合をめざす組織が成立している。

●アフリカの最大輸出相手国の推移・最大輸出品目

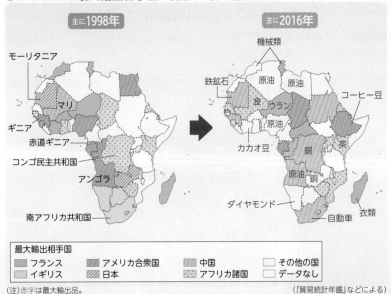

主に1998年 → 主に2016年

モーリタニア
マリ
ギニア
赤道ギニア
コンゴ民主共和国
アンゴラ
南アフリカ共和国

機械類
鉄鉱石　原油　原油
金　ウラン
原油　コーヒー豆
茶
カカオ豆　銅
原油　銅
ダイヤモンド
自動車　衣類

最大輸出相手国
■フランス　■アメリカ合衆国　■中国　□その他の国
■イギリス　■日本　■アフリカ諸国　□データなし
(注)赤字は最大輸出品。

●アフリカの所得格差

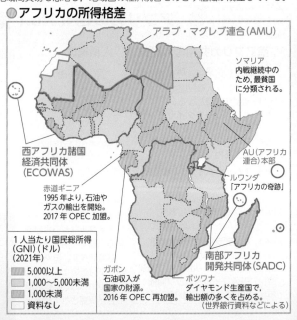

アラブ・マグレブ連合(AMU)

ソマリア
内戦継続中のため，最貧国に分類される。

西アフリカ諸国経済共同体(ECOWAS)

AU(アフリカ連合)本部

赤道ギニア
1995年より，石油やガスの輸出を開始。2017年 OPEC加盟。

ルワンダ
「アフリカの奇跡」

南部アフリカ開発共同体(SADC)

1人当たり国民総所得(GNI)(ドル)(2021年)
■5,000以上
■1,000〜5,000未満
■1,000未満
□資料なし

ガボン
石油収入が国家の財源。2016年 OPEC再加盟。

ボツワナ
ダイヤモンド生産国で，輸出額の多くを占める。

(世界銀行資料などによる)

(『貿易統計年鑑』などによる)

3 アフリカの人口

アフリカの平均寿命は世界一短く,幼児死亡率は世界一高い。その原因として衛生環境の整備の遅れと安全な水にアクセスできないこと,またサル痘をはじめ感染症のリスクが高く致死率が高いことがあげられる。アフリカ南部は,HIV(エイズ)感染者が極めて多いため,平均寿命は世界最低水準である。

◉安全な飲料水を利用できる人口の割合 (2020年)

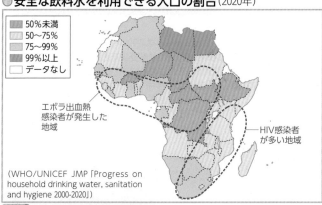

凡例:
- 50%未満
- 50〜75%
- 75〜99%
- 99%以上
- データなし

エボラ出血熱感染者が発生した地域

HIV感染者が多い地域

(WHO/UNICEF JMP「Progress on household drinking water, sanitation and hygiene 2000-2020」)

↑4 エボラ出血熱が西アフリカで感染拡大 2014年,致死率が極めて高いエボラウイルスが西アフリカで猛威をふるった。WHO (世界保健機関) は,「国際的に懸念される公衆衛生上の緊急事態」を宣言した。2019年,コンゴ民主共和国で再び流行している。

4 アフリカ支援

↑5 ブルキナファソで野球を教える青年海外協力隊員 日本ODA (政府開発援助)の一環としてJICA (国際協力機構) が実施する海外ボランティア派遣制度がある。アフリカでは日本型ボランティア支援が継続して実施されており,産業・医療支援に加えスポーツ,環境教育支援が増加している。2022年現在,全派遣隊員のうち50%がアフリカ諸国に派遣されている。

よりみち
Geography 栄養不足の子どもを救うプランピー・ナッツ

プランピー・ナッツ(plumpy' nut)は,重度の栄養不良状態の子どもを救うため開発された栄養治療食で,20年前にフランスで考案された。ピーナッツバターに似た味で,1袋約500キロカロリー,約45円,常温で保存でき,災害時にも利用できる。サヘル地域は最も危険度の高い飢餓状態を意味する「非常に深刻な栄養失調状態」の低体重の児童が多い。UNICEF(国際連合児童基金)は,サヘル諸国の児童の栄養改善を目指し,積極的に支援している。

↓6 「プランピー・ナッツ」を食べる子ども[エチオピア南部]

2 飢餓をゼロに

← 国連の持続可能な開発目標(SDGs)の目標2では,「2030年までにあらゆる形態の飢餓と栄養不良に終止符を打つこと」を狙いとする。

👀 FOCUS アフリカの紛争を解決するPKO活動

1960年は「アフリカの年」とよばれ,多くの独立国家が誕生した。植民地時代には,民族分布と関係なく国境が引かれたため独立以来,部族対立の武力紛争が頻発した。民族紛争は食料不足や環境破壊問題に加え,貧困をより加速させ,人々の生活を悪化させている。国際連合はPKO活動を通じて紛争を解決する活動をしている。

◉アフリカの民族紛争の歴史

年	事 項
1973	西サハラ問題
1983	スーダン内戦
1988	ソマリア内戦
1990	ルワンダ内戦
1998	コンゴ内戦
2003	ダールフール紛争
2011	リビア革命
2011	南スーダン内戦
2012	マリ内戦
2014	ナイジェリアテロ

◉国連平和維持活動 (PKO) の現況 (2022年3月末現在)

コソボ暫定行政ミッション
西サハラ住民投票監視団
キプロス平和維持隊
マリ多面的統合安定化ミッション
中央アフリカ多面的統合安定化ミッション
レバノン暫定隊
ゴラン高原兵力引き離し監視隊
インド・パキスタン軍事監視団
パレスチナ休戦監視機構
アビエ暫定治安部隊
南スーダン共和国ミッション
コンゴ民主共和国安定化ミッション

(注)国連安保理決議に基づいた12のPKO。
(『世界国勢図会』2022/23)

↑7 給水活動を行う国連南スーダン派遣団の自衛隊 [南スーダン] PKO (国連平和維持活動) は現在世界16地域で活動している。全16地域中,西アジア・アフリカが14地域を占め,部族や宗教対立により内戦を解決する活動を実施している。

(UNMISS提供)

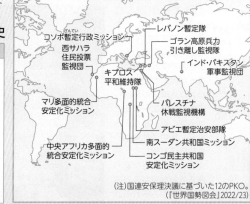

ヨーロッパの自然環境

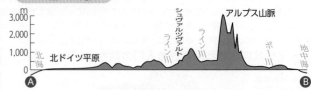

← ヨーロッパは低地の割合が多く，標高200m未満の地域が50%を超えている。そのため**ライン川**などの河川は重要な交通路となっている。南部には**アルプス山脈**(新期造山帯)をはじめ急峻な山脈が連なり，北部の**スカンディナヴィア山脈**(古期造山帯)やイギリスでは古く緩やかな山脈が多い。アイスランドとイタリアでは火山活動がみられ，アルプスとスカンディナヴィア山脈では氷河地形がみられる。

↑**1 地球の割れ目ギャウ[アイスランド]** **アイスランド**は世界有数の火山島で，プレートの引き裂かれる境界が島の中央を縦断している。時折，大噴火を起こし，航空交通に大きな影響を与えている。その割れ目を**ギャウ(ギャオ)**とよび，1年に数cmずつ拡大している。ユーラシアプレートと北アメリカプレートが分裂し，地球の反対側の日本列島でそのプレートは衝突する。

2 気 候

Q ノルウェー海岸地方が高緯度にもかかわらず温暖なのはなぜか。【93年本・第4問・問1】

● ヨーロッパの気候区

BS ステップ気候
Cs 地中海性気候
Cfa 温暖湿潤気候
Cfb・c 西岸海洋性気候
Df 亜寒帯湿潤気候
ET ツンドラ気候

● 雨温図掲載都市

1月の平均気温
−10℃
0℃ ------
10℃ ------

← ヨーロッパは高緯度にありながら**北大西洋海流**(暖流)の影響で温帯が広がる地域が多い。地中海沿岸は，夏季に中緯度高圧帯におおわれるため，夏少雨の気候で植生に乏しい。**西岸海洋性気候**の地域は，気温の年較差が少なく穏やかな気候で，人口が多くなっている。大西洋から離れた東ヨーロッパは，大陸性気候の**亜寒帯(冷帯)**が広がり冬の寒さが厳しい。

←**2 オランダのポルダー(干拓地)** オランダは国土の4分の1が**ポルダー**といわれる干拓地で，海面より低い土地が多く，排水のための**風車**が発達していた。また，干拓地は牧草地として利用され，**酪農**地帯となっている。砂丘地帯では，世界有数の花卉市場を背景として，集約的な**園芸農業**がさかんである。

● 雨温図

(気象庁資料などによる)

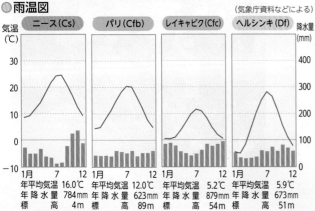

	ニース(Cs)	パリ(Cfb)	レイキャビク(Cfc)	ヘルシンキ(Df)
年平均気温	16.0℃	12.0℃	5.2℃	5.9℃
年降水量	784mm	623mm	879mm	673mm
標高	4m	89m	54m	51m

→**3 エーゲ海ミコノス島** ギリシャからトルコにかけての地域は，地殻変動の激しい地域である。侵食の進んだ陸地が沈水した複雑な海岸線が発達し，両国の間の**エーゲ海**には多数の岬と島がみられる。**地中海性気候**のため乾燥が激しく，白く厚い壁に小さな窓のある独特な家並みが広がる景観がみられる。

1 民族

↑1 **ゲルマン民族** ゲルマン系の代表的な国家であるドイツの，民族衣装を着た男女。

↑2 **ラテン民族** ラテン系の代表的な国家であるスペインの，カナリア諸島の衣装を着た男女。

↑3 **スラブ民族** スラブ系の代表的な国家であるウクライナの，ロギ村の民族衣装を着た男女。

●ヨーロッパの民族分布

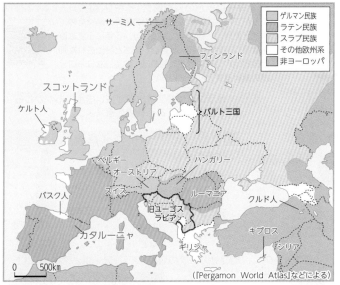

↓4 **カタルーニャの分離独立運動[スペイン]** カタルーニャ地方はスペインで最も豊かな自治州であるが，独自の歴史と言語を持つため，スペイン中央政府からの独立国家を目指す運動が活発になっている。(▶P.150 6)

2 宗教

Q 西ヨーロッパで，プロテスタントとカトリックの宗派人口が均衡している国を2か国答えよう。【18年B本・第3問・問1】

●ヨーロッパの宗教区分

(T.G.ジョーダン『ヨーロッパ文化』大明堂などによる)

3 主な国家の民族・宗教分布の特色

		ヨーロッパ系				非ヨーロッパ系
		ゲルマン系	ラテン系	スラブ系	その他	
キリスト教	プロテスタント	イギリス ノルウェー スウェーデン オランダ ドイツ	スイス		ラトビア	フィンランド エストニア
	カトリック	オーストリア	ベルギー フランス イタリア スペイン ポルトガル	ポーランド チェコ クロアチア	リトアニア アイルランド バスク	ハンガリー
	東方正教会		ルーマニア モルドバ	ロシア ウクライナ ブルガリア	ギリシャ キプロス	
イスラーム				ボスニア	アルバニア コソボ	トルコ

↑キリスト教の内訳をみると，ゲルマン系民族はプロテスタントが多く，ラテン系民族はカトリックが多く，スラブ系民族は東方正教会が多い。**スイス・キプロス**は多民族かつ多宗教の国家である。民族や宗教の境界を含む国家で紛争が発生することが多くなっている。(▶P.150 2)

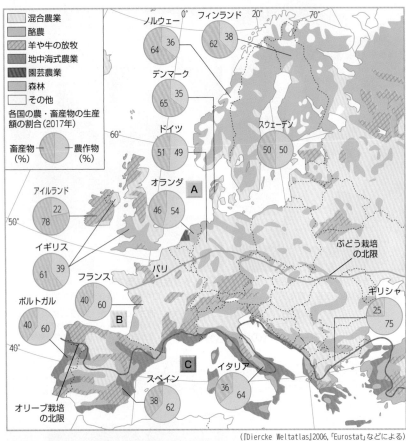

凡例:
- 混合農業
- 酪農
- 羊や牛の放牧
- 地中海式農業
- 園芸農業
- 森林
- その他

各国の農・畜産物の生産額の割合(2017年)

畜産物 — 農作物
(%) — (%)

ノルウェー 64 / 36
フィンランド 62 / 38
デンマーク 65 / 35
スウェーデン 50 / 50
ドイツ 51 / 49
オランダ 46 / 54
アイルランド 78 / 22
イギリス 61 / 39
フランス 40 / 60
ポルトガル 40 / 60
ギリシャ 25 / 75
スペイン 38 / 62
イタリア 36 / 64

ぶどう栽培の北限
オリーブ栽培の北限

（『Diercke Weltatlas』2006,「Eurostat」などによる）

1 ヨーロッパの農業形態

◆ ヨーロッパでは三圃式農業を起源とする，農耕と牧畜を結びつけた伝統的な農業形態である混合農業を基礎としたヨーロッパ型農業地域が成立した。冷涼な地方では乳牛を主とした酪農，温暖な南欧では果樹栽培に特色のある地中海式農業に分化した。(▶P.76) 都市化の進んだ西ヨーロッパでは，牧畜の割合が多い商業的・集約的な混合農業と園芸，東ヨーロッパでは作物の割合が大きい自給的・粗放的な混合農業が小規模に営まれている。EUの共通農業政策(CAP)により農業の保護政策が実施されているため，農産物輸出国であるアメリカやカナダなどから批判の対象となっている。

↑1 ヨーロッパの農村風景 [イギリス] ヨーロッパでは，冷涼な気候と地力の消耗を防ぐため，耕地を夏作，冬作，休閑地に分け，3年に1度家畜を放牧して地力を蓄えてきた。整然と区画された畑と放牧地の交互に広がる風景は，典型的なヨーロッパの農村風景となっている。

▼オランダのチューリップ

Q オランダの農業輸出額が狭い国土にもかかわらず世界有数である要因を答えよう。

2 ヨーロッパの農業区分

A 酪農	B 混合農業	C 地中海式農業
<分布地域> イギリス オランダ スイス など	<分布地域> フランス ドイツ イタリア北部 など	<分布地域> イタリア スペイン ギリシャ フランス南部 など
チーズ 牛乳	ソーセージ パン ビール	ワイン パスタ オリーブ油

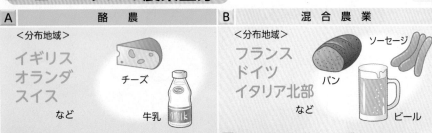

↓2 牧場の乳牛と風車 [オランダ・アルクマール]

↓3 豚の飼育 [ドイツ・ハーヴィックベック]

↓4 オリーブの収穫 [フランス・ヴォクリューズ]

チーズ

オリーブの実

3 農牧業の特色

● 主な国の家畜飼育頭数 (2021年)

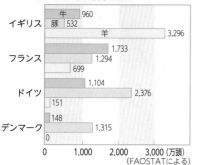

イギリス
- 牛 960
- 豚 532
- 羊 3,296

フランス
- 1,733
- 1,294
- 699

ドイツ
- 1,104
- 2,376
- 151

デンマーク
- 148
- 1,315
- 0

0　1,000　2,000　3,000 (万頭)
(FAOSTATによる)

● EUの共通農業政策…農業共通市場と農産物価格の統一

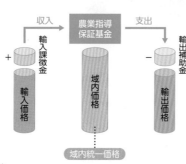

収入 → 農業指導保証基金 → 支出

輸入課徴金 + 輸入価格 → 域内価格 ← 輸出補助金 − 輸出価格

域内統一価格

- 域内の市場を統一した形での価格政策。域内農産物の自由な移動・流通
- 共通基金を設け、農業関連財政をそこから支出する。
- 対外的には共通政策でのぞみ、域内農産物を保護する。

農業生産性の高いフランスなどの動き

生産性の低い国の価格にあわせ域内統一価格を設定 ▶ 生産性の高い国において、供給過多によって市場価格が下落しても、域内統一価格を守るために、EUが最低保証価格で買い支える。

域内価格の決定

生産性の低い国の価格 / 高い国の価格 — 域内統一価格

▼ 増産により利潤は確実に増加

▼ 過剰生産が起こる (小麦・ワインなど)

● 主な農作物・加工品の生産高 (2021年)

ライ麦 1,322万t
- ドイツ 25.1%
- ポーランド 18.7
- ロシア 13.0
- ベラルーシ
- デンマーク 5.1
- 6.4
- ウクライナ 4.5
- その他 27.2

てんさい 2億7,016万t
- ロシア 15.3%
- フランス 12.7
- ドイツ 11.8
- トルコ 6.8
- ポーランド 5.7
- アメリカ合衆国 12.3
- その他 35.4

オリーブ 2,305万t
- スペイン 35.8%
- イタリア 9.8
- トルコ 7.5
- モロッコ 6.9
- ポルトガル 4.2
- エジプト 6.0
- その他 29.8

ぶどう 7,352万t
- 中国 15.2%
- イタリア 11.1
- スペイン 8.3
- フランス 7.5
- アメリカ合衆国 6.9
- トルコ 5.0
- その他 46.0

チーズ (2020年) 2,595万t
- アメリカ合衆国 24.0%
- ドイツ 12.2
- フランス 8.6
- イタリア 5.1
- ポーランド 3.4
- オランダ 3.8
- その他 42.9

(FAOSTATによる)

ヨーロッパの小麦栽培と牛・羊の飼育は、ヨーロッパの植民地政策とともに新大陸など世界各地に広く伝播していった。一方、冷涼な地域で生産される**ライ麦・てんさい**と、地中海地方で生産される**ぶどう**や**オリーブ**などの果樹は、ヨーロッパの占める割合が高い。その後、新大陸から**ばれいしょ・トマト・ひまわり**が伝来し、ヨーロッパの食材に混じり合い、現在ではヨーロッパの生産量が上回っている。

4 主な農牧業地域

↑5 移牧 [スイス] アルプス山脈地方では、U字谷の上方になだらかな**アルプ**とよばれる草原が広がっている。スイスでは毎年、牛の**垂直移牧**を営み、冬に屋内で飼っていた牛を夏にアルプで放牧し、仮小屋で**チーズ**を生産している。

↑6 ヴルスト生産 [ドイツ] ドイツの豚の飼育頭数はEU最大で**ヴルスト**(ソーセージ)の生産が多い。やせ地の多い北部ではライ麦・ばれいしょの栽培が主で、肥沃な南部では小麦栽培がさかんで、**ビール**はこの国の伝統的飲料である。

↑7 小麦栽培 [フランス] フランスはEU最大の穀物生産国で、北部のノルマンディー地方から**パリ盆地**は「**EUの穀倉**」という小麦栽培地域である。中部から南部ではぶどう栽培がさかんで、フランス料理には**ワイン**と**チーズ**が欠かせない。

↑8 花卉栽培 [オランダ] オランダは世界有数の園芸農業国で、高度な栽培技術を活用した温室施設で、**花卉**が集約的に栽培されている。ヨーロッパの中心に位置し、陸路・水路・空路で各国に輸出される。付加価値の高い臨空型農業でもある。

ヨーロッパの鉱工業

1 ヨーロッパの資源

↑1 北海油田 ノルウェーとイギリスの経済水域境界に**北海油田**は立地する。1960年から開発が始まり，石油危機による原油価格高騰により莫大な海底採掘コストをかけても利益があがるようになってきた。

◀ ヨーロッパは石炭と鉄鉱石に恵まれ，18世紀の**産業革命**時代には内陸部の原料（資源）産地に重工業地域が形成された。世界に植民地を拡大させた19世紀には河川と海洋交通を結合した港湾に工業都市が栄えた。第二次世界大戦後は石油へのエネルギー転換により，臨海地域に新しい工業地域が立地した。ロンドンからブリュッセル～ミラノにかけての湾曲した地域は「**青いバナナ**」（ブルーバナナ）（▶P.227）とよばれるヨーロッパで最も経済発展している地域となっている。また地球温暖化対策で再生エネルギーを急速に拡大している。しかしウクライナ戦争によりグリーンエネルギー政策の見直しを迫られている。

● 主な国の資源と発電割合

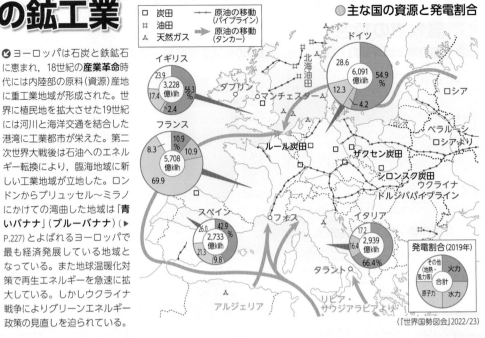

	炭田	原油の移動（パイプライン）
油田		原油の移動（タンカー）
天然ガス		

ドイツ　6,091億kWh　28.6　54.9%　12.3　4.2

イギリス　3,228億kWh　23.9　56.3%　17.4　2.4

フランス　5,708億kWh　10.9　10.9　8.3　10.9　69.9

スペイン　2,733億kWh　26.0　42.9%　21.3　9.8

イタリア　2,939億kWh　17.2　66.4%　16.4

北海油田　ダブリン　マンチェスター　ルール炭田　ザクセン炭田　シロンスク炭田　ウクライナ　ドルジバパイプライン　ロシア　ベラルーシ　フォス　タラント　アルジェリア　リビア・サウジアラビアより　ロシアより

発電割合（2019年）
その他（地熱・風力等）／火力／合計／原子力／水力

（『世界国勢図会』2022/23）

2 ヨーロッパの大企業

石油精製部門　シェル
本社：ロンドン（イギリス）

→2 東南アジアで油田開発した英企業シェルと，オランダ領東インド（インドネシア）で油田開発したロイヤルダッチが業務提携合併して設立した。国際石油資本の一員として世界各国で油田開発を進めた。世界企業売上高ランキングで世界15位（2021年）。ヨーロッパ最大の総合エネルギー関連企業として，天然ガス・太陽電池・水素開発・風力発電にも積極的に投資している。

食品部門　ネスレ
本社：ヴェヴェイ（スイス）

→4 スイスのアンリネスレは乳製品企業を設立した。1938年ネスカフェ（インスタントコーヒー）を主力製品として，欧米社会の食品業界最大手に成長した。その後，買収合併を繰り返した結果，アイスクリーム，ドリンク，キットカットの食品部門・薬品部門で世界最大級の巨大企業となった。世界企業売上高ランキング食品部門で世界1位（2020年）。

航空部門　エアバス（▶P.92③）
本社：トゥールーズ（フランス）

→3 エアバス社はアメリカが独占していた航空機生産に対抗するため，フランスと西ドイツ（当時）企業の出資で設立された企業をルーツとしている。現在はEU4か国（仏独英西）の協同企業となっている。航空機最終組み立て工場はフランス南部の**トゥールーズ**とドイツのハンブルクに立地。世界の大型民間航空機生産は，アメリカボーイング社とEUエアバス社に絞られ，過酷な受注競争のため技術開発競争が著しい。

自動車部門　フォルクスワーゲン
本社：ウォルフスブルク（ドイツ）

→5 ヨーロッパ最大の自動車企業であるフォルクスワーゲン（国民車）社は，1937年ナチス政権の独裁者ヒトラーにより設立された。戦後民営化され，ビートルを祖とし，ゴルフ，ポロなど燃費のよい小型車が世界で大ヒットし，世界有数の多国籍企業へ躍進した。中南米と中国市場でシェアが高く，ヨーロッパ連合域内では積極的にスペインや東欧に，業務提携や経営統合により製造拠点を配置している。

3 ヨーロッパの伝統的工業地域

↓6 ロッテルダム［オランダ］　オランダの**ロッテルダム**はヨーロッパ最大の貿易港で，EUの中心であるライン川河口に位置し，造船・鉄鋼・機械・精油所や石油化学工業が発達している。**ユーロポート**は世界有数のコンテナターミナルで**中継貿易**がさかんである。（▶P.108④）

↓7 パリ［フランス］　パリはミラノ，ニューヨークと並ぶ世界三大ファッション都市と呼ばれ，付加価値の高い服飾や装飾品，化粧品産業の発信地とされる。写真は2020年3月に開催された「Alexander McQueen」秋冬コレクション。

4 ヨーロッパの工業都市

◉各国の主な工業地域

イギリス	ランカシャー地域 バーミンガム地域 ロンドン地域	マンチェスター，リヴァプール バーミンガム，コヴェントリ ロンドン
フランス	アルザス・ロレーヌ地域 パリ地域 地中海地域	メス，ナンシー パリ マルセイユ，フォス
ドイツ	ルール地域 ザクセン地域	エッセン，デュッセルドルフ ドレスデン，ライプツィヒ
イタリア	イタリア北部 イタリア南部	ミラノ，トリノ，ジェノヴァ タラント，ナポリ
オランダ	ロッテルダム	ロッテルダム，アイモイデン
スペイン	バルセロナ	バルセロナ

◉ヨーロッパ主要国のロシア資源依存度（2020年）

	石炭(%)	石油(%)	天然ガス(%)	エネルギー自給率(%)
イギリス	36	11	5	75
ドイツ	48	34	43	35
フランス	29	0	27	55
イタリア	56	11	31	25

（経済産業省資料などによる）

Q ①東ヨーロッパ諸国へ外国企業の製造業拠点が増加している要因を答えよう。【07年B追・第4問・問4】

← 新しい工業地域は西欧から南欧へ移行し，スペイン北部からフランス南岸〜イタリア北部「**第三のイタリア**」に連なる地中海岸地域の工業が発展している。先端産業地域は**アイルランド**，イギリス北部，フランス南部(**トゥールーズ**)に立地している。

← ヨーロッパ諸国はエネルギー資源のロシア依存が極めて高い。ウクライナ戦争により石油・天然ガスのロシア以外の調達先を再考している。

◉ヨーロッパの鉱工業

凡例：• 主な工業都市　■ 主な工業地域　工業地域名

（地図中ラベル）グラスゴー，マンチェスター，ストックホルム，イェーテボリ，リヴァプール，ランカシャー，青いバナナ，ブリュッセル，ロッテルダム，デュースブルク，ハンブルク，ヴォルフスブルク，ベルリン，バーミンガム，ルール，エッセン，ロンドン，ダンケルク，ルアーヴル，デュッセルドルフ，プラハ，パリ，メス，ロレーヌ，シロンスク，ミュンヘン，トゥールーズ，フォス，ミラノ，トリノ，マドリード，ジェノヴァ，第三のイタリア，バルセロナ，マルセイユ，フィレンツェ，工業の三角地帯，ヨーロッパのサンベルト，ナポリ，タラント

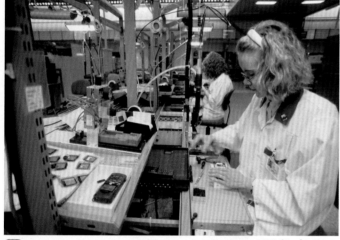

↑8 フィンランドのハイテク産業　フィンランドは従来の製紙パルプ産業から情報通信産業へ主力産業がシフトし，インターネット分野・携帯電話分野で世界最高水準に達している。オウル市は「**フィンランドのシリコンヴァレー**」とよばれ，電気通信機器のNOKIA社など800以上のハイテク企業が集中している。

↑9 フィレンツェの靴工房　中部イタリアのフィレンツェ周辺は，「**第三のイタリア**」とよばれる中小企業や職人による付加価値の高い伝統工芸工業がさかんである。衣類，家具，皮革製品など手作りにこだわる技術分野に，中国資本が急速に進出したため，イタリアブランドの独自性が失われつつある。

5 北ヨーロッパ諸国の産業

◉主な国の資源・産業と発電割合

（図：ノルウェー　2.2%／1,353億kWh／93.4　風力）

（スウェーデン　風力　11.8／9.7%／1,684億kWh／38.8／39.3）

（フィンランド　37.8／34.8／18.1／686億kWh　NOKIA）

（アイスランド　地熱31.2／68.8%／191億kWh（2020年）　火山と氷河，森林面積0.5%，魚介類（たら，にしん），アルミ）

キルナ鉄山△／マルムベリェト△（イェリヴァレ）／鉄山／紙類・木材，造船，自動車（VOLVO）／森林面積73.7%／紙類・木材，電気通信機器（NOKIA）／オウル

（デンマーク　風力54.9／295億kWh／42.0%　紙類，精肉）

魚介類（たら，さば），アルミ／魚介類（たら，さば），アルミ

発電割合（2019年）：その他（地熱・風力など），火力，合計，原子力，水力

凡例：△ 鉄鉱石　⊞ 油田　▲ 天然ガス

（『世界国勢図会』2022/23 などによる）

Q ②ノルウェーはなぜ水力発電の割合が大きいのだろう。【18年B本・第5問・問3】

↓10 アイスランドの地熱発電　アイスランドは火山島のため**地熱発電**がさかんで，低炭素社会がすでに確立されている。写真はブルーラグーンといわれる世界最大の露天風呂保養施設（後方は地熱発電所）。

Q アイスランドとノルウェーがEUに非加盟なのはなぜだろうか。【06年B追・第6問・問3】

●EUのあゆみ

年	事　項
1945	第二次世界大戦終戦
1948	ベネルクス関税同盟
1950	シューマンプラン
1952	ECSC(ヨーロッパ石炭鉄鋼共同体)結成
1957	ローマ条約
1958	EEC(ヨーロッパ経済共同体)結成
	EURATOM(ヨーロッパ原子力共同体)結成
1960	EFTA(ヨーロッパ自由貿易連合)結成
1967	EC(ヨーロッパ共同体)結成　3組織の統合
1973	第1次拡大(北欧諸国)
1981	第2次拡大(南欧諸国)
1986	第3次拡大(南欧諸国)
	ベートーベン「歓喜の歌」ヨーロッパの歌制定
1989	ベルリンの壁崩壊
1990	ドイツ統一(東ドイツ地域EC併合)
	東欧民主革命(社会主義の崩壊)
1991	ソ連崩壊
1992	マーストリヒト条約　域内市場統合完成
1993	EU(ヨーロッパ連合)結成
1995	第4次拡大(北欧諸国)
	シェンゲン協定(労働力の自由移動)(注)
2002	統一通貨ユーロ導入(注)
2004	第5次拡大(東欧諸国)
2007	第6次拡大(東欧諸国)
2010	ギリシャ経済危機
2015	シリア難民急増
2020	イギリスEU離脱協定批准
2022	ロシアのウクライナ侵攻
	EU対ロシア・ベラルーシ経済制裁発動

(注)EU加盟国と施行国家は異なる。

1　EUの拡大と組織

◆ヨーロッパ統合は，ドイツ・フランスの「戦争の反省」から始まった。両国の協力により，平和を維持するため3つの機関が統合し，ECが誕生した。一方，EECに参加しなかったイギリスの提唱で発足したEFTAは，1973年以降ECとの統合が進んだ。2023年現在，EFTAの加盟国は4か国。

1990年代の社会主義崩壊後，旧共産圏の東欧諸国はEUに加盟を果たし，2013年には加盟28か国の巨大な市場が成立した。並行して加盟国統合の深化が実施され，共通の農業政策や域外関税，また資本や労働力の移動，通貨統合が実施された。現在，食品表示，環境政策や人権保護などに関するEUスタンダード(ヨーロッパ連合基準)は，世界に大きな影響を与えている。移民問題を背景として，EU懐疑派の勢力が各国で増加している。

●EU加盟国とEFTA加盟国，NATO加盟国

(2023年6月)

◆EUの旗

EU加盟国　(▶P.148)
- 原加盟国
- 1973年加盟国
- 1981年加盟国
- 1986年加盟国
- 1990年加盟国(旧東ドイツ)
- 1995年加盟国
- 2004年加盟国
- 2007年加盟国
- 2013年加盟国
- EFTA加盟国
- 2020年離脱国
- NATO加盟国

EU加盟申請国
アルバニア，北マケドニア，セルビア，トルコ，モンテネグロ (計5か国)

(注) NATO (北大西洋条約機構) は加盟国の安全を保障する軍事組織。加盟国は地図中の下線で示した国，アメリカ合衆国，カナダの30か国。フィンランド，スウェーデンもNATOに加盟予定。

(地図の国名：ノルウェー，アイスランド，スウェーデン，フィンランド，ロシア，デンマーク，エストニア，ラトビア，リトアニア，オランダ，アイルランド，イギリス，ベルギー，ドイツ，ポーランド，オーストリア，スロバキア，ルクセンブルク，チェコ，ハンガリー，ルーマニア，フランス，スロベニア，セルビア，ブルガリア，ポルトガル，クロアチア，イタリア，北マケドニア，スペイン，モンテネグロ，ギリシャ，トルコ，シリア，マルタ，アルバニア，キプロス)

0　500km

●主な組織

	名　称	場　所	内　容
A	EU本部	ブリュッセル(ベルギー)	ヨーロッパ委員会法案作成，条約遵守状況の監視，EU政策と国際貿易管理執行EU理事会，加盟国首脳の定期的な会合(法制定，政策目標の設定，政策調整，紛争解決)
B	ヨーロッパ議会	ストラスブール(フランス)	加盟国市民の直接選挙によって選出される唯一の機関
C	ヨーロッパ司法裁判所	ルクセンブルク(ルクセンブルク)	加盟各国の最高裁の上位に位置づけられる機関
D	ヨーロッパ中央銀行	フランクフルト(ドイツ)	ユーロ導入後，物価安定のためのマネーサプライ政策を主要な任務とする

◆1 EU本部ビル　**市場統合**を目的に発展してきたEUは，ヨーロッパ連合条約に従い共通外交・安全保障・警察司法協力などの協力を目指している。国家主権の一部を委譲し，域外に対し統一的な通商政策を実施する，世界最大の単一市場を形成している。本部は**ブリュッセル**におかれ，将来の政治統合を視野に入れている。　(外務省資料より)

2　ヨーロッパ単一通貨ユーロ

●制定過程

国家により通貨が異なると，国境を越える度に両替をしたり，手数料等で減損するなど，不便であった。そこで，1979年の欧州通貨制度(EMS)創設により，欧州通貨単位(ECU)が通貨統合を目的に導入された。その後，1994年に欧州通貨機構(EMI)が創設され，1995年に通貨の名称をユーロ(EURO)と決定し，1999年本格導入された。当初，ギリシャ(2002年加盟)，イギリス，デンマーク，スウェーデンはユーロ参加を見送ったが，2002年から流通が始まった。2023年6月現在，EU加盟国27か国のうち，ユーロ導入に参加していないのは7か国。EU加盟国の中で財政状況が大きく異なるため，単一通貨ユーロの存続を危ぶむ声もある。

→ユーロのシンボル

€

↓2 ユーロの硬貨と紙幣

●EU内のユーロ導入国と非導入国の通貨単位

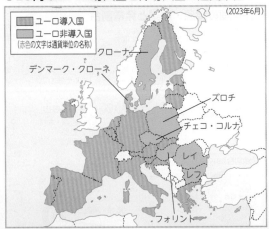

(2023年6月)

- ユーロ導入国
- ユーロ非導入国 (赤色の文字は通貨単位の名称)

クローナ
デンマーク・クローネ
ズロチ
チェコ・コルナ
レイ
レフ
フォリント

(注)コソボは独自にユーロを導入。クロアチアは2023年1月よりユーロ導入。

1 EUの発展と労働力の移動

人口・国内総生産（GDP）の比較

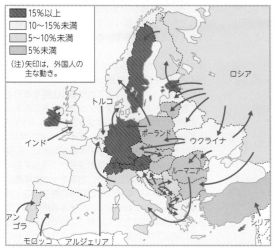

人 口
- 1973年: EC（9か国）2.57、アメリカ合衆国 2.10、日本 1.08
- 2022年: EU（27か国）4.45、3.38、1.24

GDP（兆ドル）
（注）1973年はGNP，2021年はGDPの数値。
- 1973年: 1.13、1.29、0.44
- 2021年: 23.32、17.18、4.94

（世界銀行資料などによる）

↑ EUは人口では世界の6％，GDPでは18％を占め，これはUSMCA（米国・メキシコ・カナダ協定）の経済規模に迫る。経済政策に関して加盟国から権限が委譲され，超国家的政策をとっている。世界最大のFTA（自由貿易協定）の集合体でもあり，EUの貿易総額は世界の30％を占めている。

ヨーロッパ諸国の外国人人口割合（2015年）

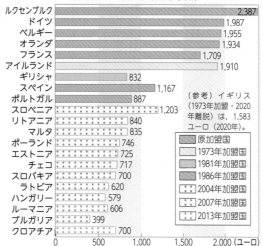

- 15%以上
- 10～15%未満
- 5～10%未満
- 5%未満

（注）矢印が，外国人の主な動き。

（国連資料などによる）

↑1 イギリスのEU離脱（ブレグジット）を祝う人々　イギリスは2020年1月，EU（ヨーロッパ連合）離脱協定に署名した。そのためイギリスは新型コロナウイルス対策中EUと多様な協議を余儀なくされ，「合意なき離脱」となった場合は関税や北アイルランド国境問題など混乱が危惧される。

2 EUの課題

おもなEU加盟国の最低賃金（月給）（2023年）

国	最低賃金（ユーロ）	加盟区分
ルクセンブルク	2,387	原加盟国
ドイツ	1,987	原加盟国
ベルギー	1,955	原加盟国
オランダ	1,934	原加盟国
フランス	1,709	原加盟国
アイルランド	1,910	1973年加盟国
ギリシャ	832	1981年加盟国
スペイン	1,167	1986年加盟国
ポルトガル	887	1986年加盟国
スロベニア	1,203	2004年加盟国
リトアニア	840	2004年加盟国
マルタ	835	2004年加盟国
ポーランド	746	2004年加盟国
エストニア	725	2004年加盟国
チェコ	717	2004年加盟国
スロバキア	700	2004年加盟国
ラトビア	620	2004年加盟国
ハンガリー	579	2004年加盟国
ルーマニア	606	2007年加盟国
ブルガリア	399	2007年加盟国
クロアチア	700	2013年加盟国

（参考）イギリス（1973年加盟・2020年離脱）は，1,583ユーロ（2020年）。

（注）法律で最低賃金が定められている国のデータ。（Eurostatによる）

← EUの加盟国間の経済格差は増大しつつあり，一般に西欧など古くからの加盟国は国民所得が高く，加盟が新しい南欧・東欧国家は国民所得が低い傾向にある。

かつては労働力をイギリスはアイルランドやインド，フランスは旧植民地の西アフリカ地域とポルトガル，またドイツではトルコなどから大量に受け入れていた。社会主義崩壊後，東欧のEU加盟により域内での国境検問がないシェンゲン協定地域となり労働力の移動が自由となった。そのため，ポーランドから賃金の高いドイツ，イギリスへの労働力の流れが顕著である。ただし，EUは2011年，シェンゲン協定を見直し，緊急時に限って国境審査を再開することとした。

👀 FOCUS　新型コロナウイルス感染症に苦しむヨーロッパ

新型コロナウイルス（COVID-19）は中国で感染爆発後，ヨーロッパ，北アメリカ，南アメリカへと世界中に拡大しパンデミック（世界的流行）となった。ヨーロッパ諸国ではイタリア，スペイン，フランス，イギリスの被害が大きい。EUの売り物である域内相互の資本労働力の移動が停止し，国境に再び壁ができた。そのためEU経済の1割を占める観光産業や，オペラやフットボール等の文化芸術産業が壊滅的打撃を受けた。新たにロシアのウクライナ侵略によるエネルギー危機のため経済停滞の長期化が予想されている。

新型コロナウイルス国別感染者数

順位	国名	感染者数（万人）
1	アメリカ合衆国	10,380
2	インド	4,469
3	フランス	3,987
4	ドイツ	3,825
5	ブラジル	3,709
6	日本	3,333
7	韓国	3,062
8	イタリア	2,560
9	イギリス	2,466
10	ロシア	2,209

（注）2023年3月10日現在。
（ジョンズ・ホプキンス大学資料による）

新型コロナウイルス感染者数の推移（大陸別）

- アメリカ
- 東南アジア
- ヨーロッパ
- 地中海東岸
- アフリカ
- 西太平洋

（注）4週間ごとの感染者数　（WHO資料による）

↓2 ロックダウン中のミラノのドゥオーモ広場［イタリア］　ヨーロッパのオーバーシュート（感染爆発）は北イタリアで始まった。都市ではロックダウン（都市封鎖）を実施，経済活動が制限された。

（2020年3月）

↓3 テドロスWHO事務局長　WHO（世界保健機関）はジュネーブに本部をおく国連機関で，人々の健康水準の向上や感染症対策を主務とする。新型コロナウイルス対策ではパンデミック宣言の遅れなど，対応が不十分な点が指摘されている。

1 地 形

クリュチェフスカヤ山

断面図：
m 6,000 / 4,000 / 2,000 / 0

ハンテングリ山6,995
テンシャン山脈
カザフ高原
セミパラティンスク
ノヴォシビルスク（シベリア鉄道）
西シベリア低地
80°Eに沿った断面図
北シベリア低地
ディクソン
エニセイ川河口
オビ川
北極海
A — B

↑1 エニセイ川 バイカル湖から唯一流れ出るアンガラ川はエニセイ川に注ぎ北極海へ流れ出る。冬季完全に凍結したエニセイ川は春になると上流から解氷し、下流部がツンドラ地帯のため**融雪洪水**となる。1年間の河川流量の50%が5月と6月に集中している。（▶P.54）

↑2 カムチャツカ火山群 カムチャツカ半島は**環太平洋造山帯**に属する地域で、火山の発達が著しく、「火山の博物館」といわれ世界自然遺産に指定されている。最高峰クリュチェフスカヤ山（4,750m）は現在でも大爆発を繰り返す**成層火山**で、砕屑物によりたえず成長を続けている。

←ロシアはユーラシア大陸の北半分を占め、東西1万kmを超え、時差は最大10時間になる広大な地域である。古期造山帯の**ウラル山脈**を境界として西がヨーロッパ、東がアジアに分類される。

北極圏に属する北部には**ツンドラ**（永久凍土）が広がり、人口は希薄である。**タイガ**（亜寒帯林）の中をオビ、エニセイ、レナの大河が北流し、これらの河川は融雪の春に水量が爆発的に増加する。

極東地域は新期造山帯で、**カムチャツカ半島**は火山地帯である。平坦な構造平野の**東ヨーロッパ平原**はロシアの中枢地域で、**ヴォルガ川**は海に流出しない内陸河川でカスピ海に注いでいる。周囲を海に囲まれているが、**不凍港**はウラジオストクとムルマンスクに限られ、冬のオホーツク海とバルト海は流氷に閉ざされる期間が長い。大陸内部は気温の変化が激しく、特に冬季の気温が低くなる。世界で平均気温が特に低い首都は、カザフスタンのアスタナとモンゴルのウランバートルである。いずれも隔海度が高い。

地図（標高凡例）
3,000m〜 / 2,000m〜 / 1,000m〜 / 500m〜 / 200m〜 / 0m〜 / 〜0m

0 — 1,000km

Q 永久凍土がシベリア南部まで分布している要因は何だろうか。【17年B追・第4問・問1】

2 気 候

●ロシアの気候区

●雨温図掲載都市

BW	砂漠気候
BS	ステップ気候
Cs	地中海性気候
Cfa	温暖湿潤気候
Cfb	西岸海洋性気候
Df	亜寒帯湿潤気候
Dw	亜寒帯冬季少雨気候
ET	ツンドラ気候

↑緯度に沿って気候帯が分布している。一般に厳しい**大陸性気候**で、気温の年較差は東部地方で大きく、世界の**寒極**といわれる極東地方のオイミャコンでは年較差が100℃に達することもある。中央アジア地域では**ステップ**（草原）が広がり、隔海度が高く乾燥が激しい。

○雨温図

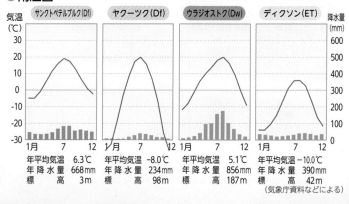

サンクトペテルブルク(Df)
年平均気温 6.3℃
年降水量 668mm
標高 3m

ヤクーツク(Df)
年平均気温 −8.0℃
年降水量 234mm
標高 98m

ウラジオストク(Dw)
年平均気温 5.1℃
年降水量 856mm
標高 187m

ディクソン(ET)
年平均気温 −10.0℃
年降水量 390mm
標高 42m

（気象庁資料などによる）

1 ロシアの歴史と文化

● ロシアの地域区分（連邦管区）

↑ ロシアは人口1.5億人で，8割近くはロシア人である。南部には**トルコ系**，カフカス系，内陸部と北極海沿岸地域には**モンゴル系**の少数民族が暮らしている。2000年ロシアは7つの**連邦管区**を設置した。ヨーロッパ地域は本部サンクトペテルブルクの北西管区，本部モスクワの中央管区，沿ヴォルガ管区，南部管区，アジア地域はウラル管区，シベリア管区，極東管区に区分された。

↑1·2 **聖ワシリー大聖堂とイコン（右上）** ロシア正教は東方正教会の一派で，**イコン**（聖画）を信仰するキリスト教である。またギリシア文字から**キリル文字**を作成し，ともにロシア民族の象徴となっている。ロシア帝国時代には国家により聖職者・教会は保護され，モスクワのクレムリン（王宮）に聖ワシリー大聖堂が建設された。ソ連時代の社会主義政権により，ロシア正教は迫害され教会は閉鎖された。現在，ロシア正教は国家権力と結合し，勢力を伸ばしている。

2 ロシアの民族構成

● 州別ロシア人の人口比率

Q ロシア人の人口比率が高い地域には，どのような特色があるだろうか。【01年B追・第1問・問4】

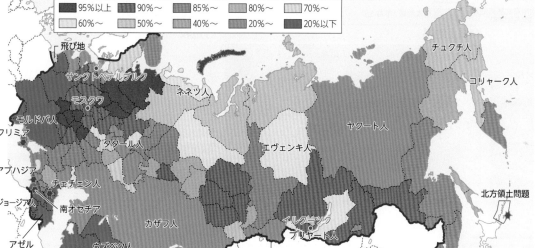

凡例：95%以上／90%～／85%～／80%～／70%～／60%～／50%～／40%～／20%～／20%以下

（ロシア国家統計局資料による）

● ロシアの民族構成

ウクライナ系 1.4
その他 17.2
タタール系 3.7
2010年
ロシア人 77.7%

（『世界年鑑』2023）

● ロシアの人口ピラミッド

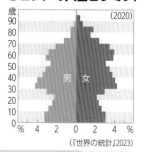

（2020）歳／男／女
（『世界の統計』2023）

よりみち Geography　クリミア大橋

↑3 **ロシア本土とクリミア半島を結ぶクリミア大橋が開通** ロシアが一方的に編入したクリミア半島が飛び地となったため，ロシアは全長18.1kmのケルチ海峡を越える鉄橋を急いで建設し，2018年5月に開通した。これによりクリミア半島への陸上輸送路が確保され，黒海沿岸の良港を持つ半島のロシア化が進み，ウクライナは反発している。

🔭 FOCUS 大国の狭間で独立を得たバルト三国

● バルト三国と周辺の国々

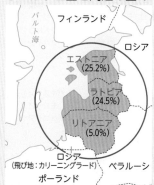

バルト海／フィンランド／ロシア／エストニア（25.2%）／ラトビア（24.5%）／リトアニア（5.0%）／ロシア（飛び地：カリーニングラード）／ベラルーシ／ポーランド

（注）三国の（ ）内の数値は，各国のロシア人の割合（2021年，エストニアのみ2011年）。

● バルト三国の歴史

年	事項
18世紀	ロシア帝国領となる
1917	ロシア革命
1918	ロシアから独立
1922	ソビエト連邦成立
1939	第二次世界大戦開戦
1940	ソビエト連邦に編入「暗黒時代」
1991	ソビエト連邦解体 独立宣言
2004	NATO・EU加盟 ユーロ導入
2022	ウクライナ戦争

← バルト海に面した三国は，大国から長い間支配を受けてきた。（エストニアはフィンランドと同系民族，ラトビアとリトアニアはバルト系民族）ソビエト連邦時代には「暗黒時代」といわれ，強権的な支配を受けてきた。ソ連解体により独立を果たした後，脱ロシアを進め，ドイツ鉤十字，ソ連鎌と槌の表示は禁止とした。同時に西側諸国の仲間入りをめざし，NATO・EUに加盟しユーロを導入した。もはや「旧ソ連」ではないバルト三国は，ウクライナ戦争でロシアへの警戒を一段と強め，国内ロシア人勢力援助を口実としたロシアの侵略をおそれている。

カリーニングラードはロシアの飛び地で，新たな火種となっている。

地誌 ロシア

穀物は中東北アフリカへ

サンクトペテルブルク

モスクワ

イルクーツク

耕作限界

1月の平均気温 −30℃

年降水量 250mm

1月の平均気温 0℃

0 1500km

(J.C.Dewdaneyほか)

集約的穀物地域	混合農業地域	灌漑農業地域（主に綿・米など）	主にトナカイの遊牧
粗放的穀物地域	酪農地域	ヤクート穀物牧畜地域	林業地域
小麦の主産地	地中海式農業地域（主に園芸農業）	放牧地域（羊など）	

→ ロシアは国土のほとんどを亜寒帯（冷帯）と寒帯が占めており，農業の可能な地域は，南部の東西に連なる細長い地域に限られる。比較的暖かい地域では小麦，ライ麦，てんさい，ばれいしょなどと牛豚を飼育する**混合農業**が営まれる。東部のシベリアでは，粗放的な混合農業が営まれライ麦を中心とする穀物が中心となる。ウクライナからカザフスタンに広がる黒土地帯（**チェルノーゼム**）は世界有数の穀物栽培地域が広がり，寒冷な北極海岸のツンドラ地域はトナカイの遊牧，乾燥した中央アジアでは羊・ラクダの遊牧が営まれる。

↑1 ロシアのダーチャ 都市に住むロシア人は**ダーチャ**（菜園付き別荘）をもつことが多く，週末に農作業をして楽しむ。秋には保存食を作り，長く厳しい冬に備える。

Ⓐ酪農地域

↑2 ロシアの酪農地域 冷涼で短い夏に栽培される作物は限られ，穀物のほかにばれいしょ，てんさい，飼料作物を栽培している。

Ⓑ黒土地帯

↑3 ウクライナ小麦地域 ウクライナには肥沃な**チェルノーゼム（黒土）**が広がり，大規模な機械化した穀物農業を営み，「ヨーロッパのパン籠」といわれている。戦争により農地は荒廃し深刻な打撃を受けている。

Ⓒ遊牧

↑4 遊牧 北極海岸にはネネツ・チュクチ族など**トナカイ**の遊牧民が居住している。トナカイの毛皮で作った**ヤランガ**とよばれる移動式住居を使用して季節により移動しながら暮らしている。（▶P.51）

2 農業組織の変遷

←5 **豊かな食品売場** ソ連社会主義時代のコルホーズ，ソフホーズがロシア「農業組織」にひきつがれた。大規模経営の穀物は大輸出国となったが，小規模な農家や個人副業経営による果実，野菜，乳製品は自給ができず輸入にたよる。石油収入が潤沢な時代には輸入食品が豊富であったが，経済制裁により，物価高騰が進行している。

●ウクライナの穀物輸出先（2021年）

	億ドル
中国	24.91
エジプト	13.77
トルコ	8.34
スペイン	6.60
インドネシア	6.56
オランダ	5.39
イラン	4.98
パキスタン	3.51
モロッコ	3.09
チュニジア	3.04

●ウクライナの穀物輸出量（2021年）

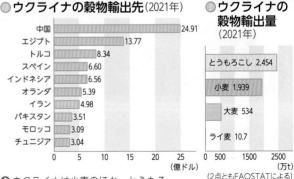

	万t
とうもろこし	2,454
小麦	1,939
大麦	534
ライ麦	10.7

（2点ともFAOSTATによる）

● ウクライナは小麦のほか，とうもろこし，ひまわり油の大輸出国である。小麦は主に中東，北アフリカ諸国へ，とうもろこしは飼料用として中国へ輸出される。農産物は黒海の港からボスポラス海峡を通って輸出されるが，ロシアの侵攻により農業生産および輸出が妨害され，世界的な食料危機が危惧されている。

1 ロシアの資源

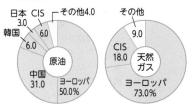

↑2 ガスプロムのロゴ

←3 ルクオイルのロゴ　ロシアは資源大国で，石油・天然ガスが最大の国家収入である。ルクオイル（石油企業）とガスプロム（天然ガス企業）は準国営企業で，莫大な資源収入により，富裕なオリガルヒ（新興財閥）が出現したが，制裁により困難な状況となっている。

天然ガス・石油パイプラインの分布

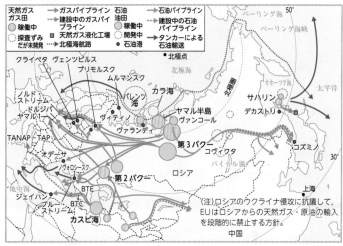

`『地図で見るロシアハンドブック』原書房による`

↑1 進むパイプラインの敷設
ロシアの原油はEU向けが全量の半数を占め，世界最長4,000kmのドルジバパイプラインとタンカーで輸出される。天然ガスは（液化されずに）パイプラインで輸出され，EU向けが全量の7割を占めている。ウクライナ戦争後，EUの経済制裁によるロシア資源輸入削減政策のため，今後は対中国輸出の拡大が予想される。

ロシアの原油・天然ガスの輸出先（2020年）

原油（全体）
- ヨーロッパ 50.0%
- 中国 31.0
- 韓国 6.0
- CIS 6.0
- 日本 3.0
- その他 4.0

天然ガス
- ヨーロッパ 73.0%
- CIS 18.0
- その他 9.0

（注）数量ベース　（ロシア統計局及び同通関資料による）

2 ロシア経済の発展

➡ ソ連崩壊により成立したロシアは，エリツィン大統領時代の急速な市場経済への転換により，深刻なモノ不足やインフレが起こり，経済のマイナス成長・人口減少など国家の危機をむかえた。豊富な石油資源を背景に経済成長が始まったのはプーチン大統領時代（第1次）で，東欧社会主義国への供給用であったドルジバパイプラインをEU向けの輸出ルートに切り替え，積極的な資源外交を展開した。そのためロシアの対ヨーロッパ諸国貿易割合は4割に達し，高級ブランド品からマクドナルドまで外国企業の進出が急増し，生活水準が向上した。2022年大ロシア主義を標榜するプーチンはウクライナを侵略した。欧米諸国はウクライナを支援し，ロシアに経済制裁を発動し，ロシアから一斉に欧米企業が撤退した。またEUは原油・天然ガスの輸入を削減するため，ロシア経済は今後縮小が予想される。

ロシアの輸出品（2020年）

3,382億ドル
- 原油 21.0%
- 石油製品 24.0
- 天然ガス 9.0
- 石炭 4.0
- 自動車 8.0
- 鉄鋼・金属類 15.0
- その他 19.0

（JOGMEC資料）

（注）ロシアのウクライナ侵攻に抗議して，EUはロシアからの天然ガス・原油の輸入を段階的に禁止する方針。

←4 サハリン沖資源開発
北海道の北に位置するサハリン（樺太）北部のオホーツク海沿岸の大陸棚には，石油・天然ガスが豊富に埋蔵されている。2009年，サハリン2が稼働し，日本向け液化天然ガス（LNG）輸出がはじまった。2022年ウクライナ戦争により欧州企業は即座に撤退した。エネルギー自給率が低い日本のロシア権益の動向が危惧される。

3 ロシアの工業地域

❶ ロシアの工業地域は資源に立地した原料指向型工業地域が多く，国土を貫くシベリア鉄道に沿ってコンビナートが分布している。基礎素材型工業に偏重しているため，自動車や先端産業の発展が遅れている。

凡例：
工業地域　▲ 天然ガス　⊞ 石油　● 銅　◇ ダイヤモンド
○ 工業都市　▲ 鉄鉱石　■ 石炭　Au 金　Ni ニッケル
➡ ロシアから中国へのガスパイプライン（建設中）

（地図中の地名）
サンクトペテルブルク、ウクライナ、キーウ、クリヴィーリフ、ドニプロ、ドニプロペトロウスク、ロウスク、ドネツク、ドネツ炭田、ハルキウ、ロストフ、ヴォルゴグラード、黒海、モスクワ、イヴァノヴォ、ニジニーノヴゴロド、ノヴゴロド、ヴォルガ、サマーラ、ウファ、マグニトゴルスク、チェリャビンスク、ウラル、ニジニータギル、エカテリンブルク、ペルミ、ヴォルガウラル油田（第二バクー油田）、シベリア鉄道、ペチョラ炭田、西シベリアガス田、チュメニ油田、北極海、Ni ノリリスク、レナ炭田、Au コリマ川、バム（バイカル・アムール）鉄道、オホーツク海、オハ、サハリン2パイプライン、極東、ハバロフスク、日本へLNGタンカー、ウラジオストク、日本海、チタ、チェレンホヴォ炭田、イルクーツク、ブラーツク、アンガラ・バイカル、クラスノヤルスク、ノヴォクズネツク、クズネツク炭田、クズネツク、ケメロヴォ、ノヴォシビルスク、カラガンダ、カザフスタン、中央アジア、カスピ海、バクー、バクー油田、アゼルバイジャン、トルクメニスタン、アラル海、タシケント、アルマティ、アンガラ川、エニセイ川、オビ川、レナ川

0 — 1,000km

`（『Diercke Weltatlas』2015などによる）`

1 地 形

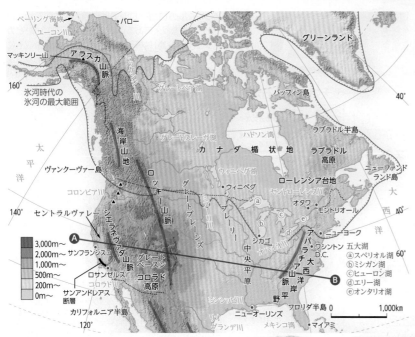

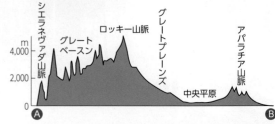

← アングロアメリカは，太平洋岸に新期造山帯の高く険しいロッキー山脈が南北に連なり，活火山や氷河地形がみられる。またカリフォルニア州には**サンアンドレアス断層**があり，地震が多発する。大西洋岸には古期造山帯の**アパラチア山脈**が位置し，東麓には世界最大の**海岸平野**が広がっている。カナダから五大湖にかけては氷河期に大陸氷河が覆っていたため，無数の氷河湖がみられる。中央平原のプレーリー・グレートプレーンズは世界有数の穀倉地帯となっている。**ミシシッピ川**が南へ流れ，河口は**鳥趾状三角州**となっている。（▶P.31写真⑮）

↓**1・2** ヨセミテ国立公園（左）とナイアガラ滝（右） ヨセミテ国立公園は**シエラネヴァダ山脈**の西山麓に位置している。ヨセミテ渓谷は，氷食による**ハーフドーム**とセコイアの巨木の森が有名である。ナイアガラ滝はカナダとアメリカ国境の**ケスタ**地形の硬い岩盤にあり，滝の位置は侵食により後退している。

2 気 候

●アングロアメリカの気候区

Am	弱い乾季のある熱帯雨林気候
Aw	サバナ気候
BW	砂漠気候
BS	ステップ気候
Cw	温暖冬季少雨気候
Cs	地中海性気候
Cfa	温暖湿潤気候
Cfb·c	西岸海洋性気候
Df	亜寒帯湿潤気候
ET	ツンドラ気候
EF	氷雪気候

● 雨温図掲載都市

← アングロアメリカは世界で最も亜寒帯気候の割合が多い大陸で，カナダからアメリカ合衆国北部は**タイガ**の発達する冷涼な地域である。カナダ西岸には複雑な海岸線をもつ**フィヨルド**がみられる。北極海沿岸とグリーンランドは寒帯で，**ツンドラ**（永久凍土）が広がっている。東南部の平原は温帯気候で，農業がさかんで人口が多い。また，熱帯低気圧の**ハリケーン**と**トルネード**（竜巻）の被害が多い。ロッキー山脈が南北に走るため，山麓の東西では気候が著しく異なる。カリフォルニア州は地中海性気候で，夏の乾燥が激しい。メキシコ国境付近には砂漠が広がっている。

●雨温図

サンフランシスコ(Cs)	ニューヨーク(Cfa)	ウィニペグ(Df)	バロー(ET)
年平均気温 14.7℃	年平均気温 13.5℃	年平均気温 2.8℃	年平均気温 −10.1℃
年降水量 500mm	年降水量 1,149mm	年降水量 547mm	年降水量 145mm
標 高 6m	標 高 7m	標 高 239m	標 高 12m

(気象庁資料などによる)

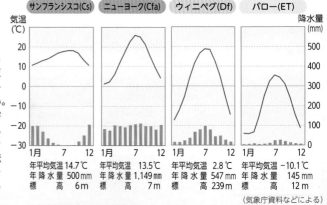

←**3** 農場地帯を襲うトルネード 中央平原では，局地的なトルネード（竜巻）が発生しやすい。世界の巨大な竜巻の被害はこの地域に集中する。猛烈な暴風により家屋を破壊し，激しい上昇気流のため建築物や自動車を空中に巻き上げてしまうことがある。

1 アメリカ合衆国の歴史

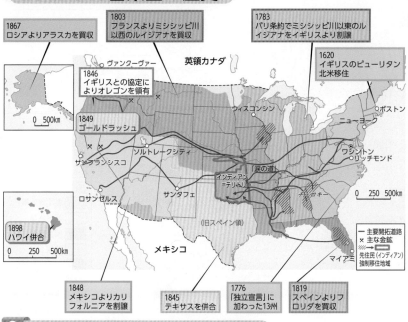

- 1867 ロシアよりアラスカを買収
- 1803 フランスよりミシシッピ川以西のルイジアナを買収
- 1783 パリ条約でミシシッピ川以東のルイジアナをイギリスより割譲
- 1620 イギリスのピューリタン北米移住
- 1846 イギリスとの協定によりオレゴンを領有
- 1849 ゴールドラッシュ
- 1898 ハワイ併合
- 1848 メキシコよりカリフォルニアを割譲
- 1845 テキサスを併合
- 1776 「独立宣言」に加わった13州
- 1819 スペインよりフロリダを買収

地図中の地名：ヴァンクーヴァー、英領カナダ、ウィスコンシン、ボストン、ニューヨーク、ワシントン、リッチモンド、チェロキー、インディアン＝テリトリー、涙の道、ソルトレークシティ、サンフランシスコ、サンタフェ、ロサンゼルス、（旧スペイン領）、メキシコ、マイアミ

凡例：— 主要開拓道路　× 主な金鉱　■ 先住民（インディアン）強制移住地域

インディアン（ネイティブアメリカン）の居住していたアメリカ大陸にスペイン人が来航し，フロリダ半島とロッキー山脈南部を領有した。フランスはセントローレンス川を遡り，五大湖からミシシッピ川流域を領有した。また，イギリスは大西洋岸に移民し，後にアメリカ合衆国を建国した。1783年に独立したアメリカ合衆国は西にフロンティア（開拓前線）をのばし，スペイン領地域とフランス領地域を獲得し，1846年に太平洋岸に達した。その後アラスカとハワイを領有し，現在は50州からなる連邦国家を形成している。

⬆1 アメリカ合衆国とメキシコの国境のフェンスを越えようとする人々[メキシコ]　中米諸国を中心に豊かな生活を求め，アメリカ合衆国へ不法入国者が増加している。国境警備の対応をめぐり，人道的な問題が発生している。

2 アメリカ合衆国の民族構成

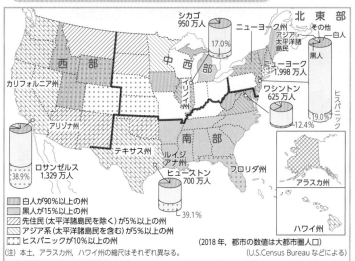

- シカゴ 950万人　17.0%
- ニューヨーク州
- ニューヨーク 1,998万人　19.0%　12.4%
- ワシントン 625万人
- 西部、中西部、北東部、南部
- カリフォルニア州
- イリノイ州
- アリゾナ州
- ロサンゼルス 1,329万人　38.9%
- テキサス州
- ルイジアナ州
- ヒューストン 700万人　39.1%
- フロリダ州
- アラスカ州
- ハワイ州

凡例：
- 白人が90%以上の州
- 黒人が15%以上の州
- 先住民（太平洋諸島民を除く）が5%以上の州
- アジア系（太平洋諸島民を含む）が5%以上の州
- ヒスパニックが10%以上の州

（注）本土，アラスカ州，ハワイ州の縮尺はそれぞれ異なる。

（2018年，都市の数値は大都市圏人口）（U.S.Census Bureau などによる）

民族と使用言語

民族（2021年）：白人 75.8%、黒人 13.6、アジア・太平洋系 6.1、先住民 1.3、その他 3.2

言語（2021年）：英語 78.4%、スペイン語 13.2、タガログ語 0.6、中国語 1.1、その他 6.7

（『The World Almanac』2023などによる）

Q アメリカ合衆国では，なぜラテンアメリカとアジアからの移民が増加しているのだろうか。【18年B追・第4問・問3】

アメリカ大陸は，インディアン（ネイティブアメリカン）とインディオのモンゴロイドが居住していた。だが，16世紀末からのヨーロッパ人大量移民により，先住民は北西の土地条件の悪い地域に追いやられた。そのため，先住民の割合は北西部とアラスカ州に多くなっている。また17世紀以降，アフリカから黒人奴隷を南東部のプランテーション地域に移住させ，強制労働に従事させた。奴隷解放宣言以降も，人種の混住は進まずアメリカは「人種のサラダボウル」といわれている。このような歴史もあり，黒人は南東部で割合が多いが，北部の工業都市でも黒人が最大の割合となっているところがある。「移民の国」であるアメリカは，白人と黒人の対立に悩む国家でもあった。しかし第二次世界大戦後は南部を中心に，ラテンアメリカとアジアからの移民が急増している。特に西南部はメキシコ系移民が多く，スペイン語の勢力が拡大している。

3 カナダの民族

カナダは10州と3準州からなる連邦国家で，人口は南部のアメリカ合衆国との国境に集中している。1969年に英語とフランス語が公用語として定められ，街角の標識も2か国語で表示されている。先住民の割合は4.3%で，北部の準州ではイヌイットの割合が高い。ケベック州は本国に次ぐフランス語住民の多い居住地域で分離独立を望む声も大きい。1971年に多文化主義政策を実施し，大都市を中心にアジア系住民が増加し，多数言語の3位は中国語で100万人を超えている。アメリカ合衆国と比較して黒人とスペイン系住民は少ない。（▶P.151 ⑧）

州別先住民，公用語能力人口の割合

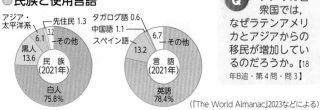

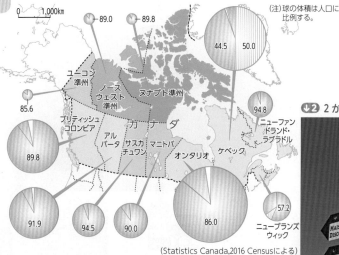

（注）球の体積は人口に比例する。

数値：89.0、89.8、44.5、50.0、85.6、94.8、89.8、91.9、94.5、90.0、86.0、57.2

地名：ユーコン準州、ノースウェスト準州、ヌナブト準州、ブリティッシュコロンビア、アルバータ、サスカチュワン、マニトバ、オンタリオ、ケベック、ニューファンドランド・ラブラドル、ニューブランズウィック、カ　ナ　ダ

凡例：州別先住民割合　80%以上／50〜80%未満／15〜50%未満／15%未満

公用語能力人口割合（%）：英語・フランス語とも不可／英語のみ／英語・フランス語とも可／フランス語のみ

（Statistics Canada,2016 Censusによる）

⬇2 2か国語で表示された標識[ケベック]

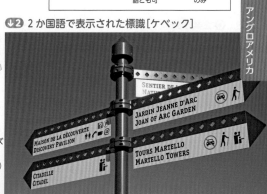

◉アングロアメリカの農牧業

➡ アメリカ合衆国は，世界有数の食料輸出国で，**適地適作**による農業の地域分化が明瞭である。

西経100度とほぼ一致する**年降水量500mm線**を境界として，東西で大きく特色が異なっている。500mm以上の東部は集約的な農業地域で，北部の**コーンベルト**ではとうもろこし・大豆栽培，南部の**コットンベルト**では綿花の栽培がさかんである。一方，500mm未満の西部は新大陸式農業が営まれ，企業的な労働生産性の高い農牧業が行われている。**グレートプレーンズ**では小麦の単一栽培，ロッキー山岳地域では肉牛の放牧が中心である。**カリフォルニア州**と五大湖・大西洋岸の都市周辺地域では野菜・果樹栽培を特色とする集約的な園芸農業がさかんである。

Q アメリカ合衆国で栽培のさかんな遺伝子組み換え作物が，日本で栽培が進んでいない理由を答えよう。【12年B本・第2問・問6】

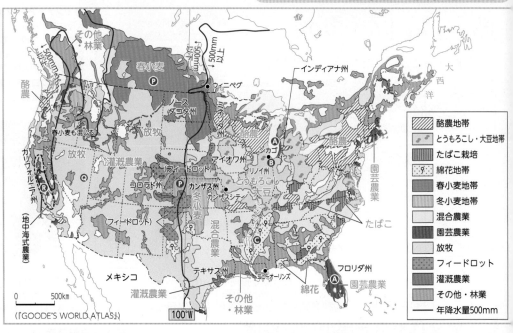

『GOODE'S WORLD ATLAS』

凡例
酪農地帯
とうもろこし・大豆地帯
たばこ栽培
綿花地帯
春小麦地帯
冬小麦地帯
混合農業
園芸農業
放牧
フィードロット
灌漑農業
その他・林業
年降水量500mm

2 **アメリカ合衆国の農牧業区分**

(Ⓐ〜Ⓡは上図に対応)

区　分	主な地域	産物・加工品
Ⓐ **酪農地帯・園芸農業** 大都市に新鮮な乳製品・野菜・果実を出荷する農業を営む。冷涼な五大湖周辺では，バター・チーズ・ばれいしょ，温暖なフロリダでは果実の生産が多い。	フロリダ州 など	ジャガイモ エン麦 牛乳 オレンジ
Ⓑ **コーンベルト** 世界最大の穀物取引所のあるシカゴ周辺の中西部の州に分布している。中規模農家が中心で，とうもろこし・大豆と豚の飼育を組み合わせた混合農業が営まれる。	アイオワ州 イリノイ州 インディアナ州 など	とうもろこし 大豆 豚肉
Ⓒ **コットンベルト** 年降水量500mm以上で，1年に200日以上の無霜日がある地域で，主力作物は綿花であったが，近年は大豆・とうもろこしなど多角経営化が進行している。	ジョージア州 ミシシッピ州 テキサス州 など	綿花 らっかせい さとうきび
Ⓟ **企業的穀物農業** グレートプレーンズに南北に分布している。100haを超える大規模経営が特色で，カンザスシティには冬小麦が集荷され，カナダのウイニペグでは春小麦が集荷される。	カンザス州 ノースダコタ州 など	小麦
Ⓠ **企業的放牧** ロッキー山脈山麓の広大な放牧地で粗放的に育てられた肉牛は，テキサス州などのフィードロットで企業的に大規模に肥育され，出荷されている。	テキサス州 コロラド州 など (▶P.78写真④・ P.237写真⑦・⑧)	肉牛
Ⓡ **地中海式農業** 夏に乾燥するカリフォルニア州では，大規模な灌漑用水路により，野菜・果実・綿花の栽培が企業的に行われている。アジア系移民による米の栽培がさかんである。	カリフォルニア州　など (▶P.49写真④)	野菜 ぶどう 米

◉タウンシップ制（アメリカ合衆国）

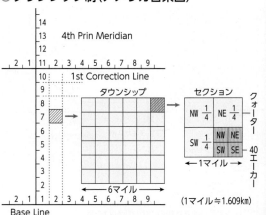

(1マイル≒1.609km)

➡1 メキシコ人労働者に頼る農業 カリフォルニア州は**地中海式農業**がさかんで，果樹栽培と野菜栽培が中心である。半乾燥地域に大規模な灌漑水路を建設し，大農場を開発してきた。収穫期に大量の労働力を必要とするため，**メキシコ人**労働者の存在が欠かせない。(▶P.77写真⑦)

③ アメリカ合衆国の農牧業経営

　農業人口率は0.9％にすぎないが，豊かな自然環境と効率の良い農業経営により，世界有数の食料生産国かつ輸出国である。平均耕地面積は154ha（日本の55倍）で，トラクターやコンバインなど大型機械を使った**労働生産性**の高い経営を営む。また穀物メジャーによる**アグリビジネス**がさかんであり，**カーギル社**は世界最大の穀物商社で，穀物の集荷，輸送，加工や種子の開発，品種改良など農業関連産業を総合して扱う巨大企業である。近年，作物の**遺伝子組み換え技術**の研究に力を入れており，とうもろこし，大豆では遺伝子組み換えをした品種の栽培面積が増えている。しかし，ブッシュ元大統領の**バイオマス燃料**政策により穀物価格が急騰し，世界的な食料問題の原因となっている。

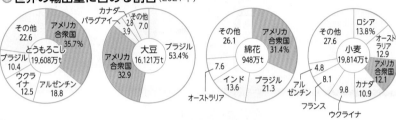
ミシシッピ川

🔲 小麦の栽培
収穫後の小麦

➡2 小麦の輸出　中央平原で生産された穀物は，**ミシシッピ川**を下りニューオーリンズに集荷され輸出される。

⚪ 世界の輸出量に占める割合（2021年）

とうもろこし 19,608万t
アメリカ合衆国 35.7％／アルゼンチン 18.8／ウクライナ 12.5／ブラジル 10.4／その他 22.6／カナダ 2.8／パラグアイ 3.9／その他 7.0

大豆 16,121万t
ブラジル 53.4％／アメリカ合衆国 32.9／その他 13.6／インド 13.6（オーストラリア）

綿花 948万t
アメリカ合衆国 31.4％／ブラジル 21.3／インド 13.6／その他 26.1／アルゼンチン 7.6

小麦 19,814万t
ロシア 13.8％／オーストラリア 12.9／アメリカ合衆国 12.1／カナダ 10.9／ウクライナ 9.8／フランス 8.1／その他 27.6／4.8

肉類 5,473万t
アメリカ合衆国 15.4％／ブラジル 13.9／オランダ 7.0／スペイン 6.5／ドイツ 6.3／ポーランド 5.2／その他 45.7

（FAOSTATによる）

④ 主な農牧業地域

綿花の収穫 🔲

↑3 コーンベルト　アメリカ中西部の**アイオワ州**，イリノイ州，インディアナ州を中心とした平原地帯は**とうもろこし**と大豆の生産に特化している。中規模の家族経営の農家が多く，**タウンシップ制**により区画された農地で大規模に農業経営が営まれている。

↑4 コットンベルト　18世紀に南部の温暖で肥沃な地域に**黒人奴隷**を導入し綿花のプランテーションが成立した。奴隷解放後は，機械化が進み地力の低下とともに米，さとうきびなどと多角化し，綿花地帯は**テキサス州**や**カリフォルニア州**へと移っている。

↑5•6 企業的穀物農業　半乾燥地域のグレートプレーンズには人工衛星からも確認できる直径1kmの円形農場（**センターピボット**）が広がっている。回転式スプリンクラーによる大規模な飼料作物の栽培によりオガララ水系の地下水が枯渇し，土壌流出が拡大している。（▶P.78写真①）

↑7•8 企業的放牧　テキサス州からネブラスカ州にかけては世界最大の牛肉生産地域で，大規模な企業的放牧が行われている。**フィードロット**では放牧されてきた子牛を大量に短期間で肥育し出荷する一貫経営をとっている。近年はBSE（牛海綿状脳症）問題により輸出量が低下している。（▶P.78写真④）

地誌　アングロアメリカ

アングロアメリカの鉱工業

●資源と発電割合

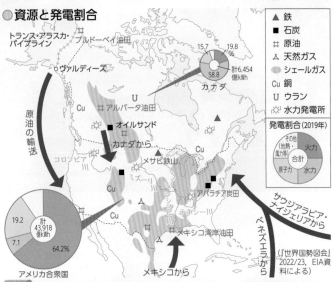

トランス・アラスカ・パイプライン
ヴァルディーズ
プルドーベイ油田
カナダ
計6,454億kWh
15.7 19.8% 58.8

Cu
U アルバータ油田
オイルサンド
カナダから
コロンビア川
メサビ鉄山
ミズーリ川
Cu
アパラチア炭田
シシシッピ川
テネシー川
Cu
原油の輸送
19.2 7.1 計43,918億kWh 64.2%
アメリカ合衆国
メキシコ湾岸油田
メキシコから
サウジアラビア・ナイジェリアから
ベネズエラから

凡例：
▲ 鉄
■ 石炭
⊞ 原油
△ 天然ガス
▨ シェールガス
Cu 銅
U ウラン
✿ 水力発電所

発電割合（2019年）
その他（地熱・風力等）
火力
合計
原子力
水力

（『世界国勢図会』2022/23、EIA資料による）

1 アングロアメリカの資源

↓1 トランス・アラスカ・パイプライン　1970年代に開発されたアラスカ北岸の**プルドーベイ油田**の原油を輸送するため、アラスカを貫いてパイプラインが1977年に完成した。ツンドラ地帯のため、パイプラインの熱が表土に伝わらないよう杭上に設置されている。この合衆国最大の原油産出地域から運ばれた原油は**ヴァルディーズ**からタンカーでアメリカ本土に輸送されている。

2 アメリカ合衆国の大企業

エクソンモービル　本社：テキサス州

ドイツ系移民のロックフェラー（→2）は、石油王といわれ世界最大の石油企業を設立した。エクソンモービル社は**国際石油資本**として世界の石油を支配した。現在は巨大多国籍企業として世界各地の油田の利権を持ち、民間石油会社としては世界最大の原油埋蔵量を保有している。アラスカ原油の本格的操業が始まるまで、**テキサス州**はアメリカ合衆国最大の油田地域として石油化学、航空宇宙産業で栄えた。

デュポン　本社：デラウエア州

フランス系移民のデュポンは、世界最大級の化学会社の設立者である。1928年カロザース博士（→4）を中心に世界初の化学繊維である合成ゴム・ナイロンの開発に成功した。従来の綿・絹といった天然繊維から高分子合成繊維時代の幕開けとなり、宇宙産業や航空機素材まで総合的化学企業となっている。本社のあるウイルミントンはアメリカ大西洋岸**メガロポリス**に位置し、巨大都市の大市場を背景とした臨海型工業地域である。

フォード　本社：ミシガン州

アイルランド系移民のヘンリー・フォード（→3）は、デトロイトを拠点として「T型フォード」とよばれる自動車のベルトコンベアによる大量生産に成功した。それによって自動車の価格が低下し一般大衆の手軽な輸送手段となり、アメリカ合衆国は世界初の**モータリゼーション**社会を形成することとなった。デトロイトからオハイオ州・ケンタッキー州の周辺は自動車部品関連産業が集積し、**オートバレー**とよばれる工業地域となっている。

ゼネラルエレクトリック　本社：コネチカット州

オランダ系移民のトマス・エジソン（→5）は、発明王とよばれ電球、蓄音機など1,000を超える発明をした。後に電気電力関連の事業化に成功しゼネラルエレクトリック社を創立した。電気機器のほか発電素材・金融保険産業に事業拡大し世界最大の多国籍複合企業となっている。コネチカット州は東岸の**エレクトロニクスハイウェー**に位置し、アメリカ合衆国の電気関連産業の集積地域である。

3 アメリカ合衆国の伝統的工業地域

↓6 デトロイト　デトロイトは世界最大の自動車工業都市で、「ビッグ3」本拠地が立地している。国境を流れるデトロイト川の対岸は、カナダ最大の自動車工業都市**ウィンザー**で双子都市。**ラストベルト**（錆び付いた工業地帯）とは、時代遅れの製造業が衰退した米国中西部の地域で、非製造業の導入と都市再開発により経済は回復しつつある。

ゼネラルモーターズ本社
ウィンザー（カナダ）

↓7 ピッツバーグ　アパラチア炭田の石炭を使用し鉄鉱石を移入するアイアンシティとして発展した。アメリカ大手の**USスチール**発祥の地である。その後製鉄業は輸送コストの低い臨海地域に立地移動し、溶鉱炉の廃止が相次いだ。現在は都心の再開発が進みハイテク産業が立地してきている。

USスチール本社

4 アメリカ合衆国の工業地域の特色

◉主要な工業地域

	都市名	産 業
中部大西洋岸	ニューヨーク	衣料，印刷，食料品などが特徴。
	ボストン	繊維，電子，造船中心。**エレクトロニクスハイウェー。**
	ボルティモア	郊外の**スパローズポイント**に臨海製鉄所が立地。
	フィラデルフィア	輸入原料に依存し，重化学工業都市として発展。
五大湖沿岸	デトロイト	世界最大の自動車工業都市で，周辺には自動車関連の各種工業が集積。
	シカゴ	大農業地帯を背景に農業関連の工業（農業機械・食品加工など）がさかん。
	クリーヴランド	五大湖の水運により発展した鉄鋼業中心の都市。
	ピッツバーグ	世界有数の鉄鋼業都市だったが，不況を機にハイテク産業都市に変わった。
メキシコ湾岸	ヒューストン	石油産業に加え，宇宙産業も発達。
	ダラス	エレクトロニクス・航空機産業。**シリコンプレーン。**
	ニューオーリンズ	石油関連工業のほか，航空機工業も発達。
太平洋岸	ロサンゼルス	石油精製・自動車・映画など各種工業がみられる。
	サンノゼ	**シリコンヴァレー**の中心都市で，エレクトロニクスで注目される。
	サンフランシスコ	食品加工・自動車工業などが発達。
	シアトル	航空機産業（ボーイング社）を中心に製材もさかん。

（『Diercke Weltatlas』2000などによる）

↑建国時代，ニューイングランド地方とアパラチア山脈東麓の滝線都市（▶P.126）に工業が成立した。20世紀はじめ，石炭と鉄鉱石の豊富な五大湖地方で重工業が発達した。その後油田開発と産業の高度化とともに，南部の**サンベルト**への先端産業の進出が相次ぎ，テキサス州が製造品出荷額では最大となっている。

5 先端技術産業地域

Q アメリカ合衆国の先端産業集積地域ではどのような産業がさかんだろうか。【18年B本・第2問・問3】

↑8 **メタ（旧フェイスブック）社内** シリコンヴァレーは世界最先端技術が集積する地域で，インテル，グーグル，アップル，メタなどの企業の本拠地がある。スタンフォード大学が優秀な人材を供給し，特にアジア系研究者の割合が多い。インターネット，スマートフォン，SNS，自動運転といった生活革命の発信地である。

↑9 **シアトル** アメリカ北西部ワシントン州の太平洋に面した港湾都市で，**ボーイング社**の航空機工業の立地により企業城下町として発展した。その後マイクロソフト，ニンテンドーオブアメリカの進出により「**シリコンフォレスト**」とよばれるハイテク産業都市となった。

よりみち Geography GAFA～巨大ITプラットフォーマー

アメリカ合衆国では**GAFA**とよばれるソフトウェア，ネットサービスを構築した4大IT企業（→10）が，人々の生活に欠かせないサービスを提供し，莫大な利益を得ている。個人情報の独占に対し，各国で懸念が生じている。2020年新型コロナウイルスで大きな打撃を受けたが，オンライン授業，リモートワーク，「巣ごもり」需要を背景に**ZOOM**（ウェブ会議），ネットフリックス（動画配信），ウーバー（配車サービス）などZ（デジタルネイティブ）世代主役のサービスが急成長している。**GAFAM**（Microsoftを含む5社）と表記されることもある。

G	**Google** ネット検索エンジン Gmail Google Map You Tube
F	**Facebook** SNSサービス Facebook Instagram Messenger

A	**Apple Inc** スマートフォン iPhone iPad iPod Mac
A	**Amazon.com** オンラインマーケット 書籍 音楽 電気製品 スポーツ

（注）2021年に社名をMeta（メタ）に変更した。

◯先端産業地域の通称と中心都市

通 称	立 地 州	中心都市
シリコンヴァレー	カリフォルニア	サンノゼ
シリコンプレーン	テキサス	ダラス
シリコンデザート	アリゾナ	フェニックス
シリコンフォレスト	ワシントン	シアトル
エレクトロニクスハイウェー	マサチューセッツ	ボストン
エレクトロニクスベルト	フロリダ	オーランド

↓GAFAに匹敵するほどに存在感を増しつつある中国のIT企業。

BATH（バース）

B Baidu（百度） 中国検索エンジン

A Alibaba（阿里巴巴） オンラインマーケット

T Tencent（騰訊） SNSサービス

H Huawei（華為技術） スマートフォンなどの通信機器

1 地形

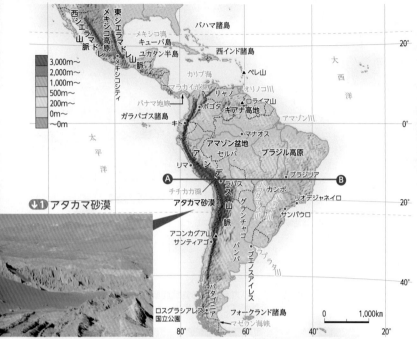

アンデス山脈
チチカカ湖　イヤンプ山 6,485
ブラジル高原
A　B

↓1 **アタカマ砂漠**

↑ 南アメリカ大陸はかつて**ゴンドワナ大陸**の一部であった。メキシコ高原やアンデス山脈は，**環太平洋造山帯**に属する。ギアナ高地やブラジル高原は，**安定陸塊**の高原である。アンデス山脈とブラジル高原の間の地域は，アマゾン川・オリノコ川・ラプラタ川流域の中央低地である。

←4 **アコンカグア山[アルゼンチン]** アンデス山脈最高峰(6,959m)，南北アメリカ最高峰の山である。アンデス山脈中部のボリビア・ペルー国境地帯の山間高地は**アルティプラノ**とよばれる。

↑2 **ペレ山[フランス領マルティニーク島]** ペレ山(1,394m)は1902年に噴火した火山岩尖である。小アンティル諸島は新期造山帯に属する。

↑3 **エンジェルフォール(アンヘル滝，落差979m)[ベネズエラ・ギアナ高地]** ギアナ高地中央部には，**断崖絶壁**で平坦な山頂のロライマ山(2,810m)がある。北麓には鉄鉱石産地がある。

↑5 **モレノ氷河[アルゼンチン・パタゴニア]** 世界遺産ロスグラシアレス国立公園にある先端部幅約4km，高さ約60mの氷塊である。

↑6 **アマゾン川** 赤道直下を流れる**流域面積が世界一広い川**である。流域には**セルバ**とよばれる熱帯雨林が広がる。(▶P.45)

2 気候

●ラテンアメリカの気候区

➡ 熱帯気候の占める面積が約60%で大陸中最大である。アマゾン川流域は熱帯雨林気候(Af)で，オリノコ川流域・ブラジル高原はサバナ気候(Aw)である。乾燥気候は**寒流のペルー海流**の影響を受けるチリ北部からペルーの西岸，**偏西風**の影響を受けるアンデス山脈風下側にあたる**パタゴニア**などに分布する。

Af	熱帯雨林気候
Am	弱い乾季のある熱帯雨林気候
Aw	サバナ気候
BW	砂漠気候
BS	ステップ気候
Cw	温暖冬季少雨気候
Cs	地中海性気候
Cfa	温暖湿潤気候
Cfb·c	西岸海洋性気候
ET	ツンドラ気候

●雨温図

(気象庁資料などによる)

フォンテボア(Af)　キングストン(Aw)　リマ(BW)　ブエノスアイレス(Cfa)

気温(℃)　降水量(mm)

フォンテボア(Af)
年平均気温 26.8℃
年降水量 2,459mm
標高 56m

キングストン(Aw)
年平均気温 28.0℃
年降水量 832mm
標高 3m

リマ(BW)
年平均気温 19.6℃
年降水量 2mm
標高 12m

ブエノスアイレス(Cfa)
年平均気温 18.1℃
年降水量 1,256mm
標高 25m

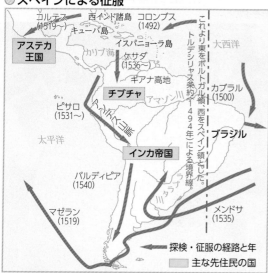

↑1 インカ帝国の都クスコ市街[ペルー] クスコ（標高3,249m）は、ペルー南部の山岳地帯に位置するインカ帝国（12〜16世紀）の都であった。今でも都として繁栄した面影が残る。クスコ市街は、世界遺産（文化遺産）に登録されている。北部の山岳地帯には、世界遺産（複合遺産）に登録されたマチュピチュ遺跡がある。（▶P.105）

◉ スペインによる征服

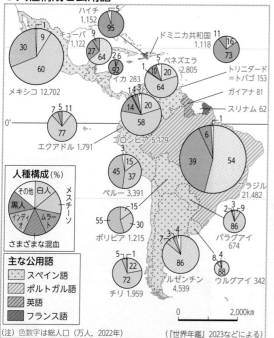

◉ 人種構成と公用語

（注）色数字は総人口（万人，2022年）

（『世界年鑑』2023などによる）

人種構成（%）
その他 / 白人 / メスチーソ / ムラート / インディオ / 黒人 / さまざまな混血

主な公用語
- スペイン語
- ポルトガル語
- 英語
- フランス語

---

1 歴史・文化・民族 （▶P.140・141）

➡2 コルコバードの丘のキリスト像[ブラジル] 2016年の夏季オリンピック開催地になったリオデジャネイロにある高さ30mのキリスト像である。このキリスト像は、リオデジャネイロのシンボルである。リオデジャネイロは、旧首都でありブラジルの経済・文化の中心都市である。ブラジルの宗教人口は、約90%以上がキリスト教徒であり、**カトリック**が約70%を占める。

➡3 定期市[ハイチ] ハイチは、1804年にフランスから独立した世界最初の黒人共和国である。フランス語が公用語で、黒人が大多数を占めている。さとうきび・コーヒー栽培が主産業である。

➡4 多くの日系人が住むサンパウロ[ブラジル] 日本人移民が多く、現在においても、生活のなかに日本の文化や伝統が残っている。サンパウロは、南アメリカ最大の人口を有する商工業都市である。

◉ 人種の分類

人種名	メスチーソ	ムラート	サンボ	クリオーリョ
特徴	インディオとヨーロッパ系移民との混血。特にメキシコ・コロンビア・チリなどで、メスチーソの構成比が高い。	ヨーロッパ系移民とアフリカ系移民の混血。特に西インド諸島で、ムラートの構成比が高い。	インディオとアフリカから移住させられた黒人との混血。特にブラジルや西インド諸島で、サンボの構成比が高い。	現地生まれのヨーロッパ系移民（白人）。特にアルゼンチン・ウルグアイで、白人の構成比が高い。

（▶P.140）

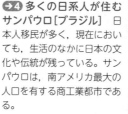

↑5 メスチーソの子供たち[ペルー] メスチーソは、先住民族インディオと白人（16世紀後半に鉱山開発で入ってきたスペイン人など）との混血である。

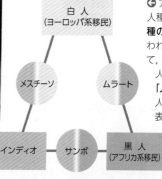

白人（ヨーロッパ系移民）
メスチーソ / ムラート
インディオ / サンボ / 黒人（アフリカ系移民）

←アングロアメリカでは、人種の融合が進まず、「**人種のサラダボウル**」といわれている。それに対して、ラテンアメリカでは、人種の混血化が進み「**人種のるつぼ**」である。人種に対する偏見は、表面的にはみられないが、貧富の格差は著しいものになっている。

Q 国により主な公用語が異なるのはなぜか。
【08年B本・第5問・問4】

地誌 ラテンアメリカ

↑**1** インディオの女性とリャマ・アルパカ [ペルー・クスコ]　ペルー，ボリビアなどのアンデス高地には多くのインディオが住む。主食のじゃがいも栽培のほか，山地では家畜として**リャマ・アルパカ**が広く飼育されている。

↑**2** バナナ農園（プランテーション）[コスタリカ]　中央アメリカのコスタリカでは，バナナ・コーヒー・パイナップルなどの**プランテーション**農業が行われている。バナナは主要な輸出品であり，エクアドルに次ぐ輸出国である。成長する観光業とともに同国の経済を支えている。軍隊を廃止した国としても知られており，スペイン系白人，先住民との混血が大部分を占める。

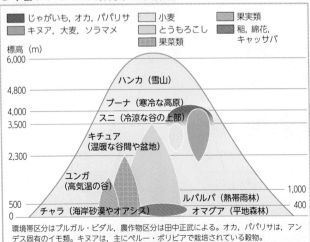

↑**3** チューニョ（乾燥じゃがいも）の加工　昼と夜の気温差が大きいため，野天に広げたじゃがいもは，夜間に凍結し，昼にはとける。何回か繰り返し，やわらかくなったところで踏みつぶし乾燥させると，長期保存が可能となる。

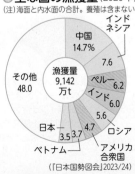

↑**4・5** アンチョビーの魚粉工場とアンチョビー [ペルー]　ペルーは漁業国であり，漁獲の大部分は**アンチョビー（カタクチイワシ）**で魚粉（フィッシュミール）に加工され，飼料や肥料として欧米など各国に輸出される。

↓**6** 収穫されるぶどう [アルゼンチン]　西部のメンドサ周辺ではぶどうの栽培がさかんである。収穫されたぶどうは，良質のアルゼンチンワインに加工され，国内だけでなく，世界各地へと輸出される。

●中部アンデスの環境帯と農作物（▶P.52）

凡例：
- じゃがいも，オカ，パパリサ
- キヌア，大麦，ソラマメ
- 小麦
- とうもろこし
- 果菜類
- 果実類
- 稲，綿花，キャッサバ

標高（m）

6,000	ハンカ（雪山）
4,800	プーナ（寒冷な高原）
4,000	スニ（冷涼な谷の上部）
3,500	キチュア（温暖な谷間や盆地）
2,300	ユンガ（高気温の谷）
1,000	ルパルパ（熱帯雨林）
500	チャラ（海岸砂漠やオアシス）　オマグア（平地森林）
400	

環境帯区分はプルガル・ビダル，農作物区分は田中正武による。オカ，パパリサは，アンデス固有のイモ類。キヌアは，主にペルー・ボリビアで栽培されている穀物。
『週刊朝日百科 世界の地理116』朝日新聞社による）

●主な国の漁獲量（2020年）
（注）海面と内水面の合計。養殖は含まない。

漁獲量 9,142万t

- 中国 14.7%
- インドネシア 7.6
- ペルー 6.2
- インド 6.0
- ロシア 5.6
- アメリカ合衆国 4.7
- ベトナム 3.7
- 日本 3.5
- その他 48.0

『日本国勢図会』2023/24）

←7 さとうきび畑[キューバ] サバナ気候と豊かな土壌のもとで，**プランテーション**として発達したさとうきび栽培は，キューバの主産業となっている。しかし，近年は生産量が減少する傾向にある。

→8 トルティーヤの屋台[メキシコ] トルティーヤは，とうもろこし・小麦の薄皮パンでメキシコの人々の主食であり，さまざまな具をのせて食べる。とうもろこしの生産は，アメリカ合衆国・中国・ブラジルが上位国だが，メキシコも多い。

◯ラテンアメリカの農業地域

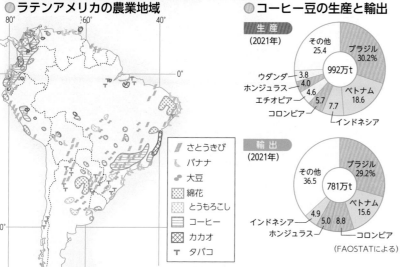

凡例:
- さとうきび
- バナナ
- 大豆
- 綿花
- とうもろこし
- コーヒー
- カカオ
- T タバコ

（『Diercke Weltatlas』2015などによる）

◯多様な農業経営

凡例:
- 伝統的なアシェンダまたはファゼンダ
- 近代的な経営（集約的灌漑）
- 温帯の集約的農業
- プランテーション
- 集約的な牧畜業
- 粗放的な牧畜業

0　2000km

（高橋伸夫ほか『世界地図を読む』大明堂）

◯コーヒー豆の生産と輸出

生産（2021年）

992万t

- ブラジル 30.2%
- ベトナム 18.6
- インドネシア 7.7
- コロンビア 5.7
- エチオピア 4.6
- ホンジュラス 4.0
- ウダンダー 3.8
- その他 25.4

輸出（2021年）

781万t

- ブラジル 29.2%
- ベトナム 15.6
- コロンビア 8.8
- ホンジュラス 5.0
- インドネシア 4.9
- その他 36.5

（FAOSTATによる）

⤳ ブラジルは，世界有数のコーヒー豆の生産・輸出国である。かつては，コーヒー豆の輸出にたよる**モノカルチャー経済**であった。近年は大豆の生産・輸出も世界1位である。

↓11 広がるパンパ[アルゼンチン] パンパは，ラプラタ川下流域，首都ブエノスアイレスを中心に広がる温帯草原である。広大な平野に小麦，とうもろこし，大豆などの栽培と肉牛などの飼育が行われる大農牧業地帯でもある。

アルファルファ

↑9・10 コーヒー豆の収穫[ブラジル]と赤く熟したコーヒーの実 コーヒー豆の栽培には，雨季と乾季が明瞭なサバナ気候が適している。ブラジル高原に広がる**テラローシャ**とよばれる赤紫色の肥沃土分布地域が栽培の中心地である。いまでも植民地時代の大土地所有制が残存し，ブラジルの大農園は，**ファゼンダ**とよばれている。

◯アルゼンチン・パンパの農牧業

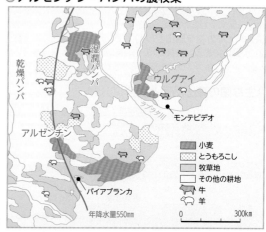

凡例:
- 小麦
- とうもろこし
- 牧草地
- その他の耕地
- 牛
- 羊

0　300km

（『Diercke Weltatlas』2015などによる）

↑ 年降水量550mm以東に小麦地帯が広がる。東側の**湿潤パンパ**では，小麦・とうもろこし・アルファルファ（マメ科の牧草）などが栽培され，肉牛飼育が多い。西側の**乾燥パンパ**には牧畜（羊）地域が多い。近年は，大豆の栽培が急増している。

Q テラローシャとは，どのような土壌か。
【11年B本・第1問・問2】

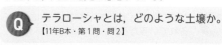

1 鉱産資源

● 鉱産資源分布図

凡例:
- ■ 石炭
- ♯ 石油
- ⋏ 天然ガス
- ▲ 鉄鉱石
- Sn スズ鉱
- Aℓ ボーキサイト鉱
- Ag 銀鉱
- ● 銅鉱
- ← 原油パイプライン

地図上ラベル: メキシコ、ジャマイカ、ベネズエラ・ボリバル、コロンビア、エクアドル、ペルー、ブラジル、ボリビア、チリ、アルゼンチン

➡1 ボーキサイト鉱山 [ジャマイカ] ジャマイカの主要な産業は、ボーキサイトの生産で、ボーキサイトを加工したアルミナ・ボーキサイト・砂糖などが主な輸出品である。その中でもアルミナが輸出総額の約46％を占める(2020年)。

➡2 海底油田の探査作業 [メキシコ] メキシコの油田地帯はメキシコ湾沿岸が中心で、代表的な油田にはタンピコ、ポサリカがある。OPECには加盟しておらず、海底油田がある。機械類・自動車に次いで原油の輸出が多い。

➡3 天然ガスの輸出国ボリビア 2001年に世界最大規模の天然ガス田が発見され、経済発展が期待されている。2006年、石油・天然ガス施設を国有化した。東部のサンタクルスを中心とした地域に天然ガス田があり、天然ガスの輸出が多い。ブラジル・アルゼンチン・チリにガスパイプラインが延びている。

➡5 カラジャス鉄山 [ブラジル] 1970年代にアマゾン横断道路の建設が進み、アマゾンの開発が始まった。金や石油や鉄鉱石など、豊富な地下資源の開発も積極的に行われ、カラジャスは豊富な鉄鉱石の産地として知られるようになった。

➡6 海底油田 [ブラジル大西洋沖合] リオデジャネイロ沖合にあるカンポス海底油田の開発で、ブラジルは石油の自給が達成された。また、現在は石油を輸出するまでになっている。

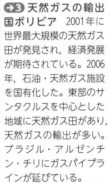

↑4 チュキカマタ銅山 [チリ] アンデス山脈西側にある露天掘りの銅山である。海抜3,180mの高地にある。太平洋岸沿いにあるアントファガスタは銅鉱の積出港である。

● 主な国の輸出品目と割合 (2021年)

メキシコ 4,946億ドル

機械類 34.6%	自動車 22.6	自動車部品 6.2	原油 4.9	その他 31.7

ブラジル 2,808億ドル

鉄鉱石 15.9%	大豆 13.8	原油 10.9	肉類 6.9	機械類 5.2	鉄鋼 5.2	砂糖 3.3	その他 38.8

チリ 735億ドル (2020年)

銅鉱 29.3%	銅 22.6	野菜・果実 9.8	魚介類 7.2	パルプ・古紙 2.8	その他 28.3

ペルー 388億ドル (2020年)

銅鉱 23.7%	金 16.6	野菜・果実 13.4	銅 5.7	魚介類 3.3	その他 37.3

(『日本国勢図会』2023/24、『世界国勢図会』2022/23による)

Q ブラジルのバイオマス燃料は、主に何から作られているだろう。【12年A追・第2問・問2】

② 工業地域

↑**7** エンブラエル社の中型ジェット機製造［ブラジル］　ブラジルは飛行機製造がさかんであり，重要な輸出品の一つとなっている。日本においてもエンブラエル社製の飛行機を導入している航空会社がある。

↑**8** バイオマス燃料の生産工場［ブラジル］　ブラジルでは，自動車の燃料として，ガソリンとエタノール（さとうきびからつくられる）の混合が義務づけられている。（▶P.169）

↑**9** アメリカ合衆国との国境地帯にある工業都市［メキシコ］　アメリカ合衆国との国境地帯（リオグランデ川流域）には多くの加工・組立て工場が進出している。

↑**10** メキシコに進出した日本企業　音響製品・自動車部品の組立てを行う日系企業の工場。メキシコは日本企業にとって，北米事業の戦略的拠点である。

③ 都市問題

↑**11** スモッグに覆われたメキシコシティ［メキシコ］

←**12** メキシコシティの交通渋滞［メキシコ］　メキシコの首都メキシコシティでは，急激な人口増加と都市域の拡大により，さまざまな都市問題が発生している。光化学スモッグによる大気汚染の原因の多くは，交通渋滞による排気ガスと経済発展に伴う工場からの排気である。

④ 観 光

→**13** 保養リゾート地カンクン［メキシコ］　メキシコ湾・カリブ海は，観光・保養を目的に多くの人々が訪れて，各国においては，重要な収入になっている。

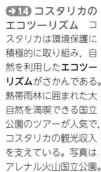

→**14** コスタリカのエコツーリズム　コスタリカは環境保護に積極的に取り組み，自然を利用したエコツーリズムがさかんである。熱帯雨林に囲まれた大自然を満喫できる国立公園のツアーが人気で，コスタリカの観光収入を支えている。写真はアレナル火山国立公園。

地誌　ラテンアメリカ

オセアニア（オーストラリア）

1 地 形

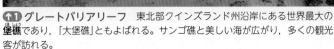
▽グレートバリアリーフ

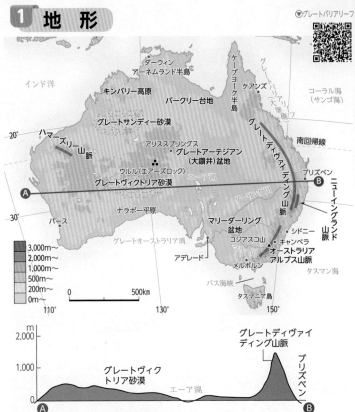

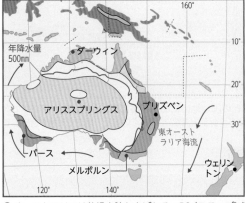

↑1 **グレートバリアリーフ** 東北部クインズランド州沿岸にある世界最大の**堡礁**であり，「大堡礁」ともよばれる。サンゴ礁と美しい海が広がり，多くの観光客が訪れる。

←オーストラリア大陸（日本の面積の約20倍強）は平均高度340mで，500m以下の土地が国土面積の約80％を占める。東部にある**古期造山帯のグレートディヴァイディング山脈**以外は，安定陸塊に属する楯状地である。西部には約300〜600mの台地が広がり，中央部は約150m以下の低地である。南部のオーストラリアアルプス山脈にあるコジアスコ山（2,229m）が，オーストラリア大陸の最高峰である。

←2 **ウルル（エアーズロック）** 中央部の砂漠地帯にある岩山（一枚岩）で，残丘（モナドノック）である。先住民**アボリジニー**の聖地であり，ウルルと称している。比高335m，周囲は約10km，**世界遺産**である。

←3 **掘り抜き井戸[マーリー近郊]** **グレートアーテジアン（大鑽井）盆地**には，自噴する被圧地下水を風車などを利用してくみ上げる**掘り抜き井戸**が多数分布する。不透水層を掘り抜き，被圧地下水をくみ上げる深い井戸で，塩分を含むが，家畜の飲み水として利用され，牧羊地の拡大に大きく貢献した。（▶P.78写真⑤）

2 気 候

● オセアニアの気候区

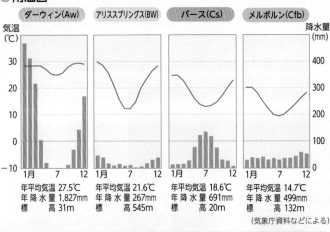

Af	熱帯雨林気候
Am	弱い乾季のある熱帯雨林気候
Aw	サバナ気候
BW	砂漠気候
BS	ステップ気候
Cw	温暖冬季少雨気候
Cs	地中海性気候
Cfa	温暖湿潤気候
Cfb	西岸海洋性気候

●雨温図掲載都市

↑オーストラリアは乾燥大陸とよばれる。BS（ステップ）気候・BW（砂漠）気候が約60％を占める。乾燥地域は，内陸部・西部を中心に広がっている。北部には，Aw（サバナ）気候・Am（弱い乾季のある熱帯雨林）気候がみられ，夏（日本の冬）に，モンスーン（季節風）による降水が多い。東部は，Cfa（温暖湿潤）気候・Cw（温暖冬季少雨）気候である。また，南西部・南部には，Cs（地中海性）気候もみられる。

● 雨温図

ダーウィン(Aw) / アリススプリングス(BW) / パース(Cs) / メルボルン(Cfb)

ダーウィン(Aw)
年平均気温 27.5℃
年降水量 1,827mm
標　高 31m

アリススプリングス(BW)
年平均気温 21.6℃
年降水量 267mm
標　高 545m

パース(Cs)
年平均気温 18.6℃
年降水量 691mm
標　高 20m

メルボルン(Cfb)
年平均気温 14.7℃
年降水量 499mm
標　高 132m

（気象庁資料などによる）

Q パース（オーストラリア）の雨温図の特徴を答えよう。【18年A本・第3問・問1】

↑4 アボリジニーの伝統的ダンスを踊る少年 [クインズランド州] 先住民アボリジニーは，約4万年前に渡来したといわれ，白人入植者がやって来た1788年には，約30万人が狩猟採集生活を送っていた。その後，白人入植者により土地を奪われ虐殺され，1930年には約5万人に減少した。現在は保護政策により増加しつつある。

↑5 都市で暮らすアボリジニーの人々 [北部準州ノーザンテリトリー] 伝統的な生活を送るアボリジニーの人々もいるが，現在では，多くのアボリジニーの人々は都市部で生活している。国の保護政策により雇用の機会均等も進んでいるが，教育や職業訓練を受けていないため，失業率は高い。

● オーストラリアで使用されている言語

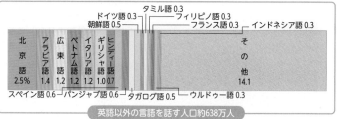

北京語 2.5%	アラビア語 1.4	広東語 1.2	ベトナム語 1.2	イタリア語 1.2	ギリシャ語 1.0	ヒンディー語 0.7			その他 14.1

ドイツ語 0.3　タミル語 0.3　フィリピノ語 0.3
朝鮮語 0.5　　　フランス語 0.3　インドネシア語 0.3
スペイン語 0.6　パンジャブ語 0.6　タガログ語 0.5　ウルドゥー語 0.3

英語以外の言語を話す人口約638万人

英語以外 27.3
2,340万人（2016年）
英語 72.7%

(ABS.Stat,Census2016)

→ 非白人系移民を排斥する「**白豪主義**」撤廃後，オーストラリアへは中国や東南アジアからの「アジア系移民」が増加した。戦後増加した南欧・東欧系も含め，非英語圏からの移民が増えつつある。これを契機に，**多文化主義**の政策に取り組んでいる。

↑6 ムーンバ祭りでのチャイニーズ・ドラゴン [メルボルン] ムーンバ祭りはメルボルンを代表する祭りの一つ。パレードでは多文化主義を祝い，各国の人々が民族衣装を身に着けて練り歩く。写真は中国系の人々によるパレード。中国へのホンコン（香港）返還が決まってから，ホンコンからの移民が急増した。

● マルチカルチャリズム

▶ 年配の日本人には，オーストラリアといえば，まだ「白豪主義」(注)という言葉を連想する人が多い。そのイメージを持って，空の玄関シドニー空港に降り立つと，驚くことばかりだ。ずらりと客待ちの運転手には，中国，韓国，インドネシア，パキスタンなどアジア人の姿も混じっていて，どこの空港に着いたのかと一瞬とまどうほどだ。

チャイナタウンに出かけると，中華料理はもちろん，日本や韓国，タイ，カンボジア，マレーシア，シンガポールなど東南アジアの料理を自由に選べる食べ物広場が3か所もあって，国ごとの微妙な味の違いを楽しめる。

メルボルンに出かけても事情はほぼ同じである。シドニーほどアジア人の姿は目立たないものの，ここはイタリア人とギリシャ人の天下だ。

オーストラリアには，約200もの国や地域からの移民が集まっている。アメリカとよく似たこの人種，民族の見事なばかりの混在ぶりを，オーストラリアでは「**マルチカルチャリズム***」と呼ぶ。「**多民族・多元文化主義**」という意味である。

(注)**白豪主義の撤廃** 1975年「人種差別禁止法」を制定し，難民の受け入れが始まり，多民族・多文化社会化が進んだ。

*マルチ・カルチュラリズム　ともいう。

(大津彬裕『オーストラリア　変わりゆく素顔』大修館書店による)

→7 さまざまな民族の人々が住む街 [シドニー] オーストラリアは都市人口率が高く（約90%），人口100万人以上の都市が5都市ある。都市には，さまざまな民族の人々が住み，宗教も多様化している。キリスト教徒約60%（主にカトリック），その他に仏教徒，ムスリム（イスラーム教徒），ヒンドゥー教徒もいる。

→8 日本企業の進出 [メルボルン] 2014年2月，日本の大手衣料品店がメルボルンに開店した。安価で良質な服を求めるオーストラリアの人も多い。また，他にも日本各地にみられる格安な商品を販売する企業がメルボルンに進出している。

地誌　オセアニア

オーストラリアの農牧業地域

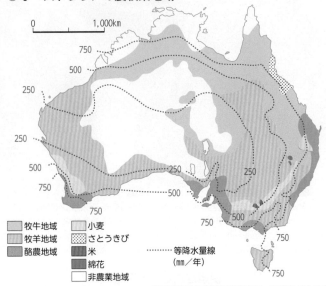

▨ 牧牛地域	▨ 小麦
▨ 牧羊地域	▨ さとうきび
▨ 酪農地域	■ 米
	■ 綿花
□ 非農業地域	⋯⋯ 等降水量線（㎜／年）

（高橋伸夫ほか『世界地図を読む』大明堂などによる）

↑1・2 オーストラリア北部の牧牛場とオージー・ビーフのロゴマーク　オーストラリアの牧牛地域は，年降水量500mm以上の地域を中心に分布している。牧羊地域と比較すると比較的降水量が多い。日本の牛肉輸入は，オーストラリアからの輸入が約6割を占める。

←3 さとうきびの収穫作業[オーストラリア・クインズランド州]　オーストラリアのさとうきび栽培地域は，クインズランド州の東海岸を中心とした地域である。機械による収穫作業が行われている。

←4 タスマニア州の牛の放牧　牧羊がさかんだが，牧牛地域もある。

Q オーストラリアの牧牛・牧羊の分布と降水量の関係はどうなっているだろうか。【08年A追・第3問・問5】

←5 タスマニア州の林業　タスマニアは，全島が西岸海洋性気候である。鉱業・農牧業とともに，森林に恵まれ林業もさかんである。原生林地域は，世界遺産（複合遺産）に登録されている。

←6 ユーカリの植林　ユーカリは製紙原料用のチップとして輸出されている。日本の製紙会社・商社もユーカリの植林事業に取り組んでいる。（▶P.80写真②）

↑7 マウントアイザ鉱山　オーストラリアは豊富な鉱産・エネルギー資源を有し，世界的産出国・輸出国である。石炭・鉄鉱石など多くの資源が日本へも輸出される。クインズランド州西部のマウントアイザ鉱山は銅・銀・鉛・亜鉛を産出する大鉱山で，巨大な採掘機械により鉱石が掘り出されている。

オーストラリアの鉱工業

■ 石炭	▲ 鉄鉱石　Aℓ ボーキサイト　U ウラン
# 天然ガス	✕ その他の鉱山
● 工業のさかんな都市	━━ 主な鉄道

（『DIERCKE WELTATLAS』などによる）

1 ニュージーランドの自然環境

ニュージーランドは，北島と南島からなる島国で，新期造山帯である太平洋を取り巻く環太平洋造山帯の一部である。北島には，タラナキ(エグモント)山などの火山があり，火山活動が活発である。中央部のワイラケイには地熱発電所がある。南島には，3,000m級の山々からなるサザンアルプス山脈があり，南西部には，氷河が発達しフィヨルドがみられる。南島には火山がなく，アオラキ(クック)山(3,754m)が最高峰である。ニュージーランド全島は，Cfb(西岸海洋性)気候で，南島の風上側の西岸で比較的降水量が多く，風下側の東岸では少なく，牧羊地域となっている。

↑1 **ワイラケイ地熱発電所** 1958年に稼働したニュージーランドで最も古い地熱発電所である。ワイラケイから分離された熱水は，観光施設，及びワイラケイ発電所に隣接したエビ養殖場の熱源用流体として使用されている。

ノース岬
オークランド
北島
タラナキ(エグモント)山 ▲
イースト岬
ワイラケイ地熱発電所
フェアウェル岬
40°
南島
ウェリントン
サ
アン
ザ
プル
クック海峡
クライストチャーチ
ス
脈
山
アオラキ(クック)山
ミルフォードサウンド
フィヨルドランド
ダニーディン
170°

| 3,000m〜 |
| 2,000m〜 |
| 1,000m〜 |
| 500m〜 |
| 200m〜 |
| 0m〜 |

0 ─── 500km

←2 **フィヨルドランド国立公園** 海側は険しい岸壁に縁取られている。この地形は，氷河期が繰り返す間に，14もの巨大な氷河に削られてできた。

鳥瞰図 ちょうかんず

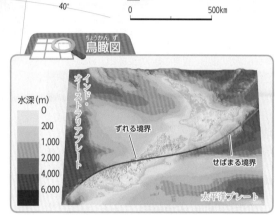

水深(m)
0
200
1,000
2,000
4,000
6,000

インド・オーストラリアプレート
ずれる境界
せばまる境界
太平洋プレート

2 ニュージーランドの先住民

↑3 **ニュージーランドの先住民マオリ** ニュージーランドの先住民は，8〜10世紀にポリネシアの島々から小舟で渡来した**マオリ**とよばれる人々である。マオリの指導者は1840年に，保護と土地の権利の確保を引き替えに主権をイギリスに譲渡し，以後ニュージーランドはイギリス領となった。

←4 **ラグビーのニュージーランド代表チームのハカ** ハカ(HAKA)はマオリの人々の民族舞踊で，歴史的に，戦場で敵と対面するときや和平を結ぶ際に披露されてきた。現在では，ラグビーの国際試合の際にも披露されている。

3 ニュージーランドの農牧業

羊毛の輸出(洗上換算)

イギリス 3.3 (2021年)

| オーストラリア 35.8% | ニュージーランド 26.5 | その他 28.8 | 56.2 万t |

南アフリカ共和国 5.6
(FAOSTAT)

ニュージーランドの輸出品

機械類 4.5 (2020年)

| 酪農品 26.5% | 肉類 14.0 | その他 40.3 | 388.8 億ドル |

野菜・果実 8.0 ─ 木材 6.7
(『世界国勢図会』2022/23)

→5・6 **北島の酪農(上)と南島の牧羊(下)** ニュージーランド北島は降水量が多く，牧草が豊富で牛の頭数が多い。南島の東海岸は偏西風の風下にあたり降水量が比較的少ないため，牧草栽培による羊の飼育がさかんである。羊は良質のラム(子羊肉)となるコリデール種(毛肉兼用種)が多い。

コリデール種

地誌 オセアニア

↑1 海底火山の大規模噴火［トンガ・2022年］ 2022年1月，トンガ沖で海底火山が噴火し，津波が発生した。噴火から半日後，津波は日本にも押し寄せた。トンガ国民の多くが被災し，日本もトンガの復旧・復興に向けた支援を行った。

↑3 ヤムいも祭り［パプアニューギニア］ 村の広場に飾られたヤムいもの山。パプアニューギニアは人口が1,005万人（2022年）で，銅やコーヒー・カカオ・木材などが主要輸出品である。

1 太平洋諸国の生活

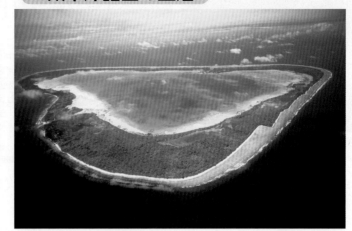

←2 サンゴ礁の国キリバス キリバスは面積726km²，人口約13万人（2022年）の小国で，島々のほとんどは海底火山の頂上部の環礁で，高度はわずか1m程度にすぎない。温暖化により海面上昇すると国土の大半が水没する運命に立たされている。

2 ポリネシア・ミクロネシア・メラネシアの区分

↑ 太平洋は，経度180度と赤道を区分線とし，次の3つの地域に区分される。
①**ポリネシア（多数の島々という意味）**経度180度以東の地域で，ニュージーランドは，経度180度より西にあるが，マオリがポリネシア系であるため，ポリネシアに属する。
②**ミクロネシア（小さな島々という意味）**経度180度以西で赤道以北の地域である。
③**メラネシア（黒い島々という意味）**経度180度以西で赤道以南の地域である。ニューギニア島，フランス領のニューカレドニア島（ニッケル鉱の産出地）などがある。

Q キリバス・ツバルなどの太平洋の島々が，現在かかえている環境問題は何か。【10年A本・第4問・問6】

→5 水位が上がりゴミだらけとなった海水の中を帰宅する子どもたち［ツバル］ ツバルは面積26km²，人口約1.2万人（2022年）の小国で，島々の大半は環礁からなり，平均海抜は2m以下である。海面上昇により，海岸侵食や地中からわき出た塩水による浸水被害が拡大し，特に満潮時には海面上昇による浸水が顕著になる。水没の危機を逃れるため，ニュージーランドへの移住が一定の枠内で認められた。
（▶P.180写真①②）

↑4 コプラの生産 コプラはオセアニアの島々の生産品の一つで，油脂の含有率が高いココやしの果肉を天日で乾燥させたものである。コプラから絞ったココナッツ油は石けん・化粧品・マーガリンなどの原料となる。

1 北極地方

● 北極海のようす（▶P.68）

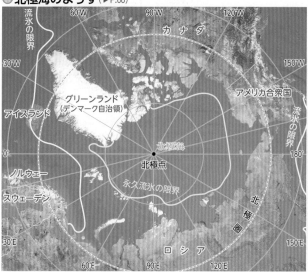

Q 将来北極海が重要な航路となる予想があるが, それはなぜだろうか。【06年B追・第5問・問4】

❤ 北極海をはさむ寒冷地域でカナダ, アメリカ合衆国, ロシア, **グリーンランド**（デンマーク自治領）の属する地域である。氷河と**ツンドラ**に覆われ, 少数の遊牧民がトナカイの遊牧やアザラシの狩猟で生活してきた。地球温暖化による北極海の海氷の急速な減少により, 新航路開発と資源探査が始まり, 2007年にロシアは水深4,261mの北極点海底にロシア国旗のチタン製カプセルを設置し, 北極海がロシアの経済水域であると誇示した。

↑1 北極点海底に立つロシア国旗 深さ4,261mの海底に初めて到達し, ロボットアームでロシア国旗を立てる小型深海潜水艇「ミール1」。

2 南極地方

● 基地の分布

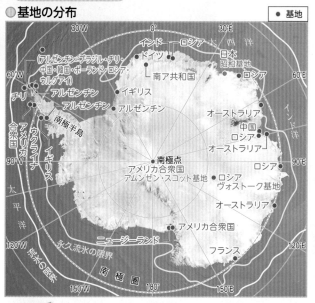

❤ 南極大陸はそのほとんどが3,000mを超す厚い大陸氷河に覆われているため, 常住人口のない無居住地域（**アネクメーネ**）である。ロシアのボストーク基地では世界最低気温−89.2℃を記録した。1961年発効の**南極条約**により, 南極大陸の領土権凍結と平和利用を定めた。日本の昭和基地のほか, 30か国以上の**観測基地**が設置されている。イギリス, ノルウェー, チリ, アルゼンチン, フランス, オーストラリア, ニュージーランドが領有権を主張している。

↑2 南極にある昭和基地の全景 2007年12月に南極観測船「しらせ」のヘリコプターから撮影された。

よりみち Geography サンダイヤグラム

地球の地軸の傾きにより季節が生まれる。北極・南極圏は66度34分以上の高緯度地域で, 1年で最低1日の太陽が沈まない日と太陽が昇らない日のある地域を指す。それに準じる地域でも, 季節により昼夜の時間の増減が大きく人間生活に大きな影響を与えている。夏の欧米諸国では, 昼間の有効利用のため, 現行時刻に1時間を加えたタイムゾーンを採用する**サマータイム制度**を導入している。

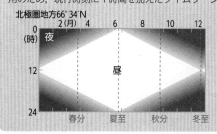

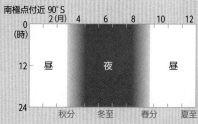

↓3 オーロラ[スウェーデン] オーロラは太陽風とよばれるプラズマ粒子が, 地球の磁場により発光する現象で, 66度〜80度のオーロラベルトとよばれる地域に出現することが多い。

地誌 極地方

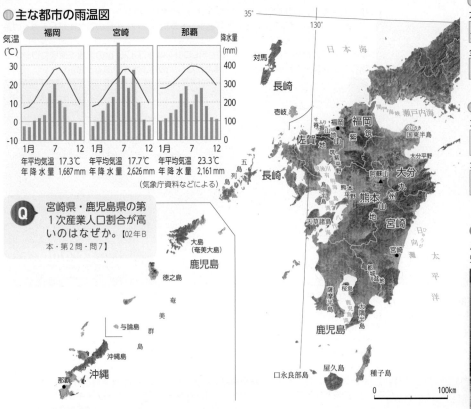

◉主な都市の雨温図

福岡	宮崎	那覇
年平均気温 17.3℃	年平均気温 17.7℃	年平均気温 23.3℃
年降水量 1,687mm	年降水量 2,626mm	年降水量 2,161mm

(気象庁資料などによる)

Q 宮崎県・鹿児島県の第1次産業人口割合が高いのはなぜか。【02年B本・第2問・問7】

◉農業産出額の内訳 (2021年)

九州・沖縄地方 1兆8,827億円

米 7.8%	野菜 22.6	果実 7.4	畜産 48.7	その他 9.9

花き 3.6

全国 8兆8,600億円

米 15.5%	野菜 24.2	果実 10.3	畜産 38.4	その他 7.9

花き 3.7

(農林水産省資料による)

◉工業製品出荷額の内訳 (2019年)

九州・沖縄地方 25兆1,586億円

金属 15.2%	機械 40.1 電気11.5 輸送 20.0 その他機械 8.6	化学 8.9	食料品 20.5	その他 11.3

繊維 1.1／パルプ・紙 1.6／印刷 1.3

全国 325兆3,459億円

金属 13.5%	機械 45.3 電気12.0 輸送 20.9 その他機械 12.4	化学 13.3	食料品 12.2	その他 10.6

繊維 1.2／パルプ・紙 2.4／印刷 1.5

(『工業統計表』)

↑1 福岡とプサン(韓国)を結ぶ高速船「ビートル」[福岡市] 「ビートル」は福岡とプサンを2時間55分で結び,海の飛行機といわれる。

◉九州各県の概略

(注)県名の下の( )は県庁所在地。

	面積(km²)(2022年)	人口(万人)(2022年)	自 然	産業,資源・エネルギー	文化,交通,人口,環境
福岡県(福岡市)	4,988	512	中部から南部にかけて筑紫山地などの山地。筑後川が遠浅の有明海に注ぐ。冬の季節風の影響を大きく受け,降雪もみられる。	有明海の干拓地にはクリーク(人工水路)がみられ,稲作が中心。福岡市周辺では近郊農業,北九州工業地域は鉄鋼や自動車産業がさかん。	福岡市・北九州市の2つの政令指定都市。博多とプサンを結ぶフェリー,関門海峡大橋,山陽新幹線の終着駅,九州新幹線の始発駅など九州交通網の起点。
佐賀県(佐賀市)	2,441	80	筑紫平野,佐賀平野が広がり,広大な干潟を有する有明海に面する。北西部の東松浦半島はリアス海岸。全般的に温暖な気候で,夏の降水量が多い。	干拓が進んだ佐賀平野。日本一の耕地利用率を誇り,単位面積当たりの米の収量が多い。漁業と水揚げ高が多い。有明海は海苔の生産がさかん。食品工業の割合が高く,窯業の伝統がある。	有田・伊万里・唐津は,陶磁器生産(窯業)の長い伝統をもつ。吉野ヶ里遺跡は弥生時代の代表的な遺跡。「邪馬台国」の北九州説。
長崎県(長崎市)	4,131	131	細長い半島と数多くの島からなり,平地が少ない。温暖で寒暖差の小さな気候であり,暖流の対馬海流の影響を受ける。	びわ,じゃがいもなど自然の特色を生かした農業がさかん。遠洋漁業,沖合漁業,リアス海岸での養殖漁業。長崎・佐世保の造船業。	ボラの卵を加工したからすみ,真珠などが特産。長崎くんち,対馬の朝鮮通信使行列など特色を反映した祭り。
熊本県(熊本市)	7,409	172	東は九州山地などの山地が広がる。阿蘇山には世界最大級のカルデラ。温暖だが寒暖の差が大きい。夏の気温が高く,降水量が多い。	有数の農業県,い草,スイカ,トマト。車えび,海苔,真珠などの養殖。IC関連製品出荷額が増加している。	水俣市では四大公害訴訟の一つ「水俣病」に苦しんだ経験から,環境に配慮した社会づくりに努力している。
大分県(大分市)	6,341	111	東に国東半島があり,瀬戸内海に面する。南東はリアス海岸になっている。温泉が多い。温暖な気候。	地域の特色を生かした多彩な農業。豊後牛が有名。水産業がさかんで「関アジ・関サバ」などのブランド化。IC工業が発達し,九州2位の工業出荷額。	自然公園,温泉,宇佐神宮,臼杵磨崖仏など観光資源に富む。大分空港・大分自動車道など高速交通網の整備が進む。
宮崎県(宮崎市)	7,734	105	西は九州山地などの山地が広がり,都城盆地などの盆地。東は日向灘のある太平洋に面し,宮崎平野が広がる。温暖な気候。春から秋にかけて降水量が多いが,冬は晴天が多く,年間日照時間も長い。	気候条件を生かした早期水稲や施設園芸農業がさかん。畜産王国で豚・肉用若鶏(ブロイラー),肉用牛の生産がさかん。高速道路整備に伴い工業団地が増加。延岡市は企業城下町。	神話のふるさと高千穂などのある「神話の国」。気候の特色からプロ野球のキャンプ地として有名。また,気候条件から,太陽熱温水器の普及率が高い。
鹿児島県(鹿児島市)	9,186	156	火山が多く,シラス台地が広がる。薩摩半島と大隅半島に囲まれた鹿児島湾に桜島がある。南の海上には,奄美群島が広がる。台風の通過が多く,影響を受けやすい。	シラス台地ではさつまいもの生産がさかん。畜産王国,豚・肉用若鶏(ブロイラー)の生産は日本1位,肉用牛の生産がさかん。鰹節・焼酎など食品工業がさかん。	屋久島の縄文杉は世界遺産に登録されている。九州自動車道・九州新幹線などの高速交通網の整備が進む。
沖縄県(那覇市)	2,282	147	沖縄諸島,先島諸島など多くの島々からなる。東西1,000km,南北400kmの海域に位置する。亜熱帯の気候であり,四季の変化は小さく平均気温は20℃を超える。周囲にはサンゴ礁が発達。	さとうきびやパイナップルなど亜熱帯の農業。野菜や菊の生産が増加。小規模な沿岸漁業。近年,石垣島の黒真珠貝など養殖がさかん。観光業が好調。	沖縄料理・沖縄音楽など大陸との交流の中で特色ある生活習慣と文化が生まれた。県外への移動や島の間の移動は主に空路による。米軍普天間飛行場の移設問題。合計特殊出生率,出生率,人口増加率が高い。

↑2 漁港で干されるイカ [長崎県壱岐] 長崎県は，日本有数の漁獲量を誇る水産県である。東シナ海の大陸棚の西方漁業が中心で，長崎港・松浦港などに水揚げされる。(▶P.83)

↓5 有田焼の絵付け [佐賀県有田町] 有田焼は，佐賀県西部に位置する有田町を中心に生産されている陶磁器である。

↑3 自動車工場（トヨタ自動車九州）[福岡県宮若市] 炭鉱跡地に工場を誘致し，1992年に操業を開始した。現在は，苅田町・北九州市小倉にも工場がある。約80％が輸出向けである。北九州工業地域では，工業製品出荷額の約30％を輸送機械が占める。また，先端技術産業の集積地でもある。

↑4 湯布院名物の辻馬車 [大分県由布市] 湯布院は，大分県を代表する観光地である。由布岳の山麓に広がる盆地には，温泉があり豊富な湯量を誇る。また，芸術の里として知られ，数多くの美術館がある。

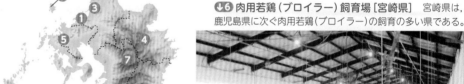

↓6 肉用若鶏（ブロイラー）飼育場 [宮崎県] 宮崎県は，鹿児島県に次ぐ肉用若鶏（ブロイラー）の飼育の多い県である。

←7 阿蘇山のカルデラ [熊本県] 阿蘇山は，世界最大級の**カルデラ**（南北約25km・東西約18km）と外輪山をもつ火山である。阿蘇谷・南郷谷には，阿蘇市などの市町村があり，約5万人の人々がカルデラ内で生活している。(▶P.27④)

▲シラスの崖

高岳，根子岳など5つの山を合わせて阿蘇山とよぶ
高岳（標高1,592m）
根子岳（標高1,433m）

←9 市街地を飛ぶアメリカ軍機 [沖縄県宜野湾市] 普天間基地に着陸するため，市街地上空を降下するアメリカ海軍機P3C。日本にあるアメリカ軍基地の約70％が沖縄にある。普天間基地の移設問題で大きくゆれている。

↑8 さつまいもの収穫 [鹿児島県] 鹿児島県は，さつまいもの収穫量が全国1位（30％，2022年）である。鹿児島県には，**シラス**とよばれる白色の火山堆積物が分布している。このシラスでできた台地は，乾燥しやすく農業には不向きであったが，灌漑排水事業により農畜産業がさかんになった。

地誌 日本

1 中国・四国地方のすがた

隠岐諸島
日 本 海
－ 35°
宍道湖
中海
出雲平野
鳥取
・鳥取
島根
中国山地
岡山
冠山山地
備吉
（カルスト地形）
秋吉台
山口
広島
原高
岡山平野
小豆島
吉備高原
香川
高松
讃岐山脈
吉野川
瀬戸内海
関門海峡
徳島
愛媛
山地
四国
高知
高知
室戸岬
（海岸段丘）
土佐湾
四万十川
足摺岬
（海岸段丘）

0　　　　100km

◉主な都市の雨温図
（気象庁資料などによる）

	鳥取	高松	高知
年平均気温	15.2℃	16.7℃	17.3℃
年降水量	1,931mm	1,150mm	2,666mm

気温（℃）／降水量（mm）

◉農業産出額の内訳（2021年）
中国・四国地方　8,685億円

米 15.5%	野菜 26.9	果実 16.3	畜産 34.3	花き 3.2	その他 3.8

（農林水産省資料による）

◉工業製品出荷額の内訳（2019年）
中国・四国地方　35兆7,417億円

金属 17.1%	機械 35.8			化学 21.4	食料品 8.4	繊維 2.1	パルプ・紙 3.8	印刷 1.0	その他 10.4
	電気 7.8	輸送 17.8	10.2 その他機械						

（『工業統計表』）

Q 香川県高松市の年降水量が少ないのはなぜか。
【01年A追・第2問・問1】

◉中国・四国各県の概略
（注）県名の下の（ ）は県庁所在地。

	面積(km²)（2022年）	人口(万人)（2022年）	自　然	産業，資源・エネルギー	文化，交通，人口，環境
鳥取県（鳥取市）	3,507	54	県境にそって中国山地が走る。大山や東部山岳地域は，冬の降雪量が2mにもなる。対馬海流の影響で比較的暖かい。	鳥取砂丘では灌漑設備でメロン，らっきょう，長いも栽培。日本なしの生産。境港のイワシ漁，カニかご漁。高度化が進む電子部品製造技術。	1995年，境港は日本海側で初の輸入促進地域になり，日本海周辺諸国との連携強化に。
島根県（松江市）	6,708	66	県境にそって中国山地，冠山山地が走る。海岸まで山地がせまっているため，平野がせまい。宍道湖，中海は海水と淡水が混合する汽水湖。	畜産がさかん。宍道湖はしじみ・しらうおの生産地。海岸線が長く好漁場に恵まれる。工業は宍道湖や中海周辺に集中。	世界遺産に登録された石見銀山遺跡は，16世紀前半から20世紀前半にかけて操業された銀鉱山。
岡山県（岡山市）	7,115	186	北から南へ中国山地，吉備高原，岡山平野と階段状。高梁川流域はカルスト地形。井倉洞は鍾乳洞。瀬戸内側は温暖・少雨で，中国山地近くは低温・多雪。「晴れの国」として知られる。	児島湾の干拓。ござの生産。岡山平野の桃の果樹栽培。石油化学・鉄鋼が発達している水島コンビナートは，瀬戸内海工業地域の中心の一つ。	1988年に開通した瀬戸大橋は，3ルートある本州四国連絡橋のうち，唯一鉄道が通っている。2018年に開業30周年になった。
広島県（広島市）	8,479	276	県土の多くが山地・丘陵地で，平地に乏しい。年平均気温は瀬戸内沿岸の広島市が16℃，北部の中国山地では11℃。降水量は中国山地付近に比べ，沿岸部は約半分。	みかん・レモンなどのかんきつ類の生産がさかん。カキや海苔の養殖。中国地方随一の工業県。自動車・鉄鋼中心。	平和都市広島は，長崎とともに第二次世界大戦で原子爆弾の大きな被害を受け，そこから復興。原爆ドームは世界遺産。
山口県（山口市）	6,113	131	秋吉台はカルスト地形で秋芳洞は鍾乳洞として有名。半島や多数の島嶼をもち，海岸線の長さは1,300kmを超える。日本海側の気候，瀬戸内の気候，山地の気候に区分される。	稲作中心。みかん栽培もさかん。高級なトラフグの水揚げが多い。工業の中心は瀬戸内海沿岸。石油化学工業・セメント・自動車工業・電子部品。	しばしば歴史の表舞台となり，史跡や文化財が豊富。壇ノ浦の戦いは有名。萩焼，大内塗，赤間硯などの伝統工芸品が有名。
徳島県（徳島市）	4,147	70	北の讃岐山脈と南の四国山地の間に，中央構造線に沿って吉野川が流れる。北部は温暖・少雨で，南部は温暖・多雨。台風が多い。	徳島原産のすだち，徳島市のれんこんが有名。洋ランやチューリップなど花き栽培。吉野川での鮎の養殖。徳島市・阿南市・鳴門市が各地域の中心。	夏の阿波踊りは，県内（旧阿波国）各地で開催される盆踊りで，約400年の歴史がある。
香川県（高松市）	1,877	93	南に讃岐山脈が連なり，北に讃岐平野が広がる。降水量が少ないため，ため池（満濃池が有名）が県下全域にある。春から夏にかけて瀬戸内海特有の濃霧が発生しやすい。	稲作が中心。海岸線でみかん栽培。ハマチ・真珠の養殖がさかん。手袋・冷凍食品・うちわや扇子づくりなど軽工業が発達。	こんぴら参りで知られる。讃岐うどんは，「コシ」の強いうどんとして有名。豊島への産業廃棄物の不法投棄で注目されたが，2017年に無害化が完了した。
愛媛県（松山市）	5,676	131	四国山地などの山地におおわれる。半島，島が多く，海岸線は1,500kmと長い。気候は瀬戸内式で，瀬戸内海沿岸は温暖で雨が少ない。	段々畑でみかん・いよかんの生産が有名。真珠・ハマチ・マダイ・ヒラメの養殖がさかん。新居浜の石油化学コンビナートや松山の機械工業などが中心。	人口は四国4県の中で最も多い。しまなみ海道は，愛媛県今治市と広島県尾道市を大小10本の橋でつなぐ。
高知県（高知市）	7,103	68	四国山地が連なり，西部には四万十川が流れる。山間部は日本有数の多雨地域。台風の通り道でもあり，「台風銀座」とよばれる。	ビニルハウスを利用した施設園芸農業で，なす・ピーマン・きゅうりを栽培。カツオ・マグロ漁。土佐和紙も有名。	幕末から明治維新のころ，坂本竜馬・板垣退助らが活躍。2011年9月に室戸が世界ジオパークに認定された。

1 秋芳洞 [山口県美祢市] 秋芳洞は、カルスト地形である秋吉台の地下にみられる鍾乳洞である。この一帯の秋吉台地下水系は、ラムサール条約登録湿地(▶P.185)である。また、多くの人々が訪れる観光地でもある。

2 石見銀山遺跡 [島根県大田市] 石見銀山は、戦国時代から江戸時代初期に繁栄した、日本最大の銀山である。現在は閉山されている。2007年に世界遺産(文化遺産)に登録された。

3 砂丘農業ーらっきょう畑 [鳥取県鳥取市福部町] 鳥取砂丘でとれるらっきょうは、鳥取県を代表する特産物である。花は10月下旬ごろに開花し、砂丘一帯は一面花畑になる。また、灌漑によって、メロン・スイカ・ながいもなども栽培されている。

4 カキの養殖棚 [広島県呉市] 広島県は、海面養殖業の収穫量が全国2位(2022年)である。養殖カキの収穫量も全国の約60％を占め、全国1位(2022年)である。

坂出市 飯野山 丸亀市 瀬戸内海 香川県 岡山県
上部:瀬戸中央自動車道
下部:JR本四備讃線
↑瀬戸大橋 瀬戸内海をまたいで、岡山県倉敷市と香川県坂出市を結ぶ。

5 瀬戸大橋 [岡山県倉敷市・香川県坂出市] 瀬戸大橋は、1988年に岡山県倉敷市と香川県坂出市を6つの橋で結び、全線が開通した。2018年に開業30周年になった。

6 水島石油化学コンビナート [岡山県倉敷市] 倉敷市は商工業都市である。臨海部にある水島地区は、石油製品・製油などの工場が集積し、石油化学コンビナートがみられる。倉敷市は、工業製品出荷額が全国上位である。

7 タオルの製造 [愛媛県今治市] 今治市は、タオルの生産が全国1位である。近年は、安価な輸入タオルに対抗するために、今治タオルをブランド化して販路を広げている。

8 小豆島のオリーブ栽培 [香川県小豆島] 明治時代末期に、魚の油漬け用のオリーブ・オイルをつくるために小豆島に苗木が植えられたことから栽培がさかんになった。

9 傾斜地でのみかん栽培 [愛媛県八幡浜市] 愛媛県のみかんの収穫量は、和歌山県に次ぎ、全国2位(2021年)である。愛媛県では、傾斜地のみかん栽培が多い。

10 ビニルハウスがならぶ高知平野 [高知県] 高知平野では、温暖な気候を利用して、施設園芸農業が行われている。きゅうり・なすなどの野菜の促成栽培を行い、首都圏・近畿圏の市場に出荷している。

11 阿波踊り [徳島県] 阿波踊りは、旧阿波国(現在の徳島県)から始まった盆踊りで、日本の三大盆踊りに数えられている。

地誌 日本

1 近畿地方のすがた

志摩半島〜紀伊半島の沿岸部はリアス海岸が多い

0　　　　100km

◉ **主な都市の雨温図**　（気象庁資料などによる）

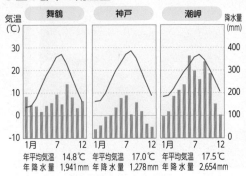

	舞鶴	神戸	潮岬
年平均気温	14.8℃	17.0℃	17.5℃
年降水量	1,941mm	1,278mm	2,654mm

◉ **農業産出額の内訳**（2021年）

近畿地方　5,639億円　　　　花き 3.6　　その他

米 22.9%	野菜 22.1	果実 18.9	畜産 26.2	6.3

（農林水産省資料による）

◉ **工業製品出荷額の内訳**（2019年）

近畿地方　63兆703億円　　　　　　　パルプ・紙 1.9

金属 15.8%	機械 41.1			化学 15.0	食料品 10.8	その他 12.3
	電気 13.6	輸送 12.3	15.2			

その他機械　繊維 1.5　　　印刷 1.6

（『工業統計表』）

Q 志摩半島に多くみられる地形は何か。【95年本・第4問・問5】

◉ **近畿各府県の概略**　（注）府県名の下の（　）は府県庁所在地。

	面積(km²)(2022年)	人口(万人)(2022年)	自　然	産業，資源・エネルギー	文化，交通，人口，環境
三重県（津市）	5,774	174	北東部では木曽三川（木曽川・長良川・揖斐川）が伊勢湾に注ぎ，中部には伊勢平野が広がる。南部は紀伊山地の東端・南端に位置し，志摩半島（リアス海岸）もあり険しい。太平洋側の気候に属する。台風が多く通過し，降水量が多い。	ブランド牛肉「松阪牛」。英虞湾・五ヶ所湾で真珠，伊勢えびの養殖がさかん。四日市コンビナートは「四日市ぜんそく」を教訓に規制や条例を設ける。森林面積が県面積の65％で木材生産がさかん。	2005年に東名阪自動車道と伊勢自動車道がつながり伊勢神宮参拝がよりさかんになる。西日本と東日本をつなぐ接点に位置する。中南部は大阪圏，北部は名古屋圏に属す文化がみられる。
滋賀県（大津市）	4,017	141	県の面積の約6分の1を占め日本一の面積を誇る琵琶湖は，京阪神の「水がめ」とよばれる。日本海側の気候に属する北部は山がちで，冬の降水量が多い。	ブランド牛肉「近江牛」。県内総生産に占める第2次産業の割合が全国1位（1人当たり県民所得全国上位）。信楽焼，彦根の仏壇など伝統工芸品も有名。	比叡山延暦寺，安土城跡など古代・中世の建造物・遺跡。京阪神のベッドタウン化による人口増加。
京都府（京都市）	4,612	255	北は日本海に面し，丹波高地などがあり比較的険しい。南は琵琶湖から流れ出た宇治川沿いに平坦部が続く。北部は日本海側の気候に属する。盆地が多いため，夏の暑さ，冬の寒さがともに厳しい。	盆地の気候を利用した茶の栽培，京野菜の生産がさかん。高級材の北山杉が特産。西陣織・清水焼・京友禅などの伝統工芸品が有名。商業の占める地位は高く，全就業者の約7割が第3次産業に従事。	古都京都の文化財が世界遺産に登録される。南部に関西文化学術研究都市が広がる。京都市への人口集中率約55％。それに伴う他地域との格差問題に取り組む。
大阪府（大阪市）	1,905	878	和歌山県境に和泉山脈があるものの，府の府域に大阪平野が広がり平坦な地域が多い。瀬戸内の気候に属し，年間を通して温暖・少雨。	府南部で近郊農業がさかん。臨海部の金属工業に加え，町工場が支える阪神工業地帯が広がる。繊維製品・電気機械が中心。小売業・卸売業が多い。	大山古墳，大阪城が有名。大阪湾の埋め立て地を施設に活用（ユニバーサル・スタジオ・ジャパンや関西国際空港，2025年日本国際博覧会など）。昼間人口が多い。
兵庫県（神戸市）	8,401	540	中国山地の東端に位置し，中部から北部にかけて険しい。南部は瀬戸内海に面し播磨平野が広がる。南部は瀬戸内の気候，北部は日本海側の気候に属し，中部の山間地では内陸性の気候もみられる。	農家数が全国上位。淡路島のたまねぎが有名。阪神工業地帯の一部として臨海部で，金属・機械・化学工業がさかん。灘の清酒，手延べそうめんなども有名。	姫路城（世界遺産），生野銀山が有名。神戸は古くからの貿易港で外国人居留地跡が多い。神戸を中心に南部平坦部に人口が集中。
奈良県（奈良市）	3,691	131	南部は紀伊山地の山中で原生林がある。北部には奈良盆地が広がる。奈良盆地では寒暖差が大きい。紀伊山地は太平洋側から湿った風が吹きこみ，温暖で多雨。	伝統的な柿の栽培，近年いちご「あすかルビー」の栽培もさかん。南部の吉野杉，大和郡山の金魚，三輪そうめんが有名。	東大寺・興福寺ほか古都奈良の文化遺産や，法隆寺地域の仏教建造物が世界遺産に登録され，多くの観光客が訪れる。
和歌山県（和歌山市）	4,725	90	南部は紀伊山地の西端・南端に位置し険しい。北部は紀ノ川が流れる和歌山平野がある。海沿いの地域は黒潮の影響により温暖多雨。台風の通過が多い。	みかん・梅などの栽培がさかん。熊野杉が有名。かつては太地町で鯨漁がさかん。マグロ漁も有名。化学工業がさかん。醸造製品発祥の地でもある。	近年，大阪都市圏と関西空港への交通が便利な，紀の川市，岩出市の都市化が進む。高野山ほか紀伊山地の霊場と参詣道（熊野古道）が世界遺産。

↑1 国際貿易港神戸 [神戸市] 神戸港は，日本における国際貿易港の一つである。天然の良港であり，歴史は古く，平安時代末には大輪田泊とよばれていた。港別貿易額では，輸出入総額において7位(2021年)である。

↑2 祇園祭 [京都市] 祇園祭は八坂神社の祭礼で，日本三大祭の一つである。毎年7月に行われ，祭のハイライトは山鉾巡行である。京都市は奈良市とともに，国際文化観光都市に指定された。

↑3 彦根城と「ひこにゃん」[滋賀県彦根市] 彦根市は城下町として繁栄した。彦根城の天守閣は，国宝に指定されている。「ひこにゃん」は彦根市のマスコットキャラクターであり，観光客に大人気である。

←4 人工島の夢洲 [大阪市・2021年] 夢洲は大阪湾の臨海部に位置する埋立地で，面積が約390haの広大な人工島である。カジノ施設を含む統合型リゾート(IR)の整備計画や，2025年日本国際博覧会(略称「大阪・関西万博」)の会場として注目されている。

←5 商業の中心地大阪御堂筋 [大阪市] 御堂筋は中心部を南北に縦断する国道で，周辺地域は大阪の商業の中心地域である。

↑6 三輪そうめん [奈良県桜井市] 三輪そうめんとは，桜井市を中心とした三輪地方で生産されているそうめんである。

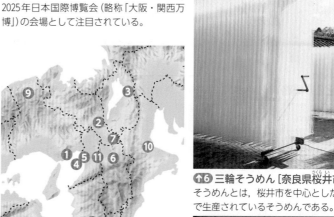

↑7 宇治茶 [京都府]
→8 南高梅の天日干し [和歌山県] 和歌山県は梅の生産量が日本1位。
↓9・10 但馬牛(左)[兵庫県]と松阪牛(右)[三重県]

↑11 歯ブラシの生産 [東大阪市] 阪神工業地帯はものづくりの中小企業が多い。特に，東大阪市は全国有数の町工場が集まっている。

→12 熊野古道の大門坂 [和歌山県那智勝浦町] 熊野古道とは，熊野本宮大社・熊野速玉大社・熊野那智大社への参詣道の総称である。和歌山県・奈良県・三重県にまたがる。2004年に世界遺産(文化遺産)に登録された。

地誌 日本

中部地方

1 中部地方のすがた

阿賀野川 / 越後 / 佐渡島 / 後 / 新潟 / 平野 / 越後山脈 / 上越 / 富山湾 / 能登半島 / 東尋坊 / 飛騨山脈 / 富山 / 石川 / 両白山地 / 九頭竜川 / 若狭湾(リアス海岸) / 福井 / 白山 / 岐阜 / 長野 / 松本 / 木曽山脈 / 諏訪湖(断層湖) / 関東山地 / 赤石山脈 / 甲府盆地 / 山梨 / 富士山 / 伊勢湾 / 知多半島 / 愛知 / 静岡 / 浜松 / 三保松原(砂嘴) / 伊豆半島 / 天竜川 / 浜名湖(海跡湖) / 渥美半島 / 35° / 138°

0　100km

◉ 中部各県の概略　(注)県名の下の( )は県庁所在地。

◉ 主な都市の雨温図　(気象庁資料などによる)

	上越(高田)	松本	浜松
年平均気温	13.9℃	12.2℃	16.8℃
年降水量	2,837mm	1,045mm	1,843mm

◉ 農業産出額の内訳 (2021年)

中部地方　1兆3,534億円

米 22.6%	野菜 25.9	果実 17.3	花き 7.8	畜産 21.3	その他 5.1

(農林水産省資料による)

◉ 工業製品出荷額の内訳 (2019年)

中部地方　94兆4,659億円

金属 10.5%	機械 60.7			化学 6.7	食料品 8.0	繊維 1.3	パルプ・紙 2.3	その他 9.6

電気 12.7　輸送 35.4　12.6　その他機械　印刷 0.9

(『工業統計表』)

◉ 工業製品出荷額 (2019年)

	15兆円以上
	10〜15兆円
	5〜10兆円
	2〜5兆円
	2兆円未満

(『工業統計表』)

Q 愛知県・静岡県の工業製品出荷額が多いのはなぜか。【02年B本・第2問・問7】

	面積(km²)(2022年)	人口(万人)(2022年)	自　然	産業，資源・エネルギー	文化，交通，人口，環境
新潟県(新潟市)	12,584	215	越後平野には，日本一長い信濃川が流れ，県境に越後山脈がそびえる。全国5位の面積をもち，北陸三県分に相当する。日本海側の気候の特色を示し，冬の降水量(雪)が多く，豪雪地として有名。	水田単作地帯で耕地の89%が水田。石油・天然ガスの産出が全国上位。発電量が多く，日本有数の電力県。電気機械が主力。主要な地場産業として洋食器・刃物・絹織物など。	雪を地域活性化のための資源としていかす試み。北陸・上越新幹線，関越・北陸自動車道など高速交通網。新潟空港から韓国・中国・ロシアなどへの便が就航。
富山県(富山市)	4,248	102	北部には富山湾に面し富山平野や砺波平野が広がる。東部に飛騨山脈，立山連峰があり，南に隣接する岐阜県から神通川，庄川などが流れる。冬に積雪の多い日本海側の気候である。	稲作中心で，水田率95%は日本一。砺波平野のチューリップ栽培，氷見などで漁業がさかん。アルミサッシと銅器の生産が日本一。水力による電力供給が多い。近年はバイオ技術の育成が進む。	冬の降雪と雪解け水は重要な産業資源であるが，水害も引き起こす。一住宅当たりの面積が日本一。富山の薬売りは歴史的に有名。神通川流域の「イタイイタイ病」。
石川県(金沢市)	4,186	112	西には金沢平野，南には両白山地が広がる。日本海に突き出た能登半島は丘陵地で，変化に富んだ海岸線をもつ。日本海側の気候であり，冬に降雪が多い。また，年間降水量も多い。	稲作中心の農業。金沢平野は早場米の産地。七尾港・輪島港の海女漁業。伝統工芸品の出荷額が全国上位。漆器，陶磁器の生産がさかん。	金沢は加賀百万石の城下町で，日本三名園の一つである兼六園がある。加賀友禅，九谷焼，輪島塗など伝統工業もさかんである。2015年に北陸新幹線が金沢まで延伸。
福井県(福井市)	4,191	75	若狭湾はリアス海岸。北部には九頭竜川の流れる福井平野が広がる。東尋坊は海水に削られた絶壁。沿岸を暖流の対馬海流が流れる。冬に降雪の多い日本海側の気候だが沿岸部は冬でも雨が多い。	コシヒカリの誕生地。越前ガニ，若狭ガレイが有名。繊維工業がさかん。鯖江市の眼鏡枠が有名。	手漉き和紙，三国仏壇・タンス，越前打刃物など伝統工芸がさかん。また，伝統行事や永平寺といった歴史的な遺産などが数多く残る。
山梨県(甲府市)	4,465	80	中部山岳地帯に位置し，平地が少ない。甲府盆地は日本を代表する扇状地である。富士山ろくには噴火でできたせきとめ湖の富士五湖が並ぶ。気温の年較差が大きい中央高地の気候。夏の気温が高い。	甲府盆地に形成された扇状地での果樹栽培がさかん。ぶどう・もも，果実酒，貴金属製品，ミネラルウォーターの生産がさかん。産業用ロボット生産など先端工業が集積する。	富士山，富士五湖周辺，昇仙峡，吉田の火祭り，身延山，武田信玄の本拠地，ぶどう園など観光資源が多く，観光客が多い。2013年に富士山が世界文化遺産に登録。
長野県(長野市)	13,562	202	日本の屋根とよばれる中部山岳地帯の中心をなす。扇状地と盆地が多い。全国4位の面積。中央高地の気候(内陸性気候)。夏冬の寒暖差，昼夜の気温差が大きい。	高冷地で高原野菜栽培(レタス・はくさいなど)。りんご・なしなどの果樹栽培も多い。諏訪地方は，製糸業から精密機械・電子工業へ変化。	北陸新幹線，上信越自動車道などの高速交通網が走る。また，自家用車普及率が高い。門前町・長野，城下町・松本は中心都市。軽井沢に代表される観光保養地。
岐阜県(岐阜市)	10,621	195	北東部に飛騨山脈と飛騨高地，南西部に濃尾平野が広がる。大部分が山地で，平野部は2割。濃尾平野に注ぐ木曽三川(木曽川・長良川・揖斐川)は水害が多く，輪中集落がみられる。内陸性気候。	近郊農業の野菜栽培。さかんな畜産「飛騨牛」。鮎の放流量全国上位。中京工業地帯の一部をなし，第2次産業の割合が高い。窯業，木材加工業。	白川郷の合掌造り(世界文化遺産)，高山祭，郡上踊りなど祭りや伝統行事も多い。東海道新幹線，名神高速道路，東海北陸自動車道など。濃尾平野の輪中集落。
静岡県(静岡市)	7,777	358	北に赤石山脈，富士山，南に駿河湾，伊豆半島，牧ノ原などがある。暖流の日本海流が沿岸を流れる。富士火山帯が通る伊豆半島には温泉が集中。太平洋側の気候で，年間降水量が多い。温暖で1・2月の平均気温は九州より高い。	農業がさかんで生産物も多彩。焼津港は遠洋漁業の本拠地。東海工業地域。ピアノ，パルプ，製紙の生産がさかん。輸送機械の生産額が全国上位。	古くから東西文化の交流地域であり，秋葉の火祭りなど年中行事がさかん。富士山，伊豆などの観光地や，温泉保養地の熱海，伊東。東海道新幹線，東名高速道路。
愛知県(名古屋市)	5,173	750	西に濃尾平野が広がり，木曽川が県境をなし，東に美濃三河高原が広がる。南には知多半島，渥美半島がある。太平洋側の気候で，冬少雨，夏多雨。	渥美半島の電照菊など付加価値の高い農業が有名。用水開発の努力。中京工業地帯の中心で，工業生産額が30年以上連続で全国1位。	三大都市圏の一つ。中京は名古屋市が中心。徳川家康をはじめ戦国武将を輩出。名古屋城は江戸時代の御三家・尾張藩の居城。2010年に国連地球生きもの会議(COP10)開催。

↑1 北陸の中心金沢市 [石川県]　金沢市の人口は約45万人(2022年)で、北陸地方の中心的な都市である。江戸時代には、加賀藩の城下町(加賀百万石)として栄えた。現在においても、伝統文化の息づく観光文化都市である。写真は金沢城公園。

↑4 福井の繊維産業(羽二重) [福井県]　福井県は、古代より絹織物の生産がさかん。明治時代に羽二重製織技術が広まり、日本を代表する絹織物産地となった。また、海外にも輸出された。羽二重とは、たて糸とよこ糸を交互に交差させる織り方で織られた織物のことである。

←6 白川郷の合掌造り集落 [岐阜県北部]　合掌造りは、急勾配の屋根をもつ茅葺きの家屋のことである。富山県南部の五箇山とともに1995年に世界遺産(文化遺産)に登録された。

↓8 富士山と茶畑 [静岡県富士市]　温暖な気候を利用した茶の栽培がさかん。富士山は2013年に世界遺産(文化遺産)に登録された。(▶P.105)

↓10 トヨタ自動車本社工場 [愛知県豊田市]

↑2 富山の売薬 [富山県]　富山の売薬(家庭用置き薬販売)の歴史は古く、室町時代にまでさかのぼり、江戸時代に発展した。現在においても、製薬業がさかんで全国的に有名である。

▲長野県の高原野菜

→7 ぶどう棚に実った甲州ぶどう[山梨県甲州市]　山梨県は、ぶどうの収穫量が全国1位(25%、2022年)で、ワイン醸造もさかんである。地元の山梨大学では、ワインについて学ぶことができる。

↓9 水揚げされる冷凍マグロ [静岡県焼津市]　焼津港は、遠洋漁業によるカツオ・マグロの水揚げ量が多い漁港である。

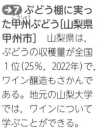

↑3 新潟県の稲作 [新潟県]　新潟県は、全国1位(2021年)の米の収穫量を誇る米どころである。また、せんべい・おかき・あられなどの米菓(米からつくる菓子)を製造する会社も多い。

↑5 高原野菜レタスの箱詰め [長野県川上村]　長野県川上村は、日本一の高原レタスの産地である。長野県のレタス生産は、全国の33%(2021年)を占める。高地で冷涼なため、他県では出荷量の少なくなる夏場に出荷できる利点がある。

関東地方

1 関東地方のすがた

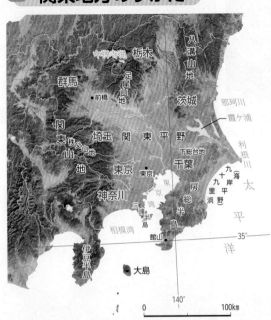

◉主な都市の雨温図

前橋	東京	館山
年平均気温 15.0℃	年平均気温 15.8℃	年平均気温 16.2℃
年降水量 1,247mm	年降水量 1,598mm	年降水量 1,846mm

（気象庁資料などによる）

◉農業産出額の内訳（2021年）

関東地方 1兆5,215億円

米 12.5%	野菜 36.7	畜産 34.7	花き 4.7	その他 7.8

果実 3.6

（農林水産省資料による）

◉工業製品出荷額の内訳（2019年）

関東地方 82兆5,319億円

金属 13.6%	機械 38.9	化学 17.9	食料品 14.6	繊維 0.5	パルプ・紙 2.0	その他 10.0

電気 10.4　輸送 15.9　その他機械 12.6　印刷 2.5

（『工業統計表』）

◉第3次産業の就業者割合（2020年）

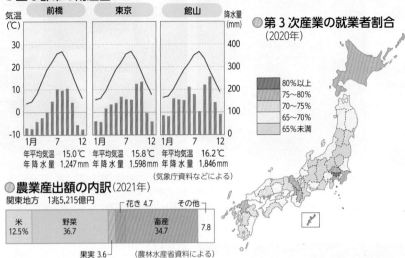

	80%以上
	75〜80%
	70〜75%
	65〜70%
	65%未満

（『データでみる県勢』2023による）

> **Q** 関東地方で農業産出額の多いものは，米，野菜，果実，畜産のうちどれか。
> 【97年B追・第2問・問6】

◉関東各都県の概略

（注）都県名の下の（ ）は都県庁所在地。東京都庁所在地は，「東京都庁の位置を定める条例」により定められている。

	面積(km²)(2022年)	人口(万人)(2022年)	自　然	産業，資源・エネルギー	文化，交通，人口，環境
茨城県(水戸市)	6,098	284	中央部から南部にかけて常総台地が広がる。南東部は霞ケ浦など低湿地帯で水郷とよばれる。内陸部は寒暖の差が大きく，海岸地域では北東風の影響を受け，降水量が多い。動植物の北限，南限が多い。	南部では稲作，中央部の常総台地では野菜の近郊農業がさかん。日立・土浦・取手などの機械工業，鹿嶋などの臨海部の鉄鋼・化学工業。霞ケ浦ではしらうお漁がさかん。	2005年，東京と筑波研究学園都市（つくば市）を結ぶ「つくばエクスプレス」が開通し，沿線の開発も進んでいる。
栃木県(宇都宮市)	6,408	191	北西部に那須から日光・足尾にかけての山岳地帯が続く。南部は関東平野の一部が広がる。夏と冬の寒暖の差が激しい。夏は高温で雷が多い。	首都圏向けの野菜をつくる近郊農業がさかん。県中央部から南部にかけていちご栽培（とちおとめ）がさかん。医療関連機器や精密機械の分野が発達。	東北自動車道，東北新幹線など交通網の整備により，首都圏への通勤者が増加。世界遺産の日光東照宮は江戸幕府を開いた徳川家康を祀る。史跡・文化財が多い。
群馬県(前橋市)	6,362	191	東を足尾山地，西を関東山地などに囲まれ，南東部に関東平野の一部が広がる。夏と冬の寒暖の差が激しい。夏には雷雨が多い。冬には乾燥した北西季節風の空っ風が吹く。	県北部や西部では冷涼な気候をいかして嬬恋のキャベツなど，高原野菜の栽培がさかん。太田・伊勢崎を中心に自動車・電気機械工業がさかん。	上越・北陸新幹線，関越・上信越自動車道が県内を貫き，首都圏と直結する。北関東自動車道が2011年全線開通した。2014年に富岡製糸場が世界文化遺産に登録。
埼玉県(さいたま市)	3,798	734	西部に秩父山地，東へいくにしたがって台地。県の中央部を荒川が流れる。夏は高温多湿，冬は低温少雨の太平洋側の気候。	大消費地東京向けの野菜，花き生産（近郊農業）がさかん。工業の中心は，さいたま市などの県の南東部だが，主要幹線に沿って工業団地が造られている。	全国一昼と夜の人口の差が大きく，人口の約14%が東京都へ通勤・通学している。高度経済成長期を契機に人口が急増している。
千葉県(千葉市)	5,157	624	低く平坦な地形。標高の最高点は房総丘陵の408m。利根川流域と九十九里沿岸に平野が広がる。沖合を流れる暖流の黒潮の影響で，冬暖かな海洋性の気候。降水量は夏に多く，冬に少ない。	農業産出額が全国上位。野菜・花きの園芸農業が中心。海面漁業生産量が全国上位。鉄鋼・石油化学中心の京葉工業地帯と内陸の組み立て型が特徴。工業製品出荷額は全国8位（2019年）。	国内の主要空港における成田国際空港の輸出額と輸入額のシェアはそれぞれ50%と70%。東京のベッドタウンとして人口が増え，2002年に600万人を突破。
東京都(新宿区)	2,194	1,404	西部に関東山地，中央部に武蔵野台地。太平洋側の気候で，夏は高温多湿，冬は低温少雨で四季がはっきりしている。ヒートアイランド現象が深刻で，東京の平均気温は100年で3度上昇した。	耕地面積は全国一狭く，第1次産業就業者が0.4%（2020年）。小松菜の生産がさかん。都心は印刷関連，内陸部は電気機械工業が発達。日本銀行をはじめ各種金融機関が集中。	日本の政治，経済，文化の中心地で，日本最大の人口をもつ。都心の再開発が進む。2011年，小笠原諸島が世界自然遺産に登録。2016年，国立西洋美術館が世界文化遺産に登録。
神奈川県(横浜市)	2,416	923	西部は丹沢山地，中央は平野と台地，東部は多摩丘陵と沿岸部の3つに分けられる。気候は山間部を除いて全般に温和。	だいこん・キャベツ・ほうれんそうの生産額は全国上位。工業製品出荷額は全国2位。京浜工業地帯の中心。鎌倉，箱根などの国際的な観光地が多い。	横浜は，江戸時代末期から外国への窓口として発展し，日本を代表する港湾・国際都市となっている。東京と名古屋・大阪を結ぶ東海道新幹線や高速道路（交通の大動脈）が通る。

↑1 北関東の工業都市太田市[群馬県太田市] 太田市は，群馬県南東部に位置する工業都市である。人口は，高崎市・前橋市に次ぐ。富士重工業（スバル）の企業城下町であり，自動車産業が太田市周辺の経済を支えている。

↑2 日光東照宮の木彫像の三猿[栃木県日光市] 日光東照宮は，徳川家康を祀っている神社である。世界遺産（文化遺産）に登録されている。「見ざる 言わざる 聞かざる」の木彫の三猿が有名である。

→3 中禅寺湖と男体山[栃木県日光市] 中禅寺湖は，男体山の噴火による溶岩で，渓谷がせき止められてできた湖。日光東照宮とともに，栃木県を代表する観光地である。

関東地方の工業分布

食料品　出版・印刷　化学　金属　電気機械　輸送機械　その他の機械　おもな高速道路（2023年6月）

→4 いちご（とちおとめ）の収穫[栃木県二宮町] 栃木県は，いちごの収穫量全国1位（15%，2021年）である。「とちおとめ」が主力品種で，県南部を中心に栽培されている。

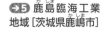

→5 鹿島臨海工業地域[茨城県鹿嶋市] 農漁村であったところに，掘り込み式人工港をつくり，臨海工業地域に変貌した。製鉄所・石油化学関連工場が多くみられる。

←7 トラックに積まれるサバ[千葉県銚子市] 日本有数の漁場が沖合にある銚子漁港は，さばといわし類の水揚げ量が多い。

→8 はくさいの収穫[茨城県常総市] 以前は大都市近郊とはいえなかった茨城県南部も，交通網の整備により，野菜栽培を中心にした近郊農業地域へと発展した。

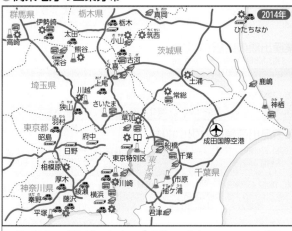

↑6 さいたま新都心[さいたま市] さいたま新都心は，さいたま市大宮を中心に東京の都市機能を補完する目的で再開発された。さいたまスーパーアリーナなどがある。

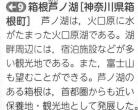

←9 箱根芦ノ湖[神奈川県箱根町] 芦ノ湖は，火口原に水がたまった火口原湖である。湖畔周辺には，宿泊施設などが多い観光地である。また，富士山も望むことができる。芦ノ湖のある箱根は，首都圏からも近い保養地・観光地として発展した。

←10 小売業が集積する東京特別区[東京都渋谷区]

地誌　日本

◉都道府県別農業産出額(2021年)

凡例:
- 3,500億円以上
- 2,000～3,500億円未満
- 1,500～2,000億円未満
- 1,000～1,500億円未満
- 1,000億円未満

(農林水産省資料による)

Q 東北地方で農業産出額の多いものを, 米, 野菜, 果実, 花き, 畜産から2つ答えよう。【95年追・第1問・問4】

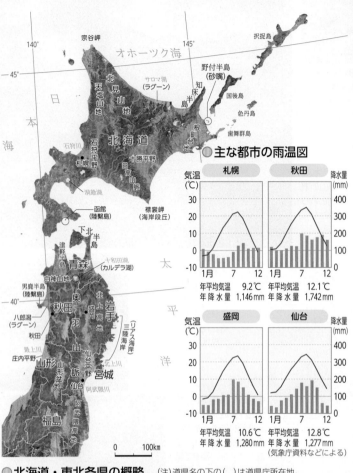

◉主な都市の雨温図

札幌 年平均気温 9.2℃ 年降水量 1,146mm
秋田 年平均気温 12.1℃ 年降水量 1,742mm
盛岡 年平均気温 10.6℃ 年降水量 1,280mm
仙台 年平均気温 12.8℃ 年降水量 1,277mm

(気象庁資料などによる)

◉農業産出額の内訳(2021年)

北海道 1兆3,108億円

| 米 7.9% | 野菜 16.0 | 麦 3.9 | いも 5.5 | 豆 2.6 | 畜産 58.4 | その他 5.7 |

東北地方 1兆3,592億円

| 米 26.7% | 野菜 18.0 | 果実 17.0 | 花き 1.8 | 畜産 34.0 | その他 2.5 |

(農林水産省資料による)

◉工業製品出荷額の内訳(2019年)

北海道 6兆1,336億円

| 金属 12.1% | 機械 13.4 | 輸送 4.3 | その他機械 6.3 | 化学 15.9 | 食料品 40.3 | 繊維 0.5 | 印刷 1.9 | パルプ・紙 6.3 | その他 9.6 |

東北地方 18兆2,438億円

| 金属 11.5% | 機械 46.1 | 電気 21.9 | 輸送 10.8 | その他機械 13.4 | 化学 9.0 | 食料品 15.1 | 繊維 1.1 | 印刷 1.3 | パルプ・紙 3.4 | その他 12.5 |

(『工業統計表』)

◉北海道・東北各県の概略 (注)道県名の下の( )は道県庁所在地。

	面積(km²)(2022年)	人口(万人)(2022年)	自　　然	産業, 資源・エネルギー	文化, 交通, 人口, 環境
北海道(札幌市)	83,424	514	中央を南北に北見山地, 日高山脈が連なり, 西側には石狩平野が広がる。北見山地, 日高山脈を境に東側は太平洋側の気候, 西側は日本海側の気候に属するが, 高緯度のため年間を通して気温が低い。	十勝平野で大規模な畑作, 石狩平野では稲作がさかん。根釧台地では生乳の生産・加工がさかん。釧路・根室・稚内では北洋漁業がさかん。	1997年にアイヌ文化振興法が成立し, これまで以上にアイヌの文化が尊重される。北方領土問題は, 1945年の旧ソ連侵攻以降, いまだに解決されていない。2016年3月, 北海道新幹線(新青森-新函館北斗間)開業。
青森県(青森市)	9,646	120	本州最北端の県。奥羽山脈の北端に八甲田山が, 秋田県境に世界遺産の白神山地がある。高緯度のため冷涼で, 下北半島や津軽半島の一部では夏に北東から吹く冷風やませの被害がある。	津軽平野では稲作に加え, 岩木山麓でりんご栽培がさかん。南部地方はさくらんぼ, にんにく栽培, 陸奥湾ではホタテの養殖がさかん。	縄文時代の三内丸山遺跡。弘前市のねぷた祭りなどの伝統行事。2003年青森ジャンクション開通で東北自動車道とつながる。2010年に東北新幹線が全線開業(東京－新青森間)。
岩手県(盛岡市)	15,275	118	西には奥羽山脈, 東には北上高地, 南北に北上川が流れ, リアス海岸の三陸海岸。内陸の奥羽山脈山ろくは冬寒く積雪量も多い。沿岸地域はやませの被害。	北上盆地で稲作。北上高地・奥羽山脈山ろくで畜産, 三陸海岸の湾内でワカメ, コンブ, カキなどの養殖業がさかん。	2011年に平泉の文化遺産が世界文化遺産に登録された。1970年代に東北自動車道が開通し, インターチェンジ周辺にIC工場が進出。
宮城県(仙台市)	7,282	228	西の奥羽山脈から東にかけて平野が広がる。北上川の河口である仙台平野は東北地方最大の平野。牡鹿半島を境に, 北のリアス海岸と南の単調な砂浜が対照的。西部の奥羽山脈山ろくは冬寒く積雪量も多い。	仙台平野を中心にブランド米「ササニシキ」などの栽培(近年は減少)。気仙沼, 石巻などで水揚げ量が多い。仙台中心に製油・電気機械, 石巻中心に食品加工がさかん。	宮城伝統こけし, 雄勝硯, 鳴子漆器などの伝統工芸品が有名。1989年に仙台市が政令指定都市となり, 99年に人口100万人を超える。4か所の湿地がラムサール条約の指定登録湿地。
秋田県(秋田市)	11,638	93	青森県境は白神山地(世界遺産に登録), 岩手県境は奥羽山脈, 中央に雄物川が流れる。日本海側の気候に属し, 山間部は多雪地帯。	横手盆地や八郎潟でブランド米「あきたこまち」の栽培。八郎潟では, 畑作も行われる。秋田杉が有名。	なまはげ, かまくら, 竿燈まつりなどの伝統行事が有名。1997年に秋田新幹線が開通した。
山形県(山形市)	9,323	104	三方を山に囲まれ, 中央に最上川が流れる。最上川河口には庄内平野が広がる。日本海側の気候に属し, 冬寒く積雪量も多いが, 山形では1933年に気温40.8℃(観測史上8位)を記録。	庄内平野を中心にブランド米「はえぬき」の栽培。山形盆地ではさくらんぼ, 洋なしなどの栽培がさかん。山形新幹線沿線に電気機械工場が進出。	江戸時代には, 紅花の生産がさかん。天童市の将棋駒などの伝統工芸品が有名。1999年に山形新幹線が新庄まで開通。その先への延伸を検討中。
福島県(福島市)	13,784	179	奥羽山脈の南端に位置し, 阿武隈高地, 越後山脈と山がちな地形が広がる。中通り, 会津は内陸の気候に属し, 寒暖の差が大きく雪が多い。浜通りは比較的温暖で太平洋側の気候に属する。	会津盆地・郡山盆地では稲作, 福島盆地ではももなどの果樹栽培がさかん。畜産が阿武隈高地でさかん。磐越自動車道周辺で電気機械, いわきで化学工業が発達。	浜通り・中通り・会津の地域ごとに異なった文化圏。東北自動車道, 磐越自動車道で県内各地域をつなぐ。東北新幹線で首都圏と結ばれる。

↑1 十勝平野の農場[北海道] 帯広市のある十勝平野は，北海道の畑作農業の中心地である。農業機械を使った大規模農業で，大豆・あずき・てんさい・じゃがいもなどが栽培されている。

↑2 知床半島の西海岸[北海道斜里町] オホーツク海に面する知床半島は，羅臼岳・知床岳などの火山があり，国立公園に指定されている。また，貴重な自然環境が，いまだ残っていることから，2005年に世界遺産（自然遺産）に登録された。

↑3 白神山地のブナ林[青森県西目屋村] 白神山地は，秋田・青森県境に広がる山地である。世界的にみても大規模にブナ原生林がみられることから，1993年に，屋久島とともに世界遺産（自然遺産）に登録された。

↑4 りんご畑と岩木山[青森県弘前市] 弘前市のある津軽平野は，りんごの栽培地域である。青森県はりんごの収穫量が全国1位(63％，2021年)である。岩木山は，津軽富士ともいわれる。

→5 龍泉洞[岩手県岩泉町] 龍泉洞は，日本三大鍾乳洞の一つで，国の天然記念物に指定されている。世界有数の透明度の地底湖もある。

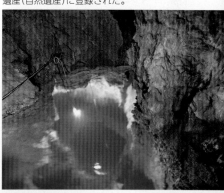

←6 秋田竿燈まつり[秋田県] 竿燈まつりは，江戸時代中期からはじまった，夏の病魔や邪気を払うねぶり流し行事である。

→7 養殖のホヤを引き揚げる漁師[宮城県石巻市] 2011年の東北地方太平洋沖地震により三陸海岸の水産業は，大きな打撃をうけた。三陸海岸はリアス海岸であり，入り江では養殖業がさかんである。

↓9 もも畑と安達太良山[福島県二本松市] 福島県のもものの収穫量は山梨県に次ぎ全国2位(24％，2022年)である。その他にも，なし・りんご・さくらんぼなども栽培され，「くだもの王国　福島」と宣伝している。

↓10 「杜の都」仙台七夕まつり[仙台市] 仙台市は，人口約107万人(2022年)の政令指定都市で，東北地方の中心都市である。また，伊達政宗ゆかりの城下町である。市街地に街路樹が多いので，「杜の都」といわれる。七夕まつりは江戸時代初期から年中行事になったといわれる。東北三大まつりの一つ。

↓8 さくらんぼの箱詰め[山形県寒河江市] 山形県は，さくらんぼの収穫量が全国1位(77％，2022年)。佐藤錦とよばれる品種が最も多く栽培されている。

▶さくらんぼの収穫

	国番号	国 名	首都	面積 (万km²) (2021年)	人口 (万人) (2022年)	人口密度[10] (人/km²)	老年人口 (65歳以上) (%) (2021年)	1人当たり国民総所得 (ドル) (2021年)	産業別就業人口割合[11] (%) (2020年) 第1次	第2次	第3次	主な民族	主な言語
ア ジ ア	1	日本国[1]	東京	37.8	12,428	329	29.8	41,162	3.2	24.0	72.8	日本人，中国人，韓国・朝鮮人	日本語
	2	アフガニスタン・イスラム共和国	カブール	65.3	4,058	62	2.4	377	46.0	18.5	35.5	パシュトゥーン人，タジク人	パシュトゥー語
	3	アラブ首長国連邦	アブダビ	7.1	940	132	1.8	43,217	1.8	27.6	70.6	アラブ系	アラビア語
	4	イスラエル国[2]	エルサレム[3]	2.2	897	408	11.9	53,302	0.9	17.1	82.0	ユダヤ人74%，アラブ系	ヘブライ語
	5	イラク共和国	バグダッド	43.5	4,400	101	3.4	4,645	20.3	20.8	59.0	アラブ人75〜80%，クルド人	アラビア語
	6	イラン・イスラム共和国	テヘラン	163.1	8,826	54	7.4	6,556	16.7	33.6	49.7	ペルシャ人61%，トルコ系	ペルシャ語
	7	インド[4]	デリー	328.7	141,232	430	6.8	2,239	44.3	23.9	31.8	インド・アーリア系72%	ヒンディー語
	8	インドネシア共和国	ジャカルタ	191.1	27,462	144	6.8	4,217	29.6	21.5	48.9	マレー系	インドネシア語
	9	ウズベキスタン共和国	タシケント	44.9	3,435	77	5.0	2,023	24.5	24.8	50.7	ウズベク系が大半	ウズベク語
	10	大韓民国(韓国)	ソウル	10.0	5,183	518	16.7	35,329	5.4	24.6	70.0	朝鮮民族	韓国語
	11	カンボジア王国	プノンペン	18.1	1,668	92	5.5	1,523	39.4	25.0	35.6	クメール95%，チャム	カンボジア語
	12	朝鮮民主主義人民共和国(北朝鮮)	ピョンヤン(平壌)	12.1	2,602	215	11.4	662	44.2	13.8	42.0	朝鮮民族	朝鮮語
	13	キプロス共和国	ニコシア	0.9	125	139	14.5	29,554	2.7	19.5	77.8	ギリシャ系99%	ギリシャ語
	14	クウェート国	クウェート	1.8	425	236	4.5	36,453	2.0	25.1	72.9	アラブ系クウェート人30%	アラビア語
	15	サウジアラビア王国	リヤド	220.7	3,614	16	2.6	23,642	3.2	22.9	73.9	アラブ系	アラビア語
	16	シンガポール共和国	シンガポール(都市国家)	0.07	596	8,514	14.1	58,770	0.3	14.6	85.1	中国系74%，マレー系，インド系	マレー語
	17	スリランカ民主社会主義共和国	スリジャヤワルダナプラコッテ	6.6	2,180	330	11.2	3,823	26.2	27.6	46.2	シンハラ人75%，タミル人	シンハラ語
	18	タイ王国	バンコク	51.3	7,164	140	14.5	6,818	31.4	22.6	46.0	タイ系85%，中国系	タイ語
	19	中華人民共和国(中国)[5]	ペキン(北京)	960.0	142,593	149	13.1	12,324	24.9	27.7	47.4	漢民族	中国語
	20	トルコ共和国	アンカラ	78.4	8,509	109	8.4	9,519	17.6	26.2	56.2	トルコ系，クルド人	トルコ語
	21	パキスタン・イスラム共和国[6]	イスラマバード	79.6	23,352	293	4.2	1,584	38.3	24.7	37.0	パンジャブ系45%	ウルドゥー語
	22	バングラデシュ人民共和国	ダッカ	14.8	17,030	1,151	5.8	2,579	37.9	21.2	40.9	ベンガル人98%	ベンガル語
	23	フィリピン共和国	マニラ	30.0	11,467	382	5.3	3,584	24.8	18.3	56.9	マレー系	フィリピン語
	24	ブルネイ・ダルサラーム国	バンダルスリブガワン	0.6	45	75	5.8	31,650	1.3	23.7	74.9	マレー系66%，中国系	マレー語
	25	ベトナム社会主義共和国	ハノイ	33.1	9,784	296	8.8	3,564	32.6	31.1	36.3	ベトナム人85%	ベトナム語
	26	マレーシア	クアラルンプール	33.1	3,375	102	7.3	10,769	10.0	27.8	62.3	マレー系70%，中国系	マレー語
	27	ミャンマー連邦共和国	ネーピードー	67.7	5,398	80	6.6	1,095	46.5	18.6	35.0	ビルマ民族68%	ビルマ語
	28	モンゴル国	ウランバートル	156.4	337	2	4.4	3,889	25.1	20.4	54.5	ハルハ84%，カザフ	モンゴル語
	29	ラオス人民民主共和国	ビエンチャン	23.7	748	32	4.4	2,414	58.8	10.4	30.8	タイ系の低地ラオ民族53%	ラオ語
ア フ リ カ	30	アルジェリア民主人民共和国	アルジェ	238.2	4,454	19	6.2	3,618	10.5	30.5	59.0	アラブ人74%，ベルベル人	アラビア語
	31	エジプト・アラブ共和国	カイロ	100.2	11,013	110	4.8	3,778	20.4	28.5	51.1	アラブ系99.7%	アラビア語
	32	エチオピア連邦民主共和国	アディスアベバ	110.4	12,182	110	3.1	821	64.1	9.9	26.0	オロモ，アムハラ，ソマリ	アムハラ語
	33	ガーナ共和国	アクラ	23.9	3,315	139	3.5	2,348	40.0	18.7	41.3	アカン46%	英語
	34	カメルーン共和国	ヤウンデ	47.6	2,755	58	2.7	1,636	43.3	15.1	41.5	バミレケ，ベティ，バサ	フランス語
	35	ケニア共和国	ナイロビ	59.2	5,350	90	2.8	2,051	33.6	15.3	51.1	キクユ17%，ルヒヤ	英語
	36	コートジボワール共和国	ヤムスクロ[7]	32.2	2,781	86	2.4	2,462	45.6	10.6	43.9	アカン29%，ボルタイック	フランス語
	37	コンゴ民主共和国	キンシャサ	234.5	9,741	42	3.0	541	55.9	9.8	34.3	モンゴ，ルバ，コンゴ	フランス語
	38	ザンビア共和国	ルサカ	75.3	1,975	26	1.7	1,062	59.1	8.7	32.2	トンガ系，ベンバ系	英語
	39	ジンバブエ共和国	ハラレ	39.1	1,615	41	3.4	1,471	62.2	11.3	26.5	ショナ，ヌデベレ	ショナ語
	40	スーダン共和国[8]	ハルツーム	184.7	4,626	25	3.4	745	41.2	14.3	44.5	アラブ系，ベジャ	アラビア語
	41	セネガル共和国	ダカール	19.7	1,710	87	3.2	1,602	22.6	21.8	55.6	ウォロフ40%，プル	フランス語
	42	ソマリア連邦共和国	モガディシュ	63.8	1,733	27	2.6	444	26.8	17.3	55.9	ソマリ人	ソマリ語
	43	タンザニア連合共和国	ダルエスサラーム[9]	94.7	6,454	68	3.1	1,117	64.8	7.0	28.2	バンツー系，スクマ，チャガ	スワヒリ語
	44	チュニジア共和国	チュニス	16.4	1,231	75	8.8	3,679	14.3	33.7	52.1	アラブ系98%	アラビア語
	45	ナイジェリア連邦共和国	アブジャ	92.4	21,593	234	3.0	1,868	35.8	12.4	51.8	ハウサ，イボ，ヨルバ	英語
	46	マダガスカル共和国	アンタナナリボ	58.7	2,926	50	3.3	489	74.3	10.2	15.5	メリナ，ベッチミサラカ	マダガスカル語
	47	マリ共和国	バマコ	124.0	2,225	18	2.4	849	68.1	9.3	22.6	バンバラ33%，プル	フランス語
	48	南アフリカ共和国	プレトリア	122.1	5,965	49	6.0	6,920	21.4	17.6	60.9	黒人81%，混血，白人	英語
	49	モザンビーク共和国	マプト	79.9	3,252	41	2.6	481	70.8	8.9	20.2	マクワ，ソンガ，ロムウェ	ポルトガル語
	50	モロッコ王国	ラバト	44.7	3,726	83	7.4	3,801	35.0	22.3	42.7	アラブ系65%，ベルベル系	アラビア語
	51	リビア	トリポリ	167.6	677	4	4.8	5,839	16.8	18.7	64.6	アラブ系，ベルベル系	アラビア語
	52	リベリア共和国	モンロビア	11.1	525	47	3.3	413	41.2	7.9	50.9	クペレ20%，バサ，グレボ	英語
	53	ルワンダ共和国	キガリ	2.6	1,362	524	3.1	795	55.5	17.5	27.0	フツ85%，ツチ	フランス語

注1)北方領土と竹島を含む。　注2)東エルサレム地区とゴラン高原を含む。　注3)国際的な承認は得られていない。　注4)帰属未定のジャンム・カシミールのインド側保持部分を含む。　注5)人口は台湾・ホンコン・マカオを含まない。　注6)帰属未定のジャンム・カシミールのパキスタン側保持部分を除く。注7)実質的な首都機能はアビジャンにある。　注8)南スーダン共和国を含むものがある。

統計表について ①数字：単位未満四捨五入　0：単位に満たない　－：該当数字なし　…：資料なし
②出典：『世界の国一覧表』2007，『世界年鑑』2023，『世界国勢図会』2021/2022，世界銀行資料，財務省貿易統計，国連資料（人口は「World Population Prospects 2022」の2022年人口），農林水産省資料，Demographic Yearbook 2021，FAOSTAT，UNESCO Institute for Statisticsなどによる

主な宗教	貿易額（億円） 日本からの輸出（2022年）	貿易額（億円） 日本の輸入（2022年）	1円当たりの通貨単位（2022年7月）		乳児死亡率（千人当たり）（2021年）	合計特殊出生率（人）（2020年）	識字率（%）	一次エネルギー供給量（石油換算）（万t）（2018年）	穀物の自給率（%）（2019年）	土地面積に占める森林の割合（%）（2020年）	独立年月	国番号
神道，仏教，キリスト教	-	-	円	1.00	1.7	1.34	…	42,600	28	68.4	－	1
イスラームが大半	14	0.5	アフガニー	1.53	43.4	4.75	37.3[21]	…	65	1.9	－	2
イスラーム	11,155	60,188	ディルハム	37.34	5.4	1.46	95.5[19]	6,760	1	4.5	1971.12	3
ユダヤ教74%，イスラーム	1,946	1,680	新シェケル	39.50	2.7	2.90	…	2,231	5	6.5	1948.5	4
イスラーム95～98%，キリスト教	803	0.4	イラク・ディナール	0.09	20.7	3.55	85.6[17]	6,438	60	1.9	－	5
イスラーム	66	46	リアル	0.003	10.9	1.71	85.5[16]	26,572	70	6.6	－	6
ヒンドゥー教80%，イスラーム	18,314	8,527	ルピー	1.72	25.5	2.05	74.4[18]	91,944	110	24.3	1947.8	7
イスラーム87%，キリスト教	19,792	37,606	ルピア	0.01	18.9	2.19	96.0[20]	23,114	89	49.1	1945.8	8
イスラーム88%，ロシア正教	364	70	スム	0.01	12.6	2.90	100.0[19]	4,639	74	8.4	1991.8	9
キリスト教28%，仏教	71,062	44,163	ウォン	0.10	2.5	0.84	…	28,226	28	64.4	1948.8	10
仏教	673	2,544	リエル	0.03	21.3	2.38	80.5[15]	820	109	45.7	1953.11	11
キリスト教，仏教	0	0.004	ウォン	1.01	10.1	1.82		1,435	89	50.1	1948.8	12
ギリシャ正教，イスラーム	340	0.8	ユーロ	138.04	2.3	1.33	…	…	9	18.7	1960.8	13
イスラーム75%，キリスト教	2,082	13,122	クウェート・ディナール	443.77	7.5	2.14	96.5[20]	3,401	1	0.4	1961.6	14
イスラーム	6,678	55,690	サウジアラビア・リヤル	36.47	5.7	2.47	97.6[20]	21,364	10	0.5	－	15
仏教，イスラーム，ヒンドゥー教	29,349	12,923	シンガポール・ドル	97.51	1.7	1.10	97.1[20]	3,775	…	21.7	1965.8	16
仏教70%，ヒンドゥー教	262	383	スリランカ・ルピー	0.38	5.8	2.00	92.4	1,169	91	34.2	1948.2	17
仏教95%，イスラーム	42,693	35,024	バーツ	3.78	7.1	1.34	93.8[18]	13,581	123	38.9	－	18
仏教，キリスト教，イスラーム	190,038	248,434	人民元	20.40	5.1	1.28	96.8[18]	319,642	99	23.4	－	19
イスラーム99%	4,225	1,345	トルコ・リラ	7.86	7.7	1.92	96.7[19]	14,420	93	28.9	－	20
イスラーム96%	2,077	406	パキスタン・ルピー	0.65	52.8	3.56	58.0	11,128	114	4.8	1947.8	21
イスラーム88%，ヒンドゥー教	3,350	2,241	タカ	1.43	22.9	2.00	74.9	4,190	90	14.5	1971.12	22
カトリック80%，イスラーム	15,975	14,252	ペソ	2.43	20.5	2.78	96.3[19]	6,005	71	24.1	1946.7	23
イスラーム，仏教，キリスト教	78	3,422	ブルネイ・ドル	97.51	9.6	1.80	97.2[18]	…	…	72.1	1984.1	24
仏教（大乗仏教が主）	24,510	34,784	ドン	0.01	16.4	1.96	95.8	8,346	109	46.7	1976.7	25
イスラーム，仏教，ヒンドゥー教	21,663	34,328	リンギット	30.94	6.5	1.82	95.0	9,343	33	58.2	1957.8	26
仏教88%，キリスト教，イスラーム	585	1,883	チャット	0.07	33.7	2.17	89.1[19]	2,383	112	43.7	1948.1	27
チベット仏教	641	47	トグログ	0.05	12.7	2.90	99.2[20]	575	88	9.1	－	28
仏教	134	248	キープ	0.01	34.2	2.54	84.7[15]	574	101	71.9	1953.10	29
イスラームが大半	273	852	アルジェリアン・ディナール	0.93	19.2	2.94	81.4[18]	6,095	33	0.8	1962.7	30
イスラーム90%	1,014	489	エジプト・ポンド	7.24	16.2	2.96	71.2[17]	9,562	56	0.0	－	31
エチオピア正教，イスラーム	86	208	ブル	2.61	34.3	4.24	51.8[17]	4,329	95	15.1	－	32
キリスト教71%，イスラーム	140	195	ガーナセディ	16.85	32.6	3.62	79.0[18]	987	78	35.1	1957.3	33
キリスト教71%，イスラーム	49	11	CFAフラン	0.21	47	4.54	77.1	966	67	43.0	1960.1	34
プロテスタント33%，カトリック	1,268	89	ケニア・シリング	1.16	28	3.40	81.5[18]	2,768	60	6.3	1963.12	35
イスラーム43%，キリスト教	81	20	CFAフラン	0.21	55.9	4.47	89.9[17]	1,039	57	8.9	1960.8	36
カトリック30%，プロテスタント	153	32	コンゴ・フラン	0.07	62.4	6.21	77.0[16]	3,017	81	55.6	1960.6	37
キリスト教，伝統宗教	140	34	ザンビア・クワチャ	8.34	40.2	4.38	86.7[18]	1,253	74	60.3	1964.10	38
キリスト教84%，伝統宗教	60	34	ジンバブエ・ドル	0.38	35.7	3.55	…	1,190	57	45.1	1980.4	39
イスラーム，キリスト教	71	21	スーダン・ポンド	0.30	38.9	4.54	60.7[18]	1,862	74	9.8	1956.1	40
イスラーム97%，キリスト教	103	41	CFAフラン	0.21	29.1	4.45	51.9[17]	…	61	41.9	1960.8	41
イスラーム	3	6	ソマリア・シリング	0.22	71.1	6.42	…	…	…	9.5	1960.7	42
キリスト教，イスラーム	606	197	タンザニア・シリング	0.06	34.1	4.80	…	2,093	100	51.6	1961.12	43
イスラーム	131	180	チュニジア・ディナール	44.53	14	2.11	…	1,146	47	4.5	1956.3	44
イスラーム54%，キリスト教	324	1,670	ナイラ	0.33	70.6	5.31	62.0[18]	15,988	85	23.7	1960.10	45
伝統宗教，キリスト教	21	598	アリアリ	0.03	45.3	3.92	76.7[18]	…	81	21.4	1960.6	46
イスラーム94%，キリスト教	19	10	CFAフラン	0.21	61.6	6.04	30.8[20]	…	103	10.9	1960.9	47
キリスト教が大半，ヒンドゥー教	3,090	13,174	ランド	8.06	26.4	2.40	95.0	13,424	75	14.1	－	48
キリスト教60%，イスラーム	158	159	メティカル	2.12	51	4.71	60.7[17]	1,043	57	46.7	1975.6	49
イスラーム99%	310	602	モロッコ・ディルハム	13.35	15.4	2.35	73.8	2,059	36	12.9	1956.3	50
イスラーム97%	58	0	リビア・ディナール	27.86	9.2	2.51	…	1,789	11	0.1	1951.12	51
キリスト教86%，イスラーム	3,485	19	リベリア・ドル	0.89	56.7	4.17	48.3[17]	…	40	79.1	－	52
プロテスタント58%，カトリック	13	19	ルワンダ・フラン	0.13	29.7	3.87	73.2[18]	…	69	11.2	1962.7	53

注9）法律上の首都はドドマ。　注10）人口密度は表中の人口÷面積で算出。　注11）産業別就業人口割合の計は分類不能の就業者数を含むため，必ずしも100%にならない。

□ヨーロッパ連合(EU)　■米国・メキシコ・カナダ協定(USMCA)　■南米南部共同市場(MERCOSUR)注15)

地域	国番号	国名	首都	面積(万km²)(2021年)	人口(万人)(2022年)	人口密度(人/km²)	老年人口(65歳以上)(%)(2021年)	1人当たり国民総所得(ドル)(2021年)	産業別就業人口割合(%)(2020年)第1次	第2次	第3次	主な民族	主な言語
ヨーロッパ	54	アイルランド	ダブリン	7.0	501	72	14.8	76,726	4.5	18.8	76.7	アイルランド人	アイルランド語
	55	グレートブリテン及び北アイルランド連合王国(イギリス)	ロンドン	24.4	6,739	276	18.9	46,338	1.0	18.2	80.8	アングロ・サクソン系	英語
	56	イタリア共和国	ローマ	30.2	5,912	196	23.7	36,216	4.0	26.4	69.6	イタリア人	イタリア語
	57	ウクライナ	キーウ(キエフ)	60.4	4,333	72	17.4	4,697	15.1	24.0	60.9	ウクライナ人	ウクライナ語
	58	エストニア共和国	タリン	4.5	133	30	20.4	27,506	3.0	29.1	67.9	エストニア人, ロシア系	エストニア語
	59	オーストリア共和国	ウィーン	8.4	893	106	19.4	54,082	3.9	25.1	71.0	オーストリア人81%	ドイツ語
	60	オランダ王国	アムステルダム	4.2	1,754	418	20.0	56,574	2.1	16.0	82.0	オランダ人75%	オランダ語
	61	ギリシャ共和国	アテネ	13.2	1,041	79	22.5	20,481	10.6	15.0	74.4	ギリシャ人92%	ギリシャ語
	62	クロアチア共和国	ザグレブ	5.7	404	71	22.0	16,950	6.5	28.2	65.3	クロアチア人90%	クロアチア語
	63	スウェーデン王国	ストックホルム	43.9	1,052	24	20.1	62,469	1.7	18.3	80.0	スウェーデン人	スウェーデン語
	64	スペイン王国	マドリード	50.6	4,758	94	19.9	30,216	4.0	20.5	75.5	スペイン人, バスク人	スペイン語
	65	スロバキア共和国	ブラチスラバ	4.9	544	111	17.2	21,124	2.6	36.5	60.9	スロバキア系84%	スロバキア語
	66	スロベニア共和国	リュブリャナ	2.0	212	106	20.5	28,724	4.1	34.0	61.9	スロベニア系83%	スロベニア語
	67	セルビア共和国	ベオグラード	7.7	730	95	20.7	8,377	14.6	27.9	57.5	セルビア系83%, ハンガリー系	セルビア語
	68	チェコ共和国	プラハ	7.9	1,050	133	20.5	25,608	2.6	37.2	60.1	チェコ人57%, モラビア人	チェコ語
	69	デンマーク王国注12)	コペンハーゲン	4.3	587	137	20.3	70,390	2.1	18.9	79.0	デンマーク人	デンマーク語
	70	ドイツ連邦共和国	ベルリン	35.8	8,343	233	22.2	52,885	1.3	27.5	71.2	ゲルマン系	ドイツ語
	71	ノルウェー王国注13)	オスロ	38.6	541	14	18.1	93,149	2.1	19.5	78.4	ノルウェー人82%	ノルウェー語
	72	バチカン市国	バチカン(都市国家)	0.44km²	0.08	1,845	…	…	…	…	…	イタリア人	ラテン語
	73	ハンガリー	ブダペスト	9.3	969	104	20.4	18,139	4.8	31.9	63.3	ハンガリー人が大半	ハンガリー語
	74	フィンランド共和国	ヘルシンキ	33.7	554	16	22.9	54,714	3.7	21.9	74.4	フィン人が大半	フィンランド語
	75	フランス共和国	パリ	55.2	6,456	117	21.3	45,535	2.4	20.0	77.7	ケルト系, ゲルマン系	フランス語
	76	ブルガリア共和国	ソフィア	11.0	683	62	22.4	11,889	6.6	30.3	63.1	ブルガリア人77%	ブルガリア語
	77	ベルギー王国	ブリュッセル	3.1	1,164	375	19.4	51,639	0.9	20.4	78.7	フランデレン系60%, ワロン系	オランダ語
	78	ポーランド共和国	ワルシャワ	31.3	3,824	122	18.8	16,908	9.6	31.7	58.7	ポーランド人97%	ポーランド語
	79	ポルトガル共和国	リスボン	9.2	1,028	112	22.6	24,353	5.4	24.8	69.9	ポルトガル人	ポルトガル語
	80	マルタ共和国	バレッタ	0.03	53	1,767	18.9	31,132	1.1	18.3	80.6	マルタ人	マルタ語
	81	モンテネグロ	ポドゴリツァ	1.4	63	45	16.3	9,529	7.5	18.4	74.1	モンテネグロ系45%	モンテネグロ語
	82	ラトビア共和国	リガ	6.5	186	29	21.6	20,876	7.2	23.6	69.1	ラトビア系63%, ロシア系	ラトビア語
	83	リトアニア共和国	ビリニュス	6.5	277	43	20.6	22,926	5.7	25.4	68.9	リトアニア系	リトアニア語
	84	ルーマニア	ブカレスト	23.8	1,926	81	18.9	14,416	20.5	29.7	49.8	ルーマニア人83%	ルーマニア語
	85	ルクセンブルク大公国	ルクセンブルク	0.3	64	213	14.7	93,369	0.8	10.4	88.9	ルクセンブルク人	ルクセンブルク語
	86	ロシア連邦	モスクワ	1,709.8	14,473	8	15.6	11,960	6.0	26.5	67.5	ロシア人78%, タタール系	ロシア語
北・中アメリカ	87	アメリカ合衆国	ワシントンD.C.	983.4	33,750	34	16.7	70,081	1.7	19.4	78.8	白人76%, 黒人, アジア・太平洋系	英語
	88	エルサルバドル共和国	サンサルバドル	2.1	632	301	8.2	4,294	15.7	23.4	61.0	メスチーソ86%	スペイン語
	89	カナダ	オタワ	998.5	3,829	4	18.5	51,741	1.6	19.3	79.2	イギリス系27%, フランス系	英語
	90	キューバ共和国	ハバナ	11.0	1,122	102	15.7	11,086	18.0	16.8	65.2	混血50%, 白人, 黒人	スペイン語
	91	グアテマラ共和国	グアテマラシティ	10.9	1,772	163	4.9	4,791	30.8	20.2	49.0	先住民42%, 混血	スペイン語
	92	コスタリカ共和国	サンホセ	5.1	517	101	10.5	11,627	18.6	17.6	63.8	混血84%	スペイン語
	93	ジャマイカ	キングストン	1.1	283	257	7.2	5,023	15.9	15.8	68.3	アフリカ系92%, 混血	英語
	94	ニカラグア共和国	マナグア	13.0	690	53	5.2	1,927	29.2	18.1	52.7	混血69%, 白人	スペイン語
	95	パナマ共和国	パナマシティ	7.5	438	58	8.6	14,012	14.1	18.5	67.5	メスチーソ65%, 先住民	スペイン語
	96	メキシコ合衆国	メキシコシティ	196.4	12,702	65	8.1	9,956	12.5	25.4	62.2	メスチーソ62%, 先住民	スペイン語
南アメリカ	97	アルゼンチン共和国	ブエノスアイレス	279.6	4,539	16	11.8	10,590	7.7	20.5	71.9	欧州系97%, 先住民	スペイン語
	98	ウルグアイ東方共和国	モンテビデオ	17.4	342	20	15.5	16,498	8.3	18.2	73.5	白人88%, アフリカ系	スペイン語
	99	エクアドル共和国	キト	25.7	1,791	70	7.6	5,873	31.8	15.9	52.3	メスチーソ72%, 先住民	スペイン語
	100	コロンビア共和国	ボゴタ	114.2	5,179	45	8.7	6,003	16.6	20.1	63.3	白人88%, 混血	スペイン語
	101	チリ共和国	サンティアゴ	75.6	1,959	26	12.7	15,320	7.3	21.9	70.8	白人と非先住民89%	スペイン語
	102	パラグアイ共和国	アスンシオン	40.7	674	17	6.2	5,842	21.3	19.1	59.6	メスチーソ95%	スペイン語
	103	ブラジル連邦共和国	ブラジリア	851.0	21,482	25	9.6	7,305	9.5	20.2	70.3	混血47%, 白人	ポルトガル語
	104	ベネズエラ・ボリバル共和国	カラカス	93.0	2,805	30	8.3	3,528	13.0	17.6	69.5	メスチーソ52%, 白人	スペイン語
	105	ペルー共和国	リマ	128.5	3,391	26	8.3	6,446	33.7	15.9	50.5	メスチーソ60%, 先住民	スペイン語
	106	ボリビア多民族国	ラパス注14)	109.9	1,215	11	4.9	3,266	30.0	18.1	51.9	先住民系混血68%	スペイン語
オセアニア	107	オーストラリア連邦	キャンベラ	769.2	2,605	3	16.6	64,490	2.8	19.2	78.0	欧州系	英語
	108	ニュージーランド	ウェリントン	26.8	516	19	15.9	47,876	6.0	20.4	73.6	欧州系64%, マオリ系	英語
	109	パプアニューギニア独立国	ポートモレスビー	46.3	1,005	22	3.1	2,607	17.8	9.5	72.8	メラネシア系	英語

注12)グリーンランドとフェロー諸島を除く。　注13)ノルウェーの面積, 人口はスヴァールバル諸島とヤンマイエン島を含む。　注14)憲法上の首都はスクレ。　注15)ベネズエラ・ボリバル共和国は, 南米南部共同市場(MERCOSUR)の加盟資格停止中。

主な宗教	貿易額(億円) 日本から輸出 (2022年)	貿易額(億円) 日本の輸入 (2022年)	1円当たりの通貨単位	(2022年7月)	乳児死亡率(千人当たり)(2021年)	合計特殊出生率(人)(2020年)	識字率(%)	一次エネルギー供給量(石油換算)(万t)(2018年)	穀物の自給率(%)(2019年)	土地面積に占める森林の割合(%)(2020年)	独立年月	国番号
カトリック78%	3,269	8,602	ユーロ	138.04	2.7	1.63	…	1,371	50	11.4	—	54
英国国教会	14,498	9,026	スターリング・ポンド	163.38	3.7	1.56	…	17,521	97	13.2	—	55
カトリックが大半	6,978	15,408	ユーロ	138.04	2.2	1.24	19)99.3	15,058	61	32.3	—	56
ウクライナ正教	357	471	フリヴニャ	4.58	7	1.22	…	9,349	440	16.7	1991.8	57
プロテスタント	292	281	ユーロ	138.04	1.6	1.58	…	627	269	57.0	1991.9	58
カトリック57%, イスラーム	1,773	3,003	ユーロ	138.04	3	1.44	…	3,284	94	47.3	—	59
カトリック20%, プロテスタント	16,272	4,512	ユーロ	138.04	3.5	1.55	…	7,293	11	11.0	—	60
ギリシャ正教90%	453	995	ユーロ	138.04	3.3	1.34	18)97.9	2,257	65	30.3	—	61
カトリック86%, セルビア正教	123	95	クーナ	18.27	3.9	1.48	…	851	145	34.7	1991.6	62
福音ルーテル教会	1,900	4,409	スウェーデン・クローナ	12.93	2	1.66	…	4,977	137	68.7	—	63
カトリック58%	3,523	9,023	ユーロ	138.04	2.6	1.23	20)98.6	12,502	57	37.2	—	64
カトリック56%, プロテスタント	182	537	ユーロ	138.04	4.6	1.57	…	1,735	184	40.1	1992.4	65
カトリック58%, イスラーム	272	260	ユーロ	138.04	1.8	1.60	…	694	76	61.5	1993.1	66
セルビア正教85%, カトリック	66	737	ディナール	1.17	4.7	1.48	19)99.5	1,535	169	31.1	1991.6	67
カトリック7%	3,040	2,119	チェコ・コルナ	5.66	2.2	1.71	…	4,330	155	34.7	1993.1	68
福音ルーテル教会	752	3,121	デンマーク・クローネ	18.55	3.1	1.67	…	1,702	118	15.7	—	69
カトリック26%, プロテスタント	25,702	29,864	ユーロ	138.04	3	1.53	…	30,208	101	32.7	—	70
福音ルーテル教会	1,315	2,168	ノルウェー・クローネ	13.48	1.8	1.48	…	2,833	64	33.4	—	71
カトリック	0	0.02	ユーロ	138.04	…	…	…	…	…	0.0	—	72
カトリック39%, プロテスタント	1,983	1,555	フォリント	0.34	3.3	1.56	…	2,674	155	22.5	—	73
福音ルーテル教会	629	2,902	ユーロ	138.04	1.8	1.37	…	3,399	118	73.7	—	74
カトリック, イスラーム	8,399	13,288	ユーロ	138.04	3.4	1.83	…	24,635	187	31.5	—	75
ブルガリア正教59%, イスラーム	257	185	レフ	70.26	5.3	1.56	…	1,850	338	35.9	—	76
カトリック57%, プロテスタント	9,190	9,224	ユーロ	138.04	3.4	1.55	…	5,320	33	22.8	—	77
カトリックが大半	5,497	1,691	ズロチ	28.44	3.7	1.38	…	10,580	114	31.0	—	78
カトリック81%, イスラーム	836	555	ユーロ	138.04	2.5	1.40	18)96.1	2,201	23	36.2	—	79
カトリック90%	302	250	ユーロ	138.04	5.1	1.13	18)94.5	…	0	1.4	1964.9	80
セルビア正教, モンテネグロ正教	4	0.5	ユーロ	138.04	1.9	1.75	18)98.8	…	5	61.5	2006.5	81
プロテスタント, ロシア正教	43	168	ユーロ	138.04	3.2	1.55	18)99.9	463	355	54.8	1991.9	82
カトリック	121	205	ユーロ	138.04	2.7	1.48	…	761	258	35.1	1991.9	83
ルーマニア正教82%	592	1,553	レイ	27.78	5.3	1.60	18)98.8	3,358	217	30.1	—	84
カトリックが大半	865	110	ユーロ	138.04	2.2	1.37	…	…	92	34.5	—	85
ロシア正教, イスラーム, 仏教	6,040	19,690	ルーブル	2.34	4.1	1.51	18)99.7	75,933	151	49.8	—	86
プロテスタント47%, カトリック	182,550	117,331	米ドル	137.12	5.4	1.64	…	223,077	116	33.9	—	87
カトリック50%, プロテスタント	217	34	米ドル	137.12	10.7	1.82	20)90.0	…	43	28.2	—	88
キリスト教53%, イスラーム	11,320	21,692	カナダ・ドル	105.67	4.4	1.40	…	29,758	185	38.7	—	89
カトリック	20	10	キューバ・ペソ	5.48	4	1.50	…	1,039	24	31.2	—	90
カトリック42%, プロテスタント	437	254	ケツァル	17.19	19.6	2.48	18)80.8	1,403	46	32.9	—	91
カトリック48%	609	600	コロン	0.20	6.2	1.56	18)97.9	486	12	59.4	—	92
プロテスタント65%, カトリック	334	21	ジャマイカドル	0.89	10.7	1.36	…	…	0	55.1	1962.8	93
カトリック50%	115	41	コルドバ	3.76	11.4	2.35	…	…	65	28.3	—	94
カトリック49%, プロテスタント	4,527	1,424	バルボア	136.96	11.9	2.34	19)95.7	…	38	56.8	—	95
カトリック78%	14,412	8,427	ペソ	6.60	11.4	1.91	20)95.2	18,061	62	33.8	—	96
カトリック63%, プロテスタント	1,246	1,554	ペソ	1.07	6.1	1.91	18)99.0	8,011	277	10.4	—	97
カトリック42%	93	90	ペソ	3.34	5	1.48	19)98.8	528	208	11.6	—	98
カトリック69%, 福音派	707	2,770	米ドル	137.12	10.7	2.05	20)93.6	1,462	63	50.3	—	99
キリスト教92%	1,790	1,306	ペソ	0.03	11.1	1.74	20)95.6	3,886	37	53.3	—	100
カトリック60%	3,010	9,815	ペソ	0.14	5.6	1.54	17)96.4	3,906	49	24.5	—	101
カトリック90%	122	35	グアラニー	0.02	15.6	2.50	18)94.5	726	239	40.5	—	102
カトリック65%, プロテスタント	5,674	14,633	レアル	25.40	12.9	1.65	18)93.2	28,703	131	59.4	—	103
カトリック96%, プロテスタント	45	36	ボリバル	0.0002	21.1	2.23	16)97.1	4,192	40	52.4	—	104
カトリック60%	972	3,930	ソル	34.57	11	2.22	20)94.5	2,537	47	56.5	—	105
カトリック70%	174	698	ボリビアーノス	19.32	20.2	2.65	20)93.9	938	88	46.9	—	106
キリスト教58%	21,727	116,118	オーストラリア・ドル	92.84	3.2	1.58	…	12,803	181	17.4	—	107
キリスト教37%	3,950	3,944	ニュージーランド・ドル	84.10	3.9	1.61	…	2,049	56	37.6	—	108
キリスト教	262	6,013	キナ	37.65	34.4	3.27	…	…	3	79.2	1975.9	109

国名と国旗	自　然	資　源・産　業	そ　の　他
日本	4枚のプレートの境界に位置する弧状列島で，地震や火山活動が活発。山地が約7割を占める。季節風の影響により四季の変化が明瞭なCfa，Df。自然災害の発生が多い。	農業は稲作中心で園芸農業や畜産業もさかん。鉄鋼，自動車，電気・電子機器工業などが発達する世界的工業国。サービス業，情報通信産業や知識産業の発達も顕著。	首都圏への人口集中が進む一方，地方では人口減少が目立つ。少子高齢化が急速に進展し，総人口が減少しつつある。低い食料自給率，エネルギーの多くを輸入に依存。
大韓民国（韓国）	朝鮮半島の南半分を占め，東海岸に沿ってテベク山脈。西岸と南岸はリアス海岸。国土の大部分がCwで冬の寒さが厳しく，オンドルによる暖房を利用。	1970年代以降，工業化による経済成長が顕著で「ハンガンの奇跡」とよばれる。鉄鋼業，造船業，1990年代以降は自動車工業，電子機器工業，ICT産業の発達が顕著。	人口・企業・教育機関のソウル大都市圏への一極集中が顕著（総人口の約半分）。インチョン国際空港は東アジアのハブ空港。学歴社会，深刻な少子化。北朝鮮との対立。
中華人民共和国（中国）	東部にはDwのトンペイ平原，黄河下流でCwの華北平原，Cfaの長江中下流平原，Cwのチュー川デルタなどの平野が連なる。中西部にはCwのスーチョワン盆地，寒冷で乾燥したチベット高原，乾燥気候（BW・BS）のタリム盆地やジュンガル盆地がある。	チンリン山脈～ホワイ川線から南側は稲作・茶，北側は畑作で小麦・トウモロコシ，綿花・大豆を栽培。主要エネルギー源は石炭で，大気汚染が深刻化。鉄鋼・自動車・電子機器・繊維など多くの工業製品で世界最大の生産国となり，「世界の工場」とよばれる。	人口約14億人で2023年に世界2位となる見込み。少子高齢化への対応から「3人目の出産を容認」に転換。チベットやウイグルなど少数民族の独立運動。経済発展による沿海部と内陸部の地域格差が拡大。西部大開発による格差是正。新幹線や高速道路の急速な延伸。
モンゴル国	高原上に位置する内陸国で，南部はゴビ砂漠，北部はステップ。	馬・羊・ヤギなどの放牧・畜産に加えて，近年は銅・石炭などを輸出する鉱業が発達。	1992年に社会主義を放棄して民主化し市場経済へ移行。チベット仏教の信者が多い。
ベトナム社会主義共和国	南北に細長い国土。北部はCw，南部はメコン川デルタが広がりAw。	米，コーヒーの世界的生産・輸出国。近年，外国資本が進出し繊維・電子機器などの工業が発達。日本のエビの輸入額1位（'22年）。	1986年から市場経済を導入するドイモイ（刷新）政策を実施。経済発展。日本で働く外国人労働者数出身国第1位。
タイ王国	インドシナ半島の中央部を占める。中部平原とコラート台地はAw，南部のマレー半島はAmで，雨季・乾季が明瞭。	チャオプラヤ川流域は商業的稲作，南部は天然ゴム栽培。米の世界的輸出国。東南アジア最大の自動車産業の集積地。	第二次世界大戦前から英・仏の緩衝国として独立を維持。首都バンコクは首位都市で，交通渋滞や雨季末期の洪水が深刻化。
ミャンマー連邦共和国	国土の中央をエーヤワディー川が南下し，広大な沖積平野を形成。国土の大部分がAm。	稲作や米の輸出が主要産業。天然ガスの輸出が増加。近年，外資による縫製業が発達。	2011年軍事政権から民政に移管し，経済自由化が進展。少数民族ロヒンギャ族の難民化。2021年，国軍によるクーデター発生。
マレーシア	マレー半島南部とカリマンタン島北部からなり，大部分が高温多湿のAf。南シナ海の南沙諸島をめぐる5か国・1地域の争い。	パーム油・木材や原油・天然ガスなどの輸出。輸出指向型工業の発達により経済成長。特に電機・電子機器工業が発達。	多数派マレー系と華人，インド系の多民族国家。マレー系を優先するブミプトラ政策を実施。ムスリムが約60%を占める。
シンガポール共和国	ほぼ赤道直下に位置する。シンガポール島や付近の小島からなる都市国家。Af。	ジュロン工業地域による経済成長。アジア南部の貿易・金融・情報通信・業務の拠点。	英語・中国語・マレー語・タミル語が公用語。高所得国。中国系華人が74%。
インドネシア共和国	プレートの衝突帯にあたり，地震が多発して津波被害も多く，火山活動が活発。多くの島嶼からなり，大部分がAf，一部Aw。	原油・天然ガス・石炭・スズなどの資源が豊富で輸出。稲作はジャワ島。パーム油，天然ゴムの輸出。ジャワ島を中心に工業化。	オランダから独立。ムスリムが87%，バリ島はヒンドゥー教。木材輸出や農地開発のための熱帯林破壊が深刻化。
フィリピン共和国	新期造山帯に属し，地震や火山が多い。北部のルソン島，南部のミンダナオ島など多くの島嶼からなり，大部分がAm，南部Af。	ルソン島は稲作，ミンダナオ島ではバナナ・プランテーションが発達。首都マニラを中心に電機・電子機器工業。貧富の格差が大きく海外出稼ぎ者が多い。	人口が1億人を超える。フィリピノ語と英語が公用語。キリスト教徒が大部分。南部で少数派ムスリムによる分離独立運動が続いた。
インド	地形は北部のヒマラヤ山脈，ガンジス川流域のヒンドスタン平原，中南部のデカン高原を中心としたインド半島に大別される。南部・東部はAw，北部はCw，西部はB気候に大別され，夏の南西モンスーンが多雨をもたらす。	1次産業人口が4割を占め，米・小麦・茶・綿花など各種農産物の世界的生産国。石炭，鉄鉱石など豊富な鉱産資源。混合経済体制から1991年に開放経済体制に移行し，自動車工業やICT産業が急速に発展。経済成長を成し遂げ，中間層が拡大しつつある。	人口約14億人で2023年に世界1位となる見込み。ヒンドゥー教徒が約8割を占め，カースト制度が残存。多民族国家で，ヒンディー語が連邦公用語，英語が共通語。カシミール地方の領有をめぐりパキスタンと対立・衝突が続く。世界各地に多くの印僑。
バングラデシュ人民共和国	国土の大部分がガンジス川・ブラマプトラ川が形成した三角州。洪水やサイクロンによる高潮被害が多い。Aw，Am気候。	稲作とジュート栽培。近年，外国企業から委託を受けて衣服を生産する縫製業が発達し，輸出の8割を衣類が占める。	1971年にパキスタンから分離独立。ベンガル人が98%。公用語はベンガル語でムスリムが約9割を占める。
パキスタン・イスラム共和国	インダス川流域の大部分を占め，BWのインダス平原とBSのパンジャブ地方，北部や西部の山地・高原からなる。	小麦や米，綿花などを栽培する灌漑農業が発達。牛などの家畜飼育もさかんで皮革業が発達。綿織物の生産・輸出が多い。	多民族国家で国民の大部分がムスリム。北部のカシミール地方の領有権をめぐりインドと対立・衝突を繰り返す。
スリランカ民主社会主義共和国	セイロン島全域を領土とし，島中央部に山地がある。全土がAf，Aw。	世界的な茶の生産・輸出国。近年，衣料品を中心とした軽工業が発達。	仏教徒が約7割を占める。多数派シンハラ人と少数派タミル人との衝突が続いた。
イラン・イスラム共和国	北はカスピ海，南はペルシャ湾に臨む。新期造山帯に属する山脈や高原が東西に連なり，国土の大半が乾燥気候（BW・BS）。	ペルシャ湾～ザグロス山脈南麓に油田が集中，世界屈指の原油産出・輸出国。イラン高原にはカナートを利用したオアシス農業。	ペルシャ人を中心とする多民族国で，大部分がイスラームシーア派。欧米からの経済制裁は2016年に解除→18年米国が再発動。

（注）国旗の縦横比は国連が使用している2対3を基本とした。

国名と国旗	自　然	資源・産業	その　他
イラク共和国	国土の大半が乾燥気候（BW・BS）。中央部にティグリス川やユーフラテス川が流れ，肥沃なメソポタミアの平原が広がる。	世界屈指の原油産出・輸出国で北部に油田が集中する。外来河川に恵まれたオアシス農業地域では，灌漑により小麦やなつめやしなどを栽培。	湾岸戦争（1990-91年）およびイラク戦争（2003年）の敗北による政治的混乱が続いた。アラブ人主体の国でシーア派とスンナ派が混在。北部にクルド人の自治区。
サウジアラビア王国	アラビア半島の主要部を占め，国土の大部分が砂漠である。アフリカ大陸との間に位置する紅海はプレートの広がる境界。	世界屈指の原油産出・輸出国。ガワール油田やペルシャ湾岸が産油地帯で石油化学工業も発達。センターピボットで小麦や野菜を栽培。産業の多角化を図る。	政教一致の専制君主国。イスラームの聖地メッカをもつ。女性の社会進出が拡大。南アジアなどからの外国人労働力に依存。
アラブ首長国連邦	ペルシャ湾岸にあるアブダビ，ドバイなど7首長国からなる連邦国家。大部分が砂漠。	世界有数の原油および天然ガスの産出・輸出国。脱石油依存として電力指向型のアルミニウム工業やドバイの観光業が発達。	豊富な石油収入により世界屈指の高所得国となる。インドなど南アジアなどからの外国人労働者が多数を占める。
イスラエル共和国	国土の大半が乾燥気候（BW・BS）に属し，北部はCs。降水は冬に集中。パレスチナ自治区を含め，東部は地溝帯。	ハイテク産業やICT，医薬品，ダイヤモンド加工業などが発達。工業製品およびグレープフルーツなどの果実や野菜を輸出。	1948年ユダヤ人国家として建国。周辺のアラブ人国家と四次にわたる中東戦争。パレスチナ自治区住民・過激派との衝突が続く。
トルコ共和国	大部分を占めるアジア部分と，イスタンブール周辺のヨーロッパ部分からなる。海岸地域はCs，内陸部のアナトリア高原はBS，Df。新期造山帯に属し，地震の発生が多い。	海岸地域は地中海式農業が営まれ，内陸地域は混合農業が卓越。繊維工業のほか，EU市場向けの鉄鋼業や自動車工業が発達し，経済発展。EU加盟をめざす。	ムスリムが大部分を占めるが，政教分離を国是とする。東部に居住するクルド人勢力による分離独立運動が続く。ボスポラス海峡に面するイスタンブールが最大都市。
エジプト・アラブ共和国	国土の96%は砂漠で，1億人を超える人口はナイル流域の可耕地に稠密な密度で集中している。降水量は極めて少なく，カイロは砂漠気候の代表都市。	ナイルデルタの米や小麦・綿花のオアシス農業がさかん。なつめやしの生産は世界1位（'21年），ピラミッドなどの観光収入とスエズ運河通航料収入が特色。	第一次世界大戦後にイギリスから独立，アラブ人，イスラームの代表国家。アラブの春で約30年続いた独裁政治が終結，政情不安のため観光客が減少している。
スーダン共和国	国土の大半は広大な平原で，砂漠とステップが広がる。ワジが重要な交通路。	遊牧がさかんで，ラクダ頭数世界3位（'21年）。南スーダン分離独立により石油収入激減。	南スーダン分離独立と西部ダールフール紛争により経済状況は芳しくない。
アルジェリア民主人民共和国	アフリカ最大の面積で，地中海沿岸に人口集中。熱風シロッコが地中海に吹き出す。	天然ガス生産が急増，海底パイプラインでEUに輸出し重要な輸出品。	フランスから独立，政情不安のため観光収入は少ない。フランスへの移民が多い。
モロッコ王国	ジブラルタル海峡を隔ててスペインと対する。アトラス山脈は新期造山帯。カサブランカなどオアシス都市に人口が集中。	野菜・果実の栽培，りん鉱石が主要産業。日本にまぐろ・たこなどの水産物輸出が多い。スペインへの出稼ぎが多い。	北アフリカ唯一の王国，西サハラ問題で周辺国と対立。穏健なイスラーム国家で観光収入が多い。
コートジボワール共和国	ギニア湾岸の熱帯国家。国土は熱帯雨林とサバナに覆われている。	プランテーション経営のカカオは世界最大の生産量（'21年）だが，その約5割を児童労働が担う。	フランスから独立，国名は象牙海岸。首都は内陸のヤムスクロに移転。
ナイジェリア連邦共和国	ギニア湾岸は熱帯雨林，北部はサバナが広がる。ニジェール川河口地域のデルタにはマングローブが広がる。	アフリカ最大の農地面積でタロいも，ヤムいも，キャッサバ世界最大生産（'21年）。アフリカ最大の原油産出（OPEC加盟国）。	アフリカ最大の2億人の人口，部族対立が激しい。北部イスラーム，南部キリスト教民族融和のため首都をアブジャに移転。
エチオピア連邦共和国	標高2,000〜3,000mのエチオピア高原に1億人が居住。低緯度であるが高原のため，比較的温和で過ごしやすい気候。	高原地帯は世界最大の家畜飼育地域。南西部のカッファ地方はコーヒーの原産地。輸出品のほとんどを農産物が占める。	アフリカ最古の独立国でアムハラ語，キリスト教の独自の文化。エリトリア分離独立，首都にAU（アフリカ連合）本部。
ケニア共和国	熱帯の海岸地域と，首都ナイロビのある過ごしやすい高原地域にわかれる。	ホワイトハイランドでコーヒー，茶，花卉生産がさかん。茶葉の輸出は世界1位（'21年）。	イギリスから独立，公用語はスワヒリ語と英語。首都に国連環境計画本部（UNEP）。
タンザニア連合共和国	アフリカ最高峰キリマンジャロを含む高原が占め，サバナとステップが広がる。	アフリカ最大のサイザル麻生産（'21年），サバナのエコツーリズムの観光収入が多い。	イギリスから独立，公用語はスワヒリ語と英語。キリスト教が多数を占める。
コンゴ民主共和国	コンゴ盆地はアフリカ最大の熱帯雨林地域，森林面積率はアフリカ最大，東部はアフリカ大地溝帯で活火山が多数存在する。	アフリカ最大の地下資源国で，コバルト鉱は世界1位（'19年）。ダイヤモンドの生産は世界4位（'19年）。長く続く内戦で経済が壊滅。	ベルギーから独立，資源の利権をめぐり長く内戦が続き，国民生活は極めて貧しく最貧国に分類される。
マダガスカル共和国	アフリカ最大の島国（世界4位）。貿易風の風上の東岸は湿潤，風下の西岸は乾燥。	世界有数の米食国家，遊牧，バニラ世界1位の生産（'21年）。独特な生態系が観光客に人気。	アジア系マレー系民族が多数を占める。フランスから独立。
ザンビア共和国	標高1,000m程度の高原国家のため国土の多くが温帯に属し，過ごしやすい。ザンベジ川にヴィクトリア滝がかかる。	銅の生産アフリカ2位（世界7位，'18年）・ザンベジ川の水力発電で銅精錬し，タンザン鉄道で輸出。	イギリスから独立，キリスト教が多数。HIV感染により寿命が短い。
南アフリカ共和国	古期造山帯ドラケンスバーグ山脈は資源の宝庫。喜望峰のあるケープタウンは地中海性気候の代表都市，国土の約7割が牧草地。	豊富な石炭・鉄鉱石・レアメタル資源の輸出がさかん。白金，クロムは世界最大生産（'19年）。アフリカ最大の工業国で自動車の輸出国。BRICSの一員。	イギリスから独立。少数白人が多数黒人を支配するアパルトヘイト政策終結後，経済成長が進展。2010年ワールドカップ開催，白人と黒人の経済格差が課題。

国名と国旗		自　　然	資　源　・　産　業	そ　の　他
アイスランド		プレートが引き裂かれる火山島。高緯度に位置するが暖流の影響で南部は温和。	農地が極めて少なく，水産業がさかん。地熱発電がさかんなため温室効果ガス排出は少ない。	EU非加盟，NATO加盟，人口37万人。
ノルウェー王国		スカンディナビア半島の山地とフィヨルドの国。沖合の暖流の影響で海岸部は穏やかな気候。	ヨーロッパ最大の水産海運国家で石油・天然ガス輸出国。水力発電がさかんでアルミニウム産業が栄える。	EU非加盟，1人当たり国民総所得が世界上位，最高水準の社会保障国家。ノーベル平和賞授賞式が首都で開催。
スウェーデン王国		スカンディナビア半島東麓のタイガの国。亜寒帯(冷帯)気候で冬季は寒い。	EU最大の鉄鉱石生産国，製紙産業のほか，北欧最大の工業国家。	難民の受け入れに積極的。北部先住民サーミ人がトナカイの遊牧を営む。NATO加盟申請。
フィンランド共和国		先進国最大の森林面積率で，タイガと氷河湖からなる。冬は日照時間が少ない。	製紙・パルプ産業，バイオマスエネルギーがさかん。ICT産業の発展が顕著である。	ロシアから独立，アジア系フィン人・プロテスタントが多数。2023年NATOに加盟。
デンマーク王国		平坦な半島と多くの島からなる。暖流の影響で全土が温和な気候。世界最大の島グリーンランドを領有。	農地割合がEU最大。豚肉，医薬品が主要産業。風力発電がさかん。	国民生活満足度が最高水準，首都コペンハーゲンはハブ空港。
アイルランド		北大西洋海流の影響で，海洋性の温和な気候，国土はやせた低地が多い。	ヨーロッパ最大の牧場面積率，ハイテク工業がさかん。東欧から労働者が集まる。	カトリック教徒のケルト人が多数，公用語はゲール語と英語。
グレートブリテン及び北アイルランド連合王国(イギリス)		古期造山帯ペニン山脈は緩やかな高原状，ロンドンは西岸海洋性気候区の代表都市。	産業革命の発祥地，ロンドンはヨーロッパ最大の金融都市。北海では原油や天然ガスが産出される。	4か国連合王国で19世紀は最大の植民地保有国，1973年EU加盟，2020年EU離脱。
オランダ王国		北海に面する海面下の土地もある低地の国，ライン川デルタとポルダーとよばれる干拓地。	園芸農業・酪農がさかん，中継貿易国で貿易依存度が高い。ロッテルダムはEU最大の貿易都市。	ゲルマン系オランダ人が多数，ベネルクス三国がEUの母体となり発展。
ベルギー王国		ヨーロッパの中心に位置し，平原と丘陵からなる西岸海洋性気候の国。	EU最大の貿易依存度の高い国家，ブリュッセルはEU本部所在地。	北部ゲルマン系フラマン語地域と南部ラテン系ワロン語地域が対立。
ドイツ連邦共和国		ライン川，エルベ川，ドナウ川流域の平原国家，北部は氷食平野，南部は肥沃な農業地域が広がる。	ライ麦の生産世界1位('21年)，自動車，化学工業を中心とするEU最大の経済大国，フランクフルトにEU中央銀行。	ゲルマン系ドイツ人国家，難民を積極的に受け入れている。アウトバーンとICE(ドイツの高速列車)が国土を結ぶ。
フランス共和国		セーヌ川，ライン川，ローヌ川流域の平原国家，パリ盆地はケスタ地形，南部は地中海性気候。	EU最大の農業国で小麦の輸出はEU最大，航空産業がさかん。観光客数('19年)と原子力発電割合('22年)は世界最大。	ラテン系フランス人国家，アラブ系移民が多く対立が課題，TGV(フランスの新幹線)が国土を結ぶ。EU統合推進国。
スペイン王国		イベリア半島の高原国家，地中海性気候の地域が広がる。北西部のリアスバハス海岸は入り江が多い。	オリーブの生産が世界有数，EU加盟後仏独の自動車工場が進出，観光収入は世界2位('18年)，風力発電がさかん。	カトリックのスペイン人が多数，北部のバスク地域，カタルーニャの分離運動が課題。
イタリア共和国		北部は急峻なアルプス山脈，南部はエトナ，ヴェズヴィオ火山が連なる。ローマは地中海性気候区の代表都市。	北部「工業の三角地帯」が経済の中心，付加価値の高い第3のイタリアが発展，地熱発電が特色。	首都ローマ市の中にあるヴァチカンはカトリックの中心地，EU原加盟国，南北格差の縮小が課題。
スイス連邦		急峻なアルプス山脈の国家で冷涼な気候が占める。山岳氷河が多い。	アルプの酪農，山岳避暑地観光のほか，精密機械，金融業がさかん。	永世中立国で，直接民主政国家，独仏伊，ロマンシュ語が公用語。
オーストリア共和国		西部は冷涼なアルプス山脈，東部は肥沃なドナウ川沿岸の盆地からなる。	林業とバイオマスエネルギー拡大，音楽の都ウィーンは観光の中心地。	ゲルマン系ドイツ人が主要民族，カトリック教徒が多数，ウィーンにOPEC本部。
ポーランド共和国		東ヨーロッパ平地の国，氷食平野のため，土地がやせている。	平原で生産されるライ麦は世界2位('21年)，シロンスク炭田はEU最大の炭田。	スラブ系ポーランド人，カトリックが多数，西欧へ労働者流出。
ハンガリー		ドナウ川流域はプスタと呼ばれる平原。西ヨーロッパより気温の変化が大きい。	肥沃な温帯草原はひまわり・とうもろこしの生産がさかん。	アジア系マジャール人が多数，首都ブダペストは双子都市で観光客が多い。
ギリシャ共和国		多島海と丘陵地帯からなり，平地は少ない。地中海性気候で夏は乾燥。	オリーブやブドウの農業国，観光と海運業，近年経済破綻問題。	ギリシャ正教徒が多数を占める。キプロス問題でトルコと対立。
ウクライナ		黒海北岸の東ヨーロッパ平原の国家で大陸性気候の冷涼な森林と乾燥している草原からなる。	ヨーロッパのパン籠といわれる穀物輸出国，チェルノーゼム地域は肥沃な黒土が広がる。小麦輸出世界5位，とうもろこし輸出世界3位('21年)。	旧ソ連反ロシア政策のGUAM加盟国，ロシアが一方的にクリミア半島編入，2022年ロシア侵攻により，工業地帯と輸出ルートが占領され経済破綻のおそれ。
ロシア連邦		ユーラシア大陸北部を占める世界最大面積の国，東西で時差が10時間，ウラル山脈以西の東ヨーロッパ平原に人口集中，シベリアは冷涼で気温変化が激しい。	冷涼な気候で農業生産は不安定，世界最大の小麦輸出国('21年)，原油輸出世界2位('20年)，天然ガス輸出('21年)は世界最大，欧米の経済制裁により経済縮小。	ソ連解体後，資源輸出で経済成長したが，周辺諸国と多くの紛争があり，ウクライナ侵攻後は欧米の経済制裁により人的物的交流が途絶え孤立化が進行中。

ヨーロッパ

	国名と国旗	自　然	資源・産業	その　他
北・中アメリカ	アメリカ合衆国	西部に新期造山帯に属するロッキー山脈、東部に古期造山帯に属するアパラチア山脈。西経100度付近が降水量500mm。以西は乾燥地域となる。	労働生産性の高い世界最大の農産物輸出国。アグリビジネスの発達。豊富な地下資源。原油は、消費量が多く世界有数の輸入国。先端技術産業が各地に発達している。	移民の歴史。WASP（白人・アングロサクソン・プロテスタント）・黒人・ヒスパニック系・アジア系など。先進国の中では、人口増加率が高く、人口が増え続けている。
	カナダ	ロシアに次ぐ世界2位の面積。西部は、ロッキー山脈、ハドソン湾周辺は、安定陸塊に属するカナダ楯状地。亜寒帯（冷帯）湿潤気候の地域が広がる。北部は寒帯。	平原3州は、春小麦が栽培されている穀倉地帯。鉱産・森林・漁業資源にめぐまれ、輸出されている。アルミニウム・パルプ工業が発達している。水力発電の割合が高い。	イギリス系とフランス系の移民。フランス系が多いのは、ケベック州である。北部には先住民（イヌイット）。公用語は、英語とフランス語、連邦制採用の多文化主義社会。
	キューバ共和国	200m以下の平地と丘陵地が広がる。東部は山地。熱帯のサバナ気候。秋にハリケーンが襲来する。	サトウキビ栽培のモノカルチャー経済。砂糖の輸出は世界有数。ニッケルなどの鉱産資源の輸出も多い。観光業に活路。	旧スペイン領からアメリカの支配へ。革命後、社会主義国に。ソ連崩壊後、経済状況が悪化。2015年アメリカ合衆国と国交回復。
	ジャマイカ	キューバの南に位置する島国。東西に山脈。ブルーマウンテン（2,256m）が最高峰。熱帯のサバナ気候。	鉱業（ボーキサイト・アルミナなど）・農業（サトウキビ・コーヒー豆など）。最高級のコーヒー豆の産地。観光業も重要な産業。	旧イギリス領。1962年独立。約90%が黒人。レゲエ音楽、スポーツ（陸上・サッカーなど）がさかん。
	パナマ共和国	山岳地帯が広がる。パナマ地峡。北にカリブ海、南に太平洋。熱帯雨林気候。	第3次産業が中心の国。パナマ運河からの収入が多い。観光業・建設業などの産業。	1914年、パナマ運河（全長80km）完成。アメリカによる運河管理。1999年、パナマに返還される。
	メキシコ合衆国	高原地帯が多い。南北に山脈が走り、その間に高原が広がる。新期造山帯に属する。北部は乾燥気候。南部は熱帯気候。	中南アメリカ最大の産油国。自動車・原油などが輸出品。USMCA（米国・メキシコ・カナダ協定）との結びつきが強く、貿易相手国1位はアメリカ合衆国である。	メスチーソ（白人とインディオの混血）62%。スペイン語（公用語）。キリスト教カトリック78%。
南アメリカ	アルゼンチン共和国	ラプラタ川河口部は、エスチュアリー。パンパは、温暖湿潤気候。パタゴニアは、乾燥気候（ステップ・砂漠気候）がみられる。	パンパが農牧業の中心。穀物（小麦・トウモロコシ・大豆など）栽培や肉牛・羊の放牧。パタゴニアで原油が産出される。	白人（スペイン・イタリア系）が多数を占める。スペイン語（公用語）。キリスト教カトリック63%。
	エクアドル共和国	中央部にアンデス山脈。首都のキトは、高地（高山）都市。標高2,850mで年較差が小さい常春の高山気候である。	農業（コーヒー豆・バナナ・カカオなど）・漁業など。産油国で原油の輸出が3割。OPECを2020年に脱退。	メスチーソ（白人とインディオの混血）が大半。スペイン語（公用語）。キリスト教カトリック69%。
	コロンビア共和国	アンデス山脈の北部に位置する。南部は赤道が通り、アマゾン川の上流部。低地は熱帯気候、高地は高山気候で温暖。	コーヒー豆の生産は世界有数。鉱産資源も多い。原油・石炭・コーヒー豆が主な輸出品。	白人88%。スペイン語（公用語）。キリスト教カトリックが多い。
	チリ共和国	アンデス山脈の南部に位置する。南部にはフィヨルドがみられる。北部のアタカマ砂漠は砂漠気候。南部は西岸海洋性気候。	世界的な銅の産出国（チュキカマタなど）。銅・銅鉱・野菜・果実・魚介類などが重要な輸出品。	白人と非先住民が89%。スペイン語（公用語）。キリスト教カトリック60%。
	ブラジル連邦共和国	アマゾン川流域は、セルバとよばれる熱帯雨林が広がる。ブラジル高原中央部は、熱帯草原のサバナ地域である。熱帯気候（熱帯雨林・サバナ気候）、南部は温帯気候。	BRICSの一員。鉱産資源大国（鉄鉱石・ボーキサイト・スズなど）。中南アメリカ最大の工業国。自動車・航空機・鉄鋼など。ブラジル高原南部はコーヒー栽培。バイオ燃料普及。	旧ポルトガル領。1822年独立。ポルトガル語（公用語）。白人47%と混血。キリスト教カトリック65%。リオデジャネイロ五輪（2016年）。
	ベネズエラ・ボリバル共和国	オリノコ川流域には、リャノとよばれる熱帯草原が広がる。ギアナ高地は、安定陸塊で台地状の山地。熱帯気候が広がる。	輸出の大半が原油の産油国。マラカイボ湖周辺が油田地帯。OPEC原加盟国。鉄鉱石（セロボリバルなど）。	メスチーソ52%。スペイン語（公用語）。キリスト教カトリック96%。
	ペルー共和国	西部には、アンデス山脈。北東部は、アマゾン川の上流部。太平洋沿いに乾燥気候（砂漠気候）が帯状に広がる。	鉱業（銅・原油・亜鉛・金・銀など）。銅鉱・金などを輸出。世界有数の水産国。アンチョビー（かたくちいわし）漁、魚粉に加工する。	メスチーソ60%と先住民。スペイン語（公用語）。キリスト教カトリック60%。
	ボリビア多民族国	アンデス山脈、高山・高原の内陸国。首都のラパスは高山気候で、世界で最も標高が高い首都である。	鉱業（天然ガス・亜鉛・銀など）。近年はリチウムの開発が進む。輸出の3割が天然ガス。輸出相手国1位はブラジル。	先住民系混血68%。スペイン語（公用語）。キリスト教カトリック70%。
オセアニア	オーストラリア連邦	平均標高が340mと低く、安定陸塊に属する地域が大部分を占め、侵食された地形が広がる。東側には、古期造山帯の山脈がある。砂漠・ステップ気候の地域が広い。	鉱産資源大国（石炭・鉄鉱石・ボーキサイトなど）で、日本にとって重要な貿易相手国、石炭・鉄鉱石の輸入先1位（'22年）。羊毛の生産・輸出、肉牛の放牧。北部はサトウキビ栽培。	旧イギリス領。1975年、白豪主義廃止、多文化主義社会へ。アジア系移民の増加。先住民（アボリジニー）の権利回復。アジア・太平洋地域との経済協力を進めている。
	ニュージーランド	北島・南島からなる島国。環太平洋造山帯に属し、北島には火山、南島南西部にはフィヨルドがある。全島、西岸海洋性気候。	食料品が主要な輸出品。農業国。北島では、酪農。牧羊は、南島の東側が中心地。酪製品・肉類・野菜・果実・木材が主な輸出品。	旧イギリス領。先住民（マオリ）、英語・マオリ語（公用語）。ポリネシアに属する。
	パプアニューギニア独立国	ニューギニア島の東半分を占める島国。中央部は山岳地帯である。熱帯雨林気候。高山地帯は、温帯気候である。	輸出の多くが原材料と燃料。白金・銅鉱・パーム油・木材なども主要な輸出品。	世界で2番目に広い島にある。東経141度線の西半分はインドネシア領。

統計表について ①数字：単位未満四捨五入　0：単位に満たない　－：該当数字なし　…：資料なし　●内の数字は，端数処理前の数値に対する全国順位
②出典：『データでみる県勢』2023，『日本国勢図会』2023/24，『平成27年・令和2年国勢調査』，『人口推計年報』，『県民経済計算年報』，『工業統計表』，内閣府資料，総務省資料

都道府県名	主な都市と人口1) (2022年1月1日)(千人)	面積2) (2022年)(km²)	人口 (2022年)(万人)	人口密度 (2022年)(人/km²)	65歳以上人口割合 (2022年)(%)	出生率 (2021年)(千人当たり・人)	外国人人口 (2022年)(千人)	年平均人口増加率(%) 1980～1990年	年平均人口増加率(%) 2010～2020年	昼間人口3) (2020年)昼間人口(万人)	(2020年)昼夜間人口比率4)
北海道	●札幌 1,961　旭川 328　函館 248	①83,424	514	62	32.8	5.6	41.0	1.2	-5.0	522.3	100.0
青森県	青森 275　八戸 223　弘前 166	9,646	120	125	⑤34.8	5.4	6.3	-2.7	-9.8	123.7	99.9
岩手県	盛岡 285　奥州 113　一関 112	②15,275	118	77	34.6	5.4	8.0	-0.4	-8.9	120.8	99.8
宮城県	●仙台 1,065　石巻 139　大崎 127	7,282	228	313	28.9	6.1	23.2	8.0	-1.9	230.4	100.1
秋田県	秋田 303　横手 86　大仙 78	11,638	93	80	①38.6	4.6	4.4	-2.4	-11.6	95.8	99.8
山形県	山形 242　鶴岡 122　酒田 99	9,323	104	112	34.8	5.6	7.9	0.5	-8.6	106.5	99.7
福島県	郡山 320　いわき 315　福島 273	③13,784	179	130	32.7	5.9	15.3	3.4	-9.6	183.5	100.1
茨城県	水戸 271　つくば 247　日立 173	6,098	284	466	30.4	5.9	77.8	11.2	-3.4	279.9	97.6
栃木県	宇都宮 519　小山 168　栃木 157	6,408	191	298	29.9	6.1	44.8	8.0	-3.7	191.4	99.0
群馬県	高崎 371　前橋 333　太田 223	6,362	191	301	30.8	6.0	64.9	6.3	-3.4	193.9	100.0
埼玉県	●さいたま 1,332　川口 606　川越 353	3,798	⑤734	④1,932	27.4	6.4	⑤205.8	①18.2	④2.1	⑤643.5	87.6
千葉県	●千葉 976　船橋 646　松戸 497	5,157	627	1,215	28.0	6.3	176.8	②17.3	1.1	555.0	88.3
東京都	特別区部 9,523　八王子 562　町田 430	2,194	①1,404	①6,398	22.8	7.1	①566.5	2.0	①6.9	①1,675.2	①119.2
神奈川県	●横浜 3,756　●川崎 1,522　●相模原 719	2,416	②923	③3,821	25.8	6.5	④237.5	④15.3	③2.1	③830.6	89.9
新潟県	●新潟 780　長岡 264　上越 187	⑤12,584	215	171	33.5	5.8	17.9	1.0	-7.2	220.1	100.0
富山県	富山 411　高岡 167　射水 92	4,248	102	239	33.0	6.0	19.7	1.5	-5.3	103.3	99.9
石川県	金沢 449　白山 113　小松 107	4,186	112	267	30.3	6.5	16.3	4.1	-3.1	113.4	100.2
福井県	福井 260　坂井 90　越前 82	4,191	75	180	31.2	7.0	16.9	3.8	-4.8	76.8	100.2
山梨県	甲府 186　甲斐 76　南アルプス 71	4,465	80	180	31.5	6.3	18.8	6.1	-6.1	80.5	99.3
長野県	長野 372　松本 237　上田 155	④13,562	202	149	32.5	6.3	38.4	3.5	-4.8	204.2	99.7
岐阜県	岐阜 404　大垣 160　各務原 146	10,621	195	183	31.0	6.2	61.0	5.5	-4.9	190.6	96.3
静岡県	●浜松 796　●静岡 689　富士 251	7,777	358	461	30.7	6.1	102.8	6.5	-3.4	362.7	99.8
愛知県	●名古屋 2,293　豊田 419　岡崎 385	5,173	④750	⑤1,449	25.6	②7.4	②280.9	7.5	⑤1.8	④763.8	④101.3
三重県	四日市 310　津 274　鈴鹿 198	5,774	174	302	30.5	6.4	57.7	6.3	-4.5	174.2	98.4
滋賀県	大津 344　草津 137　長浜 116	4,017	141	351	26.8	②7.4	35.8	13.1	0.2	136.6	96.6
京都府	●京都 1,389　宇治 184　亀岡 88	4,612	255	553	29.6	6.3	63.7	3.0	-2.1	262.9	③102.0
大阪府	●大阪 2,732　●堺 826　東大阪 482	1,905	③878	②4,610	27.7	7.0	③262.7	3.1	-0.3	②922.8	②104.4
兵庫県	●神戸 1,518　姫路 531　西宮 483	8,401	540	643	29.8	6.7	119.5	5.1	-2.1	521.0	95.3
奈良県	奈良 353　橿原 120　生駒 118	3,691	131	354	32.4	6.0	15.0	⑤13.7	-5.4	119.5	90.2
和歌山県	和歌山 363　田辺 71　橋本 61	4,725	90	191	34.0	6.1	7.6	-1.2	-7.9	90.8	98.4
鳥取県	鳥取 185　米子 147　倉吉 46	3,507	54	155	33.1	6.8	5.0	2.0	-5.9	55.2	99.8
島根県	松江 199　出雲 175　浜田 52	6,708	66	98	34.7	6.7	10.1	-0.5	-6.4	67.2	100.1
岡山県	●岡山 704　倉敷 480　津山 99	7,115	186	262	30.8	7.1	31.5	2.9	-2.9	189.0	100.1
広島県	●広島 1,189　福山 463　呉 213	8,479	276	326	29.9	6.8	54.8	③16.9	-2.1	280.4	100.1
山口県	下関 254　山口 190　宇部 162	6,113	131	215	③35.2	6.1	16.7	-0.9	-7.5	133.7	99.6
徳島県	徳島 251　阿南 71　鳴門 55	4,147	70	170	④35.0	6.1	6.6	0.8	-8.4	71.7	99.6
香川県	高松 424　丸亀 112　三豊 63	1,877	93	498	32.4	6.7	14.2	2.3	-4.5	95.1	100.1
愛媛県	松山 507　今治 154　新居浜 117	5,676	131	230	33.9	6.1	13.1	0.5	-6.7	133.6	100.1
高知県	高知 323　南国 47　四万十 33	7,103	68	95	②36.1	6.0	5.0	-0.7	-9.5	69.1	99.9
福岡県	●福岡 1,568　●北九州 937　久留米 303	4,988	512	1,026	28.3	②7.4	85.1	5.7	1.3	513.6	100.0
佐賀県	佐賀 230　唐津 118　鳥栖 74	2,441	80	328	31.4	7.3	7.3	1.4	-4.4	81.7	⑤100.7
長崎県	長崎 406　佐世保 243　諫早 135	4,131	128	311	33.9	6.9	10.4	-1.8	-8.0	130.9	99.7
熊本県	●熊本 732　八代 124　天草 77	7,409	172	232	32.1	②7.4	18.8	2.8	-4.3	173.2	99.7
大分県	大分 478　別府 113　中津 83	6,341	111	175	33.9	6.6	14.3	0.7	-6.0	112.3	99.9
宮崎県	宮崎 401　都城 163　延岡 119	7,734	105	136	33.4	7.2	8.0	1.5	-5.7	106.9	99.9
鹿児島県	鹿児島 600　霧島 125　鹿屋 102	9,186	156	170	33.5	②7.4	13.1	0.7	-6.9	158.7	99.9
沖縄県	那覇 318　沖縄 143　うるま 126	2,282	147	643	①23.5	①10.0	20.4	②10.4	⑤5.4	146.7	100.0
全　国		377,973	12,495	331	29.0	6.6	2,962.0	5.6	-1.4	12,614.6	100.0

1)太字は県庁所在地。●は政令指定都市。2)面積は北方領土，竹島を含む。3)国勢調査による。　4)常住（夜間）人口100人当たり。　5)計には分類不能の産業を含むため，必ずしも100%にならない。

基幹的農業従事者(2020年)(万人)	農業産出額(2021年)(億円)	耕地率(2022年)(%)	事業所数(2020年)	工業生産額(2019年)(億円)	1人当たり県民所得(2019年度)(千円)	県内総生産(2018年度) 総額(兆円)	産業別5)(%) 第1次	第2次	第3次	年間商品販売額(2019年)(十億円) 小売業	卸売業	100人当たり自家用乗用車保有数(2022年)(台)	携帯電話加入率(2021年)(%)	都道府県名
① 7.1	① 13,108	14.5	8,137	61,336	2,832	19.5	④ 4.3	17.3	⑤ 78.4	6,457	9,263	53.7	115.9	北海道
4.8	3,277	15.5	2,361	17,504	2,628	4.4	③ 4.7	20.9	74.4	1,368	1,641	58.2	98.8	青森県
4.4	2,651	9.7	3,155	26,435	2,781	4.7	3.5	30.1	66.4	1,332	1,664	61.2	99.1	岩手県
3.3	1,755	17.2	3,971	45,590	2,943	9.5	1.6	25.4	73.0	2,756	6,295	57.2	111.8	宮城県
3.4	1,658	12.6	2,853	12,998	2,713	3.5	3.4	22.9	73.8	1,078	1,122	61.1	96.7	秋田県
3.9	2,337	12.3	4,097	28,679	2,909	4.2	3.5	32.0	64.5	1,169	1,235	65.3	99.8	山形県
⑤ 5.2	1,913	9.9	5,850	51,232	2,942	7.9	1.7	34.1	64.3	2,121	2,336	66.2	103.1	福島県
② 5.7	③ 4,263	① 26.4	8,385	126,383	3,247	14.0	2.0	40.5	57.5	2,973	3,328	③ 68.8	103.1	茨城県
4.3	2,693	⑤ 18.9	7,312	90,110	④ 3,351	9.3	1.8	② 46.4	51.8	2,249	2,729	② 69.1	104.1	栃木県
2.8	2,404	10.2	8,398	90,522	3,288	8.9	1.4	⑤ 43.2	55.4	2,152	3,994	① 71.0	106.8	群馬県
3.8	1,528	④ 19.3	④ 19,991	139,529	3,038	⑤ 23.1	0.4	28.6	70.9	⑤ 6,833	8,332	43.7	109.7	埼玉県
5.0	3,471	② 23.6	7,989	125,846	3,058	21.0	1.1	24.8	74.1	6,183	6,036	44.9	109.9	千葉県
0.8	196	2.9	③ 25,464	74,207	① 5,757	① 106.9	0.0	14.5	① 85.5	① 19,974	① 118,374	22.4	① 474.4	東京都
1.6	660	7.4	12,833	② 178,722	3,199	④ 35.4	0.1	26.0	73.9	③ 9,090	⑤ 9,534	33.2	122.1	神奈川県
4.6	2,269	13.3	9,431	50,113	2,951	9.1	1.9	30.2	68.0	2,395	3,713	63.3	100.4	新潟県
1.1	545	13.6	4,303	39,411	3,316	4.8	1.0	38.6	60.4	1,145	1,789	⑤ 68.2	114.6	富山県
1.0	480	9.7	5,910	30,478	2,973	4.7	0.9	31.4	67.7	1,286	2,185	64.5	112.9	石川県
0.9	394	9.5	4,221	22,902	⑤ 3,325	3.5	0.9	34.5	64.6	830	1,091	66.8	104.9	福井県
2.1	1,113	5.2	3,547	25,053	3,125	3.6	1.8	39.8	58.3	795	837	④ 68.5	105.9	山梨県
③ 5.6	2,624	7.7	8,724	62,194	2,924	8.6	2.0	35.7	62.3	2,287	2,833	67.0	③ 214.1	長野県
2.1	1,104	5.2	10,932	59,896	3,035	7.9	0.9	34.9	64.2	2,216	2,252	64.9	109.1	岐阜県
3.9	2,084	7.8	⑤ 15,152	③ 172,749	③ 3,407	17.3	0.9	③ 44.9	54.2	3,790	5,677	60.8	112.9	静岡県
4.0	2,922	14.1	② 26,739	① 481,864	② 3,661	② 40.8	0.4	42.4	57.1	④ 8,506	③ 24,123	55.8	⑤ 141.9	愛知県
1.9	1,067	9.9	5,962	107,685	2,989	8.4	1.0	④ 44.4	54.6	1,800	1,634	65.1	105.9	三重県
1.0	585	12.6	4,310	80,754	3,323	6.7	0.6	① 49.1	50.3	1,427	1,074	57.4	101.8	滋賀県
1.5	663	6.4	10,095	57,419	3,005	10.6	0.4	31.4	68.2	2,810	3,443	39.6	115.6	京都府
0.8	296	6.4	① 30,231	④ 172,701	3,055	③ 39.5	0.1	21.7	78.3	② 9,811	② 33,137	31.6	④ 143.0	大阪府
3.5	1,501	8.6	13,483	⑤ 163,896	3,038	21.1	0.5	27.8	71.7	5,412	8,176	42.2	106.9	兵庫県
1.1	391	5.3	3,729	21,494	2,728	3.7	0.6	23.8	75.6	1,110	732	48.8	106.7	奈良県
2.7	1,135	6.6	3,323	26,754	2,986	3.6	2.3	34.9	62.8	873	1,173	58.0	102.2	和歌山県
1.7	727	9.6	1,190	7,868	2,439	1.9	2.9	21.7	75.4	583	644	62.7	99.4	鳥取県
1.4	611	5.4	1,902	12,488	2,951	2.5	2.0	25.3	72.7	680	775	61.3	101.5	島根県
2.9	1,457	8.8	5,304	77,397	2,794	7.8	1.1	35.2	63.8	1,966	2,731	61.8	106.5	岡山県
2.5	1,213	6.1	7,552	98,047	3,153	11.7	0.7	32.8	66.5	3,111	6,558	52.4	133.2	広島県
1.7	643	7.2	2,621	65,735	3,249	6.3	0.6	41.6	57.8	1,463	1,360	60.9	107.7	山口県
1.9	930	6.7	2,047	19,209	3,153	3.2	2.0	34.6	63.3	720	791	62.7	104.6	徳島県
1.8	792	15.5	3,251	27,416	3,021	3.9	1.5	27.2	71.2	1,154	1,758	61.3	110.5	香川県
2.9	1,244	8.0	3,545	43,303	2,717	5.0	2.2	30.1	67.7	1,498	2,157	55.5	108.5	愛媛県
1.9	1,069	3.6	1,806	5,953	2,663	2.4	⑤ 4.1	17.1	③ 78.9	696	712	57.1	102.0	高知県
3.8	1,968	15.8	8,587	99,760	2,838	19.7	0.8	20.6	④ 78.6	5,693	④ 11,797	51.3	② 239.9	福岡県
1.9	1,206	③ 20.6	2,312	20,839	2,854	3.1	2.8	31.5	65.7	818	798	62.9	101.6	佐賀県
2.5	1,551	11.1	3,098	17,385	2,655	4.6	2.8	25.4	71.8	1,443	1,502	52.9	103.5	長崎県
④ 5.2	⑤ 3,477	14.3	3,187	28,706	2,714	6.1	3.4	26.7	69.9	1,797	1,974	59.5	107.7	熊本県
2.1	1,228	8.5	2,308	43,135	2,695	4.6	2.1	31.9	66.0	1,218	1,126	61.3	104.0	大分県
3.2	④ 3,478	8.3	2,358	16,523	2,426	3.7	② 5.4	25.6	69.0	1,089	1,389	62.9	101.1	宮崎県
3.8	② 4,997	12.2	3,863	20,247	2,558	5.5	① 5.5	21.4	73.1	1,557	2,188	59.5	100.7	鹿児島県
1.3	922	15.9	2,419	4,990	2,396	4.5	1.3	17.8	② 80.9	1,288	1,323	58.9	108.2	沖縄県
136.3	88,600	11.6	338,238	3,253,459	3,345	562.6	1.1	27.8	71.1	139,001	309,336	49.0	161.7	全 国

❶ 主な国の人口・人口自然増加率

アジア，アフリカ		ヨーロッパ，南北アメリカ，オセアニア	
人口(万人)	[人口自然増加率‰]	人口(万人)	[人口自然増加率‰]
14億2,589 中華人民共和国	[1.4]		
14億1,717 インド	[12.8]		
		3億3,829 アメリカ合衆国	[2.7]
2億7,550 インドネシア	[10.9]		
2億3,583 パキスタン	[20.5]	2億1,531 ブラジル	[8.1]
2億1,854 ナイジェリア	[25.6]		
1億7,119 バングラデシュ	[12.0]		
		1億4,471 ロシア	[−4.7]
1億2,495 日本	[−4.3]	1億2,750 メキシコ	[10.6]
1億2,338 エチオピア	[25.2]		
1億1,556 フィリピン	[7.4]		
1億1,099 エジプト	[16.0]		
9,901 コンゴ民主共和国	[31.0]		
9,819 ベトナム	[9.7]		
8,855 イラン	[7.5]		
8,534 トルコ	[9.0]	8,337 ドイツ	[−2.6]
7,170 タイ	[2.1]	6,751 イギリス	[−0.1]
		6,463 フランス	[1.8]
6,550 タンザニア	[29.9]	5,904 イタリア	[−5.7]
5,989 南アフリカ共和国	[10.4]		
5,418 ミャンマー	[9.0]		
5,403 ケニア	[22.6]		
5,182 大韓民国	[−0.6]		
		4,756 スペイン	[−3.2]
4,687 スーダン	[24.4]	4,551 アルゼンチン	[6.3]
4,490 アルジェリア	[18.1]	3,986 ポーランド	[−0.9]
		3,970 ウクライナ	[−6.5]
4,450 イラク	[23.4]	3,845 カナダ	[2.3]
3,746 モロッコ	[13.0]		
3,641 サウジアラビア	[13.2]		
3,463 ウズベキスタン	[19.5]	3,405 ペルー	[11.9]
3,394 マレーシア	[9.3]		
3,348 ガーナ	[21.5]		
3,055 ネパール	[6.9]		
2,816 コートジボワール	[25.5]		
2,607 北朝鮮	[4.5]	2,618 オーストラリア	[5.2]
2,183 スリランカ	[7.8]		
		1,966 ルーマニア	[−5.1]
		1,960 チリ	[5.3]
2,002 ザンビア	[29.2]		
1,940 カザフスタン	[14.2]	1,756 オランダ	[0.0]
1,677 カンボジア	[15.6]		
		1,166 ベルギー	[−1.1]
		1,121 キューバ	[0.1]
		1,055 スウェーデン	[2.5]
		1,039 ギリシャ	[−4.3]
		1,027 ポルトガル	[−3.8]
944 アラブ首長国連邦	[9.1]	1,014 パプアニューギニア	[19.2]
		894 オーストリア	[0.2]
904 イスラエル	[13.9]	874 スイス	[2.1]
598 シンガポール	[4.0]	588 デンマーク	[1.2]
		554 フィンランド	[−1.6]
		543 ノルウェー	[2.3]
		519 ニュージーランド	[4.9]
		502 アイルランド	[4.9]
		441 パナマ	[10.4]
340 モンゴル	[18.3]	283 ジャマイカ	[8.1]
		65 ルクセンブルク	[2.9]
		37 アイスランド	[6.1]

人口自然増加率　■ 20‰以上　■ 10‰～20‰未満　■ 0‰未満（マイナス）

(注)中国の数字には台湾，ホンコン，マカオを含まない。人口は2022年年央推計。人口自然増加率＝出生率－死亡率[‰]，調査年は主に2020年。
（『世界国勢図会』2022/23などによる）

❷ 主な国の1人当たり国民総所得（GNI）(2021年)

（ドル）

93,369 ルクセンブルク	
93,149 ノルウェー	
90,045 スイス	
76,726 アイルランド	
70,390 デンマーク	
70,081 アメリカ合衆国	
69,996 アイスランド	
65,863 カタール	
64,490 オーストラリア	
62,469 スウェーデン	58,770 シンガポール
56,574 オランダ	
54,714 フィンランド	
54,082 オーストリア	
53,302 イスラエル	
52,885 ドイツ	
51,741 カナダ	
50,000　51,639 ベルギー	
45,535 フランス	47,876 ニュージーランド
41,162 日本	46,338 イギリス
35,329 大韓民国	43,217 アラブ首長国連邦
30,000　30,216 スペイン	36,216 イタリア
28,724 スロベニア	
27,506 エストニア	
25,608 チェコ	
24,353 ポルトガル	
23,642 サウジアラビア	21,124 スロバキア
22,926 リトアニア	20,876 ラトビア
20,481 ギリシャ	16,950 クロアチア
18,139 ハンガリー	16,908 ポーランド
15,320 チリ	14,416 ルーマニア

高所得国（13,205ドル以上）

12,324 中華人民共和国	
11,960 ロシア	
11,889 ブルガリア	
11,627 コスタリカ	
10,769 マレーシア	
10,000　10,590 アルゼンチン	
9,956 メキシコ	
9,519 トルコ	
7,305 ブラジル	
6,920 南アフリカ共和国	
6,818 タイ	
6,692 ボツワナ	
6,556 イラン	
6,446 ペルー	
6,003 コロンビア	
5,873 エクアドル	
5,839 リビア	5,023 ジャマイカ
4,697 ウクライナ	4,645 イラク

中所得国 — 上位中所得国（4,256ドル～13,205ドル）

4,217 インドネシア	
3,801 モロッコ	
3,778 エジプト	
3,618 アルジェリア	
3,584 フィリピン	
3,564 ベトナム	
2,579 バングラデシュ	
2,462 コートジボワール	
2,348 ガーナ	
2,239 インド	2,051 ケニア
1,868 ナイジェリア	1,584 パキスタン
1,523 カンボジア	1,117 タンザニア

下位中所得国（1,086ドル～4,255ドル）

低所得国（1,085ドル以下）

1,062 ザンビア	
821 エチオピア	
585 ニジェール	541 コンゴ民主共和国
377 アフガニスタン	

〜 世界銀行による「1人当たりGNI」を使った分類(2022年)
■ 経済開発協力機構[OECD]加盟38か国(2023年7月)

(国連資料による)

5 人口からみた都道府県の位置

❶ 都道府県別の人口 (2022年10月1日) (万人)

1,000(万人)	1,404	東京都				
	923	神奈川県				
	878	大阪府				
	750	愛知県	734	埼玉県		
	627	千葉県				
	540	兵庫県	514	北海道		
500	512	福岡県				
	358	静岡県				
	284	茨城県	276	広島県	255	京都府
200	228	宮城県	215	新潟県	202	長野県
	195	岐阜県	191	群馬県	191	栃木県
	186	岡山県	179	福島県		
	174	三重県				
	172	熊本県				
	156	鹿児島県				
	147	沖縄県	141	滋賀県	131	山口県
	131	愛媛県	131	奈良県	128	長崎県
	120	青森県				
	118	岩手県				
	112	石川県	111	大分県	105	宮崎県
100	104	山形県	102	富山県		
	93	秋田県				
	93	香川県	90	和歌山県		
	80	佐賀県	80	山梨県		
	75	福井県				
	70	徳島県	68	高知県		
	66	島根県	54	鳥取県		

(総務省統計局「人口推計」)

❷ 都道府県別の人口増加率 (2015〜2020年) (%)

増加率が高い都県(%)		減少率が高い県(%)	
東京都	3.9	秋田県	−6.2
沖縄県	2.4	岩手県	−5.4
神奈川県	1.2	青森県	−5.4
埼玉県	1.1	高知県	−5.1

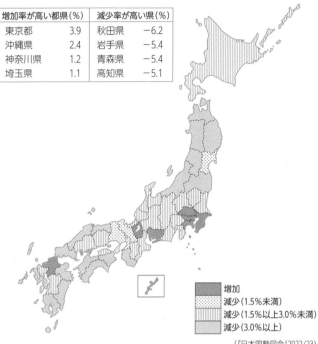

凡例:
- 増加
- 減少 (1.5%未満)
- 減少 (1.5%以上3.0%未満)
- 減少 (3.0%以上)

(『日本国勢図会』2022/23)

❸ 都道府県別の人口統計をよむ

Ⓐ 2020年〜2021年 人口増加率 (%) + 沖縄県のみ − (1位〜13位)		Ⓑ 65歳以上の人口割合 (1位〜13位) (2022年) (%)		Ⓒ 第1次産業就業者割合 (1位〜13位) (2020年) (%)		Ⓓ 第2次産業就業者割合 (1位〜13位) (2020年) (%)		Ⓔ 第3次産業就業者割合 (1位〜13位) (2020年) (%)		Ⓕ 合計特殊出生率 (1位〜11位) (2021年)	
青森県	−1.35	青森県	34.8	青森県	11.3			北海道	76.8		
岩手県	−1.16	岩手県	34.6	岩手県	9.6						
秋田県	−1.52	秋田県	38.6	秋田県	8.6						
山形県	−1.23	山形県	34.8	山形県	8.7	山形県	28.6	宮城県	73.7		
福島県	−1.16					福島県	29.6	(最低 山形県 62.8)			
						栃木県	31.3			全国平均	1.30
(埼玉県	−0.06)					群馬県	31.4				
(千葉県	−0.15)					茨城県	29.0	埼玉県	75.5		
(東京都	−0.27)	(最低 東京都 22.8)		(最低 東京都 0.4)				千葉県	78.5	(最低 東京都 1.08)	
(神奈川県	−0.01)							東京都	84.6		
								神奈川県	79.0		
新潟県	−1.10	新潟県	33.5	長野県	8.5	長野県	28.7				
						富山県	33.2	(最低 長野県 62.8)			
						福井県	31.6				
		全国平均	29.0	全国平均	3.2	岐阜県	32.7			福井県	1.57
						静岡県	32.7	京都府	75.7		
全国平均	−0.51					愛知県	32.4	大阪府	77.0		
和歌山県	−0.97	和歌山県	34.0	和歌山県	8.1	三重県	32.0	兵庫県	73.4	鳥取県	1.51
島根県	−0.93					滋賀県	33.0	奈良県	75.5	島根県	1.62
山口県	−1.08	島根県	34.7	鳥取県	7.8					香川県	1.51
徳島県	−1.05	山口県	35.2			全国平均	23.4				
		徳島県	35.0	徳島県	7.6			全国平均	73.4		
高知県	−1.08			高知県	10.1					佐賀県	1.56
愛媛県	−1.04	高知県	36.1							長崎県	1.60
		愛媛県	33.9	佐賀県	7.5					熊本県	1.59
				熊本県	8.6			福岡県	77.7	大分県	1.54
		長崎県	33.9							宮崎県	1.64
		大分県	33.9	宮崎県	9.8			長崎県	74.0	鹿児島県	1.65
長崎県	−1.18	鹿児島県	33.5	鹿児島県	8.3					沖縄県	1.80
沖縄県	+0.07					(最低 沖縄県 14.4)		沖縄県	81.7		

(Ⓐ総務省統計局「人口推計」，Ⓑ〜Ⓕ『日本国勢図会』2023/24)

6 環境問題

❶ 世界の二酸化炭素排出量の推移

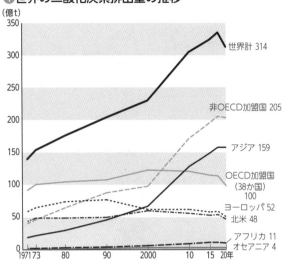

(億t)

世界計 314
非OECD加盟国 205
アジア 159
OECD加盟国 (38か国) 100
ヨーロッパ 52
北米 48
アフリカ 11
オセアニア 4

(『EDMC/エネルギー・経済統計要覧』2023による)

❷ 日本の部門別二酸化炭素排出状況

排出量(単位：百万 t CO_2)

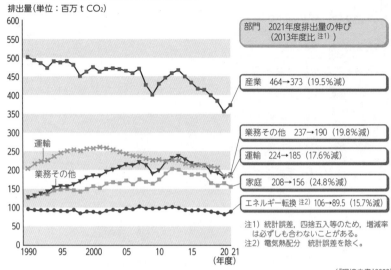

運輸
業務その他

部門	2021年度排出量の伸び (2013年度比 注1)
産業	464→373 (19.5%減)
業務その他	237→190 (19.8%減)
運輸	224→185 (17.6%減)
家庭	208→156 (24.8%減)
エネルギー転換 注2)	106→89.5 (15.7%減)

注1) 統計誤差，四捨五入等のため，増減率は必ずしも合わないことがある。
注2) 電気熱配分　統計誤差を除く。

(『環境白書』2023)

❸ 日本の物質フロー(2020年)

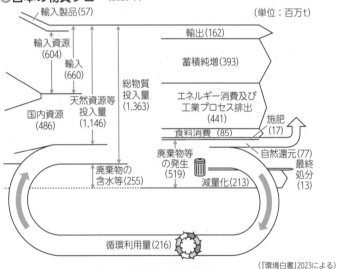

(単位：百万t)

輸入製品(57)
輸入資源(604)
輸入(660)
天然資源等投入量(1,146)
国内資源(486)
輸出(162)
蓄積純増(393)
総物質投入量(1,363)
エネルギー消費及び工業プロセス排出(441)
食料消費(85)
施肥(17)
自然還元(77)
廃棄物等の発生(519)
廃棄物の含水等(255)
減量化(213)
最終処分(13)
循環利用量(216)

(『環境白書』2023による)

❹ 循環型社会の物質フロー

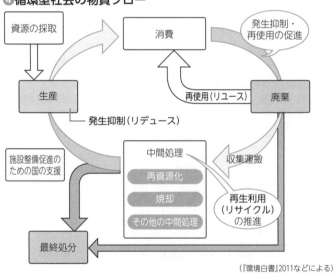

資源の採取
消費
発生抑制・再使用の促進
生産
廃棄
再使用(リユース)
発生抑制(リデュース)
施設整備促進のための国の支援
中間処理
再資源化
焼却
その他の中間処理
収集運搬
再生利用(リサイクル)の推進
最終処分

(『環境白書』2011などによる)

7 世界と日本の農水産業

❶ 世界の主要農産物の生産と輸出 (2021年)

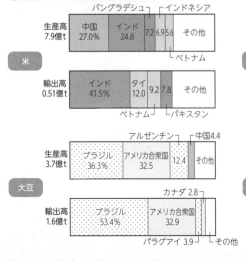

米

生産高 7.9億t	中国 27.0%	インド 24.8	バングラデシュ 7.2	インドネシア 6.9 5.6	その他
輸出高 0.51億t	インド 41.5%	タイ 12.0	ベトナム 9.2	パキスタン 7.8	その他

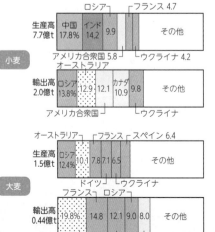

小麦

生産高 7.7億t	中国 17.8%	インド 14.2	ロシア 9.9	フランス 4.7	その他
輸出高 2.0億t	ロシア 13.8%	アメリカ合衆国 12.9	オーストラリア 12.1	カナダ 10.9 ウクライナ 9.8	その他

とうもろこし

生産高 12.1億t	アメリカ合衆国 31.7%	中国 22.5	ブラジル 7.3	アルゼンチン 5.0 その他
輸出高 2.0億t	アメリカ合衆国 35.7%	ブラジル 18.8	アルゼンチン 12.5	ウクライナ 10.4 ルーマニア 3.5 その他

大豆

生産高 3.7億t	ブラジル 36.3%	アメリカ合衆国 32.5	アルゼンチン 12.4	中国4.4 その他
輸出高 1.6億t	ブラジル 53.4%	アメリカ合衆国 32.9	パラグアイ 3.9	カナダ 2.8 その他

大麦

生産高 1.5億t	ロシア 12.4%	オーストラリア 10.1	フランス 7.8	ドイツ 7.1 スペイン 6.4	その他
輸出高 0.44億t	フランス 19.8%	ロシア 14.8	オーストラリア 12.1	ウクライナ 9.0 カナダ 8.0	その他

ライ麦

生産高 1,322万t	ドイツ 25.1%	ポーランド 18.7	ロシア 13.0	デンマーク 5.1 6.4 その他
輸出高 225万t	ポーランド 47.2%	ドイツ 16.8	ロシア 5.0	ベラルーシ 6.3 5.8 カナダ ラトビア その他

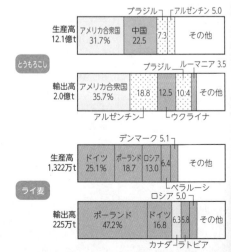

(FAOSTAT)

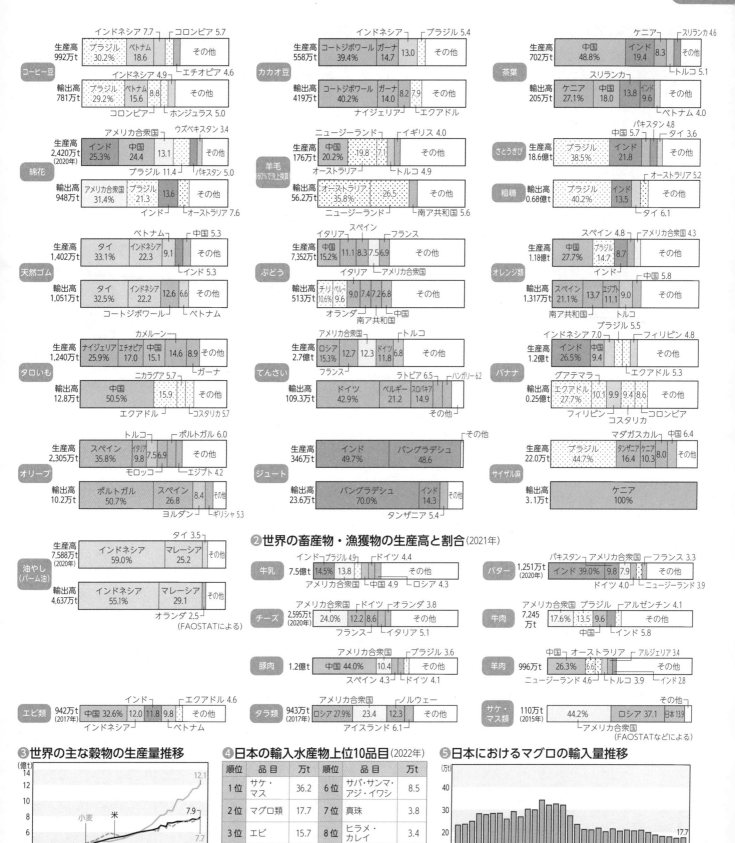

コーヒー豆
生産高 992万t：ブラジル 30.2%／ベトナム 18.6／インドネシア 7.7／コロンビア 5.7／エチオピア 4.6／その他
輸出高 781万t：ブラジル 29.2%／ベトナム 15.6／8.8／コロンビア／ホンジュラス 5.0／インドネシア 4.9／その他

カカオ豆
生産高 558万t：コートジボワール 39.4%／ガーナ 14.7／13.0／インドネシア／ブラジル 5.4／ナイジェリア／その他
輸出高 419万t：コートジボワール 40.2%／ガーナ 14.0／8.2／7.9／エクアドル／その他

茶葉
生産高 702万t：中国 48.8%／インド 19.4／8.3／ケニア／スリランカ 4.6／トルコ 5.1／その他
輸出高 205万t：ケニア 27.1%／中国 18.0／13.8／インド 9.6／スリランカ／ベトナム 4.0／その他

綿花
生産高 2,420万t（2020年）：インド 25.3%／中国 24.4／13.1／アメリカ合衆国／ブラジル 11.4／ウズベキスタン 3.4／パキスタン 5.0／その他
輸出高 948万t：アメリカ合衆国 31.4%／ブラジル 21.3／13.6／インド／オーストラリア 7.6／その他

羊毛 60%で洗上換算
生産高 176万t：中国 20.2%／19.8／7.1／ニュージーランド／イギリス 4.0／オーストラリア／トルコ 4.9／その他
輸出高 56.2万t：オーストラリア 35.8%／26.5／ニュージーランド／南ア共和国 5.6／その他

さとうきび
生産高 18.6億t：ブラジル 38.5%／インド 21.8／中国 5.7／パキスタン 4.8／タイ 3.6／その他
粗糖
輸出高 0.68億t：ブラジル 40.2%／インド 13.5／オーストラリア 5.2／タイ 6.1／その他

天然ゴム
生産高 1,402万t：タイ 33.1%／インドネシア 22.3／9.1／ベトナム／中国 5.3／インド 5.3／その他
輸出高 1,051万t：タイ 32.5%／インドネシア 22.2／12.6／6.6／コートジボワール／ベトナム／その他

ぶどう
生産高 7,352万t：中国 15.2%／11.1／8.3／7.5／6.9／イタリア／スペイン／フランス／アメリカ合衆国／その他
輸出高 513万t：チリ 10.6%／ペルー 9.6／9.0／7.4／7.2／6.8／イタリア／オランダ／南ア共和国／中国／その他

オレンジ類
生産高 1.18億t：中国 27.7%／ブラジル 14.7／8.7／スペイン 4.8／アメリカ合衆国 4.3／インド／その他
輸出高 1,317万t：スペイン 21.1%／13.7／エジプト 11.1／9.0／南ア共和国／トルコ／中国 5.8／その他

タロいも
生産高 1,240万t：ナイジェリア 25.9%／エチオピア 17.0／中国 15.1／14.6／8.9／カメルーン／ガーナ／その他
輸出高 12.8万t：中国 50.5%／15.9／ニカラグア 5.7／エクアドル／コスタリカ 5.7／その他

てんさい
生産高 2.7億t：ロシア 15.3%／12.7／12.3／ドイツ 11.8／6.8／アメリカ合衆国／フランス／トルコ／その他
輸出高 109.3万t：ドイツ 42.9%／ベルギー 21.2／スロバキア 14.9／ラトビア 6.5／ハンガリー 6.2／その他

バナナ
生産高 1.2億t：インド 26.5%／中国 9.4／インドネシア 7.0／ブラジル 5.5／フィリピン 4.8／エクアドル 5.3／その他
輸出高 0.25億t：エクアドル 27.7%／10.1／9.9／9.4／8.6／グアテマラ／フィリピン／コスタリカ／コロンビア／その他

オリーブ
生産高 2,305万t：スペイン 35.8%／イタリア 9.8／7.5／6.9／トルコ／ポルトガル 6.0／モロッコ／エジプト 4.2／その他
輸出高 10.2万t：ポルトガル 50.7%／スペイン 26.8／8.4／ヨルダン／ギリシャ 5.3／その他

ジュート
生産高 346万t：インド 49.7%／バングラデシュ 48.6／その他
輸出高 23.6万t：バングラデシュ 70.0%／インド 14.3／タンザニア 5.4／その他

サイザル麻
生産高 22.0万t：ブラジル 44.7%／タンザニア 16.4／ケニア 10.3／8.0／マダガスカル／中国 6.4／その他
輸出高 3.1万t：ケニア 100%

油やし（パーム油）
生産高 7,588万t（2020年）：インドネシア 59.0%／マレーシア 25.2／タイ 3.5／その他
輸出高 4,637万t：インドネシア 55.1%／マレーシア 29.1／オランダ 2.5／その他
（FAOSTATによる）

② 世界の畜産物・漁獲物の生産高と割合（2021年）

牛乳 7.5億t：インド 14.5%／13.8／ブラジル 4.9／ドイツ 4.4／アメリカ合衆国／中国 4.9／ロシア 4.3／その他
バター 1,251万t（2020年）：インド 39.0%／9.8／7.9／パキスタン／アメリカ合衆国／フランス 3.3／ドイツ 4.0／ニュージーランド 3.9／その他

チーズ 2,595万t（2020年）：アメリカ合衆国 24.0%／12.2／8.6／ドイツ／オランダ 3.8／フランス／イタリア 5.1／その他
牛肉 7,245万t：アメリカ合衆国 17.6%／13.5／9.6／ブラジル／アルゼンチン 4.1／中国／インド 5.8／その他

豚肉 1.2億t：中国 44.0%／10.4／アメリカ合衆国／ブラジル 3.6／スペイン 4.3／ドイツ 4.1／その他
羊肉 996万t：中国 26.3%／6.6／オーストラリア／アルジェリア 3.4／ニュージーランド 4.6／トルコ 3.9／インド 2.8／その他

エビ類 942万t（2017年）：中国 32.6%／12.0／11.8／9.8／インド／インドネシア／ベトナム／エクアドル 4.6／その他
タラ類 943万t（2017年）：ロシア 27.9%／23.4／12.3／アメリカ合衆国／ノルウェー／アイスランド 6.1／その他
サケ・マス類 110万t（2015年）：44.2%／ロシア 37.1／日本 13.9／アメリカ合衆国／その他
（FAOSTATなどによる）

③ 世界の主な穀物の生産量推移
小麦 12.1／米 7.9／とうもろこし 7.7（2021年）
（FAOSTATによる）

④ 日本の輸入水産物上位10品目（2022年）

順位	品目	万t	順位	品目	万t
1位	サケ・マス	36.2	6位	サバ・サンマ・アジ・イワシ	8.5
2位	マグロ類	17.7	7位	真珠	3.8
3位	エビ	15.7	8位	ヒラメ・カレイ	3.4
4位	タラ	13.3	9位	タコ	3.4
5位	イカ	11.8	10位	ニシン	2.5

（注）水産物輸入計 222.2万t　「農林水産物輸出入概況」

⑤ 日本におけるマグロの輸入量推移
17.7（22年）
（財務省「貿易統計」による）

❻日本の産業別就業者割合の推移

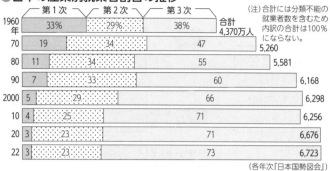

	第1次	第2次	第3次	合計
1960年	33%	29%	38%	4,370万人
70	19	34	47	5,260
80	11	34	55	5,581
90	7	33	60	6,168
2000	5	29	66	6,298
10	4	25	71	6,256
20	3	23	71	6,676
22	3	23	73	6,723

(注)合計には分類不能の就業者数を含むため内訳の合計は100%にならない。

(各年次『日本国勢図会』)

❼日本の専業農家と兼業農家の割合の推移

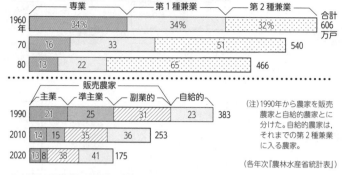

	専業	第1種兼業	第2種兼業	合計
1960年	34%	34%	32%	606万戸
70	16	33	51	540
80	13	22	65	466

	主業	準主業	副業的	自給的	
1990	21	25	31	23	383
2010	14	15	35	36	253
2020	13 8	38	41		175

販売農家

(注)1990年から農家を販売農家と自給的農家とに分けた。自給的農家は,それまでの第2種兼業に入る農家。

(各年次『農林水産省統計表』)

❽日本の男女・年齢別の農業就業人口

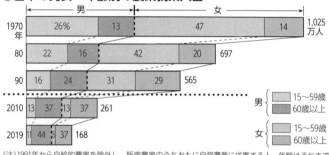

	男		女		
1970年	26%	13	47	14	1,025万人
80	22	16	42	20	697
90	16	24	31	29	565
2010	13	37	13	37	261
2019	11	44	3	37	168

男 □ 15〜59歳 ■ 60歳以上
女 □ 15〜59歳 ■ 60歳以上

(注)1991年から自給的農家を除外し,販売農家のうちおもに自営農業に従事する人,年齢はそれまでの16〜59歳から15〜59歳の区分に変更された。

(各年次『農林水産省統計表』)

❾耕地面積別の農業経営体(2022年)

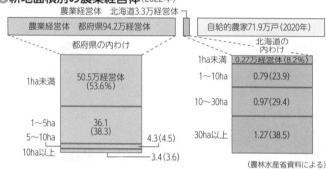

農業経営体 北海道3.3万経営体
農業経営体 都府県94.2万経営体
自給的農家71.9万戸(2020年)

都府県の内わけ

1ha未満	50.5万経営体(53.6%)
1〜5ha	36.1(38.3)
5〜10ha	4.3(4.5)
10ha以上	3.4(3.6)

北海道の内わけ

1ha未満	0.27万経営体(8.2%)
1〜10ha	0.79(23.9)
10〜30ha	0.97(29.4)
30ha以上	1.27(38.5)

(農林水産省資料による)

❿日本の農産物・畜産物の生産と飼養頭数割合(2022年)

農(畜)産物	全国計	生産上位都道府県と割合(%)				
		1位	2位	3位	4位	5位
米	726.9万t	新潟 8.7	北海道 7.6	秋田 6.3	山形 5.0	宮城 4.5
小麦	98.8万t	北海道 61.7	福岡 7.6	佐賀 5.7	愛知 3.0	三重 2.4
ばれいしょ	224.5万t	北海道 81.0	鹿児島 3.9	長崎 3.0	茨城 2.2	千葉 1.3
キャベツ('21年)	148.5万t	群馬 19.7	愛知 18.0	千葉 8.1	茨城 7.4	長野 4.9
ピーマン	15.0万t	茨城 22.2	宮崎 18.7	高知 9.2	鹿児島 8.9	岩手 5.7
いちご('21年)	16.5万t	栃木 14.3	福岡 10.1	熊本 7.3	愛知 6.7	長崎 5.9
みかん	68.2万t	和歌山 22.4	愛媛 16.0	静岡 15.1	熊本 11.0	長崎 5.9
りんご	73.7万t	青森 59.6	長野 18.0	岩手 6.5	山形 5.6	福島 3.2
ぶどう	16.3万t	山梨 25.1	長野 17.8	岡山 9.0	山形 8.6	福岡 4.4
菊(注)	12.3億本	愛知 35.7	沖縄 17.6	福岡 5.6	鹿児島 4.8	長崎 3.8
豚	894.9万頭	鹿児島 13.4	宮崎 8.5	北海道 8.1	群馬 6.8	千葉 6.5
肉用牛	261.4万頭	北海道 21.2	鹿児島 12.9	宮崎 9.7	熊本 5.1	岩手 3.4
乳用牛	137.1万頭	北海道 61.7	栃木 4.0	熊本 3.2	岩手 2.9	群馬 2.5
肉用若鶏(ブロイラー)	7.2億羽	鹿児島 20.1	宮崎 19.4	岩手 16.2	青森 5.9	北海道 5.4
鶏卵	259.7万t	茨城 8.9	鹿児島 6.9	広島 5.2	岡山 5.2	千葉 4.8

(注)菊は切り花の出荷量。

(農林水産省資料による)

8 食料問題

❶主な国の国民1人1年当たり供給食料 (2019年,試算) (kg)

	穀類	いも類	野菜類	肉類	牛乳・乳製品	魚介類
アメリカ合衆国	112.1	53.0	107.5	128.4	261.2	22.1
カナダ	118.8	83.7	101.9	93.7	246.1	21.8
ドイツ	117.8	64.6	88.5	76.4	282.4	12.6
スペイン	114.2	59.5	119.2	106.0	188.5	42.4
フランス	145.5	50.6	96.3	80.4	296.8	34.2
イタリア	162.6	36.3	99.6	75.4	239.6	29.8
オランダ	96.6	76.4	71.1	52.3	397.8	21.9
スウェーデン	111.0	54.6	83.9	70.5	305.2	32.4
イギリス	133.3	77.0	79.3	79.0	246.2	18.5
スイス	104.7	46.5	88.7	70.7	347.5	16.7
オーストラリア	98.5	49.7	85.7	115.5	269.6	26.1
日本	99.9	21.8	99.0	51.5	94.4	41.2

(注)日本は2021年度。

(『令和3年度食料需給表』)

❷日本の国民1人1日当たり供給熱量構成の推移 (『令和3年度食料需給表』)(%)

	1970年	1980	1990	2000	2010	2020	2021
穀類	49.8	43.4	38.6	36.8	37.7	34.8	35.1
いも類・でん粉	4.5	5.9	7.7	8.3	8.4	8.1	8.3
豆類 [1]	6.8	5.7	5.7	5.4	5.3	5.6	5.4
野菜・果実	5.2	5.2	5.5	5.6	5.4	5.8	5.7
動物性食品	13.0	17.3	19.3	20.5	20.4	21.9	21.8
(うち魚介類)	(4.0)	(5.2)	(5.4)	(5.1)	(4.5)	(3.7)	(3.7)
砂糖類	11.2	9.6	8.7	8.0	8.1	7.8	8.0
油脂類	9.0	12.5	13.6	14.5	13.9	15.4	15.0
その他の食料	0.5	0.4	0.9	0.9	0.8	0.7	0.7
総数	100.0	100.0	100.0	100.0	100.0	100.0	100.0
kcal(1人1日当たり)	2,529	2,562	2,639	2,642	2,447	2,269	2,265

(注)1980年度以降は沖縄県を含む。食料需給表における食料の量は,消費者に到達する食料の量を表すもので,個人が実際に消費する数量とは異なることに注意。1)みそ・しょうゆを含む。

❶ 世界の主な発電所 (2017年)

	発電所名	所在地または水系	国 名	最大出力(万kW)
水力	サンシヤ(三峡)	長江	中国	1,846
	イタイプ	パラナ川	ブラジル・パラグアイ	1,475
	シールオトゥー(渓洛渡)	チンシャー川	中国	1,372
	グリ	カロニ川	ベネズエラ	1,006
	ツクルイ	トカンチンス川	ブラジル	837
	グランドクーリー	コロンビア川	アメリカ	677
	サヤノシュシェンスク	エニセイ川	ロシア	650
	奥多々良木	市川・円山川(兵庫県)	日本	193
火力	アルシュアイバ	…	サウジアラビア	680
	アルクライヤ	…	サウジアラビア	627
	タンジン(唐津)	忠清南道	韓国	612
	トクト(托克托)	内モンゴル自治区	中国	606
	タイツォン(台中)	台中市	(台湾)	583
	アズールサウス	…	クウェート	572
	鹿島	茨城県	日本	565
原子力(2021年)	柏崎刈羽	新潟県	日本	821
	ブルース	オンタリオ州	カナダ	694
	ヤンチヤン(陽江)	広東省	中国	652
	ハヌル(旧蔚珍)	慶尚北道	韓国	623
	ハンビット(旧霊光)	全羅南道	韓国	622
	ザポリッジャ	ザポリッジャ州	ウクライナ	600
	グラブリーヌ	ノール県	フランス	571

(海外電力調査会資料などによる)

❷ 各国の原子力発電シェア (2022年)

- フランス 62.6
- スロバキア 59.2
- ウクライナ(2021年) 55.0
- ハンガリー 47.0
- ベルギー 46.4
- スロベニア 42.8
- チェコ 36.7
- スイス 36.4
- フィンランド 35.0
- ブルガリア 32.6
- アルメニア 31.0

(注)発電量に占める原子力発電の割合。　(IAEA PRIS「Nuclear Share of Electricity Generation」)

❸ 日本の原子力発電所 (2021年9月15日現在)

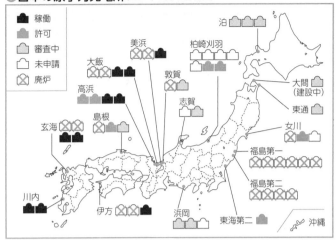

凡例：■ 稼働　■ 許可　▢ 審査中　▢ 未申請　✕ 廃炉

(『日本国勢図会』2023/24)

❹ 日本の主な水力・火力発電所 (2022年3月末現在)

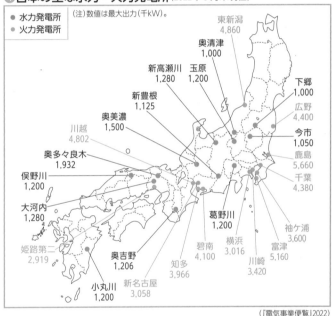

● 水力発電所　● 火力発電所　(注)数値は最大出力(千kW)。

(『電気事業便覧』2022)

❺ 世界の地域別エネルギー消費概況

地域名	世界計			OECD38			非OECD			アジア			EU27			APEC20			ASEAN10		
暦 年	1973	2000	2020	1973	2000	2020	1973	2000	2020	1973	2000	2020	1973	2000	2020	1973	2000	2020	1973	2000	2020
GDP(2015年価格十億米ドル)	21,170	48,067	81,520	16,830	36,305	48,807	4,340	11,762	32,712	2,838	10,377	27,854	5,868	11,260	13,890	10,497	26,749	49,766	275	1,160	2,887
人口(百万人)	3,908	6,105	7,753	919	1,157	1,317	2,989	4,948	6,436	2,142	3,437	4,230	386	429	447	1,773	2,549	2,934	304	524	667
一次エネルギー消費(石油換算百万トン)	6,084	10,022	13,963	3,756	5,339	5,026	2,144	4,412	8,645	1,088	2,861	6,052	N.A.	1,471	1,311	N.A.	5,758	8,397	N.A.	383	687
最終エネルギー消費(石油換算百万トン)	4,638	7,014	9,573	2,828	3,667	3,539	1,626	3,075	5,741	887	1,973	3,923	N.A.	1,027	963	N.A.	3,922	5,517	N.A.	273	457
内訳 産業部門 構成比(%)	1,534 (33.1)	1,869 (26.7)	2,873 (30.0)	962 (34.0)	926 (25.2)	796 (22.5)	573 (35.2)	944 (30.7)	2,078 (36.2)	299 (33.7)	654 (33.1)	1,650 (42.1)	N.A.	274 (26.7)	232 (24.1)	N.A.	1,119 (28.5)	1,899 (34.4)	N.A.	75 (27.5)	161 (35.1)
内訳 運輸部門 構成比(%)	1,081 (23.3)	1,964 (28.0)	2,507 (26.2)	699 (24.7)	1,158 (31.6)	1,111 (31.4)	199 (12.2)	533 (17.3)	1,101 (19.2)	89 (10.1)	322 (16.3)	681 (17.4)	N.A.	262 (25.5)	252 (26.2)	N.A.	1,064 (27.1)	1,338 (24.3)	N.A.	62 (22.8)	125 (27.5)
内訳 民生・農業・他部門 構成比(%)	1,736 (37.4)	2,565 (36.6)	3,248 (33.9)	947 (33.5)	1,216 (33.2)	1,271 (35.9)	789 (48.5)	1,350 (43.9)	1,978 (34.5)	451 (50.9)	817 (41.4)	1,177 (30.0)	N.A.	391 (38.1)	390 (40.5)	N.A.	1,365 (34.8)	1,663 (30.1)	N.A.	115 (42.0)	117 (25.7)
1人当たりGDP(2015年価格米ドル/人)	5,417	7,873	10,515	18,310	31,372	37,068	1,452	2,377	5,083	1,325	3,019	6,585	15,185	26,227	31,042	5,920	10,496	16,963	907	2,214	4,328
1人当たり一次エネルギー消費(石油換算トン/人)	1.56	1.64	1.80	4.09	4.61	3.82	0.72	0.89	1.34	0.51	0.83	1.43	N.A.	3.43	2.93	N.A.	2.26	2.86	N.A.	0.73	1.03
GDP当たり一次エネルギー消費(石油換算トン/2015年価格百万ドル)	287	209	171	223	147	103	494	375	264	383	276	217	N.A.	131	94	N.A.	215	169	N.A.	330	238

(注)APEC20にはパプアニューギニアが含まれない。N.A.は不詳の意。

(『EDMC／エネルギー・経済統計要覧』2023)

❻日本の家庭用エネルギー消費機器の普及率の推移

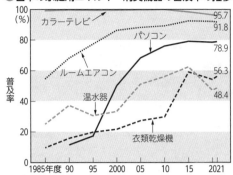

(注)ブラウン管テレビは2012年度調査で終了。温水器は1987年度より太陽熱温水器を含む。　（『EDMC／エネルギー・経済統計要覧』2023）

❼日本の新エネルギー導入実績と目標(原油換算・万kL)

	2005年度 実績	2020年度 最大導入ケース	2030年度 最大導入ケース
太陽光発電	35	700	1,300
風力発電	44	200	269
廃棄物発電＋ バイオマス発電	252	408	494
バイオマス熱利用	142	335	423
その他	687	812	727
合　計	1,160	2,455	3,213

(注)「その他」には、「太陽熱利用」、「廃棄物熱利用」、「黒液・廃材」等が含まれる。　（「長期エネルギー需給見通し」総合資源エネルギー調査会）

❽日本のエネルギー供給量

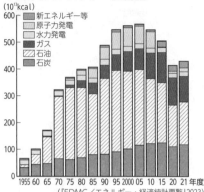

（『EDMC／エネルギー・経済統計要覧』2023）

❾原油・天然ガス・ウランの生産量

（『日本国勢図会』2023/24）

❿原油・天然ガス・ウランの埋蔵地域比較

原油(2020年) 中東地域 48.3%　サウジアラビア 17.2%｜イラン 9.1｜イラク 8.4｜5.9 クウェート｜5.6 アラブ首長国連邦｜その他中東 2.1｜ベネズエラ 17.5｜カナダ 9.7｜その他 24.5　埋蔵量計 2,754億kL

天然ガス(2020年) 中東地域 40.3%　イラン 17.1%｜カタール 13.1｜6.9 サウジアラビア 3.2｜その他中東｜ロシア 19.9｜トルクメニスタン 7.2｜アメリカ合衆国 6.7｜その他 25.9　埋蔵量計 188.1兆m³

ウラン(2021年) オーストラリア 28.1%｜カナダ 13.8｜カザフスタン 8.3｜7.1 ニジェール｜6.9 南ア共和国｜5.5 ナミビア｜5.4 ロシア｜その他 24.9　埋蔵量計 468.8万t

（『日本国勢図会』2023/24）

⓫主な国のOPECからの原油輸入量(2018年)

(単位：1,000トン，%)

	フランス 数量	フランス 構成比	ドイツ 数量	ドイツ 構成比	イタリア 数量	イタリア 構成比	イギリス 数量	イギリス 構成比	アメリカ合衆国 数量	アメリカ合衆国 構成比	日本 数量	日本 構成比
アルジェリア	4,826	9.2	687	0.8	1,484	2.4	5,880	13.3	3,882	1.0	22	0.0
アンゴラ	1,125	2.1	85	0.1	956	1.5	80	0.2	4,458	1.2	504	0.3
コンゴ共和国	―	―	―	―	―	―	―	―	505	0.1	―	―
赤道ギニア	―	―	57	0.1	360	0.6	―	―	930	0.2	―	―
ガ　ボ　ン	―	―	―	―	139	0.2	―	―	243	0.1	―	―
イ　ラ　ン	3,202	6.1	272	0.3	6,032	9.7	―	―	―	―	6,879	4.6
イ　ラ　ク	1,190	2.3	3,050	3.6	9,225	14.9	―	―	25,579	6.7	2,844	1.9
クウェート	256	0.5	353	0.0	1,041	0.0	―	―	3,843	0.0	11,160	0.1
リ　ビ　ア	4,646	8.8	7,205	8.5	6,328	10.2	1,121	2.5	2,730	0.7	―	―
ナイジェリア	5,810	11.0	5,418	6.4	2,275	3.7	5,723	12.9	8,656	2.3	―	―
サウジアラビア	7,858	14.9	1,425	1.7	7,237	11.7	1,139	2.6	42,906	11.2	60,163	40.0
アラブ首長国連邦	―	―	―	―	―	―	―	―	269	0.1	37,853	25.2
ベネズエラ	―	―	664	0.8	138	0.2	102	0.2	24,930	6.5	135	0.1
OPEC合計	28,913	55.0	19,216	22.6	35,215	56.7	14,045	31.7	127,600	33.4	131,534	87.6
総輸入量	52,581	100.0	85,198	100.0	62,055	100.0	44,289	100.0	382,607	100.0	150,236	100.0

(注)エクアドルは2020年1月にOPECを脱退。　（『石油資料』2020）

⓬原油・天然ガス・ウランの可採年数

	国　名	可採年数(年)
原 油 (2021年)	ベネズエラ	1,272.6
	イラン	119.4
	リビア	104.4
	クウェート	101.5
	イラク	96.8
	カナダ	84.8
	アラブ首長国連邦	73.1
天然ガス (2018年)	ベネズエラ	236.4
	イラン	147.1
	カタール	139.5
	ナイジェリア	129.3
	トルクメニスタン	122.5
	アラブ首長国連邦	97.6
	サウジアラビア	93.3
ウラン (2019年)	アメリカ合衆国	1,520.9
	チェコ	1,305.1
	南アフリカ共和国	745.7
	インド	470.0
	オーストラリア	194.3
	ウクライナ	162.8
	イラン	152.4

(注)可採年数＝確認埋蔵量÷ある年の産出量
（『世界国勢図会』2022/23などによる）

⓭日本の製油所の所在地(2023年3月末)

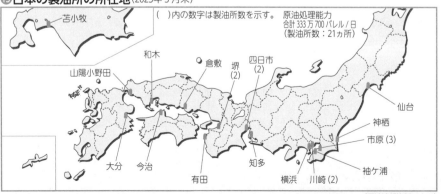

(　)内の数字は製油所数を示す。　原油処理能力 合計 333万700バレル/日 (製油所数：21ヵ所)

（石油連盟資料による）

⓮主な非鉄金属の生産

ニッケル鉱 251万t (2020年) オーストラリア｜インドネシア 30.7%｜フィリピン 13.3｜ロシア 11.3｜8.0｜6.7｜カナダ 6.7｜その他 23.3　(ニューカレドニア)

マンガン鉱 2,010万t (2021年) オーストラリア｜南アフリカ共和国 35.8%｜ガボン 21.6｜16.2｜中国 4.9｜その他 21.5

クロム鉱 4,220万t (2021年) カザフスタン｜インド｜南アフリカ共和国 44.0%｜トルコ 16.5｜15.4｜10.1｜その他 14.0

ダイヤモンド 1.38億カラット (2019年) コンゴ民主共和国｜ロシア 32.8%｜ボツワナ 17.2｜カナダ 13.5｜9.8｜9.4｜その他 17.3　オーストラリア

（『日本国勢図会』2023/24などによる）

❶ 各種工業製品の主要生産国

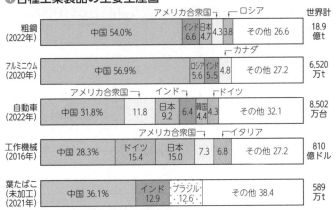

粗鋼（2022年） 中国 54.0% ／ インド 6.6 ／ 日本 4.7 ／ アメリカ合衆国 4.3 ／ ロシア 3.8 ／ その他 26.6 ／ 世界計 18.9億t

アルミニウム（2020年） 中国 56.9% ／ ロシア 5.6 ／ インド 5.5 ／ カナダ 4.8 ／ その他 27.2 ／ 6,520万t

自動車（2022年） 中国 31.8% ／ アメリカ合衆国 11.8 ／ 日本 9.2 ／ インド 6.4 ／ 韓国 4.4 ／ ドイツ 4.3 ／ その他 32.1 ／ 8,502万台

工作機械（2016年） 中国 28.3% ／ ドイツ 15.4 ／ 日本 15.0 ／ アメリカ合衆国 7.3 ／ イタリア 6.8 ／ その他 27.2 ／ 810億ドル

葉たばこ（未加工）（2021年） 中国 36.1% ／ インド 12.9 ／ ブラジル 12.6 ／ その他 38.4 ／ 589万t

カーナビゲーション（2016年） 日本 36.6% ／ 中国 16.6 ／ マレーシア 10.9 ／ その他 35.9 ／ 1,153万台

デジタルカメラ（2016年） 中国 50.6% ／ タイ 15.7 ／ 日本 14.6 ／ その他 19.1 ／ 2,896万台

セメント（2020年） 中国 56.8% ／ インド 7.0 ／ ベトナム 2.3 ／ アメリカ合衆国 2.1 ／ その他 31.8 ／ 41.9億t

化学繊維（2019年） 中国 92.4% ／ （台湾）2.4 ／ 韓国 1.9 ／ 日本 1.3 ／ その他 2.0 ／ 6,121万t

ビール（2020年） 中国 19.5% ／ アメリカ合衆国 11.7 ／ ブラジル 7.6 ／ ドイツ 6.8 ／ メキシコ 5.0 ／ その他 49.4 ／ 18,938万t

（注）工作機械は生産額，それ以外は生産量での割合を示した。

（『日本国勢図会』2023/24，電子情報技術産業協会資料などによる）

❷ 日本の主な家電製品の輸入先（2021年）

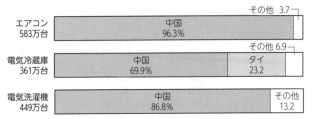

液晶テレビ 631万台 中国 78.5% ／ その他 21.5

DVD-ビデオ 448万台 中国 72.6% ／ その他 27.4

デジタルカメラ 3,221万台 中国 68.4% ／ その他 31.6

エアコン 583万台 中国 96.3% ／ その他 3.7

電気冷蔵庫 361万台 中国 69.9% ／ タイ 23.2 ／ その他 6.9

電気洗濯機 449万台 中国 86.8% ／ その他 13.2

（『日本国勢図会』2023/24）

❸ 日本における通信機器生産の推移

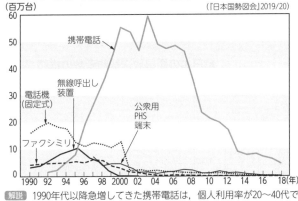

（百万台）（『日本国勢図会』2019/20）

携帯電話／電話機（固定式）／無線呼出し装置／公衆用PHS端末／ファクシミリ

解説 1990年代以降急増してきた携帯電話は，個人利用率が20〜40代で9割を超え，新規契約者が伸びずに減少傾向にある。一方で，最近はスマートフォンが注目され，製造が増加している。

❹ 主な国のエチレン生産

(単位 千t)

	1981	1990	2000	2005	2010	2017
アメリカ合衆国	13,103	17,063	25,107	23,973	23,900	27,462
カ ナ ダ	1,330	2,434	4,381	1) 5,083	4,648	4,811
ド イ ツ	2,913	3,073	5,056	5,409	…	…
フ ラ ン ス	1,856	2,251	3,033	2,888	…	…
イ ギ リ ス	1,199	1,497	2,224	2,504	…	…
ベネルクス 2)	2,096	3,151	4,540	5,787	…	…
中 国	…	1,572	4,700	7,370	14,918	22,283
日 本	3,655	5,810	7,614	7,618	7,018	6,530
サウジアラビア 3)	…	2,080	5,700	7,150	12,510	14,927
韓 国	4) 376	1,065	5,537	6,131	7,396	8,793
（台 湾）	4) 464	779	1,592	2,900	3,929	4,013

（注）1) 2004年。2) ベルギー，オランダ，ルクセンブルク。3) 2002年までは各年末現在の生産能力。2003年以降は年間生産量。4) 1982年。

（石油化学工業協会資料などによる）

❺ 日本のプラスチック消費量

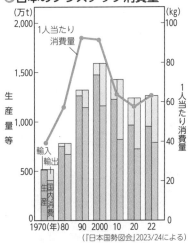

（万t）（kg）

1人当たり消費量／生産量等／輸入／輸出／国内消費／生産／1人当たり消費量

1970(年) 80 90 2000 10 20 22

（『日本国勢図会』2023/24による）

❻ 日本の繊維原料・製品の輸出入

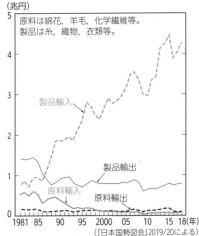

（兆円）

原料は綿花，羊毛，化学繊維等。製品は糸，織物，衣類等。

製品輸入／製品輸出／原料輸入／原料輸出

1981 85 90 95 2000 05 10 15 18(年)

（『日本国勢図会』2019/20による）

❼ 日本における清涼飲料の生産量推移

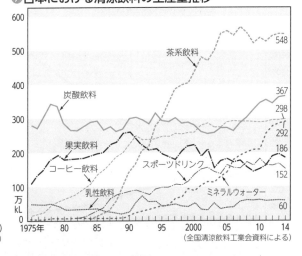

茶系飲料 548／炭酸飲料 367／298／292／果実飲料 186／コーヒー飲料 152／スポーツドリンク／乳性飲料／ミネラルウォーター 60

万kL

1975年 80 85 90 95 2000 05 10 14

（全国清涼飲料工業会資料による）

❶アジアの大規模国際空港整備状況 (2012年)

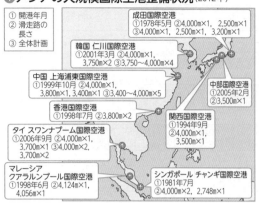

```
① 開港年月
② 滑走路の長さ
③ 全体計画
```

成田国際空港
①1978年5月 ②4,000m×1，2,500m×1
③4,000m×1，2,500m×1，3,200m×1

韓国 仁川国際空港
①2001年3月 ②4,000m×1，
3,750m×2 ③3,750～4,000m×4

中国 上海浦東国際空港
①1999年10月 ②4,000m×1，
3,800m×1，3,400～4,000m×5

中部国際空港
①2005年2月
②3,500m×1

香港国際空港
①1998年7月 ②3,800m×2

関西国際空港
①1994年9月 ②4,000m×1，
3,500m×1

タイ スワンナプーム国際空港
①2006年9月 ②4,000m×1，
3,700m×1 ③4,000m×2，
3,700m×2

マレーシア クアラルンプール国際空港
①1998年6月 ②4,124m×1，
4,056m×1

シンガポール チャンギ国際空港
①1981年7月
②4,000m×2，2,748m×1

（『エアポートハンドブック』2013などによる）

❷国際線の運航状況 (2019年)

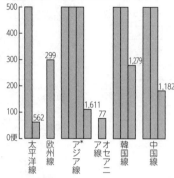

562, 299, 1,611, 77, 1,279, 1,182
（太平洋線・欧州線・アジア*線・アオセアニ線・韓国線・中国線）

（注）日本発着旅客便往復ベース（1週間の便数）。自社運航便のみ。貨物専用便は含まない。＊中国，韓国，香港，中東線を含まない。（『数字でみる航空』2019）

❸主な国の1人当たりGNIと自動車保有率 (2019年)

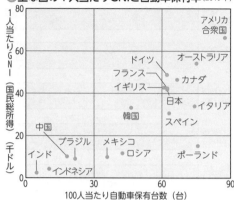

（『日本国勢図会』2022/23）

❹日本の小量物品の輸送量 （単位 万個）

	宅配便（トラック輸送分の量）	対前年比（%）	郵便小包*	メール便（万冊）
1985年度	49,303	128.1	15,098	―
1995	141,933	107.7	40,018	―
2005	289,714	102.3	207,498	206,823
2010	319,329	102.8	(296,840)	524,264
2015	370,447	103.8	(405,243)	526,394
2020	478,494	111.5	(439,010)	423,870
2021	488,206	102.0	(433,487)	428,714

*2007年10月の郵政民営化により，郵便小包は名称が「荷物」に変更。荷物は，ゆうパックとゆうメール（旧小包）からなり，2007年度以降は，ゆうパックは宅配便に，ゆうメールはメール便に含まれる。このため，2007年度以降は，荷物の数値をカッコ内に記した。（『日本国勢図会』2023/24）

❺日本の海上輸送量の品目構成 (2021年)

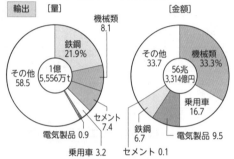

輸出 ［量］ 機械類 8.1／鉄鋼 21.9%／1億5,556万t／その他 58.5／電気製品 0.9／乗用車 3.2／セメント 7.4
［金額］ 機械類 33.3%／その他 33.7／56兆3,314億円／乗用車 16.7／電気製品 9.5／鉄鋼 6.7／セメント 0.1

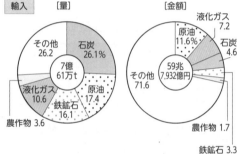

輸入 ［量］ 石炭 26.1%／その他 26.2／7億61万t／原油 17.4／鉄鉱石 16.1／液化ガス 10.6／農作物 3.6
［金額］ 液化ガス 7.2／原油 11.6%／石炭 4.6／その他 71.6／59兆7,932億円／農作物 1.7／鉄鉱石 3.3

（注）農作物は米，小麦，大麦，裸麦，トウモロコシ，大豆の合計。　（『日本国勢図会』2023/24）

12 **情報化社会と通信**

❶世界の移動ブロードバンドの契約数

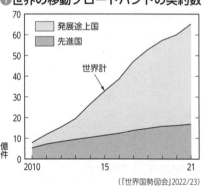

```
発展途上国
先進国
世界計
```

（『世界国勢図会』2022/23）

❷日本のコンテンツ市場 (2020年)

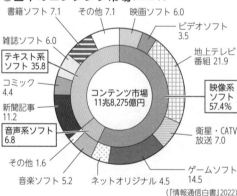

書籍ソフト 7.1／その他 7.1／映画ソフト 6.0／ビデオソフト 3.5／雑誌ソフト 6.0／地上テレビ番組 21.9／テキスト系ソフト 35.8／映像系ソフト 57.4%／コミック 4.4／コンテンツ市場 11兆8,275億円／新聞記事 11.2／音声系ソフト 6.8／衛星・CATV放送 7.0／その他 1.6／ゲームソフト 14.5／音楽ソフト 5.2／ネットオリジナル 4.5

（『情報通信白書』2022）

❸日本の衛星放送契約者数の推移

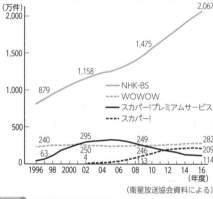

```
NHK-BS
WOWOW
スカパー!プレミアムサービス
スカパー!
```

879, 1,158, 1,475, 2,067
240, 295, 249, 282
63, 250, 246, 209
4, 113, 114

（衛星放送協会資料による）

❹日本の電気通信サービスの契約数の推移

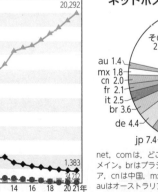

20,292
携帯電話
加入電話
PHS
ISDN
1,383
（『日本国勢図会』2023/24）

❺世界のドメイン名別インターネットホスト数 (2019年)

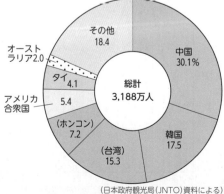

その他 21.5／au 1.4／mx 1.8／cn 2.0／fr 2.1／it 2.5／br 3.6／de 4.4／jp 7.4／net 36.3％／世界計 10.1億ホスト／com 17.0

net，comは，どこの国にも属さない国際的なドメイン。brはブラジル，deはドイツ，itはイタリア，cnは中国，mxはメキシコ，frはフランス，auはオーストラリアで管理されているドメイン。　（ISC資料による）

13 **日本への観光客数** (2019年)

その他 18.4／オーストラリア 2.0／タイ 4.1／アメリカ合衆国 5.4／（ホンコン）7.2／（台湾）15.3／韓国 17.5／中国 30.1%／総計 3,188万人

（日本政府観光局（JNTO）資料による）

❶日本の貿易額の推移

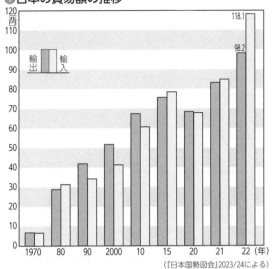

（『日本国勢図会』2023/24による）

❷日本の主な港の貿易額（2021年）

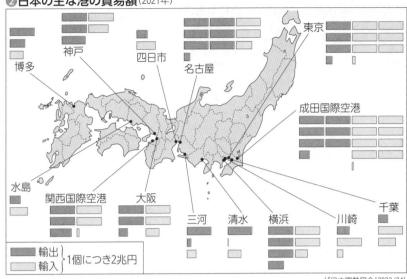

博多　神戸　四日市　名古屋　東京

水島　成田国際空港

関西国際空港　大阪　三河　清水　横浜　川崎　千葉

輸出　輸入　1個につき2兆円

（『日本国勢図会』2023/24）

❸貿易における相互依存関係（輸出額）

（2021年，単位は億ドル）

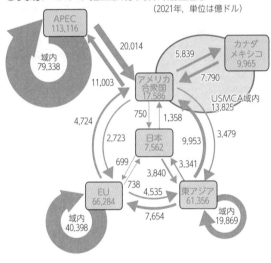

APEC 113,116
域内 79,338

カナダ メキシコ 9,965

アメリカ合衆国 17,586

USMCA域内 13,825

20,014　5,839　7,790

11,003

4,724

750　1,358

日本 7,562

2,723　9,953　3,479

699　3,341

3,840

EU 66,284
域内 40,398

738　4,535

東アジア 61,356
域内 19,869

7,654

（注）東アジアは，中国，韓国，台湾およびASEAN。

（『ジェトロ世界貿易投資報告』2022）

❹主な発展途上国の輸出品目割合（2021年）

国	繊維品	衣類	米	その他
パキスタン 288億ドル	繊維品 31.9%	衣類 29.4	米 7.5	その他 31.2

| スリランカ 133億ドル | 衣類 43.1% | 茶 10.4 | ゴム製品 5.5 | その他 41.0 |

| アルジェリア[1] 352億ドル | 原油 36.1% | 天然ガス 20.3 | 石油製品 19.9 | その他 23.7 |

| ボツワナ 75億ドル | ダイヤモンド 89.8% | その他 10.2 |

| ザンビア 101億ドル | 銅 75.9% | 銅鉱 2.2 | その他 21.9 |

| エクアドル 267億ドル | 原油 27.3% | 魚介類 26.4 | バナナ 13.1 | その他 33.2 |

| チリ[2] 735億ドル | 銅鉱 29.3% | 銅 22.6 | 野菜・果実 9.8 | 魚介類 7.2 | その他 31.1 |

| ボリビア 111億ドル | 金 23.0% | 天然ガス 20.3 | 亜鉛鉱 12.5 | その他 44.2 |

0%　10　20　30　40　50　60　70　80　90　100

（注）1）2017年。2）2020年。

（『日本国勢図会』2023/24などによる）

❺各経済圏の国民1人当たりGNI（国民総所得）比較（2021年）

（単位：ドル）

OECD
EU
国	GNI
スウェーデン	62,469
ドイツ	52,885
フランス	45,535
イタリア	36,216
スペイン	30,216
ポルトガル	24,353
ポーランド	16,908
ルーマニア	14,416

USMCA
アメリカ合衆国	70,081
カナダ	51,741
メキシコ	9,956

EFTA
ノルウェー	93,149
スイス	90,045
オーストラリア	64,490
ニュージーランド	47,876
日本	41,162
韓国	35,329
トルコ	9,519

CIS
ロシア	11,960	ウクライナ	4,697

ASEAN
国	GNI	国	GNI
シンガポール	58,770	マレーシア	10,769
タイ	6,818	フィリピン	3,584
インドネシア	4,217	ベトナム	3,564
カンボジア	1,523		

MERCOSUR
ウルグアイ	16,498	ブラジル	7,305

OPEC
国	GNI	国	GNI
サウジアラビア	23,642	ベネズエラ	3,528
イラク	4,645		

AU
国	GNI	国	GNI
アルジェリア	3,618	ナイジェリア	1,868
南アフリカ共和国	6,920	エジプト	3,778
ガーナ	2,348	コートジボワール	2,462
ケニア	2,051	タンザニア	1,117
マリ	849	エチオピア	821
コンゴ民主共和国	541		

国	GNI	国	GNI
イスラエル	53,302	チリ	15,320
中国	12,324	コロンビア	6,003
バングラデシュ	2,579	パキスタン	1,584
インド	2,239		

（注）各国際機関の主要国を掲載。ベネズエラはMERCOSURの加盟資格停止中。

（国連資料による）

❼主な国の輸出品目と輸出額に占める割合(2021年)

国	輸出額(億ドル)	品目と輸出額に占める割合(%) 1位	2位	3位	4位	5位	6位
中国	33,623	機械類 43.0	衣類 5.2	せんい品 4.3	金属製品 4.3	自動車 4.2	精密機械 2.8
韓国	6,444	機械類 41.2	自動車 10.3	石油製品 6.1	プラスチック 6.0	鉄鋼 4.8	有機化合物 3.6
シンガポール	6,141	機械類 50.7	石油製品 9.8	精密機械 4.5	金(非貨幣用) 3.4	プラスチック 3.2	有機化合物 2.9
マレーシア	2,992	機械類 40.8	石油製品 7.4	衣類 4.8	パーム油 4.7	精密機械 3.7	有機化合物 3.0
ベトナム	3,358	機械類 46.3	衣類 9.1	はきもの 5.4	家具 3.9	鉄鋼 3.6	せんい品 3.5
インドネシア	2,315	石炭 13.7	パーム油 11.5	鉄鋼 9.2	機械類 7.9	有機化合物 4.1	衣類 4.1
インド	3,948	石油製品 13.9	機械類 11.3	ダイヤモンド 6.3	鉄鋼 6.0	せんい品 5.6	医薬品 5.3
エジプト('20年)	268	石油製品 11.0	金(非貨幣用) 10.9	野菜・果実 10.7	機械類 6.6	プラスチック 5.6	衣類 5.1
フランス	5,851	機械類 18.6	自動車 8.3	医薬品 6.9	航空機 5.3	化粧品類 3.2	プラスチック 3.0
イタリア	6,017	機械類 24.4	自動車 7.1	医薬品 6.4	衣類 4.6	鉄鋼 4.4	金属製品 3.8
イギリス	4,705	機械類 20.7	金(非貨幣用) 8.9	自動車 8.8	医薬品 5.9	原油 4.2	精密機械 3.8
ドイツ	16,356	機械類 27.9	自動車 14.5	医薬品 7.3	精密機械 4.2	自動車部品 4.0	金属製品 3.2
ロシア	4,923	原油 22.5	石油製品 14.6	鉄鋼 6.0	石炭 4.0	金(非貨幣用) 3.5	機械類 3.4
アメリカ合衆国	17,531	機械類 22.8	自動車 6.7	石油製品 5.2	医薬品 4.7	精密機械 4.2	原油 4.0
カナダ	5,015	原油 16.3	機械類 9.2	自動車 8.7	金(非貨幣用) 3.1	木材 2.8	石油製品 2.7
メキシコ	4,946	機械類 34.6	自動車 22.6	自動車部品 6.2	原油 4.3	野菜・果実 3.8	精密機械 3.5
キューバ('19年)	20.6	金属鉱とくず 31.3	化学工業品 13.0	製造たばこ 12.9	砂糖 10.8	基礎工業品 8.6	─
スイス('20年)	3,192	医薬品 28.3	金(非貨幣用) 22.6	機械類 10.6	精密機械 8.9	化学品 7.4	─
ケニア('20年)	60.3	茶 20.3	野菜・果実 10.8	装飾用切花等 9.5	石油製品 6.7	衣類 5.1	─
ブラジル	2,808	鉄鉱石 15.9	大豆 13.7	原油 10.9	肉類 6.9	機械類 5.2	鉄鋼 5.2
オーストラリア	3,420	鉄鉱石 33.9	石炭 13.6	液化天然ガス 10.9	金(非貨幣用) 5.1	肉類 3.3	機械類 2.4

(『日本国勢図会』2023/24などによる)

❽日本の主な輸入相手国と輸入品目(2021年)

相手国(地域)	輸入額(億円)	品目と輸入額に占める割合(%) 1位	2位	3位	4位	5位	6位
中国	203,818	機械類 49.0	衣類 7.8	金属製品 3.6	織物類 2.9	家具 2.6	有機化合物 2.3
韓国	35,213	機械類 25.4	石油製品 14.9	鉄鋼 10.0	有機化合物 4.4	プラスチック 4.2	銀 4.1
(台湾)	36,782	機械類 59.0	プラスチック 4.2	鉄鋼 2.7	金属製品 2.3	科学光学機器 2.1	有機化合物 1.4
タイ	28,931	機械類 36.1	肉類 7.2	自動車 4.6	プラスチック 3.6	科学光学機器 3.6	金属製品 3.5
シンガポール	9,737	機械類 36.3	医薬品 12.6	科学光学機器 7.8	有機化合物 4.0	石油製品 3.8	プラスチック 3.1
マレーシア	21,664	機械類 31.3	液化天然ガス 24.6	衣類 4.7	石油製品 2.9	プラスチック 2.9	合板 2.4
インドネシア	21,569	石炭 14.7	機械類 13.1	銅鉱 8.7	液化天然ガス 4.9	天然ゴム 4.3	衣類 4.3
インド	6,744	機械類 15.4	有機化合物 15.2	石油製品 11.1	魚介類 7.8	アルミニウム 5.0	ダイヤモンド 4.9
ベトナム	25,255	機械類 34.5	衣類 15.8	はきもの 4.5	魚介類 4.2	家具 4.1	織物類 3.7
サウジアラビア	30,194	原油 91.7	石油製品 3.7	有機化合物 1.5	アルミニウム 1.2	銅くず 0.5	─
アラブ首長国連邦	29,780	原油 80.9	石油製品 10.3	アルミニウム 3.7	液化天然ガス 2.6	液化石油ガス 0.4	─
カタール	12,770	原油 40.1	液化天然ガス 36.7	石油製品 20.6	液化石油ガス 0.9	アルミニウム 0.9	─
ドイツ	26,030	機械類 25.9	医薬品 20.7	自動車 17.7	有機化合物 5.3	科学光学機器 4.9	航空機類 2.4
フランス	12,792	航空機類 21.0	機械類 13.1	医薬品 10.0	ぶどう酒 8.6	バッグ類 6.0	化粧品類 5.7
イギリス	7,580	機械類 26.9	医薬品 14.5	自動車 13.4	科学光学機器 4.6	ロジウム 4.5	ウイスキー 4.3
イタリア	12,809	たばこ 18.7	医薬品 11.0	機械類 9.0	バッグ類 9.0	自動車 7.2	衣類 6.9
オランダ	3,578	機械類 33.0	医薬品 12.2	肉類 6.0	科学光学機器 4.1	プラスチック 3.9	チーズ 3.9
ロシア	15,516	液化天然ガス 23.9	石炭 18.5	原油 16.6	パラジウム 9.7	魚介類 8.9	アルミニウム 8.7
アメリカ合衆国	89,156	機械類 22.7	医薬品 9.7	液化石油ガス 5.6	液化天然ガス 5.3	肉類 5.1	科学光学機器 4.7
カナダ	15,065	肉類 11.3	なたね 10.4	鉄鉱石 9.1	銅鉱 8.1	石炭 8.1	木材 8.0
ブラジル	10,825	鉄鉱石 51.2	とうもろこし 15.1	肉類 9.0	有機化合物 5.3	コーヒー 4.6	アルミニウム 3.6
オーストラリア	57,533	石炭 32.7	液化天然ガス 26.8	鉄鉱石 18.8	銅鉱 4.5	肉類 3.5	アルミニウム 2.0

(『日本国勢図会』2023/24による)

❾日本の主な貿易相手国(2020年)

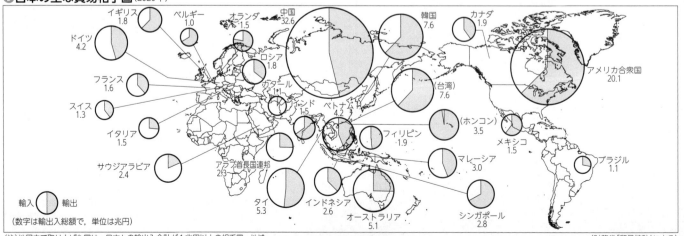

(注)地図中で取り上げた国は、日本との輸出入合計が1兆円以上の相手国・地域。

(財務省「貿易統計」による)

15 人 口

❶ 出生率と死亡率 (2019年)

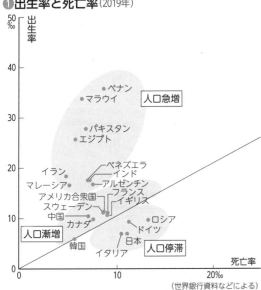

（世界銀行資料などによる）

❷ 合計特殊出生率の推移

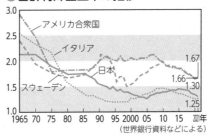

アメリカ合衆国
イタリア
日本 1.67
スウェーデン 1.66
1.30
1.25

（世界銀行資料などによる）

❸ 老年人口比率の推移

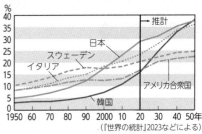

→推計
日本
スウェーデン
イタリア
アメリカ合衆国
韓国

（『世界の統計』2023などによる）

❹ 年少人口比率の推移

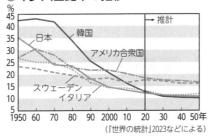

→推計
日本
韓国
アメリカ合衆国
スウェーデン
イタリア

（『世界の統計』2023などによる）

❺ 人口の年平均増加率の推移

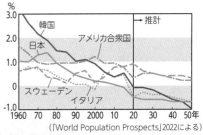

→推計
韓国
日本
アメリカ合衆国
スウェーデン
イタリア

（「World Population Prospects」2022による）

❻ 食料生産と人口の地域別推移 (1999～2001年＝100)

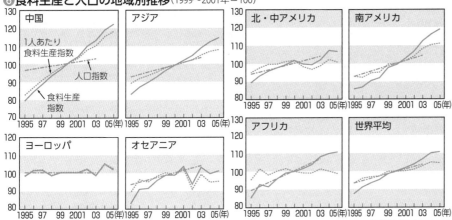

中国　アジア　北・中アメリカ　南アメリカ
1人あたり食料生産指数　人口指数　食料生産指数
ヨーロッパ　オセアニア　アフリカ　世界平均

（注）人口指数は2000年を100として1995年と2003年を直線で結んだもの。

（『世界国勢図会』2006/07）

❼ 穀物の地域別輸出入量のバランス

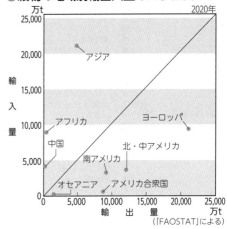

2020年
アジア
アフリカ　ヨーロッパ
中国　北・中アメリカ
南アメリカ
オセアニア　アメリカ合衆国

（「FAOSTAT」による）

16 都 市

❶ 都市の発達

	世　界
古代	●ユーラシア大陸における都市は，形成時より周囲に城壁を構えた**囲郭（城郭・城壁）都市**が普通。支配と防衛のために城壁を築き，それを神聖視した。 〈例〉バビロン（メソポタミア）・メンフィス（エジプト）・長安（中国・現在のシーアン） ●**都市国家（ポリス）**—市街を城壁で囲み，都市とその周辺が一国家を形成。 ●**植民都市**—ギリシャ人・フェニキア人が，地中海沿岸につくった交通・商業都市
中世	●領主の居城や教会を中心とする政治的・宗教的囲郭都市が発達。 ●交通の要地に**商業都市**が発達し，封建領主から自治権を獲得した**自治都市**も成立。 〈例〉ヴェネツィア・ジェノヴァ・フィレンツェ ●ドイツには，**ハンザ同盟**の都市が成立。 〈例〉ブレーメン・ハンブルク・リューベク
近世	●各国の中央集権化の進展により，首都が発達。 ●ロンドン・パリ・ペテルスブルグ（現サンクトペテルブルク） ●大航海時代以降，新たな貿易上の商業都市が発達。 〈例〉リスボン・アムステルダム
近代・現代	●産業革命以後工業都市が成立。 〈例〉マンチェスター・バーミンガム・エッセン・ピッツバーグ ●都市の政治的経済的発展により，人口集中が進み，人口100万人を超える**巨大都市（メトロポリス）**が形成されている。 〈例〉メキシコシティ・ニューヨーク

❷ 都市の内部構造

地区名		特　徴	東京	大阪
都心地域 交通・通信機関が集中し，昼夜間人口の差大きい。	中心業務地区（CBD）	全国の大企業，銀行などの本社があり，高層建築が目立つ。	丸の内	堂島 中之島
	官公庁地区	政治の中心で諸官庁の建物が並ぶ。	霞が関	大手前
	都心商店街	デパートや高級専門店，娯楽施設が多く，地価最高	銀座 日本橋	心斎橋筋 梅田
副都心		郊外電車のターミナルに位置し，商業・サービスなど都心の機能の一部を代行する。	新宿 渋谷 池袋	天王寺 十三
工業地区		敷地に恵まれ地価の安い港湾付近や内陸部に工場が集中する。	江東区	淀川河口
混合地区		住宅と工場・商店が混在する。零細企業が多く，CBD周辺の旧市街地などがその例。	荒川区	大淀区 西区
周辺商店街		郊外電車の駅前など，住宅地区で交通の便の良い所。最寄駅中心。	中野 小岩駅前	九条新道 千林
住宅地区		交通・住環境の良い地域が最適。地価により条件は多様。徐々に郊外へ拡大。	武蔵野台地	住吉区
郊外住宅団地		主として郊外電車沿線の丘陵地などに新しく開発されたニュータウン。	多摩ニュータウン	千里ニュータウン

（注）CBD＝Central Business Districtの略で，中心業務地区・中央業務地区ともいう。

太字(緑色)は写真が掲載されているページです。

索引

地理の 見方・

地理の深い学びの鍵として，社会的事象の「地理的
方・考え方」とは，「どのような視点で物事を捉え，と
ではの視点や考え方です。「地理的な見方・考え方」
さっそく右の「見方・考え方パネル」をヒントに，地理

例 （視点カード）, （思考スキル）, （思考ツー

〈課題〉今後の日本の農業について，さまざまな
資料から考えて主張をまとめよう。

地域の傾向

構造化する

ピラミッドチャート

社会的事象の地理的

①位置や分布に着目	位置・分布	その事象は地 その事象はど はパターン（傾
②場所に着目	場所	その場所はど の特徴はその
③人間と自然環境との相互依存関係に着目	自然との関わり	人間の生活は を与える。人間 地域が異なるこ
④空間的相互依存作用に着目	空間的相互依存作用	資源や人口の れにより地域 は，どのような
⑤地域に着目	地域の傾向	地域とは意味 のか，この地 けをして地域の

統計グラフの見方ガイド

円グラフ

⮕ 割合を示す

帯グラフ

⮕ 割合の比較を示す

折れ線グラフ

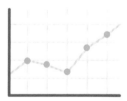

⮕ 時間経過の推移を示す

散布図

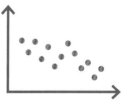

⮕ 2つのデータの関係性を示す

地理では，統計グラフ・資料が多く使われます。統計データ，統計表をグラフにすることで全体の傾向を視覚的に表すことができます。統計グラフにはさまざまなグラフがありますが，それぞれのグラフは，伝えたい情報によって使い分けられています。統計グラフを「読み取る力」を身に付けて，その統計グラフが「何を伝えようとしているか」，統計グラフの裏に隠された意図をつかんで，地理の理解を深めましょう。

円グラフ

割合を表現するのに適する。全体を100とした時，対象になる量がどれくらいかを示す。

ポイント

全体を100とした時，それぞれの国の輸出量がどれくらいかを読みとろう。

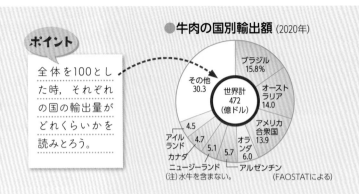

●牛肉の国別輸出額 (2020年)

(注)水牛を含まない。
(FAOSTATによる)

帯グラフ

円グラフと同じく割合を表現する。複数並べることで，総数が違っても割合を比較することができる。

ポイント

総数は違うが，割合を比較できる。

ポイント

輸送機械の割合が突出して多いことを読みとろう。

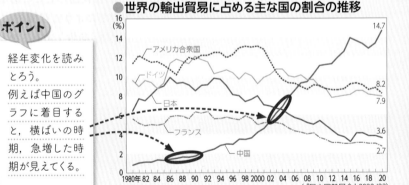

●主な工業地帯の業種別出荷額割合の比較 (2019年)

□金属 □電気機械 □輸送機械 □その他機械 ■化学 □食料品 □繊維 □その他

(『工業統計表』)

折れ線グラフ

時間の経過とともに，数量がどのように推移しているのかを見たい時によく使われる。

ポイント

経年変化を読みとろう。
例えば中国のグラフに着目すると，横ばいの時期，急増した時期が見えてくる。

●世界の輸出貿易に占める主な国の割合の推移

(『日本国勢図会』2022/23)

散布図

縦軸と横軸にそれぞれの変数の数値をとり，該当する位置に点を打つグラフ。

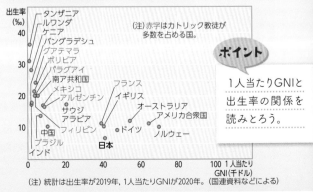

●主な国の出生率と1人当たりGNI

(注)赤字はカトリック教徒が多数を占める国。

ポイント

1人当たりGNIと出生率の関係を読みとろう。

(注)統計は出生率が2019年，1人当たりGNIが2020年。(国連資料などによる)

P.1　世界の国名

1 ①アイスランド　②ノルウェー　③スウェーデン　④フィンランド　⑤イギリス　⑥オランダ　⑦ドイツ　⑧フランス　⑨スペイン　⑩イタリア　⑪ポーランド　⑫ウクライナ　⑬ロシア連邦　⑭カザフスタン　⑮モロッコ　⑯エジプト　⑰ガーナ　⑱ナイジェリア　⑲エチオピア　⑳ケニア　㉑コンゴ民主共和国　㉒南アフリカ共和国　㉓トルコ　㉔サウジアラビア　㉕イラン　㉖パキスタン　㉗インド　㉘バングラデシュ　㉙モンゴル　㉚中華人民共和国　㉛大韓民国　㉜タイ　㉝ベトナム　㉞マレーシア　㉟シンガポール　㊱インドネシア　㊲フィリピン　㊳オーストラリア　㊴ニュージーランド　㊵カナダ　㊶アメリカ合衆国　㊷メキシコ　㊸キューバ　㊹ベネズエラ　㊺ペルー　㊻ブラジル　㊼チリ　㊽アルゼンチン

P.2　東アジア・東南アジア

1 Aミャンマー　Bタイ　Cカンボジア　Dベトナム　Eフィリピン　Fマレーシア　Gブルネイ・ダルサラーム　H東ティモール　Iインドネシア　Jモンゴル　K北朝鮮　L韓国　**2** ①アルタイ　②テンシャン　③ヒマラヤ　④大シンアンリン　⑤チンリン　⑥モンゴル　⑦ホワンツー（黄土）　⑧チベット　⑨ゴビ　⑩タクラマカン　⑪黄河　⑫長江　⑬メコン　⑭チャオプラヤ　⑮エーヤワディー　⑯ソウル　⑰ペキン（北京）　⑱シャンハイ（上海）　⑲ホンコン（香港）　⑳シンガポール　<作業のあとで>　1 あシンガポール　いモンゴル　う東ティモール　えASEAN　お尖閣　か南沙

P.3　南アジア・西アジア・中央アジア

1 Aトルコ　Bシリア　Cイスラエル　Dイラン　Eサウジアラビア　Fアラブ首長国連邦　Gアフガニスタン　Hパキスタン　Iモルディブ　Jネパール　Kバングラデシュ　Lスリランカ　**2** ①エヴェレスト　②カラコルム　③エルブールズ　④カフカス　⑤ペルシア　⑥アナトリア　⑦イラン　⑧パミール　⑨デカン　⑩ルブアルハリ　⑪ガンジス　⑫インダス　⑬ティグリス　⑭ユーフラテス　⑮アムダリア　⑯イスタンブール　⑰バグダッド　⑱ドバイ　⑲ムンバイ（ボンベイ）　⑳デリー　<作業のあとで>　1 あバングラデシュ　いブータン　うペルシア　えOPEC　おイスラエル　かイラン

P.4　アフリカ

1 Aエジプト　Bアルジェリア　Cモロッコ　Dリベリア　Eコートジボワール　Fナイジェリア　Gエチオピア　Hケニア　Iタンザニア　Jマダガスカル　Kザンビア　L南アフリカ共和国　**2** ①アトラス　②ドラケンスバーグ　③サハラ　④カラハリ　⑤ナミブ　⑥エチオピア　⑦キリマンジャロ　⑧サヘル　⑨タンガニーカ　⑩ヴィクトリア　⑪ナイル　⑫ニジェール　⑬コンゴ　⑭ザンベジ　⑮マダガスカル　⑯カイロ　⑰アディスアベバ　⑱ラゴス　⑲ナイロビ　⑳ケープタウン　<作業のあとで>　1 あアルジェリア　いナイジェリア　うAU　えHIV　おエボラ

P.5　ヨーロッパ

1 Aアイスランド　Bアイルランド　Cポルトガル　Dオランダ　Eベルギー　Fスイス　Gノルウェー　Hスウェーデン　Iフィンランド　Jデンマーク　Kボスニア・ヘルツェゴビナ　Lギリシャ　**2** ①スカンディナヴィア　②アルプス　③ピレネー　④アペニン　⑤ディナルアルプス　⑥パリ　⑦北ドイツ　⑧パダノ・ヴェネタ　⑨リアスバハス　⑩カルスト　⑪エルベ　⑫ライン　⑬セーヌ　⑭ドナウ　⑮ポー　⑯ロンドン　⑰ブリュッセル　⑱ベルリン　⑲マドリード　⑳ローマ　<作業のあとで>　1 あフランス　いドイツ　う27（'23年6月現在）　えEU　おオランダ　か黒

P.6　ロシアと周辺諸国

1 Oエストニア　Pラトビア　Qリトアニア　Rポーランド　Sウクライナ　Tチェコ　Uルーマニア　Vジョージア（グルジア）　Wアゼルバイジャン　Xカザフスタン　Yウズベキスタン　Zトルクメニスタン　**2** ①東ヨーロッパ　②西シベリア　③ウラル　④クリム（クリミア）　⑤カムチャッカ　⑥カスピ　⑦アラル　⑧バイカル　⑨オホーツク　⑩樺太（サハリン）　⑪ヴォルガ　⑫オビ　⑬エニセイ　⑭レナ　⑮アムール　⑯サンクトペテルブルク　⑰モスクワ　⑱キーウ（キエフ）　⑲イルクーツク　⑳ウラジオストク　<作業のあとで>　1 あシベリア　い10（'23年現在）　うカスピ　え北極　おウクライナ　かクリム（クリミア）

P.7　アングロアメリカ

1 ①ミシシッピ　②コロンビア　③コロラド　④リオグランデ　⑤ハドソン　⑥セントローレンス　⑦ミズーリ　⑧ロッキー　⑨アパラチア　⑩カスケード　⑪シエラネヴァダ　⑫アラスカ　⑬グレートプレーンズ　⑭プレーリー　⑮中央　⑯大西洋岸　⑰セントラルヴァレー　⑱グリーンランド　⑲ラブラドル　⑳フロリダ　㉑ハドソン　㉒メキシコ　㉓スペリオル　㉔ミシガン　㉕ヒューロン　㉖エリー　㉗オンタリオ　㉘メキシコ　㉙アラスカ　㉚カリフォルニア　㉛ニューヨーク　㉜ワシントンD.C.　㉝ボストン　㉞シカゴ　㉟ニューオーリンズ　㊱ロサンゼルス　㊲サンフランシスコ　㊳セントルイス　㊴モントリオール　㊵オタワ　㊶ヴァンクーヴァー

P.8　ラテンアメリカ

1 Aメキシコ　Bキューバ　Cジャマイカ　Dハイチ　Eパナマ　Fベネズエラ　Gコロンビア　Hエクアドル　Iペルー　Jボリビア　Kアルゼンチン　Lブラジル　Mチリ　**2** ①メキシコ　②西インド　③カリブ　④アマゾン　⑤ブラジル　⑥パンパ　⑦アンデス　⑧パタゴニア　⑨メキシコシティ　⑩ブエノスアイレス　⑪ブラジリア　⑫リオデジャネイロ　⑬サンパウロ　<作業のあとで>　1 あ安定陸塊　いせばまる　う新期

P.9　オセアニア

1 Aオーストラリア　Bニュージーランド　Cパプアニューギニア　Dパラオ　Eニューカレドニア島　Fフィジー　Gトンガ　Hキリバス　Iクック諸島　Jタヒチ島　**2** ①グレートディヴァイディング　②グレートヴィクトリア　③タスマニア　④ニューギニア　⑤マリアナ　⑥ハワイ　⑦シドニー　⑧メルボルン　⑨パース　⑩ウェリントン　⑪ホノルル　<作業のあとで>　1 あ古期　い安定陸塊　う新期

P.10　日本の地名(1)

1 ①北海道　②青森　③岩手　④宮城　⑤秋田　⑥山形　⑦福島　⑧茨城　⑨栃木　⑩群馬　⑪埼玉　⑫千葉　⑬東京都　⑭神奈川　⑮新潟　⑯富山　⑰石川　⑱福井　⑲山梨　⑳長野　㉑岐阜　㉒静岡　㉓愛知　㉔三重　㉕滋賀　㉖京都　㉗大阪　㉘兵庫　㉙奈良　㉚和歌山　㉛鳥取　㉜島根　㉝岡山　㉞広島　㉟山口　㊱徳島　㊲香川　㊳愛媛　㊴高知　㊵福岡　㊶佐賀　㊷長崎　㊸熊本　㊹大分　㊺宮崎　㊻鹿児島　㊼沖縄

年	組	番	
年	組	番	

(P.10 の続き) **2** a 札幌 b 盛岡 c 仙台 d 水戸 e 宇都宮 f 前橋 g さいたま h 横浜 i 金沢 j 甲府 k 名古屋 l 津 m 大津 n 神戸 o 松江 p 高松 q 松山 r 那覇 **3** A 川崎, 1,522 B 堺, 826 C 北九州, 937 D 浜松, 796 E 相模原, 719 (人口は 2022 年)

P.11 日本の地名(2)

1 ①オホーツク ②北見 ③日高 ④十勝 ⑤石狩 ⑥渡島 ⑦津軽 ⑧奥羽 ⑨出羽 ⑩北上 ⑪北上 ⑫仙台 ⑬越後 ⑭信濃 ⑮猪苗代 ⑯利根 ⑰房総 ⑱富士 ⑲伊豆 ⑳フォッサマグナ ㉑能登 ㉒飛騨 ㉓赤石 ㉔濃尾 ㉕木曽 ㉖紀伊 ㉗紀伊 ㉘琵琶 ㉙大阪 ㉚中国 ㉛四国 ㉜瀬戸内 ㉝吉備 ㉞秋吉 ㉟筑紫 ㊱筑後 ㊲有明 ㊳阿蘇 ㊴九州 ㊵大隅 A 知床 B 白神 C 屋久 D 小笠原 △45 △40 △30 △135 ⓐ国後 ⓑ佐渡 ⓒ沖縄 ⓓ南西

P.12 世界の大地形

1 略 **2** ①カナダ ②バルト ③ロシア ④シベリア ⑤中国 ⑥ブラジル ⑦アフリカ ⑧アラブ ⑨インド ⑩オーストラリア ⑪南極 ⑮アパラチア ⑯ウラル ⑰グレートディヴァイディング ⑱ドラケンスバーグ ⑲～㉓環太平洋 ⑲アンデス ⑳ロッキー ㉑日本 ㉒フィリピン ㉓ニュージーランド ㉔・㉕アルプス＝ヒマラヤ ㉔アルプス ㉕ヒマラヤ ㉖アイスランド

P.13 世界の気温と降水量

1 略 ＜作業のあとで＞ ① ⓐ赤道 ⓑ降水量

P.14～15 世界の気候

1 略 **2** ①サハラ ②ルブアルハリ ③タクラマカン ④ゴビ ⑤グレートヴィクトリア ⑥カラハリ **3** 略 **4** ❶親（千島） ❷黒（日本） ❸北赤道 ❹赤道 ❺南赤道 ❻西風 ❼西オーストラリア ❽ベンゲラ ❾カナリア ❿ラブラドル ⓫北大西洋 ⓬メキシコ ⓭ブラジル ⓮ペルー（フンボルト） ⓯カリフォルニア **5** ①熱帯雨林 ②ラトソル ③サバナ ④ステップ ⑤チェルノーゼム ⑥テラロッサ ⑦タイガ ⑧ポドゾル ⑨ツンドラ ⑩ツンドラ土

P.16～17 雨温図とハイサーグラフ

1 ①気温

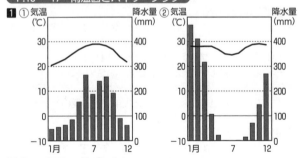

2 ①マイアミ ②ダーウィン

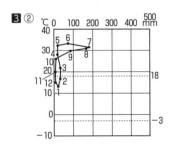

4 ①アスワン ②ラホール

5 ②

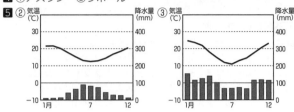

④

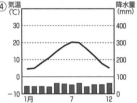

6 ①ホンコン ②ケープタウン ③ブエノスアイレス ④パリ

7 ②

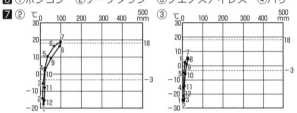

④

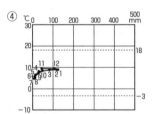

8 ①モスクワ ②イルクーツク ③バロー ④ラパス

P.18～19 世界の農牧水産業

1 略 **2** A 太平洋北西部 B 太平洋中西部 C 太平洋南東部 D 大西洋北西部 E 大西洋北東部 **3** 略 **4** A トナカイ B ヤク C 水牛 D ラクダ E リャマ・アルパカ **5** 略 **6** ①カナダ ②フランス ③アルゼンチン ④パラグアイ ⑤オーストラリア ⑥カザフスタン

P.20 世界の鉱産資源

1 ①ア ②モ ③ヌ ④ノ ⑤ネ ⑥ミ ⑦ユ ⑧イ ⑨ク ⑩シ ⑪ム ⑫ハ ⑬ナ ⑭ヒ ⑮オ ⑯チ ⑰ホ ⑱ヘ ⑲ヤ ⑳ソ ㉑マ ㉒テ ㉓タ ㉔エ ㉕ニ ㉖ウ ㉗メ ㉘セ ㉙ス ㉚ス ㉛キ ㉜ト ㉝フ ㉞カ ㉟サ ㊱ツ ㊲ケ **2** ①イ ②ア ③ウ ④ク ⑤タ ⑥ニ ⑦コ ⑧セ ⑨ヌ ⑩サ ⑪ケ ⑫ツ ⑬テ ⑭カ ⑮オ ⑯ト ⑰ソ ⑱ス ⑲キ ⑳ナ ㉑チ ㉒エ ㉓シ

P.21 世界の資源・エネルギー問題

1～**5** 略

P.22～23 人口・人口問題

1・**2** 略 ＜作業のあとで＞ ① ①発展途上 ②出生 ③つり鐘 ② アラブ首長国連邦は自国民が少ない産油国なので，労働者として外国人（特に男性）が数多く入国しているため。 **3** A コレラ B ひのえうま C スペインかぜ D 日中戦争 E 第1次ベビーブーム F 第2次ベビーブーム G 人口静止社会

5 A 先進国　B 産油国　C BRICS　D 発展途上国　E サハラ以南のアフリカ諸国

4
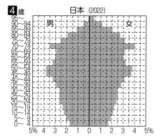
日本 (2022)　男　女　歳

9 略　**10** d, f, g, h　**11** b, c, d, g

P.32 ～ 33　さまざまな地図記号

1 ①土崖　②岩崖　③かれ川　④せき　⑤干潟　⑥隠顕岩　**2** ①郵便局　②交番　③教会　④病院　⑤銀行・ATM　⑥ショッピングセンター / 百貨店　⑦ホテル　⑧レストラン　⑨トイレ　⑩鉄道駅　**3** ① JR 線　② JR 線以外の鉄道　③地下鉄　④道路　⑤国道・国道番号　⑥有料道路　⑦田　⑧畑　⑨果樹園　⑩茶畑　⑪針葉樹林　⑫広葉樹林　⑬ヤシ科樹林　⑭竹林　⑮湿地　⑯砂れき地　⑰万年雪　⑱荒地　⑲市役所・特別区の区役所　⑳町村役場・政令指定都市の区役所　㉑裁判所　㉒税務署　㉓消防署　㉔保健所　㉕郵便局　㉖警察署　㉗交番　㉘高等学校　㉙小・中学校　㉚病院　㉛神社　㉜寺院　㉝城跡　㉞博物館　㉟図書館　㊱老人ホーム　㊲発電所等　㊳温泉　㊴噴火口・噴気口　㊵灯台　㊶港湾　㊷風車　㊸記念碑　㊹電波塔　㊺高塔　㊻採鉱地

4
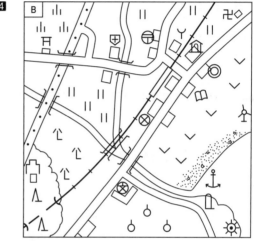

P.24 ～ 25　世界の宗教と民族・領土問題

1 略　**2** A カナダ　B ベルギー　C スイス　D マレーシア　E シンガポール　**3** ①アイヌ　②アボリジニー　③ドラヴィダ　④コイサン　⑤インディオ　⑥イヌイット　⑦マオリ　**4** ①ゲルマン系　②ラテン系　③黒人　④華僑　**5** a ヒンドゥー　b シーア　c プロテスタント　d 東方正　e 大乗　**6** 略　**7** ①エルサレム　②バチカン　③メッカ　④ヴァラナシ（ベナレス）　**8** ①プロテスタント　②カトリック　③イスラーム・スンナ派　**9** A フィジー　B キプロス　C ボスニア・ヘルツェゴビナ　D イスラエル　**10** E チェチェン　F カシミール　G クルディスタン　H 西サハラ　I 南沙群島（スプラトリー諸島）

P.26　交通・貿易

1～**4** 略　＜作業のあとで＞ **1** ①中国　②原油　③鉄鉱石　④ ASEAN（東南アジア諸国連合）　⑤水平分業（水平貿易）

P.27　地球と時差

1 ①北極圏　②北回帰線　③南回帰線　④南極圏　**2** ⑤陸半球　⑥水半球　**3** ① 40,000　② 0　③日付変更線　**4** ① GMT ＋ 8 h　②4 月 20 日 8 時 15 分　③ GMT ＋ 5 h 30'　④ 4 月 20 日 5 時 45 分　⑤ GMT ＋ 2 h　⑥ 4 月 20 日 2 時 15 分　⑦ GMT, 0　⑧ 4 月 20 日 1 時 15 分　⑨ GMT － 5 h　⑩ 4 月 19 日 20 時 15 分　⑪ GMT － 8 h　⑫ 4 月 19 日 17 時 15 分　⑬ GMT － 10 h　⑭ 4 月 19 日 14 時 15 分　**5** A 5 時 55 分　B 12 時間 15 分　C 0 時 15 分　D 11 時間 15 分　E ③

P.28 ～ 30　地形図を読む

(2) **1** 5 万分の 1　**2** ア 220m　イ 230m　ウ 150m　**3** 扇状地　(3) **1** ①　(4) **1** 略　**2** 南側　(5) **1** 略

P.31　地形図の読図

1 5 万分の 1　**2** (1) 360　(2) 130　(3) 340　(4) 260　**3** 略　**4** C, 5.2

5

海抜高度 (m)　400　300　240　300　220　320　280　340

6 148　**7** 3　**8** 2　（下図は方眼を用いた場合の計算方法）

8 の計算方法

	.5		0.5
	.6 .3 .4 .4 .4		2.1
	.4 ○ .9 .2		1.5
	.6 .7 ○ ○ .7		2.0
	.1 ○ ○ ○ .1 .1		1.4
0	○ ○ ○ ○ ○ .4 .3		1.7
	○ ○ ○ ○ ○ .5		0.5
.5 .2 ○ ○ .8 .1			1.8
.2 ○ ○ ○ ○			1.0
1km	.5 ○ ○ .5		1.0

1km² すなわち 2cm 四方の枠を描いて比較する。5mm 方眼の場合 1 方眼は 0.25×0.25＝0.0625km²

方眼全部が湖 ○×21＝21.0
部分的に湖にかかる方眼　1.0＋0.8＋1.8＋0.5＋1.1＋2.0＋1.5＋2.1＋0.5＝11.3
湖の面積は 0.0625×（21＋11.3）＝2.019km²

P.34　①扇状地

1・**2** 略　①A：扇頂／扇状地の頂上部／谷口で水の便は良いが，傾斜があり交通不便なため，小規模な集落・耕地がみられる。B：扇央／河川は伏流しており，水無川となる。地下水面が深く，水の便が悪い／集落や水田は立地しにくいため，森林や果樹園が広がる。　C：扇端／湧水がみられる／平野に接し，集落や水田が立地しやすい。　②破線の部分では河川は伏流し，水無川となっている。等高線が下流に向かってふくらんでいたり，道路が川の下をトンネルで通っていることから，百瀬川は天井川で，川底が周囲より高いことがわかる。　③A「沢」「新保」「中庄」「大沼」「深清水」（いずれも「マキノ町」を省略）。B 扇端で湧水帯に位置し，水が得やすいため。特に「深清水」「大沼」という地名は，湧水の存在を連想させる。　④現在は地下水面が深くても，上水道の発達により集落立地が可能である。そのため，鉄道開通後区画整理された道路がつくられ，宅地の開発が進められている。

P.35　②自然堤防と後背湿地

1～**3** 略　①道路，住宅地，果樹園。青森県ということや，地図中の表記から，りんごと想像される。　②微高地であるため洪水時に水没する危険が少ない。　③後背湿地

③三角州（デルタ）

1・**2** 略　①河川の運搬・堆積作用により形成された三角州。②住吉・論田は自然堤防上，旭本町は山麓に立地，両者ともに水害に対し安全性が高い。

P.36　④河岸段丘

1・**2** 略　①河岸段丘の段丘面　② 94m　③畑。河川との標高差が大きい段丘面で水の便が悪い。　④段丘崖

⑤海岸段丘

1～**3**略　①9.7m　②約110～170m　③水田が多いが，畑や果樹園もみられる。　④段丘面を刻む谷川をせき止めた貯水池。⑤段丘面および段丘崖下の海岸沿いに立地している。

P.37　⑥台地

1略　①川沿いの低平な沖積低地や樹枝状に台地を刻む谷底。②地下水面が深い乏水地域であるため，大部分が畑となり，一部に針葉樹林がみられる。　③約25m　④水が得やすく河川の氾濫が少ないため，台地崖下が多く，一部は台地面に立地している。

⑦リアス海岸

1略　①山地が沈水して谷の部分に海水が入り，鋸歯状の海岸となった。　②波静かで水深が深く，また清澄な海水であるため，養殖に適している。　③背後が山地で交通が不便であることや都市の後背地（ヒンターランド）が狭いため。

P.38　⑧海岸平野

1・**2**略　①ア浜堤　イ沿岸州　②ウ納屋　エ地引網　オ新田

⑨砂地形（砂嘴，陸繋島）

1略　①トンボロ（陸繋砂州）　②aラグーン（潟湖）　b砂州　c陸繋島

P.39　⑩氷河（カール）

1・**2**略　①カール　②流下した氷河が合流し，半椀状に氷食して形成された。　③氷河で削られたモレーンによってせき止められた。

⑪火山

1新岳の噴火口の地図記号　**2**略　**3**略

P.40　⑫サンゴ礁

1～**3**略　①サンゴ礁（裾礁）　②37m　③鍾乳洞（地図中では「鐘乳洞」と記されている）

⑬カルスト地形

1～**3**略　①凹地・小凹地は，石灰岩が炭酸ガスを含む雨水やその流水によって溶食されて形成されたドリーネで，その大規模な細長いものをウバーレとよぶ。　②200m　③石灰岩　④石灰岩はセメントの原料として利用される。

P.41　⑭条里集落

1・**2**略　①塊村　②ア碁盤目　イ塊　ウ奈良

⑮豪族屋敷村

1略　①ア根小屋　イ防御（または防衛）　ウ先端（または末端）②新興住宅地として造成された住宅群（県営・市営住宅団地）が広がっている。

⑯新田集落

1・**2**略　①路村　②ア藩　イ路　ウ短冊　エ畿内

P.42　⑰輪中集落

1・**2**略　①ア自然堤防　イ列　ウ木曽

⑱散村

1・**2**略　①ア砺波　イ散　ウ扇状地

⑲屯田兵村

1・**2**略　①散村　②タウンシップ制

P.43　⑳門前町

1・**2**略　①ア鳥居前　イ門前　ウみやげ　エ宗教用具　オ伊勢神宮　カ長野

㉑城下町

1・**2**略　①ア明治　イ官公署　ウ博物館

㉒宿場町

1略　①旧道は道幅も狭く，自動車交通に適さないため。（江戸時代の宿場町である妻籠宿は日本初の重要伝統的建造物群保存地区（町並み保存地区）に指定されており，現状開発は不可能であるから。）②博物館（南木曽町博物館）③【発電所記号】は水力発電所。高低差のある地形を利用しやすく，導水による小規模な発電所が立地している。

P.44　㉓副都心

1・**2**略　①ア郊外　イ渋谷　ウ中枢管理

㉔ウォーターフロント

1・**2**略　①ア埋め立て　イ東京オリンピック・パラリンピック

㉕ニュータウン

1・**2**略　①大阪万博（日本万国博覧会）②住民の高齢化に伴う年齢構成の偏り。商業環境の変化による買い物難民の発生。建物の老朽化と現状に合致したスクラップ＆ビルド遂行の困難さ。

P.45　㉖地形図の新旧比較

1・**2**略　①②空知川の改修に関係なく，鉄道は以前と同じ所を通り，新たに堤防が設置されている。郵便局も空知川より少し高い所にできた。

P.46　㉗自然災害・防災

1・**2**略　①②低平な土地なので傾斜もほとんどなく，地すべりは起こらないと考えられる。津波は地震によって起こる高波で，高潮は低気圧の接近によって起こる高波である。いずれも海岸地域に被害をもたらす。　＜問い＞**1**写真は砂防ダム（砂防堰堤）で，岩や土砂をせき止め，下流に被害が及ばないようにする設備である。急流の日本の河川上流によくみられる。流水の勢いを弱める働きもあるが，氷河は現在日本にはほとんど存在しないので，④は誤り。

P.47～48　〈スキルアップ講座〉図表問題を解く

例題1⑥　例題2④　例題3②　例題4④

村　ナウリコット［ネパール］

目次

年	組	番
年	組	番

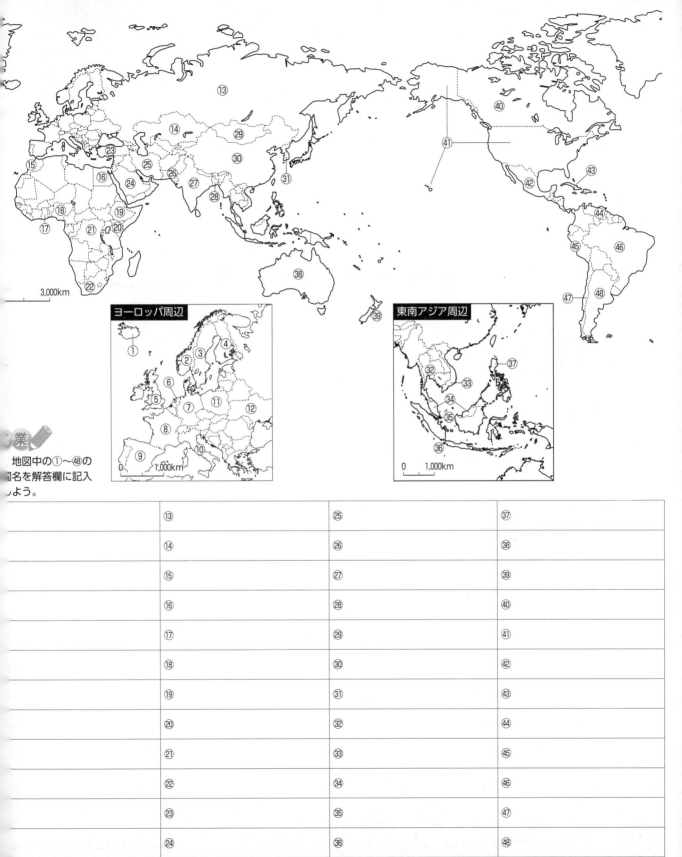

ヨーロッパ周辺

東南アジア周辺

3,000km

1,000km

1,000km

業

地図中の①〜㊽の
国名を解答欄に記入
よう。

	⑬	㉕	㊲
	⑭	㉖	㊳
	⑮	㉗	㊴
	⑯	㉘	㊵
	⑰	㉙	㊶
	⑱	㉚	㊷
	⑲	㉛	㊸
	⑳	㉜	㊹
	㉑	㉝	㊺
	㉒	㉞	㊻
	㉓	㉟	㊼
	㉔	㊱	㊽

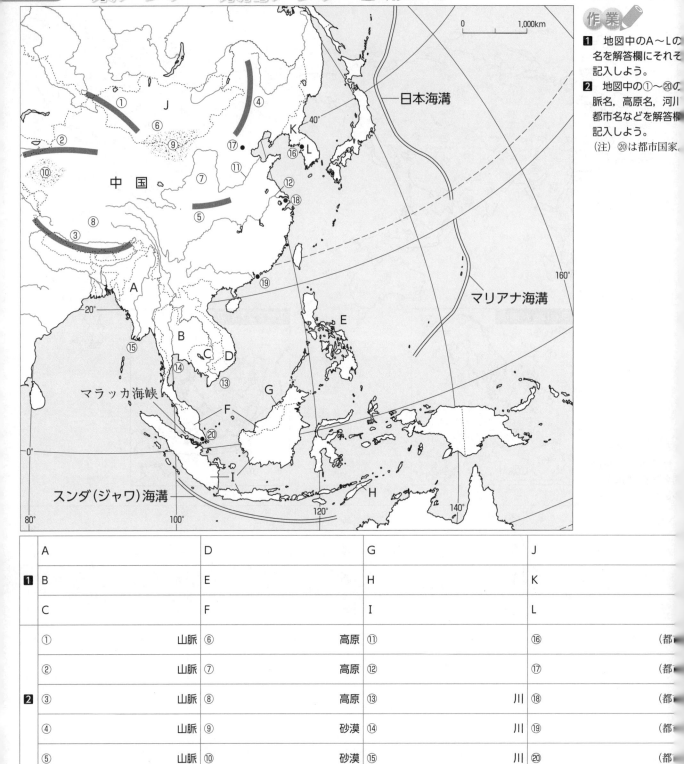

日本海溝

マリアナ海溝

中国

マラッカ海峡

スンダ(ジャワ)海溝

📖 本誌 P.190・198

作業 ✏️
❶ 地図中のA～Lの
名を解答欄にそれぞ
記入しよう。
❷ 地図中の①～⑳の
脈名,高原名,河川
都市名などを解答欄
記入しよう。
(注) ⑳は都市国家

	A	D	G	J
❶	B	E	H	K
	C	F	I	L

❷	①	山脈	⑥	高原	⑪		⑯	(都
	②	山脈	⑦	高原	⑫		⑰	(都
	③	山脈	⑧	高原	⑬	川	⑱	(都
	④	山脈	⑨	砂漠	⑭	川	⑲	(都
	⑤	山脈	⑩	砂漠	⑮	川	⑳	(都

作業の
あとで 📝
❶ 次の文の＿＿に
あてはまる語句を記
入しよう。

　この地域で,赤道に最も首都が近い国は⑥＿＿＿＿＿＿＿＿＿である。海から最も首都が遠い国
⑥＿＿＿＿＿＿＿である。⑤＿＿＿＿＿＿＿＿＿を除く東南アジアの国々は,⑥＿＿＿(
南アジア諸国連合)を組織して地域統合をめざしている。中国は,日本の⑥＿＿＿＿＿諸島について
有権を主張している。また,フィリピン,ベトナム等と⑥＿＿＿＿＿群島の領土問題をかかえている。

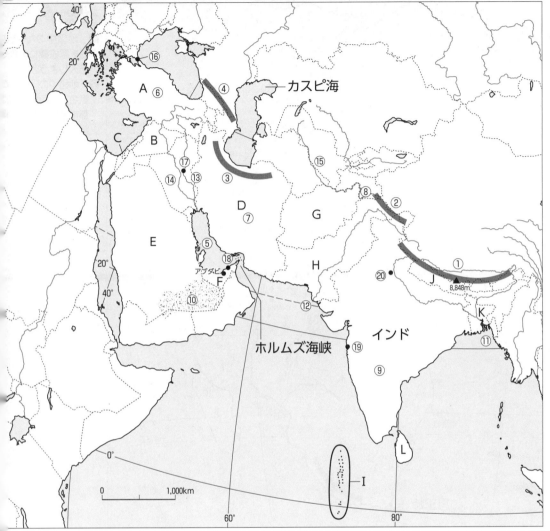

作業

1 地図中のA～Lの国名を解答欄にそれぞれ記入しよう。

2 地図中の①～⑳の山脈名，高原名，河川名，都市名などを解答欄に記入しよう。

A	D	G	J
B	E	H	K
C	F	I	L

① 山	⑥ 高原	⑪ 川	⑯ （都市）
② 山脈	⑦ 高原	⑫ 川	⑰ （都市）
③ 山脈	⑧ 高原	⑬ 川	⑱ （都市）
④ 山脈	⑨ 高原	⑭ 川	⑲ （都市）
⑤ 湾	⑩ 砂漠	⑮ 川	⑳ （都市）

作業の
あとで

次の文の＿＿＿にあてはまる語句を記入しよう。

　南アジアで，人口密度の最も高い国は(あ)＿＿＿＿＿＿＿＿＿である。森林面積率が最も高い国は(い)＿＿＿＿＿＿＿＿＿である。(う)＿＿＿＿＿＿＿＿＿湾岸の西アジアの国家を中心に，(え)＿＿＿＿＿＿＿（石油輸出国機構）を組織し，権益を保護している。(お)＿＿＿＿＿＿＿＿＿はパレスチナ人と対立している。西アジアで最も人口の多い(か)＿＿＿＿＿＿＿＿＿は，アメリカ合衆国，サウジアラビアと対立している。

作 業 ✎

1 地図中のA〜Lの
名を解答欄にそれぞ
記入しよう。

2 地図中の①〜⑳の
脈名，高原名，河川
都市名などを解答欄
記入しよう。

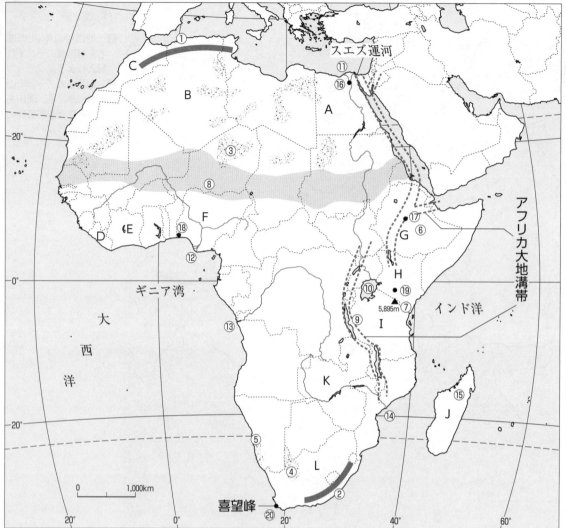

スエズ運河

アフリカ大地溝帯

インド洋

ギニア湾

大西洋

5,895m

喜望峰

0　1,000km

	A	D	G	J
1	B	E	H	K
	C	F	I	L

2	①	山脈	⑥	高原	⑪	川	⑯	(都
	②	山脈	⑦	山	⑫	川	⑰	(都
	③	砂漠	⑧	地方	⑬	川	⑱	(都
	④	砂漠	⑨	湖	⑭	川	⑲	(都
	⑤	砂漠	⑩	湖	⑮	島	⑳	(都

**作業の
あとで** 📋

1 次の文の＿＿に
あてはまる語句を記
入しよう。

アフリカで最も面積の広い国は⑧＿＿＿＿＿＿＿である。最も人口の多い国は⑩＿＿＿
＿＿＿＿である。アフリカ諸国は，⑨＿＿＿＿＿（アフリカ連合）を組織して地域協力をめざしている
南アフリカ諸国では⑤＿＿＿＿＿感染者が多いため，また，西アフリカ諸国は⑥＿＿＿＿＿
血熱等感染のため平均寿命が短い。

ヨーロッパ

📖 本誌 P.222

作業 ✏️

1 地図中のA～Lの国名を解答欄にそれぞれ記入しよう。また、○～Uの国名を6ページの解答欄にそれぞれ記入しよう。

2 地図中の①～⑳の山脈名、平野名、河川名、都市名などを解答欄に記入しよう。

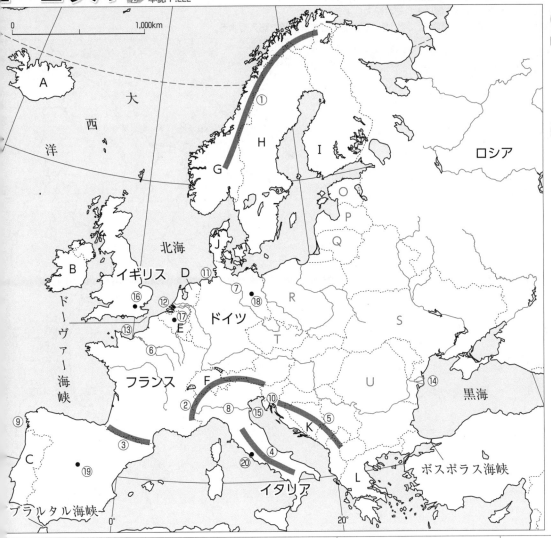

A		D		G		J	
B		E		H		K	
C		F		I		L	

①	山脈	⑥	盆地	⑪	川	⑯	（都市）
②	山脈	⑦	平原	⑫	川	⑰	（都市）
③	山脈	⑧	平野	⑬	川	⑱	（都市）
④	山脈	⑨	海岸	⑭	川	⑲	（都市）
⑤	山脈	⑩	地方	⑮	川	⑳	（都市）

業の　あとで

次の文の＿＿にてはまる語句を記しよう。

　　ロシア・ウクライナを除くヨーロッパ諸国で、最も面積の大きい国は⑰＿＿＿＿＿＿＿＿、最も人口の多い国は⑪＿＿＿＿＿＿＿である。2023年6月現在、ヨーロッパ諸国のうち⑤＿＿＿＿＿か国が⑥＿＿＿＿＿＿＿（ヨーロッパ連合）を組織して、地域統合につとめている。⑱＿＿＿＿＿＿＿が河口のライン川と⑰＿＿＿＿＿海に注ぐドナウ川は運河で結ばれ、貨物輸送がさかんである。

ロシアと周辺諸国

L 本誌 P.230

1 地図中の〇〜Zの国名を解答欄にそれぞれ記入しよう。
2 地図中の①〜⑳の山脈名，高原名，河川名，都市名などを解答欄に記入しよう。

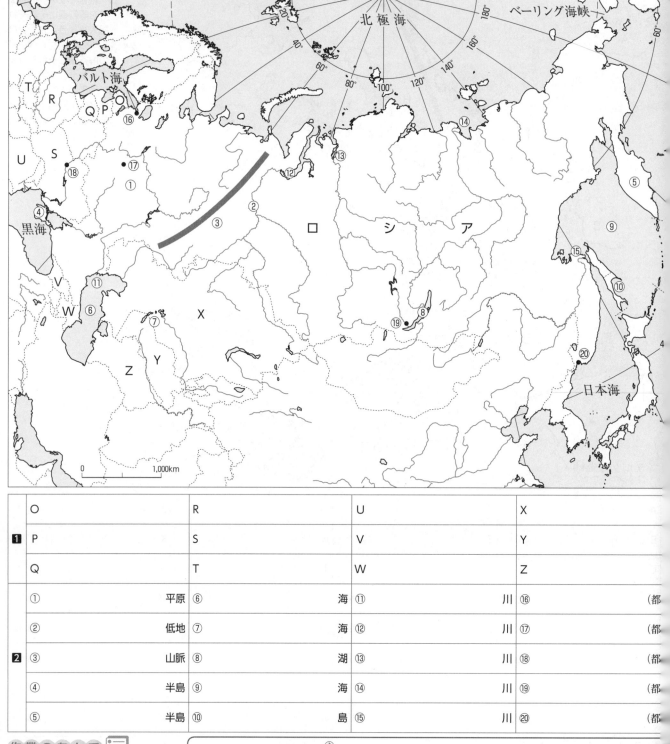

O		R		U		X	
1 P		S		V		Y	
Q		T		W		Z	
2 ① 平原		⑥ 海		⑪ 川		⑯ （都	
② 低地		⑦ 海		⑫ 川		⑰ （都	
③ 山脈		⑧ 湖		⑬ 川		⑱ （都	
④ 半島		⑨ 海		⑭ 川		⑲ （都	
⑤ 半島		⑩ 島		⑮ 川		⑳ （都	

作業のあとで

1 次の文の＿＿＿にあてはまる語句を記入しよう。

　ロシアは，世界最長の⑥＿＿＿＿＿＿鉄道が横断し，領土が東西に広いため，東端と西（　）では⑥＿＿＿＿＿時間の時差がある。ヴォルガ川は⑥＿＿＿＿＿海に注ぐ内陸河川で，オビ川，エニセイ川，レナ川は⑥＿＿＿＿＿海へ注ぎ融雪期に水量が最大となる。⑥＿＿＿＿＿は，⑥＿＿＿＿＿半島が，ロシアに一方的に編入，2022年からロシアの侵略が始まった。

作業　**❶**　地図中の①〜㊶の山脈名，高原名，河川名，都市名などを解答欄に記入しよう。

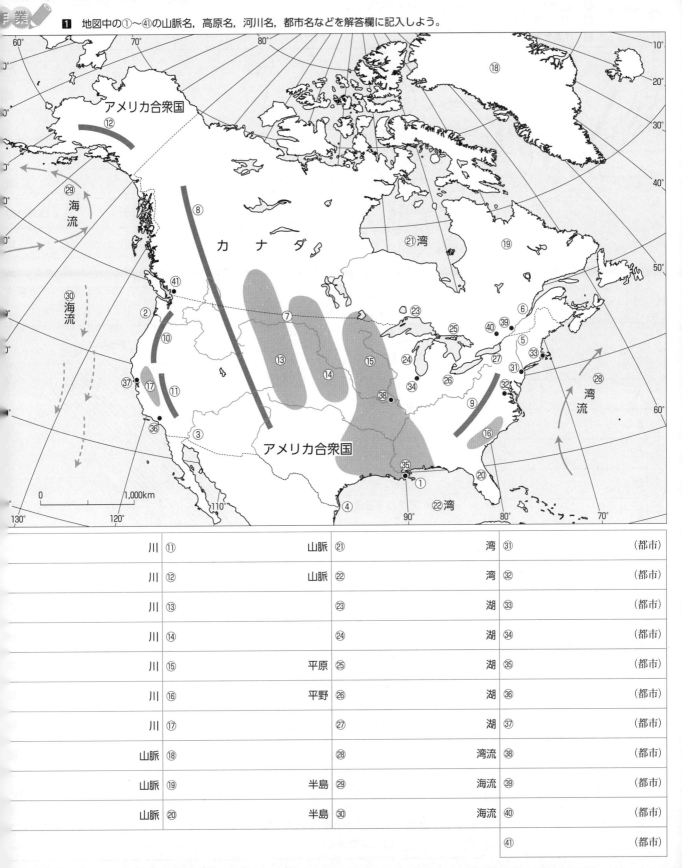

川	⑪	山脈	㉑	湾	㉛	（都市）
川	⑫	山脈	㉒	湾	㉜	（都市）
川	⑬		㉓	湖	㉝	（都市）
川	⑭		㉔	湖	㉞	（都市）
川	⑮	平原	㉕	湖	㉟	（都市）
川	⑯	平野	㉖	湖	㊱	（都市）
川	⑰		㉗	湖	㊲	（都市）
山脈	⑱		㉘	湾流	㊳	（都市）
山脈	⑲	半島	㉙	海流	㊴	（都市）
山脈	⑳	半島	㉚	海流	㊵	（都市）
					㊶	（都市）

作業

1. 地図中のA〜Mの国名を解答欄にそれぞれ記入しよう。
2. 地図中の①〜⑬の高原名，山脈名，河川名，都市名などを解答欄に記入しよう。
3. 赤道を赤色でたどってみよう。

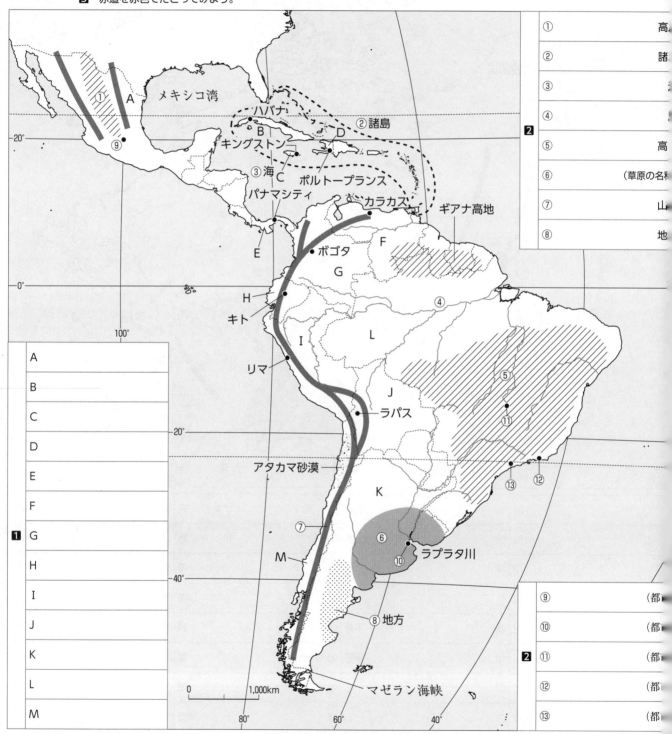

①		高
②		諸
③		
④		
⑤		高
⑥		（草原の名称
⑦		山
⑧		地

1

A	
B	
C	
D	
E	
F	
G	
H	
I	
J	
K	
L	
M	

⑨	（都
⑩	（都
⑪	（都
⑫	（都
⑬	（都

作業のあとで

1 次の文の＿＿にあてはまる語句を記入しよう。

　ラテンアメリカを大地形で分類すると，ギアナ高地・アマゾン盆地・ブラジル高原・パンパの大部分は楯状地や卓状地からなるⓐ＿＿＿＿＿であり，メキシコ高原から西インド諸島・アンデス山脈にかけては，プレートのⓑ＿＿＿＿＿境界に形成され…ⓒ＿＿＿＿＿造山帯である。

オセアニア

本誌 P.246・249

1 地図中のA～Jの国名・地域名を解答欄にそれぞれ記入しよう。解答欄にあるヒントも参考にしよう。
2 地図中の①～⑪の山脈名，砂漠名，盆地名，島名，都市名などを解答欄に記入しよう。
3 赤道を赤色で，日付変更線を青色でたどってみよう。

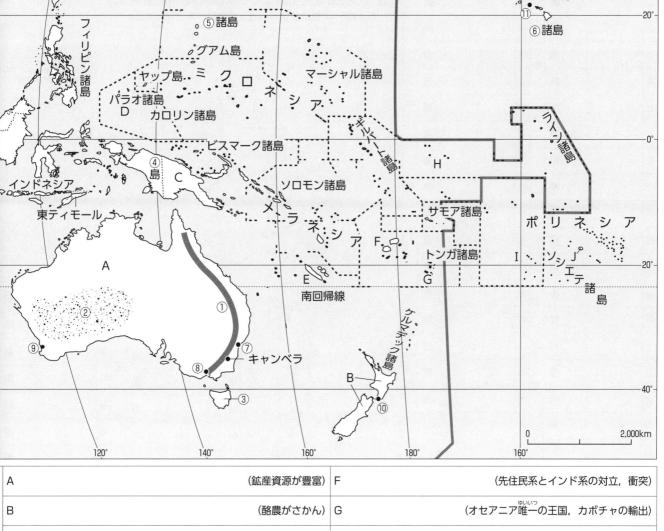

A	(鉱産資源が豊富)	F	(先住民系とインド系の対立，衝突)
B	(酪農がさかん)	G	(オセアニア唯一の王国，カボチャの輸出)
C	(世界で2番目に広い島の東半分の国)	H	(温暖化に伴う海面上昇で国土水没の危機)
D	(アメリカ合衆国と自由連合)	I	(日本が2011年に承認した国)
E	(フランス領，ニッケル鉱の産出・輸出)	J	(フランス領，南太平洋の観光地)

①	山脈	④	島	⑦	(都市)	⑩	(都市)
②	砂漠	⑤	諸島	⑧	(都市)	⑪	(都市)
③	島	⑥	諸島	⑨	(都市)		

業の
あとで

次の文の＿＿に
てはまる語句を記
しよう。

　オーストラリアは，東部にある ⑧＿＿＿＿＿＿造山帯のグレートディヴァイディング山脈以外，⑤＿＿＿＿＿＿＿に属する楯状地である。西部には約300～600mの台地が広がる。
　ニュージーランドは，北島と南島からなる島国で，⑨＿＿＿＿＿＿造山帯である太平洋を取り巻く環太平洋造山帯の一部である。北島には火山があり，火山活動が活発である。

作業　**1** 地図中の①〜㊼の都道府県名を解答欄に記入しよう。

2 地図中のa〜rは都道府県名と名称が異なる県庁所在地である。
それぞれの県庁所在地の都市名を解答欄に記入しよう。

3 20ある政令指定都市[1]のうち15は道府県庁所在地である。
あとの5つの都市名（A〜E）と人口を調べて記入しよう。

1) 2023年4月1日現在。
2) 東京都庁所在地は、「東京都
の位置を定める条例」に
定められている。

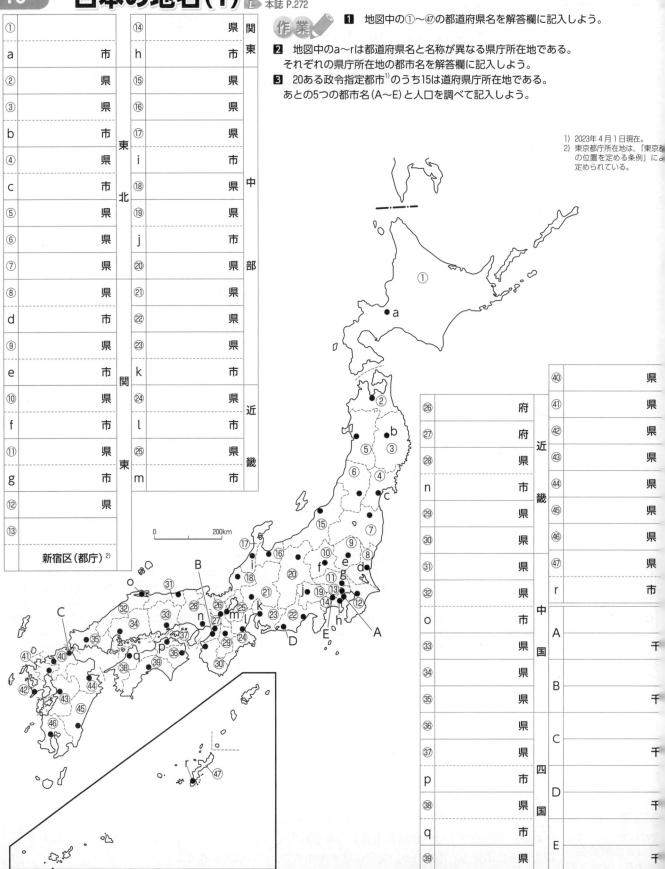

0　　200km

新宿区（都庁）[2]

日本の地名 (2)

海	㉙	平野
山地	㉚	山地
山脈	㉛	山地
平野	㉜	海
川	㉝	高原
半島	㉞	台
海峡	㉟	平野
山脈	㊱	川
山地	㊲	海
高地	㊳	山
川	㊴	山地
平野	㊵	半島

平野	世界自然遺産	
川	A	半島
湖	B	山地
川	C	島
半島	D	諸島

(注) 日本の世界自然遺産には，A〜Dのほかに奄美大島，徳之島，沖縄島北部及び西表島が登録されている。

	緯度・経度	
西縁	①北緯	度
半島	②北緯	度
山脈	③北緯	度
山脈	④東経	度

	(諸) 島	
平野	ⓐ	島
川	ⓑ	島
山地	ⓒ	島
半島	ⓓ	諸島
湖		

作業 ❶ 地図中の①〜㊵の山脈名・河川名などを解答欄に記入しよう。また，世界自然遺産，緯度・経度，島についても記入しよう。

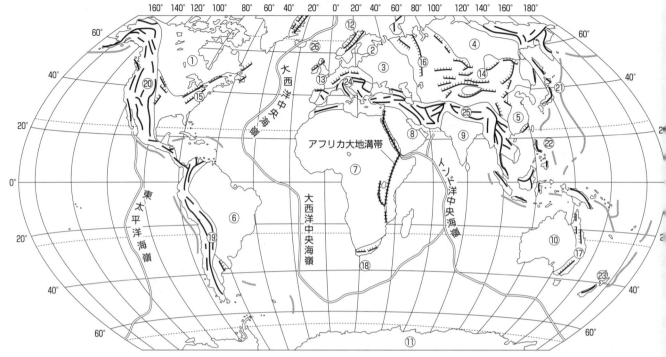

アフリカ大地溝帯

大西洋中央海嶺

東太平洋海嶺

大西洋中央海嶺

インド洋中央海嶺

（『地球科学⑯』岩波書店などに。

凡例	
□ 安定陸塊（黄）（安定大陸）	═══ 主要海嶺（茶）
⊬ 古期造山帯（緑）と主要山脈	── 主要海溝（青）
⊬ 新期造山帯（赤）と主要山脈	

■1 本誌 P.22〜24 の地図を参考にして，凡例にしたがって白地図に着色しよう。
■2 本誌 P.22〜24 の資料を参考にして，下表の空欄に地名を記入しよう（地図中の番号は表の分布地域を示す）。

	安定陸塊（安定大陸）	古期造山帯	新期造山帯
分布地域	① [　　　　　　　楯状地]	⑫ カレドニア山系	⑲〜㉓ [　　　　　造山
	② [　　　　　　　楯状地]	スカンディナヴィア山脈など	⑲ [　　　　　　山
	③ [　　　　　　　卓状地]	⑬ ヘルシニア山系	⑳ [　　　　　　山
	④ [　　　　　　　卓状地]	ペニン山脈，エルツ山脈など	㉑ [　　　　　　列
	⑤ [　　　　　　　陸塊]	⑭ アルタイ山系	㉒ [　　　　　　諸
	以下　中生代中期（約1億8,000万年前）のゴンドワナ大陸（ゴンドワナランド）	テンシャン山脈，アルタイ山脈，スタノヴォイ山脈など	㉓　国名 [
	⑥ [　　　　　　　楯状地]	⑮ [　　　　　　山脈]	㉔・㉕ [　　　　　造山
	⑦ [　　　　　　　楯状地]	⑯ [　　　　　　山脈]	㉔ [　　　　　　山
	⑧ [　　　　　　　楯状地]	⑰ [　　　　　　山脈]	㉕ [　　　　　　山
	⑨ [　　　　　　　陸塊]		分類不能
	⑩ [　　　　　　　楯状地]	⑱ [　　　　　　山脈]	大西洋中央海嶺上
	⑪ [　　　　　　　大陸]		㉖ [

世界の気温と降水量

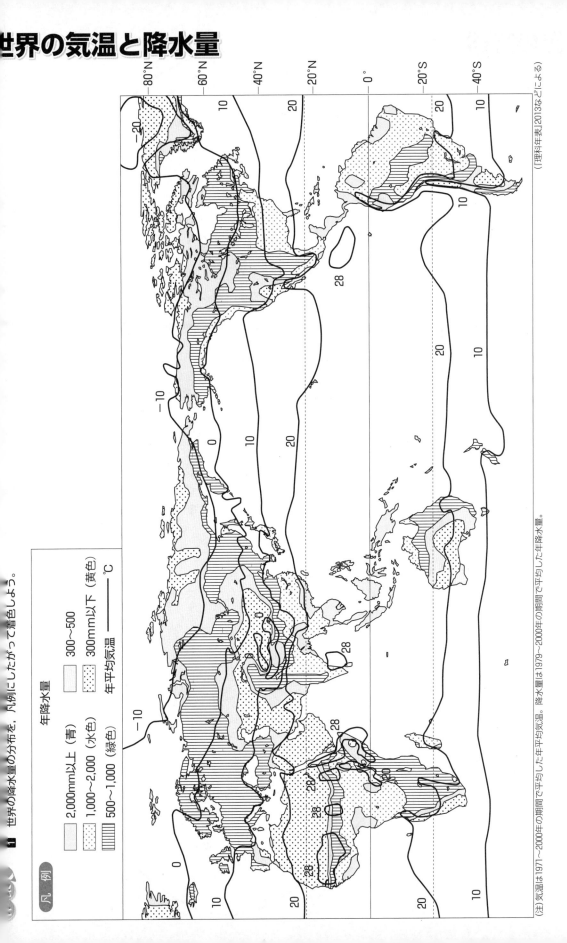

1 世界の降水量の分布を、凡例にしたがって着色しよう。

凡例

年降水量

- ▨ 2,000mm以上（青）
- ▨ 1,000〜2,000（水色）
- ▨ 300〜500
- ▨ 300mm以下（黄色）
- ▨ 500〜1,000（緑色）
- ─── 年平均気温 ℃

（注）気温は1971〜2000年の期間で平均した年平均気温。降水量は1979〜2000年の期間で平均した年降水量。

（理科年表(2013)などによる）

作業のあとで

1 次の文の＿＿＿にあてはまる語句を記入しよう。

降水量が多いのは⑧＿＿＿低圧帯にあたる⑥＿＿＿付近と亜寒帯低圧帯にあたる緯度40〜50度である。降水量が少ないのは緯度20〜30度（回帰線付近）と両極付近の寒冷なところである。回帰線付近は蒸発量が①＿＿＿を上回るため、乾燥地域となりやすく大陸内部では砂漠がみられる。

世界の気候

1　世界の気候区を凡例にしたがって着色しよう。

凡　例

Af, Am	…熱帯雨林気候（赤）
Aw	…サバナ気候
BS	…ステップ気候
BW	…砂漠気候（黄）

Cs	…地中海性気候
Cw	…温暖冬季少雨気候
Cfa	…温暖湿潤気候（黄緑）
Cfb, Cfc	…西岸海洋性気候（緑）

Df	…亜寒帯（冷帯）湿潤気候（紫）
Dw	…亜寒帯（冷帯）冬季少雨気候
ET	…ツンドラ気候
EF	…氷雪気候

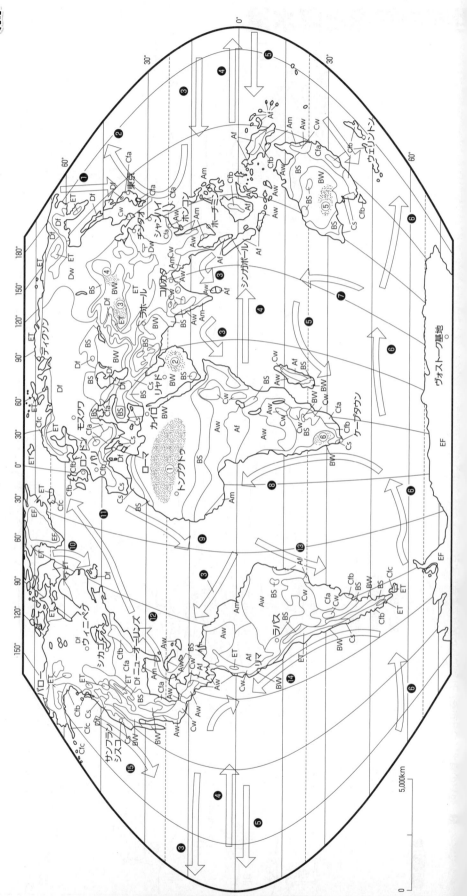

2 地図中の①～⑥の砂漠名を下の表に記入しよう。

①	砂漠	③	砂漠	⑤	砂漠
②	砂漠	④	砂漠	⑥	砂漠

3 地図中の海流（⇒）を、暖流は赤色、寒流は青色で着色しよう。

4 ①～⑮の海流名を、暖流は赤色、寒流は青色で下の表に記入しよう。

❶	潮（　）	海流	❻	海流	⓫	海流
❷	潮（　）	海流	❼	湾流	⓬	海流
❸		海流	❽	海流	⓭	海流
❹		反流	❾	海流	⓮	海流
❺		海流	❿	海流	⓯	海流

5 ①～⑩の（　）の中に適切な植生・土壌名を、次の［　］から選んで記入しよう。

［ポドゾル・ラトソル・タイガ・サバナ・ステップ・ツンドラ・熱帯雨林・
ツンドラ・テラロッサ・チェルノーゼム・熱帯雨林　］

気候帯	気候区	植生・土壌
A 熱帯	Af・Am 熱帯雨林	（①） / 赤色（②）
	Aw サバナ	（③）　ゾウ
B 乾燥帯	BW 砂漠	砂漠　表土の厚さ / 砂漠土　黄色
	BS ステップ	（④） / （⑤）　イネ科の草　黒色
C 温帯	Cs 地中海性	硬葉樹　レモン、オリーブ / （⑥）　赤色
	Cfb・Cfc 西岸海洋性	混合林 / 褐色森林土
	Cfa 温暖湿潤	褐色森林土
	Cw 温暖冬季少雨	常緑広葉樹 / 赤色土　赤色
D 亜寒帯（冷帯）	Df 亜寒帯湿潤	（⑧）　灰白色
	Dw 亜寒帯冬季少雨	（⑦）
E 寒帯	ET ツンドラ	トナカイ / （⑨）
	EF 氷雪	ペンギン　氷雪 / （⑩）　氷雪

●熱帯気候（A）

1 次の図は熱帯気候のある都市を表す。①，②のハイサーグラフを雨温図にかきかえる時，グラフをなぞって完成させよう。

2 ①，②の都市を次から選ぼう。分からない場合は，本誌P.44を見てみよう。【ダーウィン・マイアミ】

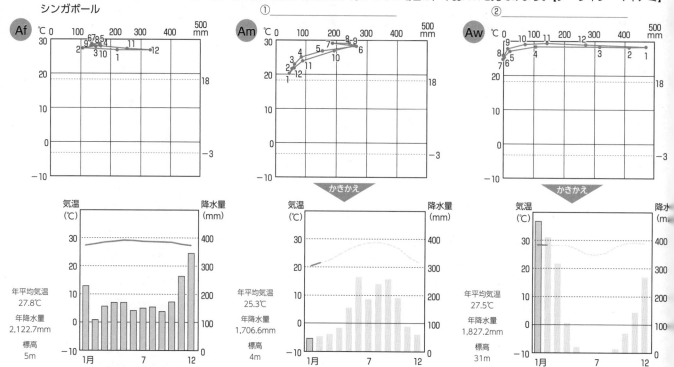

●乾燥気候（B）

3 次の図は乾燥気候のある都市を表す。②の雨温図をハイサーグラフにかきかえる時，グラフを完成しよう（大まかでかまわない）。

4 ①，②の都市を次から選ぼう。分からない場合は，本誌P.46を見てみよう。【ラホール・アスワン】

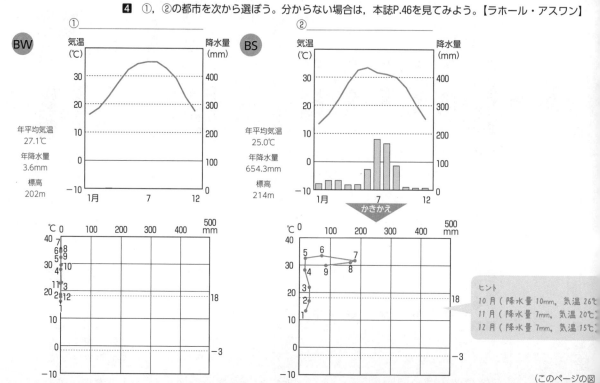

ヒント
10月（降水量10mm，気温26℃
11月（降水量7mm，気温20℃
12月（降水量7mm，気温15℃

（このページの図
気象庁資料に

温帯気候（C）

5 次の図は温帯気候のある都市を表す。②～④のハイサーグラフを雨温図にかき かえる時，グラフを完成させよう（大まかでかまわない）。

6 ①～④の都市を次から選ぼう。分からない場合は，本誌P.48を見てみよう。【ブエノスアイレス・パリ・ホンコン・ケープタウン】

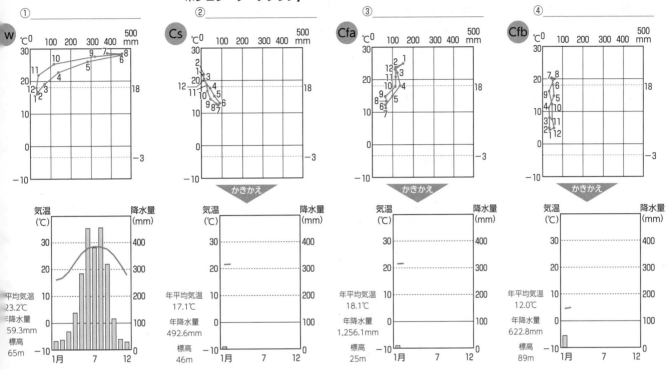

① ＿＿＿＿＿＿＿＿＿ W

② ＿＿＿＿＿＿＿＿＿ Cs

③ ＿＿＿＿＿＿＿＿＿ Cfa

④ ＿＿＿＿＿＿＿＿＿ Cfb

亜寒帯気候（D）
寒帯気候（E）
高山気候（H）

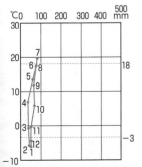

7 次の図は亜寒帯（冷帯）気候，寒帯気候，高山気候のある都市を表す。②～④の雨温図をハイサーグラフにかきかえる時，グラフを完成させよう（大まかでかまわない）。

8 ①～④の都市を次から選ぼう。分からない場合は，本誌P.50，52を見てみよう。【ラパス・イルクーツク・モスクワ・バロー】

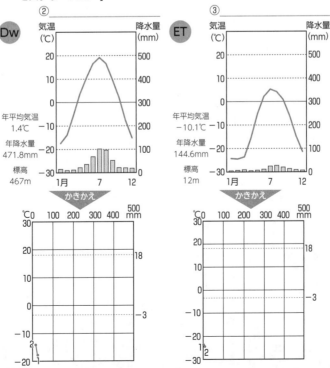

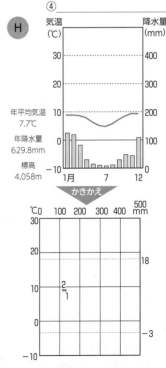

① ＿＿＿＿＿＿＿＿＿ Df

② ＿＿＿＿＿＿＿＿＿ Dw

③ ＿＿＿＿＿＿＿＿＿ ET

④ ＿＿＿＿＿＿＿＿＿ H

（このページの図は，気象庁資料による）

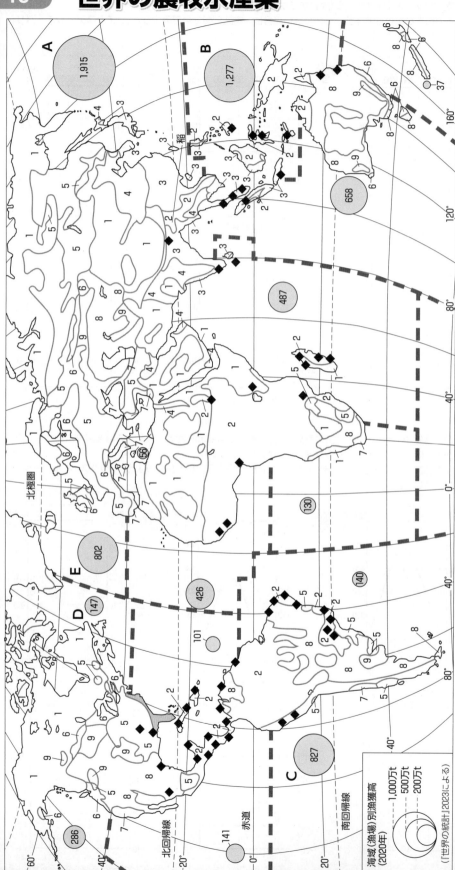

作業

1 世界の農業地域区分図を凡例にしたがって着色しよう。

1	…遊　牧（黄）
2	…移動式焼畑農業 〜（赤）
	…原始的定着農業
3	…アジア式稲作農業（緑）
4	…アジア式畑作農業（黄緑）
5	…混合農業（青）
6	…酪　農（紫）

7	…地中海式農業（オレンジ）
8	…企業的放牧業 〜（茶）
9	…企業的穀物農業
	…園芸農業
◆	…プランテーション農業
□	…非農業地域

2 本誌P.82を参照して、A〜Eの世界の主な漁場の名を下の表に記入しよう。

A	漁場
B	漁場
C	漁場
D	漁場
E	漁場

3 本誌P.78を参照して，豚・牛・羊の飼育頭数の上位5か国を凡例にしたがって作図・着色しよう。
4 下の地図中の ⬭ で飼育されている家畜名**A**～**E**を次から選んで表に記入しよう。
〔リャマ・アルパカ，ラクダ，水牛，トナカイ，ヤク〕

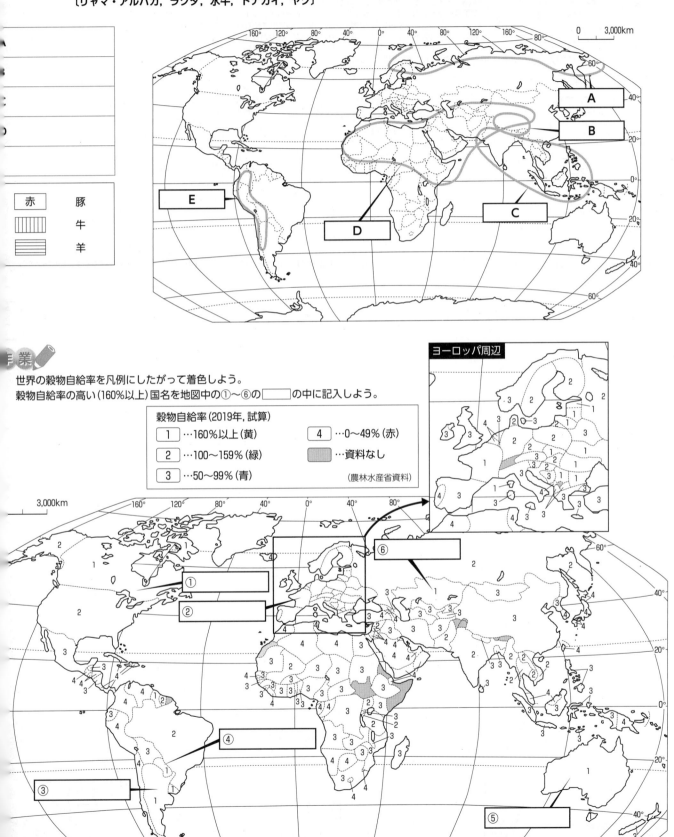

赤	豚
⦀	牛
≡	羊

 世界の穀物自給率を凡例にしたがって着色しよう。
穀物自給率の高い（160％以上）国名を地図中の①～⑥の □ の中に記入しよう。

穀物自給率（2019年，試算）
1 …160％以上（黄）　　4 …0～49％（赤）
2 …100～159％（緑）　　▨ …資料なし
3 …50～99％（青）　　　　　（農林水産省資料）

ヨーロッパ周辺

世界の鉱産資源

L ▶ 本誌 P.87·90

作業 ① 本誌P.87と地図帳を参考にして，油田・天然ガス・石炭の産地（国名の場合もある）の記号⑦～③を地図中の□に記入しよう。

油田 ⊞	石炭 ■	天然ガス ⊿
⑦北海　①チュメニ　⑦ガワール　①ブルガン　⑦ターチン　⑦メキシコ湾岸　④マラカイボ　⑦カシャガン　⑦プルドーベイ　⑩ポートハーコート　④カリフォルニア（内陸）　②バクー　②アンゴラ（国名）　⑮南スーダン（国名）　②キルクーク　⑦サハリン　⑦アルバータ　⑦カンバート湾　⑥レフォルマ　⑦ジュンガル盆地（地域名）　⑤ザクロス山脈南麓（地域名）	②ルール　⑦シロンスク　⑦ドネツ　⑧クズネック　⑥タートン　⑦アパラチア　⑥モウラ　⑩ボウエン　⑦ダモダル　②ウラル　⑥カラガンダ　②トランスヴァール	②北海南部　⑦カリマンタン　②ウレンゴイ（オビ川下流）

② 本誌P.90と地図帳を参考にして，世界の鉄鉱・銅鉱・ボーキサイトなどの産地（国名の場合もある）の記号⑦～③を地図中の□に記入しよう。

鉄鉱 ▲	銅鉱 ○	ボーキサイト ▽	その他 ＊
⑦キルナ　①ロレーヌ（1997年に閉山）　⑦マグニトゴルスク　①メサビ　⑦カラジャス　④イタビラ　②シェファーヴィル　⑦アンシャン　⑦ボミヒルズ　③ピルバラ地区　⑪フデリック	②ビンガム　②チュキカマタ　②カッパーベルト　②ラエスコンディーダ	②ウェイパ　⑦ジャマイカ（国名）　⑦ギニア（国名）　⑦スリナム（国名）	⑥セロデパスコ（鉛・亜鉛・銀）　⑦サドリ（ニッケル・銅）　②マウントアイザ（鉛・亜鉛・銀）　③キンバリー（ダイヤモンド）

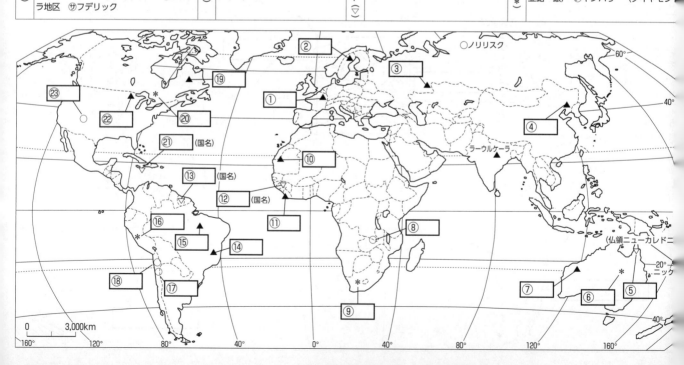

作業

1人当たりの電力消費量が5,000kWh以上の国を黄色で着色しよう。

地図中の円グラフは，世界の発電量上位10か国を示している。凡例にしたがって円グラフを着色しよう。

おもな国の発電量 (2016年)

エネルギー　火力（赤）
原子力　水力

----10,000
----5,000
----1,000
（億kWh）

1人当たり電力消費量 (2016年)
　…5,000kWh以上の国
　…5,000kWh未満の国

（IEA資料などによる）

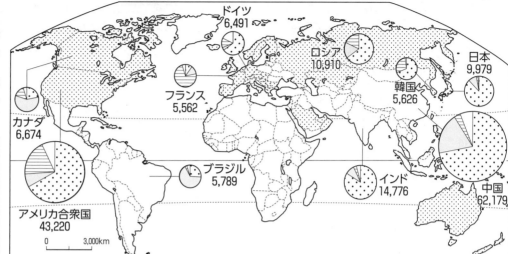

ドイツ 6,491
ロシア 10,910
日本 9,979
フランス 5,562
韓国 5,626
カナダ 6,674
ブラジル 5,789
インド 14,776
中国 62,179
アメリカ合衆国 43,220

0　3,000km

作業

世界の一次エネルギー供給に占めるCRW（再生可能燃料と廃棄物）の割合を，凡例にしたがって着色しよう。

（2015年）

1 …30%以上（赤）
2 …10～30%未満（黄）
　 …0～10%未満
　 …資料なし

（IEA資料による）

CRWとは，**C**ombustible（可燃性）**R**enewables（再生可能エネルギー）and **W**aste（及び廃棄物）の略。具体的には，薪，炭，農産物の残留物，動物の排泄物，都市廃棄物など。

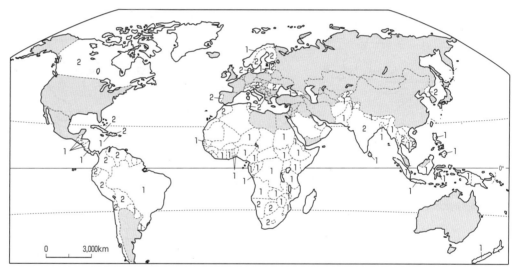

0　3,000km

作業

右図の年平均気温の推定上昇量5℃の線をオレンジ色で，6℃の線を赤色でたどろう。

1人当たりの二酸化炭素（CO_2）排出量5t以上の国を黄色で着色しよう。

…二酸化炭素が倍増したときの年平均気温の推定上昇量（℃）

1人当たりの二酸化炭素（CO_2）排出量 (2013年)
　…5t以上　　…5t未満

年平均気温は，1961～1990年の平均値に対し，2071～2100年の平均値の変化を予測したもの。（オークリッジ国立研究所資料，『IPCC地球温暖化第三次レポート』などによる）

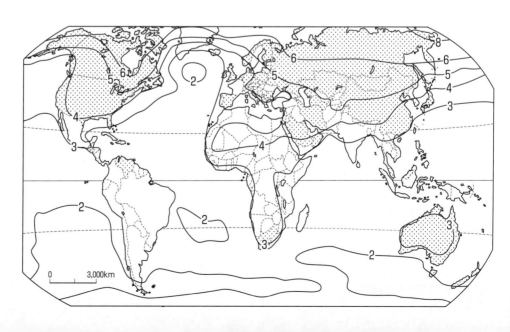

0　3,000km

作 業　**1** 世界の人口の年平均増加率を凡例にしたがって着色しよう。

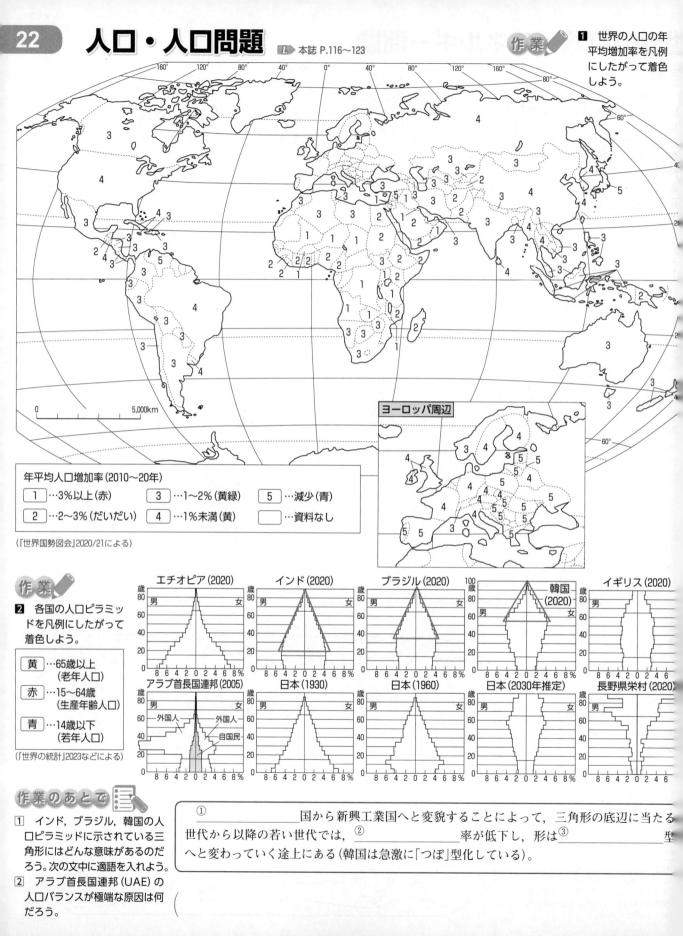

年平均人口増加率 (2010〜20年)

| 1 | …3%以上 (赤) | 3 | …1〜2% (黄緑) | 5 | …減少 (青) |
| 2 | …2〜3% (だいだい) | 4 | …1%未満 (黄) | | …資料なし |

(『世界国勢図会』2020/21による)

ヨーロッパ周辺

作 業　**2** 各国の人口ピラミッドを凡例にしたがって着色しよう。

黄	…65歳以上 (老年人口)
赤	…15〜64歳 (生産年齢人口)
青	…14歳以下 (若年人口)

(『世界の統計』2023などによる)

エチオピア (2020)
インド (2020)
ブラジル (2020)
韓国 (2020)
イギリス (2020)
アラブ首長国連邦 (2005)
日本 (1930)
日本 (1960)
日本 (2030年推定)
長野県栄村 (2020)

作業のあとで

1 インド，ブラジル，韓国の人口ピラミッドに示されている三角形にはどんな意味があるのだろう。次の文中に適語を入れよう。

2 アラブ首長国連邦 (UAE) の人口バランスが極端な原因は何だろう。

①＿＿＿＿＿＿＿＿国から新興工業国へと変貌することによって，三角形の底辺に当たる世代から以降の若い世代では，②＿＿＿＿＿＿＿＿率が低下し，形は③＿＿＿＿＿＿型へと変わっていく途上にある (韓国は急激に「つぼ」型化している)。

(

❸ 日本の出生率と死亡率の長期的推移のグラフを見て，**A〜G**に該当することを次のうちから選ぼう。
【人口静止社会・ひのえうま・日中戦争・第１次ベビーブーム・第２次ベビーブーム・コレラ・スペインかぜ】

日本の出生率と死亡率の長期的推移

（厚生労働省「人口動態総覧（率）の年次推移」）

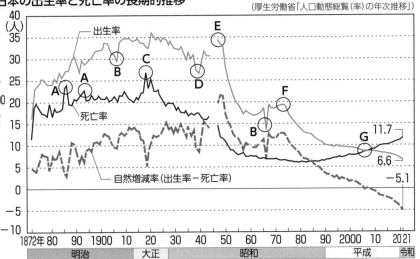

A	
B	
C	
D	
E	
F	
G	

統計をみて，日本の人口ピラミッドを作成しよう。

日本の年齢別人口割合 （2022 年 10 月）		
	男（%）	女（%）
95 歳以上	0.1	0.4
90 〜 94 歳	0.5	1.1
85 〜 89	1.1	2.0
80 〜 84	1.9	2.7
75 〜 79	2.5	3.1
70 〜 74	3.5	4.0
65 〜 69	2.9	3.1
60 〜 64	3.0	3.0
55 〜 59	3.2	3.2
50 〜 54	3.8	3.8
45 〜 49	3.8	3.7
40 〜 44	3.2	3.1
35 〜 39	2.9	2.8
30 〜 34	2.6	2.5
25 〜 29	2.6	2.5
20 〜 24	2.6	2.4
15 〜 19	2.3	2.2
10 〜 14	2.2	2.1
5 〜 9	2.0	1.9
0 〜 4	1.7	1.7

（『日本国勢図会』2023/24）

日本（2022）

合計特殊出生率[*1]と人間開発指数[*2]のグラフ（2010年）を見て，**A〜E**にほぼ該当する語を次から選ぼう。

　合計特殊出生率（TFR）とは１人の女性が一生に産む子どもの平均数
　人間開発指数（HDI）とは，平均寿命，識字率，就学率などをベースに算出されるもので，その国の人々の生活レベルや発展の程度を示した指数。1〜0.8が高値，0.79〜0.5が中位，0.49〜0が低値とされる。

【サハラ以南のアフリカ諸国・先進国・BRICS[*3]・産油国・発展途上国】

	D	
	E	

2023年 8 月現在の加盟国で，ブラジル，ロシア，インド，中国，南アフリカ共和国。

●合計特殊出生率と人間開発指数 （2010年）

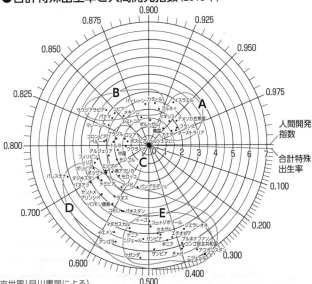

（『2033年地図で読む未来世界』早川書房による）

作業

1 世界の民族分布を右の凡例にしたがって着色しよう。

2 典型的な複族国であるA〜Eの国名を記入しよう。

3 世界の先住民を地図中の①〜⑦の ☐ の中に記入しよう。

4 人口移動①〜④の民族名を答えなさい。

①（　　　　　　　　　　　）
②（　　　　　　　　　　　）
③（　　　　　　　　　　　）
④（　　　　　　　　　　　）

A	カナダ系32%，イギリス系32%，フランス系14%，イヌイットなど先住民6%
B	フランデレン系60%，ワロン系40%（オランダ語）（フランス語）
C	ドイツ系62%，フランス系23%，イタリア系8%
D	マレー系70%，中国系22%，インド系7%
E	中国系74%，マレー系14%，インド系9%

（『世界年鑑』2023）

1	インド・ヨーロッパ語族 （赤）
2	アフリカ・アジア語族（アフロ・アジア語族）（緑）
3	ウラル語族・アルタイ語族 （黄）
4	シナ・チベット語族 （青）
5	ニジェール・コルドファン語族 （茶）

アメリカ諸語

オーストロネシア語族（マレー・ポリネシア語族）

（注）言語による分類。

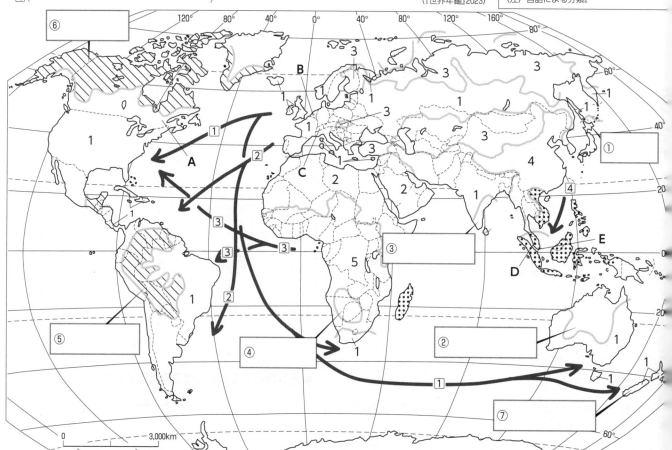

5 本誌P.143を参照して，各宗教の歴史的経緯を示した下の図中，a〜eに該当する宗教・宗派を記入しよう。

a（　　　　　教）　b（　　　　　派）　c（　　　　　　　　）
d（　　　　　教会）　e（　　　　　）

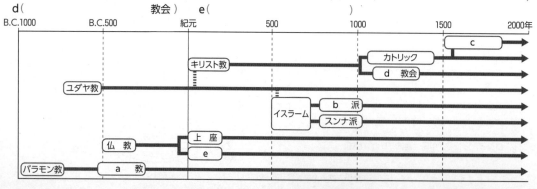

●世界の宗教人口（2022

プロ〜
タ〜
その他 22.5
カトリック 15.7%
キリスト〜 7.6
世界の宗教人口 80.3億人 32.2%
その
仏教6.9
ヒンドゥー教 13.5
スンナ派 22.2
その他
シーア派 2.5
イスラー〜
24.9

（注）各宗教人口の合計は，重複なり，世界人口より多い80.3億

（『The World Almanac』20

作業

世界の宗教分布を凡例にしたがって着色しよう。
宗教の聖地の都市名を地図中の □ の中に記入しよう。
宗教伝播 ①〜③ の宗派名を（ ）に記入しよう。
① （　　　　　　　　　　）　② （　　　　　　　　　　　　　　　）
③ （　　　　　　　　　　　　　　　）

1	キリスト教	（赤）	3	仏 教	（黄）
2	イスラーム	（緑）	4	ヒンドゥー教	（青）
			5	自然崇拝	（茶）

世界の民族・領土問題の発生している **A〜D** の国名を記入しよう。

A		フィジー系 57%, インド系 38%	先住民のフィジー系と, 植民地時代にイギリスが強制移住させたインド系住民で二分されている。
B		ギリシャ系 99%	南部のギリシャ系国家は E U 加盟。北部のトルコ系国家を承認しているのはトルコ共和国のみ。
C		ボスニア人（イスラーム系）50%, セルビア人 31%, クロアチア人 15%	ボスニア人はイスラーム, セルビア人は東方正教（セルビア正教）, クロアチア人はカトリックを信仰。連邦国家体制を採用している。
D		ユダヤ人 74%, アラブ系（パレスチナ人など）21%	シオニズム運動ののち 1948 年に建国。周辺のアラブ諸国とパレスチナ問題を抱えている。

（『世界年鑑』2023などによる）

世界の民族・領土問題の発生している **E〜I** の地域名を記入しよう。

E		ロシアからの分離独立運動	帝政ロシアや旧ソ連時代からの政治的な不満が, ソ連消滅後, テロを伴う独立運動を引き起こす。
F		インド・パキスタンの領土紛争	1947 年イギリスからインドとパキスタンが分離・独立した際の帰属をめぐり, 藩王と住民の宗教上のねじれを要因に両国が領有を主張。
G		トルコ・イラン・シリア等にまたがる山岳地帯	推定 2,000 万人以上の人口を有し世界最大規模の「少数民族」（分布する各国において少数派）。
H		モロッコの領有に対して独立を求める運動	独立派が宣言したサハラ・アラブ民主共和国はアフリカ連合（AU）に加盟し, 約 80 か国が国家として承認（日本や欧米は未承認）。
I		ベトナム・中国など 6 つの国・地域が, 領有権を主張して争う	中国が岩礁の埋め立てや施設の建設を進めていて, 実効支配を懸念する周辺諸国の反発が強まっている。

26 交通・貿易

1 資料❶をみて，1週間の往復旅客便数が40便以上の都市を，右の図中に東京を起点として矢印で示そう（例：ソウル）。

2 資料❷をみて，日本人の海外旅行者の旅行先上位10か国（地域）を青で着色しよう。

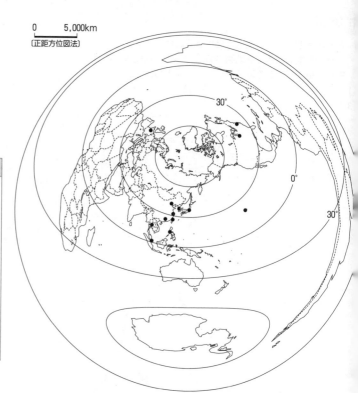

0   5,000km

[正距方位図法]

資料❶1週間の往復旅客便数
(2017.3現在)

成田・羽田からの便数が20便以上の都市	便数（往復／週）
シャンハイ（中国）	77
ホノルル（アメリカ）	56
バンコク（タイ）	56
ソウル（韓国）	49
タイペイ（台湾）	49
シンガポール	49
ペキン（中国）	42
ホンコン	42
ニューヨーク（アメリカ）	28
マニラ（フィリピン）	28
シカゴ（アメリカ）	21
パリ（フランス）	21

『航空統計要覧』2017による

資料❷日本人の海外旅行者の旅行先 (2017年)

	旅行先	人数（万人）
1	アメリカ合衆国	360
2	中国	268
3	韓国	231
4	（台湾）	190
5	タイ	154
6	（ホンコン）	81
7	ベトナム	80
8	シンガポール	79
9	ドイツ	58
10	フィリピン	58

(注)アメリカ合衆国はハワイ州，グアムを含む。(日本旅行業協会資料)

3 資料❸をみて，日本の輸出入総額が1〜5位の貿易相手国・地域を黄で着色しよう。

4 輸出入の円グラフで，日本の輸出が輸入を上まわっている場合は輸出の部分を青で，輸入が輸出を上まわっている場合は輸入の分を赤で着色しよう。

資料❸日本のおもな貿易相手国・地域

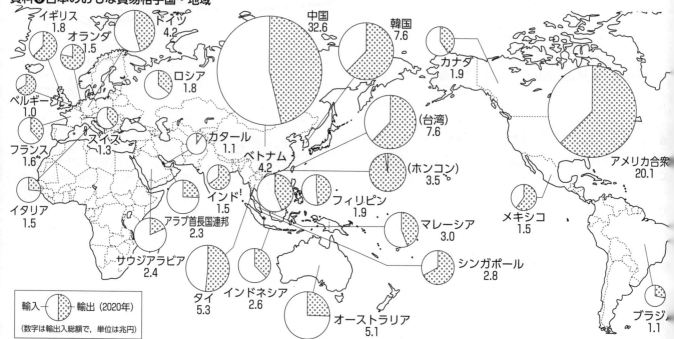

輸入・輸出 (2020年)
(数字は輸出入総額で，単位は兆円)

(注)地図中で取り上げた国は，日本との輸出入総額が1兆円以上の貿易相手国・地域。

(財務省「貿易統計」による)

作業のあとで

1 次の文の＿＿＿にあてはまる語句を記入しよう。

　　日本の貿易相手国は，輸入額1位が①＿＿＿＿＿＿，輸出額1位も同国である（2020年）。西アジアからの②＿＿＿＿＿＿やオーストラリアからの石炭・③＿＿＿＿＿＿などの鉱産資源の輸入も多いが，近年は工業化のすすむ④＿＿＿＿＿＿の国々との間で，工業製品や部品等を輸出しあう⑤＿＿＿＿＿＿の関係がみられるようになった。

地球と時差

1　緯度と経度

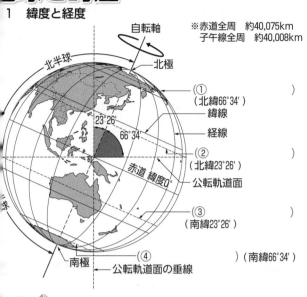

※赤道全周　約40,075km
子午線全周　約40,008km

■1　図1の①〜④の空欄に適語を記入しよう。
■2　図2の⑤、⑥の空欄に適語を記入しよう。

図2　陸地と海洋の分布

⑤（　　　　　　）

⑤の中心
48°00'N
0°30'E

陸地面積が最大となる半球

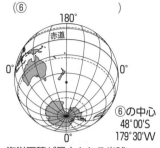

⑥（　　　　　　）

⑥の中心
48°00'S
179°30'W

海洋面積が最大となる半球

	陸地	海洋
⑤	1.2億km² (49%)	1.3億km² (51%)
⑥	0.2億km² (10%)	2.3億km² (90%)

■3　次の文中の空欄に適語・数字を記入しよう。

●赤道は半径約6,400km、全周は約①＿＿＿＿＿＿kmである。北極点と南極点を結ぶ経線である子午線も、その全周が約①＿＿＿＿＿＿kmである。自転の影響で赤道半径は極半径より約21km長い。
●経度は、イギリス・ロンドン郊外の旧グリニッジ天文台を通る本初子午線を経度②＿＿＿度と定めて基準とし、この線から東へ東経180度、西へ西経180度と経度が設定され、東西180度の経線が③＿＿＿＿＿＿＿となっている。③＿＿＿＿＿は領土など周辺各国の事情で部分的にずれる箇所もある。

■4　本誌P.21を見ながら、世界の主な都市の日時（現地時間）を答えよう。

主な都市	平常時のグリニッジ標準時との時差	サマータイム	現在の日時（現地時間）[サマータイムを加味する]
日　本	GMT＋9h	なし	4月20日　9時15分
ペキン（中国）	①（　　　　）	なし	②（　　　　）
デリー（インド）	③（　　　　）	なし	④（　　　　）
カイロ（エジプト）	⑤（　　　　）	なし	⑥（　　　　）
ロンドン（イギリス）	⑦（　　　　）	実施中	⑧（　　　　）
ニューヨーク（アメリカ合衆国）	⑨（　　　　）	実施中	⑩（　　　　）
ロサンゼルス（アメリカ合衆国）	⑪（　　　　）	実施中	⑫（　　　　）
ホノルル（アメリカ合衆国）	⑬（　　　　）	なし	⑭（　　　　）

■5　次の問いを読み、右の空欄に時間・数字を記入しよう。

問　次の表は、東京（成田）とトルコのイスタンブールを結ぶフライトについて、ある年の2月における往復のスケジュールを示したものである。発着時刻はすべて現地時刻で示されている。その往路と復路の所要時間の正しい組合せを、下の①〜④のうちから一つ選べ。ただし、東京とイスタンブールの時差は7時間である。　[2017年センター試験・地理A追試]

フライトスケジュール
往　路　東京（成田）発12時55分→イスタンブール着18時10分
復　路　イスタンブール発17時15分→東京（成田）着11時30分（翌日）

『JTB時刻表』により作成。

	①	②	③	④
往　路	11時間15分	11時間15分	12時間15分	12時間15分
復　路	11時間15分	12時間15分	11時間15分	12時間15分

●東京を出発した時のイスタンブール現地時間は7時間を引いた（A　　　　）となる。よって所要時間は（B　　　　）となる。復路のイスタンブールを出発したときの日本時間は7時間を加えた翌日（C　　　　）となるので、その所要時間は（D　　　　）となる。よって正解は（E　　　　）。

※現在のトルコ標準時はGMT＋3hで、東京とイスタンブールの時差は6時間である。

(1)等高線

書き表し方	種類	間隔（m）		
		1：50,000	1：25,000	1：10,000
	計 曲 線	100m	50m	平地・丘陵 10m 山地　　20m
	主 曲 線	20	10	平地・丘陵　2 山地　　　　4
	第1次補助曲線	10	5, 2.5*	平地・丘陵　1 山地　　　　2
	第2次補助曲線	5		

＊ 2.5mの補助曲線には数字が記入されている。

 等高線は標高の等しい点を連ねる等値線であり，計曲線と主曲線は，崖の記号を使うなどの場合を除いて，ある一点から出発し必ず元の点に戻る閉曲線である。補助曲線は，緩傾斜地などの起伏を表すときに部分的に使用される。

(2)地形を等高線で表現

底部の標高が40m未満
（例：30m）のおう地（左）と小おう地（右）

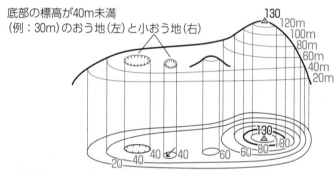

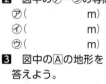 上の模式図は，主曲線が20m間隔で描かれているので，その縮尺は1：50,000である。**等高線は閉曲線であり，内側ほど標高が高くなる。**周囲より低い**おう地**（窪地）の等高線は，下段のように表現され，その最も外側の等高線が表す標高は，一つ外側（低い方）の等高線と同じである。

作業　次の地形図について各問いに答えよう。
1 この地形図の縮尺を答えよう。
（　　　　　　　　　）
2 図中の㋐〜㋒の等高線が表す標高をそれぞれ答えよう。
㋐（　　　　　　m）
㋑（　　　　　　m）
㋒（　　　　　　m）
3 図中の㋐の地形を
答えよう。
（　　　　　）

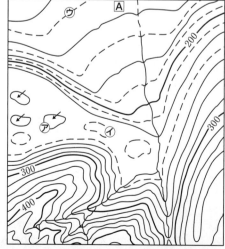

［共通一次1985年］

(3)見る角度と地形の形状

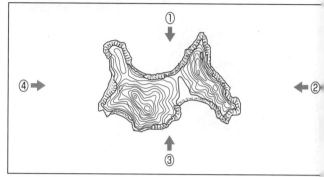

図1

図2

(注)島の中心から約1km沖合の矢印方向から見た場合で，高さは強調して表現してあ

作業　1 上の図1は，2万5千分の1の地形図を一部改変て，ある島の地形の様子を示したものである。下の図2は図1中のずれかの海面上の地点から見た島の形を示したものである。図2にされた島の形を見ることができる地点として最も適当なものを，図中の①〜④のうちから一つ選ぼう。　　　［センター試験2015年・A
（

(4)標高ごとの彩色と地形の形状

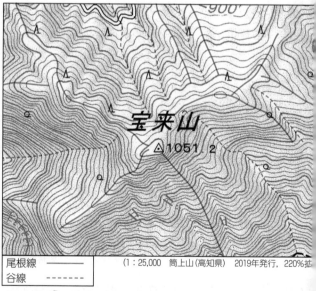

宝来山
△1051.2

尾根線	———
谷線	--- ---

(1：25,000　筒上山(高知県)　2019年発行，220%拡

作業　1 次の要領で標高帯ごとに着色して山地の形状を把
しよう。
1,050m以上……緑，1,000m以上1,050m未満……黄
950m以上1,000m未満……緑，900m以上950m未満……黄
　以下同様に交互に緑と黄で着色しよう。また，尾根と谷がどのよ
に彩色されているか確認しよう。
2 宝来山の北側斜面と南側斜面の傾斜を比較し，どちらが急斜面か
えよう。　　　　　　　　　　　　　　　　　　　　（

地形断面図の描き方

地形図上のＡ－Ｂ地点の断面図を作るには，まずmm方眼紙の端を折ってＡ－Ｂ線に当て，この線をよぎる等高線の高さを読みとり，真下の同じ高度目盛の位置に点をうち，々の点をなめらかな線で結ぶ。なお高度目盛は正確に地形を調べるとき以外は，水平目盛の2.5倍にした方が実体感がでる。この断面図の場合，垂直目盛は水平目盛の2.5倍に設定されている。

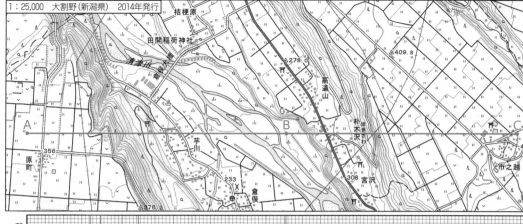

地形図上のＡ－Ｃ地点間のうち，Ｂ－Ｃ地点間の断面図をグラフ上に描こう（Ａ－Ｂ地点間はすでに描かれている）。

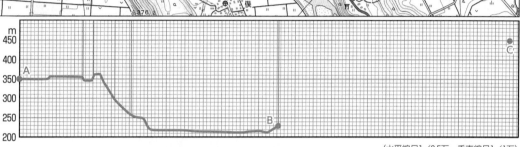

（水平縮尺1／2.5万，垂直縮尺1／1万）

2 点間の平均勾配の求め方

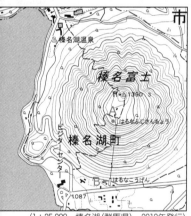

(1 : 25,000　榛名湖(群馬県)　2012年発行)

「はるなふじさんちょう」駅

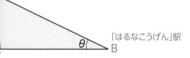

「はるなこうげん」駅

Ａ'－Ｂ間の水平距離を求める。
上の長さ (1.6cm) ×縮尺 (25,000) ＝実際の距離(400m)

Ａ－Ａ'の標高差を求める。
の標高(1,360m)－Ｂの標高(1,100m)
60m

Ａ－Ｂ間の平均勾配

$$\frac{標高差}{水平距離} = \frac{AA'}{A'B} = \frac{260}{400} = \frac{650}{1,000}$$

傾斜角
$$\theta = \frac{260}{400} = 0.65$$
関数表によりθ＝33°

(7)面積の求め方

①図形を利用した簡便な方法

左図のような円に近い湖沼の場合は，円の面積を計算する。縮尺が5万分の1で半径 r が2cmなら，
r＝2cm×50,000＝100,000cm＝1km
よって，1×1×3.14＝約3.14km²となる。
湖沼の形により長方形として計算したり，いくつかの三角形に分割して計算する。

②方眼を利用して計算する方法

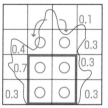

湖の面積を方眼を使って計算してみよう。左図の湖を1cm間隔の方眼で覆うことにする。縮尺5万分の1の場合，1方眼の面積は0.5km×0.5km＝0.25km²となる。方眼すべてが湖面となるもの〔○印〕は凸凹をならしたものも含めて6方眼，部分的に湖面にかかる方眼を小数で表し合算すると，0.3＋0.3＋0.3＋0.1＋0.4＋0.7＋0.3＝2.4方眼
したがって，湖の面積は，0.25km²×(6＋2.4)＝2.1km²となる。解答の確認は，1km²(この場合は2cm四方)の枠(太線)を描いて比較する。

●実際に地形図で計算すると……
左図は榛名富士の西側に位置する榛名湖である。榛名湖を1cm間隔の方眼で覆うことにする。縮尺が2万5千分の1であるので，1方眼の面積は0.25km×0.25km＝0.0625km²となる。上の方法でその面積を計算すると，14＋(0.3＋0.4＋0.4＋0.3＋0.8＋0.5＋0.1＋0.2＋0.5＋0.4＋0.1＋0.6＋0.1＋0.2＋0.5＋0.6)方眼で，湖の面積は0.0625km²×(14＋6)km²＝1.25km²となる。

（参考：平成26年の国土地理院の調べでは，1.24km²）

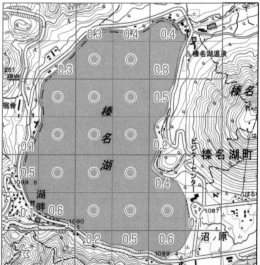

(1 : 25,000　榛名湖(群馬県)　2012年発行)

【A図】

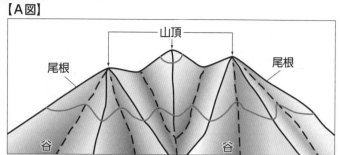

山頂／尾根／尾根／谷／谷

【B図】

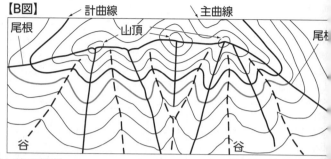

計曲線／主曲線／尾根／山頂／尾根／谷／谷

↑A図の地形を等高線で表現したものがB図である。

①センター試験過去問題 (2014年度 地理A追試験)

【図1】

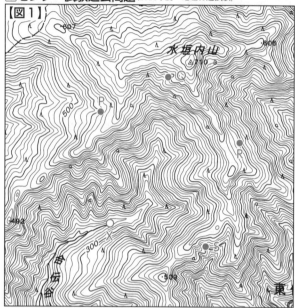

(1：25,000 合川—和歌山県 2006年発行，115％拡大)

【問題】上の図1は，ある地域の2万5千分の1地形図(一部改変)である。図1中に示した地点P～Sに大雨が降った場合，地表面を流れる雨水が地点Xに達する地点として最も適当なものを，次の①～④のうちから一つ選べ。

① P ② Q ③ R ④ S

②尾根と谷の判別

【図2】

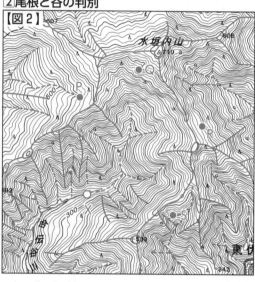

○ 山頂部　⌒ 尾根線　:--- 谷線

③ダム湖とその集水域など

【図3】

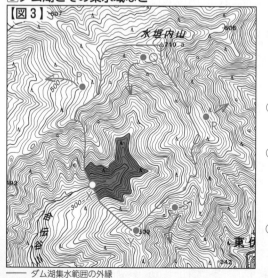

—— ダム湖集水範囲の外縁

(9)尾根線，谷線の描き方

①等高線が最小の閉曲線となった**山頂部分**をさがす。三角点や標高点が設置されている場合がある。

②山頂部分から**等高線が低い方に突き出した先端部分**をたどると**尾根線**となる。左右両側の谷側斜面より高い尾根は分水界となる。

③山頂や尾根などを含む全体的に**高い方に向かって食い込む先端部分をたどると谷線**となる。左右両側の斜面より低い谷は河川の流路となり，下流に向かって合流を繰り返す。

尾根線／全体として高い山頂や尾根／谷線

①ダム湖

図3にダム湖を描く。X地点(標高260m)に高さ90mのダムを建設した場合の**満水時のダム湖水面**は図3のようになり，**ダム上流側の標高350m以下の地域が水没する。**

②ダム湖の集水範囲

このダム湖上流側のすべての谷線の外縁部の尾根線を連ねると，ダム湖の**集水域の外縁**となる。その内側にある**Q地点**に降った雨はダム湖に流入するが，P，R，S地点はその外側にあり，降った雨は別の河川に流れ，ダム湖には流入しない。したがって，雨水がX地点に達するのはQ地点で，**図1の問題の正解は②である。**

③見える地点

図3下部の**Y地点**からは，谷を挟んだ対岸の斜面の**Q地点**やその背後の尾根は**見える**が，尾根の向こう側の地点(P，R)およびY地点からみて低い尾根の陰となるS地点は見えることができない。

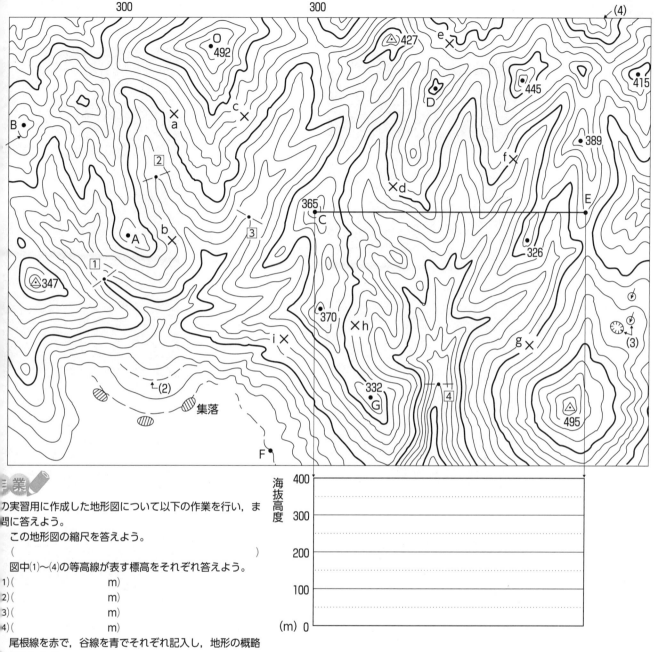

　の実習用に作成した地形図について以下の作業を行い，ま
問に答えよう。

　この地形図の縮尺を答えよう。

　(　　　　　　　　　　　　　　　　　　　)

　図中(1)～(4)の等高線が表す標高をそれぞれ答えよう。

1)(　　　　　　　m)

2)(　　　　　　　m)

3)(　　　　　　　m)

4)(　　　　　　　m)

　尾根線を赤で，谷線を青でそれぞれ記入し，地形の概略
を把握しよう。

　図中のO地点から尾根伝いにA，B，C，Dの各地点に移動する場合，
地図上での距離がO地点から最も遠い地点を答えよう。また，その距離
を次の数字から選び答えよう。

(　1.3, 2.6, 4.0, 5.2, 6.5　)

地点(　　　　　　　　　)　　距離(　　　　　　km)

　図中のC点～E点間の地形断面図を上図中に記入しよう。

　図中のF点とG点を直線で結び，2点間の平均傾斜を分数（x/1000）で
表そう（小数点第1位を四捨五入して答えよう）。

(　　　　　　/1000)

　1，2，3の各地点に－の方向に底部からの高さが60mのダムを建設
った場合，満水時のダム湖の面積が最大になるものの番号を答えよう。

(　　　　　　　)

8　4の地点に－の方向に底部からの高さが100mのダムを建設した場合
のダム湖の面積はどのくらいになるか。もっとも近い数字を次から選び
答えよう。

(　0.5, 1, 2, 4　)

(　　　　　　km²)

9　4のダム湖の集水域の外縁を図中に赤く濃く記入しよう。

10　図中のa～iの9地点のうち，その場所に降った雨が4のダム湖に流れ
込む地点をすべて答えよう。

(　　　　　　　　　)

11　図中のa～iの9地点のうち，C地点から見えると思われる地点をすべ
て答えよう。

(　　　　　　　　　)

地形図 **さまざまな地図記号** 🔎 本誌 P.289

 ① 次の①～⑥の地図記号の名称を解答欄に記入しよう。

(1)地形記号

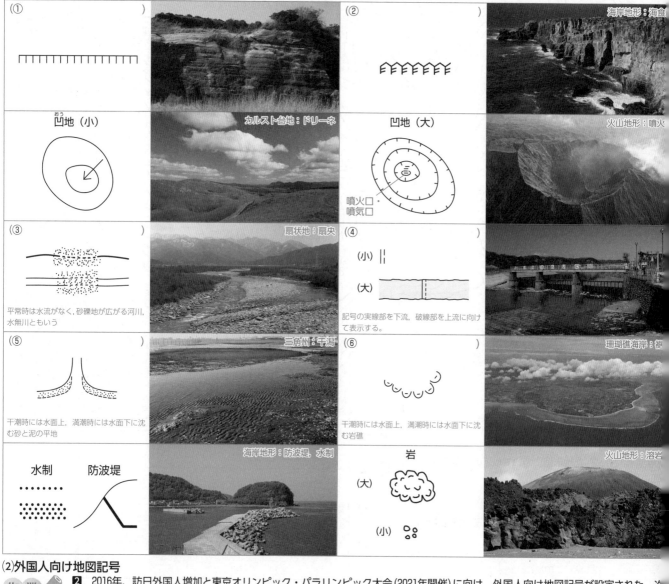

① ( ) 海岸地形：海食

凹地（小） カルスト台地：ドリーネ 凹地（大） 火山地形：噴火

噴火口・噴気口

③ ( ) 扇状地：扇央 ④ ( )

平常時は水流がなく，砂礫地が広がる河川，水無川ともいう

記号の実線部を下流，破線部を上流に向けて表示する。

⑤ ( ) 三角州：干潟 ⑥ ( ) 珊瑚礁海岸：礁

干潮時には水面上，満潮時には水面下に沈む砂と泥の平地

干潮時には水面上，満潮時には水面下に沈む岩礁

水制　防波堤 海岸地形：防波堤，水制 岩 火山地形：溶岩

（大）

（小）

(2)外国人向け地図記号

 ② 2016年，訪日外国人増加と東京オリンピック・パラリンピック大会(2021年開催)に向け，外国人向け地図記号が設定された。次の①～⑩の地図記号の名称を解答欄に記入しよう。

記号	解答	記号	解答	記号	解答
✉	①	🏥	④	🍴	⑧
👮	②	¥	⑤	🚻	⑨
⛩	神社	🛒	⑥	♨	温泉
✝	③	🧃	コンビニエンスストア／スーパーマーケット	🚃	⑩
🏛	博物館／美術館	🛏	⑦	✈	空港／飛行場

3 次の①～㊻の地図記号の名称を解答欄に記入しよう。

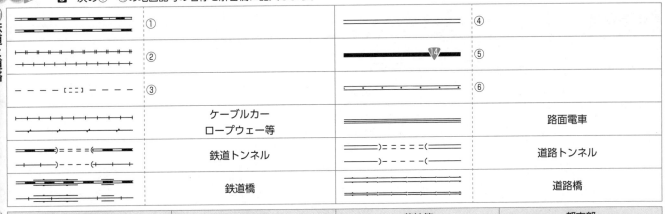

①		④	
②		⑤	
③		⑥	
	ケーブルカー ロープウェー等		路面電車
	鉄道トンネル		道路トンネル
	鉄道橋		道路橋

農耕地		森林		草地等		都市部	
‖	⑦	Λ	⑪	(図)	⑮		普通建物
∨	⑧	Q	⑫	(多色刷では黄土色系で表示)	⑯		堅ろう建物
ô	⑨	🌴	⑬	(多色刷では青色で表示)	⑰		高層建物
∴	⑩	🌿	⑭	‖‖	⑱		無壁舎 タンク

◎	⑲	⊗	㉖	⌂	㉝	☀	㊵	△	三角点
○	⑳	×	㉗	🏛	㉞	⚓	㊶	⊡	水準点
△	㉑	⊗	㉘	📖	㉟	🌀	㊷		電子基準点
◇	㉒	✶	㉙	⌂	㊱	⬓	㊸		滝
Y	㉓	⊕	㉚	☼	㊲	⚲	㊹		水門
⊕	㉔	开	㉛	♨	㊳	⊡	㊺		墓地
⊖	㉕	卍	㉜	≡	㊴	⚒	㊻	⌷	自然災害伝承碑

Aの地図を参考にして，Bに地形図記号を用いて作図してみよう。

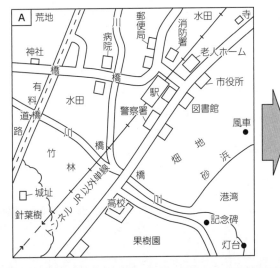

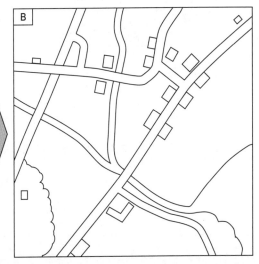

❶ 扇状地

1：25,000　海津（滋賀県）2007年発行，一部改

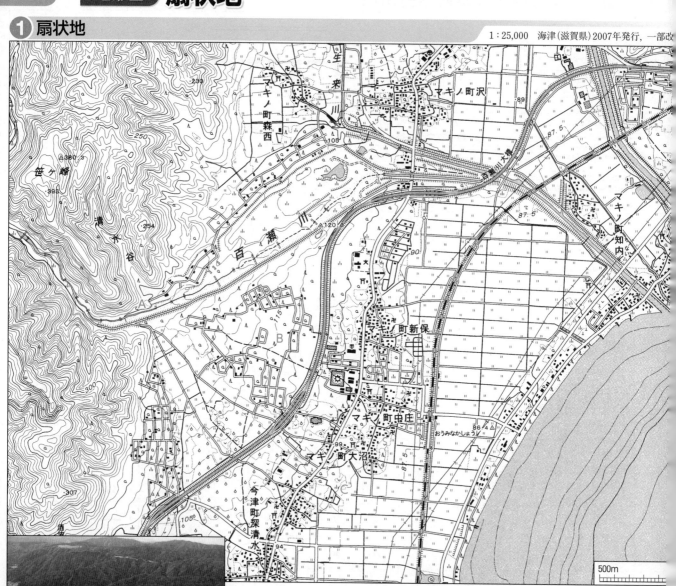

作業　❶ 百瀬川以南について90m・100m・110m・120m・130m・140mの等高線を茶色でなぞってみよう。

❷ 水田を緑色，果樹園をピンク色，畑地を黄色，集落を赤色で着色しよう。

読図と考察　① Ａ〜Ｃの各地点の地形の名称及びその特色，土地利用状況を整理し，まとめよう。

	地形名	特　色	土地利用
A			
B			
C			

② 破線の部分の百瀬川はどのような状態で流れているだろうか。ま等高線や百瀬川を横断している道路のようすから，百瀬川はどのよな地形的特徴をもっているだろうか。

（

③ 扇端に立地している集落の名前をあげてみよう。また，集落が扇に多い立地要因を考えよう。

A集落名　（

B立地要因

（

④ 扇央部のＢ地区は，現在どのような開発が進められているか考えう。

（

② 自然堤防と後背湿地

1：25,000　五所川原（青森県）2011年発行

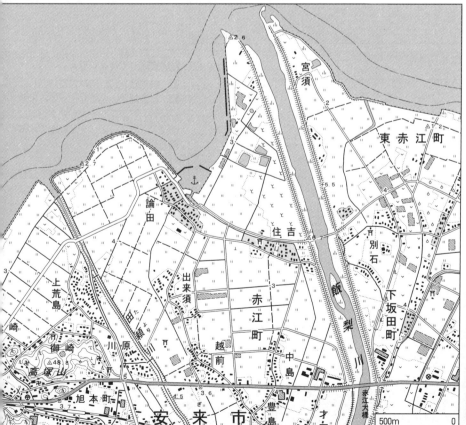

作業

1 標高を示す数値に〇をつけよう。

2 果樹園をピンク色，水田を緑色で着色しよう。

3 人工堤防を青色で着色しよう。

読図と考察

① 自然堤防上の土地利用は何か，また主な作物は何か考えよう。

② 集落はなぜ自然堤防上に多く立地しているのか考えよう。

③ 水田が立地しているのはどのような地形か考えよう。

③ 三角州（デルタ）

1：25,000　揖屋（島根県）2009年発行

作業

1 標高を表す数値に〇をつけよう。

2 水田を緑色，畑地を黄色，桑畑をオレンジ色で着色しよう。

読図と考察

① 飯梨川河口から田頼川河口にかけての平坦地はどのように作られたか，またその地形は何か考えよう。

② 住吉集落やその北側の桑畑（園）は，どのような地形上に立地していると考えられるか。

④ 河岸段丘

1:25,000　沼田（群馬県）2013年発行，一部改変

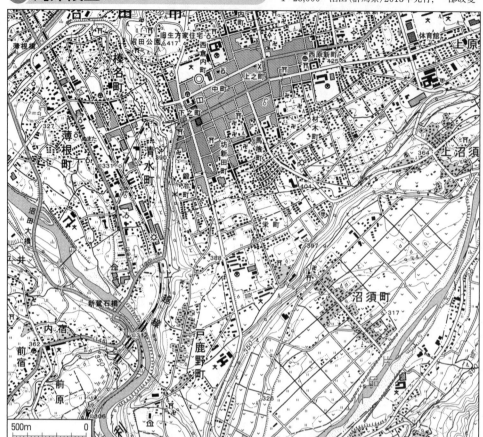

作業
1 水田を緑色，畑地を黄色
桑畑をオレンジ色で着色しよ
2 林地（段丘崖）を茶色で着色しよう。

読図と考察

① 沼田市の市街地が広がる平坦面の地
的名称を答えよう。

② 市街地東部の高等学校付近の平坦
と，段丘下の沼田駅との標高差はど
だろうか。

③ 市街地南の戸鹿野町付近の土地利用
その理由について答えよう。

④ 片品川両岸にみられる崖の地形的名
を答えよう。

⑤ 海岸段丘

1:25,000　羽根（高知県）2008年発行

作業
1 水田を緑色，畑地を黄色
着色しよう。
2 林地（段丘崖）を茶色で着色しよう。
3 計曲線を赤色でなぞってみよう。

読図と考察　① 海岸沿いに走る
道わきの水準点の
高を読みとろう。

② 長野集落とその南に広がる段丘面の
抜高度は約何mから何mまでか読みと
て答えよう。

③ 段丘面の土地利用を答えよう。

④ 段丘面の水田はどこから引水してい
と考えられるか。

⑤ 集落はどのような場所に立地してい
か考えよう。

⑥ 台 地

1:25,000　多古(千葉県)2006年発行

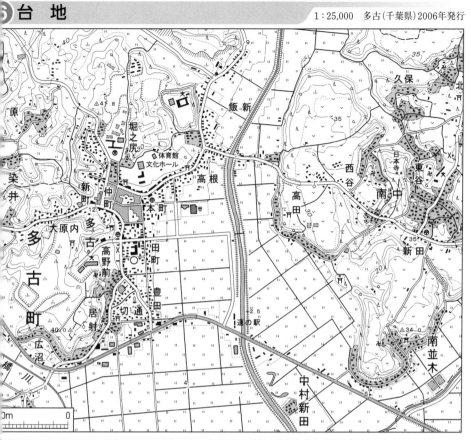

作業 ❶ 水田を緑色，畑地を黄色で着色しよう。

読図と考察

① 水田に利用されているのは，どのような地形か考えよう。

② 台地面の土地利用とその理由について考えよう。

③ 高田付近で台地面と沖積低地の標高差は約何mだろうか。
（　　　　　　　　　　m）

④ 集落はどのような場所に立地しているか考えよう。

⑦ リアス海岸

1:50,000　波切(三重県)2001年発行

作業 ❶ 真珠養殖場（破線で囲まれた海面）を青色で着色しよう。

読図と考察

① リアス海岸がどのようにして形成されたか考えてみよう。

② リアス海岸の湾が水産養殖に利用される理由について考えてみよう。

③ リアス海岸の地域で大都市が発達しにくい理由について考えてみよう。

⑧ 海岸平野

1:50,000　東金(千葉県)2000年発行，一部改変

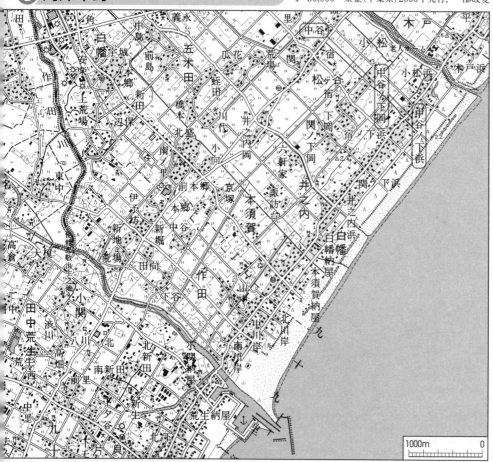

作業
1 水田を緑色，畑を黄色，落を赤色で着色しよう。
2 地形図に示した例のように，同一地のつく集落を赤色で囲み，線で結んでよう。

読図と考察

① 集落は微高地に海岸線と並行して立するが，その要因について次の文のに適語を入れよう。

海岸線に沿った集落は**ア**＿＿＿とよばれる微高地上に立地していまた，それに並行する集落は，かて海水面が現在より高かった時代**ア**や**イ**＿＿＿である。

② 次の文の＿に適語を入れ，同一地のつく集落の関連性を考えよう。

最も内陸に位置する集落は一番初にできた集落で岡集落とよばれ海岸沿いの集落は**ウ**＿＿＿集落いい，江戸時代にイワシなどの**エ**＿＿＿漁がさかんになったため形された。なお，このイワシは海岸腐敗・乾燥させ，肥料などに利用れた。また中間にある集落は**オ**＿＿＿集落といい，江戸時代に水田の開発を行った集落である。

⑨ 砂地形（砂嘴，陸繋島）

1:50,000　中甑(鹿児島)2003年発行，一部改変

作業
1 aの水域を青色，bの砂を黄色で着色しよう。

読図と考察
① 薗上・薗中・の集落が立地してる低平地の地形名称を答えよ。

(

② a，b，cそれぞれの地形名称を答え

a(

b(

c(

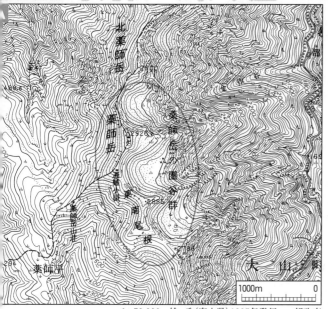

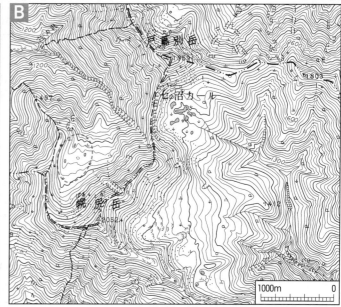

1：50,000　槍ヶ岳(富山県)1995年発行，一部改変

1：50,000　幌尻岳(北海道)1993年発行，一部改変

作業 **1** Aの図中，2000m，2500mの等高線を赤色でなぞってみよう。

作業 **2** Bの図中，戸蔦別岳や幌尻岳のまわりにある湖沼を青色で着色しよう。

読図と考察 ① Aの図中，青色で囲んだところは半椀状の侵食地形である。その地形の名称を答えよ。

読図と考察 ③ Bの図中，戸蔦別岳南西の湖沼群は，どのようにして形成されたのだろうか。

（　　　　　　）

①の地形は，どのようにして形成されたのだろうか。

（　　　　　　）

⑪ **火　山**

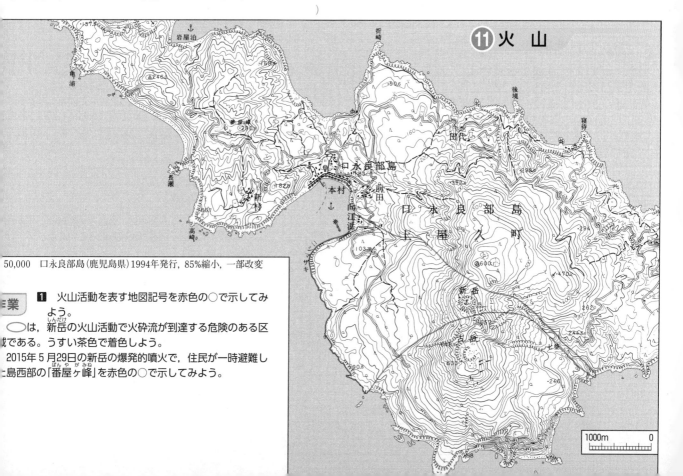

50,000　口永良部島(鹿児島県)1994年発行，85%縮小，一部改変

作業 **1** 火山活動を表す地図記号を赤色の○で示してみよう。

◯は，新岳の火山活動で火砕流が到達する危険のある区域である。うすい茶色で着色しよう。

2015年5月29日の新岳の爆発的噴火で，住民が一時避難した島西部の「番屋ヶ峰」を赤色の○で示してみよう。

⑫ サンゴ礁

1:50,000　与論島(鹿児島県)1991年発行, 一部改変

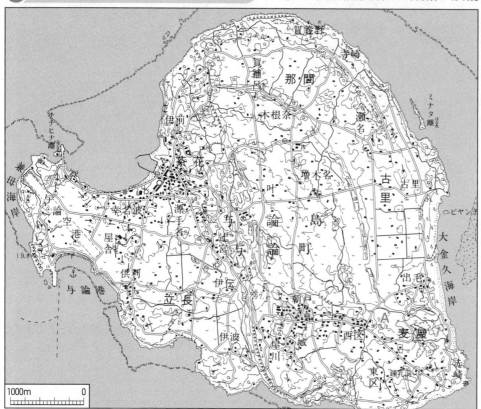

作業

1 与論島を取り巻く「隠顕
をピンク色で着色しよう。

2 図中のおう(凹)地を紫色で着色しよ

3 畑を黄色で着色しよう。

読図と考察

① 作業**1**で、ピンク色で着色した岩礁
地形名称を答えよう。

(　　　　)

② 図中のA地点と最高標高点との標高
を答えよう。

(　　　　)

③ 与論島がサンゴ礁が隆起した島であ
ことを示す地形名を図中から抜き出し
書こう。

(　　　　)

⑬ カルスト地形

1:25,000　秋吉台(山口県)2012年発行

作業

1 おう(凹)地, 小おう(凹)
を表す記号を確かめ, それ
をすべて赤色で着色しよう。

2 鍾乳洞名を青色で囲んでみよう。

3 採石地の記号を緑色で囲んでみよ

読図と考察

① おう(凹)地や小お
う(凹)地の地形
称を答えよう。

(　　　　)

② 図中央部のおう(凹)地(木ノ窪)の底
の標高を読み取って答えよう。

(　　　　)

③ 採石地で掘り出される岩石は何だろ

(　　　　)

④ ③の岩石は何の原料として利用され
か考えよう。

(　　　　)

⑭ 条里集落

1:50,000　桜井(奈良県)2009年発行

② 次の文中の＿＿に適語を入れて，条里集落の特徴を考えよう。

条里制は古代の耕地の区画法で，耕地を6町(約654m)間隔で縦横に区切り，それをさらに細分化し，36分割した(1坪)。そのため**ア**＿＿＿＿＿＿状の土地割りと道路網が特徴。集落の形態は**イ**＿＿＿村であり，条，里，坪，町，反などの地名が名残である。**ウ**＿＿＿盆地を中心に近畿地方に多く残る。

⑮ 豪族屋敷村

1:25,000　沼津(静岡県)2013年発行

中世の日本で地方豪族の屋敷・居館を中心に形成された集落を豪族屋敷村という。関東では館，箕輪，堀の内，根古屋(またはねこや)，中国・四国では山下，土居，九州では字，麓という地名にその名残がある。**イ**＿＿＿的な性格を有し，立地は前面に低地や平地を望む丘陵の上，あるいは台地の**ウ**＿＿＿部に多くみられる。

② 根古屋，井出，青野の集落に対して，高橋川の南北に広がる地区はどのような集落だろうか。

⑯ 新田集落

1:25,000　所沢(埼玉県)2017年発行

② 次の文中の＿＿に適語を入れて，新田集落の特徴を考えよう。

江戸時代，幕府や**ア**＿＿＿＿の奨励で新たに耕地が開発され(新田開発)，そこにつくられた集落を新田集落という。形態は**イ**＿＿＿＿村で土地割りは**ウ**＿＿＿＿状である。東国，東北，西南地方での開発が多く，**エ**＿＿＿＿には少ない。

⑰ 輪中集落

1：50,000　桑名(三重県)1996年発行

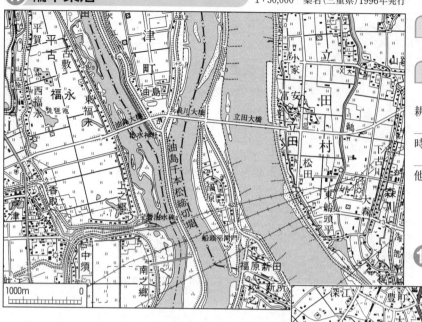

1000m　0

作業　❶　左の地形図中で，集落のある地域を赤色に着色しよう。
❷　堤防を青色でなぞってみよう。

読図と考察　①　次の文中の＿＿に適語を入れ，輪中集落の特徴を考えよう。

　輪中とは河川下流域での水災を防ぐため，村落や耕地を堤防で囲んだ地域を指す。集落の形態はア＿＿＿＿上にイ＿＿＿＿村をなし，洪水時に備え母屋に盛り土をしてあるところもある。＿＿＿＿川，長良川，揖斐川の下流域が有名で，他にも利根川や吉野川，筑後川でもみられる。

⑱ 散村

L 本誌 P.125

1：50,000　城端(富山県)1998年

1000m　0

作業　❶　右の地形図中で，主曲線を赤色でなぞってみよう。
❷　名田百姓村に特有の地名を青色で囲もう。

読図と考察　①　次の文中の＿＿に適語を入れ，散村集落の特徴を考えよう。

　図中の富山県ア＿＿＿＿平野では家屋が1戸ずつ分散しているイ＿＿＿＿村形態がみられる。ここは庄川のウ＿＿＿＿にあたるが比較的水利が良好であり，開墾に際しては各農家が家屋の周囲から始めたとされ，その結果 イ 村形態になったという説が有力(土地所有関係にも反映されている)。

⑲ 屯田兵村

1：25,000　北見(北海道)2010年発行

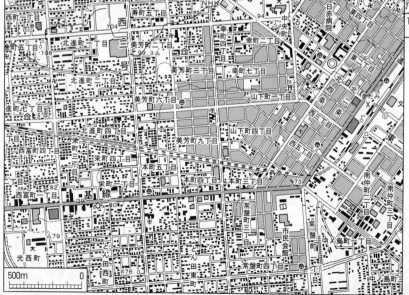

500m　0

作業　❶　左の地形図中で，屯田兵村として入植当時の街区割りと思われる道路について，現在の道路を赤色に着色しよう。
❷　屯田兵村として開発された当時の地名で，現在に残るものに○をつけよう。

読図と考察　①　北見市の中心部は市街地化されているが，郊外に延びる道路での＿＿の形態はどのようになっていると思われるか。

（　　　　　　　　　　　　　　）

②　屯田兵村や北海道の大規模な開拓地と規模は違うが，同様の碁盤目(格子)状の土地区画が特徴の，アメリカ合衆国の土地制度は何か。

（　　　　　　　　　　　　　　）

⑳ 門前町～鳥居前町

1：50,000　丸亀（香川県）1999年発行

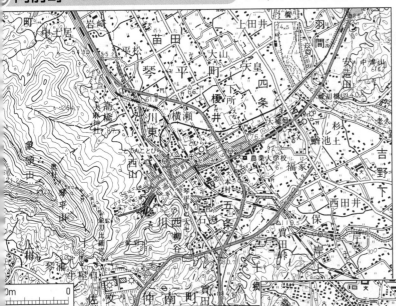

作業	**1** 左の地形図中で，神社の境内を赤色で着色しよう。
	2 金刀比羅宮の参道を青色で着色しよう。

読図と考察　① 次の文中の___に適語を入れ，門前町の特徴を考えよう。

一般に神社の門前に発達したところを**ア**_____町，寺院の場合は**イ**_____町と称している。古くから参詣者が多いため市が立ち，**ウ**_____屋や旅館が立地した。また僧侶や神官に必要な**エ**_____の販売店も存在している。図の琴平町のほか，**オ**_____の宇治山田，善光寺の**カ**_____などが有名。

㉑ 城下町

1：25,000　津山東部（岡山県）2007年発行

作業	**1** カギ型・T字型街路を青色でなぞろう。

読図と考察　① 次の文中の___に適語を入れ，城下町の特徴を考えよう。

近世城下町では計画的な町割りが行われ，職掌別・業別の居住区分となっていた。**ア**_____時になり城址周辺は**イ**_____や学校へと転____された例が多く，現在も各地の城下町起源の都市____は，そのまま立地しているところもある。図中の____山市（岡山県）でも♨の**イ**や血の**ウ**_____，____化センターなどの公共施設が立地していることが____る。

㉒ 宿場町～中山道妻籠宿

1：25,000　妻籠（長野県・岐阜県）2016年発行，一部改変

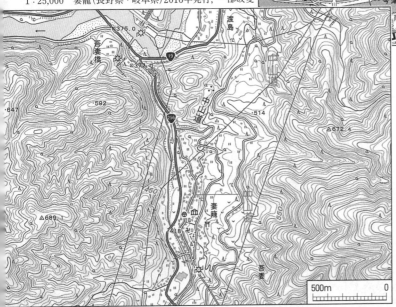

作業	**1** 左の地形図中で，中山道を赤色でなぞろう。

読図と考察　① 国道が妻籠宿を迂回しているのはなぜだろう（本誌P.125の写真⑩も参照しよう）。

（　　　　　　　　　　　　）

② 宿場の中にある血は何だろう。

（　　　　　　　　　　　　）

③ 付近に⚒が多くある理由を考えよう。

（　　　　　　　　　　　　）

㉓ 副都心

L 本誌 P.129　　1：25,000　東京西部（東京都）2013年発行

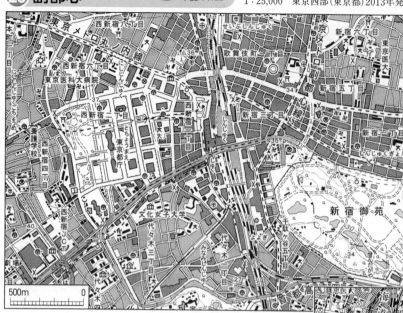

作業
1 左の地形図中で，中高層建物を赤色で着色しよう。
2 JR線，JR線以外，地下鉄を青色で着色しよう。

読図と考察　① 次の文中の___に適語を入れ，副都心の特徴を考えよう。

大都市では都心とは別にア___への私鉄ターミナルが副都心として発達する（東京の新宿，___，池袋が代表的）。そこでは都心のウ___機能が一部移転し，オフィスビル群が林立する。昼間人口が多くその消費を満たす商業立地やホテルも多い。

㉔ ウォーターフロント

L 本誌 P.129　　1：50,000　東京東南部（東京都）2007年

作業　**1** 右の地形図中で，工場を赤色で着色しよう。
2 各種鉄道を青色で着色しよう。

読図と考察　① 次の文中の___に適語を入れ，ウォーターフロントの特徴を考えよう。

大都市の港湾・沿岸部は物流形態の変化やア___により，広大な敷地を有しているため，再開発区域として大規模なプロジェクトが進行する。図中のエリアでも東京中央卸売市場（築地市場）の豊洲移転や，2021年夏季に開催されたイ___大会の会場整備が進んだ。

㉕ ニュータウン

1：25,000　吹田（大阪府）2008年発行

作業　**1** 本誌P.134の地図（吹田市の例，1950年）で示されている「山田村」は，左の地図でどこにあるだろう。赤色で着色しよう。
2 ニュータウンとして開発されたと思われる地名を○で囲もう。

読図と考察　① ニュータウンは当初，「陸の孤島」と称されたが，それが改善された国家的イベントとは何だろう。

② ニュータウンの初入居（1962年）から50年以上経過した現在，直面している課題は何だろう。

地形図の新旧比較～富良野市の変貌

1:50,000　富良野(北海道)1921年発行(上)・2004年発行(下)，一部改変

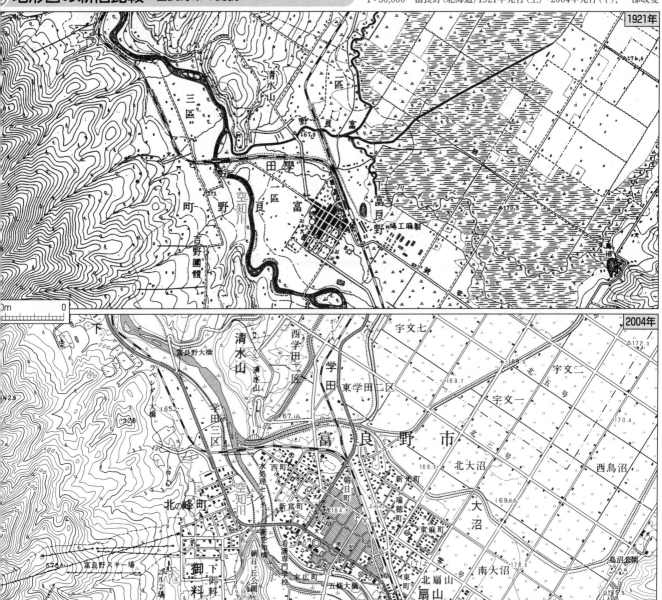

業

1921年と2004年に発行された上の2枚の地形図で，水田を黄緑，市
地を赤で着色しよう。

2004年地形図の畑を黄色で着色しよう。

読図と考察

1　2枚の地形図から読み取れるこの地域の変化について述べた文とし
て**適当でないもの**を，下の①～④のうちから一つ選ぼう。

（2015年センター試験地理AB共通[本試]）

①市街地は鉄道駅に接して形成されていたが，その周辺に主要な公共
施設がつくられ，駅西側を中心に市街地が拡大した。

②空知川が改修され，旧河道の一部を活用して鉄道や郵便局が新たに
つくられた。

③空知川西岸の「吉野團體」と記された開発地とその周辺には，宅地や
スキー場，ゴルフ場などがつくられた。

④東部の格子状の区画では，かつては湿地の状態であったものが，排
水などが行われて水田となった。

（　　　　　　）

㉗ 自然災害・防災

1：25,000　蟹江（愛知県）2004年発行

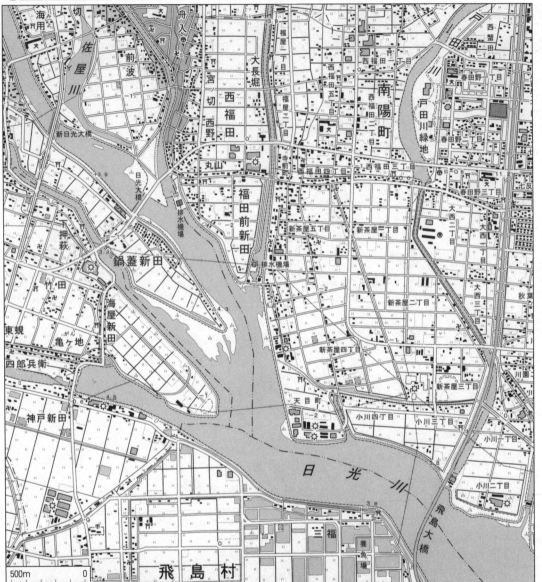

読図と考察

1 地形図を見て，予想さ
る災害として**適当でない**
のを下記の①〜⑥から一
選んで答えよう。（199
センター試験地理ＡＢ‖
[本試]改題）

①地盤沈下

②地すべり

③津波

④高潮

⑤河川の増水による浸水

⑥地下水の塩水化

（　　　）

問い

1 左の写真は日本の各地の河川でみられるある設備で
この設備の役割の説明として**誤っているもの**を①〜④
一つ選ぼう。（1998年センター試験地理ＡＢ共通[本試
題）

①大雨の際，大量の岩や土砂が一気に下流に流れ下る
で起きる被害を防ぐため。

②険しい山地から削られた土砂が河床に堆積し，天井川
なることを防ぐため。

③火山の噴火によって起きる火砕流が河川に流れ込み，
流にもたらす被害を防ぐため。

④山頂部に残る万年雪や氷河が融け，洪水となって下
大量の水が流れ下るのを防ぐため。

（　　　）

複雑そうに見える問題を，次の4ステップに当てはめながら考えてみよう。
次の例題1～4の解答を，解答欄に記入しよう。

ステップ1 知識の整理 → ステップ2 図表の分析 → ステップ3 比較考察 → ステップ4 解答

や難 例題1 〈世界の自然災害／世界地図の解読をする基本的な問題〉次の図
中のア～ウは，1991年から2010年の期間における火山噴火，地震・津波，熱
帯低気圧のいずれかによる自然災害の発生数*を，国・地域別**に示したもの
である。ア～ウと災害をもたらした自然現象名との正しい組合せを，下の①
～⑥のうちから一つ選べ。[センター試験2015年・地理B本]

者10名以上，避難者100名以上，非常事態宣言の発令，国際援助の要請のいずれかの状況をも
らした自然災害の合計。
海外領土での自然災害はその地点に示した。

	ア	イ	ウ
①	火山噴火	地震・津波	熱帯低気圧
②	火山噴火	熱帯低気圧	地震・津波
③	地震・津波	火山噴火	熱帯低気圧
④	地震・津波	熱帯低気圧	火山噴火
⑤	熱帯低気圧	火山噴火	地震・津波
⑥	熱帯低気圧	地震・津波	火山噴火

未満は省略した。
連のデータを含まない。
versité catholique de Louvainの資料により作成。

ップ1 着眼点：知識の整理

山噴火 → Ｌ 本誌 P.22・23 プレートの境界，ホットスポット

震津波

帯低気圧 → Ｌ 本誌 P.41 ④ 熱帯低気圧にともなう風
低緯度の大陸東岸

件
100
50
10

ップ2 図表の分析：地図の読解
の大きい地域に注目！
東南アジア・カリブ海・マダガスカル
インドネシア・地中海東部・中国
インドネシア・フィリピン・エクアドル

ステップ3 比較考察：災害は人口稠密地で発生
ア 大陸東岸＋低緯度から熱帯低気圧→解答は⑤か⑥にしぼ
られる。
イ・ウは類似性がある。ウの発生数は少数
火山は大陸プレート同士の衝突によるが，衝突場所は限られる。
イ→地震・津波 ウ→火山噴火

ステップ4 解答

例題2 〈資源と産業／統計数値の解読をする基本的な問題〉次の表は，世界の
ネルギー資源の埋蔵量と，埋蔵量を年間生産量で除した可採年数を地域別に
したものであり，①～④は，アフリカ，北アメリカ（メキシコを含む），中・
南アメリカ（メキシコを除く），西アジアのいずれかである。アフリカに該当
るものを，表中の①～④のうちから一つ選べ。[大学入学共通テストプレテスト
018年・地理B]

	石油		天然ガス		石炭	
①～④の中で最大値	埋蔵量（億バレル）	可採年数（年）	埋蔵量（兆m³）	可採年数（年）	埋蔵量（億トン）	可採年数（年）
①	8,077	70	79.1	120	12	752
②	3,301	126	8.2	46	140	141
③	2,261	31	10.8	11	2,587	335
欧州（ロシアを含む）・中央アジア	1,583	24	62.2	59	3,236	265
①～④の中で最小値 ④	1,265	43	13.8	61	132	49
アジア（西アジアを除く）・太平洋	480	17	19.3	32	4,242	79

統計年次は2017年。
*BP Statistical Review of World Energy*の資料などにより作成。

ップ1 着眼点：知識の整理

フリカ 古期・新期造山帯少ない
アメリカ 新期造山帯多い
南アメリカ 古期・新期造山帯少ない
アジア 新期造山帯多い

ップ2 図表の分析 Ｌ 本誌 P.86・87 資源

量の資料であるが生産量と比例すると考える。
油 新期造山帯
生産統計：1アメリカ 2サウジアラビア 3ロシア
然ガス 新期造山帯 安定陸塊
生産統計：1アメリカ 2ロシア 3イラン
炭 古期造山帯
生産統計：1中国 2インド 3インドネシア

ステップ3 比較考察：最大値・最小値の比較
① 石油・天然ガス最大→西アジア
③ 石炭最大→北アメリカ
②④は石炭小→アフリカあるいは南アメリカ
解答は②と④にしぼられる。
天然ガス・石炭は同じ傾向にある。
石油埋蔵量は，新期造山帯の多い南米と考える。
②→南アメリカ ④→アフリカ

ステップ4 解答

やや易 **例題3** 〈世界の諸問題／統計資料の解読をする基本的な問題〉
次の表1は，世界各国の飽食・飢餓と健康との関係について資料を集め探究を進めようと作成したものである。表1中のア〜ウは，サウジアラビア，タイ，ボリビアのいずれかである。また表1中の6か国を，2か国ずつのA〜Cの3グループに分類し，その考察した結果を表2にまとめた。ア〜ウの国名として最も適当なものを，①〜⑥のうちから一つ選べ。[大学入学共通テストプレテスト2017年・地理B]

表　1

国　名 ア〜ウの中で最大値	1人1日当たり食料供給熱量 (kcal)	太りすぎ人口の割合* (%)	5歳未満の子供の死亡率 (‰)
アメリカ合衆国	3,650	31.8	7
ア	3,063	35.2	15
ザンビア	1,911	4.2	64
イ ア〜ウの中で最小値	2,188	18.9	38
日　本	2,695	4.5	3
ウ	2,752	8.5	12

*体重(kg)を身長(m)の2乗で割って算出される値が25以上の状態。
統計年次は，1人1日当たり食料供給熱量は2009〜2011年の平均値，太りすぎ人口の割合は2008年，5歳未満の子供の死亡率は2015年。世界銀行の資料などにより作成。

表　2

グループ	国　名	考察した結果
A	アメリカ合衆国 （ア）	ともに1人当たり食料供給熱量，太りすぎ口の割合は高位である。両国とも世界有数の所得国であり，アは1970年代以降に急速にの経済的地位を上昇させた。
B	ザンビア （イ）	ともに1人当たり食料供給熱量は低位で，歳未満の子供の死亡率は高位である。両国と都市部への人口集中がみられ，イの都市住民一部では食生活の欧米化がみられる。
C	日　本 （ウ）	ともに1人当たり食料供給熱量は中位でり，太りすぎ人口の割合は低位である。ウで屋台などの外食の割合が高い。

	①	②	③	④	⑤	⑥
サウジアラビア	ア	ア	イ	イ	ウ	ウ
タイ	イ	ウ	ア	ウ	ア	イ
ボリビア	ウ	イ	ウ	ア	イ	ア

ステップ1 着眼点：知識の整理
○1人当たり国民所得で並べ替える。
サウジアラビア＞タイ＞ボリビア

ステップ2 図表の分析：表中ラベルの分析
○1人1日当たり食料供給熱量
太りすぎ人口の割合については国民所得の大きい順となる。
5歳未満の子供の死亡率については国民所得の小さい順となる。

ステップ3 比較考察：最大値・最小値の比較
○追加資料を参考にする。
ア サウジアラビア　アメリカ合衆国と類似
1970年代以降に急速にその経済的地位を上昇させた
イ ボリビア　ザンビアと類似
都市住民の一部では食生活の欧米化がみられる。
ウ タイ　日本と類似
外食の割合が高い。

ステップ4 解答

難 **例題4** 〈世界の諸地域／複雑な図から知識を応用して解答する難度の高い問題〉次の図中のア〜ウは，イギリス，インド，オーストラリアのいずれかについて，1975年と2014年のケニアおよびスリランカからの留学生数を示したものである。国名とア〜ウとの正しい組合せを，下の①〜⑥のうちから一つ選べ。[センター試験2018年・地理B追]

	①	②	③	④	⑤	⑥
イギリス	ア	ア	イ	イ	ウ	ウ
インド	イ	ウ	ア	ウ	ア	イ
オーストラリア	ウ	イ	ウ	ア	イ	ア

ステップ1 着眼点：知識の整理
○留学は教育水準の低い国から高い国へ移動する。
イギリス……旧宗主国で古くから交流がさかん。
インド……発展途上国，スリランカに近い。
オーストラリア……1978年から多文化主義を推進。

ステップ2 図表の分析：大きい方から並べかえる
　　　　　　　○1975年　●2014年
スリランカ　　イウ米ア　　ア米イウ
ケニア　　　　米イウア　　米イアウ

ステップ3 比較考察：最大値・最小値の比較
ア 0から急上昇→オーストラリア　白豪主義から多文化主義へ転換
イ 古くから数値が高い。→イギリス　アメリカ合衆国の傾向と類似する。
ウ 数値がいずれも低い。→インド　スリランカの数値が高い。

L 本誌 P.247 マルチカルチャリズム

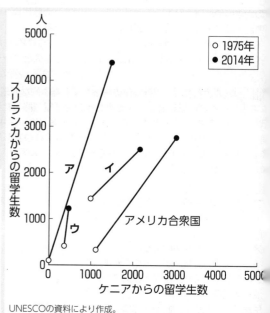
UNESCOの資料により作成。

ステップ4 解答